国家社会科学基金重点项目（项目批准号07AJY017）

转型、升级与创新

——中国特色新型工业化的系统性研究

杜传忠 著

人民出版社

目　录

序

　　南开大学杜传忠教授主持承担的国家社会科学基金重点项目《中国特色新型工业化的系统性研究》，以转型、升级与创新为主题，揭示了在新的历史条件下中国特色新型工业化发展的特征和本质要求，系统研究了中国工业化的历史进程和现实条件，分析了中国继续推进工业化的任务及其面临的矛盾，探讨了新型工业化道路的基本思路和体制机制，构建了一个较为系统的中国特色新型工业化发展的理论分析框架。该项研究运用系统分析法分别对发达国家工业化的内在机制、我国工业化发展的历史逻辑、现阶段中国工业化发展的缺陷、中国特色新型工业化的推进机制、工业化系统与社会系统及资源生态环境系统的协同发展、城镇化与工业化的协调发展、生产性服务业与制造业的互动发展、信息化与工业化的融合过程、融合机制等问题进行了较为深入的研究，在此基础上得出相应的结论和对策建议。这项研究成果对科学认识中国工业化的规律性，正确把握工业化的方向和途径，具有理论和实践意义。

　　为什么必须走新型工业化道路？因为我国经济发展的条件正在发生变化，长期以来高能耗、高物耗、高污染；低劳动成本、低资源成本、低环境成本、低技术含量、低价格竞争的粗放型的经济增长方式已难以继续下了。客观条件的变化，要求我们必须转变经济发展方式，走新型工业化道路。

　　1. 资源性产品供给不足的矛盾日益突出。人口众多、人均占有的自然资源低于世界平均水平是我国的基本国情。我国人均国土面积 0.8 公顷，人均耕地 0.11 公顷，人均草地 0.33 公顷，人均森林面积 0.1 公顷，分别为世界人均值的 29％、40％、50％、17％。我国水资源总量为 28124 亿立方米，占世界水资源总量的 6％左右，人均水资源占有量只相当于世界平均水平的 30％。资源与环境的压力,是我国工业化进程中的突出矛盾。

2. 劳动力成本上升。从总体上讲,我国劳动力资源丰富,现阶段仍然具有劳动力资源丰富的比较优势。但这并不等于我国可以长期保持低工资水平不变。持续 30 多年的计划生育政策,使我国人口总量已进入低增长阶段,城乡青壮年劳动力的比例在下降;另一方面,由于国家对农村、农业和农民政策的不断调整,农民从事农业的收益逐步提高。在这种大背景下,企业继续维持低工资水平,甚至实行"血汗工厂"的原始积累方式,将难以保证劳动力的供给。我国劳动力成本低的比较优势正在变化。

3. 工业品供求关系的变化。第八个五年计划末期即 1995 年前后,我国基本消除了消费品的短缺,开始出现供大于求的局面。从第九个五年计划开始,我国进入新的一轮重化工业加速发展的阶段,特别是新世纪以来的 12 年,重化工业持续高速增长,使重化工业产品也开始出现了供大于求的矛盾。寻找新的投资空间和新的工业经济增长点成为地方和企业面临的普遍难题。

4. 国际贸易条件的变化。2008 年国际金融危机爆发以来,经济全球化的进程实际上在放慢。主要表现为国际资本流动、产业转移和国际货物贸易的增速明显放缓。国际贸易摩擦增加,贸易保护主义抬头。世界经济摆脱衰退的前景不确定。我国 2001 年加入世界贸易组织后进出口贸易出现的井喷式的高增长已很难再保持下去。进出口贸易对经济的拉动作用开始下降。

5. 企业必须承担的社会责任成本上升。在现代社会化的大生产条件下,企业的生产经营活动不是孤立进行的,总是在一定的政治、经济关系中运行的。企业利润最大化是有条件的,企业在赚钱的同时,也必须考虑到利益相关者的利益。企业既要追求利润最大化,也要兼顾外部经济性的要求。

有中国特色新型工业化道路的要求是什么? 根据我国工业化的历史经验,需要从以下几个方面认识和把握新型工业化道路的内涵。

1. 在所有制结构上,我国传统工业化采取单一的公有制形式。新型工业化的道路必须坚持国有经济为主导,公有制为主体、多种经济成分并存的方针。在资本供给不足、城镇就业压力大以及农业劳动力转移任务艰巨的情况下,更应当鼓励非公有制经济的发展,发挥亿万劳动群众从事生产经营活动的主动性和创造性。

2. 在经济运行方式上,传统工业化实行高度集中的计划经济。新型工业化的道路必须发挥市场机制的资源配置中的基础作用,通过市场供求关系、价格杠杆和优胜劣汰的竞争机制节和优化生产要素的配置,以提高资源利用效率。既要保持了市场机制的活力,又要发挥了国家有效的宏观调控能力。

3. 在产业结构的选择上,传统工业化道路片面强调优先发展重工业,并以牺牲农业和消费品工业的发展为代价。新型工业化道路追求国民经济协调发展,基础产业和消费品工业能够不断满足人民群众日益增长的物质文化生活需要,劳动密集和技术密集相互协调。要实现从工业生产大国到工业强国的转变,必须扎扎实实地发展实体经济,特别是把发展先进制造业作为增强综合国力的基础。产业结构应当是"高也成、低也就",在积极发展高新技术产业的同时,用高新技术改造传统产业,在继续坚持发挥的比较优势的同时,努力培育产业的竞争优势。

4. 传统工业化的道路过分强调经济增长的高速度,因而导致经济增长过程中大起大落。新型工业化的道路坚持实事求是、解放思想的方针,既积极进取、又量力而行。在遵循客观经济规律的基础上,实行有效的宏观调控,努力实现国民经济持续,稳定和适度的较快增长。

5. 传统工业化的道路以资金的高投入和大量消耗自然资源为代价,新型工业化的道路将高度重视科学技术进步,重视人力资源的开发,通过自主研究开发和引进,消化国外先进技术,努力缩小与工业先进国家的差距。

6. 在处理城乡关系方面,传统工业化的通过行政手段限制农村劳动力的流动与转移,并通过工农业产品的剪刀差,为工业发展积累资金,进一步加剧了城乡分割的二元经济结构,延缓了城镇化的进程。新型工业化的道路,必须正确处理工业与农业,城市与农村的关系。在经济发展的基础上,在遵循市场经济规律的前提下逐步做到工业能够反哺农业,在坚持农村家庭联产承包责任制的同时,发展农村的专业化,社会化工体系,把分散的农户与大市场联结起来,促进农业的产业化和农村人口向中心城镇的集聚,为转移的农村人口在城镇创造广阔与稳定的就业机会,并将他们纳入城镇社会保障体系。

7. 在国际经济关系方面,传统工业化道路片面强调自力更生,加之当时东西方冷战的环境,限制了对国外资金和技术的引进。新型工业化的道路在坚持发扬自力更生,艰苦奋斗精神的同时,要抓住当今和平与发展的有利机遇,积极扩大对外开放,广泛参与国际分工,国际交换和国际竞争,在国际分工的产业链体系中以低端制造为主转向不断提高技术密集型产业的比重;不断提高利用外资的质量,学习和吸收国外的先进技术和先进经营管理经验。

从1949年10月新中国成立到现在,我国工业化经历了两个发展阶段,即奠定了工业化基础,并实现从贫穷落后向经济大国的转变。从现在起,我们的目标和任务,就是再经过几十年努力奋斗,把我国建设成为现代化的强国。

中国社会科学院学部委员　中国工业经济学会理事长　吕　政

2013年8月

第 一 章

工业化发展理论与世界主要
工业化模式研究

工业化作为一种重要的经济现象,许多学者已从多个视角进行了研究。这些研究对从理论和逻辑上把握我国工业化发展的特征具有一定的指导意义。从实践上看,工业化作为一个国家现代化进程的必经阶段,已在许多国家进行过实践,有的已完成了工业化发展的历史任务,更多的国家正在推进工业化进程。在各国工业化推进过程中,形成了相应的工业化发展模式,这些模式对中国工业化发展道路和发展模式的选择具有重要借鉴价值。无论从理论上看,还是从实践上考察,系统性都是工业化体系的重要特征。本章重点梳理工业化研究的主要理论,并对世界主要工业化发展模式进行考察和剖析。

第一节 工业化理论分析及其含义、特征的再认识

一、工业化含义及主要特征

工业化作为工业革命以来最重要的经济现象,一直受到人们高度的关注和研究。随着工业化进程的推进与社会经济技术环境条件的变化,关于工业化的含义及特征的认识也在不断深化。

关于工业化含义及特征,比较有权威性的定义是《新帕尔格雷夫经济学大辞典》的解释:工业化作为一种过程,其基本特征是:首先,一般说来,国民收入(或地区收入)中制造业活动和第二产业所占比例提高了,或许因经济周期造成的中断除外;其次,在制造业和第二产业就业的劳动人口的比例一般也有增加

的趋势。在这两种比例增加的同时,除了暂时的中断外,整个人口的人均收入增加了。"①除了以上特征外,工业化还有其他一些特征,这些特征与库兹涅茨称为的"现代经济增长"的过程相联系,包括:第二产业与第一产业的人均劳动生产率之间的差距不断缩小,并最终接近;生产方法、新产品的式样在不断变化;生活在城镇人口的比例在提高;资本形成、消费等项开支所占的相对比例发生变化等。

该定义主要是从三次产业的结构或比例关系以及各产业就业劳动人口的比例变动角度界定工业化含义的,并把工业化看作是一个动态变动的过程。这一界定把工业或第二产业在经济中所占的比例作为工业化的重要特征,工业或第二产业发展水平高低是工业化发展水平的基本标志,从而突出了工业或第二产业在工业化中的重要地位。同时,该定义还揭示了在工业化过程中,"除了暂时的中断以外,整个人口的人均收入也增加了",从而揭示了居民收入水平和消费水平随着工业化发展而不断提高的趋势。直到 20 世纪 70 年代末,西方主要发展经济学家都将工业化理解为单纯是制造业的发展,并把这种形式的工业化作为经济发展的目标②。

二、关于工业化发展的主要思想及理论分析

(一)古典经济学家的工业化思想

工业化作为一种重要的经济现象,虽然发生于工业革命之后,但对其涉及的问题及相关特征的分析,早在古典经济学时代即已开始。威廉·配第(W. Petty,1662)从比较利益角度对生产要素从农业部门向工商业部门的转移问题进行了初步研究,认为工商业部门具有比农业部门更高的比较利益,由此将农业部门的生产要素转向工商业部门是合理的③。作为古典经济学集大成者的亚当·斯密(A. Smith,1776)分析了工商业部门的专业化分工水平较农业部门高,因而将生产要素从农业部门转向工商业部门有利于明显提高劳动生产率,促进经济发展。他具体分析了分工与专业化有利于提高劳动生产率的原

---

① 约翰·伊特韦尔等:《新帕尔格雷夫经济学大辞典》(中译本)第 2 卷,经济科学出版社 1992 年版,第 861 页。

② 张培刚:《新发展经济学》(增订版),河南人民出版社 1999 年版,第 35、54、55 页。

③ 他举例说,一个耕种土地的英格兰农民每天可挣 8 便士,如果这个农民当工匠,则每天可挣 16 便士,收入翻了一倍。载自王亚南主编:《资产阶级古典政治经济学选辑》,商务印书馆 1970 年版,第 74 页。

因,认为分工有利于增加劳动者技巧与灵敏性,有利于促进技术改进;有利于节约劳动时间;促进机器发明和使用等。可见,斯密十分突出分工与专业化的作用,事实上,分工与专业化是促进工业化发展的十分重要的力量。另一位古典经济学的重要代表人物大卫·李嘉图(D. Ricardo,1817)则主要从边际生产率的差异性角度论证工业化发展过程中的某些规律,其中重要的一个结论是:由于土地资源有限,土地供给弹性较低,从而土地的边际生产率是递减的,随着劳动投入的增加,依赖土地的农业部门劳动的边际生产率也随之递减。工业部门由于不显著受到有限土地的约束,从而具有相对较高的劳动边际生产率,由此导致农业部门的生产要素转向工业部门。

从总体上看,以亚当·斯密和大卫·李嘉图为代表的古典经济学家从财富创造、产业发展以及价值形成等角度着眼,对工业化发展中涉及的许多重要问题进行了初步研究,他们提出的许多有价值的思想见解,为以后发展经济学等关于工业化问题的研究提供了重要的理论基础和研究视角。

(二)发展经济学家的工业化思想

新古典经济学兴起后,其研究的视角主要转向了对市场机制的分析,重点论证市场机制对资源配置的效率性;宏观经济学则主要以凯恩斯宏观理论为基础,分析宏观经济运行机理和政府对经济进行干预的方式,主要应用静态分析和比较静态分析方法,而对于作为动态过程的工业化、产业结构调整升级以及技术创新等内容涉及较少或予以忽略,而这些问题恰是发展中国家需重点解决的问题。

重新对工业化和经济结构问题进行研究是在 20 世纪上半叶发展经济学兴起后出现的。德国经济学家霍夫曼(W. Hoffmann,1931)根据近 20 个国家的时间序列数据,将有代表性的 8 类产品分为消费品工业(包括食品、饮料、烟草;布匹、制鞋;皮革制品;家具等)和资本品工业(包括生铁、有色金属;机械;车辆;化工等),对工业内部结构演变的规律进行了经验性分析,并提出被称为霍夫曼系数和"霍夫曼工业化经验法则"的工业化阶段理论,主要结论是:在工业化进程中,霍夫曼比率或霍夫曼系数呈不断下降趋势[1]。

费舍尔(A. G. B. Fisher)在 20 世纪 30 年代首次提出了对其后工业化发展具有重要影响的"三次产业"划分理论,并将一个国家的产业结构演进划分为三个相互承接的阶段:第一阶段是以农业和畜牧业为主的阶段,劳动力向非农产

---

① 谭崇台主编:《发展经济学》,上海人民出版社 1989 年版,第 238 页。

业艰难转移;第二阶段为以纺织和钢铁等制造业为主的阶段,劳动力主要向制造业转移;第三阶段是以服务业为主的阶段,劳动力大规模向服务业转移。1940年,克拉克(C. Clark)在《经济进步的条件》一书中,在费雪产业结构划分及演进理论的基础上,采用三次产业分类法具体分析了若干国家的大量时间序列数据,揭示了劳动力随着人均收入水平的提高在三大产业之间进行转移的趋势和规律,即随着人均收入水平的不断提高,劳动力首先从第一产业(农业)向第二产业(制造业)、进而从第二产业向第三产业(商业和服务业)转移。这是对配第有关思想的进一步深化和系统化,因而该理论也被称为"配第—克拉克定律"[①]。

其后的发展经济学家普雷维什(R. Prebish)和辛格(H. Singer)从"贸易条件恶化"角度分析和论证了优先发展进口替代工业对发展中国家经济发展的重要性。他将整个世界划分为"中心"、"外围"两类国家,前一类国家主要以制成品、资本品等需求收入弹性较高的产品出口为主,而后一类国家则主要以农产品、矿产品等需求收入弹性低的初级产品出口为主。在国际贸易中,从长期来看,初级产品价格相对于制成品、资本品等的价格存在下降的趋势,这就使以出口初级产品为主的发展中国家在国际贸易中处于不利地位,由此产生了"中心国家"剥削"外围国家"的贸易不平等现象。在普雷维什和辛格看来,处于外围的发展中国家应大力发展壮大自己的工业,实施"进口替代工业化"发展战略[②]。

著名的发展经济学家、诺贝尔经济学奖获得者刘易斯(W. A. Lewis,1954,1955)等人提出的二元结构理论论证了劳动力资源从传统农业部门配置到现代工业部门,可提高全社会的劳动生产率、促进经济发展的结论[③]。他在1954年发表的《劳动无限供给条件下的经济发展》一文中提出了著名的"刘易斯模型",将发展中国家的经济分为两大部门:资本主义部门和非资本主义部门(或维持生存的部门),前者主要使用再生产性资本(reproducible capital)并以盈利为目的雇用劳动力进行生产,这些部门主要是现代工业部门;后者则不使用再生产性资本,也不以盈利为目的雇用劳动力进行生产,主要以传统农业部门为代表。

---

① C. Clark: The conditions of economic progress, St. Martins Press 1957, pp. 492.

② R. Prebish. "Economic Development and Main Problems in Latin America", Economic Review of Latin America, 1950; H. Singer. "The Distribution of Gains between Investing and Borrowing Countries", America Economic Review, May, 1950.

③ 刘易斯:《劳动无限供给条件下的经济发展》(中译本),载《现代国外经济学论文选》(第8集),商务印书馆1984年版,第56页。

在一般发展中国家,由于人口众多且人口增长速度较快,传统农业部门的土地有限,资本投入较少,从而使农业劳动力相对富余,但其边际生产率却很低甚至为零,由此导致农业劳动者的收入水平十分低下,往往只能够满足自己和家庭的基本生存需要。这种低收入水平在农业剩余劳动力转移完之前将保持不变,因而现代工业部门的工资率也相应保持基本不变。随着以追求利润最大化为目标的资本家不断将利润转化为资本积累,现代工业部门不断扩张,相应的就业岗位不断产生,在两部门工资率保持不变的情况下不断吸收农业剩余劳动力,直至将全部农业剩余劳动力吸收完毕。这时,农业劳动生产率开始提高,农民收入开始增加,现代工业部门的工资不再固定不变而是不断上升,由此经济将进入"现代经济增长"阶段,二元经济结构将转型为现代一元经济结构。刘易斯的二元经济结构理论深刻揭示了发展中国家在工业化过程中农业发展对工业化进程的作用。

关于经济发展的均衡性,赫希曼(A. O. Hirschman,1958)在产业的前后向关联理论基础上提出了著名的"不平衡增长战略",认为工业部门特别是资本品工业部门的"关联效应"(包括前向关联和后向关联)比农业部门要大,为最大限度地发挥资本对经济发展的效益和作用,发展中国家应把资本主要投入到产业关联效应较大的工业部门特别是资本品工业部门中去,优先发展这些部门,从而实施一种"不平衡发展战略"[1]。

费景汉和拉尼斯在1961年发表在《美国经济评论》上的一篇文章提出了"费景汉—拉尼斯(J. Fei & G. Ranis,1961)模型"[2],由于该模型直接以刘易斯模型为基础,故也被称为"刘易斯—费景汉—拉尼斯模型"。在该模型中,他们首次将传统农业部门的发展结合进来,构成了包含现代工业部门与传统农业部门发展在内的二元结构模型。根据该模型,发展中国家经济发展的关键是如何将农业剩余劳动力转移到现代工业部门。这一转移过程具体分为三个阶段:第一阶段是农业劳动的边际生产率等于零,这时农业劳动力转移不会造成农业总产出减少或粮食短缺,劳动力转移不会受到阻碍;第二阶段是农业劳动边际生产率大于零但小于不变制度工资(相当于生存收入),这时在农业生产率保持不

---

①　A. O. Hirschman. The Strategy of Economic Development, Yale University Press, 1958.

②　Gustav Ranis and John C. H. Fei,"A Theory of Economic Development",The American Economic Review,Vol. 51,No. 4,pp. 533—558,1961.

变的情况下,农业劳动力转移会造成农业总产出减少或粮食短缺,从而降低现代工业部门的资本积累率,阻碍现代工业部门的扩张,并最终可能造成现代工业部门的停滞;第三阶段是农业劳动的边际生产率大于生存收入,这时农民的收入开始由市场决定,农业剩余劳动力全部被吸收,经济也将进入"现代经济增长"阶段。很明显,根据这一模型,发展中国家经济发展的关键是第二阶段如何提高农业劳动生产率,以避免现代工业部门的停滞。同时,现代工业部门就业岗位增长的速度或农业劳动力转移的速度要快于人口增长的速度,否则粮食短缺也将难以避免。另外,该模型认为,对于那些资本稀缺而劳动力相对充裕的发展中国家来说,现代工业部门应选择资本节约型或劳动使用型的生产方式和技术。

城市化是与工业化紧密相随的经济过程。托达罗(M. P. Todaro,1969,1970)重点分析了在工业化和城市化过程中,城乡收入差距与失业的关系,认为由于城市也存在失业,因而劳动力转移或人口流动并不取决于城乡实际的收入差距,而是取决于城乡预期收入差距(预期收入=实际收入×就业概率)。他不承认农村存在边际生产率为零的所谓剩余劳动力,也不认为城市现代工业部门的工资是固定不变的。在他看来,分析劳动力转移或人口流动还要考虑到迁移成本和机会成本。当城市失业率很高时,即使城乡实际收入差距很大,一个传统农业的劳动者也不会简单地作出迁往城市的决定。只有当城市预期收入大于农村平均收入时,农村劳动力才会迁移到城市。他的观点对于理解发展中国家工业化与城市化发展的关系具有一定的启发意义。

罗斯托(W. W. Rostow,1959)作为研究经济成长阶段的著名发展经济学家,提出经济发展过程就是主导产业有序更替的过程,作为一个国家重要发展阶段的经济起飞阶段的到来事先需要具备三大条件,其中之一是主导部门的发展,或多个重要制造业部门以很高的增长速度发展[①]。美国著名经济学家、诺贝尔经济学奖获得者西蒙·库兹涅茨(Simon Kuznets)在1966年出版的《现代经济增长》一书中,将工业化过程看作是"产品的来源和资源的去处从农业活动转向非农业生产活动"[②],这里的非农业活动除了包括工业之外,也包括服务业。这里,库兹涅茨将服务业发展也归并到工业化的发展过程之中。他通过整理英国、法国、德国、荷兰、丹麦、挪威、瑞典、意大利、美国、加拿大、澳大利亚、日本和

---

① 罗斯托:《经济增长的阶段》,中国社会科学出版社2001年版,第39页。

② 西蒙·库兹涅茨:《现代经济增长》(中译本),北京经济学院出版社1989年版,第1页。

前苏联共 13 个国家的数据,对劳动力在农业部门、工业部门和服务部门的分布规律进行了统计和实证研究,得出:在发达国家,农业部门劳动力所占份额低,而工业和服务业部门所占份额高;发展中国家则相反;农业部门在国民产业中的份额与人均收入具有负相关,即在高收入国家份额低,在低收入国家高;在经济增长过程中,当人均收入持续上升,农业部门的相对比例下降十分迅速;发达国家与发展中国家在总劳动生产率上有悬殊,但农业部门的劳动生产率的悬殊更大。这就得出了劳动力从农业部门向工业部门和服务部门转移的统计结论,为配第—克拉克定理提供了强有力的经验支持。钱纳里和塞尔昆(H. Chenery and M. & Syrquin,1975)等人在 1975 年发表的《发展的格局:1950—1970 年》一书中,通过对 100 多个国家大量统计数据的处理分析,描述了经济发展过程中结构转换的一般过程,得出了著名的"多国模型",认为各国在经济发展过程中都会表现出以下趋势:随着人均国民收入水平的提高,劳动力在农业中所占份额会快速下降,而在工业和服务业中所占比重明显上升。钱纳里在 1986 年出版的《工业化与经济增长的比较研究》一书中进一步验证了以上理论[1]。瑟尔沃(A. P. Thirlwall)在《增长与发展》一书中,通过对 1970—1977 年间 81 个国家国内生产总值的平均增长速度与加工业的平均增长速度之间进行统计分析,得出二者之间存在显著的相关性。在他看来,"有些国家的经济增长大大快于其他国家,主要原因是它们实现了工业化和推进了技术进步[2]。"

总之,20 世纪中期及前半叶是工业化理论研究较为兴盛的时期。但自 20 世纪 70 年代以后,工业化的研究走向衰弱,在主流经济学研究中被忽视或边缘化。这主要是因为:一方面,这一时期主要发达国家大多已完成了工业化的历史任务,他们关注更多的是后工业社会的问题;另一方面,第二次世界大战后发展起来的许多发展中国家,在已有发展经济学工业化理论的指导下,经济发展和工业化并没有取得预期的效果,相反许多国家还因此形成了不合理的经济结构,尤其是出现过度重视工业而忽视农业、产业结构不合理等问题。

值得一提的是,这一时期从制度和组织视角研究工业化的理论独树一帜,最为著名的是自 20 世纪 90 年代以后以杨小凯为代表的"新兴古典经济学"的研究。在他们看来,工业化过程也就是专业化分工不断加深以及迂回生产链不断加长的过程,而专业化分工不断加深和迂回生产链不断加长取决于分工网络

---

① 钱纳里等:《工业化与经济增长的比较研究》,上海三联书店 1989 年版,第 89 页。

② 瑟尔沃:《增长与发展》,中国人民大学出版社 1992 年版,第 36 页。

大小和相关市场容量,取决于交易效率的高低,而交易效率高低又取决于产权制度和交易制度等的完善。史鹤凌与杨小凯指出,制度改进(私有产权和自由市场制度等)提高交易效率,交易效率提高促进分工演进,分工演进导致企业组织高级化(推及劳动市场发展)和迂回生产链条增加,新机器和新技术就在这一过程中不断产生,工业化不断推进[①]。

从以上学者关于工业化的含义及特征分析可知,工业化是一个包含多重要素,包括技术、产业、制度,以及政府、企业、市场等,各要素之间相互影响和作用且与外部发展环境之间相互作用与影响的过程。也可以说,工业化发展是一个复杂系统的动态演进过程。

(三)张培刚工业化理论的系统观分析[②]

我国老一辈经济学家张培刚教授是国际上较早系统研究工业化的著名学者,他在20世纪40年代写的《农业与工业化》一书中,关于工业化及其发展提出许多重要的思想和观点,其中关于工业化的系统性观点是贯穿其工业化理论的重要思想。他将"工业化"定义为一系列基要的生产函数(Production Function)连续发生变化的过程。这种变化可能最先发生于某一个生产单位的生产函数,然后再以一种支配的形态形成一种社会的生产函数而遍及于整个社会。他特别强调工业化不但包括工业,也包括农业,认为"本书所采用的工业化的概念是很广泛的,包括农业及工业两方面的现代化和机械化。"同时从各部门的相互联系来说,包括社会经济的各个部门的发展。在他看来,工业化是一个整体性的概念,它包含丰富的内容,这些内容之间存在系统性的内在联系。从内涵上说,工业化可理解为农业国或发展中国家整体经济的进步,在这一过程中,包括制造业、农业及其他部门都是工业化不可分割的一部分。作为整体经济的工业化,表现为构成它的各个有机部分的共同发展和推进,而不仅是工业一个产业的发展和进步。

张培刚关于工业化内涵及发展的系统观、整体观不是一种机械、静止和单向的系统整体作用方式,而是一种动态、有机的系统整体观。在他看来,作为构

①　杨小凯、张永生:《新兴古典经济学和超边际分析》,中国人民大学出版社2000年版,第137—157页。

②　系统观对将工业化作为重要研究内容的发展经济学的研究也具有重要意义,发展经济学产生后经过几十年的发展,到80年代初期甚至出现"收益递减"乃至"死亡"的状况,在有的学者看来,正是由于西方许多学者的发展理论缺乏一种立足于发展中国家的系统观念和完整认识。见张建华:《从系统看农业国工业化理论》,《华中理工大学学报》1993年第1期。

成工业化基本内涵的"基要的生产函数"连续发生变化的过程主要是由"基要的技术创新"作为驱动力,这种驱动力在不同的历史时期有不同的表现形态,在当时其主要表现为铁道的建立、钢制船舶的使用及运输的摩托化(Motorization)、蒸汽引擎的广泛应用及动力工业的电气化,在制造业及农业上机器的发明和应用,以及机器工具的制造和精细化等。"基要的技术创新"引致基要的生产函数的变化,更进一步加强了伴随现代工厂制度、市场结构及银行制度的兴起而发生的"组织上的"变化。从而,制度、组织与技术都构成了工业化发展的重要推动力。

张培刚关于工业化的系统思想还表现为工业化过程中各构成要素和部分之间的相互关联和影响,以及工业化作为一个系统的动态演进特征。他在考察影响工业化发展演进的因素时,重点强调了一向为人们所忽视的非经济因素对工业化的影响。在他看来,对于社会经济这一复杂系统或工业化过程的考察,不能仅从纯经济因素来进行,而应综合考虑其他诸多因素如文化传统、地理、政府政策等的影响。只有这样,才能真正找到工业化起步的启动力量,而消除其阻碍因素。对于这些因素对工业化发展的影响作用,他在"工业演进中的发动因素与限制因素"一节中深刻地揭示:发动并定型工业进化过程最重要的因素有限制因素(包括资源及人口)、发动因素(包括企业创新管理才能及生产技术),还有社会制度既可发动又可限制工业化。他特别提到"企业创建精神"在发动工业化进程中的重要作用。

在对工业化过程中农业与工业两大部门相互作用关系的系统分析外,张培刚还重点分析了一个国家的国内工业化系统与其所处的国际经济环境之间存在的相互作用关系,尤其是后者对前者的最重要作用关系。在他的工业化分析体系中,农业国的工业化是一个重点考察的小系统,而其所处的整个世界经济则构成一个大系统。任何一个国家的工业化都不可能孤立于世界经济发展的大环境,从而两个系统之间就存在着相互作用与相互影响的关系。以此为基点,他重点分析了农业国工业化系统的开放性体现在农业国与工业国之间要素互动的关系上,并特别强调,农业国为了加速工业化,在维护政治独立的情况下,适当利用外国资本的重要性。

可以说,张培刚从国民经济作为一个由若干部门组成的有机联系的整体的基本前提出发,揭示了工业化过程的系统性特征,拓展了工业化的研究内容,大大丰富了工业化的理论体系。他的这一研究思路的实践价值更为重要,其重要的实践启发意义是:一个国家在推进工业化进程中,必须实现工业发展与农业发展的协调,推而广之要实现社会经济各部门的协调发展;必须用系统性的逻辑、思路与方式推进国家的工业化;必须把本国工业化与国际经济体系紧密地结合在一起,从国际经济体系中寻求本国工业化发展的新动力。

三、关于工业化含义与特征的再认识

综合以上学者的研究,特别是张培刚教授的理论,关于工业化的含义可得出以下基本的认识:第一,工业化是一个系统。工业化本身是一个包含产业、企业、技术和各种生产要素,并与经济体制、政府政策等密切相关的系统。对工业化内容的系统性理解对协调推进工业化进程具有重要意义。第二,工业化是一个过程。工业化本身是一个动态发展演进的过程,其形态、内容、结构和水平随着社会经济技术条件的变化而变化,其中,科技水平及创新能力是推动工业化发展的最重要力量。第三,产业结构是工业化发展水平的重要标志,其优化升级构成推动工业化发展的根本性力量。工业化发展伴随着经济结构特别是产业结构的变化。配第—克拉克定理、霍夫曼定律等理论是对工业化过程中产业结构变动形态和规律的总结。可以说,产业结构是工业化发展水平的重要标志,其优化升级构成推动工业化发展的根本性力量。第四,推动工业化发展的力量来自工业化内部和外部两个方面,其中内部因素是推动工业化发展的最基本动力。按照张培刚教授关于工业化的含义,推动工业化发展的最主要的力量是"基要生产函数"的变动,具体内容包括生产要素自身素质和组合方式的改进、技术创新水平及应用的提高、生产组织和制度因素的改进[①]。以上变化既是工业化过程中表现出的经济技术特征,同时也构成工业化发展进步最基本的推动力量。除此之外,工业化所处的外部环境条件及政府相关政策的变化也会影响工业化的发展变化。第五,工业化有其内在的发展机制和演进规律。作为一个系统,工业化自身具有内在的发展机制,这种机制源自于市场经济条件下技术、生产要素、经济结构、经济体制以及政府政策等一系列因素的组合及作用,或者说是构成工业化系统的各个子系统及要素互为作用的结果。正如张培刚教授所指出的,从工业化的初始发动来说是不一样的,可能由于个人发动,也可

---

① 张培刚教授后期的关于工业化的界定更加强调制度的重要性,这与不同国家工业化过程中制度所发挥的作用越来越突出是紧密相关的。按照新制度经济学的观点,经济发展过程本身就是一个技术和制度不断变迁和演进的过程,正是技术创新和制度创新的交互作用引发了产业革命,由此出现了一个前所未有的经济高速增长的时期。见张培刚:《工业化的理论》,《社会科学战线》2008年第7期。

能由于政府发动,更可能由于个人和政府共同发动①。个人发动的工业化更符合工业进化的自然趋势,而由政府发动而开始的工业化过程,一开始较为突然且声势浩大。但即使是这种工业化最终的发展依然要服从于工业化发展的一般进程和逻辑,遵循于工业化发展的内在机制。人为地抵制或违背工业化发展的一般规律和内在逻辑,将使工业化发展付出巨大的代价。

第二节　现代工业化的系统性特征分析

一、现代工业化是一个具有多重结构的复杂系统

从以上工业化的自身含义,可以看出一个国家的工业化是一个包含多种因素、具有丰富内容的系统,其发展演进具有系统动态演进的特征。在现代经济社会,一个国家的工业化的系统特征更为明显,从包含的内在要素及其相互作用看,现代工业化是一个包含多重内在要素和子系统、子系统及要素相互之间存在复杂作用关系的复杂系统。

从总体上看,可以把工业化复杂系统划分为经济结构、技术创新、经济体制和政府政策等子系统,其中的经济结构又包括产业结构、产业组织结构、区域经济结构、需求结构、收入分配结构、劳动力结构、对外经济结构等;技术创新系统可根据不同的标准进一步划分为不同的技术创新类型或子系统,如根据应用性特征可分为强应用性技术创新、弱应用性技术创新;按照技术创新的来源,可分为自主创新与模仿或追随创新等;按照成熟程度可分为初始创新、成熟创新等。经济体制系统从总的方面包括市场体制及机制、企业体制与运行机制、政府管理体制与机制等。政府政策体系包括与工业化有关的政府各种政策,包括财政税收、货币金融、技术创新、人力资源、产业发展、收入分配以及资源开发利用及环境保护等方面的政策。工业化系统内部的各子系统之间、构成子系统的各要素之间存在复杂的作用关系,其不同的作用形态和作用方式,构成工业化发展的不同形态及特征。

从四大子系统在工业化整体系统中的作用或功能看,经济结构系统是构成工业化系统的主体部分,也可以说是工业化复杂系统的"结构骨架",工业化发展最主要地是表现在经济结构的变动,特别是产业结构的变动,从而工业化理

---

　　①　张培刚:《工业化的理论》,《社会科学战线》2008 年第 7 期。

论一般用产业结构的发展水平及其相关衡量指标作为工业化发展水平的基本衡量指标。同时,经济结构的调整优化特别是产业结构的优化和升级构成工业化发展演进的基本动力。在工业化复杂系统中,构成经济结构子系统的次一级子系统,如产业结构系统、产业组织系统、区域经济结构系统等存在相互影响和作用的关系。从近现代工业化发展历史及现实状况看,技术创新系统是工业化复杂系统的基本动力引擎,技术创新水平通过作用和影响产业结构,进而推动工业化的发展和水平提高。在近代工业化国家发展中,首先发生的科学革命引发技术革命,进而引起产业革命,由此极大地拉动工业化的发展。每一次产业结构的深刻变革和升级以及由此引起的工业化快速推进和水平提升,都源自于技术创新的根本性突破。

经济体制机制系统是工业化复杂系统的制度基础。任何一个国家的工业化发展都建立在特定的经济体制机制基础之上,受到其所赖以依托的这种经济体制机制的制约和影响。在近代工业化发展历史上,既有建立在计划经济体制基础上推进工业化的国家,如前苏联、改革开放前的中国等,也有建立在市场经济体制基础上发展工业化的国家,如主要西方各国。即使同是在市场经济体制下发展工业化,其市场经济体制的类型和特征也存在一定的差别,最主要地体现在工业化发展过程中市场和政府的作用程度和方式存在差别。如以英美为代表的基本依靠市场内在机制推动工业化的国家和以德日为代表的政府在工业化发展中起较显著作用的市场经济国家。市场与政府在推动工业化过程中所起的作用存在差别,主要与不同国家工业化发展基础、市场经济成熟程度和特定国家的资源要素禀赋及技术能力等因素有关。但从迄今为止不同国家工业化发展的绩效看,市场经济体制比计划经济体制更适应工业化发展要求,从而也更有利于实现工业化高效发展。

政府政策体系也是工业化复杂体系中的重要组成部分。从工业化最早发端的国家到当今开始工业化的国家,几乎每一个国家的工业化发展都离不开政府的作用,这种作用主要是通过政府实施一系列与工业化发展相关的政策来实现的。只是在不同的国家,由于多方面因素的影响和作用,政府政策的内容和作用的侧重点及强度等存在一定的差别。需要注意的是,现代工业化发展离不开政府政策的作用,但并不意味着任何类型的政府政策都会对工业化发展具有正向促进作用。政府政策的科学性、合理性是影响政府政策作用效果的主要因素。如果一个国家的政府政策不适合甚至违背了该国家工业化发展基本特征和要求,那么这样的政府政策就会对工业化发展水平起到阻碍作用。因此,制定科学合理的政府政策是政府有效推动工业化发展的基本要求和条件。同时，政府的工业化政策应是一个相互搭配、相互支撑的政策体系，而不是一项项孤立、零散、彼此相互孤立的单项政策。只有这种具有内在协调性、相互支撑、相互配合的政策体系，才能更有效地推动一个国家的工业化发展。

把现代工业化看作是一个具有内在多重结构的复杂系统，既有理论上的基本依据，同时也具有现实实践的必要性。从现实实践看，将一个国家的工业化作为一个包含多重结构和因素的复杂系统，有助于从系统分析的角度，更深入、全面和层次性地分析和把握一个国家工业化发展的内在规律和演进趋势，从整体上把握工业化发展的阶段、进程和特征，有针对性地制定符合其发展阶段的工业化推进战略和具体对策。

工业化作为一个复杂的系统，其内容不是凝滞不变的，而是随着社会经济、技术条件的变化不断丰富和发展的。当人类进入到 21 世纪以后，社会经济、技术条件又发生了新的巨大变化，其中最为突出的有以下几点：第一，经济全球化的影响及作用。自 20 世纪 90 年代以后，经济全球化进程明显加快，对各国经济发展产生的影响越来越突出。对于正在加快推进工业化进程的国家来说，如何充分利用经济全球化提供的技术、经济条件，发挥本国资源、经济和技术优势，提高工业化发展水平，加快工业化发展进程，是这些国家在新的历史条件下工业化发展面临的重大问题。

第二，信息化的作用与影响越来越突出。在现代社会，信息化对工业化的作用和影响越来越明显，主要表现为信息技术对传统工业产业的改造和一大批信息高技术产业的出现，极大地改变了现代产业体系的结构和内容，促进了产业结构的优化升级。信息技术的广泛应用，为那些尚未完成工业化历史任务的国家通过以工业化促进信息化，以信息化带动工业化，实现产业结构跨越式升级，加快工业化发展进程创造了难得的历史机遇和条件。

第三，工业化与资源、生态环境之间的相互影响和作用越来越明显。在世界工业化推进的过程中，自始至终都会对全球资源环境发生一定程度的影响，这种影响在发达国家推进工业化的初期阶段是较小的，在这些国家完成工业化的时期也并不突出。而在这些国家的后工业化时期，特别是在发展中国家大力推进工业化的过程中，长期积累起来的人类资源环境问题变得十分突出，它日益成为全球各个国家特别是正在大力推进工业化的国家所必须面对的一个重大问题。

总之，在新的历史条件下，以资源生态环境为主要内容的生态文明，以信息技术创新和应用为主要内容的信息化,以不同国家的资源、要素和技术全球流动和配置为主要标志的经济全球化等构成了现代工业化发展的崭新内容。

二、现代工业化系统与社会系统、资源生态环境系统具有内在的耦合关系

一个国家的工业化系统不是孤立存在的,在当今经济社会发展环境和条件下,工业化系统与社会系统和资源生态环境系统之间存在密切的关联(见图1.1)。社会系统可以看作是由人口再生产系统和社会文明系统构成的系统,其中人口再生产系统包含家庭消费、医疗卫生、妇幼保健、教育体系及服务体系等多个方面的要素;社会文明系统则包含文化、教育、体育、收入分配、社会法制建设、社会保障体系等一系列要素。工业化系统与社会系统之间存在密切的关系。一方面,社会系统对工业化系统具有重要的影响。构成社会系统的各个要素都通过直接或间接的方式作用于工业化系统,这种作用的不同特点和方式在很大程度上影响工业化发展的方式和绩效。另一方面,工业化系统也对社会系统具有重要的影响,它为社会系统的运行提供经济资源和支持,是社会系统运行的物质基础。工业化系统与社会系统之间的相互作用关系决定了在现实经济、社会发展过程中,一定要保持两大系统的协调性和一致性,使二者形成一种相互协调、相互支撑、相互促进的良性正反馈发展态势,尽可能避免因二者之间的不协调所引致的相互制约和掣肘。

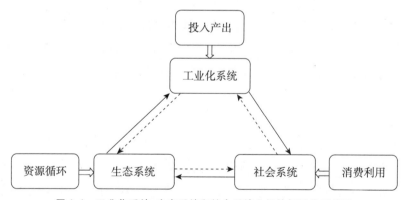

图 1.1　工业化系统、生态系统和社会系统之间的相互作用关系

资料来源:作者自行整理。

工业化系统与资源生态环境系统紧密相关。工业化发展需要从资源生态环境系统中摄取初始资源、能量,而同时工业化发展及活动又会对资源生态环境系统产生越来越大的影响有时是损害,一旦这种影响和损害超过一定的限度,就将对工业化发展自身和社会发展产生巨大的制约作用。西方国家的工业化以及我国工业化发展道路,基本上就是走了一条以损害资源生态环境为代价的工业化道路,走新型工业化道路很重要的一条是节约使用资源和对生态环境进行保护,实际上也就是实现工业化系统与资源生态环境系统的相互协调,其中最重要的是工业化发展不应以损害资源生态环境作为代价。

总之,现代工业化作为一个复杂的系统,其与社会系统、资源生态环境系统之间存在紧密的关联,在三者的作用关系中,工业化发展是主导性、主动性作用变量,其对社会系统、资源生态环境系统具有巨大而显著的作用;反过来,社会系统、资源生态环境系统对工业化系统的变动又产生一定的反作用。要通过转变工业化发展方式,形成三大系统之间的协调发展、相互支撑、相互促进的新的工业化发展道路,避免出现三大系统之间的相互损害、相互消减的恶性循环。

三、现代工业化系统相对稳定性及其运行态势

系统稳定性的基本含义是,当系统受到扰动而发生偏离后能不能自动回复到原来的状态,如果能够回到原来的状态,或者接近原来的状态,它即是稳定的;相反,如果偏离变得越来越大,不能回到原来的状态,它便是不稳定的。系统的稳定性是形成系统特定结构和形态的基本前提,也是系统在开放条件下形成自我调节、自我恢复功能的必备条件。

现代工业化系统的稳定性与开放性之间存在密切关系。工业化系统的稳定性是基于一种开放的环境中所实现的一种工业化系统运行态势。具体说,工业化系统的开放是其在动态演化中得以保持稳定的重要条件。对于复杂的工业化系统而言,如同没有开放就没有发展、提升一样,没有开放也同样没有稳定。工业化系统的稳定性应是一种开放环境下的稳定,同时也是一种系统发展演进中的稳定性,而不是一种静止状态下的失去活力的稳定。在现实工业化发展过程中,稳定总是与不稳定相伴而行、相互交织与替换,由此形成一种稳定—失稳—再稳定的波浪式动态发展过程。在这一过程中,稳定是相对的、不可持续的,随着工业化发展外部环境条件和内在影响因素的变化,工业化系统将从稳定状态转变为不稳定状态,随之,通过工业化内在调节机制的自我调节和外部政府政策等的作用,使失稳的工业化系统重新回复到系统稳定状态,但这种重回稳定态的工业化系统已不再是失稳前的工业化形态,经过工业化系统内在结构的调整和要素的重新组合,工业化系统在一种新的质态和结构下继续推进。一个国家的工业化系统正是这样在稳定—失稳—再稳定的过程中使结构

不断优化,发展水平不断提高。

工业化系统的相对稳定性是一个国家实现工业化健康发展的重要条件,因为工业化系统的大起大落往往伴随着经济结构的失衡和资源的浪费性使用。一个国家的工业化如何合理地把握和利用好系统的相对稳定性,以实现工业化的持续健康发展,主要取决于以下几点:首先,保持工业化系统内在结构的协调性和有机联系性。内因是事物变化的根据,工业化系统能否保持一种相对稳定的态势从根本上还是取决于工业化系统内部的结构特征与运行态势。产业结构、区域经济结构、社会需求结构、投资结构、技术结构等的不协调甚至扭曲,都将引发工业化系统的不稳定。也就是说,工业化系统内部结构的协调性是实现其系统相对稳定性的内生性决定因素。其次,保持工业化系统的有效开放性。工业化系统的开放性是保持其相对稳定的重要条件。如上所述,开放包括对内开放与对外开放,二者缺一不可。工业化系统的对外开放要坚持适度、合理和有效的原则。再次,把握好工业化系统稳定与不稳定的有机统一。保持工业化系统的相对稳定性不是一味追求机械、凝滞的稳定,而是追求一种动态的、不断提升工业化发展水平的相对稳定。工业化稳定本身不是经济发展的最终目的,它只是实现工业化系统持续、协调、快速发展的条件。工业化的发展往往伴随着其系统结构的稳定与"失稳"的不断交替,只是要将这种"失稳"状态控制在一定的限度内,而不致因正反馈效应达到较高甚至难以控制的程度,从而导致工业化发展的大起大落或结构扭曲、系统紊乱。

四、经济全球化条件下一国工业化系统的开放性特征

在开放经济条件下,一个国家工业化系统的开放性主要表现在两个方面:一方面,工业化系统在发展过程中与其所处的外部世界即国际经济体系之间的技术、经济和贸易联系,不断从国际经济体系中获取自身发展所需要的资源、要素、技术和管理经验等,同时通过"引进来"和"走出去"两种基本方式,参与国际经济分工与协作,融入国际经济体系,分享国际分工的比较利益。另一方面,国内工业化内部各区域子系统之间实现有序交流与协作,表现为各个区域之间(既可表现为大的经济圈之间,也可表现为各省市等之间)在区域工业化发展过程中所实现的资源、要素、技术等的合理流动与优化配置,同时还表现为各区域之间通过产业转移、分工协作等方式实现的区域产业分工与协作。开放性是复杂系统基本的特征,也是系统保持自身功能与活力的重要条件。只有在系统与外部系统之间、系统各子系统之间实现开放和有序交流,才能使系统不断地补

充"新质",以增进系统自身功能和动态发展能力。

经济全球化的快速发展和深入为当今世界各国工业化系统之间的交流与互动提供了有利的环境与动力。如何充分有效地利用这种有利的环境条件,是当今世界特别是正在推进工业化进程的各国面临的重大问题。

工业化系统的开放性程度与方式直接影响工业化运行质量和效益。保持工业化系统的开放性是实现工业化系统有序、高效运行的必要条件。工业化系统的开放性效益在很大程度上取决于其开放的程度与开放方式。就开放程度而言,一般来说,对一个国家内部工业化发展的各子系统来说,开放程度越大,越有利于促进国家整体工业化系统的高效、良性运行。当然,从区域工业化开放的比较效益看,区域工业化系统之间的开放对不同区域工业化发展所带来的效益往往是不同的,效益大小主要取决于各区域资源禀赋、环境条件、产业体系状况与技术水平等。同样,对不同国家工业化系统之间的开放而言,也存在类似的情形。在这一开放过程中,对某一特定国家的工业化而言,并非开放程度越大越好,也不是任何一种开放方式都会产生预期的效果。关键是这种开放应有利于通过开放激发本国经济系统的要素能量与活力,实现本国资源的优化配置;有利于最大限度地发挥本国比较优势,提升本国产业结构水平,增强产业的国际竞争力。过度地依赖国外市场和经济体系,甚至为开放而开放,将对本国工业化发展带来不利影响。

开放方式也是影响工业化系统发展质量的重要因素。在一国工业化系统与其他国家经济系统之间的交流互动过程中,交流哪些要素以及如何实现交流、产业化和企业之间分工与协作方式、国内需求系统与国外需求系统之间的协调性等都属于工业化系统开放方式的内容,它们的特征与状况直接决定各国的工业化发展质量和水平。例如,在当今国际产业分工体系中,长期处于甚至被"锁定"在价值链的低端环节,将对本国产业升级和国际竞争力提升产生不利影响。再如,在内需和外需的关系方面,一个国家的工业化发展如果长期主要依赖于从外部经济中获取需求的拉力,而忽视内需市场的培育和扩大,导致内需和外需结构的失衡,一旦外部经济系统发生变化,将对本国工业化发展产生不利影响。因此,从系统开放和协同发展角度,应保持系统开放的合理的"度"的界限,采取科学合理的有利于实现本国工业化系统活力、动力持续增强的开放方式。

五、现代工业化发展路径的非均衡性和非平衡性

当今社会,包括工业化系统在内的许多复杂经济系统都具有动态非稳定、非平衡的特征。特别是随着信息技术的高速发展和广泛渗透,经济全球化进程的加快,市场竞争的空前加剧,国内经济转轨的不断推进,导致现代工业化演进系统快速地趋于不平衡,甚至有时呈现出不稳定发展的态势。高变动性和非平衡发展已成为现代工业化系统动态演进的一种常态。其演进过程充斥着有序与无序、均衡与跨越、量变与突变、竞争与协同、适应与淘汰等的变化替代关系。这样一种动态演进态势,内在地要求掌握和运用复杂系统动态演进的基本原理,因势利导,及时调控,将系统演进的非平稳性、非均衡性控制在一定的限度之内,推动工业化系统有序、和谐、良性地演进。首先,要形成现代工业化系统良性演进的内在调节机制。作为一个具有复杂内部结构的自组织系统,现代工业化系统具有自学习、自适应和进化的功能,通过系统形态的不断调整而生存和演进,并自动形成某种有序的状态。其系统内部诸多要素(制度、技术、产业、政策、市场;资本、人力、信息等)的相互作用、相互影响构成一种内在调节机制,促进形成更健全、高效的动态演进机制。

其次,相机调控现代工业化系统的动态演进过程。现代工业化系统的动态演进作为一个非平稳、非均衡的动态过程,其演进过程的非平稳性和非均衡性应控制在适当的范围内,并促其向着有序、健康的方向发展。过度的非平稳或非平衡容易引发经济、社会或生态危机,并在正反馈机制作用下,可能进一步放大这种非平衡性或非平稳性。有时一些偶然的经济、社会或生态环境因素的变化,也可能引发工业化系统非平稳和非均衡状态的加剧。因此,政府对现代工业化系统的相机调控不可缺少,调控的基本目标是诱发和指引现代工业化系统在可控制的状态中有序运行。

再次,把握好现代工业化系统常态型演进与跨越式发展的关系。现代工业化系统演进过程总体上呈现出一种非平稳、非均衡的常态式发展态势,但在特定的条件下,尤其是在一些新的经济、技术和制度变量强力作用下,也可实现一定程度的跨越式发展,甚至越过某些传统工业化发展所经历的环节,直接进入到更高水平的发展状态。尤其是在当今社会,信息化与工业化的融合日益加快,全球化对国内工业化的影响持续扩大,国内的制度创新、技术创新、产业创新提供的各种动力,都有可能引发工业化发展路径可能呈现出一定的跨越式推进态势。政府面对复杂多变的内外部环境条件,应充分利用各种有利因素,不

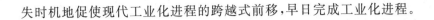

失时机地促使现代工业化进程的跨越式前移,早日完成工业化进程。

六、现代工业化发展需要系统性推进机制

现代工业化发展作为一个复杂系统动态演进的过程,需要有一套科学有效的系统推进机制①,包括工业化发展的目标导向、系统动力引擎、系统结构、体制基础、政府政策体系和系统外部环境等。工业化发展的目标导向即是工业化发展所要追求的一种基本目标;系统动力引擎即是拉动现代工业化发展的基本动力,包括技术创新、供给与需求力量等;系统结构是构成工业化的各种经济结构,包括产业结构、产业组织结构、区域经济结构、投资结构、需求结构等;系统体制基础是现代工业化发展所依赖的经济体制及其运行机制。当今社会,工业化发展一般建立在市场经济体制及其运行机制的基础之上,市场作为资源配置的基础性调节手段,对工业化发展发挥主导性的推动作用;政府政策体系是指政府制定实施的有关发展工业化的所有政策,它们形成一个相互搭配、相互协作的政策体系,共同推进现代工业化的发展;系统外部环境是指一个国家的工业化发展所处的经济、技术、社会和文化环境,包括各种硬环境和软环境。外部环境的优劣状况对工业化系统的运行的运行质量具有不可忽视的影响。总之,构建现代工业化系统推进机制,需要从以上几个方面着手,构建内部结构协同、作用方向一致的系统推进机制,保障现代工业化系统的有序、协同推进。

第三节 世界主要工业化发展模式及其启示

工业化是一个国家实现现代化的必经阶段。各个国家在推进工业化的过程中,由于其基本国情和面临的主要任务不同,从而其所采取的工业化发展模式也不一样。总体上看,历史上主要形成了以下几种工业化发展模式,即发达国家工业化发展模式、拉美国家工业化发展模式以及东亚新兴国家的工业化发展模式。这些工业化发展模式对我国工业化发展都具有一定的借鉴意义。

---

① “机制”一词最早源于希腊文,原意是指机器的构造和动作原理。最初由生物学和医学在研究一种生物的功能时借用该词,用以表示有机体内发生的生理或病理变化时各器官之间相互联系、作用和调节的方式。后来,人们将“机制”一词引入经济学的研究,用“经济机制”一词来表示一定经济机体内各构成要素之间相互联系和作用的关系及其功能。

一、发达国家工业化发展模式及启示

(一)以英、美为代表的内生发展型工业化模式

1. 英国工业化发展进程及主要特征

英国是世界上最早开始工业化的国家。英国的工业革命开始于 18 世纪 60 年代,到 19 世纪 40 年代开始用机器制造机器,标志着其工业革命的完成,其工业化可大致分为三个阶段:

第一阶段是从 18 世纪 60 年代至 19 世纪 40 年代,是工业化发展的上升期。资产阶级革命的成功,资本主义制度的确立,为工业化发展创造了有利的政治和制度保障;大规模的圈地运动和海外殖民扩张为工业化准备了大量廉价的劳动力、原材料和货币资本,并迅速开拓了海外市场,为工业化发展创造出巨大的需求;而工场手工业的大力发展又为工业化发展的机器大工业准备了必要的物质技术和人力条件。英国的工业化开始于轻纺工业部门的机械化,在此基础上发展起其他纺织工业部门,并逐渐由工场手工业转向机器大工业。到 19 世纪中叶,英国的棉纺织品 80% 出口国外,煤、铁、机器的输出量也不断攀升[①],标志着英国进入以机器制造机器的时期。而这一时期迅速发展的交通运输业极大地扩大了英国工业市场和原料供应,推动了机器大工业的迅速发展,并极大地带动了产品出口,使英国成为世界上最发达的工业化国家。

第二阶段从 19 世纪 50 年代至 70 年代,是工业化发展的鼎盛期。这一时期,英国成为真正意义上的"世界工厂"。1870 年,英国煤、铁、棉的消耗量各占世界总产值的一半以上。1850—1870 年,煤产量从 4980 万吨增加到 11200 万吨,生铁产量从 224 万吨增加到 610 万吨,钢产量达到 22 万吨。1850 年英国占世界贸易总额中的 21%,1870 年这一数字达到 36%,超过法国、美国的总和[②]。直到 19 世纪 70 年代,英国在世界工业生产和贸易中仍居于首位。与作为世界上最大的工业国相对应,这一时期英国还是世界上的"金融中心",工业化水平和经济整体实力远超过其他欧美国家。

第三阶段从 19 世纪 80 年代至 20 世纪 70 年代,是工业化发展的衰退期。进入 19 世纪 80 年代以后,随着美国、德国工业化的强强发展和竞争,英国国际经济地位逐渐衰弱,并失去"世界工厂"的地位和对世界工业和贸易的垄断。由

---

① 李毅中:《中国工业概况》,机械工业出版社 2009 年版,第 167 页。

② 宋则行、樊亢:《世界经济史》(修订版),经济科学出版社 1998 年版,第 110—112 页。

于工业和原材料生产的相对过剩而导致经济危机的出现,英国工业化陷入长期萧条和徘徊时期,纺织业、煤炭工业、造船业等老工业部门持续萎缩,汽车、化学、飞机、电子、石油精炼等新兴工业部门也因美、德等国的激烈竞争而发展缓慢。直到"二战"后,英国的经济仍增长乏力。20世纪80年代撒切尔夫人执政,开始对英国经济进行较大改革,并采取了一系列促进经济增长的措施,才使得英国经济在经历了长期衰退后有所复苏。

英国作为世界上第一个实现工业化的国家,其工业化的特点反映了工业化的一般规律和逻辑,其主要特点:一是建立在农业发展的基础之上。英国工业化之前,农业已经过"圈地运动"和土地制度变革而得到一定发展。"圈地运动"将领主和村社土地所有制转为土地私有制,专业化大牧场和大农场取代了自耕农和小农场。农业改良和技术进步提高了农业生产率。农业制度的变革和技术进步的作用有力地促进了农业的发展。而建立在农业发展基础上的英国工业化也获得了较快发展。二是工业化与城市化协调推进。农村工商业的发展是促进英国城市化发展的重要力量。随着农村工商业的发展,分散的手工工场逐步转变为工场,而集中贸易的不断发展,促进了大量农村小城镇的出现。同时,在一些工商业较为发达的地区涌现出一批"工业村庄",并进一步发展为一定规模的新兴城市[1],新兴城市的大量出现促进了英国城市化率的提高[2]。城市化的发展推动大量劳动力从农业转向非农产业,从而为工业化发展提供了较充足的劳动力和较广阔的市场需求,由此促进了英国工业化的快速推进。三是技术创新与进步作为工业化发展的结果,反过来又成为促进工业化发展的重要力量。技术进步始终是推动英国工业化发展的重要力量。工业化初期,以蒸汽机为代表的一系列机械的发明和普遍使用,使生产由长期依靠人力、畜力、水力、风力转向依靠蒸汽动力,由此实现了由手工技术生产时代向机械化大生产时代的过渡。蒸汽技术的发明和应用促进了纺织工业的发展,并进而带动了纺织技术的变革与进步。随后,钢铁工业技术和煤炭技术也相继发生了重大突

---

① 英国的许多大城市如曼彻斯特、伯明翰、波尔顿、利兹、拉文汉姆等正是由原来的工业村庄发展演变而来。1801年英格兰和威尔士两地城市人口(1万人以上的城市)只占21.3%,到1851年则增为39.5%。见周伯、鲁君明:《世界产业革命史》,中华书局1935年版,第147—148页。

② 1861年城市化率为62.3%,1871年为64.8%,1880年达到80%。早在1810年英国10万人以上的城市只有伦敦一个,到1881年已经增加到20个。周伯、鲁君明:《世界产业革命史》,中华书局1935年版,第147—148页。

破。在技术突破的基础上,纺织、钢铁和煤炭三大产业迅速发展成为英国工业化的支柱产业。这些产业及其应用技术的进步和发展以机器制造业的发展为依托,其发展又直接促进了机器制造业的快速发展和技术进步,由此使英国的工业化和技术进步之间相互促进,获得共同发展。

2. 美国工业化历程及主要特征

美国真正意义上的工业化开始于18世纪末19世纪初,其发展历程大致经历了以下几个阶段:

第一阶段从1790年至1860年,是工业化的起步阶段。直到18世纪末,美国经济依然处于家庭手工业阶段,主要依靠出口农产品和矿产原料来换取工业制成品。美国开始进行工业革命和走上工业化发展道路的标志是第二次英美战争和1807年美国禁运法的颁布,它们为美国工业的快速发展创造了有利条件,并提供了重要动力。这一时期美国工业化的发展伴随着产业结构的升级。作为工业化巨大动力的机器和蒸汽动力,推动了美国轻工业特别是棉纺织工业的快速发展,而轻纺工业以及面粉业、肉类加工业等的发展带动了美国农业的发展,而农业的发展反过来又有力推动了工业的发展。可见,农业和工业的协调发展同样也是美国这一阶段工业发展的一大特征。

第二阶段从1860年至1914年,是工业化快速推进并基本完成阶段。随着南北战争的结束,美国建立起较为完备的资本主义制度和市场经济制度,为工业化快速推进奠定了坚实的体制基础。特别是通过废除奴隶制和实施"宅地法案",极大地解放了农业生产力,促进了农业的快速发展,并因此极大地推动了与农业关系密切的轻纺工业和食品工业等的迅速发展。1860—1914年的50多年中,美国棉纺业增长了约6倍,食品加工业增长了10多倍,木材加工业增长近7倍,成衣、靴鞋、酒类业增长约8倍,印刷业增长15倍多[①]。轻工业的快速发展又对重工业的发展起到重要推动作用。加之第二次工业革命以后大量新技术、新发明的普及与应用,推动了电器工业、化学工业、汽车工业、石油工业、橡胶工业、电力工业等重工业部门和新兴工业部门的快速发展,重工业取代轻工业成为工业体系中的主导性产业,由此标志着美国工业化的基本完成。美国也一跃成为世界头号工业强国。所以,这一时期美国的制度因素、产业升级因素对美国工业化的快速推进起到十分重要的促进作用。

第三阶段从1914年至1969年,是工业化完成后的工业发展。"一战"给美

---

① 李毅中:《中国工业概况》,机械工业出版社2009年版,第177页。

国工业生产带来极大的推动,美国制造业总产值较战前增长了2倍多,工业规模进一步扩张,工业生产能力大大提高。随后出现的世界性的经济危机又使美国工业生产能力下降了近一半。"二战"使美国的战时工业特别是与军事有关的重工业,如飞机制造、造船工业、合成橡胶工业等得到快速发展。"二战"后的二十年,与其他西方国家一样,美国经济也进入高速发展和繁荣时期。这除了由于战后大规模的投资和重建创造了巨大的市场需求外,更主要的是第三次科技革命的巨大推动。原子能、电子计算机、半导体、宇航、激光和高分子合成材料等一系列新兴工业迅速发展起来,极大地提高了美国劳动生产率和工业增长速度,并使美国产业结构实现快速升级,石油工业、化学工业、电子工业以及以汽车为主的运输设备工业等新兴工业部门快速发展起来,同时科学技术对传统工业进行了技术改造。但总体上看,传统的工业部门如金属冶炼、食品、纺织和服装等增长缓慢,在整个工业中的地位趋于下降。同时,耐用消费品工业增长迅速,而非耐用消费品工业增长相对缓慢。产业结构的优化升级也对服务行业和现代农业产生了巨大的影响。工业的增长速度快于农业而落后于第三产业,在整个国民生产总值中所占的份额呈下降趋势;而第三产业在国民生产总值中所占的比重呈明显上升趋势,增长速度也明显加快。这标志着工业化发展水平进一步高级化。"二战"以来,美国一直是世界信息技术的领跑者,世界上第一台电子计算机、第一块集成电路、第一只半导体晶体管、作为信息高速公路的互联网等都在美国诞生。可以说,工业化建立在科技进步基础上,以科技创新及应用作为发展的巨大引擎是"二战"后美国工业化发展的最大特色。

(二)德、日政府主导型工业化发展模式

1. 德国工业化历程及其主要特征

德国是后起的工业化国家,其工业化起步晚于英、法、美等国,直到英国工业革命已接近尾声的19世纪30年代,德国才开始其工业化进程。但随后德国的经济和工业化水平很快超过了英、法等国,成为世界上最强大的工业国之一,被誉为"欧洲经济的火车头",德国的工业化从而成为后发国家赶超先发国家的典范。总体上看,德国的工业化经历了以下阶段:

第一阶段从1834年至1848年,为工业化的起步时期。19世纪初期,德国封建制度解体为工业革命的发展创造了相应的社会制度环境和条件。1834年"关税同盟"的成立促进了纺织工业的发展,并引发了德国工业革命。在纺织工业发展的基础上,以采煤和冶金业为主的重工业得到较快发展,同时机器制造业开始出现。但总体上看,这一时期德国的工业化还处于初期阶段,农业和手工业在经济中还占较大比重,机器制造业还相对弱小。

第二阶段从 1848 年至 1871 年,为工业化的扩展时期。发生于 1848 年的德国资产阶级革命,彻底废除了农奴制,德国的工业化也由此进入快速发展时期。纺织工业得到进一步快速发展,规模化生产和产业集中度明显提高,采矿、冶金、机器制造业等也得到迅速发展,工业结构进一步优化,工厂制度进一步完善。1850—1870 年间,德国工业发展速度远超过英、法等国,如这一时期德国的蒸汽动力增长了 8 倍以上,而同期法国增长了 4 倍,英国增长不到 2.5 倍[①]。到 19 世纪 70 年代后,德国的出口产品已主要是工业品,进口的是粮食和原料,这表明德国的工业化已发展到较高水平。

第三阶段从 1871 年至 1913 年,为工业化快速发展及完成时期。1871 年德国实现了统一,从而为工业化快速发展提供了良好的环境条件。随后,德国重工业得到快速发展,特别是钢铁业发展迅速并成为整个工业经济的支柱。到 1913 年,德国钢铁产量已跃居世界第二位,仅次于美国。技术进步水平提高迅速,新的工业技术发明在德国各个部门和军工产业得到广泛应用,并由此促进了汽车、石油等工业的快速发展。在重工业快速发展的基础上,新兴工业部门也大量涌现,使德国产业结构得到优化升级。1910—1914 年德国工业的产值占国民生产总值的比重达到 44%,已高于农业和服务业,标志着德国工业革命的完成和工业化的基本实现。

第四阶段从 1914 年至 1970 年,为战时工业化的畸形发展和战后快速复兴阶段。两次世界大战期间是德国工业化发展的特殊时期,政府对工业化发展采取较严厉的战时管制。随着德国在"一战"中的失败,德国工业遭到严重破坏,随后"大危机"的爆发和法西斯政权上台,使德国经济迅速全面地走上军事化道路,军工产业得到更为畸形的发展。"二战"结束后,德国军事工业体系被废除,联邦德国开始实行社会市场经济制度改革。通过发挥市场机制的基础性调节作用,配之以政府适当干预,德国走出一条独特而有效的新的经济发展之路。从 1949 年直到 1974 年经济危机的爆发,联邦德国保持了 25 年的高速经济增长,工业发展速度超过了美、英、法、意,仅次于日本。德国重新成为工业化发展水平较高的世界强国。

---

① [美]托马斯·K.麦格劳:《现代资本主义:三次工业革命的成功者》,赵文书等译,江苏人民出版社 1999 年版,第 71—85 页。

2. 日本工业化发展及主要特征

日本是一个工业化起步较晚的国家,1868 年明治维新之后才开始进行工业化。日本通过积极引进西方先进的科学技术,大力发展教育,推动本国工业化发展,迅速发展起造船业、玻璃制造业、纺织业、酿造业和探矿业等产业。但日本又是一个国内资源贫乏的国家,其能源、钢铁等工业的原料和燃料主要依靠进口,同时国内市场狭小,内需严重不足,由此促使日本走向一条不断对外扩张,掠夺他国财富,发展本国工业化的道路。其所实行的"贸易立国"战略,也是建立在对外扩张基础上的。与一般工业化国家产业发展的逻辑一样,在工业化初期,轻工业是促进日本工业化发展的主导产业。在 1877 年至 1900 年间,轻工业对制造业增长的贡献率达到 75% 左右。随后,日本开始重点发展重工业。与德国相似,在两次世界大战期间,日本的工业化也经历了一个严重畸形发展的阶段。特别是"二战"爆发后,日本走向以重化工业为主的军需工业畸形发展道路。

"二战"使日本工业化遭到严重打击。战后初期,日本政府实行了倾斜生产方式,重点发展煤炭工业,并通过土地改良政策以恢复农业生产。朝鲜战争促进了日本产品的出口,带动了纤维、食品、金属、机械等工业的迅速发展。20 世纪 50 年代中期以后,日本工业化进程加快,经济进入高速增长阶段,从 1954—1973 年,日本经济高速增长持续了近 20 年,走出了一条带有明显日本特色的快速推进工业发展的道路,构筑起以重化工业为支柱的现代工业体系。这一时期日本产业结构的典型特点是重化工业偏重型、投资主导型、美国依存型的高速增长,支撑日本工业高速增长的主导产业是钢铁、石油化工、造船和现代纺织产业。这些产业资本密集,装备厚重,投资回收时间长,是典型的重化工业化时期。20 世纪 70 年代石油危机爆发,由于资源的枯竭、劳动成本增加以及能源危机的日趋严重,煤炭、纺织及造船等产业先后成为夕阳产业,而汽车、家电、机械、半导体等组装加工类产业迅速崛起,成为新时期日本的朝阳产业和新的支柱产业,使日本"重厚型"工业结构逐渐向"轻薄型"工业结构转变,为产业结构的进一步优化升级创造了良好的产业基础。1970 年日本第一、二、三产业所占GDP 的比重分别为 5.9%、43.1% 和 50.9%,第一、二、三产业的就业人口所占比重分别为 19.3%、34.0% 和 46.6%[①]。

---

① 小野进:《日本的多层式经济发展模型(MMED):东亚模式的原型(下)》,《日本研究》2008 年第 1 期。

20世纪70年代以后,日本的第三产业产值已超过了第二产业,并保持稳定增长态势,就业增长率也保持较高水平,表明日本基本完成工业化的任务。随着1985年"广场协议"的签订,日元急剧升值,制造业出口价格比较优势下降,日本国内劳动力价格特别是制造业劳动成本急剧上升,导致出口型制造业企业迅速向海外转移。在此情况下,金融业、信息业等新兴服务业开始较快增长,在产业结构中所占的比重以及所发挥的作用稳步提高。同时,产业的向外转移在一定意义上也为新产业的兴起和发展提供了较为广阔的空间。这一时期包括高端IT产业、移动通信产业、生物产业、新材料产业等迅速发展起来。从20世纪80年代开始,以就业人口和GDP衡量,第一产业急剧下滑,第二产业也逐渐衰落,第三产业则持续增长。

3. 德、日工业化发展的主要启示

第二次世界大战后,德、日两国的工业化都获得了快速发展并取得了显著成就。两国在工业化过程中,一个显著的特点是政府干预。从历史上看,德国政府就建立了干预性较强的政府和一个主动积极的官僚体系,使政府干预在工业化发展过程中发挥了积极作用,并使德国在19世纪末成为一个实力强劲的新兴工业化国家。日本为推进工业化构建了一套独特的"官民协调"体制,政府通过与企业界反复协商制定经济计划和产业政策。第二次世界大战后,德、日采取政府干预下的市场经济体制,政府通过制定经济规划和产业政策,通过法律、金融、税收等手段,对产业发展和市场秩序进行较强程度的干预。德、日的产业政策本质上反映了国家对经济发展的干预。德、日政府通过产业政策来弥补市场机制的不足,通过调节供给来达到实现宏观经济目标与微观经济目标相互协调,从而有效地实现资源的最佳配置。这种建立在市场机制基础上的政府干预,对迅速推动两个国家的工业化起到重要的作用。

除了政府干预,德、日两国的企业卡特尔化也是助推工业化迅速发展的一个重要因素。两国在工业化过程中,企业卡特尔化成为工业组织的一种重要形式,它体现了工业化发展对规模经济的要求。因为在现代社会化大生产条件下,没有一定的企业规模,就无法有效地参与国际竞争。作为后起的工业化国家,德、日两国的工业化进程带有明显的赶超性质,它们没有亦步亦趋地重复欧美老牌国家工业化发展的老路,而是根据本国经济、技术和社会条件,构建起适合本国的产业组织和企业竞争模式,从而使本国的工业化进程表现出明显的跨越性特征。

再次,在工业化过程中,德、日政府十分重视发展和引进先进的科技,注重发展本国教育,建立起政府干预下通过科技和体制创新形成的产业创新体制。日本创新体制主要表现在产业组织即企业间关系上,大企业与中小企业在长期交易关系基础上建立起"系列化生产体制",这与美国垂直一体化大公司和分包商之间短期的交易关系具有很大不同。一是这种长期交易关系有助于创新的吸收,有助于通过利润分享计划刺激创新;二是日本经济由于开放程度有限,出口型大企业与那些不能直接出口的相关企业之间发展了一种特殊的竞争形态,即出口型大企业可以把产品价格强加给"系列化生产体制"中的广大中小企业,后者生存的唯一手段只能是创新,价格方面的竞争又使通过产品差别获得市场份额变得十分重要。三是日本企业借助于企业间的长期关系,发展了以节约成本为目标的在生产流程上的工序创新,这便是即时生产体系,或称丰田生产方式,其核心则是以需求为导向的生产计划体制。这是一种以企业间长期关系为基础的创新体制,其竞争优势就在于低成本、高质量和差别化产品方面。这种创新体制不仅导致了日本在高速增长时期对美国等市场爆炸性的出口增长,而且也很快适应了20世纪80年代需求日益多样化的发展趋势。

（三）西方发达国家工业化发展路径及其主要特征

工业化发展的过程,也是构成工业化系统的各种生产要素利用和配置效率逐步提高的过程,表现为经济增长的集约化水平不断提高。经济增长集约化水平的提高,要求调整经济增长源泉的结构,实现经济增长主要从依靠资源与要素的投入转向主要通过技术进步、提高资源与要素的使用效率上来。西方发达国家在工业化推进和经济发展过程中,并不存在十分突出的经济结构扭曲问题,经济增长和工业化推进主要是依靠资源要素的投入和使用效率的提高来实现。通过历史考察和分析会发现,西方国家的工业化发展也经历了一个由主要依靠资源要素投入实现经济增长的方式向主要依靠技术进步、提高资源要素使用效率来实现经济增长的方式转变的过程[①]。以美国为例,美国在1889—1957年期间,国民经济的增长存在着要素投入量增长率下降和要素生产率增长率上升的变动趋势,且前者在增长中的重要性趋于降低,而要素生产率的重要性则趋于提高。在1889—1929年,要素投入量的增长对经济增长的贡献率占到60%以上,要素生产率增长的贡献率则不到40%;而在此后的1929—1957年期间,要素投入量增长的贡献率下降到不到28%,要素生产率增长率的贡献率则上升到72%以上。肯德里克等人的实证研究也证明了这一点。美国私人国内

① 高峰:《发达资本主义国家经济增长方式的演进》,经济科学出版社2006年版,第85页。

经济的全要素生产率的年平均增长率,1889—1919 年期间为 1.3％,1919—1948 年期间为 1.8％;1948—1966 年期间为 2.5％[①]。其他发达国家也都表现出类似的发展特征。西方国家在经济增长的一个相当长的时期内,其要素生产率的增长率有逐渐提高的趋势,尤其是在劳动生产率上表现得更为突出。除了英国于 18 世纪后期最早开始了工业革命以外,多数西方国家的工业化开始于 19 世纪中后期,基本完成于 20 世纪初期,并于第二次世界大战后的六七十年代达到工业化的鼎盛时期。其生产率增长率的上升也主要是发生在这一时期。尽管这一时期发生过较多的经济波动甚至经济危机,但这些国家的要素生产率增长率都表现出持续提升的趋势。从对经济增长的贡献看,在这些国家工业化发展的早期时期,经济增长主要是依靠物质资本和人力资本的投入量增加来实现,而在工业化发展的后期阶段,经济增长则更多地是依靠科技进步和管理水平的提高以及生产要素质量与效益的提高。

(四)发达国家工业化发展的动力机制

发达国家在工业化发展过程中形成了相应的动力机制,其内容主要包括:第一,市场机制是工业化发展的基础性调节机制。发达国家的工业化发展尽管在政府作用程度上存在一定的差别,但从总体上说,这些国家的工业化都是建立在市场机制作用的基础上,通过市场竞争机制实现资源要素的优化配置,进而推动产业结构的优化,促进技术进步。德、日等国在工业化发展中,尽管政府的作用力度和程度相对较大,但这些国家的工业化依然是以市场机制作为其基础性调节机制,从总体上看,政府作用并没有排斥或取代市场机制的作用。

第二,投资需求和消费需求是工业化发展的重要拉动力量。在一个国家工业化发展的不同阶段,经济增长对生产要素投入量的需求往往是不同的。在西方国家工业化发展的早期,投资是拉动这些国家工业化的主要力量。通过生产要素的大量投入,用来大规模建设铁路、公路、电信、桥梁、港口等基础设施。特别是像美、德等国的工业化基本上直接开始于重工业的发展,重化工业对投资的需求更大。从居民需求角度看,在工业化早期阶段,其需求多以满足基本生活需要为主,对技术含量高的产品需求不大,要求产品的加工度不高,产品数量

[①]　J. W. 肯德里克、E. S. 格罗斯曼:《美国的生产率》,约翰·霍普金斯大学出版社 1980 年版,第 30 页。

关于工业化过程中经济增长源泉结构变化的趋势,从钱纳里等多国模型为基础所作的统计分析中也可得到有力的证明。

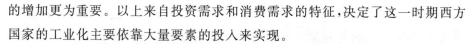

的增加更为重要。以上来自投资需求和消费需求的特征,决定了这一时期西方国家的工业化主要依靠大量要素的投入来实现。

到工业化发展的中后期阶段,西方国家工业化发展出现新的变化,主要表现在:作为国民经济发展基础的基础设施及公用事业部门基本建立起来,所需的投资大量减少。这一时期,西方国家以机器大工业为主要特征的现代工业体系建立起来,工业发展的主要方面转向充分利用现有机器设备、改进生产工艺过程,以降低成本,提高生产效率。这些虽然也需要增加一定的要素投入,但却不需要大量的固定资本投资。这时,拉动工业化发展的主要力量转向需求。并且随着工业化和经济发展的推进,人们的生活水平逐步提高,需求结构发生相应的变化,对产品需求的数量相对下降,而对产品质量的要求不断上升。

第三,生产要素供给条件的不断改善和科技、管理创新促进工业化水平和素质的提高。工业化过程的不同阶段,生产要素的供给状况表现出不同的特点,由此导致工业化水平和素质的不同。一般说来,要素投入量的迅速增长要求以充裕的要素供给为条件,而要素生产率的提高则主要以技术水平的提高和生产要素使用效率的提高为条件。因此,各种生产要素的供给条件和特征制约和影响着工业化水平和素质。在西方国家工业化发展的早期,工业发展相对落后,农业还是国民经济的主要经济部门,教育和科学技术发展落后。在这种情况下,工业化发展主要还是依靠那些直接的物质生产要素,特别是相对丰裕的自然资源和人力资源(包括从落后国家廉价获取甚至掠夺来的自然资源和人力)。从物质资本看,工业化初期的经济增长,物质资本的供给相对充裕。在18世纪后期至19世纪后期,西方国家有组织的研究与开发还处于萌芽阶段,少数科技发明大多出自自发的个人发明家之手;社会受教育程度较低,文化发展相对落后。在这种情况下,生产率提高的条件还不成熟。尽管这些国家发生了工业革命,促进了技术的巨大进步,在一定程度上提高了要素使用效率,但这种要素生产率的提高是建立在巨大的物质资本投入基础上的,从总体上看,物质资本生产率相对较低,从而使全要素生产率的增长相对缓慢,工业化发展水平和素质不高。进入20世纪以后,随着科技快速进步,要素效率大幅度提升,工业化发展水平和素质明显提高。

科技创新始终是促进西方发达国家工业化水平和素质提高的主导性力量。在西方国家工业化初期,技术创新还没成为企业有组织的活动,技术创新活动还具有较强的自发性和个体性,从而使这一时期的技术进步对工业化发展的作用较小。到了19世纪末,随着资本迅速积累和企业规模的扩张,企业有组织的研发活动逐渐展开,并成为企业的一项制度化、规范化活动。自此以后,西方国家技术创新在工业化发展中的作用日趋显著,企业的创新投入越来越大。1899—1908 年,美国制造业中实验室建立数大约为 300 个,到 1929—1936 年,实验室建立数已接近 2000 个[①]。在促进技术创新过程中,对基础科学和理论的重视,以及新兴技术创新组织的建立,是这些国家技术进步加速的主要推动力量,也构成工业化效率提高的重要条件。在加强技术创新的同时,西方国家企业组织与管理的创新也对提高要素生产率发挥了重要作用。这种企业组织和管理方法的创新,是随着企业规模的扩张而逐渐趋于加强的。新型企业组织结构和管理方法的出现,使在既定的设备和技术条件下,节省了大量劳动投入和生产资料特别是固定资本的使用,从而显著提高了要素生产率。因此,技术创新和组织与管理创新在西方国家工业化发展过程中的作用越来越显著,是提高工业化水平和素质的根本性力量。

第四,经济结构的持续调整和优化是工业化效率提高的重要推动力量。在要素投入结构方面,发达国家工业化过程中的一个重要的长期趋势是,资本投入量的增长率快于劳动投入量的增长率,从而使资本/劳动比率趋于上升,由此提高了劳动生产率和全要素生产率,推动了工业化效率的不断提高。在产业结构方面,西方国家在工业化过程中产业结构的演变呈现出工业比重不断上升、农业比重不断下降、服务业比重基本稳定的态势,到了后工业化时期,工业比重大量下降,服务业比重明显上升。随着产业结构的变动,农业劳动力不仅向工业部门转移而且向服务业部门转移。而劳动生产率提高最快的工业部门的不断扩大,也成为推动全要素生产率增长率逐渐上升和工业化效率提高的一个重要因素。

(五)发达国家工业化发展的主要借鉴及其教训

发达国家的工业化是世界上工业化发展的最早"样板",尽管后起国家不可能模仿和照搬这些国家的工业化发展模式,但其工业化过程中仍可借鉴发达国家工业化发展中的某些做法和经验,同时也存在某些值得汲取的教训。首先,工业化过程是以自然经济为特征的小生产向以市场经济为特征的社会化大生产转变的过程;从农业经济为主向工业经济为主、进而向以服务业为主的经济转变的过程。同时,工业化过程还是以农村人口为主体向城市人口为主体转变的过程,工业化与城市化是一个同时向前推进的过程。可以说,不论一个国家

---

① 　理查德·R. 纳尔森:《经济增长的源泉》,中国经济出版社 2000 年版,第 281、282 页。

的具体经济制度、具体发展程度和具体历史背景如何,工业化、城市化以及作为其一般制度含义的经济社会化,构成了一切国家经济发展过程的共有特征和一般趋势。

其次,工业化过程伴随着工业化发展模式的转变。这种转变具体表现为:从开始阶段主要依靠资本和人力等要素投入来推动工业化发展,逐渐转变到主要依靠技术进步和要素生产率提高促进工业化发展。这一演变规律与工业化过程的一般特征密切相关。工业化、机械化和城市化开始后的一个相当长时期,作为从小生产向大生产的过渡,必然需要大规模的要素投入;而此时科学技术的发展程度还较低,大企业的研究与开发能力也比较薄弱,要素生产率的增长率还不可能很高。但随着工业化、机械化和城市化进程的推进,生产要素的供给会趋紧,而推动要素生产率提高的各种力量则趋于加强,再加上生产率较高的工业部门不断扩大和生产率开始较低的农业部门不断缩小的这种结构变化,必然使得要素生产率的增长率上升并逐渐在经济增长中发挥主要作用。工业化发展方式的这种转变对于发达国家和发展中国家应该是大致相同的。

再次,在工业化与资源环境关系上,发达国家走的是一条先污染、后治理的路子。西方发达国家在推进工业化的过程中,不存在如同今天这样的较为严峻的资源环境压力,因而这些国家在推进工业化的过程中,对工业化可能造成的资源环境问题并不是很重视,再加上以经济利益作为基本导向的市场经济机制的作用,进一步加剧了工业化发展的资源环境问题。从总体上看,这些国家走的是一条先污染、后治理的工业化发展路子,工业化发展造成了较为严重的资源环境问题,并且这些问题直接对后来的发展中国家的工业化发展造成严重的影响。对这些问题,20 世纪 70 年代的罗马俱乐部出版的《增长的极限》等书作过较为具体和深刻的描述及分析[①]。

二、拉美国家工业化发展模式及其警示

(一)拉美国家工业化发展阶段及其主要特点

自 19 世纪取得民族独立以后,阿根廷、墨西哥、巴西、智利等拉美国家经过

---

① 见德内拉·梅多斯、乔根·兰德斯、丹尼斯·梅多斯:《增长的极限》,机械工业出版社,另外,还有一本描述西方国家工业化造成资源环境问题的著作为:卡逊:《寂静的春天》,吉林人民出版社 1997 年版。

一百多年的工业化发展历程,已从农业社会进入到工业社会,这些国家的工业化在取得突出成就的同时,也留下深刻的教训。拉美国家的工业化进程大致可以分为三个大的发展阶段,即初级产品出口模式阶段、进口替代工业化模式阶段和外向发展模式阶段。

第一阶段从 1870 年至 1930 年,为初级产品出口模式阶段。19 世纪 70 年代起,拉美国家普遍采取了初级产品出口型发展模式,即主要以出口初级产品来推动本国工业发展。之所以采取这种发展模式,一是因为这些国家人口增长和城市化的发展,为初级产品生产提供了大量廉价的劳动力和广阔的市场,并由此引起消费需求的上升和工资收入的提高,从而有利于国内市场的扩大,并带动了出口。出口导向的经济增长拉动了拉美国家工业化的发展。二是大量外国资本的涌入。1870 年后大量外国资本涌入拉美的初级产品生产部门。到 1914 年,外国直接投资总额达 75.69 亿美元,其中英国的直接投资占 47.4%,美国的直接投资占 18.4%;贷款总额为 22.29 亿美元,其中英国的贷款占 67.8%,美国的贷款占 13%[①]。外国资本对初级产品加工业的投资带来了资金和技术,提高了国内部门利润水平,并促使拉美国家发展成为原材料和初级产品的生产基地。三是拉美国家政府对基础设施建设的大规模投资,包括交通基础设施、电力事业和水力等,使工业化发展得到可靠和廉价的能源保障。四是利用关税和汇率政策调整价格水平以促进工业增长。五是发展科学技术促进初级产品部门的发展。

另外,拉美国家在独立初期选择了初级产品出口导向的工业化发展模式,在一定程度上也是殖民地时期所形成的国际分工体系惯性作用的结果。拉美国家的早期工业化总体水平偏低,其国内主导产业受欧美发达国家资本的控制,导致这些国家产业结构的严重失衡。独立以后,这些国家的工业化纷纷采取初级产品出口型工业化发展模式,以图迅速发展本国的工业化。

第二阶段从 1930 年至 1990 年,为进口替代工业化发展模式阶段。这种发展模式的主要特点是通过国家对关税、汇率、贷款、税收等的干预以及通过管制和国有化等政策,在对民族工业实行较强程度的保护条件下促进本国工业化发展。20 世纪 30 年代世界经济危机之后,拉美国家逐渐改变初级产品出口发展模式,开始推行进口替代发展战略。第二次世界大战后,拉美国家进一步加大从发达国家进口资本和技术。为强化进口替代战略的实施,这些国家还加强了

---

① 韩琦:《拉丁美洲的早期工业化(上)》,《拉丁美洲研究》2002 年第 6 期。

政府的干预,如对"幼稚工业"加强保护;国家通过国有企业及财政和金融部门对经济生活进行直接干预;利用国家资本大力发展基础设施等。大约从 20 世纪 50 年代中期起,大部分拉美国家已全面地由初级产品出口为主转向进口替代工业化为主,重点和优先发展以制成品加工为中心的工业化和城市化。可以说,进口替代工业化发展战略的实施使拉美国家的经济实现了长达 30 年的稳定增长,并创造了拉美"发展奇迹"。正是凭借这一发展模式,巴西、墨西哥、阿根廷等各国先后建立起较为完整的工业体系,许多工业特别是重工业,如汽车、造船、钢铁等达到较高的水平。

但这些国家在实施进口替代工业化发展模式的同时,虽然高度重视重工业的发展,并取得较显著的成就,但农业、轻工业长期发展缓慢,由此造成产业结构的失衡和扭曲。再加上过度促进城市化而忽视农村,导致城乡二元结构失衡,社会两极分化加剧。针对这些问题,从 20 世纪 70 年代中期到 80 年代,拉美国家先后调整进口替代工业化发展战略,开始从一般消费品进口替代为主转向耐用消费品和相关资本品进口替代为主,从吸纳外国直接投资为主转向吸纳外国信用贷款为主,从政府直接干预经济运行为主转向自由化市场调节为主,从本地区内部开放为主转向地区外世界性开放为主。但这些改革措施并没有从根本上消除进口替代工业化的负面效应。进入 20 世纪 80 年代以后,这些国家普遍出现持续的经济衰退[①],并被认为陷入"中等收入陷阱"。

第三阶段开始于 20 世纪 90 年代以后,为新自由主义指导下的工业化发展模式。这一时期,许多拉美国家都不同程度地推行了新自由主义导向的经济发展模式,如减少政府对经济生活的直接干预,充分发挥市场调节的作用,调动本国和外国私人资金的积极性;放松对外贸的控制,逐步开放国内市场,实行贸易自由化;逐步削弱国家作为生产资料直接拥有者和生产过程直接参与者的作用,实行部分国有企业的私有化;改革金融体制,实行金融自由化,等等。尽管拉美国家以市场化和自由化为导向的经济改革实现了经济恢复性增长,但由于这些国家的经济改革并没有改变诸如产业结构、收入分配等结构性问题,其发展的基础依然较为脆弱,受到外部的冲击越来越大[②]。其中突出的就是跨国公司对拉美经济的控制不断加强,对外依赖愈发严重。

---

① 20 世纪 80 年代拉美地区 GDP 年均增长率仅为 1.2%,人均 GDP 则是负增长 0.9%。见陈才兴:《新自由主义在拉美的发展变化及其前景》,《经济学动态》1999 年第 2 期。

② 杨万明:《论拉美国家的发展模式转型与发展困境》,《拉丁美洲研究》2006 年第 6 期。

（二）拉美国家工业化发展陷入"中等收入陷阱"的成因及警示[1]

拉美国家在经历了20世纪50年代至80年代的快速经济增长进入中等收入国家阶段之后，受到经济增速滞缓、贫富差距拉大、外资依存度过大等一系列问题的缠扰，而未能进入高收入国家的行列，由此人们称这些国家陷入"中等收入陷阱"[2]。20世纪50年代至80年代，许多拉美国家利用自身价格低廉的原材料、劳动力等比较优势，吸引了大量欧美资本投资，通过实施进口替代战略拉动了拉美国家经济的快速发展。拉美国家早在20世纪80年初人均GDP就已经超过了3000美元，而直到2009年依然在3500美元至6000美元的水平上徘徊。拉美国家进入中等收入国家行列以后，开始出现了经济增长放缓甚至长期停滞徘徊的局面，社会的贫富差距、社会冲突、贪污腐败等开始呈现明显的上升趋势，经济社会发展积累起的自身矛盾难以克服，诱发了大量的社会经济问题，甚至引起了社会动荡，由此陷入"中等收入陷阱"。

导致这些国家步入"中等收入陷阱"的主要原因是：第一，长期奉行的"进口替代"战略未能得到及时调整与转变。"进口替代"战略强调自给自足和经济超赶，以牺牲农业发展为代价发展工业，不重视与全球产业链的衔接和发挥本国的比较优势，结果造成工业化发展后劲不足，大批工业企业破产倒闭，制造业发展呈现停滞甚至倒退趋势。

第二，忽视市场规律的民粹主义和福利赶超超出了经济增长的承受能力。根据樊纲等人（2008年）的研究，20世纪80年代拉美各国的自由主义和民粹主义逐步掌握政权，积极推行超越经济发展阶段和财政限制的福利运动。运用外汇扩大进口和实行赤字融资，来提高工资增加福利。通过提高关税、压低物价和对产业部门的各类补贴等来增加本国民众的福利。这些做法因扭曲了市场价格信号，导致资源配置失当和宏观财政上的债台高筑而陷入债务危机。拉美国家的民粹主义福利赶超运动与经济发展水平相脱节，经济发展战略、宏观经济政策与市场机制相违背导致了经济增长停滞。

第三，"超前"的城市化进程超过了工业化的承载能力。拉美国家仅用了20多年的时间就使本国的城市化水平超越了发达国家，在人均GDP处于3000—

---

[1] 杜传忠、刘英基：《拉美国家"中等收入陷阱"及对我国的警示》，《理论学习》2011年第6期。

[2] 世界银行在2006年的《东亚经济发展报告》中首次提出了"中等收入陷阱"的概念，认为当一个国家人均收入达到世界中等收入水平之后，由于没能实现经济、社会发展模式的根本性转变，所出现的经济增长动力不足、经济发展停滞、社会矛盾和问题加剧等严峻局面。

5000 美元时,就实现了 78％的城市化率。1990 年拉美地区超过 1000 万的特大城市就有 4 个,而当时全世界只有 15 个①。拉美城市化的"超前"进程与工业化发展水平不相适应,工业化难以为急剧增加的市民提供足够的就业岗位。大量破产农民涌入城市只能生活在贫民窟里,民选政府为了选票必须不断向市民提供福利承诺和福利支出,庞大的政府福利开支制约了经济发展动力。同时,"超前"的城市化进程加剧了经济发展和人口地理分布的失衡,远离中心城市的偏远地区更加贫困落后。

第四,新自由主义加剧了拉美"中等收入陷阱"的程度。20 世纪 80 年代以后,美国对拉美债务国家提出了推行新自由主义的"贝克计划",要求拉美各债务国推进私有化,减少政府干预,实行金融自由化和贸易自由化,改革税收体系和劳动力市场。拉美国家为了获得更多的国外投资,大多接受了"贝克计划"。新自由主义改变了拉美"进口替代"的工业化模式,但也带来了外债剧增,外汇储备减少,通货膨胀上升,经济萎缩,资本外逃,大批工厂倒闭,失业增加等突出问题。20 世纪 90 年代中后期,墨西哥金融危机、阿根廷失业率居高不下标志着新自由主义在拉美的破产。

第五,政府官员腐败问题进一步加剧了"中等收入陷阱"造成的社会危机。随着拉美地区现代化进程的加快,官员腐败问题也日益严峻。20 世纪 80 年代,拉美国家在债务危机同时隐藏着严重的腐败,部分政府官员为了能够从公共项目中获取高额好处,积极进行权力寻租,暗中推动耗资巨大的政府工程。在国有资产私有化方面,政府官员更是与国际资本勾结,通过暗箱操作中饱私囊,贱卖国有资产。严重的腐败问题导致政府公信力下降,进一步加剧了"中等收入陷阱"带来的社会危机。

从现代化进程的历史经验看,拉美国家和日本及亚洲"四小龙"等在工业化前期的发展道路相似,但拉美国家却陷入"中等收入陷阱",而日本和亚洲"四小龙"等国家和地区却成功的跨越了"中等收入陷阱"。其根本原因在于进入工业化发展的中后期,拉美国家固守原来的发展模式,未能及时转变发展方式,并且盲目推行自由主义经济政策,而日本和亚洲"四小龙"等经济体,在进入中等收入阶段之后,能及时调整和转变经济发展方式,在发挥市场机制作用的基础上,注重发挥政府对经济发展的引导和适度干预,注重公平分配的实现,从而顺利实现了经济与社会的转型。

---

① 张家唐:《论拉美的现代化》,《国际问题研究》2002 年第 1 期。

三、东亚国家工业化发展模式及启示

东亚国家工业化发展模式(简称"东亚模式")是指以日本和亚洲"四小龙"为代表的东亚国家和地区在工业化发展过程中所形成的独具特色的方式和特点。在 20 世纪 70 年代以来,东亚国家的工业化经济获得了突飞猛进的发展,其发展模式引起了世界的关注[①]。这些国家工业化发展模式的主要特征:首先,政府在工业化进程中发挥主导性作用。从政府的作用程度看,西方国家的工业化基本上属于一种"内源性"的工业化,工业化的启动和发展主要以商业和工业革命为先导,市场发挥主导性作用。尽管在不同时期政府的作用不一样,但总体上说,政府作用的发挥建立在市场机制作用的基础上。而东亚新兴工业化国家或地区在推进工业化进程中,主要采取的是一种以政府发挥主导作用的发展模式,亦即是"强政府"的发展模式。主要原因是:这些国家一般都是后发展国家,要尽快赶上发达国家、完成工业化发展的历史任务,必须依靠高度理性的政府制定一套适合本国或本地区工业化发展的战略及相应的制度和政策安排,以充分利用本国或本地区廉价的劳动力资源优势,充分利用发达国家劳动密集型产业向发展中国家或地区转移的机遇,迅速发展自己的劳动密集型产业,促进产品出口。例如,韩国政府不仅直接控制和管理着大量的公营企业,还通过各种长期发展计划、短期管理政策和措施对私营企业施加影响。我国台湾地区当局也十分重视对经济的干预和调节,通过经济建设规划和财税、金融及外汇政策、农业政策、科技发展政策等实现对经济的干预。新加坡政府对经济的干预方式更加多样,如制订和实行中长期发展计划;通过金融、货币和投资控制货币供应量和调节物价水平,防止通货膨胀和物价波动;制定一系列相关法规、法令和政策;政府直接投资企业等。当然,东亚国家工业化过程中政府作用的力度和程度并不是一成不变的。20 世纪 80 年代以后,针对国内外经济发展环境的变化,各国政府对经济干预程度和范围都趋于减弱和缩小,降低国有经济在国民经济中的比例,注重扶植和发展私营企业。

其次,实施出口导向型经济发展战略(或称出口工业化战略(Associative

[①] 西方工业化国家从 18 世纪后期至 19 世纪初,其增长仅在英国出现,人均国民总值年均增长 1% 已是历史创新。19 世纪后期至 20 世纪一些先进工业化国家也才达到 1%—2%。战后某些西方国家增长率达到 3%—5%,即被看作是"经济奇迹"。但东亚国家的年均增长率却达到 7%—8%,甚至更高。见罗荣渠:《东亚现代化丛书序》,载尹保云:《韩国为什么成功》,文津出版社 1993 年版,第 1 页。

export-oriented development strategy))。东亚国家或地区在工业化过程中,重视外向型经济的发展,注重按照国际比较优势原则,利用国际贸易、国际金融和国际投资推动本国或地区的工业化进程。特别是这些国家通过制定实施相应的政府产业政策,积极引进外国资本和技术,面向国际市场组织生产,扩大出口,带动本国经济增长。同时,通过优惠贷款、出口补贴等方式扶助生产出口产品的企业,促进企业产品出口,进口国内所需要的技术和设备。另外,还通过改善投资环境,实行税收优惠等措施吸引外国直接投资,并尽可能争取国际金融组织、外国政府或商业银行的贷款,以弥补国内建设资金的不足,加快本国工业化进程。

出口导向战略对东亚工业化国家的经济发展作用是十分明显的。韩国的出口贸易对工业生产发展的贡献 1953—1961 年只有 1.1%,但到 1972—1976 年平均达 23.7%。出口贸易强有力地带动了韩国工业化的发展。台湾当局在 1963—1972 年间采取工业投资租税减免、关税和间接税退还、利息补贴、汇制改革及建立出口加工区等各种措施,积极发展出口工业,迅速推动了台湾产品的出口,创造了台湾经济发展的"黄金时期"。新加坡于 1965 年开始转向实施出口战略,在这一发展战略的引导下许多工业产品如纺织品、皮革、木材、石油、电力机械等均以出口为宗旨。新加坡的外贸出口额由 1966 年的 33.7 亿新元猛增到 1980 年的 414.5 亿新元,年均增长率高达 20%,同时转口贸易的比重由 74.5% 下降到 37.7%。香港作为一个自由港,历史上就以转口贸易为主。20 世纪 50 年代以后,香港的制造业开始迅速发展,制成品出口随之逐年增大,香港的经济结构也随之发生根本性变化。到 1959 年,工业制成品的出口额开始超过转口贸易额,整个经济实现了以转口贸易为主向出口为主导的加工工业为主的转变。1964 年本港生产的工业品出口占总出口的 72.8%,1970 年上升为 81%[1]。

第三,工业化发展建立在本国高储蓄率和高投资率的基础之上。东亚工业化国家或地区经济获得高速增长的一个很重要条件就是这些国家都具备较高的储蓄水平和投资水平。这些国家或地区的政府普遍采用多种鼓励和促进措施,将国民手中的资金集于正规金融机构,以增加国民储蓄,有的甚至采取强制措施,如新加坡的公积金制度。与此同时,通过采取各种刺激手段诱导私人资本和外国资本的投资。

---

[1]　翁东玲:《"东亚模式"的基本特征及产生的历史背景》,《亚太经济》2000 年第 3 期。

第四,政治上实施威权主义(authoritarianism)政权体制。由于特定的历史及政治制度原因,东亚一些工业化国家或地区在政治制度上采取了一种被称为威权主义的政权体制①。这种政权体制既具有旧的传统集权政治体制的某些特征,如权力高度集中、一党专制、军人干政等,同时又实行一系列具有一定现代意识和特征的政权制度,如议会民主形式、专家治国等。应当说,这种政治体制在东亚国家工业化过程中,对于重建社会秩序、稳定政治局面、克服发展危机、优化发展环境等确实发挥了明显的作用,但也引发一系列问题和矛盾。自20世纪80年代中后期开始,东亚一些集权政权开始向民主政体转型,相应的,这些国家和地区从经济现代化开始向政治现代化迈进,并且这种转变主要采取一种渐变的和自然的方式。

第五,工业化进程中的雁形模式特征。东亚国家和地区在推进工业化过程中,由于其特定的经济、社会和历史发展背景,从20世纪60—80年代间逐渐形成了独特的国际分工体系和产业结构形态,日本学者称为"雁形模式"②。在这一分工体系中,后进国接受先进国的技术出口和直接投资(产业转移的开始),后进国开始大规模生产,逐步取代进口品并进而开始出口,并将该产品返销到先进国;等到后进国的生产成本开始上升,出口竞争力开始下降时,后进国的生产企业就开始将生产移往生产水平更低的国家去,从而结束了这种产品的生产和出口。伴随着这种产业转移,东亚各国(地区)的生产结构和贸易结构也随之发生了变化,形成日本处于领先地位、亚洲"四小龙"紧随其后、东盟各国再随其后的产业分工格局。20世纪80年代中期以后,东亚地区的产业发展呈现出一种垂直分工和水平分工并存的局面。"雁形模式"在推动东亚各层次国家(地区)产业结构升级和出口导向战略实施方面所发挥的积极作用是有目共睹的。尤其对于后发国家而言,通过引进先进国的技术与装备,加快本国或本地区工业技术水平的提高和设备更新,有力地推动了本国或本地区工业化发展的进程。

----

① 所谓威权主义政权体制是指"二战"后在一些发展中国家和地区出现的军人政权或由非军人统治(一般是一党执政)的具有高度压制性的政权。参见罗荣渠主编:《各国现代化比较研究》,陕西人民出版社1993年版,第274—275页。

② 赤松要的"雁形发展理论"是指新兴工业国家从先进工业国家中获取发展产业的知识,在追赶先进国家的发展过程中形成的一般发展模式。该理论最初是基于战后德、日经济高速增长奇迹,对一国工业化进程的描述,后来把该理论扩展到对整个东亚的工业化过程的描述。

（二）对东亚国家或地区工业化发展模式的再认识及其启示

1. 政府主导的工业化发展模式存在一定缺陷

不可否认,在东亚国家或地区工业化发展和经济腾飞过程中,政府强有力的政策干预确实起到了很重要的作用。但与此同时,政府的强力推动也存在一定的弊端,并在一定程度上埋下了这些国家其后经济危机的种子。在政府与市场的关系上,与西方发达国家工业化相比,东亚国家或地区的工业化虽然也是在市场机制作用下推进的,但这些国家的市场经济体制不是由市场自然发展演进生成的,在很大程度上它是靠政府的权威直接组织起来的。这种制度安排的有效性依赖于政府的高度理性以及政府目标导向与社会目标导向的一致性。一旦在以上某个或某些方面出现问题,就有可能导致经济结构的失衡和政府过度干预经济的低效率与大量浪费。在缺乏完备的法规制度和法律约束及有效的外部监督机制下,还不可避免地会出现"寻租"和多种形式的腐败现象,进一步恶化工业化发展的环境。另外,一些东亚国家或地区的政府干预在弥补市场缺陷、纠正市场失灵的同时,在有的时候对市场的正常作用和功能加以排斥或替代,也降低了经济运行的效率。由此随着政府行政权力的增长、政府机构的膨胀和政府干预的增加,市场活动的领域及作用趋于缩小。在工业化过程中,从推进机制上如何将市场培育、市场机制作用与政府作用有机地结合起来始终是后发国家面临的一个重要问题。

2. 内需不足、外需主导型工业化发展模式存在很大弊端

战后东亚经济体都曾短暂实施过进口替代政策以加快建立自身的工业基础,但这种发展战略到20世纪60年代初期对经济增长的约束已较为明显,主要表现为居民收入低下、储蓄率过高。相对于不断扩张的产能,总需求不足的矛盾必然抑制经济的进一步增长。在这种条件下,东亚国家或地区其后开始转向出口导向政策,企图利用海外需求特别是巨大的美国市场来弥补内需不足的缺陷,并通过依靠投资和出口的增长来弥补国内消费的不足,由此形成了一种以高储蓄和高投资推动为主要特征的工业化发展路径。它是一种典型的出口导向型工业化发展模式,主要依靠扩大投资与出口来驱动经济增长,经济发展高度依赖国外需求,内需严重不足,内需与外需结构严重失衡。以2007年为例,韩国的贸易依存度达到72.5%、台湾达到132%、新加坡更是高达386%,东盟作为一个整体贸易依存度达到148.9%。可以说,整个东亚国家在推进工业化过程中,从材料、设备、技术、管理到市场等都对西方国家存在较高程度的依赖,致使本国科技和教育发展长期滞后,创新力不足,贸易摩擦较多。这种外需

主导下的工业化发展模式在全球经济失衡出现时即迅速暴露出其内在的缺陷和脆弱性。再加上经济结构对美国经济的高度依赖性,导致这些国家或地区的经济周期与美国趋于同步化,美国经济危机通过金融渠道、货币渠道和商品渠道等迅速地传导到这些国家或地区,造成这些国家或地区企业破产、失业增加与经济萎缩。

需要指出的是,不应因为经济危机后出现的情况一概否定这些国家或地区所实施过的出口导向战略。实际上,这一战略较适合于 20 世纪 80 年代的情况,当时实施这一战略的国家比较少,多数发展中国家都采取进口替代战略,而发达国家的传统产品市场规模较大,在这种情况下,东亚国家或地区选择出口导向战略,以充分利用国际贸易的比较利益发展本国(地区)经济,无疑是合理的。但进入 90 年代以后,随着收入的增长和传统产品所占份额的下降,这些国家或地区传统产品市场相对缩小。与此同时,其他发展中国家也都相继实行了出口导向战略,从而在出口方面对东亚国家或地区形成较强的竞争,从而使这些国家或地区长期实施的出口导向战略的成效大打折扣。在这种情况下,加快培育国内市场,刺激国内需求,以弥补出口导向战略受到的限制变得十分必要。这也说明,在一个国家工业化发展过程中,没有处于绝对优势、不再发生变化的发展战略,任何一项发展战略都有其特有的适用时间和范围。

3. 粗放型经济发展方式较为严重

美国著名经济学家克鲁格曼在 1994 年发表论文“亚洲奇迹的神话”,对包括中国在内的一批东亚国家的所谓“经济奇迹”提出质疑,认为亚洲的增长“无非是由劳动和资本这些投入的惊人增加所驱动的,而不是通过提高效率来实现的”,因此,“东亚非凡的增长记录只不过是由投入的迅速增长创造的,虽然令人难以置信,但亚洲经济增长再也不是一个神话”[①]。在克鲁格曼看来,亚洲新兴工业化国家,如同 50 年代的苏联,其发展很大程度上依赖大规模的劳动力和资金的投入,而非通过提高全要素生产率(TFP)实现的,即仅仅是数量的驱动,而非创新或质量的推动。这种生产增长方式最终必将像苏联一样而崩塌。东亚奇迹只是暂时的现象,东亚模式自然无从谈起。

实际上,即使是西方发达国家在工业化初期,也主要是依靠要素投入的增加来推动工业化和实现经济增长的,更不必说东亚这些发展中国家了。从某种

---

① 保罗·克鲁格曼:《亚洲奇迹的神话》,《北京大学中国经济研究中心学刊》2000 年第 1 期,第 37、41 页。

意义上说,在工业化发展的一定阶段,经济增长主要依靠要素投入驱动的情况首先是由于经济发展的阶段性原因造成的。至于我国的粗放型经济发展方式,除了工业化发展的阶段性原因外,传统经济体制的作用进一步固化和加深了这种粗放型发展的特征与程度,并使之长期得不到根本性转变。这一点是我国与东亚国家或地区粗放型增长的一个显著差别。但尽管如此,东亚国家或地区的工业化在一个较长的时期内处于高投资和高要素投入驱动经济发展的阶段,与西方发达国家相比,其经济增长的效益和质量相对较低,这样一种工业化发展模式是不可持续的。

4. 威权主义政治体制存在一定弊端

关于东亚国家或地区在工业化发展过程中政治上采取的威权主义政治体制的问题,需要明确的是:东亚诸国或地区推行的威权主义政治体制有其深厚的政治、经济、社会、文化和历史发展根源与背景。并且,在工业化发展的起始和经济腾飞阶段,发挥了较为重要的作用。其对工业化发展的效应与作用,在不同的国家表现得也不一样。但它毕竟是一种过渡性政治体制形态,其过渡期的长短主要取决于各国或地区的经济发展水平、居民教育文化素养和参政意识等诸多因素。事实上,自20世纪80年代中后期开始,东亚一些集权政权开始向民主政体转型。从长远角度和从工业化作为一个复杂系统协同发展的角度考虑,民主宪政是与市场经济体制更为吻合、对一个国家的工业化和经济发展更具有持续正向作用的政治制度。

政体特征与政府作用紧密相连。随着社会民主政体的日益发展,政府依靠一元政治的集权方式来主导经济实现飞速发展的模式将越来越困难。东亚各国、各地区在推进政体改革的过程中,需要重新审视政府与市场的关系,重新定位政府在工业化和经济发展过程中的地位及作用。这一点对我国工业化推进具有重要借鉴价值。

总之,东亚工业化发展模式曾创造了日本经济的奇迹和亚洲"四小龙"的经济腾飞。作为一种赶超模式,它在一个国家或地区工业化的初期无疑是非常成功的,在许多方面也表现得很好,如在居民收入分配方面相对均等。从基尼系数看,20世纪50年代中期至60年代初,拉美与东亚"四小龙"的基尼系数基本相似,大都处于0.46—0.55之间。但从60年代至70年代中期,随着经济高速发展,东亚国家的基尼系数明显下降:台湾0.27(1971年),韩国0.28(1971年),而拉美则居高不下甚至呈上升趋势,如巴西0.57(1970年),墨西哥0.58

(1969 年)[①]。

但正如以上所分析的,东亚模式也存在其内在的缺陷和弊端,并且伴随着国际经济发展环境和条件的变化,这些缺陷和弊端越来越明显地表现出来。自从 2009 年 9 月中旬,美国雷曼兄弟公司破产,全球经济陷入衰退后,面临急剧下滑的外部需求,以高储蓄、高投资、高顺差、低消费为主要特征的东亚国家工业化发展模式的致命缺陷暴露无遗。需要指出的是,与经历上百年时间磨砺的西方欧美模式相比,东亚模式从形成至今不过短短几十年的时间,这种模式本身还处于变动之中,它将随着内外经济发展环境条件的变化进行相应的调整[②]。

---

① 谢尔·杰恩:《收入分配的规模》,1975 年英文版;另见罗荣渠主编:《各国现代化比较研究》,陕西人民出版社 1993 年版,第 264 页。

② 有学者把 20 世纪末金融危机前的东亚发展称为"第一代东亚模式",金融危机后的东亚发展称为"第二代东亚模式",见厉以宁:《东亚金融风暴背景下的中国:经济增长与经济改革的前景》,《国际经济评论》1998 年 5—6 月。

第 二 章

中国传统工业化发展的路径与逻辑分析

中国特色新型工业化是相对于传统工业化而言的。本书把传统工业化界定为我国改革开放之前所走的以计划经济体制为基础的工业化道路以及改革开放后经济处于转轨时期主要靠生产要素投入、过分追求数量、速度,忽视质量、效益,从而导致资源能源耗费严重、污染加剧的工业化发展模式。这是一种不平衡发展、不可持续的工业化道路。本章按照历史或时间顺序,对这种工业化发展模式的主要特征及演进逻辑加以分析。

第一节 改革开放之前中国工业化
发展的特征及系统缺陷

一、从新中国成立到改革开放之前中国工业化发展的主要特征[①]

中国工业化发展包括改革开放之前与改革开放之后两个时期,尽管由于体制基础、政府政策等的不同,两个时期的工业化发展路径及特征存在较大差别,但作为一个完整的系统发展演进过程,二者之间存在密切的内在关联性。要全面理解和把握我国工业化发展的特征和内在逻辑,有必要对改革开放之前我国工业化发展的基本特征和存在问题进行剖析。从总体上看,这一时期,我国工业化发展主要存在以下特征。第一,赶超型工业化发展指导思想。从总体上

---

① 鉴于改革开放之前中国工业化发展的进程、状况,国内外学者已有较多研究,这里重点概括这一时期我国工业化发展的主要特征。

看,改革开放之前我国工业化发展处于一种以赶超经济发达国家为目标的思想指导下,这样一种工业化发展指导思想早在新中国成立初期即已确定,所实施的工业化发展战略因而是一种赶超型发展战略。采取这样一种工业化发展战略和指导思想,既与领导人对工业化发展进程的认识有关,也与当时特定的国内外发展环境相联。新中国成立初期,世界两大阵营已经形成,冷战时代已经开始。相继发生的朝鲜战争、越南战争等都对中国的国家安全构成严重威胁。在这种情况下,加快推进工业化,特别是通过迅速发展重工业,加快建立起我国独立的工业体系和国民经济体系,就成为领导人追求的主要目标。可以说,新中国成立初期的特定国内外环境条件是赶超型工业化发展指导思想得以确立的现实基础和主要原因,其后领导人对工业化发展规律认识的偏差以及经济建设中主观主义思想的盛行,对赶超型工业化发展指导思想的延续起到更为显著的作用。

第二,高度集中的计划经济体制基础。我国改革开放以前的工业化发展建立在高度集中统一的计划经济体制基础之上,其典型特征集中表现为没有自主权的微观经营机制、高度集中的行政性资源配置制度,以及扭曲的产品和生产要素价格形成机制。在传统的计划经济体制下,作为经济系统微观载体和基本构成单位的企业缺乏创新的动力与运行活力,也缺乏强化经营管理、提高经济效益的外在压力,由此导致了微观经济运行的低效率。从宏观经济看,政府对经济的干预往往服从于政府特定的经济发展目标,甚至往往是某些政治目标。为了实现这些目标,不考虑经济系统内在的发展逻辑和要求,单纯依靠行政命令和指令性计划调配和使用资源,人为打乱经济系统自身所具有的内在联系和相互关系,导致经济结构的扭曲、经济关系的失调和资源的大量浪费。因此,在高度集中的计划经济体制机制下,工业化发展的质量和效益较差,政府宏观经济干预的随意性、盲目性较大,经济运行经常呈现出大起大落的态势,波动性很大,稳定性较差且浪费较为严重。可以说,传统集中统一的计划经济体制是衍生和导致传统工业化发展的内生性原因,也是支撑传统工业化发展的重要基础条件。1978 年以前,我国也曾进行过某些方面的经济体制改革,但这些改革基本上都是在不触动传统经济体制基本框架的前提下进行的,主要措施是:通过行政性分权降低中央政府权力过于集中的弊端;借助于调整权限消除地区间和部门间利益分配不均的弊端。无论是行政性分权,还是调整管理权限,改变的仅仅是各地区和部门在经济发展和资源配置中的地位,仅仅是条条框框的调整。而对经济发展方式具有直接影响的资源配置方式、微观经营机制以及政府宏观政策环境等并没有受到根本性触动。

第三,以重工业畸形发展为主要特征的产业结构。新中国成立初期,我国确定了一条优先发展重工业的道路,其后直到改革开放,优先发展重工业成为我国工业化发展的主要任务。选择优先发展重工业,除了与赶超型工业化发展指导思想有关,也与受到苏联工业化道路选择和发展的影响以及新中国成立后较长一个时期我国所面临的严峻的国内外发展环境形势有关。朝鲜战争的爆发,使我国1952年在完成国民经济的恢复任务转入大规模的经济建设之后,就选择了优先发展重工业的社会主义工业化道路。此后西方国家对中国的封锁禁运,更加促使我国迫切需要通过大力发展重工业,构建工业化发展的基础。另外,轻工业在旧中国工业中占的比重较高,而重工业发展水平较低,制造能力薄弱也是促使我国优先发展重工业的重要原因[1]。据对1936年主要工业部门资料统计,重工业仅占全部工业总产值的17.13%,而纺织和食品两个部门就占了63%[2]。20世纪50年代工业化道路的形成可以"一五"计划为标志,"一五"时期,苏联援助建设的156个工业项目几乎全部是重工业。在当时的国际经济环境条件下,我国重工业的优先发展主要依靠国内积累建设资金来推进。通过工农业产品价格"剪刀差"将农业的资金积累大量转向工业作为重工业发展基金,人为阻隔了各产业之间、城市与农村之间的经济联系,形成城乡长期隔离发展的状态。过度超前地发展重工业,长期忽视农业和轻工业的发展,致使重工业长期畸形发展且形成自我循环,而农业基础一直十分薄弱,轻工业发展严重滞后,人民生活水平长期得不到明显提高,农业、轻工业与重工业之间的关系长期处于扭曲状态。

表 2.1　1952—1978 年轻、重工业产值比重　　　　　　　(单位:%)

年　份	1952	1957	1962	1965	1970	1975	1978
轻工业	64.5	55.0	47.2	51.6	46.1	44.1	43.1
重工业	35.5	45.0	52.8	48.4	53.9	55.9	56.9

资料来源:《中国统计年鉴(1990)》,中国统计出版社1990年版,第59页。

---

[1]　毛泽东曾描述过中国当时重工业落后的状况:"现在我们能造什么?能造桌子椅子,能造茶壶茶碗能种粮食,还能磨成面粉,还能造纸,但是,一辆汽车、一架飞机、一辆坦克、一辆拖拉机都不能造。"《毛泽东文集》第六卷,人民出版社1999年版,第329页。

[2]　赵艺文:《新中国的工业》,统计出版社1957年版,第5页。

表 2.2 "一五"至"五五"期间我国轻、重工业增长速度 （单位：%）

	"一五"	"二五"	1963—1965 年	"三五"	"四五"	"五五"
工业总产值	18.0	3.8	17.9	11.7	9.1	9.2
轻工业	12.9	1.1	21.2	8.4	7.7	11.0
重工业	25.4	6.7	14.9	14.7	10.2	7.7
工业净产值	19.6	1.8	21.4	12.3	8.3	8.5
轻工业	16.1	−1.1	27.7	9.7	7.5	7.7
重工业	23.7	4.4	16.1	14.7	8.8	9.1
工业固定资产原值	10.8	10.4	3.3	8.4	10.4	10.0
轻工业	20.4	23.3	7.3	6.8	10.7	8.8
重工业	25.1	3.4	31.8	8.8	4.3	9.3

资料来源：《中国统计年鉴(1990)》，中国统计出版社 1990 年版。

重工业内部结构不合理。采掘工业和原料工业发展滞后于加工工业发展的问题长期得不到解决，并数次出现结构失衡。"一五"时期加工工业相对于采掘工业和原料工业发展较快，其年均增长速度分别为 28.6%、21.5% 和 23.4%。这种发展态势尽管提高了我国原材料和机器设备的自给率，但也导致采掘工业和原料工业在某种程度上仍不能满足整个工业增长的需要，煤、电、钢铁的供应都比较紧张。投资失衡的后果突出表现为铁矿石和辅助原料矿石的采选、烧结以及煤炭开采掘业明显滞后于钢铁冶炼。在加工工业内部，重主机、轻配套，造成机械制造能力增长很快，而维修和配件生产能力不足。特别是"文革"期间，由于盲目发展以机械工业为代表的加工工业，造成重工业内部结构的进一步失衡，采掘工业、原料工业和加工工业的比例由 1965 年的 11.1∶39.7∶49.2 变为 1970 年的 8.5∶38.0∶53.5[①]。

第四，过分追求均衡发展的区域经济结构。区域经济结构是工业化系统结构的重要组成部分。在新中国成立后相当长的时期内，中国区域经济发展在产业布局和经济资源分配等方面，基本遵循一种平衡布局、均衡发展的思路，着眼点是为了实现区域生产力的平衡发展，缩小地区经济发展水平上存在的差距。遵循这一思路，国家十分重视对落后地区特别是西部落后地区的投资。国家在第一个五年计划期间，就明确提出要有计划、均衡地在全国布置工业的区域产

---

① 王海波主编：《新中国工业经济史》，经济管理出版社 1987 年版，第 139、196、197、249、312 页。

业发展政策,实施和推行了向内地配置产业、发展内地工业化的战略,从而开始向西部大量投资,以图改变旧中国遗留下来的区域生产力极不平衡的状态①,这一时期国家首先在以辽宁为中心的东北地区开工建设了一批煤炭、电力、钢铁、铝冶炼、机械等重工业产业,同时还集中财力建设了武汉、包头、兰州、西安、太原、郑州、成都等工业基地。应当说,这种投资取向奠定了西部地区经济进一步发展的基础,在一定程度上缩小了长期以来形成的已十分巨大的东、西部地区经济发展差距。从生产要素合理配置的角度说,这种投资的取向对于工业尽可能地接近原料、燃料产区和产品消费地区,实现生产要素的合理配置是十分必要的。

表 2.3　"一五"至"五五"期间我国重工业内部增长速度　　　　（单位：%）

	"一五"	"二五"	1963—1965 年	"三五"	"四五"	"五五"
采掘工业	21.1	6.0	6.2	8.7	10.5	6.3
原料工业	23.4	7.5	13.5	13.7	6.6	9.4
制造工业	28.6	6.1	18.8	16.6	12.7	6.9

资料来源:《中国统计年鉴(1990)》,中国统计出版社 1990 年版。

同时也需看到,这一时期国家在很大程度上忽视了沿海地区工业的发展,使这些地区经济的发展受到很大限制,从而追求了一种低水平的区域均衡发展。针对这种情况,国家"二五"计划明确提出了要充分利用和适当加强沿海老工业基地建设的政策,但由于随后发起的"大跃进"运动,使这一政策并没有得到有效实施,相反,却采取了许多更为盲目和不科学的推进工业化发展的区域经济政策。如过度依靠地方工业的发展推动工业化进程,企图在各省区以及各大协作区均能建立起比较独立的和完整的工业体系。这实际上是人为割裂了全国工业化体系的整体性,形成的是一种自我封闭式的工业发展系统。这种机械性、板块性工业系统的形成,不可能实现真正意义上的全国范围的工业均衡发展。再如,大跃进期间提出的发展中央工业和地方工业并举的政策,无视自身资源条件和现实可能,一味动员各地大办工业,追求本地区工业自成体系,同样造成严重的资源浪费,降低了工业化经济效益。直到 1963 年至 1965 年期间,国家才关停并转了一大批布局不当、效益低下的地方中小企业和项目,使低效和不合理的区域产业布局得到一定程度的改善。"三五"、"四五"计划时期,

---

①　新中国成立初期,全国工业总产值 77% 以上集中在国土不到 12% 的东部沿海狭长地带,广大的西南、西北和内蒙古等地区几乎没有什么现代工业(陈栋生,1993)。

我国区域经济布局和发展的主要举措是"三线"建设①。当时实施这一战略主要是出于战备考虑，重点是加强西南地区的建设。为此，国家在这一时期有计划地把一大批沿海地区的老工业企业陆续搬迁到"三线"地区，同时在西南地区建设起多家钢铁基地和一批煤炭、电力、石油、机械、化学和国防工业项目，修筑了若干条重要的铁路干线。与此同时，还将全国划分为10个经济协作区，要求在各协作区内建立不同水平、各具特色、各自为战、相互协作的工业体系和国民经济体系，并要求各省市区的成套机械设备和轻工业产品尽快做到自给，建立为农业服务的地方工业体系，以建立各自的"小三线"。

纵观改革开放前我国区域工业化发展思路和对策，通过加强对内地的投资建设，奠定内地工业化发展的基础，推进内地工业化进程，这对于改变旧中国遗留下来的工业分布极端不平衡的状态是必要的。但这一时期过分强调平衡发展思想，追求地区产业自成体系，在工业布点上搞大分散、"遍地开花"、"星罗棋布"等，盲目追求地方工业自成体系，违背客观经济规律和提高经济效益的要求，严重降低了区域产业经济效益。在平衡发展战略支配下，严重忽视和影响了沿海老工业基地的作用发挥。在不讲求投资效果的情况下，盲目追求国家投资的大规模西进，不仅没能取得缩小东西差距的预期效果，而且还严重降低了工业化和国民经济整体效率的发挥。

第五，以积累率长期偏高为主要特征的扭曲的供需结构。与赶超型工业化发展指导思想和优先发展重工业的发展道路相适应，我国改革开放之前的工业化模式还是一种高积累率的工业化发展模式，消费率长期处于较低水平。1953—1978年中国的平均积累率接近30%②，这在低收入国家中是极少见的，比中等收入国家的平均数也高出许多。这种较高的积累率严重扭曲了正常的供需关系和结构，虽然实现了工农业总产值和国内生产总值的较快增长（二者年均增速分别为8.2%、6.0%）（见表2.4），但这种高增长并没有使人民得到较多的实惠，也没有使国家实现现代化，甚至没有改变中国在低收入国家中的位次；相反，却与一些原来处于大致相同水平上的国家和地区（如亚洲"四小龙"）的发展水平拉开了距离。

---

① 当时，中央根据各地区的战略位置不同，将全国划分为一、二、三线地区，一、二线地处战略前沿，三线为全国的战略后方。在一、二线地区内，又划分为若干地方作为区内的三线地区，习惯上将前者称为大三线，后者称为小三线。

② 世界银行1984年经济考察团（1984）：《中国：长期发展的问题和方案》（主报告），中国财政经济出版社1985年版。

表 2.4 1953—1978 年经济增长基本指标 （单位:%）

	社会总产值	工农业总产值	国内生产总值	国民收入	积累率
"一五"	11.3	10.9	9.1	8.9	24.2
"二五"	−0.4	0.6	−2.2	−3.1	30.8
1963—1965 年	15.5	15.7	14.9	14.7	22.7
"三五"	9.3	9.6	6.9	8.3	26.3
"四五"	7.3	7.8	5.5	5.5	33.0
1976—1978 年	8.1	8.0	5.8	5.6	33.5
1953—1978 年	7.9	8.2	6.0	6.0	29.5

注:增长速度按可比价格计算,积累率按现价计算。

资料来源:林毅夫等:《中国的奇迹:发展战略和经济改革》(增订本),上海人民出版社,上海三联书店,2006 年版,第 69 页。

第六,严重粗放的工业化发展方式。我国改革开放之前的工业化走的是一条主要依靠增加生产要素投入实现经济增长的以粗放型、低效性为主要特征的工业化发展方式,具体表现为铺摊子、上项目;重速度、轻效益;重数量、轻质量;重外延、轻内涵;重新建、轻改造等。在这种工业化发展模式下,积累率和能源等中间投入的耗费过高,造成这一时期工业产值占国民生产总值的比例偏高,资源配置结构严重偏离了资源禀赋的比较优势,再加上激励机制不完善,导致中国经济的整体运行效率低下,人民没有从表面上的高速增长中真正得到多少实惠。据统计资料显示,1957—1978 年的 20 年中,虽然中国收入增长了 1.96 倍,全国居民消费水平指数只提高了 44.0%,年均提高 1.8%;其中,城镇居民消费水平年均提高 2.6%,农村居民消费水平年均提高 1.5%[①]。人民生活水平长期得不到明显提高。1978 年全国全民所有制单位的职工平均工资仅比 1957 年增加 7 元。1978 年全国居民平均消费水平为 175 元,仅比 1957 年增加 44%(按可比价格计算),其中农民增加 34.5%,非农业居民增加 68.6%[②]。

二、改革开放前中国工业化发展的系统缺陷

改革开放之前中国的工业化发展确实取得了一定成就,主要表现在:综合国力有较大提高,农业比重明显下降,工业比重显著上升,独立的工业体系初步

---

① 吴敬琏:《中国增长模式抉择》,上海远东出版社 2006 年版,第 102、103 页。
② 马洪主编:《现代中国经济事典》,中国社会科学出版社 1982 年版,第 571 页。

建立起来,人民生活水平有了一定程度的提高。1952—1978 年,国内生产总值(GDP)由 679 亿元增长到 3624.1 亿元,增长了 4.3 倍。同期第一产业的增加值占 GDP 的比重由 50.5％下降到 28.1％,下降 22.4 个百分点;第二产业增加值的比重由 20.9％上升到 48.2％,上升 17.3 个百分点;煤产量跃居全球第三位,钢产量跃居第五位,发电量跃居第八位[①]。另外,我国在国防工业、尖端科学方面取得了巨大进展,在改善基础设施、缩小沿海与内地差距方面取得明显成效。

但改革开放以前中国的工业化发展存在较大的缺陷,从工业化作为一个复杂系统的角度看,主要表现为:第一,速度优先,系统平衡性较差。我国从新中国成立初制定第一个五年计划开始,始终以追求较高的经济增长速度作为首要目标。"一五"和"二五"计划是以 15 年左右实现工业化为目标;"三五"、"四五"、"五五"是以 20 世纪末基本上实现四个现代化为目标。在这个过程中,体制变革、政策调整以及对外技术引进等都是为实现这一目标服务的。在处理增长速度与经济系统平衡性关系方面,始终把增长速度放在第一位,而忽视整体经济系统的平衡性、协调性,尽管有的年份也能实现较紧张的平衡,但总体上看,经济系统缺乏系统性和协调性。

第二,发展路径不均衡,大起大落较为严重。工业化发展主要受政府指令性计划的作用,而对经济系统自身复杂的内在联系和关系重视不够。对于我国这样一个经济、技术落后,经济体系又异常复杂的大国来说,要求政府对经济运行的基本形态和关系结构有较为准确地把握是十分困难的,在这种情况下,要求政府制定出科学合理的工业化和经济发展计划和指标是不可能的。但在传统高度集中的计划经济体制下,我国工业化发展路经及模式完全受政府指令性计划的指导,排斥市场机制的调节作用。在中央和地方的关系方面,权力的集中和下放是全面的、行政性的,随意性较强,科学性较差,往往导致"一统就死、一放就乱"的结果,始终没有找到和建立起合理的中央与地方经济关系,没有形成一条相对均衡和合理的工业化发展路径,经济发展过程大起大落,造成较严重的资源浪费。

第三,系统结构严重失衡,结构效益十分低下。除了长期存在的扭曲的产业结构和不合理的区域经济结构之外,在城乡结构方面,通过不合理的户籍制度及一系列行政法规,形成并逐步固化了城乡二元经济结构,通过工农业产品

---

① 卢中原、侯永志:《中国 2020:发展目标和政策取向》,《管理世界》2008 年第 5 期。

价格"剪刀差"将农业的资金积累大量转向工业作为重工业发展基金,人为阻隔了各产业之间、城市与农村之间的内在经济联系,形成城乡长期隔离发展的状态,使工业化发展并没有带来社会的全面进步,经济系统与社会系统之间没有形成一种相互促进、相互推动的作用关系。分配结构方面,实行平均主义的分配制度,造成了普遍的贫穷和落后,人们普遍缺乏提高效益的积极性和主动性。另外,由于受多种因素的制约和影响,我国长期实行闭关锁国的经济发展战略,隔绝了与世界其他国家的经济联系[①],从而使我国的工业化发展基本独立于世界经济发展的系统之外。至于工业化系统与资源生态系统之间的协调,一直没有提上工业化发展的议事日程,在工业化发展过程中,资源浪费、生态环境破坏的现象十分普遍。

第四,体制基础高度集中僵化,体制效率长期低下。对于改革开放之前中国经济发展或工业化推进所赖以依托的计划经济体制,林毅夫教授等在《中国的奇迹》一书中曾给予系统的揭示。在他们看来,新中国成立初期我国之所以建立起高度集中统一的计划经济体制,主要是为了实现"赶超"的战略目标和急于求成的经济建设指导思想。当时人们对于什么是和怎样进行工业化、现代化理解得既不全面,也缺乏经验,以为工业化、现代化就是生产能力的增长和技术水平的提高,没有认识到这是一个艰难的、漫长的系统性经济与社会转型过程(包括由城乡二元经济结构向现代经济结构的转变,由传统农业社会向现代工业社会的转型)。为了尽快改变我国贫穷落后面貌、进而实现赶超西方资本主义国家的发展目标,必须建立起我国工业发展基础及相对完整的工业体系,为此就需要重点发展重工业。但在我国资金稀缺的条件下实现资金密集型重工业优先发展的战略目标,就必须建立以扭曲产品和生产要素价格的宏观政策环境、高度集中的资源计划配置制度,以及没有自主权的微观经营机制为特征的"三位一体"的经济体制及运行机制[②]。通过上一章对发达资本主义国家工业化发展演变的历史进行分析可以看到,尽管这些国家在工业化的初期也曾经历过一段粗放型发展道路,但那主要是与当时这些国家的发展阶段及市场经济体制

---

①　新中国成立初期我国主要与前苏联、东欧社会主义国家进行经济贸易往来,实施"进口替代"政策,通过出口一部分农产品、矿产品等初级产品和轻工业品换回发展重工业所需的生产资料,并用国内生产的生产资料逐步代替它们的进口。随着中苏关系的破裂,与这些国家的经济联系也逐渐减弱甚至停止。

②　林毅夫、蔡昉、李周:《中国的奇迹:发展战略与经济改革》,上海人民出版社2006年版,第55页。

不健全直接相关的。随着这些国家工业化进程的推进和市场经济体制的逐步健全和完善,高效率的经济运行机制和调节机制建立起来,工业化发展水平和质量显著提高。而我国改革开放之前工业化发展的低效率,主要是与作为其体制基础的高度集中僵化的传统计划经济体制和运行机制有关。

从复杂系统运行的角度说,建立在市场经济体制基础上的经济发展系统,在市场机制的作用与调控下,更有利于实现系统的内部结构协调和有序运行,系统的结构效率和运行效率较高,系统自我调节、自我优化的能力较强。相比之下,以政府对经济的高度集中管理为主要特点的计划经济体制,忽视了工业化作为一个复杂系统的内在结构关系和协调发展的内在要求,导致了系统运行效率的低下。并且这种稳态化、低效化的工业化系统结构呈现出自我强化、难以矫正的态势。传统的计划经济体制造成低下的经济效益和低水平的技术创新能力,而为追求过高的经济增长速度,就不得不投入大量的资源、要素、追求过高的积累率。

改革开放之前的工业化发展的调节机制单一,没有形成一种基于经济系统内在要素和结构关系的工业化发展调节机制,致使工业化系统的自我调节、自我优化能力较弱。政府在工业化过程中成为唯一的决策者、调控者,并相应承担起全部的责任。政府作为工业化唯一推进者、决策者和监督实施者的地位,与客观上存在的信息不足、信息不对称以及管理能力的限制结合在一起,导致政府决策失误较多,监督实施成本较高。对工业化运行的调控长期围绕着在中央政府与地方政府之间的权力分配上做文章,结果却陷入"一统就死,一死就放,一放就乱,一乱又统"的循环怪圈。工业化系统缺少建立在市场机制基础上的内在微调机制和系统协同机制,导致经济运行的大起大落十分严重。再加上在赶超思想的支配下,形成自上而下的"投资饥渴症"和经济运行环境的紧约束,工业化运行机制扭曲,运行环境不断劣化,运行效率十分低下。

第二节　改革开放后中国工业化发展历程及特征

一、中国工业化发展路径的系统矫正阶段(1978—1992年)

(一)该时期中国工业化发展的主要特征

从总体上说,这一时期我国工业化发展主要表现出以下特征:

第一,工业化发展的指导思想和基本理念的调整。1978年召开的十一届三中全会否定了"以阶级斗争为纲"的极"左"路线,果断做出了"把全党工作的着重点和全国人民的注意力转移到社会主义现代化建设上来"的重大战略决策,由此标志着我国工业化发展的指导思想发生根本性的转变。在新的指导思想指引下,我国开始形成改革开放的总方针和一系列新的经济和工业化发展政策,使工业化进入一个新的发展阶段。改革初期提出了要"走出一条速度比较实在、经济效益比较好、人民可以得到更多实惠的新路子"①。把提高经济效益作为工业化和经济发展的重要目标,并在其后一直强调这一目标和要求,使之成为工业化发展的重要指导思想。

第二,全面改革和对外开放成为工业化发展的根本动力。从1978年开始,我国对传统计划经济体制进行了渐进式和系统性的改革,改革的基本取向是用指导性计划替代指令性计划,用市场机制替代计划机制。改革首先从微观经营机制入手,试图通过建立劳动激励机制诱发和提高劳动者的生产积极性,提高经济效率。主要措施包括:在农村,全面实行家庭联产承包责任制;在城市,以放权让利为中心,对经营机制进行一系列综合性和专项改革。对国有企业改革,主要是围绕实现资产经营的竞争性、资产形式的流动性和资产所有者对资产经营者的约束和监督来展开,以调整国家和企业的利益关系为核心,赋予企业更大的自主权,并逐渐将国有企业推向市场。与此同时,允许、鼓励个体经济、私营经济、集体经济等多种非国有经济形式的发展。在资源的配置制度方面,改革物资、外贸和金融管理体制,调整和改革商品和要素价格形成机制,完善市场体系,提高市场调节功能。在宏观调控方面,逐步建立以经济手段、法律手段为主要内容、以间接调控为主要形式的宏观调控体系。经济体制的全面改革,标志着我国工业化发展的体制基础开始发生根本性变化,同时也标志着我国工业化发展的动力机制开始重新塑造,市场开始成为工业化发展的重要调节机制。

伴随着经济体制改革的推进,对外开放也逐步展开,并开始成为我国的基本国策。由此,中国开始从封闭、半封闭经济走向开放型经济,中国的工业化系统开始与全球经济体系实现互动和融合。伴随着工业化的发展,中国经济对外开放的力度越来越大,程度越来越深,中国经济和工业化快速而深入地融入国际经济体系。两个市场、两种资源的有效利用,成为推动中国工业化发展的重要力量。

---

① 《当前的经济形势和今后经济建设的方针》,《人民日报》1981年12月4日。

第三,长期扭曲的经济结构开始得到矫正和调整。改革开放之后,针对以前长期实施的优先发展重工业而产生的严重的结构矛盾,政府开始调整工业化发展思路,摒弃了单纯优先发展重工业的思路,转而采取改善人民生活、促进三次产业全面发展的新的工业化发展战略,尤其是针对农业和轻工业发展长期滞后的状况,强调"要大力发展农业和消费品工业,使重工业密切为农业和消费品工业服务"。该阶段又可具体分为以农产品为原料的轻工业增长为主导的时期和以非农产品为原料的轻工业增长为主导的时期,这体现了轻工业发展的结构高级化趋势①。经过调整,使长期扭曲发展的产业结构得到一定程度的优化,轻工业产值占全部工业产值的比例连续上升,到1981年该比例首次超过了50%。1978—1997年间,二者分别增长了1195.8%和1349.3%,前者为后者的89%②。随着产业结构的调整,以消费结构升级推动产业结构向高度化方向发展的工业化发展思路逐渐清晰起来,工业化的总体进程也由工业化初级阶段向工业化中期过渡。

伴随着产业结构的调整和优化,我国就业结构也发生了相应的变化。首先,农民在非农产业就业的比重明显提高。在1978—1997年间,全国仅乡镇企业的劳动者增加量(10223.84万人)一项,就占到全国非农产业中劳动者增加量(24671万人)的41.4%③。如果再考虑到农民在其他产业中从事非农活动(如进城当合同工、临时工、保姆,经商等),则农民从事非农产业的数量就更大了。城市中集体经济和个体经济迅猛发展也创造了大量就业机会。统计资料表明,1978—1997年间,在城镇集体经济和个体经济中就业的劳动者由2063万人增加到5486万人,增长了165.9%,占该时期全国非农产业中劳动者增加量的13.9%。随着工业经济和第三产业的迅速发展,从事第一产业的劳动力占劳动力总数的份额由1978年的70.5%下降到1997年的49.9%,从事非农产业的劳动力占劳动力总数的份额则由1978年的29.5%提高到1997年的50.1%,变化幅度高达20.6个百分点④。这种情况表明,就业结构转换严重滞后于产值结构转换的问题已得到初步矫正。

---

① 王岳平:《开放条件下的工业结构升级》,经济管理出版社2004年版,第130—133页。

② 林毅夫、蔡昉、李周:《中国的奇迹:发展战略与经济改革》,上海人民出版社2006年版,第188页。

③ 林毅夫、蔡昉、李周:《中国的奇迹:发展战略与经济改革》,上海人民出版社2006年版,第190页。

④ 国家统计局:《中国统计年鉴(1998)》,中国统计出版社1998年版,第128页。

在区域经济发展方面,形成了"两个大局"的战略构想[①],这一构想实际上指出了如何解决我国经济社会发展中的效率与公平、先富与后富、沿海与内地等一系列关系的问题,符合区域发展的基本要求与内在规律,也与我国工业化和现代化建设的总体部署相协调。在促进工业化发展的积累来源和结构方面,改变了单独依靠国家积累的投资结构,伴随着经济体制改革和对外开放,民间储蓄快速上升,并在积累中发挥着越来越大的作用。由民间储蓄为主,政府、企业和居民共同积累的投资结构替代了改革前单一的依靠国家积累的投资结构,工业化发展的资金来源结构趋于多元化。

(二)这一时期中国工业化发展绩效及其成因探析

从 1978 年至 1992 年间,伴随着我国经济体制改革的全面展开和系统推进,我国工业化发展方式也进入系统性重塑阶段。资源配置的基础开始由原来的计划配置资源为主要方式转变为以市场配置资源为主要方式;作为经济运行微观主体的企业经营效率有了明显提高,经济活力有了较大增强。经济结构特别是产业结构的扭曲得到逐渐改善,重工业过快发展、轻工业和农业发展严重滞后的局面得到一定程度的矫正,农业和轻工业开始得到快速发展,产业结构的协调性得到提升。技术创新作为工业化绩效提升的主要手段,受到越来越多的重视,并对工业化发展的推动作用越来越显著。对外开放的逐步深入使中国工业化发展与全球经济系统的交流与互动逐渐加强,工业化发展的外部推动力越来越强。工业化发展中长期存在的区域经济机械性、低水平均衡发展的格局被打破,东部沿海地区借助于对外开放的有利条件和政策优势率先发展起来。农村和城市二元经济结构的禁闭开始被打破,两大系统之间的人员、要素交流开始变得频繁。

但从投入产出关系看,这一时期我国工业化发展主要是靠要素的投入,特别是资本要素的投入起到主导性作用。在改革开放之前,我国经济增长主要靠要素投入来支撑,其中资本投入对增长的贡献率近 70%,而综合要素生产率对增长的贡献只有 6.7%。改革开放之后,特别在改革初期阶段,综合要素生产率的贡献率急速提高,达到 31.3%,而资本投入贡献率直线下降至 48.2%。但 80

---

① 即"沿海地区要加快对外开放,使这个拥有两亿人口的广大地带较快地先发展起来,从而带动内地更好地发展,这是一个事关大局的问题。内地要顾全这个大局。反过来,发展到一定的时候,又要求沿海拿出更多力量来帮助内地发展,这也是个大局。那时沿海也要服从这个大局"。

年代下半期,资本投入贡献率反弹至 62.4%,综合要素生产率贡献率下降到 20%。进入 90 年代后,综合要素生产率对增长的贡献率再次上升至 33.1%,而资本投资贡献率下降到 57.1%(见表 2.5)。

可见,虽然改革之后我国工业化发展的贡献率结构有了明显改善,但与发达国家相比仍有相当大的差距(见表 2.6)。这一时期我国工业化发展表现出较显著的粗放型特征,工业化推进主要依靠增加投入、铺新摊子、追求要素数量来实现。这种发展方式在受到各种因素的制约而被迫收缩经济的扩张时,会导致增长速度的放慢。我国工业化发展中经济增速的大起大落,很大程度上与这种粗放型发展方式有关。

表 2.5　中国经济增长因素分析　　　　　　　　　　　　　　　(单位:%)

年份	综合要素生产率贡献率	资本投入贡献率	劳动投入贡献率
1953—1978	6.7	69.6	23.7
1979—1984	31.3	48.2	20.5
1985—1990	20.0	62.4	17.6
1991—1993	33.1	57.1	9.8
1979—1993	25.0	58.4	16.6
1953—1993	14.1	65.3	20.6

资料来源:沈坤荣:《中国经济的增长模式与通货膨胀》,《经济学家》1996 年第 1 期。

表 2.6　发达国家增长因素分析(1960—1985 年)　　　　　　　(单位:%)

	综合要素生产率贡献率	资本投入贡献率	劳动投入贡献率
法国	78	27	−5
西德	87	23	−10
日本	59	36	5
英国	78	27	−5
美国	50	23	27

资料来源:世界银行(1991)。

导致这种粗放型工业化发展方式的主要原因是传统的经济体制没有得到根本性改革。1978 年后我国逐步展开的经济体制改革提高了资源配置效率,在一定程度上矫正了扭曲的经济结构,从而为工业化发展提供了新的体制基础和结构动力,并且体制改革使被抑制多年的消费需求得到释放,成为拉动工业化发展的重要力量。同时,生产要素市场化使要素的竞争优势开始显现,为要素之间的有效替代和配置效率提高提供了条件。但我国的经济体制改革是一个渐进的过程,在传统体制及运行机制没有彻底改变之前,粗放型工业化发展方式难以得到根本性转变。科尔内关于社会主义国家传统经济体制的系统分析,深刻揭示了粗放型工业化发展方式的制度内生性主要在于软预算约束下的扩张冲动和投资饥渴症。我国经济体制改革之后,经过企业制度改革,国有企业软预算约束虽有所改变,但没有得到根本解决,企业扩张冲动和投资饥渴的本质行为方式依然存在。这种行为方式作用的必然结果便是主要以投资推动工业化发展的方式得以延续。

与此同时,20 世纪 80 年代我国处于短缺经济的客观经济环境对粗放型工业化发展方式的作用不可忽视。短缺经济曾一直是我国经济发展的常态,但改革以后的短缺经济表现形态,与传统经济体制下的形态相比有了一定的变化。传统体制下的短缺经济是受计划分配、定量供应、凭票购买等制度和政策的维护,表现为隐性的抑制状态。而在 80 年代的改革进程中的短缺经济,不再受到抑制而处于显性状态,再加上居民有支付能力的购买力迅速提升,直接转化为强有力的市场需求。在这种需求环境条件的诱发下,企业扩张冲动和投资饥渴的行为方式得到了充分展现,由此诱发了较明显的粗放型经济增长。从改革开放开始直到 80 年代末期,我国工业化发展在很大程度上是由较强的投资热、较高的积累率推动的,并且这种投资热随着收入的增长而不断升温,而增长的收入进一步转化为家庭和企业的高储蓄率。1985—1994 年间,社会储蓄与投资总额平均接近GDP 的 40％[①]。较高的储蓄率进一步转化为支撑工业化发展的推动力。

二、中国工业化内生发展机制的初步构建阶段(1992—2002 年)

(一)该时期中国工业化发展的主要成效

1992 年党的"十四大"明确提出建立社会主义市场经济体制的改革目标,由此标志着我国工业化发展进入以市场经济体制为基础的内生发展机制构建阶段。1991—1995 年的"八五"计划提出的经济建设指导思想和任务是:保持国民经济持续、稳定、协调发展,提高经济效益依然是经济发展的重要目标,是全部经济工作的中心;将积极调整产业结构作为主要任务之一,并同时提出重视区域经济协调发展的要求;强调依靠科技进步和提高劳动者素质实现经济持续增长的方针原则;并提出在搞好经济建设的同时,相应提高人民生活水平和发展各项社会事业,促进经济与社会协调发展,加强自然资源管理和环境保护。由此标志着我国工业化发展更加注重市场机制的调节,更加注重科技进步的推动,更加注重追求经济、社会和自然环境的协调。"九五"(1996—2000 年)计划

[①]　世界银行:《1996 年世界发展报告——从计划到市场》,中国财政经济出版社 1996 年版。

进一步明确提出"两个转变"的重要思想,即经济体制从传统的计划经济体制向社会主义市场经济体制转变;经济增长方式从粗放型向集约型转变,同时强调经济体制转变是决定经济发展方式转变的最重要的因素。"九五"计划还进一步强调加强经济结构调整,保持国民经济持续、快速、健康发展,做到速度和效益的统一;处理好经济增长与人口、资源、环境之间的关系,保持社会总需求与总供给的基本平衡;提高经济整体素质和生产要素的配置效率,注重结构优化效益、规模经济效益和科技进步效益等。"两个转变"思想的提出,标志着我国对经济发展方式问题认识的深化,同时也是对工业化发展模式认识的深化。

这一时期我国工业化发展取得重要进展,主要包括:第一,产业结构调整取得一定进展。从 1992—1999 年,第一产业增加值比重由 23.9% 下降到 17.7%,第二产业增加值比重由 48.2% 上升到 49.3%,第三产业增加值比重由 27.9% 上升到 33.0%。三次产业结构的比例关系继续得到改善。传统产业的结构调整力度加大。这一时期对纺织、煤炭、冶金、石化、建材、机电、轻工等行业的过剩生产能力进行了压缩,关闭了一批技术落后、浪费资源、产品质量低劣和污染严重的"五小"企业。到 2000 年 10 月,煤炭行业已取缔和关闭非法及不合理的各类小煤矿 3.6 万处,压减产量 3 亿吨。1997—1999 年,全国共关停小火电机组 574 万千瓦[①]。高新技术产业加快发展。一大批新兴产业和高新技术产业快速发展为新的经济增长点,新兴产业在"九五"期间得到了较快的发展,尤其是以信息技术和生物工程为核心的知识密集型产业发展迅速。"九五"期间,信息产业年均增长速度超过 30%。2000 年与 1995 年相比,电子及通信设备制造业产值增加了 1.9 倍,电子计算机、微型电子计算机和大规模半导体集成电路的产量分别增长了 5.1 倍、7 倍和 2.1 倍[②]。

第二,工业化发展中长期制约我国经济运行的基础设施产业供给不足、发展滞后,传统产业技术落后、新兴产业发展缓慢的状况得到了较大的改观。能源短缺状况也基本结束,能源生产由过去增加产量、扩大供给为主,转向总量调控、结构优化为主。

第三,地区产业结构调整步伐加快。与 1996 年相比,2000 年东、中、西部地区第一产业比重分别下降了 4.03%、6.19% 和 5.67%,中部地区下降速度最快,西部地区次之;东、中、西部第二产业比重分别上升了 0.29%、1.02% 和

---

① 侯永志、冯杰:《"九五"时期经济发展的基本评价》,国研网 2011 年 5 月 13 日。

② 刘国光:《中国十个五年计划研究报告》,人民出版社 2006 年版,第 72 页。

1.75％,西部地区增长幅度最大,中部次之,中西部地区工业化进程加快;东、中、西部地区第三产业比重均出现了较快增长趋势,分别提高了 3.73、5.17 和 3.92 个百分点,中西部地区的增长速度相对突出[①]。

第四,工业化发展中更加重视资源合理利用和环境保护。这一时期,政府重视了对资源合理利用和环境保护。主要措施是:依法关闭了一批破坏资源的小煤窑、小炼油厂、小矿山,促进了矿产资源的保护;在加强水资源管理、开展节水工程,以及其他资源的节约和合理开发利用方面也都取得了一些进展。在防治环境污染方面,结合产业结构调整和技术改造,关闭了一批技术落后、质量低劣、浪费资源、污染严重的小厂小矿,对降低污染物排放总量,控制环境质量恶化局面起到了重要作用,同时大力推进"一控双达标"[②]工作。

第五,工业化发展的体制基础进一步优化。自 1992 年确立了社会主义市场经济体制的改革目标之后,我国明显加快了经济体制改革的步伐,到"九五"末期,市场经济体制建设取得重要进展,主要表现为:一是经济活动的微观活力继续增强。国有经济缩短战线、有进有退的战略性调整取得进展,国有企业探索建立产权清晰、权责明确、政企分开、管理科学的现代企业制度。个体私营经济、集体经济、外资经济和股份制经济等构成的非国有经济充满活力,在市场竞争中不断壮大,成为国民经济发展的重要组成部分。二是现代市场体系和全国性的统一市场初步形成。商品价格由双轨制过渡到单轨制,证券市场从无到有、快速成长,市场自主择业成为就业主导方式,计划汇率和市场调剂汇率实现并轨,市场开始在资源配置中发挥基础性作用。三是现代宏观经济管理体制框架初步确立。以中央和地方分税制为基础的分级预算管理体制取代了财政包干制,建立了金融组织体系的基本架构,经济和法律手段在宏观调控中的重要性逐步增强。

(二)该时期中国工业化发展存在的主要问题

这一时期,我国工业化发展仍存在诸多问题,主要表现为:第一,产品供求结构错位。一方面是低质量、低档次、低附加值的产品的生产能力严重过剩;另一方面是高质量、高档次、高附加值的产品却严重短缺,只得依赖进口。例如,机械行业,一方面是行业的生产能力利用率仅为 60％ 左右,另一方面每年仍需进口 500 多亿美元的机械产品(主要是重大技术装备、专用设备、仪器仪表等技

---

① 杨荫凯:《我国地区经济"九五"发展态势》,《经济纵横》2001 年第 10 期。

② 控制主要污染物排入总量;工业污染源排放达标和重点城市的环境质量按功能区达标。

术密集型产品）。中国虽已成为电子工业产品的生产大国，但具有核心技术的产品和附加值高的电子产品仍然需要大量进口。

第二，产业结构不合理，特别是服务业发展仍较为滞后。"九五"期间，中国经济已达到工业化中期阶段，从世界各国经济发展的经验看，这个阶段服务业的发展应快于整个国民经济的发展。但"九五"期间，中国第三产业年平均增长速度却滞后于 GDP 年均增长速度 0.1 个百分点。2000 年中国服务业实现增加值占国内生产总值的比重仅为 33.4％。不但服务业总体发展水平低，而且内部结构不尽合理。传统生活服务业发展相对饱和，知识和技术含量较高、主要作为中间投入品的新兴生产性服务业发展严重滞后。据有关部门测算，"九五"末期，中国传统服务业（主要是商业饮食业、运输邮电业等）的比重在 48％ 左右，新兴服务业（主要是银行保险、信息咨询和中介服务、房地产和旅游教育等）的比重只有 23％ 左右。

第三，产业组织结构不合理的问题凸显出来。随着过剩经济的到来，产业组织问题越来越突出，并成为制约工业化发展的重要方面，具体表现为：大企业的发展速度不快，产业集中度较低，生产分散化。从企业规模上看，1998 年中国工业 500 强的总资产平均值、销售收入平均值仅分别相当于当年世界 500 强平均规模的 0.88％ 和 1.74％，是当年全美 500 强平均水平的 2.5％、3.5％；如果拿中国工业 100 强同世界 500 强相比较，其平均资产和销售收入也分别仅相当于世界 500 强平均规模的 2.44％ 和 4.75％。中国大多数行业的市场集中度不及发达国家的一半①。企业组织结构不合理，主要表现为大企业与中小企业之间缺乏合理的专业化分工协作。"大而全"、"小而全"的现象比较突出，处于同

---

① 机械行业，前 300 家的市场份额集中度仅为 20％，而发达国家一般都在 90％ 以上。钢铁行业，只有 8 个企业年产量在 300 万吨以上，符合最低规模经济的要求；该行业 1998 年前 4 位企业的生产集中度仅为 28％，前 8 位企业生产集中度也只达到 43％。石化行业，国外最大的炼油厂规模达 4000 万吨/年，平均规模为 530 万吨/年，原油加工单系列规模最大的达 1250 万吨/年，而中国最大的炼油厂规模仅为 1600 万吨/年，两大公司的平均规模只有 378 万吨/年，原油加工单系列规模最大的仅为 800 万吨/年。医药行业，全国 6000 多家医药生产企业，其利润总额还不如国外一家大企业。汽车行业，国际公认的汽车经济规模为 200 万辆，而中国近 120 家汽车制造厂的年总产量才刚刚超过 200 万辆，只相当于国外一个中等汽车厂的产量；其中有 30 来家企业汽车产量几乎为零，高达 50 多家的企业年产量在千辆以下，而年产万辆以上的只有 20 多家，年产 10 万辆以上的只有 10 家左右，年产 20 万—30 万辆的只有 3 家，与通用汽车等大型跨国公司每年生产上千万辆相比差距明显。见刘国光：《中国十个五年计划研究报告》，人民出版社 2006 年版，第 78 页。

一行业的大中小型企业在产品结构、技术结构和劳动组织等方面有较大的相似性。例如,"九五"末期,中国12万家机械工业企业中,有80%左右属于"全能型企业",机械工业企业自制铸件和锻件分别占80%和90%以上,而美国自制铸件率在40%以下,日本约为15%。

第四,工业化发展的体制基础不健全,特别是要素市场化程度过低。"九五"期末,中国的商品市场化程度已经较高,但要素市场化程度过低。在要素市场中,资本市场化程度明显偏低,资金市场双轨制、土地(使用权)市场双轨制、劳动力市场双轨制、技术市场双轨制、人才市场双轨制等普遍存在,而且双轨之间的价格落差很大,严重影响了要素资源的合理流动和优化配置,并由此引发生产要素领域大量"寻租"问题的产生。体制基础不健全,直接制约着工业化发展内生机制的形成。

三、中国特色新型工业化道路的提出与推进阶段(2002年至今)

这一时期,正是我国"十五"和"十一五"发展时期,随着国内外经济发展环境条件的变化,我国工业化发展的取向和发展路径也进行了新的调整。

（一）"十五"时期(2001—2006年)我国工业化发展的环境条件变化及路径调整

1."十五"时期我国工业化发展的环境条件

"十五"时期我国工业化发展的国际环境发生了很大变化。首先,经济全球化趋势进一步加强。主要表现在贸易和投资自由化、生产和经营跨国化、金融一体化和经济一体化。经济全球化为各国经济的发展带来更广阔的活动空间,提供更多的发展机会,但同时也带来更加激烈的国际竞争,中国产业发展面临的竞争压力更大,全要素生产率和劳动生产率在国际比较中处于明显劣势。其次,世界范围内的科技进步发展迅速,自主创新能力成为决定综合国力的关键性因素。这种世界范围内的科技进步为中国通过技术的引进、消化吸收与再创新,以缩小与发达国家先进技术的差距,提供了难得的机遇,但同时,我国也面临着自主创新能力相对落后的压力。再次,全球性产业结构调整深入展开,新的国际分工格局在竞争中逐步形成。这就要求在经济发展战略上,应着眼于未来全球范围内的竞争,将经济发展的重点转移到具有竞争优势的先导产业上,同时加快运用先进技术改造现有产业部门,全面提高产业的技术水平。

从国内环境来看,"十五"期间我国工业化发展既存在诸多有利条件,也面临着较大挑战。经过多年努力,工业结构调整取得积极进展,信息产业等高新技术产业发展迅速,淘汰落后和压缩过剩工业生产能力取得一定成效。服务业得到较快发展。西部大开发战略开始实施,区域经济结构开始得到改善。基础设施建设加快,长期制约工业化发展的诸多"瓶颈"制约得以缓解。工业化发展的市场机制条件进一步改善。对外贸易和利用外资的规模进一步扩大,结构进一步改善,开放型经济不断发展。随着居民消费水平的提高,农村贫困人口进一步减少,消费结构进一步改善。工业化发展过程中,经济、人口、资源环境的协调发展开始得到重视。

但这一时期我国工业化发展仍面临诸多矛盾和问题,主要是:科技创新水平还比较落后,传统工业化发展的弊端越来越突出,产业结构仍不合理;城乡二元经济结构还没有根本性改变,地区差距扩大的趋势尚未扭转;产业发展中的就业压力较大,农民和城镇部分居民收入增长仍显缓慢;支撑工业化发展的淡水、石油等重要资源短缺,部分地区生态环境恶化;阻碍工业化发展的体制性、机制性障碍仍较突出等。

2. 我国对工业化发展道路认识上的创新

(1)新型工业化道路的提出

2000年10月中共十五届五中全会通过的《中共中央关于制定国民经济和社会发展第十个五年计划的建议》首次提出走新型工业化道路的基本思路和方针政策。2002年中共十六大对"新型工业化"道路的内容进行了高度概括,即"坚持以信息化带动工业化,以工业化促进信息化,走出一条科技含量高、经济效益好、资源消耗低、环境污染少、人力资源优势得到充分发挥的新型工业化路子。"也就是新型工业化的内涵包括四个方面的要求:一是以信息化带动工业化,以工业化促进信息化;二是依靠科技进步,不断改善经济增长质量,提高经济效益;三是推进产业结构的优化升级,正确处理高新技术产业与传统产业之间的关系;四是控制人口增长,保护环境,合理开发和利用自然资源,实现可持续发展。走新型工业化道路实际上也就意味着我国更加注重经济发展、科技进步与资源环境之间的相互影响及关系,同时体现了党对工业化发展及推进方式的系统性特征认识进一步深化。

(2)明确提出科学发展观的新要求,标志着我国对工业化发展理念有了新的认识

进入21世纪以后,随着国际、国内经济环境条件的变化,传统经济发展方式的弊端更加明显,我国经济发展方式转变问题变得愈加迫切。与此同时,我国经济发展面临的资源、环境压力进一步加大,经济发展方式转变过程中的一

些深层次、系统性缺陷越来越明显。在此背景下,我国在经济发展理念方面进行了重大创新,首次提出科学发展观的科学命题。特别是经过党的十六大以后,通过进一步深化认识我国经济发展的规律,我们党形成了新时期指导经济社会发展全局的科学发展观。科学发展观的第一要义是发展,核心是以人为本,基本要求是全面协调可持续,根本方法是统筹兼顾。这里的"协调可持续"以及"统筹兼顾"都带有明显的系统观念和整体有机联系的特征,它说明我国经济开始走向一条以系统演进和协调发展为主线的发展之路,在发展过程中保持经济、社会和资源生态环境三大系统的协调一致和良性互动。科学发展观的提出,实现了经济发展和工业化推进指导思想的转变,从而对转变经济发展方式和推进工业化将产生重要的统领与引导作用。

(3)从"经济增长方式转变"发展为"经济发展方式转变"

"经济发展方式转变"的提法比之"经济增长方式转变"的提法主要体现了以下几个方面的进步:第一,它更好地体现了科学发展观的基本要求。发展是我们党执政兴国的第一要务,但这种发展绝不仅仅是经济总量的增加和经济增长速度的提高,而应是包括经济效益、经济结构、资源生态环境以及收入分配等多方面的内涵。长期以来,我们简单地把增长当作发展、把提高经济增长速度作为第一位的追求目标,这是导致我国经济发展不稳定、不协调、不全面和不可持续的根本性原因。从内容上说,"经济增长方式"主要是就经济增长过程中资源、劳动、资本等投入的效率而言的,而"经济发展方式"则不仅包括了经济效益的提高、资源消耗的降低,也包含了经济结构的优化、生态环境的改善以及经济发展成果的合理分配等内容。很明显,从系统作用和影响的角度,这一提法的转变意味着把经济系统、社会系统和生态系统联系起来,充分考虑到三者之间的相互作用与影响关系,体现了对经济发展系统性、整体性特征的进一步深入认识。

第二,深刻反映了破解和解决我国经济发展深层次矛盾和本源性问题的要求,具有更强的现实针对性和指导意义。长期以来,我国经济发展过程中内外需求结构不平衡,国内需求结构不平衡,产业结构优化升级步伐缓慢,自主创新能力不强以及存在诸多深层次的体制性机制性缺陷等,成为我国经济发展中的痼疾和制约经济发展方式转变的根本性原因。我们凭借特有的政策、产业基础及劳动力优势,成为国际跨国公司最便宜的"加工工厂"或"生产车间",由此诱发了投资、工业和出口的快速增长,而这种增长反过来又带动了消耗高、排放多的投资品生产的扩张,在自主创新能力不强的条件下,工业和出口的快速增长必然主要依靠附加值低而占地多、消耗多、排放多的贴牌生产方式来实现,由此固化了我国粗放型经济发展方式。在这种情况下,单纯推动经济增长方式转变已难以收到预期的效果,必须从经济发展方式转变的根本性制约因素和本源性问题着手,通过推动产业结构优化升级,调整优化需求结构,提高自主创新能力,才能从根本上转变粗放型经济发展方式。

第三,更加突出地体现了以人为本的发展理念,这同时也应成为工业化发展的重要指导原则。经济增长或发展的根本目的应该是不断满足人民群众日益增长的物质文化生活需要,这种需要的满足不仅仅取决于 GDP 的增加和个人收入水平的提高,同时还应包括保持良好的生态环境和舒适的生产、生活条件。长期以来,我国在推进工业化发展、实现经济快速增长的同时,也付出了相当大的资源生态环境代价。资源耗费过大,生态系统整体功能退化,资源环境的承载能力下降,环境污染加剧,这都大大降低了人民群众的生活质量和福利水平,在很大程度上抵消了经济快速增长和收入增加带来的生活水平的提高。同时,社会发展相对滞后,表现为不同阶层收入差距的扩大、社会公共投资不足、社会保障体系建设滞后等。提出加快转变经济发展方式,不仅要求以尽可能少的资源、要素投入实现经济增长,而且也要求以尽可能少的污染物排放实现更快的经济增长,同时实现社会的发展和进步,它更全面、更充分地体现了人民群众的根本利益。

3. 重新重化工业化的出现

随着"九五"期间政府采取扩张性的宏观政策以扩大内需,国民经济逐步摆脱了紧缩的阴影,从 2002 年下半年开始,经济增长进入新一轮上升周期,并在 2003—2007 年,国内生产总值连续 5 年实现两位数增长。在这其中,重工业的拉动起到十分重要的作用。实际上,从 1998 年开始,我国的重工业增长速度就一直高于轻工业增长速度,尤其是在 2003 年以后的新一轮经济高速增长中,重化工业发展的带动作用更为明显。从 2003 年至 2007 年,重工业与轻工业的增加值增长率差值分别为 4、3.5、1.8、4.1 和 3.3 个百分点(见表 2.7)。重工业占工业增加值的比重 1998 年为 55.2%,到 2006 年迅速提高到 69.5%,平均每年提高 1.8 个百分点,这一趋势被人们称为"重新重化工业化"。

表 2.7 1998—2007 年我国轻重工业增加值增长率的比较

年份	1998	1999	2000	2001	2002	2003	2004	2005	2006	2007
轻工业	9.1	8.3	9.5	8.6	12.1	14.6	14.7	15.2	13.8	16.3
重工业	8.5	9.3	13.0	11.1	13.1	18.6	18.2	17.0	17.9	19.6

资料来源:《1998—2007 年国民经济和社会发展统计公报》。

需要注意的是,"十五"期间的"重新重化工业化"与我国改革开放前的重工业优先发展存在很大的不同。后者是政府为实现"赶超",在急于求成思想指导下,人为采取的一种产业发展战略,它忽视了产业发展的内在逻辑和关系要求。而"十五"时期的"重新重化工业化"趋势有着深刻的产业、消费等结构升级的背景。具体说,它是由以居民消费结构升级为主,包括城市化步伐加快和国际产业转移等多种因素共同促成的,是我国工业化发展和改革开放共同促进的一个必然结果,符合一般工业化国家产业发展的一般趋势和规律,即随着工业化水平的提高,工业发展的主导产业将由劳动密集型产业为主转变为资本、技术密集型的重化工业为主,同时"十五"时期的重化工业化关系到社会发展和人民生活质量的改善,以及积极融入经济全球化的趋势,对我国工业化进程的推进具有重要影响。

总之,我国这一时期重新重化工业化的出现,不是偶然的,它是工业化发展内在逻辑和趋势使然,具有一定的客观必然性。但重化工业化毕竟是一种对资源消耗较大、产生污染较多的产业发展模式,其发展对我国工业化发展的质量和效益具有重要影响。

4."十五"时期我国工业化发展模式存在的主要问题

"十五"时期我国工业化发展进一步取得了巨大成就,但也存在诸多问题,主要包括:第一,粗放型发展方式仍较为严重。突出表现在固定资产投资增长过快、低水平重复建设项目较多,因盲目扩大开发区占用了大量耕地,能源、原材料供给不足,工业与农业、城市与乡村以及区域之间发展不协调的矛盾加剧:一是工业的高速增长主要是建立在固定资产投资高增长拉动的基础上。2003年全社会固定资产投资总额为55118亿元,比上年增长26.7%,是1992年以来固定资产投资增长最快的一年。二是工业的高增长是依靠能源和原材料的大量消耗实现的。如2003年全国消耗的钢材相当于全世界钢产量的20%,水泥产量的50%,煤炭产量的30%,发电量的13%,进口了8000万吨石油和世界铁矿石当年出口量的50%,消耗的能源总量相当于美国的60%,日本的3倍,但仍出现了煤炭、电力、原材料和交通运输供给紧张的状况,2003年全国有23个省、市出现了拉闸限电的情况。

第二,工业化发展的"瓶颈"约束问题重新出现。我国曾在20世纪80年代出现过较为严重的交通、电力、原材料等基础行业短缺问题,被称为产业"瓶颈"。但其后经过多年发展,特别是1997年亚洲金融危机之后,我国加大了在这些领域投资的力度,使以上产业发展的"瓶颈"现象大大缓解,有些基本消除。

但"十五"期间我国重新重化工业化出现后,产业增长表现出对投资和资源的高度依赖特征,其依赖程度甚至超出经济承受能力。一些产业的过度扩展,重新加剧了我国产业发展中的"瓶颈"问题。如电力行业,由于"十五"期间我国冶金、有色、建材、汽车等行业的快速发展,用电增速打破了多年来轻工业一直高于重工业的局面,再加上随着人们生活水平的提高,生活用电的不断增长,虽然从2003年开始全国各地纷纷投资上马电力项目,但由于存在投资周期,造成了从2003年夏季开始,全国出现大面积电力紧张,许多省份出现了拉闸限电问题。到2004年,许多地方就因为电力紧张而不得不出现停工现象,直到2006年,我国的电力全面紧张问题才得到一定缓解。再如交通基础设施建设,曾长期滞后于经济发展步伐,21世纪初期我国进入新一轮经济高速增长周期时,特别是在2004年,其"瓶颈"态势凸显出来。其他像一些资源性能源行业,如煤炭、石油行业,由于行业供给不足,而且产业增长过快,以及各相关产业采取了高投入低产出的粗放式增长,也都不同程度地出现"瓶颈"问题。

第三,第三产业发展出现波动徘徊。从20世纪90年代开始国家逐渐重视发展第三产业,经过"九五"时期,第三产业得到较快发展,内部结构也有所改善,特别是交通运输、邮电通信、房地产、旅游业等增长较快;大部分省市社会服务业和信息传输、计算机服务等现代服务业增长明显加快,比重不断提高。但"十五"期间,我国第三产业并没有出现全面、快速发展态势,而且从2003年开始,第三产业增长速度一直是低于GDP增长速度的。第三产业的内部结构也存在一定的问题,主要表现为:一是传统服务产品过剩与新兴服务产品供给不足同时并存。传统服务产品如传统商贸流通业、餐饮业等明显供过于求,而新兴服务产品如通信增值服务、资讯科技与多媒体服务、互联网零售服务,以及金融衍生工具等供给小于需求;二是生活服务产品存在过剩与生产性服务产品供给不足同时并存。生产性服务产品供给不足,表现为科学研究事业、综合技术服务业、金融保险、法律及咨询服务、仓储业、农林牧渔服务业、地质勘查业和水利管理业等生产性服务业仍然难以满足经济发展的需要;三是非垄断性行业存在供给过剩与垄断性行业供给不足同时并存。非垄断性行业如商贸流通、餐饮居民服务业等存在过剩,垄断性行业如电信、铁路、航空、金融等普遍存在供不应求问题。

这一时期我国第三产业存在的问题,既与我国经济发展和工业化发展所处的阶段有关,也与这一时期的改革与政策有关。以人均收入、积累水平、制造业占GDP比重、劳动生产率、就业结构和进出口结构、城镇化水平等指标来衡量的我国工业化进程正处于中期,尚未进入服务经济阶段。工业大而不强,制造业尚不发达,先进制造业发展明显不足,生产专业化水平不高,产业分工不明显,大多数企业内部服务项目企业内部化,制约了生产性服务业的发展。再者,这一时期,我国垄断性行业体制改革滞后,第三产业大多数行业的国有垄断地位的改变进程缓慢,体制创新缓慢,从而制约了服务业的发展。

第四,产能过剩加剧。"十五"期间,随着重工业增长过快,部分行业投资过热,产能过剩势头明显。2003—2006 年,规模以上工业增加值增长速度中,轻工业为 14.6%,重工业为 17.9%,重工业增速比轻工业增速高了 3.3 个百分点。重化工业具有较强的自身内循环特性,使其大量生产出的产品销售遇到一定困难。更为主要的是,市场盲目扩张,产能迅速扩大,到 2004 年,产能过剩就扩展到焦炭、电石、铁合金等产业,国家于是加大了调控力度。到 2005 年年底,仍然有 11 个行业产能过剩,其中钢铁、电解铝等行业问题突出,水泥、电力、煤炭等行业也潜藏着产能过剩问题[①]。但从产品结构上说,这轮产能过剩仍在一定程度上表现出结构性过剩的特点。一方面是低质量、低档次、低附加值产品的生产能力严重过剩;另一方面是高质量、高档次、高附加值的产品却仍然短缺,只能依赖进口。许多行业缺乏具有自主知识产权的关键性技术和装备,高技术产业技术不高,大多数行业处于国际价值链低端的地位没有改变。2005 年前后,我国设备投资中的 60% 是靠进口,其中光纤制造装备的 100%,集成电路芯片制造装备和石油化工装备的 80% 以上,数控机床、纺织机械等的 70% 等都被国外产品占据。我国虽是电子工业生产大国,但具有核心技术和高附加值的电子产品仍需要大量进口。机电产品和高技术产品虽然也出口,但多采取贴牌生产,大多数产品没有真正的核心技术,附加值较低,在全球制造业生产链上仍处于中低档产品以及中低端生产环节。2003 年高新技术产品出口的贸易方式中,进料加工贸易所占比重达到 76%,来料加工装配所占的比重为 14%,两者合计高达 90%;一般贸易方式出口的高新技术产品所占比重在 2003 年仅为 7.2%。

---

① 商务部发布的《600 种主要消费品和 300 种主要生产资料商品供求调查报告》显示,铜冶炼行业建设总能力在 2005 年年底达 205 万吨,是 2004 年年底的 1.3 倍,超出国内铜精矿保障能力;2005 年年底,电解铝行业的产能高达 1030 万吨,超过市场需求 260 万吨;铁合金行业现有生产能力 2213 万吨,企业开工率仅有 40% 左右;电石行业现有生产能力 1600 万吨,有一半能力放空;钢铁行业生产能力达到 4.7 亿吨,已大于市场需求 1.2 亿吨,另外在建产能还有 7000 万吨,拟建产能 8000 万吨。见郭树言、欧新黔:《推动中国产业结构战略性调整与优化升级探索》,经济管理出版社 2008 年版,第 18 页。

第五,资源、能源与环境形势更为严峻。进入到 21 世纪,工业用地规模迅速扩张,1990—1995 年仅用 5 年时间,工业新增用地就突破了 2000 万公顷,到 2005 年工业用地更是突破了 7000 万公顷,是 1981 年的 4.84 倍[①]。我国是世界上人均土地资源偏低的国家,工业用地规模快速扩张使工业用地越来越紧张,工业增长面临的土地压力越来越大。根据有关专家测算,1981—2005 年间,仅仅由于土地资源的限制,中国的工业增长速度平均每年就要降低 0.47 个百分点[②]。改革开放初期,虽然我国的经济总量有限,但水资源并没有构成我国工业发展的严重约束。但"十五"期间,随着我国经济规模的迅速扩大,用水量迅速增加(见表 2.8),水资源对工业发展的约束越来越严重,局部地区水资源供需失衡加剧。一些地区表现出水资源人口严重超载,北京、天津、河北、山西、辽宁、上海、江苏、山东、河南、宁夏的水资源人口超载率达 50% 以上,属严重超载;浙江、湖北、广东水资源人口超载率在 15% 左右,人口与水资源承载力基本平衡。水资源的日益紧缺已成为我国面临的十分严重的资源问题。

在"十五"时期出现了能源需求过快增长的情况,五年间能源消费量增长了约 9 亿吨标准煤。能源消费弹性系数超过 1,单位 GDP 能耗不断下降的良好局面在持续了 20 余年(1980—2002 年)之后发生了逆转,每万元 GDP 能耗在 2002 年达到最低点之后开始上升,2005 年增加到 1.43 吨标准煤[③]。经济增长对能源的依赖程度明显上升,能源对经济发展的制约作用不断加大。

表 2.8　1980—2005 年我国工业用水情况

年份	1980	1997	2000	2001	2002	2003	2004	2005
工业用水	457	1121	1139	1141.2	1142.4	1175.7	1231.7	1285.20
工业用水所占比例(%)	10.3	20.1	20.7	20.5	20.8	22.1	22.2	23.04

资料来源:中国社会科学院工经所:《中国工业发展报告》(2008),经济管理出版社 2008 年版,第 197 页。

(二)"十一五"时期中国工业化发展及其存在问题

1."十一五"时期中国工业化发展环境及发展理念

进入"十一五"时期,经济全球化进程进一步加快,我国与世界经济相互联

[①]　中国社会科学院工业经济研究所:《中国工业发展报告》(2008),经济管理出版社 2009 年版,第 196 页。

[②]　金碚:《资源与环境约束下的中国工业发展》,《中国工业经济》2005 年第 4 期。

[③]　王梦奎:《迈向新增长方式的中国》,社会科学文献出版社 2007 年版,第 289 页。

系和影响日益加深，这为我国充分利用国际市场加快工业化进程提供了较好的外部环境条件。同时，世界科技进步迅速，生产要素和产业转移加快，为加快我国高新技术产业发展和传统产业改造升级提供了较好的条件。与此同时，世界经济发展不平衡状况进一步加剧，各国围绕资源、市场、技术、人才的竞争更加激烈。从国内看，城乡居民消费结构逐步升级，产业结构调整和城镇化进程加快，工业化发展的市场空间进一步拓展；丰富的劳动力资源和较高的国民储蓄率又成为加快工业化进程的坚实保障；不断完善的基础设施为工业化发展提供有力支撑；市场经济体制的进一步完善，更加坚实了工业化发展的体制基础。

　　到"十一五"初期，中国工业化本身也出现了一些具有转折意义的重要变化。从2003年开始，历经4年持续的经济增长，到2006年我国经济总量已超过了20万亿人民币，人均收入在超过了1000美元后不久即达到了2000美元。随着经济总量和规模的变化，我国工业化发展的结构性变化和矛盾更加突出，主要表现为：能源和其他重要资源的生产和消耗增长迅速，如钢产量，2006年钢材产量超过4.6亿吨；工业化发展与资源、环境之间的矛盾越来越突出，工业化发展的资源环境压力空前增大；过去构成中国经济增长低成本优势的诸多生产要素，特别是土地、劳动力等价格上升，尤其在东南沿海一些地区表现得更为明显；工业化在整体保持快速推进的同时，地区之间的发展差距并没有缩小，在有些方面还在扩大。另外，技术储备不足、自主创新能力不强、国际竞争能力提高缓慢、就业压力依然较大等，也构成"十一五"时期我国工业化发展的突出问题。

　　在工业化发展理念上，"十一五"时期又有进一步发展，这主要体现在"十一五"规划中。一是进一步强调科学发展观和"以人为本"的发展理念。"十一五"规划明确提出经济与社会发展应以人的全面发展作为出发点和落脚点，使全体社会成员充分享有基本的社会公共服务，而不是仅仅追求经济增长速度。在规划完成指标方面，不但注重完成与增长速度相关的指标，也要完成好与人的发展密切相关的指标，如教育、就业、社会保障、减贫等。并提出要进一步缩小城乡和不同区域之间人民享有的公共服务和生活水平的差距。二是进一步强调把扩大国内需求特别是消费需求作为基本立足点，促使经济增长由主要依靠投资和出口拉动转向消费与投资、内需与外需协调拉动。三是着眼于优化产业结构，促使经济增长由主要依靠工业带动和数量扩张带动向三次产业协同带动和结构优化升级带动转变。四是强调节约资源、保护环境，促使经济增长由主要依靠增加资源投入带动向主要依靠提高资源利用效率带动转变。五是进一步强调增强自主创新能力，并将其作为国家战略，促使经济增长由主要依靠资金和物质要素投入带动,向主要依靠科技进步和人力资本带动转变。六是强调进一步深化改革开放,促使经济增长由某些领域相当程度上依靠行政干预推动,向在国家宏观调控下更大程度地发挥市场配置资源基础性作用转变。

可以说,以上六个方面紧紧结合我国工业化与经济社会发展的现实条件与背景,从统筹考虑经济、社会与资源环境生态的角度,提出了实现我国工业化和经济、社会可持续发展的主要方面和路径,更加体现了系统性、整体性和协同性发展的要求和理念。

2. "十一五"前期中国工业化发展及存在的主要问题

总体上看,"十一五"时期我国工业化的发展大致可分为两个阶段:2006年至2008年的正常推进阶段;2008年后针对国际金融危机所实行的应急发展阶段。

在2006—2008年这一时期,我国工业化进程伴随着经济的高速增长进一步推进,主要表现为:第一,加快工业结构调整步伐。2006年继续实行有保有压的方针,制定并实施了钢铁、煤炭、水泥等11个行业结构调整的政策措施,淘汰了一批落后生产能力[①];完善节能降耗、污染减排政策,普遍建立节能减排目标责任制。从2007年开始,国家对高耗能、高污染的重化工业的投资进行抑制,特别是重点限制了钢铁等部分行业产品的出口,使重工业的增长速度有所放慢,并缩小了其与轻工业之间的差距。为有效抑制部分"两高一资"产品出口,2007年国家调整了部分产品出口退税和出口关税政策,分别对钢材、焦炭等142项高耗能、高排放和资源性产品开征或加征出口暂行关税,取消或调减了2831项产品的出口退税,扩大了加工贸易禁止类商品范围。开展了全国清理高耗能高排放行业专项大检查,清理和纠正了一些地方对高耗能高排放行业违规出台的优惠政策,工业产业结构调整出现积极变化,高耗能、高排放和部分产能过剩行业盲目扩张的势头得到一定程度的遏制,产品结构优化,产业升级加快,

---

① 2006年,国务院发布了《国务院关于加快推进产能过剩行业结构调整的通知》,各部委据此制定了进一步实施办法,严格按照政策界限规范投资行为,制止盲目投资和落后生产能力的低水平重复建设。2006年,在煤炭、焦化、钢铁冶炼、铜、电矿石冶炼等行业都进行了大规模的控制总量淘汰落后能力的工作,关闭了一批不符合产业政策的小钢铁、小水泥、小煤矿,收到了显著成效。其中,钢铁行业关闭了一批100立方米以下的小高炉;电解铝自焙槽已全部淘汰;水泥湿法窑大部分已被停产或拆除;煤炭行业关闭小矿井5931处,淘汰不符合安全生产条件或破坏资源的落后产能1.1亿吨。王梦奎:《迈向新增长方式的中国》,社会科学文献出版社2008年版,第35页。

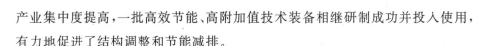

产业集中度提高，一批高效节能、高附加值技术装备相继研制成功并投入使用，有力地促进了结构调整和节能减排。

制造业内部产业结构升级步伐进一步加快。规模以上工业中，高技术产业增加值增长 18.7％，比工业增幅高 2.1 个百分点。根据有关专家测算，2006 年 1—11 月，中、高技术产业业务收入增长率达 27.1％①，超过制造业平均增长率 0.8 个百分点；利润增长率为 34.2％，超过制造业平均水平 1.3 个百分点，而其他的低技术产业及以资源为基础的产业增长速度更快②。这说明，制造业内部产业结构升级加快。

第二，在自主创新能力方面取得初步进展。2006 年，各有关部门分别从体制、资金上大大加强了对自主创新的支持③。2007 年，我国发布实施了首部自主创新基础能力建设规划，对增强自主创新能力作出了重点部署。54 项中长期科技规划纲要配套政策实施细则相继出台并加快落实。研发投入经费税前抵扣、研发设备税收减免和加速折旧等一系列具体政策措施，激发了企业的创新动力和活力。集成电路与软件、生物等重点产业政策，促进了我国战略高技术产业的自主发展。各级政府把推进自主创新作为投资的重点，积极建立财政性科技投入稳定增长的机制。据有关部门调查，2007 年有三分之二左右的省级政府，财政性科技投入增幅高于经常性收入 5 个百分点左右。国家进一步加大对企业自主创新能力的支持，鼓励产学研联合建设国家工程实验室；我国转基因技术与产业化快速发展，已成为世界第五大转基因植物种植国家；开发应用了一批精密制造、清洁能源、智能交通、信息安全等产业关键共性技术，攻克了一批对控制城市环境污染、资源勘探开发、减灾防灾、生态保护等有重大作用的关键技术；在微电子材料技术、光电子材料技术、功能陶瓷、纳米材料、生物医用材

① 联合国工业发展组织的分类标准是将制造业分为以资源为基础的产业、低技术产业、中技术产业和高技术产业。

② 《中国经济景气月报》2007 年 1 月。

③ 财政部 2006 年安排科技投入 716 亿元，比上年增加 19.2％，并将建立和完善激励企业自主创新的财税制度；国家发改委通过安排预算内投资，加大对引进技术、设备的消化吸收和再创新的支持力度；国资委将自主创新纳入大型国有企业领导人业绩考核指标体系；商务部安排专项经费，建设一批出口创新基地，打造一批高科技自主品牌；国家开发银行与科技部签署了贷款总额为 500 亿元的《"十一五"期间支持自主创新开发性金融合作协议》，重点支持国家重大专项和重大科技项目的研究与开发，推动建立支持自主创新的投融资机制。各级政府和部门也都对自主创新提供了有力的资金支持，从对科技创新的投入看，15 个省区市的增长率超过 50％，有 6 个省区市比 2007 年增长 1 倍以上。

料等前沿技术领域取得了多项原创性成果。华为、大唐、海尔等一批拥有自主知识产权的企业开始在全球高新技术产业格局中占有一席之地。

第三，节能降耗取得新的进展。2006年，单位国内生产总值能耗由前三年分别上升4.9%、5.5%、0.2%，转为下降1.2%；主要污染物排放总量增幅减缓，化学需氧量、二氧化硫排放量由上年分别增长5.6%和13.1%，减为增长1.2%和1.8%。尽管没有实现年初确定的单位国内生产总值能耗降低4%左右、主要污染物排放总量减少2%的目标，但全社会对节约能源资源、发展循环经济的力度明显加大。节能降耗成效不显著，除了与产业结构调整缓慢有关外，也与这一时期高耗能、高污染行业发展速度较快有关①。2006年1—11月，我国制造业中高耗能行业增长最快，其营业收入比去年同期增长28.2%，超过制造业平均增长速度1.9个百分点；其利润总额比去年同期增长35.6%，超过制造业平均水平2.7个百分点。另外，地方政府为片面追求GDP的过快增长而轻视资源能源节约与环境保护，从严执法做得不够，违法成本低，也是导致节能降耗成效不显著的重要原因。

2007年国家严格控制高耗能行业过快增长，加快淘汰落后生产能力，大力实施节能工程，使节能降耗工作取得了新的进展。一是单位GDP能耗下降。2007年上半年，单位GDP能耗同比下降2.78%，规模以上工业单位增加值能耗下降3.87%。二是能源利用效率持续提高。氧化铝、电解铝、水泥、合成氨等主要耗能产品综合能耗也呈现不断下降的趋势。三是淘汰落后产能工作初见成效。2007年，全国累计关闭各类小煤矿9000多处；水泥行业淘汰落后产能8000多万吨，湿法窑工艺大部分已停产或拆除，新型干法水泥比重达到55%，比2002年提高40个百分点；钢铁行业基本淘汰了100立方米以下的小高炉和15吨以下的小转炉，自焙槽电解铝能力全部被淘汰。四是高耗能高排放行业的生产与出口增速高位放缓。2007年三季度占工业能耗近70%的6大高耗能行业（钢铁、有色、化工、电力、石油加工及炼焦、建材）生产增长18.7%，比上半年回落1.4个百分点。

这一时期我国工业化发展也存在较为突出的问题，主要有：第一，经济高速

---

① 高能源消耗行业往往也即是高污染行业，根据能源消耗强度的不同，可大致将制造业划分为高能源消耗行业、中等能源消耗行业和低能源消耗行业。高能源消耗行业主要包括水泥等非金属矿物制品业、金属冶炼及压延加工业、石油加工及炼焦业和化学工业。中等能耗产业主要包括造纸印刷业、其他制造业、纺织业和金属制品业。除此之外的行业归于低能源消耗行业。

增长过分依赖高耗能、高污染的重化工业,产业结构调整总体成效并不显著。2007 年前三季度,第二产业比重继续上升,第三产业比重继续下降。而在工业内部,重工业增长速度快于轻工业 3.5 个百分点,较上年同期又加快 0.2 个百分点。前三季度包括六大行业的高耗能、高污染工业投资 13105 亿元,同比增长 22.69%,增幅比上年同期提高 4.5 个百分点,比上半年下降 0.1 个百分点;占工业投资的比重达 39.9%。但由于多年发展模式形成的惯性,以及政策实施成效存在一定的时滞性等原因,这一时期产业结构调整总体成效并不显著。从三次产业比例看,自 2003 年以来,直到 2007 年,我国第三产业比重都是逐年降低的,这反映出我国这一时期经济增长更多地是依赖工业的发展实现的,产业结构调整缓慢。

第二,固定资产投资高位加速增长。自 2003 年进入新一轮经济扩张期以后,固定资产投资于 2004 年、2006 年、2007 年先后三次出现增长过快问题。国家通过采取严把土地、信贷"两个闸门"和市场准入"一个门槛"的调控措施,使固定资产投资过热的势头在 2006 年曾有所收敛①,但进入 2007 年,固定资产投资再次呈现出高位加速增长势头,1—11 月份,城镇固定资产投资同比增长 26.8%,高于上一年同期 0.2 个百分点。投资增长过快导致经济增长由偏快向过热转化趋势更加明显。

第三,地区工业结构趋同较严重。尽管我国东中西部资源的丰富程度及经济技术条件有很大差异,但工业结构的相似率较高,趋同化严重且有增加之势。到 2007 年,彩电、冰箱、洗衣机、汽车、摩托车、化纤、纺织、塑料、化肥、自行车、钢铁等众多产品在 20 多个省市同时生产,有的产品几乎在所有省市生产。各地在选择未来支柱产业时的趋同性仍较高。如有 24 个省市把电子工业作为支柱产业,22 个省市把汽车工业列为支柱产业,16 个省市把化工列为支柱产业,14 个省市把冶金工业列为支柱产业。并且,省市之间工业结构趋同的问题在省内地市间也广泛存在。

第四,消费需求增长相对缓慢。政府扩大消费需求政策对拉动经济增长的效果明显低于扩大投资的效果,突出表现在消费率偏低,消费对经济增长的贡献率远低于投资的贡献率。自进入 21 世纪以来,我国的投资与消费结构的失衡状况就开始加剧,投资率由 2000 年的 35.3%上升至 2006 年 42.7%,而消费

---

① 这一年全社会固定资产投资同比增长 24%,尽管增幅依然偏高,但比 2005 年回落了 2 个百分点。

率则由 62.3％下降至 50％,为改革开放以来的最低点。最终消费对经济增长的贡献率由 2000 年的 63.8％一路下降至 2006 年的 38.9％,下降 24.9 个百分点,对经济增长的拉动也由 2000 年的 5.4 个百分点降为 4.2 个百分点,而资本形成总额的贡献率则由 24.7％上升为 40.7％,对经济增长的拉动也由 1.8 个百分点上升为 4.3 个百分点。投资增势过猛是导致消费率持续下降、政府扩大消费政策效果不明显的主要原因。

四、国际金融危机对我国工业化发展的影响[①]

（一）对工业结构的影响

2008 年国际金融危机的发生,对我国工业化发展的诸多方面都产生了明显影响,主要表现为:第一,工业在 GDP 中所占的比重有所下降。进入 2008 年（特别是下半年）之后,我国工业增速明显下降,全部工业增加值增长率从 2007 年的 13.5％急剧下降到 2008 年的 9.5％,2009 年进一步下降到 8.3％。与此同时,第三产业增加值增速也从 2007 年的 12.6％下降到 2008 年的 9.5％,2009 年进一步下降为 8.9％。2008 年、2009 年我国工业增加值增速与第三产业增加值增速基本持平,这是以往所未出现过的(见表 2.9)。

表 2.9　2003—2011 年工业增加值增速与第三产业增加值增速的比较　（单位:％）

年份	2003	2004	2005	2006	2007	2008	2009	2010	2011
工　业	12.8	11.5	11.6	12.9	13.5	9.5	8.3	12.1	10.4
第三产业	9.5	10.1	10.5	12.1	12.6	9.5	8.9	9.6	9.4

资料来源:《中国统计年鉴(2008)》,《中国统计年鉴(2009)》,《中国统计年鉴(2010)》,《中国统计年鉴(2011)》,《中国统计年鉴(2012)》。

第二,在工业结构内部,轻工业与重工业的比重结构发生变化,重化工业化进程有所放缓。从表中可以看出,2003—2007 年间,我国重工业增加值年均增速超过 17％,远高于轻工业增加值的增长速度。金融危机发生后,重工业和轻工业的增加值增速均出现明显下降,而重工业增加值增速下降幅度更大,由 2007 年的 19.6％急剧下降为 2008 年的 13.2％,下降 6.4 个百分点,轻工业增

[①]　从长远看,2008 年爆发的国际金融危机对我国工业化乃至整个国民经济的发展方式都产生了重要影响,在一定意义上说,它构成我国工业化道路和经济发展方式转变的重要契机。本部分关于国际金融危机对我国工业化发展的影响主要从狭义的角度分析其对我国工业化若干侧面的影响,并且主要局限于危机爆发初期阶段的影响。

加值增速由 2007 年的 16.3％ 下降为 2008 年的 12.3％，下降了 4.0 个百分点（见表 2.10）。

表 2.10　2003—2011 年轻重工业增加值的增速比较　　（单位：%）

年份	2003	2004	2005	2006	2007	2008	2009	2010	2011
重工业	18.6	18.2	17.0	17.9	19.6	13.2	11.5	16.5	14.3
轻工业	14.6	14.7	15.2	13.8	16.3	12.3	9.7	13.6	13.0

资料来源：《国民经济和社会发展统计公报》（2003—2011）。

（二）对区域经济结构的影响

总体上看，金融危机对区域经济结构的影响表现在东部与中西部地区经济差距有所缩小。从 20 世纪 90 年代开始直到"十五"结束，中国工业区域经济结构的基本变动态势一直是东部地区比重上升，中西部地区比重下降，区域经济差距呈扩大趋势。国际金融危机发生后，由于外向型经济较为发达的东部地区经济受到较大影响，而中西部地区经济长期以内需拉动为主，所受国际金融危机影响相对较小，东部地区的经济降幅明显大于中西部地区。需要指出的是，有关研究显示，早在"十一五"前期，我国区域经济结构的变化即已呈现出东部地区工业所占比重开始下降，而中西部地区工业所占比重开始上升的趋势，国际金融危机在一定程度上进一步延续和加重了这一趋势。金融危机中，中西部地区发展呈加速趋势。2009 年上半年，全社会固定资产投资 91321 亿元，同比增长 33.5％，而在其中，东部地区投资 37836 亿元，比上一年同期增长 26.7％；中部地区投资 20764 亿元，增长 38.1％；西部地区投资 18442 亿元，增长 42.1％，都快于东部地区的增速。在此带动下，中西部无疑将保持一个较高增长的态势。从就业来看，在 2009 年上半年新增的 378 万农村劳动力外出务工者中，东部地区增加 56 万人，增长 1.6％；中部地区增加 80 万人，增长 1.8％；而西部地区增加 242 万人，增长 6.5％。从某种意义上说，金融危机给中国区域经济结构调整带来一次机遇。但我国区域经济结构的变化从根本上说取决于经济系统内部结构和因素的变化。进入"十一五"以后，区域经济结构的变化是由于东部和中西部地区经济发展阶段以及与其相适应的资源要素比较优势、产业结构态势和升级趋势等综合作用的结果，国际金融危机只是作为一个外生性因素而发生作用。

（三）对就业结构的影响：出现一定程度的逆向变动态势

20 世纪后期特别是进入 21 世纪以来，伴随着我国工业化、城镇化发展水平的提高,我国就业结构呈现出良性变动态势,大量农村剩余劳动力转向城镇,甚至农业和农村非农产业也出现一定程度的劳动力短缺现象。国际金融危机发生之后,国外需求大量减少,城镇工业特别是东部沿海地区大批外贸出口型企业的生产经营遇到严重困难,对农村劳动力的吸纳能力迅速减弱,致使大量外出打工的农村劳动力出现"回流"。据农业部调查,大约有15.3%的农民工失去了工作或者没有找到工作。约有2000万农民工受金融危机影响而失去工作岗位①。农村劳动力的回流,使我国工业化进程中的就业结构演进出现一定程度的逆向变动趋势,由此进一步加剧了我国工业化进程中的就业压力。

(四)对传统工业化发展方式和道路的影响

国际金融危机对加快转变发展方式、走新型工业化道路形成巨大的倒逼效应。在外部经济环境相对宽松、国内经济高速增长的条件下,人们往往意识不到转变经济发展方式、走新型工业化道路的紧迫性,从而难以痛下决心推进经济发展方式转变。国际金融危机之前的几年,世界经济和中国经济都呈现出旺盛的需求,企业即使粗放经营,也能靠低价格打开市场,获取较高利润,从而没有动力和压力主动转变经济发展方式。国际金融危机使传统经济发展方式的弊端暴露无遗,也使这种发展方式难以为继。首先,国际金融危机导致外需大量减少,客观上为扩大内需和调整结构,加快形成主要依靠内需特别是消费需求拉动经济增长的模式提供了巨大的倒逼压力。其次,在国际金融危机影响下,我国社会建设领域一些体制性矛盾相对集中地暴露出来,就业、收入分配、社会保障、教育、医疗等民生问题尤为突出,使工业化推进过程中如何加快社会发展问题变得更加突出。再次,国际金融危机更加凸显出走新型工业化道路的重要性和紧迫性,这一点越来越成为各级政府和企业界的共识,并形成巨大的经济转型压力。

历史上,一些国家借助于经济危机实现产业结构升级和竞争力提升的做法值得借鉴。1973年石油危机过后就曾迫使日本技术进步和产业结构升级。1973年第一次石油危机爆发后,世界经济陷入严重的停滞状态,面临危机冲击,日本产业结构被迫进行升级。首先调整了以重、化学业为龙头带动整个经济发展的传统路径。同时在制造业中,对原材料型产业进行了大力调整,放弃了原来的竞争型体系,实行以稳定发展为前提的新体系。对于那些能够维持国际竞争力的产业,如钢铁业、石油化工业、造纸业等,在加大实施节能措施的同时,重

---

① 李慧:《新形势、新亮点、新举措》,《光明日报》2009年2月3日。

点发展深加工,以高附加值产品带动整个产业的发展。而对于那些无力适应新形势的纺织业、有色金属业等产业,则采取转产或向海外迁移的对策。对装配加工产业,则是以技术尖端行业为核心,以低能耗、高效益、高科技为方向,增强企业的国际竞争力。

国际金融危机使我国工业化发展所面临的资源、能源约束有所缓解,一定程度上为新型工业化的推进提供了相对有利的环境条件。前几年经济高速增长时期,世界原油价格最高每桶达到 140 美元之高,铁矿石、有色金属等资源价格呈现连年大幅上涨态势,由此加大了我国工业化发展的资源成本压力。国际金融危机爆发以后,世界原油价格出现大幅下跌,大宗商品价格也开始下降,这对缓解我国工业化发展的资源、能源和环境紧约束无疑是有利的。

总之,2008 年下半年我国经济运行态势的剧烈变化,是一次经济运行系统性的调整,引起这次调整的原因:一是经济运行系统内部结构与因素的变化,导致经济系统内在调整的要求和趋势。二是外部金融危机的出现及影响,进一步加大了这种调整的速度和强度。面对经济急剧大幅下滑的态势,通过实施一揽子经济刺激计划和措施、以保持一定的经济增长速度是必要的,但刺激的力度多大、刺激的方式如何、如何最大限度地抑制刺激措施的负面影响,是需要重点考虑的问题。再者,要处理好保增长与调结构、转方式之间的关系,特别是要协调好它们之间的矛盾与冲突等。从工业化系统及其内在机制看,危机后的调整需要进行顺势调整和逆向抑制相结合。顺势调整是根据工业化运行的内在运行态势和总体表现采取适度的调整措施;逆向抑制主要是抑制工业化发展中的增长过度下行,但要防止调整过猛甚至过度,这样会打乱工业化系统内在的结构关系和演进逻辑,从而对工业化长期发展造成不利影响。

第 三 章

后危机时代中国特色新型工业化
发展的环境条件与推进机制

国际金融危机之后,特别是进入"十二五"以后,我国工业化发展的国内外环境条件发生了巨大而深刻的变化。面对新的环境条件,全面系统地理解和把握中国特色新型工业化的特征、规律和发展要求,对于构建系统科学的中国特色新型工业化的推进机制至关重要。作为一个复杂系统的动态演进过程,中国特色新型工业化在其推进过程中,必须构建协同高效的推进机制。

第一节 后危机时代中国工业化发展面临的环境条件

一、国际环境条件

（一）经济全球化将进一步发展

国际金融危机之后,全球经济进入一个缓慢恢复增长的时期。2009 年经历了"二战"后首次产出负增长后,2010 年世界经济开始步入复苏期。从中期来看,世界经济有可能进入一个持续多年的不平衡低速增长时期,世界经济发展格局正在发生深刻的变化。经济全球化将进一步发展。从总体上看,经济全球化作为当代科技进步、生产力发展和国际分工达到一定水平的一种必然结果,在经过这次国际金融危机的冲击后,其进一步深入发展的大趋势并没有发生改变,世界各国经济的相互依存、相互影响将进一步加深,新的跨国并购、跨境投资、技术合作和产业转移势头正在上升。经济全球化深入发展,有利于生产要素在全球优化配置,全球贸易和投资将会继续增长,有利于我国进一步参与国

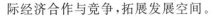

际经济合作与竞争,拓展发展空间。

(二)发达国家经济结构正在发生巨大调整

国际金融危机暴露了世界经济结构和制度存在的深层次问题,促使发达国家对经济结构和发展战略进行调整。首先,发达国家的消费模式发生较大改变。房地产和金融资产泡沫破灭以后,美国人的消费观念发生变化。从 2008年 8 月开始,美国个人储蓄率从 0.8% 的低位开始抬升。2009 年,美国国内消费信贷持续下降,创 18 年来最长"下降通道",与此同时,美国家庭储蓄率则从2005 年的－2.7% 迅速上升到 6.9%,创 14 年的最高点①。美国消费与储蓄的巨大变化固然受金融危机的影响,具有暂时性,但从长期来看,美国负储蓄、过度超前的消费模式必然会有所调整。此外,国际货币体系的调整和美元主导地位的削弱,会增加依靠国际负债来支撑国内消费的难度,从而迫使美国消费模式发生一定的变化。发达国家居民消费模式的变化将对我国工业品出口带来一定影响。

其次,发达国家提出重新工业化,以重振制造业的发展。危机爆发后,各发达国家为应对金融危机、降低失业率,纷纷重新重视实体经济,开始了新一轮的"再工业化"。所谓再工业化,一般认为是指经济发展要转向可持续增长模式,即出口推动型增长和制造业增长,要回归实体经济,重新重视国内产业尤其是制造业的发展。美国总统奥巴马为应对金融危机提出的经济新战略的核心就是"产业回归":让美国经济回归实体经济,重新重视国内产业尤其是制造业的发展;要从消费型经济转为出口导向型经济,从依赖金融活动转为依赖实体经济。美国明确提出,为制造业奋斗就是为美国的未来奋斗,要协助制造业开拓全球市场。为此,美国制定和实施建设"新网络空间"计划,推进基础设施智能化改造,带动制造业和信息产业转型升级。为尽快摆脱金融危机,欧盟各国也将政策的着力点放在传统的制造业上。法国出资 2 亿欧元支持"再工业化"。英国重新认识到,无论过去、现在和未来,制造业都是英国经济获得成功的关键,并制定实施了制造、汽车、光电子、纺织等产业振兴计划,还专门设立 10 亿美元的战略投资基金,重点支持新兴技术如先进制造、数字技术、生物技术的研发与创新活动。德国也提出了"再工业化"主张,采取了大量重振传统制造业、发展高新技术产业的措施,通过汽车以旧换新、加大公共投资等手段推动实体

---

① 宋智勇、王志双、陈敬明:《后危机时代的"十二五"经济形势分析》,《宏观经济管理》2010 年第 5 期。

经济的发展。发达国家的"再工业化"并不是要恢复传统的制造业,而是依靠创新大力发展先进制造业,培育新的经济增长点。这些着眼于长远发展而作出的战略谋划,必将对世界经济格局产生深远影响,并对我国工业化发展与产业升级形成很大挑战。

(三)新一轮技术创新浪潮正处于孕育之中,各国抢占未来发展制高点的竞争更趋激烈

世界经济发展的历史表明,每一次较大的经济危机之后往往孕育和催生新的科技革命,从而推动世界经济结构发生巨大而深刻的调整,并进而使世界经济进入新一轮的繁荣期。这次国际金融危机之后,世界经济格局大变革大调整的一个重要内容即是新一轮科技和产业革命的孕育与兴起,由此可能使人类社会进入一个空前的创新密集和产业振兴时代。面对新的技术、产业发展机遇和趋势,各国之间围绕抢占未来发展制高点已开始展开激烈的竞争,尤其是围绕新能源和环保产业发展的竞争更趋激烈。美国决定投入 600 亿美元,建立 46个能源研究中心,支持能源输配、替代能源、节能产业、电动汽车研发,同时,对现有高耗能产业进行彻底改造。未来 10 年,美国可再生能源和能效技术研发投入将达 1500 亿美元。欧盟重视提高"绿色技术",决定在 2013 年之前投资 1050 亿欧元支持"绿色经济"的发展。英国为应对经济衰退,启动了一项批量生产电动车、混合燃料车的"绿色振兴计划",希望通过发展"低碳经济模式"从衰退中复苏。法国政府宣布将建立 200 亿欧元的"战略投资基金",主要用于对能源、汽车、航空和防务等战略企业的投资与入股。德国政府批准了总额为 5 亿欧元的电动汽车研发计划预算,支持包括奔驰公司在内的 3 家研究伙伴,计划在 2011 年实现锂电池的产业化生产,推动电动汽车产业发展。日本 2008 年出台了《低碳社会行动计划》,提出大力发展高科技,重点发展太阳能和核能等低碳能源,并且为产业科研提供财政关税等政策扶持以及资金补助。同年,日本政府修改《新经济成长战略》,提出实施"资源生产力战略",即为根本性地提高资源生产力采取集中投资,使日本成为资源价格高涨时代和低碳社会的胜者。韩国也制定了《新增长动力规划及发展战略》,将绿色技术、尖端产业融合、高附加值服务三大领域共 17 项新兴产业确定为新增长动力①。新能源开发和产业化以及绿色经济发展将带动相关产业的发展,形成规模庞大的产业集群,而节能环保和低碳技术的推广应用也会带动传统产业的转型升级,引发全球产业结

---

① 《抓住世界经济结构调整的新机遇》,《中国经济导报》2010 年 12 月 21 日。

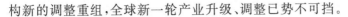

构新的调整重组,全球新一轮产业升级、调整已势不可挡。

值得注意的是,西方国家的这种战略调整并非利用新兴产业取代传统产业,而是利用新能源技术对传统产业进行改造,从而对现有产业的发展模式、竞争规则、分工体系产生根本性的影响,使其已失去竞争优势的夕阳产业在植入新能源技术后有可能变成朝阳产业,重新具有竞争优势,参与国际竞争。由于受市场规模和技术因素的影响,无论是奥巴马大力推动的新能源产业,还是欧洲大力投资的"绿色经济",都很难在短期内彻底取代传统产业成为拉动全球经济增长的主要力量。但新能源与传统产业的融合发展以及"绿色经济"的大范围推广,将会对全球产业分工体系带来深远影响,并有可能重塑不同国家企业之间竞争的"游戏规则"。一个越来越明显的趋向是:愈益苛刻的环境标准下的低成本生产能力将会成为未来制造企业的必备能力。西方发达国家在发展新能源和绿色产业时,会在传统产业中制定一些新的技术标准,而只有与这些技术标准相兼容的技术才能够融入全球分工体系。这无疑将对我国企业参与国际产业分工带来巨大挑战。

(四)国际贸易、国际产业分工格局及国际产业转移方向将发生相应调整

在国际金融危机的打击下,发达国家的进口难以在短期内迅速恢复,再加上这些国家采取的"再工业化"战略,将使其进口的产品更多地偏向初级原材料产品、劳动密集型产品,出口更多的高附加值制造业产品。同时,金融危机导致国际金融领域的流动性大大降低,而国际贸易又大约有80%的部分是通过贸易融资进行的,由此将导致国际贸易融资的缺口大大增加,从而抑制国际贸易的发展。发达国家长期实施的工业和技术保护政策,特别是对一些核心技术的控制越来越严格,将使国际技术交流、贸易与合作受到一定的影响。

国际分工格局将继续存在。20 世纪 90 年代以来,发达国家通过在全球范围内的资源配置来降低生产成本,制造业大量外移,产业链延伸到世界各地,国内主要发展高科技产业和现代服务业,这种情况造成发达国家的进口依赖。与此同时,发展中国家成为制造业国际转移的承接地,成为全球生产制造基地和各类制成品的出口基地,贸易顺差扩大。在这次危机中,发达国家的科技优势得以保存,发展中经济体在自然资源、劳动力成本方面的比较优势仍然存在,短期内目前的国际分工格局不可能发生根本性逆转。

在国际产业转移方面,价值链位势逐渐替代资源禀赋成为国际产业分工的新标准。危机前,国际产业转移主要是基于降低成本的考虑推进的,而危机后的产业转移主要是为追求更高的利益。发达国家在继续向发展中国家和地区

转移劳动密集产业和环节的同时,根据各个行业的特点,尽可能保留盈利能力较强的环节,而将盈利能力较弱的环节更多地转移到发展中国家和地区。由此将改写国际产业分工的格局及逻辑。较为明显的一点是,在新的条件下,制造业不再作为一个产业进行国际产业转移,而主要是处于价值链低位势的制造环节在进行转移。另外,服务业将替代制造业成为新时期国际产业转移的主要内容,原因是:一方面,发展中国家具有劳动力成本低的优势,在劳动密集型表现更为突出的服务业上,具有比制造业更高的比较优势,并且服务外包已成为跨国公司进一步降低经营成本的重要手段;另一方面,面对国际金融危机的严重冲击,发达国家对国内产业结构进行重要调整,重新强调发展实体经济,并将部分高端制造业重新回归国内,这对主要承担外包业务的制造业国家造成不利影响。

(五)国际经济竞争环境的变化对我国工业化发展带来较大冲击

改革开放以来,中国的经济发展就一直受到外部环境条件的冲击和影响,这种影响在中国加入 WTO 后变得越来越严重。中国在享受到较显著的全球化红利之后,也承受着一系列挑战和严重冲击。第一,中国经济对初级产品的外部依赖加大,代价越来越高。以粮食、石油和铁矿石等为代表的初级产品的价格受美元持续贬值、供需矛盾加剧和资本投机等多种因素的影响,近年大幅度上升,并迅速传遍全球,成为世界经济增长的不稳定因素。而正处于快速推进中的中国工业化发展对初级产品的外部依赖性更大,而获得这些初级产品的代价越来越高,并面临输入性通货膨胀的巨大压力。

第二,国际金融危机导致世界经济不确定性因素增多。国际金融危机的爆发及影响,使美国、欧洲和日本等发达经济体陷入不景气境地,未来的世界经济、全球贸易和金融市场能否摆脱上述因素的影响还存在诸多不确定的因素。在这种情况下,中国经济将不可避免地面对全球经济放缓带来的外部需求减弱、人民币持续升值、国际流动性加速、投机性"热钱"大量涌入等外部威胁。

第三,全球温室气体减排的压力在不断加大。减少温室气体排放总量和减缓全球气候变暖,已成为世界各国的共识。处于后工业化阶段的发达国家纷纷向低碳经济转型以应对全球变暖的挑战,但对于仍处于快速工业化中期高碳经济阶段的中国而言,向低碳经济的转变却是十分艰难。中国作为温室气体排放大国在"后《京都议定书》时代"将面临越来越大的全球减排的压力。怎样在推进工业化,保持经济高速增长的同时,实现清洁化以及经济发展与环境保护之间的平衡是中国经济发展面临的严峻课题。

第四,新贸易保护主义的抬头加大了中国产品出口的压力。伴随着全球金融危机的加剧,贸易保护主义进一步加剧。欧美等发达国家为了解决国内就业问题,迫于国内政治和经济等压力,以解决所谓"全球经济失衡"为借口,对包括我国在内的发展中国家采取了许多贸易保护主义措施。与传统的以关税与非关税壁垒为主要手段的旧贸易保护主义相比,新贸易保护主义主要是以环境、质量、安全和劳动条件等为手段。在新的发展时期,中国必须面对反倾销与反补贴措施等传统贸易保护主义手段带来的出口阻力,同时还必须破解新贸易保护主义所带来的种种束缚和难题。这意味着我国外贸经济发展将面临更加苛刻的环境障碍。

二、国内环境条件

(一)中国工业化总体上处于发展的中后期阶段

发展经济学关于多国模式的研究认为,反映一个国家工业化进程的主要因素有:一是人均收入水平(GDP 或 GNP)的变动;二是三次产业产值结构和就业结构状况。另外,由于城市化与工业化发展之间相互作用、相互影响,所以,城市化水平也在一定程度上能反映出工业化发展的水平。

从人均 GDP 变动看,钱纳里等人从结构转变角度将各国人均收入水平划分为 7 个变动的时期,其中的第 2—4 时期为工业化时期,包括工业化初期、中期与末期。以 1970 年美元计算,人均 GDP 在 280—560 美元为工业化初期,1120—2100 美元为工业化末期;如果以 1982 年美元来衡量,则人均 GDP 在 728—1456 美元为工业化初期,2912—5460 美元为工业化末期,其具体划分见表 3.1。

表 3.1　钱纳里工业化阶段的划分　　　　　　(单位:美元)

时期		1964 年	1970 年	1982 年
前工业化时期	0	70—100	100—140	260—360
	1	100—200	140—280	360—728
初期	2	200—400	280—560	728—1456
中期	3	400—800	560—1120	1456—2912
末期	4	800—1500	1120—2100	2912—5460
后工业化时期	5	1500—2400	2100—3360	5460—8740
	6	2400—3600	3360—5040	8740—13100

资料来源:钱纳里等:《工业化和经济增长的比较研究》,上海三联书店 1995 年版,第 71 页。

国际上衡量工业化的指标一般是按美元计算的,美元换算可用汇率与购买力平价(PPP)两种方法,而这两种方法所得出的结果一般相差较大。按照钱纳里工业化各阶段人均收入的美元数,按汇率换算,我国 2003 年的人均 GDP 约为 1270 美元,这表明我国的工业化进入初期的第一阶段;到 2006 年人均 GDP 约为 2030 美元,则进入到工业化初期的第二阶段。若按 PPP 方法换算,则 1978 年我国人均 GDP 约为 980 国际美元,即已进入工业化初期的第二阶段,到 1990 年人均 GDP 约为 1950 国际美元,则标志着工业化进入到中期的第一阶段;到 2003 年,人均 GDP 约为 5003 国际美元,则工业化进入到中期的第二阶段①。

从三次产业产值结构和就业结构看,按照钱纳里等人的研究,一般来说,在工业化的初期,第一产业的增加值占 GDP 的比重为 30%—40%;在工业化中期,这一比值则小于 20%;而到了工业化末期,这一比值则小于 10%。从就业结构看,在工业化初期,第一产业所占比重一般大于 50%;在工业化中期,该比值一般在 30%—45%的范围;而到了工业化末期,该比值则小于 10%。根据我国产业发展的历史,改革开放以来,无论是按当年价格还是不变价格,我国第二产业比重一直超过 40%,表明工业化进入中期阶段。1978 年,我国工业的比重就高达 44.1%,达到了一般国家工业化末期的水平;1978—1990 年间,我国工业的比重一直在 44%—46%之间徘徊,1990 年后出现明显的上升趋势,到 2007 年工业的比重已高达 58.1%。工业比重一直偏高,当然与我国经济发展方式的粗放型存在一定关系,但在一定程度上也标志着我国工业化处于中期发展阶段的现实。

还有学者通过"工业化指数"衡量中国工业化发展阶段②,认为工业化进程的衡量指标体系包括城市化率、三次产业产值比重、三次产业就业比重、人均 GDP。通过对以上指标进行标准化处理并设定相应的权重,计算出相应的"工业化指数"。以此得出我国工业化进程的判断与特征,结果见表 3.2。

综合有关专家的测算,可以说,现阶段我国大致处于工业化发展的中后期。处于这一阶段的我国工业化的一个典型特征是"重化工业化"与"新型工业化"的重叠发展。在我国重化工业主要包括钢铁、有色冶金、炼油、化工、水泥、电力以及重型装备制造业。工业化进程的一般推进趋势是依次经历"轻加工业发展

---

① 何永芳:《中国改革开放以来的工业化进程分析》,《广东社会科学》2009 年第 2 期。
② 朱敏:《基于工业化指数的我国工业化进程判断》,《中国经济时报》2010 年 3 月 9 日。

阶段→重化工业发展阶段→高加工度化发展阶段→技术集约化阶段"。我国自20世纪90年代以后,工业结构中重工业比重明显上升,到2006年重工业比重已上升到67.7%,比1990年上升了17.1个百分点[①]。但在我国现有的技术水平条件下,重化工业的发展不可避免地会带来资源紧张、环境污染等问题。如何实现重化工业发展的清洁化、环保化、低碳化,提升我国工业化发展质量和效益(包括经济效益和生态效益),是我国工业化发展面临的一个重要课题。另一方面,伴随着世界上信息技术的快速发展和广泛应用,信息化在我国工业化发展中的作用将进一步突显,通过推进信息化与工业化的深度融合,加快推进我国工业化发展进程,走出一条以信息化带动工业化,以工业化促进信息化的中国特色新型工业化发展道路成为我国工业化发展的必然要求。

表 3.2　基于工业化指数的工业化进程及特征

	工业化初期阶段 (1949—1972 年)	工业化中期阶段 (1973—1994 年)	工业化末期阶段 (1995 年至今)
工业化指数	30%以下	30%—50%	50%以上
城市化率	20%以下	20%—30%	30%以上
农业产值比重	35%以上	20%—35%	10%—20%
工业产值比重	低于农业	高于农业	
人均 GDP		8000 美元—16000 美元	16000 美元—32000 美元

资料来源:朱敏:《基于工业化指数的我国工业化进程判断》,《中国经济时报》2010 年 3 月 9 日。

(二)中国城镇化将进入快速发展阶段,成为拉动工业化的强大动力

城镇化随着工业化发展而发展,非农产业不断向城镇集聚从而人口向城镇集中、乡村地域向城镇地域转化、城镇数量和规模不断扩大、城镇生活方式和城镇文明不断向农村传播扩散的历史过程。从新中国成立到改革开放前这一时期,我国城市化总体上处于徘徊不前状态,1949 年的城市化水平为 10.6%,到1978 年前后仍徘徊在 17%左右。改革开放以后,特别是 20 世纪 90 年代以来,中国城市化进程才明显加快。自 1993 年以来,中国城市化率年均提高 1.25 个百分点,到 2011 年已经达到 51%的水平,按户籍人口计算仅为 35%左右,不仅明显低于发达国家近 80%的水平,也低于许多同等发展阶段国家的水平。世界其他国家在人均 3000 美元 GDP 的时候,平均城市化率是 55%,东亚地区的日本和韩国是 75%,相比之下,我国在同等人均收入水平的城镇化率明显偏低。

---

① 朱敏:《"十二五"时期我国经济发展的特征》,《中国经济时报》2010 年 3 月 9 日。

"十二五"期间,我国将积极稳妥地推进城镇化,不断提高城镇化的水平和质量,增强城镇综合承载能力,并且城镇化与工业化之间的关系将趋向协调。预计到 2014 年,我国城镇人口将首次超过乡村人口[①]。城镇化是工业化和信息化的重要载体,城镇化的加快,将为中国特色新型工业化发展注入强大的推动力量。第一,城镇化将成为扩大内需、拉动经济增长的重要推动力量。伴随着我国城市化率的提高和城市人口的大量增加,对城市基础设施产生巨大需求,由此将带动投资需求的进一步扩张;另一方面,城市人口的增加还将极大地促进城市消费需求的增长。城市投资需求和消费需求的快速增长还会逐渐向农村扩散,进而带动全社会总需求的增加,从而为以内需为主要拉动力的新型工业化的发展提供重要的支撑。

第二,城镇化进程将为重化工业的发展提供长期空间聚集条件。中国城镇化速度加快与重工业重新大发展互为支持。一方面重工业发展为城市化提供了产业支撑;另一方面城市化为重工业发展提供了空间支撑,因为重工业发展离不开城市化提供的集聚效应和规模经济。城镇化进程的推进过程,也是交通、能源、通信、水利等基础设施不断完善的过程。在这一过程中,全社会对钢材、水泥、能源、电力需求将稳定增长,从而为今后一段时期重工业的发展提供重要支撑。

第三,城镇化的快速发展将拉动城市住房市场的快速发展,住房投资规模占国内生产总值的比重会相应提高。近年来,我国房地产投资已占城市固定资产投资总额的 1/4,房地产业和建筑业增加值占 GDP 的比重超过 10%[②]。房地产业具有较长的产业链,产业关联效应明显。积极引导房地产业健康发展,将有效拉动国内需求。"十二五"期间,我国工业化率将由现在的 50% 上升到 65% 左右,城镇化率将由现在的 45.7% 上升到 60% 左右。工业产值每增加 1 个百分点,就可以带动 GDP 增长 0.6 个百分点,城镇化率每增加 1 个百分点,可以带动 GDP 增长 1.5—2 个百分点[③]。

---

① 刘树成:《我国"十二五"时期发展面临的国内外环境》,《人民日报》2011 年 3 月 25 日。

② 有专家测算,如果在未来 10 年我国的城市人口比重能上升到 2/3,年均 20 万亿元以上的投资规模就可以维持 20 年,年均社会消费额可以从目前的 10 万亿元增加到 20 万亿元。2008 年,我国的社会消费品零售总额为 10 万亿元,出口总额按人民币计算是 9 万亿元,若仅国内消费就增加 10 万亿元,则我国内需主导的新型工业化发展模式即可形成。见王建:《用城市化创造我国经济增长新动力》,《宏观经济管理》2010 年第 2 期。

③ 宋智勇、王志双、陈敬明:《后危机时代的"十二五"经济形势分析》,《宏观经济管理》2010 年第 5 期。

另外,城镇化的加速发展,不但构成经济增长的巨大推动力量,还对改变社会人口结构、需求结构、投资结构,进而对生产方式、产业结构和社会发展等产生重要影响,这些都将成为拉动工业化发展的重要力量。

(三)中国工业参与国际经济竞争的优势有所减弱

中国产业参与国际产业分工与协作所依赖的比较优势主要体现为自然资源和低技术工人等初级生产要素所具有的低成本优势,也即生产要素的价格优势。这种优势不但表现在纺织、服装等劳动密集型产业,即使在 IT 等高新技术产业也基本如此[①]。可以说,中国的生产要素价格优势是使中国本土企业获得低成本优势,并促使跨国公司将制造环节转移到中国的重要原因。相比之下,发达国家跨国公司的竞争优势主要来源于高素质的人力资本和技术、设计、品牌、标准等高级生产要素的独特优势,并且这种优势是难以被模仿的。长期过度依赖初级生产要素的低成本优势,将存在使中国产业的国际竞争力锁定于较低水平上的风险。正如波特所指出的,"当国家把竞争优势建立在初级与一般生产要素时,它通常是浮动不稳的,一旦新的国家跨上发展相同的阶梯,也就是该国竞争优势结束之时"[②]。随着低成本竞争国家的经济发展,其劳动力、土地、资金、环境成本会不断上涨,使价格优势会不断缩小,甚至完全丧失。而一旦当自己的成本优势丧失或者有成本更低、产品质量更高的国家进入全球市场之后,先前依赖于低成本竞争的国家的制造业出口就会显著地下降。事实上,自2004 年下半年以来,我国的原材料、能源、劳动力、土地等生产要素的价格即开始不断上涨,包括原油、铁矿石等的价格大幅攀升,低成本比较优势在逐渐丧失,珠三角、长三角等多个地区均出现严重的"民工荒",标志着劳动力无限供给的状况结束。相应的,沿海地区农民工工资水平出现明显上涨,各地最低生活保障标准以及国家公务员工资标准也相应提高,新的《劳动合同法》在加强对劳动者权益保护的同时,也在一定程度上提高了企业的用工成本。另外,国家环境保护方面的标准也相应提高,企业在治理废气、污水和废料等方面的支出在不断加大;再加上自 2005 年 4 月以来国家开始陆续调低出口退税率,使许多出口商品生产的企业成本大幅上升。还有就是人民币对美元持续升值,提高了中

[①]　《商业周刊》上一篇名为"China Price"(中国价格)的文章指出,"中国价格"是最让美国工业界恐慌的词之一,它意味着比在美国所能达到的价格低 30%—50%。见"The China Price",Business Week,December 6,2004。

[②]　迈克尔·波特:《国家竞争优势》,华夏出版社 2002 年版,第 136 页。

国出口产品以美元结算的价格。

在以上诸因素的综合作用下,我国企业特别是出口企业成本压力大增,利润空间大幅度被压缩,在东南沿海地区甚至出现一批外向型中小企业倒闭的现象。与此同时,伴随着我国对外贸易的快速发展和贸易顺差的不断增加,我国面临的贸易摩擦也日益增多。国外对华反倾销立案数量从 1995 年的 20 件增加到 2006 年的 71 件,中国占全球案件总数的比重则从 12.7% 提高到 36.0%[①]。并且除了反倾销、反补贴和保障措施外,现今的贸易摩擦种类更加隐蔽和更具歧视性,包括一些技术性贸易措施、绿色贸易壁垒、知识产权壁垒和企业社会责任标准等。在我国出口产品领域发生贸易摩擦主要集中在纺织品、服装、鞋类、玩具、家具、化工、钢铁等技术性不高的产品,这些产品是发展中国家的主要产业,其出口快速增长形成对发展中国家的激烈竞争,因而摩擦对象正由发达国家向新兴国家和发展中国家蔓延。2010 年 1—11 月,中国共遭遇来自 19 个国家或地区发起的 56 起贸易救济调查案件,涉案金额 70 亿美元。此外,美国对我国发起了知识产权 337 调查 19 起,301 调查 1 起[②]。贸易保护主义加剧已成为阻碍我国产品出口的重要因素。

(四)"刘易斯转折点"即将到来,"人口红利"将消失

美国经济学家刘易斯认为,发展中国家普遍存在二元经济格局,由于农业人口众多,农村劳动力持续大规模地向城市非农产业转移,同时劳动力成本保持相对低廉。等到非农产业的发展把农业剩余劳动力吸收殆尽,二元经济就会逐步变成一体化的和均衡的现代经济。劳动力的这种从无限供给到短缺的转变,即二元经济结构转换,被称为"刘易斯转折点"[③]。改革开放 30 多年来,中国经济之所以能够持续保持较高增长速度,一个很重要的因素就是在二元经济结构下这种劳动力近乎无限供给所带来的"人口红利"。经济体制改革解放了长期被束缚在低效农业部门中的富余劳动力,使他们源源不断地进入非农部门。正是充分利用了这种"人口红利"的优势,既保证了经济增长过程中劳动力充分供给,同时又提高了资本积累率,并成为我国参与经济全球化进程的独特比较

---

① Cliff Stevenson. Global Trade Protection Report 2007. www. antidumpingpubbshing. com.

② 中国社会科学院工业经济研究所工业运行课题组:《2011 年中国工业经济运行形势展望》,《中国工业经济》2011 年第 3 期。

③ 阿瑟·刘易斯:《无限劳动力:进一步的说明》,载阿瑟·刘易斯编著:《二元经济论》(中译本),北京经济学院出版社 1989 年版,第 54 页。

优势,从而实现了经济的持续高速增长。有专家测算,这一时期我国可获得的"人口红利"对 GDP 增长的贡献率占到了 26.8%[①]。

自 2002 年开始,我国劳动力无限供给的状况开始发生变化。东部沿海地区的劳动力价格因劳动力市场供求关系变化、农业生产比较优势提高、社会保障支出规范化以及城市生活费用增加等多种因素的影响开始逐步上扬,劳动力短缺现象开始由高素质劳动力("技工荒")逐渐蔓延到普通劳动力("民工荒"),并且这一趋势从沿海地区进一步蔓延到内陆一些省份。近年来,这一趋势更加明显,由此标志着"刘易斯转折点"即将到来,我国享受了几十年的"人口红利"即将消失。造成"刘易斯转折点"的主要原因有:第一,中国的人口增长已进入了"低出生率、低死亡率、低增长率"的阶段。继人口自然增长率从 20 世纪 60 年代中期开始持续下降之后,中国的人口死亡率和自然增长率也降到了较低水平,从而进入了"低出生率、低死亡率、低增长率"阶段。劳动年龄人口的增长率从 80 年代也开始了下降的过程,并且在 21 世纪以来下降速度明显加快,预计在 2017 年左右停止增长[②]。若将劳动年龄人口看作劳动力供给的基础,那么在经历了一个特定的二元经济增长阶段之后,我国劳动力无限供给的特征将消失,刘易斯转折点将到来。第二,城乡之间劳动力流动日益频繁,国内劳动力市场一体化水平大大提高。劳动力工资出现了较快的上涨趋势,劳动力无限供给的状况不再存在。近年来出现在全国多个地区的"民工荒"便是刘易斯转折点即将到来的直接迹象。"刘易斯转折点"的到来,"人口红利"逐渐趋于耗竭,我国劳动力等生产要素低价格竞争优势不再存在,长期以来高生产率与高储蓄率导致较高资本积累,以及经济增长主要依靠劳动力等生产要素的投入来实现的工业化发展方式已走到尽头,迫切需要依靠技术进步和要素使用效率来推动经济发展,通过科技创新和信息化带动工业化发展,走新型工业化道路。此外,劳动力成本的上升还对通胀、外贸比较优势等产生明显的影响,这都将对我国工业化发展产生重要影响。

（五）工业化发展中的资源环境约束越来越严重

我国改革开放以来的工业化发展很大程度上是以资源的过度消耗和低效利用、生态环境的严重破坏等为代价实现的,这种粗放型、低效型工业化发展模

---

①　蔡昉:《刘易斯转折点——中国经济发展新阶段》,社会科学文献出版社 2008 年版,第 150 页。

②　朱敏:《"十二五"时期我国经济发展的特征》,《中国经济时报》2010 年 3 月 9 日。

式对于我国这样一个资源相对短缺、生态比较脆弱的国家来说是不可持续的。我国人均能源资源拥有量在世界上处于较低水平。2007 年,我国人均原油和液化天然气可开采储量不到世界平均水平的 1/10,仅相当于美国的 15%,巴西的 21%;人均可再生的淡水资源总量为世界平均水平的 1/3 左右,相当于美国的 23%,日本的 63%。我国森林覆盖率只有 18.21%,不到世界平均水平的 2/3;全国沙化土地 174 万平方公里,90% 以上的天然草原退化,全国 26% 的地表水国家重点监控断面劣于水环境Ⅴ类标准,62% 的断面达不到Ⅲ类标准,近岸海域环境质量不容乐观,东海已呈重度污染,生物多样性减少,一些重要的生态功能区功能严重退化[①]。

进入 21 世纪以来,我国资源短缺、环境破坏的问题日益严重,"十一五"规划中期评估结果中没有完成进度要求的节能、减排指标也体现了这一严峻性。我国能源消费量巨大,能源利用效率不高。我国是仅次于美国的世界第二大能源消费国。2008 年我国创造了 4 万多亿美元的 GDP,但为此也消耗了约 60 多亿吨各类国内资源和进口资源。2009 年,我国 GDP 仅占世界的 8.6%,而能源消费总量却占世界的 19.5%[②]。2009 年我国消费的铁矿石、粗钢、氧化铝和水泥分别达到 8.7 亿吨、5.67 亿吨、2600 万吨和 16 亿吨,约占世界消费总量的 54%、43%、34% 和 52%。单位国内生产总值能耗是美国的 2.9 倍、日本的 4.9 倍、欧盟的 4.3 倍、世界平均水平的 2.3 倍[③]。土地资源的浪费与低效利用比较突出,工业化和城镇化对于建设用地的需求与保护耕地、维护粮食安全形成尖锐的矛盾。水资源的短缺、浪费和污染触目惊心,地表水干涸、污染严重,地下水过度开发导致多个城市地面沉陷,水资源的数量供给和质量保障均面临严峻挑战。较多的污染物排放与环境容量有限的矛盾日渐突出。我国单位 GDP 二氧化碳、二氧化硫等主要污染物的排放高于世界平均水平,二氧化碳排放仅次于美国,居世界第二,污染排放已经大大超出环境容量。因污染物排放造成的空气污染、海洋污染、陆地污染严重。能矿资源粗放式开采严重,带来生态环境破坏、安全事故频发等问题,总体上难以满足经济快速增长的需求。同时由于生态保护建设投入不足、生态补偿不到位,水土流失、荒漠化、石漠化等生态退化问题突出,直接影响区域性乃至全国的生态屏障功能和生态平衡。

---

① 黄海:《"十二五":发力攻坚剑指十大难题》,《经济参考报》2011 年 3 月 9 日。

② 马建堂:《全面认识我国在世界经济中的地位》,《人民日报》2011 年 3 月 17 日。

③ 韩文秀:《从"变"与"不变"看主题和主线》,《宏观经济管理》2011 年第 3 期。

可以说,这些年我国的工业化基本沿袭了西方国家工业化的老路,以资源的过度消耗和环境的损害作为代价。随着我国经济发展及工业化进程的推进,我国的资源消耗量还将进一步增加。由于国内资源拥有量小,能源资源进口越来越多,对外依存度越来越高。按照目前探明储量和开采利用能力,我国石油和天然气的剩余可采年限仅有 15 年和 30 年。延续当前发展趋势,到 2020 年我国能源需求总量将达到 50 亿吨标准煤,原油对外依存度将上升至 65%[①]。20世纪 60 年代发现大庆油田以来,我国曾在很长一段时期是石油净出口国,随着工业化的推进和经济快速发展,自 1993 年起我国成为石油净进口国,进口规模也持续扩大[②],资源供应对工业化的约束显著增加。目前常规能源和重要资源进入高价时代已不可避免,我国能源需求总量快速增长的局面难以根本改变,决定了我国能源资源约束将日益增强。我国 70% 多的国土不适宜和较不适宜大规模工业化、城市化的开发利用,土地等稀缺资源的约束也将强化。

第二节　现阶段中国工业化发展中的增长方式特征分析[③]

一、我国现阶段经济增长的贡献要素及影响因素作用分析[④]

（一）经济增长的贡献要素及其作用分析

1. 资本

资本是工业化国家推动经济发展的主导性因素,特别对我国现阶段来说,经济发展仍处于明显的投资驱动阶段,资本投入成为维持经济高速增长的主要

---

①　黄海:《"十二五":发力攻坚剑指十大难题》,《经济参考报》2011 年 3 月 9 日。

②　我国 2009 年进口原油 2.04 亿吨,成品油 3696 万吨(出口分别为 507 万吨和 2504万吨,国内原油产量 1.9 亿吨),石油、铁矿石等资源的进口依存度都超过了 50%,能源资源供应风险明显增加。我国煤炭资源相对丰富,目前是世界第一煤炭生产大国和消费大国,过去多年我国煤炭净出口,近年来这一格局也发生了巨大变化。2008 年,煤炭出口 4543 万吨,进口 4040 万吨,有 500 万吨净出口。2009 年,煤炭出口 2240 万吨,进口 1.26 亿吨,出现 1亿吨的煤炭净进口。2010 年,煤炭出口 1900 万吨,进口 1.67 亿吨,净进口接近 1.5 亿吨。见韩文秀:《从"变"与"不变"看主题和主线》,《宏观经济管理》2011 年第 3 期。

③　杜传忠、曹艳乔:《中国经济增长方式的实证分析——基于 28 个省市 1990—2007 年的面板数据》,《经济科学》2010 年第 2 期。

④　本书将影响经济增长的因素区分为贡献要素和影响因素,贡献要素指那些经济增长过程中的投入要素,而影响因素主要指贡献要素之外的影响我国经济增长的主要因素。

驱动因素。但资本投资效率不高,表现为经济发展过程中的资本产出比率较高(如图 3.1 所示),①相应的,投资占 GDP 的比例也较高(如图 3.2 所示)。

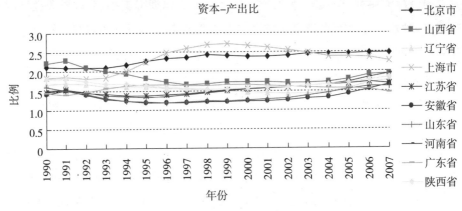

图 3.1　代表性省市的资本产出比

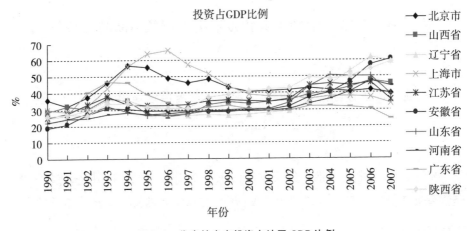

图 3.2　代表性省市投资占地区 GDP 比例

从变动趋势看,在我国 28 个省市中,除上海、广东等一些发展较快的东部省市外,其他省市的资本产出比在这里考察的时间段中基本上保持上升趋势,尤其是在 2000 年之后上升的速度更快(如图 3.1 所示);而投资占 GDP 的比例在 2000 年之后具有明显的上升趋势,尤其是中西部地区(如图 3.2 所示)。说明我国近年来的快速经济增长很大程度上是靠资本的大规模投入带动的,这当然与我国这一阶段正处于重新重工化阶段有关。

―――――――――

① 由于篇幅所限,本节只选取代表性省市的数据进行图示分析。

2. 劳动和人力资本

改革开放以来,我国经济持续高速增长的一个重要驱动力是廉价的劳动力,特别是近乎无限供给的农村劳动力。但近年来,劳动力的低成本优势已不再明显,产业部门对非熟练劳动力的需求日益下降,"民工荒"现象频频出现,标志着中国经济增长"刘易斯转折点"的到来(蔡昉,2008)。而与此同时,经济增长对高素质人力资本的需求将进一步增加。人力资本的数量和水平直接决定于劳动力的教育程度。基于此,再考虑到数据的可得性,这里用各省市每万人口在校大学生数来表示人力资本变量。各省市的人力资本水平一直处于上升趋势,且在 2000 年之后上升趋势明显加快,而在 2004 年之后这一指标的上升速度有所减弱(如图 3.3 所示)。[1]

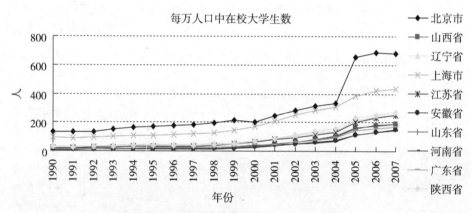

图 3.3　代表性省市的每万人在校大学生数

3. 技术进步

技术进步的代理变量较多,本书使用研发投入和研发产出作为技术进步的替代变量。与全要素生产率相比,研发投入更能直观地表示技术进步水平。这里按照永续盘存法计算了中国 28 个省市的科技研发资本存量。[2] 观察 2000 年之后的数据发现(如图 3.4 所示),代表性省市的研发资本存量一直呈高速增长趋势。

---

[1]　由于无法将人力资本完全从劳动当中分离出来,并且人力资本水平的高低对经济中的技术水平有直接影响,因此,在分析经济发展的影响因素时,劳动和技术的贡献中还包含了一部分人力资本的作用。

[2]　因为缺少 2000 年之前的分省市 R&D 投入指标,因此 2000 年之前的数据我们用地方财政科技拨款额来替代。

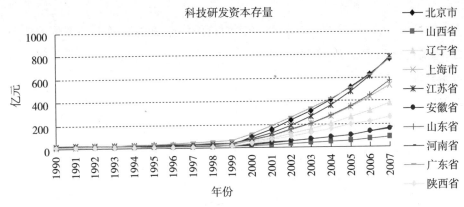

图 3.4 代表性省市的科技研发资本存量

但从 R&D 投入占 GDP 的比重看,除少数省市(如北京)外,我国绝大多数省市的这一指标均比较低,且增长速度不快,尤其是在西部地区表现得更为明显(如图 3.5 所示)。这说明,我国通过技术进步促进经济增长的空间还很大。

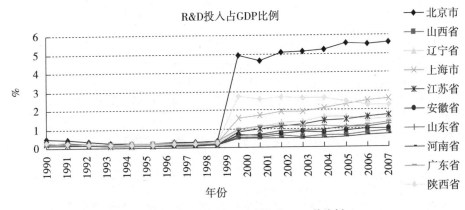

图 3.5 代表性省市 R&D 投入占 GDP 的比例

(二)经济增长的影响因素及其作用分析

1. 产业结构与工业化水平

对于我国这样的正处于工业化中期阶段的发展中国家来说,产业结构无疑是影响经济增长的重要因素。关于这一点,不同的学者从多个角度进行过研究,但是得出的结论并不一致。有的认为,产业结构对中国经济长期高速增长的支撑效应尚未达到递减的阶段(刘志彪、安同良,2002),有的认为,产业结构变迁对经济增长的贡献呈现不断降低趋势(刘伟、张辉,2008)。可见,产业结构究竟对我国经济增长产生多大程度的效应,是一个值得进一步探讨的问题。本书选取第二、三产业增加值占地区 GDP 的比重作为产业结构的衡量指标,选取工业增加值占地区 GDP 比重作为工业化程度指标。通过分析发现,20 世纪 90 年代以来,我国第三产业所占比重一直呈上升趋势,但在 2000 年之后这种上升趋势有所减缓,且东部地区的第三产业所占比重明显高于中、西部地区;第二产业所占比重及工业化程度却都呈现出先降后升的转变过程(见图 3.6、图 3.7、图 3.8 所示)。这说明,2000 年之后我国产业结构的重工业化程度提高,工业化对经济增长的影响力明显增强。

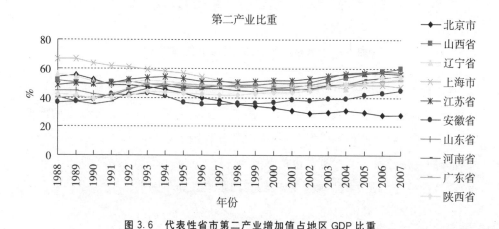

图 3.6　代表性省市第二产业增加值占地区 GDP 比重

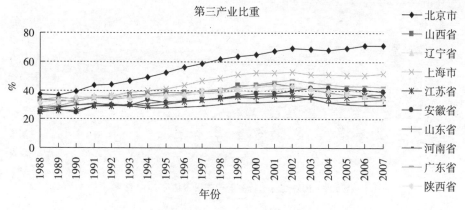

图 3.7　代表性省市第三产业增加值占地区 GDP 比重

2. 政府职能

随着我国改革开放的逐渐深入,以政府职能转变为核心的政治体制改革对经济增长乃至整个经济发展的影响越来越突出。考虑到数据的可得性,以及我国政府管理机构及职能的特征,本书以政府规模作为政府职能转变的代理变

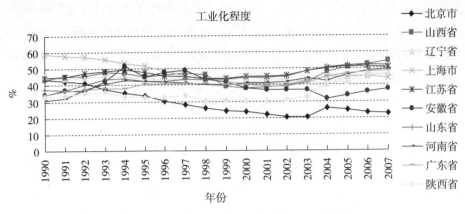

图 3.8　代表性省市工业增加值占地区 GDP 比重

量,并用地方财政决算支出中的行政管理费占 GDP 的比重作为衡量政府规模的指标。在我国经济发展过程中,政府规模的膨胀往往与政府职能效率的降低联系在一起。通过分析可以发现,我国大部分省市的政府规模都经历了一个先降后升的变化过程,有个别省市的政府规模一直处于上升趋势(如图 3.9 所示)。这种趋势凸显了我国政府职能转变的紧迫性和艰巨性。

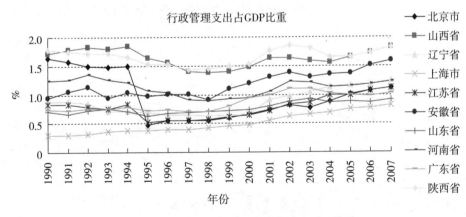

图 3.9　代表性省市行政管理支出占地区 GDP 比重

3. 外商直接投资与出口

国际金融危机发生之后,关于外资利用和对外贸易对我国经济增长的影响更加引人关注。FDI 与对外贸易对经济增长的作用及其程度历来颇受争议,外资企业的出口对经济增长的效应就更为复杂。我们认为,一些外商投资企业在中国投资的目的主要是为了利用中国廉价的自然资源和劳动力以及中国给予外资的超国民优惠政策。这些企业在我国投资设厂进行粗加工之后,再把只具有较低附加值的半成品出口到国外进行高附加值的生产,对这种外资企业的出口对我国经济增长的具体效应,值得做进一步具体、深入的剖析。这里通过考察外商直接投资占地区生产总值的比重发现,代表性省份 1994 年之后的 FDI占 GDP 的比重一直呈下降趋势,这说明 FDI 在地区经济增长中的贡献率在逐渐下降(如图 3.10 所示)。

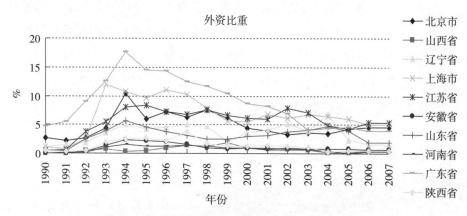

图 3.10　代表性省市外商直接投资占地区 GDP 比重

出口占 GDP 的比重在 1994 年到 2000 年之间有所下降,但下降幅度不大,而在 2000 年之后该比重又呈明显上升趋势(如图 3.11 所示)。利用外资和出口二者所占比重的交叉项可以用来考察外资企业的出口对我国经济增长的影响。

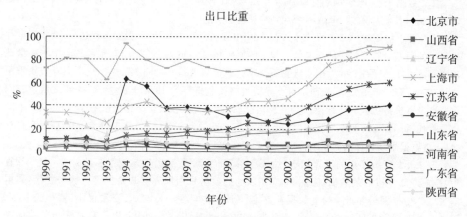

图 3.11　代表性省市出口额占地区 GDP 比重

二、我国现阶段经济增长方式的回归模型及实证分析

(一)回归模型设计及变量选取

这里的基础模型采用卢卡斯的内生增长模型: $Y = AK^{\beta}(uhL)^{1-\beta}h_a^{\psi}$,Y 是总产出,用地区生产总值替代;K 是物质资本存量;uhL 定义为含有人力资本的劳动;h_a^{ψ} 定义为人力资本水平的溢出效应。人力资本最终要体现于劳动者身上,因无法将二者分离开来,故这里即用劳动就业人口替代 uhL ,而 h_a^{ψ} 才是我们真正关心的人力资本水平的溢出效应,其系数及显著性可说明人力资本外溢效应的大小。这里用各地区每万人口在校大学生数作为人力资本的衡量指标。由于我们主要目的是要考察经济增长的要素贡献和影响因素,故在基准模型基础上,将逐步加入各种可能影响经济增长的变量,再逐一考察这些变量对经济增长的影响程度。模型的最终扩展形式为:

$$\ln gdp_t = \alpha_0 + \alpha_1 \cdot \ln K_t + \alpha_2 \cdot \ln L_t + \alpha_3 \cdot H_t + \alpha_4 \cdot \ln RD_t + \alpha_5 \cdot ter_t + \alpha_6$$
$$\cdot ind_t + \alpha_7 \cdot gov_t + \alpha_8 \cdot fdi_t + \alpha_9 \cdot \exp_t + \alpha_{10} \cdot fdi \times \exp_t$$

其中,gdp 为当年地区生产总值,换算为 1990 年的价格;[①]K 为可比价格的当年资本存量;[②]L 为当年劳动人数,用年底从业人数替代,其中所有省市 2006 年的数据出现了较大幅度的下挫,根据 2005 年和 2007 年的数据进行了平滑处理;H 为人力资本水平,用各地区每万人中在校大学生数替代;RD 为可比价的研发资本存量;[③]ter 为产业结构指标,用第三产业增加值占地区 gdp 的比重衡

---

① 数据来源于各年的《中国统计年鉴》、《新中国五十五年统计资料汇编(1994—2004)》以及中国科技统计网站 http://www.sts.org.cn/。

② 关于物质资本存量的计算如下:按照永续盘存法进行计算,根据基年越早,基年资本存量估计的误差对后续年份的影响就会越小的原则将基年定为 1952 年,基年各省的资本存量选用张军等 2004 年的论文《中国省级物质资本存量估算:1952—2000》给出的数据;各年投资采用全社会固定资产投资数据,按固定资产投资价格指数折算为 1952 年价,因 1991 年之前没有固定资产投资价格指数的统计,因此 1991 年之前的固定资产投资价格指数采用各年的 GDP 平减指数替代;折旧率 1978 年之前设为 5%,1978 年之后设为 8%。计算出 1990 年的物质资本存量之后,再根据永续盘存法的原则算出以后各年按 1990 年价格计的物质资本存量。

③ 研发资本存量的计算如下:用逐年的 R&D 经费支出以永续盘存法计算,因为各省市只有 2000 年以后的数据,因此 2000 年以前的数据采用地方财政科技拨款额来替代,数据缺失的年份根据最邻近年份的数据补齐,因为 2000 年之前 R&D 投资量很小,基年的 R&D 资本存量对后续年份的影响很小,因此选 1990 年为基年,取 1991 年财政科技支出的 5 倍来作为基年 R&D 资本存量;后续年份的 R&D 支出额按照 GDP 平减指数折算为 1990 年价格;研发资本的折旧率按 8% 计算。

量;ind 为工业化程度指标,用工业增加值占地区 gdp 的比重衡量;gov 为政府
职能指标,在这里表示为政府规模,用地方财政决算支出中的行政管理费占地
区 gdp 的比重衡量;fdi 为利用外资指标,用外商直接投资额(FDI)占地区 gdp
的比重衡量;exp 为出口指标,用出口额占地区 gdp 的比重衡量,它是衡量地区
经济出口依赖度的指标,与开放度即外贸依存度(进出口总额占 gdp 的比重)相
比,出口额占 gdp 的比重 exp 更能体现出口对经济增长的拉动作用;$fdi \times$ exp
是外资与出口依赖的交叉项,用以衡量外资企业的出口规模对经济增长的作
用。增加该变量,主要是为了从理论上判断外商投资企业在中国投资对中国经
济增长的具体效应,特别是其出口对我国经济增长的具体作用效应。

另外,模型排除了第二产业占 GDP 比重 sec,是因为它与工业化程度 ind 存
在较明显的多重共线性;排除专利指标 pat_1 和 pat_2 是因为它们与 R&D 投入
存在多重共线性。专利和 R&D 投入衡量的实际上是一个变量,只不过前者是
从产出的角度来衡量,后者是从投入的角度来衡量,故这里只用其中一个指标
来表示研发的影响。

(二)回归模型计量结果及其分析

这里采用的是面板数据回归,估计方法采用广义最小二乘法(gls),回归过
程中克服了异方差、截面异方差、序列相关和截面相关等问题。采用的四个主
要模型的回归形式分别是:

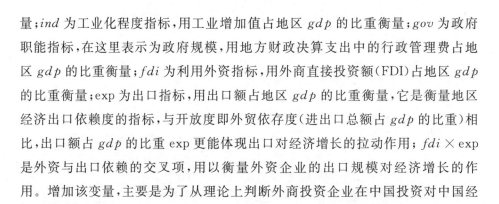

$$\ln gdp_t = \alpha_0 + \alpha_1 \cdot \ln K_t + \alpha_2 \cdot \ln L_t \tag{1}$$

$$\ln gdp_t = \alpha_0 + \alpha_1 \cdot \ln K_t + \alpha_2 \cdot \ln L_t + \alpha_3 \cdot H_t \tag{2}$$

$$\ln gdp_t = \alpha_0 + \alpha_1 \cdot \ln K_t + \alpha_2 \cdot \ln L_t + \alpha_3 \cdot H_t + \alpha_4 \cdot \ln RD_t \tag{3}$$

$$\ln gdp_t = \alpha_0 + \alpha_1 \cdot \ln K_t + \alpha_2 \cdot \ln L_t + \alpha_3 \cdot H_t + \alpha_4 \cdot \ln RD_t + \alpha_5 \cdot ter_t + \alpha_6$$
$$\cdot ind_t + \alpha_7 \cdot gov_t + \alpha_8 \cdot fdi_t + \alpha_9 \cdot \exp_t + \alpha_{10} \cdot fdi \times \exp_t \tag{4}$$

模型(1)只考虑物质资本投入和劳动投入;模型(2)在模型(1)基础上加入
人力资本水平的外溢效应;模型(3)在模型(2)基础上加入科技研发存量的对
数;模型(4)加入其他影响经济增长的因素。

在模型(4)的基础上,进一步将全国 28 个省市分为东、中、西部地区,相应
地将样本分成三个子样本,并分别得到三个回归模型,用以比较我国东、中、西
三大区域经济增长贡献要素和影响因素作用的差异。其中,模型(1)用来分析
东部 10 个省市(包括北京、天津、河北、辽宁、上海、江苏、浙江、福建、山东、广
东)的经济增长贡献要素和影响因素的作用;模型(2)用来分析中部 8 个省区
(包括山西、吉林、黑龙江、安徽、江西、河南、湖北、湖南)的经济增长贡献要素和

影响因素的作用;模型(3)用来分析西部 10 个省区(包括内蒙古、广西、四川、贵州、云南、陕西、甘肃、青海、宁夏、新疆)经济增长贡献要素和影响因素的作用。所有回归结果如表 3.3 所示。

(1)经济增长贡献要素的作用

从表 3.3 的模型(1)、(2)、(3)、(4)可以看出,资本存量、劳动和科技研发存量对经济增长具有显著贡献。模型(4)则显示,在加入产业结构、工业化程度、政府规模、外资、出口等变量后,资本、劳动和科技研发的系数显著性没有发生改变,由此可确定此三个变量对经济增长的贡献十分显著。

表 3.3　四个主模型和分地区子样本模型的回归结果

| | (1) | (2) | (3) | (4) | (4-1) | (4-2) | (4-3) |
| | gls_1 | gls_2 | gls_3 | gls_4 | gls_4_1 | gls_4_2 | gls_4_3 |
				(全国)	(东部)	(中部)	(西部)
lnk	0.873***	0.931***	0.793***	0.812***	0.823***	0.805***	0.831***
	(0.004)	(0.005)	(0.007)	(0.010)	(0.015)	(0.025)	(0.011)
lnl	0.337***	0.266***	0.332***	0.269***	0.255***	0.201***	0.311***
	(0.006)	(0.005)	(0.010)	(0.008)	(0.013)	(0.020)	(0.012)
h		−0.000***	−0.000**	−0.000***	−0.000***	0.000***	−0.001***
		(0.000)	(0.000)	(0.000)	(0.000)	(0.000)	(0.000)
lnrd			0.055***	0.073***	0.050***	0.028	0.085***
			(0.005)	(0.004)	(0.008)	(0.019)	(0.014)
ter				−0.025	−0.072	0.509***	−0.390***
				(0.043)	(0.112)	(0.092)	(0.109)
ind				0.134***	0.265***	−0.150**	−0.082
				(0.025)	(0.091)	(0.066)	(0.072)
gov				−5.776***	−0.123	−8.937***	−4.180***
				(0.424)	(0.995)	(1.953)	(0.628)
fdi				1.420***	0.991***	1.534**	1.266***
				(0.084)	(0.110)	(0.688)	(0.363)
exp				0.145***	0.125***	−0.072	0.140*
				(0.016)	(0.026)	(0.178)	(0.082)
fexp				−2.028***	−1.414***	9.212	−6.737
				(0.154)	(0.234)	(10.885)	(4.572)
_cons	−2.078***	−2.092***	−1.595***	−1.351***	−1.350***	−0.645***	−1.516***
	(0.033)	(0.015)	(0.046)	(0.045)	(0.124)	(0.117)	(0.106)
N	504	504	504	504	180	144	180

注:括号中是标准差;*、**、***分别表示在 10%、5%、1%水平上显著;fexp 项表示 $fdi \times exp$,_cons 表示常数项。

与经济增长质量与效率有关的几点值得注意。首先,考察人力资本的溢出效应。除了在中部地区的回归中系数显著为正,在其他模型中的系数均显著为负,这与卢卡斯模型的假设是不相符的。对于这一点,我们的解释是:一是人力资本体现在劳动中,在进行统计分析时难以将二者区别开来,因而在劳动对经济增长的正向作用中包含了一部分人力资本的作用;二是在加入科技研发存量之后,研发和人力资本之间存在一定的多重共线性,这也有可能导致人力资本的外溢效应系数为负;三是此处的 h 只是人力资本的外溢效应,而不代表人力资本的全部作用,h 为负或不显著,正说明人力资本对我国经济增长的作用有待于进一步提高。

其次,考察科技研发投入对经济增长的影响。从实证结果看,研发投入的产出弹性大部分显著为正,并且研发投入每增加 1 个百分点,可使我国 GDP 增加 0.073 个百分点。这说明,研发投入对 20 世纪 90 年代以来我国经济的高速增长起到了重要作用,但与资本和劳动的产出弹性相比,研发投入的产出弹性仍明显偏低,其对经济增长的作用有待于进一步提高。

(2)我国经济增长贡献要素作用的区域比较

分地区来看,东部和西部地区的科技研发投入系数均显著为正。虽然中部地区的科技研发变量不显著,但人力资本变量是显著为正的,考虑到人力资本和科技研发的多重共线性,这一点是可以理解的。进一步分析发现,分成子样本后,东部地区资本的贡献有所增大,劳动的贡献有所缩小。这说明东部地区的高速经济增长很大程度上是依靠资本投入拉动的;西部地区资本和劳动的贡献都比较大,而人力资本外溢效应的负向影响也比较大,这很可能是近年来西部大开发战略对西部经济增长起到很大的推动作用所致。再者,西部地区的经济增长尚处于相对落后阶段,劳动投入对经济增长的贡献相对较大,而这一地区的人力资本投资严重不足,导致人力资本的负向外溢效应较大。加大人力资本投资,吸引更多的优秀人才,将是提升这些地区经济增长效率的重要方面。

(3)经济增长影响因素的作用及其区域比较

①产业结构和工业化程度对经济增长的影响

我们在模型(4)中加入了代表产业结构和工业化程度的指标,分别用第三产业占 GDP 比重 ter 和工业占 GDP 比重 ind 来表示,这两个指标应该是高度共线性的,但这两个指标又具有明显的差异。产业结构指标表示经济发展到一定阶段所表现出的三次产业之间的比例关系,而工业化程度指标则表示工业化对经济增长的拉动作用。尤其是 2000 年以后,我国经济更多地依靠重化工业的拉动。为了分别体现产业结构和工业化对我国经济增长的拉动,这里同时使用了这两个指标。由于二者之间的多重共线性,有可能导致其中一个指标不显著,回归结果正显示了这一点。从全国和东部地区的回归结果来看,工业化程度均显著地对经济增长起到一定的带动作用,尤其是在分成子样本后,东部地区工业化程度的系数变大,说明东部地区的高速经济发展和工业化是分不开的;中部地区的产业结构指标显著为正,这也同时导致工业化指标显著为负,这和二者存在多重共线性是有关系的,但综合起来看,这两个指标对经济增长的整体影响是正的;西部地区的产业结构指标显著为负,且工业化指标不显著,说明西部地区仍处于工业化的中期之前阶段,工业对经济增长的拉动作用尚不甚明显,而第三产业的发展较为滞后又严重影响了这些地区的经济增长。

②政府职能对经济增长的影响

从政府规模指标来看,除了东部地区不显著,全国、中部和西部地区的系数均为负,说明政府规模越大,越不利于经济增长。由此也说明,在转变经济发展方式的过程中,应该加快转变政府职能,适当缩小政府的规模与开支,使政府更好地行使服务职能。至于东部的系数不显著,主要是由于东部地区的市场化程度比较发达,非国有经济对经济增长的拉动作用比较大,政府的职能相对合理,由此使政府规模对于经济发展的影响显得不甚重要。

③FDI对经济增长的影响

FDI的影响系数为正且均显著,全国、东部和西部地区的显著性高于中部地区,这和近年来FDI的区位选择有很大关系。FDI在早期较多地投资于东部沿海地区,近年来也投资于西部一些资源比较丰富的地区,但对于中部地区的投资相对来说还很不足,由此使FDI对中部地区经济增长的带动性不如东部和西部那么显著。

④出口对经济增长的影响

出口依赖指标的系数在全国和东部地区均显著为正,说明我国东部地区的经济受到出口的强力拉动,但外资和出口的交叉项在全国和东部地区显著为负,这恰好印证了前面关于外资企业出口对中国经济增长影响的判断,即一些外资企业为了利用我国廉价的资源、劳动力和外资优惠政策,在我国国内设厂进行粗加工,然后再将附加值很低的半成品出口,这实际上相当于变相地出口了我国的原材料,这种外资对中国经济增长的作用是负面的。由于这些年我国中部和西部地区的出口还较少,因此相对来说,出口对于这两大区域经济增长的拉动作用尚不显著,相应的,外资和出口交叉项的作用也不显著。但这种出口对我国区域经济增长的不利影响应预先引起足够的注意。

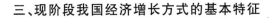

三、现阶段我国经济增长方式的基本特征

以上基于中国 28 个省市 1990—2007 年的数据,通过建立面板回归模型,对中国经济增长的主要贡献要素和影响因素进行了具体分析和比较,并实证考察了这些因素对我国经济增长方式的具体影响。通过对经济增长贡献要素的实证考察显示,资本投入目前仍是拉动我国经济增长的主要因素,其资本产出弹性高达 80% 以上,劳动投入的产出弹性在 25% 左右,人力资本的外溢效应并不像人们普遍认为的那样显著,研发虽然对经济增长具有正向推动作用,但研发投入的产出弹性与资本和劳动的产出弹性相比还比较小,仅在 5% 左右。这说明我国的经济增长仍在很大程度上依赖要素的投入,仍维持一种粗放型经济增长方式,人力资本和技术创新对经济增长的贡献有待于进一步提高。

通过对经济增长影响因素的实证考察显示,近二十年来我国经济增长仍在较大程度上受益于工业化程度的提高,工业特别是重化工业仍是支撑我国经济高速增长的巨大力量,相比之下第三产业对经济增长的促进作用仍不显著。这当然与我国工业化所处的发展阶段有关,但同时也暗含着经济进一步持续快速增长的隐患。从政府职能方面来看,政府规模对于经济增长的影响作用为负,但在 2000 年之后政府规模指标却呈持续上升趋势,说明我国在改革政府管理体制、转变政府职能、限制政府规模膨胀方面面临艰巨的任务,但这是推动经济发展方式转变的必要条件。从外资外贸层面来看,FDI 和出口对经济增长具有明显的拉动作用,但外资企业的出口对经济增长具有负面的影响,直接削弱了FDI 和出口对经济增长的拉动作用,说明我国的经济增长在一定程度上还依赖于外源性的因素,但过分依赖外源性因素实现经济增长的方式在长期内不可持续,且这种增长方式的弊端在这次全球金融危机过程中暴露无遗。

第三节　中国特色新型工业化的系统性特征及基本内容

一、中国特色新型工业化的基本内涵和系统性特征

中国特色新型工业化是我国工业化发展达到中期以后,经济社会发展处于工业化、信息化、城镇化、市场化和国际化的环境条件下,根据我国工业化发展所处的国内外环境和现实条件所选择的一条不同于西方发达国家和我国已经走过的传统工业化道路的一种新型的工业化发展道路,是科学发展观指导下的

工业化,是实现经济系统、社会系统与资源生态环境系统协同发展的工业化,是与信息化深度融合、相互推动的工业化,是以自主创新为引擎、内需与外需协调而以内需作为主要动力,高水平现代产业体系作为基本支撑的工业化,是与城镇化、农业现代化紧密结合、协调推进,使我国人力资源得到充分利用的工业化。走中国特色新型工业化道路,是适应我国经济社会发展的阶段性特征和根本要求的必然选择,是科学发展观视野下实现工业化和促进发展方式转变的具体模式。中国特色新型工业化道路是中国特色社会主义道路在工业领域的具体体现,是中国特色社会主义道路的有机组成部分。它与科学发展观、转变经济发展方式的要求是紧密相关、一脉相承的。

中国特色新型工业化道路的基本特征是系统性、高效性、时代性和跨越性。系统性表现在中国特色新型工业化的发展充分考虑到经济系统、社会系统和资源生态环境系统之间的协同发展和相互促进,考虑到工业化系统内部各系统之间的协同一致,包括工业化发展的产业结构系统、动力系统以及国内工业化与世界经济系统之间的协同与互动发展。高效性表现在中国特色新型工业化的发展不再是以速度、数量为导向的工业化,而是把质量和效益作为主要追求目标,在保证质量和效益的基础上实现一定发展速度的工业化,走的是一条集约式发展的工业化道路。时代性表现为中国特色新型工业化充分体现了时代的发展要求和条件,特别是当今社会所处的工业化、信息化、城镇化、市场化和国际化的发展环境、要求以及"五化"之间的相互联系和作用关系,通过市场化和国际化环境条件推动工业化发展,实现工业化与信息化深度融合、相互带动,工业化与城镇化协调发展、互相促进。跨越性是指中国特色新型工业化充分发挥和有效利用国内外一切有利条件和优势因素的作用,特别是充分发挥经济全球化、信息化的推动作用,强化自主创新的引擎作用,构建以内需为主导的新型动力系统,实现我国工业化的跨越式发展,加快完成工业化发展的历史任务。

二、中国特色新型工业化的基本内容

(一)它是科学发展观指导下的工业化,是有利于实现经济系统、社会系统与资源生态环境系统协同发展的工业化

发达国家工业化道路是一种物质主义指导下的工业化,工业化的发展主要是为追求物质财富的增加和物质享受水平的提高。我国传统工业化道路基本走的是一条速度型、数量型的工业化发展道路,主要追求较快的经济发展速度,快速扩张经济总量和规模。这除了与我国经济发展和人民生活长期处于较低

的水平有关之外,也与缺乏科学的发展观指导有关。中国特色新型工业化将是科学发展观指导下的工业化。它建立在质量、效益和集约增长的基础之上,以可持续发展为目标,走生产发展、生活富裕、生态良好的文明发展道路,把建设资源节约型和环境友好型社会放在更加突出的位置,实现速度和结构质量效益相统一,实现经济发展与人口资源环境相协调,实现经济社会科学发展、和谐发展、永续发展。

发达国家工业化道路以大规模消耗资源和牺牲环境为代价,"先发展、先污染、先破坏,后治理"是其典型特征。我国传统工业化道路往往与单纯追求数量的增长而忽视质量的提高、追求经济总量的增加而忽视经济结构的优化联系在一起,由此导致资源要素的过度耗费,生态环境的严重破坏,发展方式不可持续。中国特色新型工业化是实现可持续的经济、社会发展,在经济发展中注重资源节约使用和生态环境保护,注重经济发展与社会公正和进步的兼顾,讲求经济发展既满足当代人的需要,同时又不损害后代人满足需要能力的发展,特别是要将目前人与自然、经济与社会发展之间矛盾不断加剧的格局逐步转向人与自然、经济与社会和谐发展的新格局,实现一种经济持续协调发展、社会和谐稳定、政府廉洁高效、生态环境宜人、国家经济安全、创新能力不断增强的新的经济、社会发展态势。是实现经济系统、社会系统与资源生态环境系统协同发展的工业化。

（二）它是与信息化深度融合、相互推动的工业化

工业化是一个历史范畴,在不同的国家和一个国家不同的历史时期工业化的内涵与道路是不同的。在当今世界,信息技术快速发展,对经济社会发展的渗透、推动作用越来越显著,信息产业越来越成为现代社会的主导产业。信息化是一个在农业、工业、服务业和科技创新等社会生产和社会生活各个方面应用现代信息技术,深入开发、广泛利用信息资源,加速实现现代化的过程。目前,信息技术在国民经济各个领域得到广泛应用,它对提高生产效率、降低资源消耗和生产成本、减少环境污染,发挥着越来越突出的作用。信息化极大地拓展和丰富了传统工业化的内涵。发达资本主义国家的工业化在信息化大力发展之前即已完成,但目前仍在通过积极发展信息技术及其产业,抢占世界经济竞争的制高点。我国正处于工业化发展的中后期,工业化发展的历史任务尚未完成,同时工业化发展又遇到十分严峻的资源、环境约束,再加上国内外经济技术发展环境条件的限制,使我国不允许再重走发达国家先工业化、后信息化发展的老路,而必须把工业化和信息化有机结合起来。信息化为我国高起点加速

推进工业化提供了可能,通过大力推进信息化,以信息化带动工业化,为我国在新的历史时期发挥后发优势,加速推进工业化,实现生产力跨越式发展提供了新的机遇和条件。具体到我国工业的发展,推进信息化与工业化融合是促进我国工业由大变强、快速提升产业竞争力的重要途径。实现信息化与工业化融合,一方面,是要在工业化过程中推进信息化,以信息化带动工业化,用信息技术提高工业化水平,用高新技术改造提升传统产业;另一方面,以工业化促进信息化,把提高工业化水平作为信息化发展的动力,发挥后发优势,实现生产力跨越式发展。离开了信息化的工业化不是现代化的工业化,而同时,工业化为信息化提供物质基础,对信息化发展提出应用的需求,信息化通过工业化的发展而得以不断深化和加速。坚持以信息化带动工业化,以工业化促进信息化,使信息化和工业化融合发展,走一条具有中国特色的新型工业化发展之路,是我国在经济全球化步伐不断加快和信息化程度日益加深的背景下,全面认识工业化、信息化、城镇化、市场化、国际化深入发展的新形势新任务,深刻把握我国发展面临的新课题新矛盾得出的必然结论,是我国工业化进一步发展的方向。

(三)它是以自主创新为动力引擎的工业化

我国传统工业化道路以粗放型增长为主要特征,技术创新能力和水平明显不足,对外技术依存度偏高,科技对工业化发展的拉动作用不强,由此导致我国在推进工业化过程中,经济效率低下,产业的国际竞争力提升缓慢。我国技术创新的作用不足更突出地表现在自主创新能力的不足。所谓自主创新即是以本国企业为主体,以掌握核心技术和关键技术知识产权以及掌握高附加值价值链活动与市场为目标,通过原始创新、集成创新、引进消化吸收再创新三个途径实现的技术创新能力的提高。近几百年世界上的产业革命及其相关科学技术主要是在西方发达国家产生的,而我国主要是通过学习和引进来发展新技术和新产业,这在一定程度上导致了我国在很长一段时间内科技和产业发展的相对落后。特别是创新的源头在国外,核心技术、关键技术都由外国人掌握,很难通过直接引进或通过"以市场换技术"的途径引进,从而导致我国工业化发展过程中,产业升级缓慢,高技术含量的新兴产业发展滞后。

"十二五"时期,依靠物质消耗、要素投入和低成本比较优势的发展模式难以持续,加快转变经济发展方式、通过科技创新特别是自主创新促进产业结构优化升级,成为工业化发展的必然要求。为此,必须进一步提高科技进步对经济增长的贡献率,强化自主创新能力,将其摆在工业化发展的更加突出的位置,把增强自主创新能力贯彻到工业化发展的各个方面,使自主创新真正成为拉动工业化快速发展的强大动力引擎。

全球金融危机之后,经济全球化和科技全球化继续发展,世界各国经济发展方式转变和产业结构处于深度调整之中,经济发展对于发现和培育新的经济增长点的需求更加急迫。世界科技发展正孕育着新的革命性突破,世界各主要国家积极抢占未来竞争的战略制高点,全球将进入空前的创新密集和产业变革时代。新一代信息、生物、新能源、新材料、节能环保和低碳技术等正在取得突破性进展,并由此催生相应的新兴产业。可以预见,这些新兴产业的发展将有力地促进和支持新的增长周期。正在孕育的新的科技和产业革命顺应了人类和世界经济可持续发展的要求,对于克服工业化带来的环境污染、气候异常、资源紧缺,确保人类经济社会可持续发展提供了有利的条件。

我国已成为世界第二大经济体,综合国力大大增强,技术创新基础和条件有了显著提高。在这种背景下,我国需要准确把握创新和产业转型处于孕育期的特点,通过加快推进科技创新,特别是自主创新,努力抢占未来科技和产业发展的战略制高点。走中国特色新型工业化道路,就是要把提高自主创新能力作为工业化的战略基点和产业结构优化升级的中心环节。瞄准世界前沿技术发展,重点突破核心关键技术。通过强化自主创新,不断提高工业整体技术水平和核心竞争力,促进我国工业由大变强,提高产业国际竞争力。

（四）它是内需与外需结构协调并以内需作为主要驱动力的工业化

我国传统工业化是建立在外贸依存度不断提高基础之上的。国际金融危机的爆发导致国外市场需求明显萎缩,从而对于我国高度依赖国外需求的发展模式提出了严峻挑战,迫切要求进行战略性调整,加快转变工业发展方式,走中国特色新型工业化道路,坚持扩大国内需求特别是消费需求的方针,把推进工业化与扩大内需特别是扩大国内消费需求结合起来,把工业发展牢固建立在不断扩大内需的基础之上,促进经济增长由主要依靠投资、出口拉动向依靠消费、投资、出口协调拉动转变,为工业化稳步推进和持续发展提供坚强支撑和根本保证。我国作为一个人口大国尤其是发展中的人口大国这一基本国情,决定了我国比世界上其他任何国家都应更加重视内需对经济发展的拉动作用,同时也更加具备立足扩大国内需求实现经济发展的有利条件。"十二五"期间,我国城乡居民消费结构将进一步升级,从而为经济增长创造庞大的消费需求;工业化进程加速,将为经济增长提供巨大的投资需求;城镇化进程加快,将为经济发展开辟更广阔的内需空间。因此,形成以内需为主要拉动力的新型经济发展需求结构是我国经济发展方式转变的重要内容。当然,扩大内需,提高国内需求在需求结构中的比重,不是不注重外需,我们的目标应是构建一个以内需作为经济增长主要拉动力的结构合理的经济发展动力系统。外需仍将对促进我国经济发展发挥不可替代的重要作用,只是要进一步优化和提升外向型经济发展的格局和结构,重点从国际分工的低端化、贸易失衡加剧、贸易摩擦增多和外资结构不合理等外向型经济格局,转向国际分工高端化、贸易相对平衡化、贸易关系和谐化和外资使用结构合理化的新型发展格局。

(五)它是以高水平的现代产业体系、协调发展的区域结构和具有竞争力的国际分工结构为支撑的工业化

我国的工业化是在传统农业部门没有得到根本改造的前提下启动的,并且在改革开放之前较长的时期内片面地推行重工业优先发展战略,严重忽视农业、轻工业和服务业的发展,使得工业特别是重工业比重畸高,第一、第三产业发展长期滞后,产业结构严重失调。改革开放以后,我国在推进工业化过程中,对长期不合理的产业结构进行了调整,首先使农业和轻工业得到快速发展,在此基础上重工业重新得到新的发展。到目前,我国产业结构存在的主要问题是农业基础依然较为薄弱,工业总体上大而不强,服务业总体发展滞后,特别是现代服务业发展相对不足。第二产业在整个产业结构中所占的比重过高,经济增长主要依靠第二产业拉动。三次产业之间没有按照产业结构的演进规律形成相互支撑、互为带动的较为完善的现代产业体系。中国特色新型工业化道路,一个重要的内容是要促进经济增长由主要依靠第二产业带动向依靠第一、第二、第三产业协同带动转变。为此,遵循三次产业演变的客观规律,正确处理工业化与产业结构优化升级和产业协调发展的关系,通过推进信息化和工业化融合,实现制造业与生产性服务业互动发展,提升高新技术产业比重,大力发展战略性新兴产业,加快促进从低效率、低加工度、低技术和低附加值的传统工业结构,向高效率、高加工度、高技术和高附加值的新型工业结构转变,建设高水平的具有较强国际竞争力的现代产业体系。我国幅员辽阔,区域工业化发展水平差距较大。实现区域工业化协调发展是实现区域经济协调发展的重要途径。区域工业化协同发展是中国特色新型工业化的重要内容。从全球视野看,我国工业化系统处于全球经济体系之中,产业体系与国际产业分工体系紧密相连。在国际产业分工体系中,构建富有竞争力的现代产业体系,抢占国际价值链的高端,是经济全球化条件下中国特色新型工业化的重要内容。

(六)它是与城镇化、农业现代化协同发展的工业化

中国的工业化处于与城镇化、农村现代化并行推进的阶段。城镇化从根本

上说是将大量农民转变为城市市民、将广大乡村转变为城镇的过程。在我国，这一过程是与工业化的发展紧密相连的。农业现代化是我国农业发展的根本方向，而农业现代化离不开农业工业化的带动，农业工业化是我国整个工业化发展的不可缺少的一部分。同时，城市工业化为农业工业化乃至农业现代化提供必要的动力和技术支撑。发达国家在工业化的历史上，曾导致千百万小农破产。新中国成立以前，存在较严重的城乡关系对立、城市剥削压迫农村的现象。而新中国成立以后，由于计划经济体制和城乡二元体制的束缚，城市化速度落后于工业化，城乡各方面存在较大差距，这种差距曾在改革初期有所缩小，但其后又呈现逐步扩大趋势。现阶段，我国已进入以工促农，以城带乡的新的发展阶段，促进工业化与城镇化协调发展，以工业化带动城镇化，进而推动农村现代化是中国特色新型工业化发展的重要内容。

第四节　中国特色新型工业化发展的系统推进机制

现代工业化作为一个复杂的系统，要保障其有序、高效运行，必须构建一套科学有效的系统推进机制。中国特色新型工业化处于国内外复杂的经济技术环境条件下，同时又处于中国经济体制转轨、经济结构转型的现实背景下，要实现由传统工业化向新型工业化的系统转换，实现"系统重构"，必须构建相应的系统推进机制。

一、目标导向：坚持用科学发展观作为中国特色新型工业化发展的基本目标导向

我国工业化发展的实践表明，不同的发展观或发展理念对工业化发展方式和效率具有不同的影响。长期以来，我国工业化坚持了一种为发展而发展，发展不计效益与代价的发展理念，在现有的国民经济核算体系下，这种发展又往往被简化为追求过高的经济增长速度，从而形成自上而下的所谓"GDP崇拜"。尽管工业化发展取得了较高的速度，但也造成经济结构失衡、产能过剩严重、安全事故增多以及资源消耗过大、生态环境恶化等一系列问题。

用GDP衡量一个国家或地区经济发展状况存在明显的缺陷，这一点早已为海外和国外学者所认识[①]。1972年美国学者詹姆斯·托宾和威廉·诺德豪

---

① 林兆木：《评对于中国经济的高估》，《宏观经济研究》2010年第9期。

斯共同提出了"净经济福利指标"（Net Economic Welfare），主张应把城市中的污染、交通堵塞等经济行为产生的社会成本从 GDP 中扣除掉；同时需加进去传统上被忽略的经济活动，包括休闲、家政、社会义工等，才是净经济福利①。在美国学者上述研究的基础上，日本政府 1973 年提出了"净国民福利指标"（Net National Welfare），进一步将水、空气、垃圾等主要的环境污染列入指标中，先列出每项污染的可允许标准，再调查污染状况，超过污染标准的，必须编列改善经费，这些改善经费须从国民所得中扣除。1989 年美国学者罗伯特·卢佩托为首的一些研究人员提出了"国内生产净值"（Net Domestic Product），主张必须将自然资源损耗成本从 GDP 中扣除。在同一年，美国经济学家戴利与科布共同提出了"可持续经济福利指数"（Index of Sustainable Economic Welfare），该指数包含了一些社会发展方面的内容，如考虑财富分配的状况，还严格区分了经济活动中的成本与效益，像医疗支出、超时工作属于社会成本，不应算成对经济有贡献。联合国开发计划署在 1990 年提出的"人类发展指数"（Human Development Index），认为国民所得在达到一定程度后，对人类带来的福祉、效益会逐渐递减，主张从人本观点出发，反对以 GDP 作为国家最终追求的目标。这项指数除了调整国民所得之外，还加了三项指标，即人口平均寿命、成人文盲比例、学龄儿童就学率。另外，1995 年联合国环境署提出包含社会、经济、环境和政府四个方面内容更为复杂的"可持续发展指标"（Sustainability Indicators）。

借鉴国外学者的研究及观点，加快形成一套系统全面而科学的新的干部政绩考核体系，是落实科学发展观、走中国特色新型工业化道路的基本要求。发展比增长包含着更多的内容，经济发展不但包含经济总量增加，增长速度的提升，还包括经济结构的优化。经济发展既可能是高效益、可持续，给广大人民群众带来普遍实惠的发展，也可能是低效益的、不可持续的，广大人民群众并没有得到太多切实实惠的发展。究竟形成哪一种发展的格局和结果，首先取决于自上而下所遵循的发展理念和发展观。我们的发展必须是一种用更好的效益、更高的质量实现的更高水平的发展，而不是孤立、片面、不计代价、竭泽而渔、不能持续的发展。发展必须以人为本，兼顾人民群众的眼前利益和长远利益，真正使经济发展给全体人民带来不断增长的实惠和利益。同时，发展还应是全面协调可持续的发展。所谓全面，就是要以经济建设为中心，全面推进经济、政治、文化和社会建设，实现经济发展和社会全面进步；所谓协调，就是统筹和协调城

---

① 《致命的 GDP》，台湾《天下》1999 年 4 月号。

乡发展、区域发展、经济社会发展、人与自然和谐发展、国内发展和对外开放等诸方面,促进经济发展和社会进步各个环节、各个方面相协调;所谓可持续,就是坚持走生产发展、生活富裕、生态良好的文明发展道路,建设资源节约型、环境友好型社会,促进人与自然的和谐,使人民在良好的生态环境中生产生活,实现经济社会永续发展。全面协调可持续发展,是经济发展、社会发展与人的全面发展辩证统一的发展,是发展的速度与结构、数量与效益相统一的发展,是经济发展与人口资源环境相协调的发展。科学发展观应该成为中国特色新型工业化发展的基本目标导向。

二、动力引擎:以全方位创新作为中国特色新型工业化发展的动力引擎

"十二五"时期,中国特色新型工业化的发展面临着十分艰巨复杂的任务,必须以全方位创新作为基本的驱动力和推动力量,包括制度创新、管理创新、技术创新和产业创新等。

（一）制度创新

在基本经济制度层面,应进一步坚持和完善公有制为主体、多种所有制经济共同发展的基本经济制度,巩固和发展公有制经济,大力鼓励、支持和引导非公有制经济发展。继续深化产权制度改革,大力发展混合所有制经济。大力推进公平准入,改善融资条件,破除体制障碍,促进民营经济快速发展。形成各种所有制经济平等竞争、相互促进的新格局,最大限度地发挥各种所有制企业的经营效率和竞争力。在市场运行层面,应进一步完善市场经济的运行体制和机制。重点是健全现代市场体系,加快形成统一开放竞争有序的现代市场体系,在更大程度上发挥市场在资源配置中的基础性作用,发展各类生产要素市场,核心是推进和完善反映市场供求关系、资源稀缺程度、环境损害成本的生产要素和资源价格形成机制。在企业层面,进一步创新企业制度。深化国有企业公司制股份制改革,进一步健全现代企业制度,增强国有企业活力和运行效率;进一步深化垄断行业改革,引入竞争机制,提高行业运营效率;加快建设国有资本经营预算制度,强化国有资本预算约束,提高国有资本经营效率。在政府管理层面,合理界定政府与市场的关系,创新政府管理体制和职能。按照有限型、有效型、服务型和法制型政府的要求,进一步推进政企分开、政事分开、政监分开,加快转变政府职能,减少政府对微观经济活动的干预,充分发挥市场对资源配置的基础性调节作用,政府应为经济发展方式的转变创造一个良好的社会、经济和法制环境。

（二）技术创新特别是自主技术创新

技术创新特别是自主创新始终是推进我国经济发展方式转变的最基本的驱动力。"十二五"期间,应进一步加强原始创新、集成创新、引进消化吸收再创新,重点加强拥有自主知识产权和自主品牌的技术创新,促进在一些关键行业和领域实现"中国制造"向"中国创造"转变,切实提高我国产业发展的技术含量、附加值和国际竞争力。为此,要进一步深化科技体制改革,优化科技资源配置,完善鼓励技术创新和科技成果产业化的有关法制保障、政策体系、激励机制和市场环境;加快建立以企业为主体、市场为导向、产学研相结合的技术创新体系,引导和支持创新要素向企业集聚,促进科技成果向现实生产力的转变;大力提高自主创新能力,力争在关键领域和若干科技发展前沿掌握核心技术和拥有一批自主知识产权;走中国特色的自主创新道路,把增强自主创新能力贯彻到中国特色新型工业化发展的全过程,使自主创新成为加快经济发展方式转变的强大推动力。认真落实国家中长期科学和技术发展规划纲要,加大对技术创新投入,着力突破制约经济社会发展的关键技术。加快建设国家创新体系,支持基础研究、前沿技术研究、社会公益性技术研究。进一步健全风险投资机制,发挥风险投资的作用,形成促进科技创新和创业的资本运作和人才汇集机制。进一步健全知识产权、技术专利等法律制度,形成技术创新的良好社会和法律环境;充分利用全球科技资源,加快我国技术创新,提高我国自主创新水平。建立和完善技术进口、消化吸收和再创新的一体化机制,采取财政、税收、金融等支持措施,提高国内企业对引进技术的消化、吸收和再创新能力。

（三）产业创新

"十二五"期间我国产业创新的主要内容是:第一,加快传统产业转型升级。重点推进工业转型升级,强化需求导向,努力使产业发展更好地适应市场变化。坚持利用信息技术和先进适用技术改造传统产业,进一步深化信息技术在各行业的集成应用,提高研发设计、生产过程、生产装备、经营管理信息化水平,着力提高传统产业创新发展能力。大力强化企业技术改造,加大淘汰落后产能力度,强化节能减排,推动企业兼并重组,着力打造知名品牌,提高产品质量,促进全产业链整体升级。

第二,推动战略性新兴产业和先进制造业健康发展。战略性新兴产业以重大技术突破和重大发展需求为基础,对我国工业化乃至整个经济社会全局和长远发展具有重大引领带动作用。先进制造业是我国产业核心竞争力的集中体现,代表着我国新型工业化发展的方向。要进一步加强统筹规划,着力推动重大技术突破,加快形成先导性、支柱性产业,切实提高产业核心竞争力。实施国家科技重大专项,集中力量突破高端装备、系统软件、关键材料等重点领域的关键核心技术,着力提升关键基础零部件、基础工艺、基础材料、基础制造装备研发和系统集成水平。着眼于未来发展和全球竞争,加快建立一批具有全球影响力的制造基地,促进制造业由大变强,充分发挥战略性新兴产业和先进制造业在优化产业结构中的带动作用。

第三,加快发展现代服务业,促进制造业与生产性服务业融合发展。着力发展生产性服务业,培育研发设计、现代物流、金融服务、信息服务和商务服务,促进制造业与服务业融合发展。对生产性服务业进行科学合理的布局、规划,并通过政策引导和必要的财政支持等形式,推进生产性服务业区域性集聚发展。重点发展生产性配套服务,推动生产性服务业向制造业价值链条全过程的渗透。加快建立制造业与生产性服务业的协同发展的机制,使生产性服务业能够通过研发、生产、销售、咨询等价值链关键环节实现与制造业的互动和融合。

第四,发展现代信息技术产业体系。信息化与工业化融合发展是中国特色新型工业化的重要内容和标志。要抓住信息产业快速发展的历史性机遇,把发展新一代信息技术产业作为优化产业结构的重要战略基点,加快电子信息制造业与软件业升级换代和创新发展,集中突破高性能集成电路、新型显示、关键电子元器件、材料以及基础软件、信息安全软件、行业应用软件等核心关键技术,全面提升产业核心竞争力。推动通信业转型发展,统筹信息网络整体布局,加快"宽带中国"建设,构建下一代国家信息基础设施,推进"三网"融合,重点推动新一代移动通信、下一代互联网、移动互联网、云计算、物联网、智能终端等领域发展。积极迎接新的工业革命趋势,推动信息产业和制造业融合发展。

第五,合理布局建设基础设施和基础产业。能源、交通等基础设施和基础产业是工业化发展的重要依托,是优化产业结构的重要支撑。要立足于国内保障能源供应,加快能源生产和利用方式变革,强化节能优先战略,全面提高能源开发转化和利用效率,合理控制能源消费总量,构建安全、稳定、经济、清洁的现代能源产业体系。

(四)管理创新

主要是企业管理创新和产业管理创新,包括管理理念、管理体制、管理方式和方法的创新。它是从微观层面优化产业、企业、部门、机构、相关领域和环节的组织形式、提高生产经营管理效率和市场竞争力的重要依托。"十二五"时期,应进一步加大引进国外先进管理经验和模式的力度,结合我国经济管理的客观实际,大胆探索灵活多样、科学有效的管理模式和机制,加快创新资产管理、产业链管理、集群管理、要素管理、财务管理、绩效管理、流通管理等多层次和多类型管理,发挥管理创新对于提升生产经营效率、扩大市场占有率、保障产业和企业持续竞争力的促进作用。真正使我国的经济增长由主要依赖于资源要素的投入转移到主要依靠管理创新和要素效率的提高上来。

三、动力系统:构建供给与需求共同推动且以内需作为主要驱动力的工业化动力系统

从复杂系统内部的结构看,需求系统和供给系统是构成工业化系统的两大动力子系统,任何一个子系统的结构失衡和动力弱化,都将制约经济的持续协调和快速发展。因此,中国特色新型工业化的推进需要构造供给和需求两方面的动力拉动系统,二者缺一不可。

(一)提升供给系统的质量

提升供给系统质量包括调整供给结构和改善供给要素的质量①,主要包括:一是进一步加强人力资本投资,提高劳动力素质和质量。重点是强化劳动力技术、技能培训,强化劳动力卫生和健康水平的提高。促进科技进步及其在经济发展中的作用程度。大力推动科技创新,强化科技对经济的作用,是实现经济发展方式转变的重要推动力。二是在保持适度资本积累水平的基础上,着力提高资本使用效率。在实施积极财政政策、扩大需求的过程中,要高度重视提高资本运用的效率。只有这样才能发挥财政政策拉动经济的最大效用。三是进一步提高企业的运行效率和竞争力。应进一步推进国有企业的体制改革和制度创新,包括推进企业产权制度、法人治理结构和组织结构的调整和改革。同时为企业提高技术创新能力和市场开拓能力,提升企业竞争活力创造良好的制度环境和条件。大力发展非国有企业(大多为中小企业),消除阻碍其发展的各种体制和非体制障碍。

(二)优化投资结构,提高投资效率

工业化的内需动力主要包括投资需求和消费需求。"十二五"期间,我国仍

---

① 这里的供给不是单指厂商(或生产者)的商品供给,而是所有能对经济发展和经济效率提高起作用的供给因素或供给力量,因而是一种广义的供给,主要包括经济行为主体(如企业和劳动者等)的行为方式、生产要素(如资本、人力资本、技术和知识等)配置结构及自身效率、经济结构调整和各种制度创新等。

处于工业化与城市化快速推进时期,投资仍然是拉动经济发展、推进工业化与城市化推进的重要动力。由于投资对工业化发展具有直接拉动作用,见效比较快,针对我国经济由于受国际金融危机的影响可能仍处于下行状态,保持一定的投资规模和增加速度以弥补外需下降、消化过剩产能、稳定总需求是必要的,但要着力优化投资结构,提高投资效率。

第一,优化投资结构。我国现实投资结构存在的主要问题是政府投资所占比重过大,而民间投资相对不足,在这次应对全球金融危机的过程中,这种偏向仍然较为严重。实践证明,内需的扩大单靠政府投资的增加是远远不够的,对经济的稳定协调发展也是不利的,更主要的应是调动全社会特别是民间投资的积极性。20世纪90年代后期亚洲金融危机以后,我国经济步入了经济增长周期的上升期。这一时期支撑投资需求的重要力量正是民间投资的快速增长。1998—2002年,企业自筹资金占固定资产投资资金来源的49.7%,2007年又上升到60.6%,这对当时扩大内需发挥了十分重要的作用。而在这次扩大内需应对国际金融危机的过程中,到目前为止,主要还是靠政府投资的拉动,民间投资总体跟进不足、作用发挥不充分,这样一种不合理和不均衡的投资拉动结构,将直接影响投资需求拉动力的持续性发挥。为此,一要进一步降低进入门槛、放宽市场准入条件,坚决打破垄断,促进个体、私营等非公有制企业投资的扩大。真正做到平等准入、公平待遇,放宽股比限制,鼓励和支持民间资本进入法律法规未明确禁止的产业和领域,允许外商进入的领域首先向民间投资开放。进一步加快垄断行业投融资体制改革,使社会资金顺畅地进入基础设施等垄断性领域。二要进一步缩小企业投资审核范围,下放审核权限,规范审核程序,落实企业投资决策权,支持和引导民间资本投向政府鼓励项目和符合国家产业政策的领域。继续完善核准制、规范备案制,既要减少民间投资的前期风险,又要防止将备案作为变相审批。三要进一步优化民营企业发展的良好环境。要重点抓好建立健全促进民间投资的融资担保体系,鼓励和动员社会力量和企业共同出资设立信用担保机构,多渠道筹集贷款担保资金。加快产业投资基金、创业投资基金发展,积极发展面向中小企业服务的金融机构,切实解决中小企业贷款难、融资难、担保难的问题。同时,进一步改进调控和引导民间投资的方式方法,探索建立以行业规划、产业目录、登记备案、土地供应、投资补助、财政贴息、债券发行、差别利率等多种手段并举的社会投资调控体系。

第二,充分发挥政府投资的积极效应,大力提高政府投资效率。一要进一步深化投资体制改革,创新政府投资管理方式。按科学化、民主化原则完善政府投资决策程序。积极探索按照项目性质、资金来源和事权划分,合理确定中央政府与地方政府之间、投资主管部门与有关部门之间的项目审核权限。加快政府投资管理的法制化进程。尽快出台政府投资及项目管理方面的法律法规,为规范政府投资行为、加强和改进政府投资监管、提高政府投资的质量和效率提供保障。与此同时,还要完善政府投资决策机制,推行政府投资项目公示制度,建立后评价制度和责任追究制度。二要进一步优化政府投资结构。政府投资的安排要坚持统筹兼顾,突出重点,既要有利于促进经济平稳较快增长,又要有利于推动结构调整和发展方式转变,增强发展后劲和可持续能力,确保政府投资真正用于经济社会发展的薄弱环节,确保真正发挥"四两拨千斤"的作用,确保真正取得良好的投资效益。三要加快政府投资管理的法制化进程。尽快出台政府投资及项目管理方面的法律法规,为规范政府投资行为、加强和改进政府投资监管、提高政府投资的质量和效率提供保障。与此同时,还要完善政府投资决策机制,推行政府投资项目公示制度,建立后评价制度和责任追究制度。

第三,积极启动社会投资。一要营造良好的投资环境。在市场经济条件下,政府需要为企业提供良好的投资环境,包括政府为企业提供主动、积极的优质服务,减少企业与政府之间的交易成本,特别是政府要为企业减税免费,减轻企业负担,如果单纯从税的角度来看,中国企业承担的税负与其他国家并无二致,问题是中国企业承担了过多的费收负担。近些年,我国财政收入中费大于税的现象一直比较突出,如果加上各种收费,中国企业承担的税费恐怕是世界上较高的。二要政府要放开更多有利可图的垄断性领域,让民间资本进入,包括石油、铁路、民航以及高速公路项目等。要改变那些趁扩大内需之机搞"国进民退"的现象,形成国有资本与民营资本争利的局面,相反应引导民营资本进入垄断行业,以提高传统垄断行业效率,优化资本结构和分配结构。民间资本不愿意进入的项目,政府进入可形成"四两拨千斤"之效。三要加大对社会投资的融资力度。目前我国企业融资倾向于国有大银行对应国有大企业,主要局限于国有企业内部银行与企业融资,而民营企业需要大量投资却无法正常融资,其结果要么是民营企业虽然有好项目但因得不到融资而搁浅,要么形成了地下融资市场,加大了融资成本。要解决这一问题,需要大力发展民营金融机构,让民营金融机构直接为民营企业融资。四要进一步规范和培育股票市场等直接融资市场。股票市场既是企业融资的重要渠道,又是刺激社会投资的重要场所或平台。我国股市在经历了 2006—2007 年的大幅上扬之后,进入低迷不振时期,

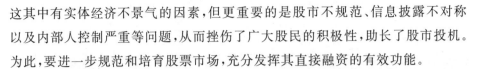

这其中有实体经济不景气的因素,但更重要的是股市不规范、信息披露不对称以及内部人控制严重等问题,从而挫伤了广大股民的积极性,助长了股市投机。为此,要进一步规范和培育股票市场,充分发挥其直接融资的有效功能。

(三)着力扩大消费需求,使其成为推动工业化发展的主导力量

随着我国工业化进程的推进,消费需求特别是居民消费需求应逐步成为我国工业化发展的主导性推动力量。为此,应从多个方面入手大力提升消费需求的比重,构建居民消费能力持续稳定增长的长效机制。第一,以国民收入分配关系的调整为动力,促进居民收入和消费增加。居民收入增加是消费需求增加的必要条件,而收入分配格局的不合理是制约消费者收入水平提高的重要因素。要完善收入分配政策,持续增加城乡居民收入,这就要求我们坚持和完善按劳分配为主体、多种分配方式并存的分配制度,进一步调整收入分配关系,提高居民收入在国民收入分配中的比重,提高劳动报酬在初次分配中的比重。政府要强化有利于提高居民收入的政策导向,真正把提高消费率作为国民收入分配的基本原则,同时国民收入再分配政策也要更多地向直接形成居民收入的方面倾斜,加大转移支付力度,使更多的人能够通过再分配获得更多的个人收入。要改变劳动报酬在初次分配中比重过低的状况,制止企业把压低劳动报酬作为降低生产成本、提高市场竞争力的手段的做法,逐步提高劳动报酬在生产成本中的比重,促使企业把降低生产经营成本、提高市场竞争力的着眼点转到推动企业技术创新、制度创新和管理创新方面上来。

第二,加快社会事业改革和发展,稳定居民支出预期,扩大即期消费。要统筹解决影响即期消费的各种体制性问题,切实减轻和消除居民扩大消费的后顾之忧,增强居民消费意愿,提高边际消费率。要从教育、医疗、住房和养老等社会关注的焦点问题入手,加大国家财政投入和政策支持,加快社会事业改革发展步伐。进一步落实优先发展教育事业的方针,进一步促进教育公平发展,切实解决“上学难”问题;加快推进医疗卫生事业改革发展,早日建成覆盖全国城乡的基本医疗卫生制度,真正实现人人享有基本医疗卫生服务的目标。继续加强房地产市场调控,保持住房合理价格水平;大幅度提高社会保障水平,进一步完善社会保障体系,继续推进制度建设,完善基本养老保险、失业保险、工伤保险、生育保险制度。

第三,大力提高农民和城市低收入阶层的收入水平。要采取多种积极有效的措施:加大政府投入和政策支持,通过增加农业补贴、较大幅度地提高粮食最低收购价、促进农业结构调整、发展农村二、三产业、壮大县域经济、组织农民开

展农业农村基础设施建设等,多渠道促进农民增收。继续提高企业退休人员基本养老金水平,力争人均年增长 10％ 左右;继续提高失业保险金和工伤保险金标准;进一步提高城乡低保、农村"五保"等保障水平,提高优抚对象等人员抚恤和生活补助标准;提高中小学教师待遇。继续推进事业单位收入分配制度改革。

第四,积极促进就业。就业是增加居民收入的根本性来源,要采取更加积极的就业政策,促进社会就业水平的提高。要以创业带动就业,加大对服务业以及中小企业的政策扶持力度,鼓励更多的劳动者进行创业和就业。采取积极措施,促进高校毕业生就业,帮助城镇就业困难人员、零就业家庭和灾区劳动力就业。特别是针对金融危机对企业的影响,广开农民工就业门路和稳定现有就业岗位,政府投资和重大项目建设要发挥带动农民工就业的作用,鼓励劳动密集型产业特别是中小企业和服务业更多地吸纳农民工就业,加强有组织的劳务输出,引导农民工有序流动,组织返乡农民工参与农村公共设施建设,大力扶持农民工返乡创业就业,增加收入。

第五,积极培育新的消费热点,促进居民消费结构升级。与改革开放之初相比,中国人的消费习惯和生活方式已发生质的变化,温饱型的消费模式已被享受型和发展型的消费模式所取代,从某种意义上说,中国已进入消费时代。为适应消费结构的升级,需要加快培育新的消费热点。在上一轮经济增长周期中,我国选择和重点培育了汽车、住房两大消费热点,为经济平稳较快发展、居民消费结构升级提供了有力支撑,并且在这次应对全球金融危机的冲击过程中,这两大产业的消费仍发挥了主导性作用。从产业发展角度,应进一步加快发展现代农业。按照高产、优质、高效、生态、安全的要求,积极转变农业发展方式,大力调整种植结构,鼓励发展绿色、无公害食品。大力加快发展新能源、可再生能源和节能环保产业。鼓励和支持耐用消费品制造业更新品种、改进工艺、升级换代,创造出领先的技术、优质的产品和高效的服务,培育支撑有效消费需求的供给能力。加快发展现代服务业,特别是生产性服务业,推动其与制造业的有机融合和联动式发展。政府要及时发布市场供求信息,引导企业调整产品结构,开发适销对路商品和服务,引导消费结构升级。

四、深化经济体制改革和创新,夯实中国特色新型工业化发展的体制基础

(一)进一步完善市场经济体制机制,特别是完善生产要素价格机制

历史上,西方发达国家的工业化发展也曾发生过一个由传统工业化向新型

工业化转变的过程。这一转变的实现主要是通过市场机制的作用,政府主要是为实现这一转变创造和提供相对良好的经济、社会环境及条件。我国传统工业化发展方式是高度集中的计划经济体制的衍生物,经济体制改革的滞后是传统工业化发展方式得以延续的根本性原因。从根本上说,中国特色新型工业化的推进有赖于市场经济体制的建立和完善。现阶段,最主要的是加快资源性产品价格和生产要素价格机制改革,促进资源节约,提高资源要素使用效率。我国现时资源价格水平没能反映资源的稀缺程度及全部成本,包括资源开采过程中造成的环境破坏和污染等外部成本,从而使得加工企业的生产成本低估、资源浪费严重,成为难以从机制上推进新型工业化发展的一个重要原因。从能源来看,我国工业用电价格总体水平较低,没有反映其成本构成。前些年不少地方对部分高耗能、高污染企业实行电价单列和价格优惠,直接推动了这些行业的产能扩张和过剩。

　　生产要素价格扭曲制约着新型工业化的推进。第一,生产要素价格的市场形成机制不健全加大了资源使用的浪费和环境压力。目前,政府对重要生产要素价格的控制还较严格,各级政府仍掌握着对土地、信贷等重要生产要素的配置权。从土地来看,地方政府垄断土地一级市场,征地成本普遍较低,政府以低价提供土地的方式招商引资、扶持新上项目。从信贷来看,由于金融体制改革滞后,利率市场化程度不高,各级政府对信贷的发放仍然有着较强的影响力,政府、国有企业支持扶持的产业和项目以较低成本获得了正规金融机构提供的信贷资金。要素的低价格和非市场化配置,为生产者提供了不当激励,要素价格不能有效发挥调节市场供求。一些重要生产要素的价格,如土地、石油和天然气价格的市场化程度较低,导致资源配置效率较低,甚至配置严重失当,造成资源的严重浪费。另外,由于政府掌握着重要经济资源配置权并控制着重要生产要素的价格,环境监管也不到位,使得稀缺生产要素升值和资源环境的压力大多隔离在了政府层面,没有充分转变为价格信号和更加严格的环境执法,从而使地方政府与企业缺乏转变经济发展方式的经济驱动力。

　　第二,生产要素价格扭曲加剧了产业结构的失衡。三次产业对要素的需求存在一定的差别,表现为:第二产业对土地、能源等资源要素的投入需求较大,第三产业对土地、能源的需求相对较小,而对人力资源需求较大。土地、能源等要素价格水平的偏低,对工业投资特别是重化工业投资与发展是一个很大的激励,而对第三产业发展则会起到抑制性作用。近年来,我国产业结构变化的一个突出特点是重化工业得到快速发展,很多地方都把重化工业作为支撑地方经济发展的支柱产业和重点产业,这进一步加剧了能源资源的短缺和生态环境的恶化。

第三,生产要素价格扭曲助长了我国经济内外结构的失衡。土地、能源、资金等要素价格较低,是我国出口商品价格相对低廉的重要原因之一。商品价格偏低,再加上第二产业特别是重化工业快速扩张导致的产能过剩,共同推动了出口的迅猛增长,并使我国经济的对外依存度越来越高,进出口总额占国内生产总值的比重由 2002 年的 42.7% 提高到 2007 年的 66.9%,经济增长对出口的依赖越来越大,由此形成越来越严重的内外经济结构失衡。这种状况实际上也就意味着变相地向国外市场和消费者提供了低要素价格福利补贴。再者,长期以来对低廉价格的路径依赖又抑制了出口商品结构的改善和对外经济及贸易质量的提高。对外部需求的过度依赖,使国际经济特别是美国、欧盟、日本等经济体经济形势一旦发生波动,便对我国经济带来较大影响,经济运行的外部风险日益加大,保持经济持续平稳运行的难度加大。

第四,生产要素价格扭曲加剧了经济生活中的高投资和内外需求结构的失衡。正是由于低劳动力成本、低资源价格和低成本排放等造就了我国经济发展中的一大批高污染、高物耗产业,像钢铁、有色、建材、石油加工、化工和电力等行业的发展莫不如此。由于资源过于集中于上述行业,使得它们的产业利润增长速度明显高于其他部门,这是导致这些产业高盈利率的重要原因。良好的盈利前景使得上述产业不仅自身资本充裕,而且能以较低的成本从直接融资渠道和间接融资渠道获取较为充裕的资金,由此形成了困扰中国经济多年的高投资局面。同时,这些行业在资源分配中的相对优势进一步形成了其在收入分配中的主导地位,收入分配的不均使得全社会平均收入下降、有效需求不足。国内有效需求不足、部分行业产能过剩则和出口导向政策共同作用,维持了中国的出口,并形成居高不下的贸易顺差,并在资本管制下增加了国内的流动性和银行信贷规模。这部分资金同高盈利行业自身形成的富余资金共同作用,形成了包括住房价格在内的较高水平的资产价格,增加了居民生活成本。而高投资和高出口的共同作用,又使经济可能陷入过热的境地。

进一步推进资源、要素价格形成机制的主要思路是:继续改革和完善资源性要素价格形成机制,逐步理顺被压低和扭曲的资源价格体系,从根本上解决导致资源浪费的机制和制度性因素。为此要积极稳妥地推进石油、天然气等资源性产品价格形成机制改革;通过征收特别收益金、资源级差收入,较大幅度地提高资源税率,建立健全资源有偿使用制度和生态环境补偿机制,提高城镇土

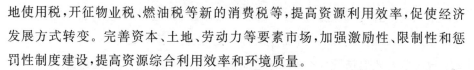

地使用税,开征物业税、燃油税等新的消费税等,提高资源利用效率,促使经济发展方式转变。完善资本、土地、劳动力等要素市场,加强激励性、限制性和惩罚性制度建设,提高资源综合利用效率和环境质量。

(二)深化政府管理体制改革,加快转变政府职能

发挥市场机制的基础性作用,不应忽视和否定政府的职能与作用。我国正处于体制转轨和经济转型过程中,工业化、城镇化、市场化、信息化、国际化快速发展,国际国内环境条件更趋复杂,不确定性因素增多,为此,加快经济发展方式的转变,必须发挥政府的积极作用。但现行政府管理体制还存在诸多弊端,政府职能尚未得到根本转变,由此导致政府的许多不合理行为构成中国特色新型工业化推进的重要制约因素。为此,"十二五"期间,要进一步完善市场经济体制和运行机制,深化政府管理体制改革。第一,要进一步打破行业和市场垄断,促进有序竞争。一要加快垄断行业改革步伐,进一步放宽市场准入,促进行业公平竞争。凡是法律法规未明令禁止的领域,都应允许民营企业进入;凡是已经和将要对外资开放的领域和相关优惠政策,都应允许民营经济进入和享有。要采取积极措施,改变目前政府及国有企业投资迅速扩张所造成的挤压民营部门,使其投资乏力的现象。充分发挥民营经济对经济发展的重要作用。进一步推进公交、供水、医疗、绿化、教育、旅游等基础设施建设和公共事业领域向民营资本开放。在同一竞争领域,各种所有制企业应实行同一标准、公平进行竞争。二要坚决打破地方保护主义,消除地区封锁,加快形成统一开放、竞争有序的国内大市场,提高资源和要素的配置效率。三要进一步推进公共资源配置领域的市场化进程,提高公共资源配置和使用效率,包括土地使用权出让、矿产资源开发、公共工程建设、政府采购等,要更多地采用招标、拍卖等方式,实现公平竞争,提高配置效率。

第二,加快形成权责一致、分工合理、决策科学、执行顺畅、监督有力的行政管理体制。确定政府和部门职权,必须明确相应的职责,实行权责对等。健全行政问责制,强化责任意识。要尽可能避免机构职能上的交叉重叠、主次不分、政出多门和推诿扯皮现象,预防政府行使职能中的越位、缺位和错位问题。进一步健全各级政府决策机制,从制度上保证决策内容和决策程序的科学性和合理性,减少决策失误。保证有关法律法规和政策措施得到切实有效的执行和实施,建立健全决策权、执行权、监督权既相互制约又相互协调的权力结构和运行机制,提高政府执行决策的效率。进一步强化监督职能,坚持用制度管权、管事、管人,将政府的职能行使和行为建立在相应的制度规范约束之下。

第三,建立健全促进经济有序运行的法律体系和法制环境。在成熟的市场经济条件下,政府的职能和实现方式都是建立在完善的法律体系基础上的,法律法规决定着政府该管什么和如何管,也决定着政府不作为、乱作为和不当作为的法律责任。要解决政府职能定位不清晰的问题,关键是要尽快建立起一整套完善的,以《行政许可法》、《行政诉讼法》、《行政程序法》和《行政组织法》等为核心的规范政府行政行为的行政法律体系,其次是要建立起一整套完善行政法律的实施和保障系统,确保各级政府部门"依法行政"。

第四,切实转变政府职能,加快建设服务型政府。一是强化政府的服务意识和责任意识,加快公共服务体制的建设,通过均等化公共服务为全体社会成员提供大致相当的基础教育、公共卫生和基本医疗等,促进由注重经济总量向注重人的发展和经济质量转变,为转变经济发展方式提供更为广泛的社会动力。二是转变政府经济管理职能,使其从各种形式的市场参与者角色中淡出,重点转向再分配关系、城乡和区域平衡等市场顾及不到的领域,或者公共产品的提供、社会保障体制的建立等市场失灵的领域,或者如土地、资源、环境、安全等有内部效益,但可能损害社会公众利益的领域以及如基础教育、公共卫生、部分基础设施等外部效益大于内部效益的领域。三是在完善政府绩效考核体系方面,把节能、降耗、减排等指标纳入政府绩效考核中,放在与 GDP 或人均 GDP 的增长率同等重要的地位。四是通过规范垂直管理部门与地方政府的关系,协调中央政府与地方政府的事权与财权关系,建立地方政府的绩效评估制度和问责制度等,以提高政府尤其是地方政府转变工业化发展方式的执行力。五是通过科学划分中央与地方事权与财权,削弱基层政府为获得财政收入过分追求 GDP 的目的。

(三)进一步推进和深化财税投资体制改革,建立与新型工业化发展相适应的财税体制

第一,进一步推进和深化财税体制改革。我国现有的财政体系仍然是一种以建设财政和经济财政为主要特征的财政,财政支出结构的不合理是造成我国三次产业结构扭曲、创新能力不足以及生态环境恶化等一系列问题的重要诱因。在税制设计方面也存在某些不合理之处,制约着经济发展方式的根本性扭转。例如,目前以增值税和流转税为主的税收体系,刺激了各个地方拼命追求GDP 的高速发展和发展重化工业以获得更多税收,客观上助长了粗放型经济发展方式。现有资源税的征收范围过于狭窄,导致许多自然资源被廉价甚至无偿地被使用,资源税税率低、没有考虑资源开采回采率的差别、从量计征的定额税

等不合理的资源税税率,难以发挥调节资源开采和使用行为的职能,资源税目的设置无法体现公平以及资源税的计税依据无法遏制资源浪费,等等,都是制约新型工业化发展的重要体制性障碍。

进一步深化财税体制改革的主要思路是:在财政支出结构的优化方面,强调降低政府对一般竞争性领域投入,强化关键领域和重要产业投入,特别是强化对文教卫等部门的投入,加大财政支出对创新体系和发展循环经济的支持力度,是转变经济发展方式的重要途径。

第二,进一步深化投资体制改革。深化投资体制改革,加快建立起市场引导投资、企业自主决策、银行独立审贷、融资方式多样、中介服务规范、宏观调控有效的新型投资体制。首先,进一步规范政府投资行为。建立和强化地方政府的投资约束机制,建立和完善地方政府科学的投资决策程序,实行投资决策风险责任制。科学界定政府投资范围,合理划分项目审批权限。不断健全政府投资项目决策机制,积极推行政府投资项目公示制度。加快推行代建制,建立政府投资项目后评价制度。其次,进一步确立企业的投资主体地位。使企业成为具有投资决策权、经营自主权,并能够对投资风险承担责任的投资主体,使企业能够根据国家的产业政策和市场需求状况,自主选择投资方式、确定投资规模,通过竞争机制、利率机制、风险机制、破产与拍卖机制等,来规范和约束自己的投资行为。尽快修订核准目录,缩减核准范围,赋予地方政府更多的管理职责,更加注重发挥行业部门作用,进一步扩大大型企业投资决策权。再次,健全投资监管体系和监管制度。建立投资风险预警和防范体系,加强对投资运行的检测分析,注重对重点、热点行业的监测。建立投资信息系统和投资信息发布制度。切实加强投资监管,加快建立政府投资决策责任追究制。

(四)深化企业体制改革,强化中国特色新型工业化发展的微观基础

企业是推动中国特色新型工业化发展的最基本、最具活力的因素。尽管我国国有企业体制改革进行了很多年,但至今政企尚未彻底分开,许多企业初步形成的现代企业制度框架离规范的要求还相差甚远,企业的软预算约束还较为明显等,这些体制性障碍降低了企业尤其是国有企业的主体意识与竞争欲望,使得企业对国家的各项产业发展政策及其变化、市场价格及其变化所体现的资源稀缺程度与配置效率,难以作出及时而有效的反应。进一步推进和深化企业体制改革,构建中国特色新型工业化发展的微观基础,主要思路:一是通过加大国有经济改革力度,深化股份制改革,规范履行出资人职责,加强与改进国资监管,完善统计评价体系和法规体系建设,健全重大事项报告制度,探索完善国有

资本预算体系,大力推进技术和管理创新等一系列体制改革,推动国有经济发展新型工业化的动力。二是营造促进多种所有制企业之间公平竞争的环境,通过积极推进企业间的兼并与重组培育优胜劣汰的机制,充分发挥和运用资本市场拓展企业融资渠道"三管齐下",提高产业集中度和整体技术水平,培育具有国际竞争力的大公司,使之有能力、有条件在推进新型工业化方面发挥带头作用。三是通过确立适应市场需求的企业创新主体地位,引导和支持各类要素向企业集聚,加强企业创新人才队伍建设,建立健全面向企业的公共研发、创业孵化和科技中介服务平台,不断优化财税、金融、知识产权和政府采购等措施增强企业的自主创新能力。四是真正确立企业投资主体地位,政府通过发布信息,设立水平越来越高的能耗、环保、安全、卫生等技术法规和市场准入门槛,促进结构优化和产业升级。

五、加快推进结构调整,构筑协调、高效的工业化系统构架

我国工业化系统结构主要包括产业结构、产业组织结构、区域经济结构、生产要素投入与使用结构、对外经济结构等。"十二五"期间,我国产业结构调整的主要内容包括进一步加强农业;调整和优化工业结构,提高产品附加值,增强产业国际竞争力,实现工业由大变强。改造和提升传统产业,淘汰落后生产能力。大力推进信息化与工业化深度融合。重点发展战略性新兴产业、先进制造业和高新技术产业,实现在国际产业分工体系中由价值链低端向价值链高端的跃升。着力发展物流、信息、技术服务等生产性服务业,促进制造业与生产性服务业融合发展。促进第一、第二、第三产业协调发展,逐步形成以农业为基础、工业为主导、战略性新兴产业为先导、基础产业为支撑、服务业全面发展的现代产业体系。

在产业组织结构方面,引导企业兼并重组和管理创新,提高大中型企业核心竞争力,培育更多具有较强实力和国际竞争力的大企业和企业集团,同时通过鼓励兼并重组,淘汰落后产能;着力增强中小企业活力,提升企业管理水平,提高其"专精特新"和集群发展水平。进一步营造环境,完善机制,支持小微企业特别是科技型小微企业快速发展。通过产业组织调整优化,逐步形成大中小微企业合理分工、各种所有制企业协调发展的产业组织结构。

在区域经济结构方面,应立足于本区域资源、要素和技术优势,着力发展区域产业,加快区域产业转型升级,提高区域产业整体竞争力;重点是要破解阻碍区域产业协调发展的难题,加快构筑各区域产业优势互补、主体功能定位清晰、

国土空间高效利用、人与自然和谐相处的区域经济发展新格局。在深入推进新一轮西部大开发过程中，大力发展特色优势产业，聚集产业发展要素，提升西部产业发展水平。在进一步全面振兴东北地区等老工业基地过程中，加快该区域产业转型升级，借助该区域产业、技术基础和优势，改造提升传统产业，同时大力发展战略性新兴产业。统筹推进全国老工业基地的产业调整和改造，促进资源枯竭型地区产业转型发展，形成新的更有竞争力的区域产业体系。更加注重中部地区产业的转型升级，强化这些地区能源原材料产业发展基础，提升装备制造业及高技术产业水平。加强中部区域产业的协同发展，形成优势互补、分工明确的区域产业体系。加快东部地区产业转型升级步伐。进一步提升这些地区的科技创新能力，培育产业竞争的新优势，在更大范围、更高层次上参与国际产业和技术竞争，力争在区域自自主创新能力提升、产业竞争力增强、产业的低碳化绿色化发展等方面走在全国前面。

在生产要素投入和使用结构方面，改变过去工业化发展过于依赖物质资源投入，而忽视科技进步、劳动力素质提高和管理创新等对工业化发展作用的局面。在保持适度劳动力数量的前提下，大力加强人力资本投资，提高劳动力素质和质量。要进一步加大对人力资本的投资，特别是强化劳动力技术、技能培训，强化劳动力卫生和健康水平的提高。同时通过制度改革、政策调整和相关环境优化，激发劳动者的积极性、主动性和创造性。在保持适度资本积累水平的基础上，着力提高资本使用效率。要高度重视提高资本使用的效率。政府扩张投资、增发国债必须与提高资本运用效率紧密结合，才能发挥财政政策拉动经济的最大效用。

在对外经济结构方面，第一，创新对外开放模式。加快推动沿海地区对外开放的转型升级，提升这些地区参与全球分工和竞争的层次，特别是要促进这些地区从国际加工装配基地向先进制造基地转变，从制造中心向制造研发中心、服务贸易中心和物流中心转变。加快沿边开放，扩大沿边地区在基础设施、物流、信息资源和技术等领域的合作。与周边国家协力共同构建优势互补、共同发展的国际走廊和国际经济合作带。内地开放应根据其工业化和城市化发展水平和要求，采取适当的开放形式，重点是吸引面向国内市场的直接投资和加工贸易的上游产业，承接运输成本比较低的出口导向型产业，振兴装备制造业。发挥内地资源、产业、劳动力等优势，提高其承接国内外产业转移的能力。通过创新开放模式，协同推进沿海内陆沿边开放，打造分工协作、优势互补、均衡协调的对外开放新格局。

第二,加快形成以技术、品牌、质量、服务、标准为核心的出口竞争新优势。通过形成国际经济竞争与合作的新优势,使我国的出口产品由原来的价格优势更多地转向产品质量、技术和品牌优势;企业从生产资本优势更多地转向生产资本与服务资本相结合,生产与物流、营销相结合的优势。促进"中国制造"向"中国创造"和"中国服务"跨越。要进一步增强企业的技术创新、自我转型能力,提高出口产品的附加值。

第三,促进加工贸易的转型升级。我国对外开放战略应由过去的以"出口创汇"为主,向提升在国际产业分工链条中的位置转变为主,实现加工贸易的转型升级。推动加工贸易产业链向上游研发设计、中游集约发展、下游营销服务延伸,提高我国产业在国际价值链中的地位,严格控制低层次加工贸易的发展规模。要以增强自主创新为核心,鼓励和引导加工贸易企业增加研发投入和通过技术转移等多种形式,逐步从代加工向代设计和自创品牌发展。以进一步承接国际服务外包作为基本手段,进一步扩大工程承包、设计咨询、技术转让、金融保险、国际运输、教育培训、信息技术等服务贸易出口。建设服务业外包基地,有序承接国际服务业转移。

第四,加快形成有利于跨国公司正常技术溢出的体制和市场环境。如科技人才自由流动,支持国内企业与跨国公司的技术研发合作,保护知识产权,增强跨国公司的技术溢出效应。推动企业"走出去",以优势产业为重点,引导企业开展境外加工贸易,通过跨国并购、参股、上市、重组联合等方式,培育和发展我国的跨国公司。加大对国有企业和民间企业走出去的金融支持,支持企业在研发、生产、销售等方面开展国际化经营。进一步开展国际能源资源的互利合作,加强对外工程承包和劳务输出,加快培育和发展我国知名跨国公司。

六、政策体系:构建具有较强现实针对性和可操作性、相互协同配套的政策体系

"十二五"时期中国特色新型工业化的发展必须发挥政府政策的引导和推动作用。政府制定和实施的推动工业化发展的政策应满足以下条件:第一,它应是一套内容宽泛、功能互补、作用协同的政策体系。从大的方面说,包括经济政策、社会政策和资源生态环境政策。具体说主要有技术创新政策、产业政策、投资政策、消费政策、财税政策、外贸政策、人力政策、区域经济发展政策、环境保护政策、收入分配政策等。在推动中国特色新型工业化发展过程中,这些政策之间相互联系、相互影响、相互作用。政府应从系统性、整体性角度出发,协

调以上各种政策的作用,形成推动中国特色新型工业化发展的合力,而不应是彼此独立、功能单一甚至相互掣肘。第二,政策具有动态性和适应性特征。中国特色新型工业化的完成是一个复杂的系统性工程,必然要经历一系列的阶段和过程。在不同的阶段或时期,工业化发展面临的问题和所需完成的任务都是不同的,这就要求政府制定实施的推动工业化发展的政策也必须具有动态性和适应性,要根据工业化发展的不同阶段及其面临的主要问题、任务和要求,根据国际国内经济、社会发展环境条件的变化而进行相应的调整。

第 四 章

中国特色新型工业化发展中的产业结构优化升级

产业结构优化升级是经济结构调整和新型工业化发展的重要内容。长期以来,我国产业结构不合理,优化升级步伐缓慢,始终成为制约经济发展方式转变和新型工业化发展的重要因素。国际金融危机之后,面临日趋激烈的国际经济竞争和新一轮技术革命发展的机遇,我国必须加快调整产业结构,构建新型产业体系,着力提升产业的国际竞争力。我国产业结构优化升级是一个复杂的系统性工程,本章重点对后金融危机时代中国产业结构优化升级的主要影响因素及思路对策、基于进入退出角度的中国服务业发展路径及对策、中国区域制造业与生产性服务业互动协调发展等与产业结构优化升级关系密切的重点问题进行研究。

第一节　后金融危机时代中国产业结构升级的影响因素与升级思路

一、文献综述

国内学者已经对中国产业结构升级问题进行了较多的研究。关于产业结构升级的含义,黄文波、王浣尘(2000)认为,产业结构升级即产业结构高级化,是高技术产业部门在整个国民经济体系中所占比重增加,地位日益重要,成为带动国民经济发展的主导产业[①]。杜传忠、李建标(2001)认为,产业结构升级是

---

① 黄文波、王浣尘:《网络上海与网络经济系统》,《上海经济研究》2000 年第 10 期。

指产业结构从技术层次低的结构形态转向技术层次高的结构形态,从生产率低的产业占主体转向生产率高的产业占主体的结构形态①。刘伟、张辉、黄泽华(2008)认为,产业结构高度化是指原有要素和资源从劳动生产率较低的产业部门向劳动生产率较高的产业部门转移,新增的要素和资源也被配置到劳动生产率较高的产业部门,导致劳动生产率较高的产业部门的份额不断上升,使得不同产业部门的劳动生产率共同提高②。可见,国内学者主要从技术和生产率角度对产业结构升级进行界定。关于产业结构的影响因素,国内学者主要从供给、技术水平和对外开放等方面进行分析。关于供给因素对产业结构升级的作用,则又主要围绕劳动力和资本市场发展的影响进行分析。张若雪(2009)提出,中国产业结构水平较低、升级缓慢的根本原因是我国劳动力绝对数量较大和相对素质较差,导致我国经济发展陷入一种低技术均衡状态③。杨德勇、董左卉子(2007)从资本市场的视角对资本市场融资与产业结构升级的关系进行了实证分析,证明资本市场规模的日益扩大,对我国产业发展和结构变迁起到明显的促进作用④。关于技术进步对产业结构升级的影响,现有研究主要是从研发投入方面进行了实证分析。唐德祥、孟卫东(2008)通过实证考察我国以 R&D 为基础的技术创新与产业结构优化升级的关系,得出 R&D 支出对产业结构优化升级具有显著的促进作用⑤。关于对外开放对产业结构升级的影响,现有研究主要对外商直接投资、进出口贸易等因素的作用进行了实证分析。宋大勇(2008)实证分析结果表明,外商直接投资明显推进了我国东部地区的区域产业结构升级,但对中西部地区以及东北地区产业结构升级的作用效果不明显⑥。吴进红(2006)等实证分析了地方对外贸易与产业结构升级之间的关系,

①　杜传忠、李建标:《产业结构升级对经济持续快速增长的作用》,《云南社会科学》2001年第4期。

②　刘伟、张辉、黄泽华:《中国产业结构高度与工业化进程和地区差异的考察》,《经济学动态》2008年第11期。

③　张若雪:《人力资本、技术采用与产业结构升级》,《财经科学》2010年第2期。

④　杨德勇、董左卉子:《资本市场发展与我国产业结构升级研究》,《中央财经大学学报》2007年第5期。

⑤　唐德祥、孟卫东:《R&D与产业结构优化升级——基于我国面板数据模型的经验研究》,《科技管理研究》2008年第5期。

⑥　宋大勇:《外商直接投资与区域产业结构升级——基于省级区域面板数据的实证研究》,《经济体制改革》2008年第3期。

结果表明对外贸易对产业结构升级有明显的促进作用[①]。

概括起来,国内现有对产业结构升级影响因素的研究主要具有以下特点:一是有关实证分析大多以因果检验等计量方法作为分析工具,得出的结论普遍一致;二是关于特定因素对产业结构升级的影响研究相对较多,而综合所有主要因素分析其对产业结构升级的影响的研究还不够。事实上,现实中影响产业结构升级的诸因素并不是单独起作用的,各个影响因素对产业结构升级的影响和作用往往是交织在一起的,如何在综合性研究的基础上分离出不同的因素对产业结构升级的具体作用,是我们研究的一个特色。我们研究的另一重要问题是通过实证分析分别具体考察 1997 年东南亚金融危机和 2008 年国际金融危机对中国产业结构升级产生的影响,以期为后危机时代加快我国产业结构升级提供有效的对策。

二、我国产业结构升级的主要影响因素及其作用机理分析

影响我国产业结构升级的因素很多,这里主要对供给因素、技术水平、需求因素、对外开放和外部冲击等因素影响我国产业结构升级的机理进行简要分析。

(一)影响产业结构升级的基础性因素

1. 供给因素。最基本的供给因素是资本和劳动力。资本对产业结构升级的影响主要表现为:一方面通过资本供给总量的增加推动产业结构升级;另一方面通过资本向不同产业部门的配置以及配置量的差异,影响各产业部门的投入产出效率,并进而引致产业结构的升级。我国正处于工业化中后期阶段,产业升级的一个重要路径是从劳动密集型和资源密集型为主的产业结构向资本密集型和技术密集型为主的产业结构转型,在这一过程中需要大量的资本投入。劳动力作为重要的供给要素,主要是通过劳动力供给总量的增加和劳动力素质的提高两个方面影响产业结构升级。中国现阶段特有的城乡二元结构决定了劳动力供给量巨大,劳动力对产业结构升级的影响主要表现在劳动力素质对产业结构升级的影响方面。现阶段,我国产业结构升级面临的核心问题是提升改造传统产业,大力发展高新技术产业、战略性新兴产业和现代服务业,这些都需要大量的高素质劳动力作为支撑。加快高素质劳动力的培养,已成为实现我国产业结构升级的重要条件。

---

① 吴进红:《对外贸易与江苏产业结构升级》,《南京社会科学》2006 年第 3 期。

2. 技术创新。技术进步是推动产业结构升级最直接和最重要的因素,它主要是通过技术创新和技术扩散两个方面影响产业要素的配置,提高产业素质和资源配置效率,从而有利于促进产业结构升级。特别是对高新技术产业和战略性新兴产业的发展,技术进步的作用更为显著,在我国现阶段,产业结构正在发生巨大而深刻的变化,高新技术产业、战略性新兴产业等正处于快速成长时期,技术发展模式尚不成熟,市场拓展空间较大。技术创新将导致这些产业效率迅速和大幅提高,引致更多的产业要素和资源流入这些产业。由此,将带来这些产业的快速发展,并进而带动其他相关联产业的发展,特别是可通过利用先进适用的产业技术对传统产业进行改造升级,将推动整体产业体系向更高的水平升级。

3. 需求因素。需求因素主要是通过需求总量和需求结构的变化对产业结构升级产生影响。需求总量的提高往往伴随着需求结构的变化,而需求结构的变化会直接推动生产结构和供给结构发生变化,由此导致相关产业在整个国民经济总量中所占的比重发生变化,进而引致产业结构的变动和升级。这些年来,中国消费需求所占的比重一直偏低,巨大的需求潜力没有充分释放出来,由此制约了我国产业结构的升级。

(二)影响产业结构升级的一般因素

1. 政府职能。地方政府根据当地产业结构状况和进一步升级的要求,通过制定相应的产业规划和区域产业政策来鼓励和引导某些产业的发展,同时限制那些不利于整体产业素质提高的产业,从而推动产业结构的优化升级。现阶段,我国正处于体制转轨时期,市场的调节机制尚不完善,在这种情况下,各级地方政府对经济的干预力度较大,介入经济活动的程度较深。从理论上说,政府的政策和干预行为对产业结构升级的作用具有不确定性,科学合理的产业政策和适时适度的干预会促进产业结构升级;反之,产业政策制定、实施不当,过度保护本地区某些产业,限制市场竞争,则会延缓甚至阻碍产业结构的升级。因此,如何制定并实施科学合理的产业政策和产业发展规划,采取适度的政府干预,是现阶段加快我国产业结构升级需要着重解决的一个突出问题。

2. 对外开放。对外开放对产业结构升级的作用主要通过外商直接投资和对外贸易两个方面来实现。外商直接投资对产业结构升级最直接的作用是弥补资本缺口,为企业发展提供所需的资本;同时还通过技术溢出、市场示范和竞争效应等推动东道国产业结构升级。对外贸易对产业结构升级的影响主要通过两个途径:一方面,通过出口,扩大国内需求,拉动经济增长,同时通过优化出口结构,促使资源、要素配置到新兴产业,推动产业结构优化升级;另一方面,通过进口国外先进的技术、设备和工艺,促使国内产业部门的技术和工艺流程得到改造提升,推动传统产业改造和新兴产业发展,实现国内产业结构优化升级。

3. 外部冲击。外部冲击对产业结构升级的影响主要表现在重大经济波动的影响,最为典型的是经济危机的冲击。近十多年来,我国经济遭受的最大的两场经济危机,分别是 1997 年东南亚金融危机和 2008 年开始的国际金融危机。这两次危机对中国的经济系统包括产业结构产生了较大的冲击。一方面,经济危机本身造成一些产业的企业倒闭,技术创新资金的不足以及市场的萎缩,从而延缓了产业结构升级的进程;另一方面,政府为应对危机大量增加投资,以保持一定的经济增长速度。政府的这种大规模投资对产业结构升级的影响有必要进行具体深入的分析。另外,经济危机淘汰了一批低端产业和落后产能,从而为新产业的发展提供了更大的产业空间,这在客观上有利于产业结构的升级。

三、实证分析

(一)变量选择及数据来源

根据以上理论分析,本节选择了以下变量(见表 4.1)。

表 4.1　变量名称符号及定义

变　量	名　　称	符　号	定　　义
产业结构水平	产业结构升级程度	uis	二、三产业增加值占 GDP 比重
供给因素	劳动力	lab	就业人员数
	资本	inv	固定资产投资额(不包括利用外资额)
技术水平	技术产出	rd	授权专利数量
需求因素	消费水平	con	城镇居民家庭平均每人全年消费性支出
政府因素	政府职能	gov	政府财政支出占 GDP 比重
对外开放	外商直接投资	fdi	实际利用外资额
	进出口贸易	imex	进出口总额
外部冲击(虚拟变量)	金融危机	cri	设 1997 年、1998 年、2008 年、2009 年为 1,其余年份为 0

产业结构升级的程度指标,根据目前大多数学者用第二、三产业增加值占 GDP 比重,但也有用高新技术产业增加值占 GDP 比重来衡量。前者衡量的是产业结构升级的总量水平,后者衡量的是产业结构升级的结构水平,即考察产

业内结构升级的水平。根据目前产业结构升级在实践中表现为第二、三产业产值在三大产业中的比重逐渐增加，所以本文采用第二、三产业的增加值之和在三次产业中的比重来度量产业结构的升级水平。

通过利用当期美元对人民币的汇率分别将实际利用外资和进出口贸易总额换算成人民币。为了准确分析产业结构升级的影响因素对其产生的影响，剔除了价格变化因素的影响。通过利用商品零售价格指数，将城镇居民家庭平均每人全年消费性支出和进出口总额分别换算为以 1997 年为基期的不变价格序列。通过利用固定资产投资价格指数，将固定资产投资额和实际利用外资额分别换算为以 1997 年为基期的不便价格序列。为了考察 1997 年东南亚金融危机和 2008 年国际金融危机对中国产业结构升级的影响，这里设置了虚拟变量，因为金融危机爆发时，尤其是爆发后的第二年对经济影响最严重，所以分别将 1997 年、1998 年和 2008 年、2009 年设为 1，其余年份设为 0。

本节所选数据均来自《中国统计年鉴》(1997—2009 年)和《各省市自治区统计年鉴》以及《各省市自治区国民经济和社会发展统计公报》等。数据包含了我国 30 个省市自治区(西藏因数据缺失未包括在内)从 1997 年到 2009 年的分省面板数据。

(二)模型设定和计量结果分析

为了准确考察产业结构升级影响因素的动态效应，本节将影响产业结构升级的诸因素融入到一个模型中，建立以下面板数据模型：

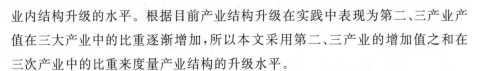

$$luis_{it} = c + lnlab_{it} + lnivn_{it} + lnrd_{it} + lncon_{it} + lnfdi_{it} + lnimex_{it} + cri_{it} + \varepsilon_{it}$$

其中，i 表示第 i 地区，t 表示第 t 年，ε_{it} 表示随机误差。

为更准确地反映各因素对产业结构升级的影响，有必要确定面板数据模型的具体形式，通过构造 F 统计量用于比较个体固定效应模型(FE)和混合估计模型(PE)，构造 Hausman 统计量用于比较个体固定效应模型(FE)和随机效应模型(RE)。综合 F 统计检验和 Hausman 检验，结果表明应当更加信赖个体固定效应模型的估计结果。为了克服序列相关在模型中加入 ar(1)。

本节采用逐步回归的方法对以上模型进行了估计，不断剔除不显著的变量，从而得出以下估计结果(见表 4.2)。

从表 4.2 回归结果以及以上分析中可以看出，模型拟合程度较为理想。随着不断地加入相关的变量，总体来看，Adjusted R^2 依然在逐步增加。鉴于回归结果以及之前的理论分析，在以下对估计结果的分析和经济解释中，主要集中于模型(6)。从模型的实际检验可以看出,模型(6)取得了较为理想的拟合结果。下面根据回归结果分析各因素对我国产业结构升级的影响。

表4.2　中国产业结构升级影响因素的实证分析结果

解释变量	(1)	(2)	(3)	(4)	(5)	(6)
c	4.1769***	4.3115***	3.9466***	3.9616***	3.9952***	4.0764***
	(27.4554)	(101.1865)	(37.3413)	(37.2516)	(37.8792)	(34.7180)
lnlab	0.0219					
	(1.0136)					
lnivn	0.0178***	0.0174***	0.0097**	0.0086*	0.0098**	0.0154**
	(3.7645)	(3.7040)	(2.0312)	(1.7226)	(2.0721)	(2.5585)
lnpat		0.0041				
		(1.2545)				
lncon			0.0494***	0.0459***	0.0407***	0.0276*
			(3.6328)	(3.2044)	(2.9130)	(1.8207)
lngov				0.0035		
				(0.7055)		
lnfdi					0.0058**	0.0053***
					(2.8449)	(2.5970)
lnimex					0.0005	
					(0.1726)	
cri1998						−0.0046***
						(−2.8423)
cri2008						−0.0038*
						(−1.7555)
cri2009						−0.7246
						(0.4692)
ar(1)	0.8336***	0.8403***	0.8071***	0.8053***	0.8042***	0.8028***
	(33.5997)	(34.03431)	(28.0829)	(27.6329)	(27.9329)	(27.8573)
Adjusted R²	0.9855	0.9855	0.9860	0.9860	0.9863	0.9867
F	764.7432	766.0185	794.2322	769.0049	762.1818	740.3137
DW	1.9467	1.9352	1.9584	1.9604	1.9241	1.9255
F 检验	121.61***	162.87***	143.62***	148.289***	131.92***	
Hausma 检验	15.9925***	7.3854**	7.7964**	11.2518**	9.3461*	
估计方法	FE	FE	FE	FE	FE	FE
N	390	390	390	390	390	390

(1)*** 表示显著水平在1%以下,** 表示显著水平在5%以下,* 表示显著水平在10%以下;(2)括号中的数字为标准差;(3)由于加入 ar(1),所以 cri1997 年虚拟变量不能加入到模型。

1. 资本与劳动力供给。供给因素中资本对产业结构升级的影响较显著,而劳动力对产业结构升级的影响不显著。资本相对劳动力对促进经济发展和产业升级作用更大,这与一般发展中国家的情形是一致的。在中国城乡二元经济结构下,劳动力近似于无限供给,但劳动力总体素质偏低。在人力资源总量上,中国依靠人口众多的优势,在 G20 国家中排名稳居第一,并远远领先于其他国家。但更能反映一国劳动力素质和水平的人力资本构成指数却连续五年排在第 18 位,指数值仅是美国的 1/12,日本的 1/10,差距很大①。正是基于以上事实,劳动力因素对中国产业结构升级的影响并不显著。

2. 技术进步。从计量结果看,技术进步对我国产业结构升级的影响并不显著。究其原因,一方面,中国的研发投入水平比较低,由此决定了研发产出量相对较低。中国 500 强企业研发投入占营业收入的比例平均也只有 1.32%,远低于世界 500 强大企业研发费用占营业收入平均 3%—5% 的水平,也低于经济合作与发展组织(OECD)国家平均为 3.2% 的水平。根据世界知识产权组织 2008 年的统计,在全球获批的专利总数当中,仅日本、韩国、美国和德国就占了 73%,其中尤以日本和韩国的增量最高。另一方面,我国科技成果转化率目前只有 25% 左右,推广率仅为 10%—15%,而真正实现产业化的不足 5%,与发达国家 80% 转化率差距甚远。尽管这些年我国技术创新对产业升级的促进作用在不断增大,但总体上说,其对我国产业结构升级的影响还很有限,技术创新在经济发展中的作用比重有待进一步提升。也即是说,我国依然是一种主要依靠要素投入驱动经济增长的经济发展模式。

3. 需求因素。统计结果显示,需求因素对我国产业结构升级具有显著影响。从模型中,可以看出众多影响因素中消费需求对产业结构升级的边际效应最明显,消费对产业结构升级的边际效应是随着消费需求的增加而逐渐递减的,这与我国消费水平偏低是一致的,这也印证了投资对产业结构升级的边际效应没有消费高,中国的投资过高已经使其对产业结构升级的边际效应明显降低。另外,这也得益于我国的消费结构有了显著升级。2009 年,我国城市居民家庭恩格尔系数达到了 36.5%,农村居民家庭恩格尔系数达到了 41%。联合国根据恩格尔系数的大小,对世界各国的生活水平有一个划分标准,即一个国家平均家庭恩格尔系数大于 60% 为贫穷;50%—60% 为温饱;40%—50% 为小康;30%—40% 属于相对富裕;20%—30% 为富裕;20% 以下为极其富裕。按照此标准,中国基本上属于相对富裕的国家。2008 年,在城乡家庭消费支出中,生

---

① 人力资源素质指数反映了本科学历以上、技能人才、工程师和科学家所占的比重。2004—2008 年,美国、日本一直高居人力资本构成指数的冠亚军。参见倪鹏飞:《国家竞争力蓝皮书:中国国家竞争力报告》,社会科学文献出版社 2010 年版,第 149 页。

存型消费(包括食品和衣着类)的比重约占到消费总支出的40.9%,发展型消费(包括居住、交通通信、文教、娱乐用品、医疗保健、旅游等)的比重占到消费总支出的50%以上[①]。可见,发展型消费支出的比例已大大超过了生存型消费支出的比例,中国消费结构已基本完成了从生存型消费向发展型消费的过渡。因此,消费总量的大幅增加和消费结构的不断升级将成为推动我国产业结构升级的重要力量。

4. 政府因素。统计结果显示,政府因素对我国产业结构升级的影响并不显著。尽管地方政府在推动产业结构升级中扮演了重要角色,尤其是在地区产业发展规划和产业政策的制定及执行方面。但是,我们也要看到,近年来地方政府支出规模不断扩大,而且政府支出中的40%被用于再投资,一些地方政府出于自身利益考虑,政府介入经济过深,其行为不是引导而是主导了资本流入产业的方向,进而导致了一些产业过度重复投资,而其他一些产业投资不足,使产业结构偏离了市场主导的调整方向,影响了产业结构升级。

5. 对外开放。在对外开放因素中,外商直接投资对产业结构升级的影响较显著,而进出口贸易对产业结构升级的影响不显著。虽然中国进出口贸易规模逐年提高,贸易结构也有了很大改进,但目前主要以货物贸易为主,服务贸易在进出口贸易中的比重相对较低。2008年中国出口总值为15771.4亿美元,其中服务贸易出口总值为1464.5亿美元,占出口总值的9.29%;进口总值为12905.6亿美元,其中服务贸易进口总值为1580亿元,占进口总值的12.24%。但对于已处于工业化中期向工业化后期转变的我国东部地区,进出口贸易的结构主要对第二产业的发展起到显著推动作用,而对第三产业主要是通过制造业发展间接发挥一定的作用。而对中西部地区而言,进出口贸易占我国进出口贸易总额的比重相对较低,对产业结构升级的作用有限。基于进出口贸易的结构、区位选择与区域产业结构阶段的错位,进出口贸易对产业结构升级的作用并不明显。而对我国产业结构升级而言,利用外资的结构比进出口贸易结构要协调。2008年中国实际利用外资923.95亿美元,其中第二产业523.56亿美元,占实际利用外资总额的57.64%,其中第三产业379.48亿美元,占实际利用外资总额的41.07%。

6. 外部冲击。统计结果显示,金融危机对中国产业结构升级起到一定的抑

[①] 中国社科院报告:《中国消费结构从生存向发展过渡》,http://business.sohu.com/20090120/n261853563.shtml。

制作用。1997 年爆发的东南亚金融危机在 1998 年对中国产业结构升级产生了重要影响,但相比而言,2008 年国际金融危机对中国产业结构升级的冲击相对要弱,这表明 2008 年较 1998 年产业结构升级的结构水平已经有了很大提高,产业结构的稳定性相对增强。中国产业结构升级的总量水平已经比较高,即第二、三产业增加值占 GDP 比重比较大。但产业结构升级的结构水平相对较低,即第二产业中的劳动密集型产业所占比重较大,而技术密集型和资本密集型产业所占比重相对较低,第三产业中的传统服务业比重较高,而现代服务业比重相对较低。金融危机爆发后,对这些产业冲击较大,使产业结构升级的总量水平有所降低,这表明中国产业结构的合理化和高度化水平相对较低,有待于进一步提高。

金融危机对我国产业结构升级的冲击的一个渠道是外商直接投资。自 2008 年 8 月以来我国实际外资使用额较上年同期呈逐月回落的态势,8—11 月外资平均使用额以及同比增长速度分别为 64.23 亿美元和 2.272%,11 月外资使用额及同比增长速度更是跌落至 53.22 亿美元和 −36.52%,这种负增长的状况一直持续到 2009 年 8 月。但是 2009 年全社会固定资产大幅增加,减弱了金融危机对产业结构升级的冲击效应。2009 年 1—9 月,我国全社会固定资产投资 155057 亿元,同比增长 33.4%,增幅比去年同期加快 6.4 个百分点。这也解释了为什么金融危机在 2008 年对我国产业结构升级的冲击效应明显而在 2009 年不明显。

以上基于 30 个省市自治区的数据,通过建立面板数据模型,对中国产业结构升级的影响因素进行了实证分析,主要得出以下结论:第一,供给因素中资本对产业结构升级的影响是显著的,但劳动力对产业结构升级的影响并不显著,这与中国现阶段城乡二元结构下劳动力近似无限供给和劳动力素质普遍偏低的现实是相吻合的;第二,技术水平对产业结构升级影响不显著,这主要与现阶段中国研发投入相对不高、自主创新能力不强以及科技成果的转化率相对较低有关;第三,需求因素对产业结构升级影响存在显著的正向影响,这是中国消费结构升级带动产业结构升级导致的结果;第四,政府因素对产业结构升级影响不显著,主要是现阶段我国各级政府的职能转变不到位,政府干预经济的行为尚不规范,正向效应与逆向效应同时存在,并且在一定条件下二者相互抵消,由此导致政府因素对产业结构升级影响总体不显著;第五,进出口贸易对产业结构升级影响不显著,这可能与进出口贸易结构、选择区位与本地产业结构升级进程的错位有关。外商直接投资对产业结构升级影响十分显著,主要在于与进出口贸易结构相比,外商直接投资与中国产业结构升级的水平更相适应;第六,1997年东南亚金融危机和2008年国际金融危机对产业升级的冲击十分显著,总体上对中国产业结构升级造成不良影响,这主要与两次危机本身的影响以及政府为应对危机所采取的某些措施欠妥有关;同时也表明中国产业结构的抗冲击能力有待进一步提高。

四、后危机时代推进我国产业结构优化升级的思路及政策建议

根据以上分析,从我国产业结构现状及发展要求出发,后危机时代要实现我国产业结构优化升级,从根本上说要发展我国新型产业体系。"十二五"期间我国产业创新的主要内容是:第一,加快传统产业转型升级。重点推进工业转型升级,强化需求导向,努力使产业发展更好地适应市场变化。坚持利用信息技术和先进适用技术改造传统产业,进一步深化信息技术在各行各业的集成应用,提高研发设计、生产过程、生产装备、经营管理信息化水平,着力提高传统产业创新发展能力。大力强化企业技术改造,加大淘汰落后产能力度,强化节能减排,推动企业兼并重组,着力打造知名品牌,提高产品质量,促进全产业链整体升级。

第二,推动战略性新兴产业、先进制造业健康发展。战略性新兴产业以重大技术突破和重大发展需求为基础,对我国工业化乃至整个经济社会全局和长远发展具有重大引领带动作用。先进制造业是我国产业核心竞争力的集中体现,代表着我国新型工业化发展的方向。我国规划布局的节能环保、新一代信息技术、生物、高端装备制造、新能源、新材料、新能源汽车等重点领域与先进制造业发展紧密相关。通过大力发展战略性新兴产业和先进制造业,可进一步优化产业结构,构建产业竞争新优势,增强经济社会可持续发展能力,提升工业化发展质量和水平。要进一步加强统筹规划,着力推动重大技术突破,加快形成先导性、支柱性产业,切实提高产业核心竞争力。实施国家科技重大专项,集中力量突破高端装备、系统软件、关键材料等重点领域的关键核心技术,着力提升关键基础零部件、基础工艺、基础材料、基础制造装备研发和系统集成水平。着眼于未来发展和全球竞争,加快建立一批具有全球影响力的制造基地,促进制造业由大变强,充分发挥战略性新兴产业和先进制造业在优化产业结构中的带动作用。

第三,加快发展现代服务业,促进制造业与生产性服务业融合发展。着力发展生产性服务业,培育研发设计、现代物流、金融服务、信息服务和商务服务,

促进制造业与服务业融合发展。对生产性服务业进行科学合理的布局、规划，并通过政策引导和必要的财政支持等形式，推进生产性服务业区域性集聚发展。重点发展生产性配套服务，推动生产性服务业向制造业价值链条全过程的渗透。加快建立制造业与生产性服务业协同发展的机制，使生产性服务业能够通过研发、生产、销售、咨询等价值链关键环节实现与制造业的互动和融合。深化服务领域改革开放，营造生产性服务业大发展的政策和体制环境，构建充满活力、特色明显、优势互补的生产性服务业发展格局。

第四，发展现代信息技术产业体系。信息化与工业化融合发展是中国特色新型工业化的重要内容和标志。要抓住信息产业快速发展的历史性机遇，把发展新一代信息技术产业作为优化产业结构的重要战略基点，加快电子信息制造业与软件业升级换代和创新发展，集中突破高性能集成电路、新型显示、关键电子元器件、材料以及基础软件、信息安全软件、行业应用软件等核心关键技术，全面提升产业核心竞争力。推动通信业转型发展，统筹信息网络整体布局，加快"宽带中国"建设，构建下一代国家信息基础设施，推进"三网"融合，重点推动新一代移动通信、下一代互联网、移动互联网、云计算、物联网、智能终端等领域发展。积极迎接新的工业革命的到来，推动信息产业和制造业融合发展。

第五，合理布局建设基础设施和基础产业。能源、交通等基础设施和基础产业是工业化发展的重要依托，是优化产业结构的重要支撑。要立足于国内保障能源供应，加快能源生产和利用方式变革，强化节能优先战略，全面提高能源开发转化和利用效率，合理控制能源消费总量，构建安全、稳定、经济、清洁的现代能源产业体系。

要发展我国具有竞争力的现代产业新体系，应采取以下相应对策：第一，着力提升劳动力素质。不断完善社会保障制度，继续加大对教育和职业培训的支持力度，改革创新人才培养模式，强化人才培养和产业发展需要的联系。加强劳动力市场建设，大力发展市场中介组织，发挥政府在劳动力市场中的积极作用，完善关于劳动力市场的政策法规，强化市场监管，引导劳动力合理流动，实现劳动力和产业发展需求的对接。

第二，进一步重视研发投入和科技成果转化。推动创新主体的多元化，鼓励有条件的大型企业建立研发机构进行创新。不断提高科技资源的使用效率，加速科技成果向产业转化的速度，从而提高产业的生产能力和效率。加快技术市场建设，推动科研开发与生产的有效结合，实现技术创新与产业结构升级的对接。

第三,进一步明确和有效发挥政府在产业结构升级中的作用。地方政府要尽快转变政府职能,积极发挥政府的协调、引导作用,根据地区产业结构所处的水平及产业结构的特点和本地产业发展的资源基础,制定相关的产业发展规划和产业政策,适时适度推动产业结构的调整和升级。通过以原有产业内部结构演进为主,运用先进技术进行改造,通过设备更新、工艺改进、新技术和新产品开发等途径,渐进推动产业结构升级。

第四,加快推进进出口贸易结构的调整和优化。在东部地区,注重发展服务贸易,以出口贸易的结构调整需求的结构,促进服务业规模的扩大和内部产业结构的优化。在中西部地区,注重以进口先进的技术设备促进传统产业改造升级和高新技术产业发展,推动工业发展方式转变和内部结构调整和升级。

第二节　中国区域制造业与生产性服务业互动协调发展研究

一、生产性服务业与制造业互动协调发展是中国产业竞争力提升的重要途径

生产性服务业是现代服务业的主要组成部分。关于现代服务业,最早是由美国社会学家丹尼尔·贝尔提出的。他认为,工业社会的服务业主要是交通运输业和零售业,后工业社会的服务业应该是现代服务业。有人将其进一步划分为狭义与广义两层含义:前者是相对于"传统服务业"而言,是伴随着信息技术应用和信息产业发展而兴起的,是信息技术与服务产业结合的产物。具体包括两方面:一是直接因信息产业和信息化的发展而产生的新兴服务业形态,如计算机和软件服务、移动通信服务、信息咨询服务等;二是通过应用信息技术,从传统服务业改造、衍生而来的服务业形态,如金融、房地产、电子商务等;而后者则是指现代化和信息化意义上的服务业,是指在一国产业体系中,基于新兴服务业成长壮大和传统服务业升级改造而形成的新型服务业[①]。

生产性服务业的具体功能主要表现在:首先,是对制造业价值增值的功能。生产性服务业的发展有助于提升制造业的知识、技术和文化含量,克服资源要素制约;有利于深化制造业分工,降低产业链成本;有利于提高制造业外向度,

---

　　①　李莉:《加快发展现代服务业,占领未来产业制高点》,《信息空间》2004 年第 6 期。

扩大产品出口。其次,是对国际贸易的影响。工业生产性服务业是加强制造业国际贸易和全球经济活动的基础和纽带。跨国交易活动中信息搜集、贸易谈判、货物交割、货款支付以及制造业国际网络的形成,每一个环节都伴随着大量的生产性服务需求。在中国现阶段先进制造业基地建设推进过程中,发达的网络系统、便捷的物流运输、专业的法律咨询等生产性服务是制造业扩大国际贸易业务、拓展国际市场不可或缺的条件。另外,生产性服务业的发展还有利于改善投资环境,加大我国外资引进力度。再次,是对区域创新体系的影响。生产性服务业是区域创新体系的重要组成部分,对产业集群的形成和成长具有重要作用。其嵌入区域创新体系,实现共同创新。产业集群内部的生产力促进中心、研发机构、管理咨询机构均属于生产性服务业,它们为企业提供技术和管理支持,与企业一起研究问题、寻找解决方案,实现共同创新。发达的生产性服务业创造优质环境,吸引高新技术机构落户本地产业集群,有利于新知识的引进消化吸收。如集群内提供完善的法律咨询服务、行业协会搭建的交流平台有利于高新技术机构的进入。

从实际来看,当代发达国家近 20 多年来经济结构变化和产业升级中最重要的一个现象便是生产性服务业发展成为国民经济中的支柱产业。

生产性服务业对提高我国产业竞争力的作用主要表现在以下几个方面:第一,生产性服务业有利于提高产业整体的要素生产率。现代经济增长越来越依靠技术和知识要素,要素生产率的提高主要依靠技术和知识的提高与广泛应用。生产性服务作为产品生产或其他服务的市场化的中间投入,具有高人力资本、高技术和高附加值的特征,从而对提高要素生产率具有重要作用。在三次产业出现结构性变化的同时,服务业内部结构也在不断地发生着变化。具体表现为:服务业从传统的以劳动密集型为主转向以资本密集型为主,并正在进一步向技术、知识密集型为主的服务业转变。产业演变的这种趋势正是要素生产率和产业效率提高的基本动力。

第二,生产性服务业通过调整优化产业结构,促进经济增长效率的提高。生产性服务业作为制造业的延伸和深化部分或环节,是现代服务业中最具活力的部门。在当今世界制造业部门增加值和就业比重不断下降的同时,该产业部门却呈现出与制造业相反的发展趋势,其增加值和就业的比重不断上升。从增长速度看,生产性服务业发展速度已超过了制造业,远高于流通服务业,经济越发达,这一现象越明显。在许多国家、特别是发达国家,目前生产性服务业增加值在服务业增加值中的比重已达 40% 左右。如果整个服务业增加值在 GDP 中的比重为 70%,那么,生产性服务业的增加值占 GDP 的比重接近 30%①。这正是这些国家实现集约型经济发展的重要推动力量。我国现实产业结构中,工业特别是重化工业占较高的比重,这尽管与我国工业化发展内在发展趋势有关,但也是导致经济发展方式粗放的重要原因。与此同时,第三产业发展滞后,特别是生产性服务业发展缓慢,进一步制约了经济发展方式的转变。

第三,生产性服务业有利于提高工业制造业的效率和竞争力。生产性服务业主要是为生产提供服务的,其中许多活动是工业企业内部职能的外部化。社会化大生产中的专业化分工使许多企业承担着多项职能,而当这些活动或职能的外部交易费用小于内部管理费用时,企业就会将内部的融资、咨询、运输、创新等功能外部化,由此诱发生产性服务业的发展。当然,生产性服务业并非被动地依附于工业制造业,其发展会进一步提高工业制造业的效率和竞争力。生产性服务业构成了工业制造业生产中间产品的投入部分,它的发展将会降低工业制造业的交易费用和管理费用。可以说,工业化的过程同时也是一个生产性服务业快速发展的过程,是生产性服务业促进工业制造业效率和竞争力不断提升的过程。正如意大利经济学家佩里切利所指出的,"一个国家经济和社会发展越是强劲,服务业在国民经济中的分量就越大;此外,服务不仅使生产成为可能,而且服务的效益也决定了社会的进步②。"

第四,生产性服务业本身具有较高的产业生产率。传统工业化理论之所以将工业视为经济增长的发动机,其主要理论依据是工业,特别是制造业的生产率提高较快、可贸易性较强以及需求的收入弹性较大。而对于服务业,传统的经济理论虽没有否认服务产品富有收入弹性的特征,但认为服务业由于劳动生产率上升缓慢以及服务产品可贸易性差而导致其产业生产率较低。但在新的技术经济条件特别是分工和专业化快速发展条件下,服务业特别是作为分工专业化直接结果的生产性服务业的以上制约条件发生了根本性变化。首先,生产率上升缓慢不再是服务业固有的特征。传统工业化理论讨论制造业生产率的进步主要是从阿伦·杨格报酬递增意义上分析的。在杨格看来,分工与专业化是报酬递增的源泉③。制造业可通过产业链延长进行迂回生产来实现更细的分

---

① 刘重:《现代生产性服务业与经济增长》,《天津社会科学》2006 年第 2 期。

② 朱平芳:《现代服务业发展动力机制——基于上海的实证分析》,《推进上海现代服务业发展研究分报告》,上海社会科学院,2004 年。

③ Allyn A. Young. "Increasing Returns and Economic Progress", The Economic Journal,1928(12):Vol. 38,No. 152.

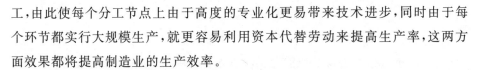

工，由此使每个分工节点上由于高度的专业化更易带来技术进步，同时由于每个环节都实行大规模生产，就更容易利用资本代替劳动来提高生产率，这两方面效果都将提高制造业的生产效率。

随着科技发展和国际分工的日益深化，产业分工早已突破原来的生产环节而向研发、设计、咨询、营销、广告等服务环节发展，产业链每个分工节点上都涌现出越来越多的服务行业，而与生产环节每个分工节点上可以大规模利用资本不同，服务环节每个分工节点上更多地是依靠知识和技术的大规模专业化利用来实现报酬递增，专业化的服务企业不仅有利于知识和技术的进步，同样可以降低单位服务产品的成本，提高服务产品质量，有利于一些中小企业享受到低成本高质量的生产性服务，由此将导致整个经济生产效率的提高。特别是在当今国际分工日益深化和国际竞争不断加剧的条件下，一个完整的产业链上的价值增值空间越来越向产业链两端的研发、设计、咨询、营销、广告、物流、金融等服务环节集中，而作为中间环节的加工组装等制造环节，其增值空间越来越受制于服务业环节，生产性服务业成为具有较高生产效率和附加值的环节。

二、现阶段中国区域制造业与生产性服务业协调发展水平测度

（一）制造业与生产性服务业发展指标体系构建

1. 制造业发展指标体系构建[1]

关于制造业指标体系的构建（李平，2010；杨洪焦，2007；侯峻，2007；吴福象，2004；郭巍，2011 等），目前国内已有一些研究，借鉴已有研究成果，根据本节的研究目的和要求，这里分别从规模水平、结构水平、增速水平和效益水平四个方面构建制造业发展的指标体系。

（1）规模指标。选取特定地区的制造业增加值、增加值占 GDP 的比重、就业人数占总就业人口的比重和固定资产投资额来反映该地区制造业发展规模。其规模越大，产出水平越高，则表明该地区制造业发展水平越高；反之则越低。

（2）结构指标。选取高技术行业产值占制造业产值的比重和高技术企业占制造业企业的比重，来反映制造业产业结构的合理化和高度化水平。某一地区

---

[1] 对于制造业指标的构建，多数研究者偏重于制造业竞争力的分析，并加入可持续发展等方面的指标。本节主要研究制造业和生产性服务业之间的协调发展问题，故没有将节能和环保类指标纳入到制造业的指标体系中。

高技术产业产值在制造业产值中所占的比重和高技术企业在制造业中所占的比重越高,表明该地区制造业的产业结构水平越高;反之则越低。

(3)增速指标。选取增加值增长率表示制造业产出规模的扩张,选取固定资产投资增长率反映资源投入规模的增长,选取就业增长率反映劳动力就业规模的增长。以上几个指标增长速度越快,表明制造业发展速度越快,同时也表明其发展潜力越大,未来发展水平越高;反之则越低。

(4)效益指标。选取产值利税率反映产业单位产值所提供的利润和税收,以考察产业的经济效益。选取 R&D 强度、研发人员占总就业人数的比重,从经费支出和人员投入角度反映制造业的技术创新能力。制造业创新能力是制造业效益提高的重要方面,也是制造业发展水平高低的主要决定因素,其中,产值利税率=(制造业利润总额+制造业税收总额)/制造业总产值;R&D 强度=制造业 R&D 支出/制造业增加值。

2. 生产性服务业发展指标体系构建

关于生产性服务业发展指标体系的构建,目前国内也有学者进行了研究(魏建,2010;冯华,2010 等),借鉴已有研究成果,根据本节研究目的,这里也从规模水平、结构水平、增速水平和效益水平四个方面构建生产性服务业发展的指标体系。

(1)规模指标。选取生产性服务业增加值、固定资产投资额来反映某一地区生产性服务业的规模水平。选取增加值占 GDP 的比重和生产性服务业就业人数占总就业人口的比重,反映该地区生产性服务业在国民经济和全社会就业中的相对地位。规模指标表明生产性服务业发展的水平,保持生产性服务业发展的适当规模,是实现其与制造业协调发展的必要条件。

(2)结构指标。选取第三产业产值占 GDP 的比重、生产性服务业产值占第三产业产值比重反映某一地区产业结构的合理化以及第三产业内部结构的合理化水平。第三产业比重特别是生产性服务业在第三产业中的比重标志着第三产业特别是生产性服务业的发展水平以及第三产业的内部结构关系,它直接影响着制造业与生产性服务业之间的协调发展状况和程度。保持生产性服务业在服务业中的较高比例,对于实现制造业与生产性服务业的协调发展十分重要。

(3)增速指标。选取生产性服务业增加值的增长率反映一个地区生产性服务业规模扩张的速度,选取生产性服务业的就业增长率反映该地区生产性服务业劳动力就业规模的增长,选取生产性服务业固定资产投资增长率反映该地区生产性服务业资源投入规模的增长。生产性服务业的增长速度是表明其发展速度的重要指标,也是影响制造业与生产性服务业协调发展的重要因素。保持生产性服务业适当的增长速度对于促进制造业与生产性服务业的动态协调发展具有重要意义。

(4)效益指标。选取一个地区生产性服务业的劳动生产率来反映该地区生产性服务业基本劳动投入的产出效果,选取生产性服务业税收占生产性服务业增加值的比重反映产业单位产值所提供的税金,用来考察生产性服务业的经济效益。选取生产性服务业投资效果系数来反映其投资的宏观效率,单位投资额产生的生产服务业增加值增量越大,表明其投资效率越高,投资效果系数=增加值增量/固定资产投资额。

根据以上指标体系的界定和内容,本节确定的衡量一个地区制造业和生产性服务业发展的指标体系如表 4.3 所示。

表 4.3 制造业与生产性服务业协调发展评价指标体系

	一级指标	二级指标	变量
制造业发展	规模指标	制造业增加值	a1
		制造业增加值占 GDP 的比重	a2
		制造业就业人数占总就业人口比重	a3
		制造业固定资产投资额	a4
	结构指标	制造业高技术产值占 GDP 的比重	a5
		制造业高技术企业数量占工业企业总数的比重	a6
	增速指标	制造业增加值增长率	a7
		制造业固定资产投资增长率	a8
		制造业就业增长率	a9
	效益指标	制造业产值利税率	a10
		R&D 强度	a11
		R&D 人员占总就业人数的比重	a12
生产性服务业发展	规模指标	生产性服务业增加值	a1
		生产性服务业增加值占 GDP 比重	a2
		生产性服务业就业人数占总就业人口的比重	a3
		生产性服务业固定资产投资额	a4
	结构指标	第三产业产值占 GDP 的比重	a5
		生产性服务业产值占第三产业产值的比重	a6
	增速指标	生产性服务业增加值增长率	a7
		生产性服务业固定资产投资增长率	a8
		生产性服务业就业增长率	a9
		生产性服务业劳动生产率	a10
	效益指标	生产性服务业税收占生产性服务业增加值的比重	a11
		生产性服务业投资效果系数	a12

3. 数据选取

本书选取 2006—2010 年大陆 30 个省、自治区和直辖市（西藏除外）的数据。制造业数据主要取自《中国统计年鉴》、《中国科技统计年鉴》、国研网中国工业经济统计数据库和宏观经济数据库。生产性服务业数据主要取自《中国统计年鉴》、《中国科技统计年鉴》、《中国第三产业统计年鉴》以及相关统计数据库。根据我国对生产性服务业的统计口径，本节主要选取了五个行业作为生产性服务业的统计范围，包括交通运输仓储和邮政业、信息传输计算机服务和软件业、金融业、租赁和商务服务业以及科学研究技术服务和地质勘查业，生产性服务业的数据由这 5 个行业的数据累加所得。

（二）制造业与生产性服务业系统协调程度（C_t）与综合发展程度（P_t）分析模型

根据上文构建的指标体系，可对制造业和生产性服务业的各自发展程度进行测算。测算二者的发展程度，首先需要对原始数据进行标准化，以消除数量级和量纲的影响，具体标准化方法为：

$$z_{ij} = \frac{a_{ij} - \min a_{ij}}{\max a_{ij} - \min a_{ij}}$$

这里，z_{ij} 为指标的标准化值，a_{ij} 为指标的原始值，i 表示地区，j 表示指标编号。然后将标准化处理后的数据应用 SPSS 软件进行主成分分析，得到各指标的权重 w_{ij}。最后采用线性加权方法，计算子系统的发展程度，计算公式为：

$$x_{it} = \sum_{j=1}^{n} w_{tj} z_{ijt}$$

这里 $i = 1, 2$，分别表示制造业系统和生产性服务业系统，t 表示时间；x_{it} 为制造业与生产性服务业系统在 t 时期的发展程度；z_{ijt} 为指标的标准化值；w_{ij} 为权重。将某一地区的制造业和生产性服务业各自的发展水平综合起来考虑，即可得到该地区制造业和生产性服务业的综合发展程度。综合发展程度的测算一般采用线性加权法，计算公式为：

$$p_t = \alpha x_{1t} + \beta x_{2t}$$

其中，p_t 为制造业和生产性服务业的综合发展程度，x_{1t} 和 x_{2t} 分别为制造业和生产性服务业在 t 时期的实际发展程度值，α 和 β 为待定系数，是权数；当制造业和生产性服务业两个子系统对整个系统的综合发展程度作用相同时，可令 $\alpha = \beta = 0.5$。根据我国现阶段制造业与生产性服务业的发展状况及对总体产业升级的作用,本节赋予二者的权数为:$\alpha = 0.4$,$\beta = 0.6$[①]。

测算制造业与生产性服务业两子系统之间的协调度,本节采用离差系数最小化协调度模型。当子系统的个数为 2 时,协调度模型计算公式为:

$$C_t = \left\{ x_{1t} x_{2t} \middle/ \left[\frac{1}{2}(x_{1t} + x_{2t}) \right]^2 \right\}^k$$

C_t 值($0 \leqslant C_t \leqslant 1$)越大,表明两系统的协调度越高,$k$ 为调节系数。

协调度 C_t 虽然可以表示出一个地区制造业和生产性服务业的协调程度,但要综合考虑各区域制造业与生产性服务业的综合发展水平和协调水平,还需将 P_t、C_t 综合起来考虑,以区别出不同区域两大产业较高发展水平基础上的协调和较低发展水平基础上的协调,故这里进一步设置系统的协调发展水平指标 D_t,计算公式为:$D_t = \sqrt{P_t C_t}$ [②]。

(三)我国区域制造业和生产性服务业协调发展水平测算结果及其分析

1. 区域制造业和生产性服务业发展水平测算

这里以 2010 年作为考察年份,对我国制造业和生产性服务业发展程度进行测算。先对指标的原始数据进行标准化处理,以消除数量级和量纲的影响,利用 SPSS17 将标准化处理后的数据进行分析。

首先对制造业和生产性服务业发展水平进行 KMO 和 Bartlett 球形检验,

---

① 这里之所以赋予制造业与生产性服务业对产业升级的作用权数分别为 0.4、0.6,是考虑到现阶段生产性服务业发展滞后是我国产业升级的主要瓶颈,加快其发展将对制造业乃至整个产业结构的升级具有显著作用。

离差系数最小化模型的原理是:两个系统的离差系数越小,则两个系统越协调。离差系数公式为:

$$C = \frac{| x_{1t} - x_{2t} |}{\frac{1}{2}(x_{1t} - x_{2t})} = \sqrt{2 \left[1 - \frac{x_{1t} x_{2t}}{\left(\frac{x_{1t} + x_{2t}}{2} \right)^2} \right]}$$

C 越小越好的充要条件是 $\dfrac{x_{1t} x_{2t}}{\left(\dfrac{x_{1t} + x_{2t}}{2} \right)^2}$ 越大越好,因而定义系统协调度为

$$C_t = \left\{ x_{1t} x_{2t} \middle/ \left[\frac{1}{2}(x_{1t} + x_{2t}) \right]^2 \right\}^k$$

其中,C_t 越大,表明两系统越协调。

② 事实上,在我国现实产业发展过程中,确实存在这样两种情况的制造业与生产性服务业的协调状态,如东部一些省份的在制造业与生产性服务业发展水平都较高情况下的二者协调和中西部地区两产业发展水平都较低情况下的协调。C_t 的计算公式只考虑两个系统是否协调,无法区分以上两种情况下的协调,从而不利于进行区域比较,而 D_t 指标不仅考虑了两产业的协调水平,还考虑了两产业的发展水平。

结果如表 4.4 所示。制造业和生产性服务业的 KMO 检验值分别为 0.694 和 0.575,均大于 0.5,满足进行分析的条件。Bartlett 球形计量的显著性水平值均为 0,明显小于 0.01,可确定变量间存在显著的相关性,适合做主成分分析。

表 4.4　KMO 检验和 Bartlett 球形检验

制造业系统各指标			生产性服务业系统各指标		
检验		检验值	检验		检验值
Kaiser-Meyer-Olkin 检验		0.694	Kaiser-Meyer-Olkin 检验		0.575
Bartlett's 检验	Approx. Chi-Square	300.494	Bartlett's 检验	Approx. Chi-Square	387.108
	df	66		df	66
	Sig.	0		Sig.	0

资料来源:SPSS17.0 统计结果。

应用 spss17 进行主成分分析,得到制造业系统主成分特征值、方差贡献率和因子载荷矩阵(见表 4.5、表 4.6)。

表 4.5　制造业系统主成分特征值、方差贡献率

主成分	主成分特征值	方差贡献率%	累计贡献率%
1	4.918	40.982	40.982
2	2.929	24.412	65.393
3	1.603	13.356	78.749

资料来源:根据 SPSS17.0 统计结果整理所得。

表 4.6　制造业系统因子载荷矩阵

主成分	a_1	a_2	a_3	a_4	a_5	a_6	a_7	a_8	a_9	a_{10}	a_{11}	a_{12}
1	0.909	0.817	0.867	0.602	0.742	0.401	−0.053	−0.099	0.347	0.111	0.827	0.877
2	−0.269	−0.326	−0.129	−0.563	0.602	0.786	−0.181	0.711	−0.116	0.853	0.378	−0.120
3	−0.206	0.150	0.050	−0.022	0.002	0.185	0.899	0.289	0.736	−0.156	−0.024	−0.208

资料来源:根据 SPSS17.0 统计结果整理所得。

从表 4.5 中可以看出,根据主成分特征值大于 1 提取三个主成分:第一个主成分特征值 $\lambda_1 = 4.918$,对应的方差贡献率 $\theta_1 = 40.982\%$;同理得,$\lambda_2 = 2.929$,$\theta_2 = 24.412\%$;$\lambda_3 = 1.603$,$\theta_3 = 13.356\%$。

表 4.6 为制造业系统因子载荷矩阵,从中可看到各指标对应于每个主成分

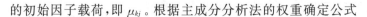

的初始因子载荷，即 μ_{kj}。根据主成分分析法的权重确定公式

$$w_j = \sum_{k=1}^n (U_{kj} \cdot C_k)$$

其中，$C_k = \dfrac{\lambda_k}{\sum\limits_{k=1}^n \lambda_k}$，$U_{kj} = \dfrac{\mu_{kj}}{\sqrt{\lambda_k}}$．

由此确定各指标的权重，w_j 表示第 j 个指标的权重，U_{kj} 为第 k 个主成分的特征向量在第 j 个指标的分量，C_k 为第 k 个主成分的方差相对贡献率，λ_k 为表 4.5 中所示的第 k 个主成分的特征值，μ_{kj} 为表 4 中所示的第 k 个主成分在第 j 个指标的载荷值。

根据上述公式可计算出制造业系统各指标的权重：$w_1 = 0.0681$，$w_2 = 0.0759$，$w_3 = 0.0929$，$w_4 = 0.0180$，$w_5 = 0.1409$，$w_6 = 0.1299$，$w_7 = 0.0373$，$w_8 = 0.0718$，$w_9 = 0.0791$，$w_{10} = 0.0794$，$w_{11} = 0.1290$，$w_{12} = 0.0776$。

以同样的方法得到生产性服务业系统的主成分特征值、方差贡献率、因子载荷矩阵，如表 4.7、表 4.8 所示。

表 4.7　生产性服务业系统主成分特征值、方差贡献率

主成分	主成分特征值	方差贡献率 %	累计贡献率 %
1	5.056	42.132	42.132
2	2.508	20.899	63.031
3	1.626	13.551	76.582
4	1.114	9.287	85.869

资料来源：根据 SPSS17.0 统计结果整理所得。

表 4.8　生产性服务业系统因子载荷矩阵

主成分	a_1	a_2	a_3	a_4	a_5	a_6	a_7	a_8	a_9	a_{10}	a_{11}	a_{12}
1	0.596	0.864	0.733	0.533	0.860	0.401	0.438	0.752	0.000	0.729	0.602	0.764
2	0.403	−0.016	−0.603	−0.118	−0.407	0.455	0.585	−0.180	0.448	−0.577	0.718	0.411
3	0.634	−0.400	−0.040	−0.116	−0.001	−0.635	−0.364	0.426	0.562	0.088	0.073	0.059
4	−0.112	0.092	0.097	0.690	−0.024	0.193	−0.256	−0.181	0.565	−0.053	0.105	−0.372

资料来源：根据 SPSS17.0 统计结果整理所得。

按照同样的方法，根据表 4.7、表 4.8 的数据和权重计算公式可计算出生产性服务业系统各指标的权重：$w_1 = 0.1385$，$w_2 = 0.0782$，$w_3 = 0.0386$，$w_4 = 0.0826$，$w_5 = 0.0655$，$w_6 = 0.0527$，$w_7 = 0.0611$，$w_8 = 0.0911$，$w_9 = 0.1049$，

$w_{10} = 0.0405$，$w_{11} = 0.1399$，$w_{12} = 0.1065$。

分别将制造业和生产性服务业的主成分分析计算得出的权重，代入各自的发展程度计算公式(2)，并计算出各省市制造业和生产性服务业的发展程度，计算结果见表4.9。

表4.9 制造业和生产性服务业的发展程度及排名

地区	制造业发展程度	排名	生产性服务业发展程度	排名	地区	制造业发展程度	排名	生产性服务业发展程度	排名
北 京	0.6142	4	0.6411	1	河 南	0.3061	18	0.2595	17
天 津	0.5831	5	0.5095	5	湖 北	0.4222	8	0.2226	20
河 北	0.2393	22	0.4540	9	湖 南	0.3365	14	0.2346	19
山 西	0.2262	24	0.3242	14	广 东	0.7229	1	0.4957	6
内蒙古	0.1614	28	0.3825	11	广 西	0.2859	20	0.2751	16
辽 宁	0.3385	13	0.3485	12	海 南	0.2967	19	0.1663	26
吉 林	0.3134	16	0.1282	29	重 庆	0.3496	10	0.3088	15
黑龙江	0.2004	26	0.1534	27	四 川	0.3204	15	0.2351	18
上 海	0.6434	3	0.5470	4	贵 州	0.2415	21	0.3475	13
江 苏	0.6727	2	0.5999	2	云 南	0.2151	25	0.1885	23
浙 江	0.4105	9	0.5532	3	陕 西	0.3130	17	0.2180	21
安 徽	0.3458	12	0.1838	24	甘 肃	0.1610	29	0.1057	30
福 建	0.4327	7	0.4608	8	青 海	0.2325	23	0.1745	25
江 西	0.3467	11	0.2161	22	宁 夏	0.1660	27	0.3913	10
山 东	0.4848	6	0.4802	7	新 疆	0.1173	30	0.1449	28

资料来源：根据SPSS17.0统计结果计算整理所得。

由表4.9可以看出，我国现阶段制造业和生产性服务业发展程度呈现出较明显的由东到西梯次递减的趋势，东部省份的制造业和生产性服务业发展水平明显高于中西部省份。制造业发展程度排前十位的省份，东部占8个。东北三省中的辽宁排第13位，其他两省排名处于中等偏下水平。考虑到本节选取的指标更加注重制造业科技和创新能力，可以得出，东北地区虽是中国重要的制造业基地，但在制造业转型升级特别是技术创新方面还面临着较大的挑战。有些省份制造业发展程度排名较靠前，但生产性服务业的排名相对靠后，这主要表现在中部一些省份,如吉林、安徽、湖北、江西等。近年来,这些省份工业化进程明显加快,但与此同时生产性服务业发展相对缓慢,由此导致制造业与生产性服务业之间的不协调。在东部省份内部,有些省市虽然从总体上制造业与生产性服务业发展水平较高,但二者之间的相对地位仍存在一定差距,如广东省的制造业发展水平居于全国第一位,但生产性服务业的发展水平在全国居于第6位,这表明广东的制造业与生产性服务业发展之间存在一定的不协调性。广大的西部地区制造业与生产性服务业发展水平总体偏低。

2. 制造业和生产性服务业协调度(C_t)和综合发展程度(P_t)测算

将制造业和生产性服务业的发展水平 x_{1t} 和 x_{2t} 代入协调度公式和综合发展程度公式,分别计算出制造业和生产性服务业的协调度和综合发展程度,具体计算结果见表4.10。

表4.10　制造业和生产性服务业协调度和综合发展程度

地区	协调度(C_t)	综合发展程度	地区	协调度(P_t)	综合发展程度
北　京	0.9991	0.6303	河　南	0.9864	0.2781
天　津	0.9909	0.5389	湖　北	0.8175	0.3025
河　北	0.8174	0.3681	湖　南	0.9374	0.2754
山　西	0.9376	0.285	广　东	0.9316	0.5866
内蒙古	0.6968	0.2941	广　西	0.9993	0.2794
辽　宁	0.9996	0.3445	海　南	0.8474	0.2185
吉　林	0.6793	0.2023	重　庆	0.9923	0.3252
黑龙江	0.9650	0.1722	四　川	0.9534	0.2692
上　海	0.9869	0.5855	贵　州	0.9363	0.3051
江　苏	0.9935	0.6290	云　南	0.9914	0.1991
浙　江	0.9566	0.4962	陕　西	0.9370	0.2560
安　徽	0.8215	0.2486	甘　肃	0.9157	0.1278
福　建	0.9980	0.4495	青　海	0.9597	0.1977
江　西	0.8952	0.2684	宁　夏	0.7001	0.3012
山　东	1	0.4820	新　疆	0.9779	0.1339

资料来源:根据公式 $p_t = \alpha x_{1t} + \beta x_{2t}$ 和 $C_t = \left\{ x_{1t} x_{2t} / \left[\frac{1}{2}(x_{1t} + x_{2t}) \right]^2 \right\}^k$ 计算整理所得。

协调度表示了制造业和生产性服务业系统的协调关系,综合发展水平表示了系统总体的发展水平,综合这两部分,可将30个省(自治区、直辖市)的制造

业和生产性服务业协调发展程度具体划分为四种类型,如表4.11所示:

表 4.11　　各区域制造业与生产性服务业综合协调发展水平所属类型

类型	表现	区域
发达协调型($C_t>0.95$;$p_t>0.5$)	综合发展水平高,协调效应好	北京、上海、江苏等
发达欠协调型($C_t<0.95$;$p_t>0.5$)	综合发展水平较高,系统欠协调	广东
不发达协调型($C_t>0.95$;$p_t<0.5$)	综合发展水平较低,但协调效应较好	河南、广西、青海等
不发达欠协调型($C_t<0.95$;$p_t<0.5$)	综合发展水平低,系统欠协调	海南、甘肃、宁夏等

在表4.11中,发达协调型地区的制造业和生产性服务业的发展水平都较高,并且二者处于相对较好的协调状态,形成制造业与生产性服务业发展的良性循环。发达不协调型的地区(以广东为代表),制造业和生产性服务业的综合发展水平较高,但二者之间的协调度不高,主要表现是制造业发展的相对水平高于生产性服务业的相对发展水平。对广东省来说,这主要是由于生产性服务业增加值占GDP的比重等指标低于北京、上海和江苏等,对这些省份而言,在保持制造业高水平的同时,加快发展生产性服务业是产业发展的重要任务。不发达协调型地区是指制造业与生产性服务业综合发展水平较低,但二者之间的协调性较好,主要以河南、广西、青海等中西部省份为主。这些地区的制造业和生产性服务业总体发展水平偏低,二者之间的协调度较高,在很大程度上是一种低水平的协调,进一步加快这些地区制造业与生产性服务业的发展,实现二者在更高水平上协调发展是这些地区产业升级与发展面临的重要任务。至于不发达欠协调地区,是指不但制造业和生产性服务业总体发展水平偏低,而且二者之间的协调性也较差,主要以海南、甘肃、宁夏等特殊边远省区为主。在这些省区,制造业和生产性服务业发展水平在全国处于较低水平,并且二者之间的协调性也不高。在保持这些地区优势特色经济快速发展的同时,加快制造业和生产性服务业的发展,是振兴这些地区经济发展的重要任务。

3. 基于2006—2010年间我国区域制造业与生产性服务业协调发展的动态分析

为从动态角度考察我国区域制造业与生产性服务业协调发展程度,这里具体测算2006—2010年间我国区域制造业和生产性服务业协调发展程度。首先测算2006—2010年间我国30个省市制造业和生产性服务业发展程度,然后进一步测算各省市制造业和生产性服务业之间的协调发展程度,结果见表4.12。

表 4.12　2006—2010 年制造业和生产性服务业协调发展数值

	2006 年	2007 年	2008 年	2009 年	2010 年
北　京	0.7486	0.7927	0.7767	0.7567	0.7936
天　津	0.5906	0.6847	0.6486	0.7043	0.7308
河　北	0.5872	0.5919	0.5494	0.5835	0.5485
山　西	0.4951	0.5198	0.4489	0.5087	0.5169
内蒙古	0.5045	0.5217	0.4987	0.5052	0.4527
辽　宁	0.5926	0.5303	0.5763	0.5578	0.5868
吉　林	0.4456	0.4668	0.4347	0.4570	0.3707
黑龙江	0.3861	0.4679	0.3769	0.4460	0.4077
上　海	0.7781	0.8121	0.7510	0.7312	0.7602
江　苏	0.6754	0.7282	0.7273	0.7114	0.7905
浙　江	0.6875	0.6804	0.6947	0.6800	0.6889
安　徽	0.4897	0.5239	0.4656	0.4838	0.4519
福　建	0.6293	0.6643	0.6536	0.6122	0.6698
江　西	0.3440	0.4320	0.3621	0.4220	0.4901
山　东	0.6733	0.6820	0.7304	0.6483	0.6943
河　南	0.5012	0.5201	0.5098	0.4206	0.5238
湖　北	0.5224	0.5470	0.5083	0.5243	0.4973
湖　南	0.5040	0.4740	0.4726	0.5697	0.5081
广　东	0.7214	0.7924	0.7494	0.7219	0.7392
广　西	0.4389	0.4857	0.4597	0.5049	0.5284
海　南	0.3658	0.4424	0.4049	0.4216	0.4303
重　庆	0.4995	0.4905	0.5703	0.5545	0.5680
四　川	0.5150	0.5151	0.5578	0.4982	0.5066
贵　州	0.4359	0.5058	0.4356	0.5798	0.5345
云　南	0.4256	0.4454	0.4066	0.4564	0.4443
陕　西	0.4882	0.5046	0.4321	0.5358	0.4898
甘　肃	0.4248	0.4103	0.4142	0.3431	0.3421
青　海	0.4091	0.4431	0.3063	0.4178	0.4356
宁　夏	0.4419	0.5071	0.4734	0.4625	0.4592
新　疆	0.3224	0.4547	0.3968	0.3486	0.3618
平均值	0.5215	0.5546	0.5264	0.5389	0.5441

资料来源：根据协调发展模型的具体构建步骤，计算整理所得。

　　由表 4.12 可以看出，2006—2010 年的 5 年内，我国 30 个省（自治区、直辖市）

制造业与生产性服务业的协调发展程度总体上呈现缓慢上升趋势,其中2006年、2007年制造业和生产性服务业的协调发展程度提升较快,而2008年由于受全球金融危机的影响,制造业和生产性服务业的发展受到一定影响,使二者之间的协调发展程度出现较大程度的下降。进入2009年以后,随着经济的逐渐复苏,各省市制造业和生产性服务业的协调发展程度重新出现小幅度的提高。

分区域来看,东部、东北、中部和西部2006—2010年间制造业与生产性服务业的协调发展程度如表4.13所示。

表4.13 2006—2010年各大区域制造业和生产性服务业协调发展程度的平均值

年份	2006	2007	2008	2009	2010
东部	0.6457	0.6871	0.6686	0.6571	0.6846
东北	0.4748	0.4883	0.4627	0.4870	0.4551
中部	0.4750	0.5030	0.4657	0.4924	0.4961
西部	0.4403	0.4752	0.4437	0.4663	0.4602

资料来源:根据表4.11中的数据计算整理所得。

从表4.13可知,东部地区2006—2010年间的协调发展程度处于0.6457—0.6871之间,呈缓慢上升趋势,其中2006年、2007年呈增长态势,2008年由于受国际金融危机的影响,东部沿海地区制造业和生产性服务业的发展受到较大程度的冲击,二者之间的协调发展一度下降,到2009年二者之间的协调发展程度降低到这几年的最低值0.6571,2010年开始有所恢复。东北部地区制造业和生产性服务业的协调发展程度近年来呈现下降趋势,主要原因是东北三省作为我国老工业基地,重化工业较为发达,服务型先进制造业发展缓慢,制造业面临着转型升级的沉重压力,但生产性服务业发展一直较为缓慢,特别是吉林、黑龙江两省生产性服务业发展水平更低且提升缓慢,导致东北地区制造业和生产性服务业的协调发展水平不升反降。中部地区的制造业和生产性服务业的协调发展水平除2008年外,总体呈现平稳增长态势,总体协调发展水平位于全国中等水平,与东部地区还有一定的差距。但随着这些地区越来越多地承接东部产业转移,以及国家实施中部崛起战略,这些地区的制造业与生产性服务业发展将越来越快,二者之间的协调发展也将得到明显的提升,与东部地区之间的发展差距将进一步缩小。西部地区制造业和生产性服务业的协调发展水平整体偏低,在2006—2010年的各年间都明显低于东部和中部地区的水平。但在西部地区内部,制造业和生产性服务业的协调发展水平差距较大,其中四川和

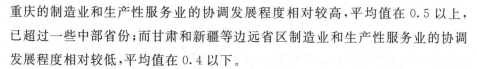

重庆的制造业和生产性服务业的协调发展程度相对较高,平均值在 0.5 以上,已超过一些中部省份;而甘肃和新疆等边远省区制造业和生产性服务业的协调发展程度相对较低,平均值在 0.4 以下。

4. 主要分析结论

以上通过构建评价指标体系及协调发展模型,分别从静态和动态两个角度对我国 30 个省(自治区、直辖市)制造业和生产性服务业的发展水平及二者之间的协调发展程度进行了测算,主要结论是:首先,现阶段我国制造业和生产性服务的发展水平以及二者之间的协调发展程度总体上呈现出由东部向中西部依次递减的态势,东部地区的制造业和生产性服务业整体发展水平以及二者之间的协调发展程度高于中西部地区,中部地区又高于西部地区。其次,目前,从总体上看我国制造业与生产性服务业之间尚未形成良性的互动协调发展态势,在全国 30 个省(自治区、直辖市)中,二者之间的协调发展程度处于良好协调状态(大于 0.6)的有 8 个地区,处于低水平协调状态(小于 0.4)的地区有 3 个,大部分省份尚处于协调发展程度较低(0.4—0.5 之间)的状态。再次,从动态角度来看,我国各地区制造业与生产性服务业的协调水平虽有小幅增长趋势,但提升速度缓慢,实现二者的协同发展仍是我国产业结构调整面临的艰巨任务。

三、我国生产性服务业发展及其与制造业耦合的制约因素

(一)生产性服务业发展的制度环境不健全

生产性服务业作为一种社会化程度较高的产业,对社会制度、法律环境要求较高。但在我国现实经济发展过程中,由于某些体制改革的滞后和政府职能转变的缓慢,导致生产性服务业发展的体制环境并不优良,特别是行政审批环节过多且多头管理,限制了生产性服务业的发展。据国家发改委等联合调研组(2005)对服务业前置审批项目的不完全统计,除涉及国家法律 17 部、国务院行政法规 33 部、国务院政策文件 20 件外,涉及中央和国务院有关部门的部门规章、文件 106 件。各地方依据这些法律、法规和规章、文件制定的地方性规定就可以成为一个庞大的集合。由于修订机制不够有效,法律、法规和规章、文件存在着修改不及时、废止退出滞后的问题,成为体制创新的障碍。各政府部门之间的政策和管理办法存在许多不衔接和不配套之处,为企业带来很多困扰。行政执法中广泛存在的重复检查、重复收费、行为不规范等现象也妨碍了服务企业特别是中小企业的生存与发展。

事业单位改革滞后和国有企业改革的不彻底。产业化、社会化、专业化是

包括生产性服务业在内的服务业发展的方向,但中国长期以来把不少服务业当作是事业单位和国有企业内部的事情,没有将其剥离出来,这在很大程度上影响了中国服务业发展的规模和效率,比较典型的是各种应用开发性科研机构、职业培训机构等。国有企业改革很不彻底,不少大企业出于自身利益和安置富余人员等方面的考虑,仍将绝大多数生产性服务业在企业内部消化,制约了物流、工业设计等生产性服务业的发展。

(二)政策不平等导致服务业企业负担重,经营成本过高

长期以来,政策的制定和有关制度安排多是从如何有利于增加物质财富方面设计的,造成服务业与农业、工业之间政策上的不平等。如在税收方面,部分服务行业重复纳税,服务业企业的税收负担较重。在物流等行业,企业经常发生大量业务外包,按理应抵扣外包收入后纳税,但在发包方按照整个营业收入纳税的同时,分包方也要按照分包协议上的价款纳税,这就出现了重复纳税。此外,制造业企业获得的税收优惠较多,如某些特定企业可以获得所得税、营业税、房产税、市政公用设施建设费等不同程度的减免,而服务业企业虽然有某些税收优惠,但优惠力度和范围远不如工业企业。在使用土地和水电气的价格方面,服务业普遍高于工业。地价方面,工业用地一般采用协议转让的方式,而服务业用地则采用招标拍卖的方式,两者差别很大,后者往往是前者的几倍乃至十几倍。服务业使用水电气的价格也普遍高于工业。在财政支持方面,主要是向第二产业倾斜,集中在高新技术产品的技术改造、新产品研究开发、科技发明和科技创新、科技成果转化、名牌产品奖励等,已形成较为完整的财税支持体系;尽管各地对服务业也有一定的财税政策支持,但力度较弱,过于分散、具体,很多服务业企业甚至不清楚可以享受什么样的政策支持。

(三)服务业的开放限制较多、开放度较低

总的来讲,中国服务业的开放整体上晚于制造业,开放程度也远低于制造业。加入世界贸易组织和相应的服务贸易总协定,大大加快了中国服务业领域对外开放的步伐,在市场准入和管理的透明度方面提出了一系列明确要求。实践证明,哪个领域开放得较早,哪个领域就发展得较快。中国生产性服务业发展滞后,在很大程度上与过去开放度低有关。像金融和电信市场等,长期具有较高的垄断性,服务质量和经济效率都较差。目前,外资进入中国服务业还要面对外资准入资格、进入形式、股权比例和业务范围等较多的限制。可以说,对外开放不足是中国服务业发展滞后、效率较低的重要因素之一。

服务业的开放包括对内开放和对外开放两个方面。对于中国服务业来说,

对内开放即允许不同所有制经济都能进入除涉及国家安全的所有服务行业。但事实上,相当多的自然垄断和行政垄断的服务产业,如金融保险、电信、邮政、城市供电、铁路、民航、港口等领域基本上排斥非国有资本的进入。由于这些部门垄断难以打破,政府的管制又不够有效,服务产品的生产和供应效率还比较低下。

在对外开放方面,服务业参与全球化的程度较低。我国对外开放对工业增长的促进作用要远远大于对服务业增长的促进作用。另外,在对外开放方面,对促进企业"走出去"重视相对不足,措施不得力。发达国家非常重视通过多边贸易谈判与服务贸易协定,推动他国积极开放自身具备比较优势的服务领域,此外它们也非常注重知识技术密集型服务行业的知识产权保护,以此为本国服务企业拓展国际服务市场创设条件。而中国在这方面做得还很不够,虽也鼓励本国服务企业"走出去",但由于缺乏具体的、切实可行的政策举措,面对重重政策掣肘,很少有服务企业能够成功走出国门。

(四)服务业人才的培养机制不合理,高质量产业人才明显不足

随着中国经济快速发展和经济结构的迅速转换,对服务业特别是生产性服务业的需求急剧增加,但服务业专业人才匮乏现象也随之凸显出来,服务业高级专门人才储备不足,服务业的蓝领人才也存在结构性短缺。这种格局的出现与我们的人才培养机制是分不开的。长期以来,我们重视高等教育而忽略基础教育和职业教育,对学历教育过分偏爱而对实用性较强的职业教育不重视,即使是高职教育也尽可能往"学历教育"上靠,培养的人才与市场需求脱节。比如,我们现在精通国外法律、国外市场的国际型和开放型专业人才十分紧缺,其中注册精算师、注册金融分析师、注册房地产评估师、软件设计开发等高级专业服务人才尤为缺乏。同时,人才结构配置不合理。在信息服务业中,既缺乏创意、规划和设计的高端人才,又缺乏一大批拥有一定技术能力的蓝领。但与此同时,还有大量的大学毕业生存在就业难的问题。

四、推动我国生产性服务业与制造业耦合协同发展的对策选择

现阶段促进我国制造业与生产性服务业协调发展的主要对策应是:首先,进一步提升制造业和生产性服务业发展状态。一方面,要通过提升制造业水平强化制造业发展对生产性服务业的拉动作用,尤其是要大力加强自主创新对制造业发展的作用。另一方面,加强信息、金融服务、物流公共信息、技术产权交易等生产性服务业专业平台建设,引导企业将管理咨询、研发和品牌营销等生

产性服务环节外包化。鼓励制造业企业利用自身优势分离发展生产性服务业，尤其是加快大型国有制造业企业的业务分离步伐，鼓励企业将物流、科技服务、营销策划等生产性服务业环节做大做强，并将其分离出来成为独立运转的公司。进一步深化体制改革，降低服务业进入门槛，大量引入民间资本，促进生产性服务业发展。强化技术和人才支撑，重视高层次专业人才培养，加快引进熟悉国外生产性服务业经营管理理念的人才，为生产性服务业的发展提供有力的智力支持。注重实践型、应用型人才的培养。

其次，各地区应根据存在的具体问题加快制造业和生产性服务业的协调发展。我国各区域制造业和生产性服务业的协调发展水平差距较大，实现二者协调发展所采取的对策应有所侧重。对东部地区，制造业和生产性服务业的发展水平相对较高，这些地区作为承接国际产业转移的重点地区，在制造业和生产性服务协调发展的过程中，要重视招商引资的战略选择，重点加大对生产性服务业的招商引资。考虑到外商投资在一定程度上对这些地区的生产性服务业发展产生一定的"挤出效应"，因而在招商引资过程中要重点放在高技术、高产出和高附加值的大型项目和商贸配套服务项目上，特别要注重对外资企业的研发中心和营销网络的引进，充分利用国外先进的生产性服务业来促进制造业竞争力的提高和向产业链高端的攀升，并通过生产性服务业 FDI 的溢出效益，带动这些地区生产性服务业的发展。中部地区的制造业和生产性服务业都处于成长阶段，二者的协调发展伴随在城市经济发展的过程中。在城市发展的过程中，对生产性服务业进行科学合理的布局、规划，并通过政策引导和必要的财政支持等形式，推进生产性服务业的区域性集聚。在产业集聚区域，要重点发展生产性配套服务，推动生产性服务业向制造业价值链条全过程的渗透。在集聚过程中不断促进知识、技术等要素的重新组合。加快建立制造业与生产性服务业协同发展的机制，使生产性服务业能够通过研发、生产、销售、咨询等价值链关键环节实现与制造业的互动和融合。东北地区的生产性服业发展水平相对于制造业的发展落后很多，作为我国重要的重工业基地，二者的协调发展要以制造业改造提升为突破口，并加快生产性服务业的发展。这些地区要以汽车制造、石化、电子机械等几大龙头产业为轴心，鼓励有条件的制造业企业向生产性服务业延伸，加大对制造业前期的研发、设计，中期的管理、融资和后期的物流、销售等服务的投入，促进该地区汽车制造、机械、石化、电子通信设备等产业与信息、金融、保险、物流等现代生产性服务业协调发展状态。西部地区，除个别省市外，制造业和生产性服务业的发展都处于全国较低水平，二者之间处于低

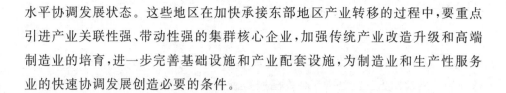

水平协调发展状态。这些地区在加快承接东部地区产业转移的过程中,要重点引进产业关联性强、带动性强的集群核心企业,加强传统产业改造升级和高端制造业的培育,进一步完善基础设施和产业配套设施,为制造业和生产性服务业的快速协调发展创造必要的条件。

第三节　基于进入退出视角的中国服务业发展分析

发展服务业特别是生产性服务业是推进我国工业化进程、提升我国工业化质量的重要途径。现阶段,体制性、政策性进入壁垒和市场环境等成为制约我国服务业特别是现代服务业发展的重要因素。本节主要从进入退出壁垒的视角,对促进我国服务业发展问题进行分析。

一、完善进入退出机制是加快我国服务业发展的重要途径

产业的进入退出是影响产业组织效率和产业竞争力的重要因素,对产业进入退出问题的研究一直是产业组织理论研究的一个热点。总体上看,目前国内外关于产业进入退出问题的实证研究主要以制造业作为研究对象,而对于服务业进入退出问题的实证研究相对较少。在发达国家,Kristina Nyström(2007)对 1997—2001 年间瑞典 750 个五位数产业的进入和退出问题进行了研究[1],得出服务业的进入和退出率比制造业要高,且进入和退出率的相关性也比较高。Massimo and Paola(1998)利用 1990—1995 年间的金融时报和华尔街日报上有关电信行业的新闻研究了电信公共服务运营商对多媒体业务市场的进入决策;Gary et al.(2000)考察了行政性进入壁垒对美国医疗服务业市场绩效的影响;Abe(2007)则实证检验了美国航空服务业各细分市场进入率和退出率的影响因素(陈艳莹、原毅军和游闽,2008)。在国内,关于服务业进入退出的理论分析已

---

[1]　“位数”表示的是行业分类代码的位数。中国《国民经济行业分类与代码》将国民经济所有行业分为门类、大类、中类、小类,其中门类涉及农林牧渔业、采矿业、制造业等 20 个行业,并分别以英文字母进行编码。而在 20 个行业下又将其细分为大类,以制造业为例,将其细分为 30 个行业,并用阿拉伯数字对其进行编码,如农副食品加工的行业代码为 13,食品制造业的行业代码为 14,13 和 14 是两位数,所以按照此标准进行细分的行业就称为两位数行业。以此类推,可进一步将大类细分为中类,将中类细分为小类,相应的行业代码分别为三位数和四位数,所以按照此标准进行细分的行业就称为三位数行业和四位数行业。《国际标准行业分类》与中国《国民经济行业分类与代码》类似,也都对行业进行类似编码,只是在行业归类上有所差异。

经很多,而对于服务业进入退出的系统性实证研究则很少。陈艳莹、原毅军和游闽发表于《中国工业经济》2008 年第 10 期上的《中国服务业进入退出的影响因素》一文,结合转轨时期我国服务业发展环境的特殊性,从盈利可能性、进入壁垒和政府控制力三个方面,对我国服务业进入退出的影响因素提出理论假说,并利用 2004—2006 年的服务业数据,分地区和行业对理论假说进行了实证检验。

大力发展服务业是"十二五"期间调整优化我国产业结的重要内容,对于加快转变经济发展方式、提高我国产业的国际竞争力具有重要意义。目前,我国服务业的发展受到诸多因素的制约,特别是行业的进入退出及市场结构已成为影响服务业市场竞争和产业发展的重要因素。本节以 Orr(1974)的进入退出影响因素模型为基础建立计量分析模型,使用了中国 2004 年 73 个三位数服务业的数据,以利润率、产业增长率、资本密度、企业平均规模以及国有经济比重、外资经济比重等作为考察变量,对我国服务业进入退出的影响因素进行较细致的实证分析。

二、模型设定及变量描述

(一)模型设定

Orr(1974)首先构造了制造业进入理论的模型,他将加拿大制造业中 71 个三位数产业的企业净进入的对数形式作为因变量,把进入壁垒、获利机会和结构要素作为解释变量,分析了资本需求、广告密度和高集中度、研发密度和市场风险等因素对企业进入退出的影响。本节对服务业企业进入退出影响因素的分析也以 Orr 的模型为基础。该模型的基本形式是:

$$\pi^* = f_1(X, K, A, R, r, C) \qquad E = f_2(\pi_p - \pi^*, Q)$$

π_{it}^* 表示基于进入壁垒水平的长期预测产业利润率;X 表示最低规模工厂的市场份额;K 表示资本需求;A 表示广告密度;R 表示研发密度;r 表示风险;C 表示集中度;E 表示每年进入的企业数量;π_p 表示过去的产业利润率;Q 表示过去产业产出增长率。

假定影响企业进入与退出的因素主要有三个:

1. 预期利润率与限制性利润率的差异。前者代表进入的激励,后者是指阻止企业进入而可获得的利润率水平,代表进入的成本。进入成本假设是由各种不同类别的进入壁垒所决定,通过对各种进入壁垒因素的线性函数来估算各种相关壁垒对企业进入和退出的影响。由于限制性利润率无法直接观察,一般假

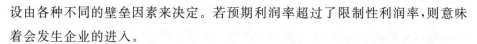

设由各种不同的壁垒因素来决定。若预期利润率超过了限制性利润率,则意味着会发生企业的进入。

2. 转轨经济中的体制性、政策性壁垒。在转轨经济中,普遍存在国有企业与私有企业并存的局面。国有企业的预算约束软化虽有所减弱,但仍未得到根本克服。这种体制性壁垒再加上政府的某些管制性政策,将影响服务业企业的进入与退出。

3. 外资企业的进入也会影响到企业的进入与退出行为。在开放经济条件下,外资进入通过与本国企业之间的竞争与协作,会直接或间接地影响国内服务业企业的进入与退出行为。

基于以上假定设定如下模型:

$$En_{it}=f_1(\pi_{it}-\pi_{it}^*,\varepsilon_{it},\eta_{it}) \quad Ex_{it}=f_2(\pi_{it}-\pi_{it}^*,\varepsilon_{it},\eta_{it})$$

其中,En_{it} 表示 i 产业 t 期企业的进入率,Ex_{it} 表示 i 产业 t 期企业的退出率,ε_{it} 表示 i 产业外资经济比重,η_{it} 表示 i 产业国有经济比重,$\pi_{it}-\pi_{it}^*$ 表示 i 产业 t 期预期利润率和限制性利润率的差额。π_{it}^* 反映了产业的各种进入与退出壁垒的水平,本节把资本密度、企业平均规模、人力资本作为影响 π_{it}^* 的因素,或用来表示企业进入退出产业的壁垒水平,另外还把产业利润率和产业增长率作为影响 π_{it}^* 的因素。

通过把以上因素线性叠加,可得到影响企业进入与退出行为的基本模型:

模型 1:$En_{it} = \alpha_0 + \alpha_1 P_{it} + \alpha_2 G_{it} + \alpha_3 KL_{it} + \alpha_4 SCA_{it} + \alpha_5 HC_{it} + \alpha_6 FE_{it} +$

$\qquad\qquad \alpha_7 SE_{it} + \mu_i + \upsilon_{it}$

模型 2:$Ex_{it} = \beta_0 + \beta_1 P_{it} + \beta_2 G_{it} + \beta_3 KL_{it} + \beta_4 SCA_{it} + \beta_5 HC_{it} + \beta_6 FE_{it} +$

$\qquad\qquad \beta_7 SE_{it} + \gamma_i + \delta_{it}$

其中,En_{it} 表示某产业的企业进入率,Ex_{it} 代表产业的企业退出率,P_{it} 表示利润率,G_{it} 表示产业增长率,KL_{it} 表示资本密度,SCA_{it} 表示企业平均规模,HC_{it} 表示人力资本;FE_{it} 表示外资经济比重;SE_{it} 表示国有经济比重;μ_i,γ_i 表示具体产业的特征效应;υ_{it},δ_{it} 表示随机误差项。

盈利是企业经营的主要目标,产业内利润率越高,对于潜在进入企业吸引能力越强。新企业不断进入使产业利润率逐渐降低到服务业利润率的平均水平,一旦利润率低于平均水平,在位的一些企业就会退出,进入到其他高利润率的产业;产业增长率是产业快速发展的标志。产业增长率越高,表明该产业发展前景越好,潜在企业就会进入,分享产业快速发展带来的收益。一旦产业发展逐渐成熟,产业扩张速度放慢,市场趋于饱和,在位的一些企业就会逐渐退出;资本是企业发展的重要因素,一个产业的资本密度越高,企业进入该产业的必要资本量就越大,进入该产业就越困难。尤其对于中国,资本市场发展尚不成熟,企业融资渠道有限,企业进入高资本密度产业的门槛更高。高资本密度的产业,企业市场风险可能更高,在位企业退出市场的机率更大;规模经济对于企业发展很重要,一个产业规模经济效应越明显,对潜在进入企业来说,其进入以及今后发展的困难程度越大,而对于已经实现规模经济的在位企业来说,规模经济越大,市场越趋于垄断,市场势力越明显,降低了企业退出市场的风险;人力资本是服务业发展的重要因素,产业内人力资本越丰富,潜在进入企业所获得人才的成本就越低,企业进入可能更容易,同时产业内人力资本越丰富,能快速推动企业成长、成熟;中国正处于转型时期,国有经济已经通过体制性因素形成了一定垄断势力,可能威胁到潜在企业的进入,同时由于国有企业的软预算和软盈利约束,即便持续亏损,也可能不会退出;在开放条件下,外资由于其先进的技术、管理理念和经营经验,其进入可能对国内企业进入产生威胁,同时通过竞争迫使在位的国内企业退出市场。

基于以上对影响企业进入、退出主要影响因素的分析,提出了相关假设:

模型 1 基本假设:

$H1$:企业进入率与资本密度、企业平均规模、外资经济比重、国有经济比重呈负相关关系,即 $\alpha_3 < 0$、$\alpha_4 < 0$、$\alpha_6 < 0$、$\alpha_7 < 0$;

$H2$:企业进入率与利润率、产业增长率、人力资本呈现正相关关系,即 $\alpha_1 > 0$、$\alpha_2 > 0$、$\alpha_5 > 0$。

模型 2 基本假设:

$H1$:企业退出率与产业利润率、产业增长率、企业平均资产规模、人力资本呈负相关关系,即 $\beta_1 < 0$、$\beta_2 < 0$、$\beta_4 < 0$、$\beta_5 < 0$;

$H2$:企业退出率与资本密度、国有经济比重、外资经济比重呈正相关关系,即 $\beta_3 > 0$、$\beta_6 > 0$、$\beta_7 > 0$。

(二)数据来源与选取

本节所使用的样本数据主要来自《中国经济普查年鉴—2004》。2004 年的经济普查是我国第一次全国性经济普查,具有规模大、范围广、调查内容丰富等特点。该普查年鉴包括了第二、第三产业各类单位的数量、就业人数、财务收支、资产状况、科技活动等方面的详细数据信息。本节主要考察第三产业中的交通运输、仓储和邮政业信息、传输、计算机服务和软件业、批发和零售业、租赁和商务服务业等产业,选用 73 个三位数服务业的数据作为计量分析的样本。

从标准的产业分类来看,按照两位数产业分类,其中科学研究、技术服务和地质勘查业,水利、环境和公共设施管理业,教育,卫生、社会保障和社会福利业以及文化、体育和娱乐业中的文化艺术业主要提供公共物品,其经济行为受市场主导比较小,尤其在市场进入与退出方面主要由政府主导,因此未包括到本节所分析的样本中来。其余十个产业中,金融业、房地产业中的物业管理及其他房地产活动,由于统计数据缺失,也未被包括进来。另外,谷物、棉花等农产品仓储、农产品批发、旅游饭店、一般旅馆、其他住宿服务、饮料及冷饮服务、体育组织、体育场馆、室内娱乐活动、休闲健身娱乐活动、其他娱乐活动等,其利润为负;其他城市交通工具、国家邮政业的进入企业数为零;轨道交通、城市轮渡、通用航空服务、管道运输业的退出企业数为零。这些都与模型假设不相符,因而也未被包括在样本中。

（三）变量定义及描述

1. 企业的进入和退出。由于所选数据的局限性,使得很多学者一般用计算净进入的方式来替代进入退出,但净进入的衡量方式有时难以区分进入效应和退出效应。对中国企业进入和退出的衡量,用净进入表示企业的进入,或用当年企业的数目表示企业的进入,选择此类衡量方式主要是受统计资料的制约,因为国内的统计资料一般仅公布规模以上企业单位的数目,无法区分进入企业的数目和退出企业的数目。根据刘国鹏(2008)的做法[1],本节使用"筹建"和"当年关闭"的数据分别来衡量企业的进入数和退出数,而用进入率、退出率分别来衡量企业的进入程度和退出程度。

2. 利润率。可用资产利润率,即利润总额占资产总额的比重来表示,也可用销售利润率,即利润总额占工业销售产值的比重来表示。本节采用后者。利润率毫无疑问会对潜在进入者是一种吸引。Bhagwati(1970)理论模型得出,预期高利润和高增长能引导企业积极进入。Sind(1980)的研究认为,只有获得最少利润的公司才可能关闭。大多数研究则认为,正的利润率能增加进入,尽管在个别产业存在例外。多数研究还发现,滞后的利润对于随后的进入有积极的影响。Hamilton(2000)、Scott Morton and Podolny(2002)研究得出,如果一个

---

[1]　刘国鹏(2008)按照《中国经济普查年鉴 2004》将"企业法人单位数"按照企业的经营状态分为"营业"、"停业"、"筹建"、"当年关闭"、"当年破产"和"其他"六种,其中将"筹建"看作是下期企业的纯进入数目,"当年关闭"视为当期企业的纯退出数目,纯进入和纯退出是衡量企业进入和退出比较理想的指标。

人经营商业有其他目标而不是纯粹的利润最大化,尽管他们比在被雇佣的情况下挣得少,但仍可能待在这个行业中。Highfield and Smiley(1987)、Martin A. Carrie(2004)研究证实,当进入壁垒较高时,高利润可能并不能吸引任何企业进入。杨蕙馨(2004)对中国制造业的研究表明,利润率(盈利状况)不是激励厂商进入的主要动机,负利润(亏损)也并不能导致厂商退出。在中国,主要是制度因素和制度壁垒吸引厂商进入和阻止厂商的退出,相比之下,市场因素的影响尚不太显著。

3. 产业增长率。它反映市场对该产业的需求程度,一般用产业的总产值、销售额或者是产业总产值的增长率或产业销售额的增长率来表示。由于服务业统计中没有产业总产值指标,所以使用主营业务收入来衡量产业增长率。产业增长率直接影响潜在进入者的预期利润率。需求的增长对于进入率的提高并不是一个充分条件,并且在某种程度上,这种影响往往与市场条件有关。过去的产业销售额增长率通常被作为产业增长率使用,Siegfried and Evans(1994)的实证研究有力地支持了市场需求增长将增加行业进入的假设。大多数实证研究的证据则表明,在增长缓慢和衰退的行业,市场退出率是较高的(Siegfried and Evans,1994)。

4. 资本密度。它用来反映行业的资本密集程度。Acs&Audretsch(1989)将资本密度定义为"资产总额/就业人数"。一般而言,行业资本密度越高、平均资产规模越大,它对进入者的阻碍就越大。Bain(1956)认为,资本密集的结构性壁垒阻碍了企业进入。Duetsch(1984)and Khemani and Shapiro(1986)发现,资本密度对于所有规模企业的进入有一个负面的影响,而 Highfield and Smiley(1987)没有发现这种关系。Dunne and Roberts(1991)and Mayer and Chappell(1992)的研究表明,资本密集产业有更低的退出率。另一方面,Audretsch(1995)、Audretsch and Mahmood(1995)实证研究认为,如果产业的资本密度是高的,进入企业的风险机率将会增加,这也就暗含着资本密集的产业将有较高的退出率。

5. 企业平均规模。根据 Kessides(1986)的研究,用企业平均资产规模来衡量规模经济效应,可用行业"年末资产总额/企业单位数"得到,它是对产业规模经济的一种替代。规模经济的存在通常表明,在企业进入时通常使用大规模的投资。这些投资中一些可能会变为沉没成本。关于规模经济对进入的影响,有关研究结果并不一致。Dunne and Roberts(1991)实证研究表明,有更大企业规模的产业却有更低的退出率。Kristina Nyström(2007)通过使用最小二乘法证

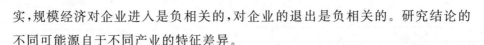

实,规模经济对企业进入是负相关的,对企业的退出是负相关的。研究结论的不同可能源自于不同产业的特征差异。

6. 国有经济比重。Barbaraw. Roberts and Steve Thompson(2003)用国有企业在产业中的比例来表示国有经济比重。本节用产业中国有企业资产占产业总资产的比重来表示国有经济比重。Barbaraw. Roberts and Steve Thompson(2003)发现,在波兰,国有经济比重对进入与退出有相当大的负面影响,产业的结构性进入壁垒效应与在一些部门国有企业处于优势位置有关系。波兰和中国都属于转轨国家,国有经济比重对产业(制造业或服务业)的进入退出影响应该是相似的。李德志等(2004)、吴三忙(2009)研究发现,国有企业仍然是目前阻碍我国企业由市场导向进入与退出的一个重要因素。他们通过研究发现,国有企业的软预算约束导致社会资源被占用,从而阻碍了新企业的进入和国有企业的退出。刘国鹏(2008)的研究表明,企业进入与国有经济比重的变化关系并不是简单的线性关系,国有经济比重不高的行业,国有经济反而显示出显著的壁垒特征;而国有经济比重较高的行业,国有经济本身可能并不是新企业进入的政策性壁垒,进入壁垒更可能来源于行业本身所特有的结构性壁垒。多数实证结论表明,国有经济对企业的退出有显著的正向效应。

7. 外资经济比重。Barbaraw. Roberts and Steve Thompson(2003)用外资企业在产业中的比例来表示外资经济比重。他们通过研究波兰经济转轨时期企业进入与退出的影响因素,证实外资比重对国内企业进入没有显著性影响。本节用外国企业资产占产业总资产的比重来表示外资经济比重。

8. 人力资本。服务业一般属劳动密集型产业,人力资本对服务业特别是现代服务业企业的进入退出行为具有重要影响。这里用高级技术人员占就业人数比重表示服务业企业拥有的人力资本水平。

(四)模型变量的统计性描述

关于变量的符号及定义见表4.14,主要变量的统计性描述见表4.15。

表4.14　变量的符号及定义

变　量	符　号	定　义
进入		"企业法人单位数"中"筹建"数目
进入率	En	企业进入数/企业法人单位数
退出		"企业法人单位数"中"关闭"数目
退出率	Ex	企业退出数/企业法人单位数

(续表)

变　量	符　号	定　义
利润率	P	利润总额/主营业务收入
产业增长率	G	主营业务收入
资本密度	KL	资产总额/就业人数
企业平均规模	SCA	资产总额/企业单位数
人力资本	HC	高级技术人员人数/就业人数
外资经济比重	FE	外资资产(包括港澳台)/总资产
国有经济比重	SE	国有资产/总资产

资料来源:作者自行整理。

表 4.15　主要变量的统计性描述

变量	均值	标准差	最大值	最小值	观测数
进入	692.397	1146.85	5687	5	73
进入率	0.041	0.023	0.112	0.008	73
退出	233.151	347.17	2063	1	73
退出率	0.012	0.008	0.057	0.002	73
利润率	0.078	0.086	0.362	0.002	73
产业增长率	17983746.51	59867918.68	455276353.70	2.400	73
人均资本	1138551.39	2344092.45	15897777.78	27050.45	73
企业平均规模	67375315.49	274922028.93	2132081967	198001.82	73
人力资本	0.498	0.131	0.811	0.002	73
国有经济比重	0.199	0.157	0.875	0.016	73
外资经济比重	0.123	0.118	0.733	0.005	73

资料来源:作者自行整理及计算。

三、实证分析结果及其解释

(一)实证分析基本结果及其解释

为保持变量的一致性,这里首先对各变量进行了取对数,并去掉变量的量纲。然后运用普通最小二乘法(OLS)对服务业企业进入与退出的影响因素进行估计,并采用逐步回归分析方法,剔除对进入与退出影响不显著的因素,由此可得到以下计量结果(见表 4.16)。

通过表 4.16,可得出以下结论:

(1)利润率、产业增长率对企业进入与退出行为的影响不显著。利润率和产业增长率是一个产业快速发展的指示器,产业的高速扩张和高额利润率会吸引企业迅速进入该产业。产业增长率和利润率对企业进入与退出行为影响不明显表明:一方面,目前中国服务业企业的进入退出行为还比较盲目,许多在位企业为先期占领市场,一般并不考虑产业的利润率、投资回报率和市场的需求增长状况,而只是进行盲目的投资扩张;另一方面也表明,随着经济体制改革的推进,虽然国有企业的产值比重在逐年下降,但在很多行业中仍占有较高的市场份额。国有企业改革的目标是建立现代企业制度,但该目标往往受到政府其他社会目标(如就业等)的影响,这就使得国有企业的经营往往并不是以企业利润率和产业增长率为主要标准。另外,由于近年来一些产业规模扩张和产业销售收入的增加,主要是通过在位企业规模扩大实现的,新企业的进入数比较少,由此也导致了产业的净进入率较低。

表 4.16　企业进入与退出影响因素的实证分析结果

	变量	α、β 值	t 值	R^2	F 值
企业进入	截距	$-4.442(***)$	-6.815	0.280	$8.940(***)$
	资本密度	$0.269(***)$	4.665		
	企业平均规模	$-0.128(***)$	-2.702		
	外资经济比重	$0.133(**)$	2.300		
企业退出	截距	$-8.810(***)$	-8.774	0.345	$8.951(***)$
	资本密度	$0.350(***)$	3.499		
	企业平均规模	$-0.133(**)$	-2.196		
	人力资本	$-0.441(***)$	-5.363		
	国有经济比重	$0.149(*)$	1.828		

$***$ 表示显著水平在 1% 以下,$**$ 表示显著水平在 5% 以下,$*$ 表示显著水平在 10% 以下。

资料来源:作者自行整理及计算。

(2)资本密度对企业进入和退出行为的影响都是正向的。在一般情况下,服务业中资本密度高的产业包括信息传输、计算机服务和软件业、批发、交通运输业等,这些高资本密度的产业的投资回报率相对较高,因而大量企业会进入这些产业。同时企业进入这些产业后,面临的投资风险也相应增大,从而增加了企业退出的机率,由此导致这些资本密集产业具有较高的退出率。

(3)企业平均规模对企业进入与退出行为的影响都是负向的。一般情况下,服务业的平均规模小于制造业的平均规模,服务业企业的平均规模对企业进入与退出行为的影响应是不显著的。但目前研究的 73 个产业中,交通运输业、房地产开发与经营、批发、通信产业都是企业平均规模较大的产业。因此,企业平均规模因素对企业进入与退出行为的影响较为显著。企业平均规模对企业退出有负向影响的原因可能是:规模较大的企业能够容纳较细的分工,因而能有较高的效率水平,并能产生生产与销售上的规模经济,并易于积累起可持续发展的组织能力和专业化人力资本。同时,产业内企业平均规模越大,其市场结构越趋于垄断,由此可形成产业的垄断性进入壁垒。在这种垄断性市场结构下,在位企业往往通过运用市场势力获得较高的超额利润,从而在产业能够实现长期持续的经营,并降低了在位企业退出市场的风险。另外,某些产业内(如房地产开发与经营业等)的企业平均规模过大,行业的规模性进入壁垒也就相应较高,从而也会阻遏一部分企业的进入。

(4)人力资本对企业进入行为的影响不显著,而对企业退出行为的影响较显著。在服务业企业进入退出行为中,人力资本是重要的影响因素。这与工业企业的进入退出情况存在较大的差异,这种差异与制造业和服务业特别是现代服务业的产业特征和对人力资本的要求紧密相关。现代服务业一般是信息、知识、智力密集型的产业,拥有专用性知识和技能的人力资本是现代服务业竞争力的重要源泉。专用性人力资本依赖于所在企业的产品特性、市场状况、工艺流程以及企业文化等。高人力资本含量的投入,是提高现代服务业生产率水平的基本途径。一个产业的高级人力资本所占比重越高,表明人力资本投入越大,其技术创新速度越快,获得的超额利润也就越多,这在很大程度上降低了企业退出市场的机率。

(5)国有经济比重对企业进入行为的影响不显著,但对企业退出行为有正向影响。我国多数服务业正处于快速发展时期,本身的结构性壁垒比较低,在一定程度上抵消了国有经济这一制度性壁垒对企业进入的阻碍作用。在某种程度上,国有企业在某些服务行业已形成了一定的市场势力,因而增加了企业退出市场的风险。

(6)外资经济比重对企业进入有正向影响,而对企业退出影响不显著。目前,国内学者在研究企业进入退出问题时,研究外资经济比重对企业进入与退出行为影响的尚不多见。现阶段,由于我国金融体制改革滞后,造成银行的体制性障碍严重,加之民营金融机构缺乏、证券直接融资存在困难和障碍等,使得民营企业在直接和间接融资方面都存在较多困难。这就使得外资以中外合资、中外合作以及外商直接投资等形式大量进入服务业,如在 73 个产业中,外资经

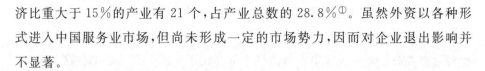

济比重大于 15% 的产业有 21 个,占产业总数的 28.8%①。虽然外资以各种形式进入中国服务业市场,但尚未形成一定的市场势力,因而对企业退出影响并不显著。

(二)按国有经济比重分类的实证结果及其分析

鉴于经济转型时期,体制、政策因素对服务业发展的影响较为显著,因而这里有必要对国有经济、外资经济比重对服务业企业进入退出行为的影响进行专门分析,以揭示我国服务业企业进入退出行为中的体制性影响因素及其作用特征。在本节所选取的 73 个产业中,国有经济比重小于 15% 的产业有 35 个,占产业总数的 47.9%;国有经济比重大于 20% 的产业有 26 个,占产业总数的 35.6%。按国有经济比重进行分类的计量结果见表 4.17。

通过表 4.17 可看出,在国有经济比重大于 20% 的产业,企业进入行为受到人力资本和国有经济比重两个因素较显著的影响,特别是国有经济比重降低了企业的进入率。在国有经济比重较高的产业,国有经济本身是新企业进入的体制性壁垒。这表明国有资本进入在某种程度上形成了一定的市场势力,阻碍了潜在企业的进入,抑制了市场的正常竞争。利润率和产业增长率等激励企业进入的因素,对企业进入影响不显著。这表明国有企业由于受到其他因素的影响,如承担就业目标等,而不能完全以市场化因素作为追求目标。在国有经济比重小于 15% 的产业,国有经济比重对服务业企业退出行为不存在正向影响。这表明,在国有经济比重较低的产业,行业的市场竞争较为充分,企业进入与退出行为受产业本身特征的影响较大,利润率是企业退出的主要影响因素,而基本不受体制性因素影响。

表 4.17　按国有经济比重进行分类的计量结果

	变量	α、β 值	t 值	R^2	F 值
国有经济比重大于 20% 企业进入	截距	−3.116(***)	−7.577	0.375	6.898(***)
	人力资本	0.266(***)	2.980		
	国有经济比重	−0.877(***)	−3.078		
国有经济比重小于 15% 企业退出	截距	−6.244(***)	−18.332	0.424	11.802(***)
	利润率	−0.127(**)	−2.153		
	人力资本	−0.268(***)	−4.66		

*** 表示显著水平在 1% 以下,** 表示显著水平在 5% 以下。

资料来源:作者自行整理及计算。

———————

① 根据研究的 73 个服务业行业数据计算。

通过表 4.17 可看出,国有经济比重对服务业企业进入退出行为的影响与这一比重的大小存在一定的关系。在国有经济比重小于 15％的产业,国有经济比重对服务业企业的进入退出行为基本不存在正向或负向的影响。这表明,在国有经济比重相对较低的产业,企业的进入与退出行为受产业本身特征的影响较大,而与国有经济比重等体制性因素基本没有关系。在这类产业,企业的进入退出主要受产业利润率等非体制因素的影响。该结果同时也表明,在国有经济比重相对较低的行业,行政性垄断程度较低而市场竞争较为充分,国有企业的进入与退出受体制性因素影响较小,而受其他因素的影响较大。服务业基本属于劳动密集型行业,国有企业的退出由于受到其他因素的影响较多,如承担就业目标等,而不能完全以利润率作为追求目标。企业平均规模和人力资本对企业退出行为存在负向影响,即产业内企业平均规模越大,市场越倾向于形成垄断结构,从而使企业获得垄断势力。产业内人力资本水平越高,产业发展越快,企业获得人力资本的成本越低,企业经营绩效越好,从而降了企业退出市场的风险。在国有经济比重大于 20％的产业,企业进入行为受到人力资本和国有经济比重两个因素较显著的影响,特别是国有经济比重降低了企业的进入率。在国有经济比重较高的产业,该比重对企业进入存在较显著的阻碍作用。这表明国有资本进入在某种程度上形成了一定的市场势力,阻碍了潜在企业的进入,抑制了市场的正常竞争。

（三）按外资经济比重分类的实证结果及其分析

在 73 个产业中,外资经济比重大于 15％的产业有 21 个,占产业总数的 28.7％,在外资经济比重大于 15％的产业,企业进入与退出行为受国有经济比重、外资经济比重等体制性、政策性因素影响不显著。在外资经济比重高的行业,国有经济比重相对较低,体制性壁垒因素并不强,而外资企业规模又较小,尚未形成一定的市场势力,因此,体制性、政策性因素对进入退出影响并不显著。在外资经济比重大于 15％的产业,人力资本对企业进入与退出行为的影响十分显著。尤其是对企业退出的影响,在基本分析中,人力资本对企业退出的影响是－0.441,在国有经济比重小于 15％的产业,人力资本对企业退出的影响是－0.268,而在外资经济比重大于 15％的产业,人力资本对企业退出的影响是－0.637,这表明外资企业更注重人力资本的软要素,人力资本是服务业企业竞争的源泉,这是由服务业的特点决定的。人力资本与技术有着本质的差异,技术具有可复制性和可模仿性,人力资本是长期积累的结果,这就决定了人力资本的稀缺性。产业内企业人力资本越丰富,企业进入获得人力资本的成本和代价就越低,这显然降低了企业进入的壁垒。在外资经济比重大于 15% 的产业,同样面临着来自产业本身所具有的结构性壁垒。企业平均规模降低了企业退出率,资本密度增加了企业退出市场的风险。

表 4.18　按外资经济比重进行分类的计量结果

	变量	α、β 值	t 值	R^2	F 值
外经济比重大于 15% 企业进入	截距	−2.256(***)	−10.218	0.476	17.249(***)
	人力资本	0.220(***)	4.153		
外资经济比重大于 15% 企业退出	截距	−10.983(***)	−6.790	0.345	12.727(***)
	资本密度	0.454(**)	3.391		
	企业平均规模	−0.127(*)	−1.946		
	人力资本	−0.637(***)	−5.545		

*** 表示显著水平在 1% 以下,** 表示显著水平在 5% 以下,* 表示显著水平在 10% 以下。资料来源:作者自行整理及计算。

四、通过进一步完善进入退出机制加快我国服务业发展的思路

(一)我国服务业企业的进入退出行为受到体制性因素较显著的影响

在这里,体制性因素对服务业进入退出行为的影响是用国有经济比重的影响表示的。这种影响具体体现为,国有经济比重对企业退出具有正向影响,它增加了企业退出市场的机率。实证分析进一步发现,这种正向效应只在国有经济比重低于 15% 的产业中存在;而在国有经济比重大于 20% 的行业,国有经济对企业进入存在明显的阻碍作用。另外,利润率和产业增长率等激励性因素对企业进入退出行为影响不显著,但在国有经济比重低于 15% 的产业,利润率对企业退出具有明显的正向效应,而在国有经济比重大于 20% 的产业则不存在这种正向效应。这表明企业的进入退出受体制性因素的影响较大。

以上分析结论的政策含义是,我国服务业的发展应进一步强化市场机制的调节作用,一方面,要积极引导国有企业从一般竞争性服务业退出,进一步打破政府对某些服务业的行政性垄断,逐渐取消对国有企业的政策性保护和对非国有企业的歧视性政策,减少对竞争性产业的国有企业的财政援助。对服务业中负债较高、缺乏竞争力的国有企业通过股权转让、整体改制等方式使之退出这些产业。另一方面,要大力发展民营生产性服务业。要进一步优化民营企业发展的市场环境和政策环境,给予民营企业与国有资本平等的市场经营权,积极

吸引民营企业投资服务业特别是生产性服务业,实现服务业的投资主体多元化。进一步加快对交通、电信、金融等垄断性服务行业的改革步伐,放宽市场准入,引导民间资本参与国有企业改组改造,推进服务业的资源配置由政府为主向市场为主转变,通过市场主体的多元化促进服务业市场竞争,繁荣服务业发展,降低服务的供给成本,提高产业供给能力。

(二)高度重视外资经济对我国服务业发展的影响

从本节的实证分析结果可以看出,外资经济对我国服务业进入退出具有较为复杂的影响。具体表现在,外资经济比重对企业进入存在明显的正向效应。随着我国服务业改革开放和准入门槛的逐渐降低,将有大量外资及相应生产要素进入我国服务业领域,从而为服务业发展提供巨大的动力。国外服务企业进入国内市场的规模迅速扩大,将使国内服务业面临新的机遇和挑战。一方面,外资企业以其现代化的设施、先进的经营管理理念和管理方式,对国内服务企业形成强劲的竞争;另一方面,外资的进入也将进一步促进国内服务业的竞争,推动国内加快服务设施建设,发展新型服务业态,提升服务业产业层级,加快服务业现代化步伐,增强服务业国际竞争力。为此,国家应在维护国家产业安全的条件下,进一步放宽服务业特别是现代服务业市场的外资准入标准及政策,特别是要积极引导外资投向软件、研发服务、移动增值服务、工业设计、咨询服务、电子商务等生产性服务业领域。要着力吸引跨国公司总部、研发中心、设计中心、营销中心和软件开发中心等。加强国内服务企业与国外知名服务公司的合作,引导中小企业灵活采用品牌特许经营、品牌租借、贴牌与创牌等方式扩大规模和实力。国内服务企业要积极利用跨国公司的经营渠道和市场网络,输出服务产品,参与全球竞争。要顺应国际服务业投资的新趋势,积极探索跨国并购、基金投资、证券投资、风险投资、财团投资等利用外资的新途径,通过股权转让、资产重组等方式吸引外资企业与本土企业的合作,引导外资投向服务业特别是高端服务业,推动我国服务业结构的优化升级。另外,顺应服务业发展的趋向,围绕外资制造业,有针对性地吸引关联性外资服务业进入,变单纯的制造业集聚为产业链集聚,促进服务业集聚发展。

(三)人力资本对服务业企业进入退出具有重要影响,应进一步强化人力资本的作用

本节的实证分析表明,人力资本是影响服务业进入退出的重要因素。在国有经济和外资经济比重较高的服务业,人力资本对企业进入具有明显的正向效应,对企业退出有明显的阻碍作用,而且在外资经济比重较高的服务业,人力资

本具有降低企业退出市场风险的作用。从服务业内部结构看,信息、咨询、通信、科技服务、金融等现代服务业越来越成为我国服务业发展的主要方面,显示出巨大的发展潜力。随着服务消费需求的日趋多样化、专业化,新的服务业门类和业态将有可能产生,服务企业将致力于创新开发,新的服务热点将出现,其中,文化产业、商务服务业和科技服务等生产性服务业将成为新的增长点,对服务业拉动效应日益凸显。而这些现代服务业对人力资本的要求更高,因而加大对这些服务业领域人力资本的投资是我国服务业发展的重要方面。另外,在"后危机"时代,发达国家的服务贸易和服务外包获得快速发展,甚至一些原本定义为核心流程的业务也逐步外包,这既给我国发展服务外包业提供了新的机遇,同时也提出进一步加大人力资本投资的现实要求。而我国现行教育体系远不能满足现代服务业发展对人力资本提出的要求。大量懂技术、会经营、善操作的人才仅仅依靠现有办学模式是难以满足的。必须高度重视职业教育,面向市场,以就业为导向,建立新的职业教育机制和办学模式。比如,建立院校与企事业单位合作进行人才培养的机制,实行根据企事业用人"订单"进行教育与培训的新模式,而不能简单地由学校"闭门造车"。通过创新服务业人才培养体制,努力造就一大批高层次、高技能、通晓国际规则、熟悉现代经营和管理的服务业专门人才。

(四)进一步规范和完善服务业市场准入制度,促进服务业健康有序发展

尽管市场准入制度及政策难以量化,没有在本节模型中加以体现,但现实中它是影响服务业企业进入退出的重要因素,从而对产业竞争态势和运行效率具有重要影响,同时也是政府规制服务业发展的重要手段。中国服务业正处于快速发展时期,通过建立市场准入制度及政策对保持服务业的合理进入退出,促进服务业有序竞争,形成合理的市场结构具有重要作用。市场准入制度过松,进入门槛过低,会导致服务业过度竞争,无序经营;而准入制度过严,准入门槛过高,又会导致行业垄断经营,产业运营效率低下。制定科学的市场准入制度和政策,设定合理的市场准入门槛,对于规范我国现阶段服务业发展具有重要意义。应根据不同产业的特征及发展要求,制定差别化市场准入制度和相应门槛,保持企业的合理进入与退出。具体说,在目前,对于律师、会计、咨询等小规模经营的行业,应进一步提高行业的准入门槛,规范市场竞争秩序,抑制无序竞争和过度竞争;而对于邮电、运输等垄断行业,则要降低准入门槛,进一步引进民间资本,促进市场竞争。需要指出的是,降低门槛不是放宽服务质量,而是对不同所有者资本一视同仁,均可进入服务业市场。此外,针对目前工商登记

审批制度手续繁杂,周期漫长,但对审批后的企业监管不力的现象,应进一步简化工商登记审批手续,提高审批效率,同时对于注册成立的企业要严格按照市场准入标准和行业经营标准加强监管,规范企业行为,提高服务质量。

(五)推动企业兼并重组,促进服务业的集中化和规模化发展

企业的平均规模通过体制性因素对服务业进入退出行为产生影响。实证结果表明,企业平均规模对企业进入与退出都存在负向影响,而在国有经济比重小于15%和大于20%的产业,这种影响都不明显。显然,在我国服务业中,国有企业规模效应更为显著,企业规模的壁垒因素并不能单独起作用,而是通过体制性因素影响企业的进入、退出行为。在竞争条件下,应提高服务业集中程度,提高规模经济水平。促进行业进入的一个重要方面是鼓励规模大、信誉高、服务质量好的企业,实施跨地区、跨行业的兼并重组,促进生产性服务业的集中化和规模化。鼓励以商标、专利等为纽带,进行跨地区、跨行业的兼并重组,以形成制造与服务功能融合的产业链,塑造我国生产性服务业的国际品牌。

第四节　战略性新兴产业与我国新型工业化发展

一、战略性新兴产业对我国新型工业化发展的促进作用

2009 年底,我国政府依据我国经济发展的现状以及国际宏观经济形势,对战略性新兴产业进行了界定和选择,认为:"战略性新兴产业是以重大技术突破和重大发展需求为基础,对经济社会全局和长远发展具有重大引领带动作用,知识技术密集、物质资源消耗少、成长潜力大、综合效益好的产业。"目前我国重点发展的战略性新兴产业主要包括七个产业:新能源产业、新能源汽车产业、新材料产业、生物产业、高端装备制造产业、节能环保产业、新一代信息技术产业。

战略性新兴产业对我国新型工业化发展具有重要作用。根据张培刚(1945)对工业化的界定,工业化为一系列基要的生产函数连续发生变化的过程。这种变化可能最先发生于某一个生产单位的生产函数,然后再以一种支配的形态形成一种社会的生产函数而遍及于整个社会(张培刚,1945)。虽然他并没有从行业角度进行解释基要生产函数,但他认为基要生产函数的变化带动社会中其他行业的生产函数,并基于当时的技术经济条件认为基要生产函数的变化最好是用交通运输、动力工业、机械工业、钢铁工业诸工业部门来说明。而我国目前确定的战略性新兴产业就是目前经济技术条件下的基要生产函数,其发

展必将带动整个社会生产函数的改变,直接推进我国的新型工业化进程。然而,除了直接推动作用之外,战略性新兴产业的发展还有助于缓和与解决我国工业化进程中出现的不协调的问题。

(一)战略性新兴产业有利于促进我国工业化发展与能源、环境问题的协调

战略性新兴产业的发展能够在一定程度上缓解我国面临的能源问题:首先,节能环保产业的发展有助于提高我国能源利用效率。节能环保产业包括了高效节能技术与装备、高效节能产品以及节能服务业。以节能技术与装备为例,我国重点提高锅炉、窑炉、电机、余热余压利用装备的技术水平等,这些装备是目前我国能源消耗以及污染排放的主要来源。我国仅工业锅炉每年耗用原煤约占年总产量的 $1/3$,排放 CO_2 达 6 亿多吨,排放 SO_2 500—600 万吨,占全国排放总量的 21%。节能产业的发展就是通过技术改造或者是技术创新提高能源的利用效率。其次,新能源产业的发展通过能源之间替代缓解能源短缺的局面。Giuseppe 考察了不可再生能源和可再生能源在技术上的可替代程度的变化,认为只有可再生能源与不可再生能源在技术上实现完全替代时,经济体才可能达到最优的发展路径。而电能的使用特点是,不同技术所生产出的电能是可以完全替代的,因此,新能源产业的发展能够为我国的工业化进程提供能源保证。再次,除了新能源产业外,和环境问题相关的行业还包括新材料产业,新能源汽车等。这些产业是节能环保以及新能源产业的支撑产业。新材料产业中的一些技术和产品也是为节能环保和新能源产业服务的,例如,膜材料是处理水污染和发展光伏电池的原材料。同时,新能源电动汽车行业的发展直接有助于减少二氧化碳的排放。这些产业的迅速发展能够给我国的节能减排工作提供技术上的保证。

(二)战略性新兴产业的发展能够实现产业结构升级,带动经济持续增长

我国学者通过考察战略性新兴产业依托部门影响力系数和感应度系数,得出战略性新兴产业的影响力和感应度系数均大于 1 的结论。影响力系数大于 1 说明这些产业对于国民经济的需求拉动能力在所有产业的平均水平之上,感应度系数大于 1 说明这些产业对国民经济供给推进能力在所有产业的平均水平之上[①]。战略性新兴产业同其他产业之间密切的技术经济联系必将带动其他产业的变革,从而带来整个社会的产业升级。

战略性新兴产业的发展对产业升级带动作用具体表现为:一方面,战略性

---

① 李金华:《中国战略性新兴产业发展的若干思辨》,《财经问题研究》2011 年第 5 期。

新兴产业通过前向效应和后向效应,带动上下游产业的升级,并在产业链的发展过程中促使和产业链相关的交通网络、信息网络、市场网络、产业网络、城市网络等物质性网络和非物质性网络的发展,推动产业间物质流、资金流、技术流、人才流和信息流等要素流的交换与流动,优化资源配置和产业布局,加速产业的升级。另一方面,战略性新兴产业的发展,提供了能对传统产业进行更新改造的技术和物质基础,加速传统产业的技术改造,产品和工艺升级;同时加快淘汰利润率水平低、不符合市场需求的产业,使资源配置更为合理。从本质上说,产业升级过程也就是出现规模报酬递增,或者是提高要素边际产量,改变社会生产成本曲线。这一过程的微观结果是企业利润率的提高,竞争能力的增加,而宏观结果就是国家或地区的经济增长。

(三)战略性新兴产业发展有利于协调中间产品和最终产品的生产,放大规模报酬递增的总收入效果

钱纳里最早考察了发展中国家工业化进程中中间产品的使用情况,发现随着工业化进程的推进,总产出中专门用于中间使用的份额显著增加,并认为这种现象是与经济增长相伴随的结构转变的一个组成部分。同时他还考察了部门层次上,产出增加和中间使用率的变化率之间的关系,发现两者之间存在着正向联系,这就肯定了中间需求作为增长和结构转变因素的重要性。后来的学者继续对中间产品进行研究,Ciccone(2005)发现,在工业化过程中,生产中间产品的企业规模报酬微小的上升能够带来整个产业的总生产效率大幅度的提高,同时中间产品工业化程度以及中间产品效率的差异还能够解释最终产品生产技术和效率接近的发展中国家和发达国家总收入以及总生产效率的巨大差异。

目前我国经济结构中上游中间产品的工业化程度落后于最终产品的工业化进程(杜运苏、杨玲,2009)。因此,促进中间产品在总产出中比重的上升,也是我国工业化过程需要解决的现实问题。与最终产品不同,中间产品的发展需要特殊条件,这种特殊条件主要是指技术水平发展的协同性。因为,中间产品生产在技术上存在"不可分性",这种不可分性是指中间产品生产所需要的技术不是孤立的,它和上游产品以及下游产品的生产均存在一定关联,特别是与处于上游的基础性产业的发展密切相关。

战略性新兴产业大部分产业具有基础性产业的特点,尤其是新材料产业、新一代信息技术产业等。这些产业的发展能够解决中间产品发展中的共性问题。同时,七个战略性新兴产业的发展形成了不同产业之间技术进步的协同力量,这就为中间产品的技术创新提供了基础。而中间产品规模报酬程度的微小提高能

够带动工业化国家或地区的总收入水平的大幅度提高,出现收入上的放大效应。

(四)战略性新兴产业的发展有助于不同区域间工业化进程的协调发展

我国工业化进程中,各省区的产业结构高度呈现明显的层次性,东部沿海地区的产业结构高度显著地大于中西部地区,产业结构高度的不同也就是工业化进程的不同。对产品空间地图的研究表明,一个国家或地区生产产品的能力依靠其生产相邻产品的能力。我国制造业产业间集聚呈上升趋势,在空间上进一步向沿海集聚(马国霞,2007)。我国东南沿海处于我国产品空间网络的中心位置,生产的产品门类相对比较齐全,邻近性的产品种类比较多,即产品空间较为密集。而中西部地区具有比较优势的产品是制糖业、炼焦业、炼铁业等资源型产业部门,处在产品空间的外围,也只是有一定程度的密集度。因此,在发展战略性新兴产业的过程中,东南沿海地区能够利用其在经济增长过程中形成的先发优势和在位优势,通过积累和嵌入高级要素,使其自身获得发展战略性新兴产业的优势地位。研究发现,战略性新兴产业依托产业集聚程度较高的前六个省份大部分在东部地区(李金华,2009)。

在东部地区大力发展战略性新兴产业的同时,将部分制造业逐步转移到中西部,充分利用不同区域之间在工业基础、成本结构、地区优势上的差异,实现产业的梯度转移和区域的协同发展。这样既实现了东部地区的产业升级,同时西部地区承接东部产业转移,拉长了我国国内产业链,加强了国内不同地区的产业关联度和不同区域之间的经济技术联系,降低了我国经济对外依赖的程度,缩小了我国东部地区和中西部地区工业化进程和经济发展的差距。

二、现阶段我国战略性新兴产业发展存在的问题

战略性新兴产业对工业化进程的协调推进作用的发挥取决于其自身的发展程度。目前,我国战略新兴性产业处于生命周期的初始阶段,发展很不成熟。第一,发展速度快,但总体规模比较小。由于一些战略性新兴产业的分类目录尚未出台,所以,还不可能从数量上准确说明战略性新兴产业的发展速度和发展规模。以新能源汽车为例,据中汽协会不完全统计,2011年汽车产销分别为1841.89万辆和1850.51万辆。2011年汽车整车企业生产新能源汽车8368辆,比上年有较大幅度的提高。从上面数据可以看到新能源汽车在整个汽车产业中所占的比重微乎其微。但新能源汽车的增长速度却高于传统的汽车。据山东省汽车行业协会统计,2011年山东汽车产品销量累计完成164.7万多辆,同比降低8%多,但新能源汽车产量达6.8万多辆,同比增长14%以上。在全

国汽车行业整体增长趋缓的情况下，新能源汽车呈现逆势增长态势。但总体上战略性新兴产业规模偏小。

第二，缺乏核心技术，创新能力不强。战略性新兴产业中的一些产业的产值虽达到一定规模，但缺乏核心技术支撑，拥有专利很少，关键技术、部件依靠引进。例如，目前我国的太阳能光伏电池板和组件产量占世界总产量的一半左右，但是作为太阳能电池原料的多晶硅的生产技术和世界先进水平相比还有相当的距离。还有，我国的风电设备装机容量在亚洲排名第三、全球第十，但我国的风电设备生产中重复引进国外的落后技术，关键设备依赖进口，同时缺乏相应的核心技术。我国许多从事战略性新兴产业的企业大多处于产业链的中低端，或者是两头在外的加工企业，并没有表现出高附加值、高效益的特点。并且这种技术水平落后，缺乏创新能力造成在同一市场上的过度竞争，形成技术能力低下的恶性循环。

第三，地方政府推动产业发展手段单一，重复建设严重。战略性新兴产业发展中一个显著的特点是地方政府的主导和积极参与。各个地方政府在短期内动员大量资金、快速审批土地，着力推进当地战略性新兴产业发展。总的来说，地方政府是通过大量投入要素和资源来推动战略性新兴产业的发展，缺少多样化的、灵活的政策手段。这种主要依靠投入发展某些产业，使得不同区域之间产业发展雷同，重复建设严重。例如，杨士年、沈坤荣对国内 20 个主要城市发展战略性新兴产业的基本情况进行调查发现，20 个城市无一例外地都把新能源作为战略性新兴产业；同时，20 个城市中大部分都把新材料、节能环保、生物医药等产业确定为战略性新兴产业。另外，从不同省份的对比发现，发展新能源及相关设备的省份高达 25 个，是投资热度最高的一个行业，规划投资总额更是高达 4400 亿元。目前全国 29 个省市出台的战略性新兴产业规划中，有 16 个省市提出设立财政专项，21 个省市提出加大税制的支持，21 个省市提出要设立重大项目和示范工程[①]。在战略性新兴产业的发展中出现了一哄而上、大搞重复建设的情况。

第四，发展战略性新兴产业资金不足。资金不足在微观层面上表现的是，由于历史和现实的制度原因，非国有企业很难获得资金支持，存在融资难问题，造成企业资本实力较小，难以达到创新产业所要求的最低生存规模的资本量。

---

① 杨士年、沈坤荣：《战略性新兴产业发展的趋同化风险及对策思考》，《科技与经济》2011 年第 8 期。

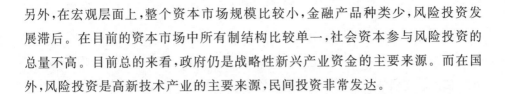

另外,在宏观层面上,整个资本市场规模比较小,金融产品种类少,风险投资发展滞后。在目前的资本市场中所有制结构比较单一,社会资本参与风险投资的总量不高。目前总的来看,政府仍是战略性新兴产业资金的主要来源。而在国外,风险投资是高新技术产业的主要来源,民间投资非常发达。

三、发展战略性新型产业,推进我国新型工业化发展的对策建议

为了更好地促进战略性新兴产业发展,更快更好地推进工业化进程,需要注意以下几个方面的问题:第一,遵循产业发展规律,界定市场和政府在战略性新兴产业发展中的作用。在产业发展过程中,存在外部性等"市场失灵"问题;也存在出现过度依赖政府的力量,出现"政府万能"的现象。由于我国经济发展特殊的历史进程,目前我们更需要注重和防止的是政府的过度干预。我国战略性新兴产业发展过程中出现的重复建设,很大程度上是政府过度干预的结果。要扭转这一局面,就要充分发挥市场机制的基础性调整功能。当然,这并不意味着战略性新兴产业的发展不需要政府的支持和投入。政府的作用主要表现在以下几个方面:首先,中央政府利用财政政策加大对基础研究的投入,地方政府搭建平台,解决相关企业面临的共性技术问题;其次,中央政府可以利用法律法规规范市场,减小创新企业面临的外部性问题或者对其进行补偿。另外,通过改变标准,扩容相关市场,例如,通过改变排放标准,扩大对于节能环保产业的市场需求量。

第二,引进技术和自主创新双管齐下,加快掌握核心技术。一般来说技术创新可以选择的路径包括引进技术和自主创新。在我国政府确定的七大战略性新兴产业中,有些产业的技术创新主要靠自主创新,例如,新能源汽车,在整个世界范围内没有相关的成熟技术,也就谈不上引进。但是在有些产业,我国和世界先进技术水平还有比较大的距离,例如,节能环保产业。为了加快技术创新速度,就有必要引进消化吸收国外的相关核心技术。引进技术的成本相对低,风险小,并且从技术创新连续性角度,引进技术有利于加快技术创新速度,迅速增加知识积累,为自主创新奠定良好的基础。当然,随着我国技术水平的进步,最终还是需要通过自主创新来加快产业发展。

第三,建立多元化的市场体系,解决缺乏资金的问题。通过多元化的资本市场体系,根据战略性新兴产业发展的不同阶段,需要采取不同的融资选择,这就要求建立多元化的资本市场体系。在产业发展的初期,企业多处于种子期和孵化期,市场前景、技术路线不确定,可以利用私募股权基金、风险投资基金等

商业性金融的股权投资。同时,对于处于成熟期的战略性新兴产业,推进完善战略性新兴产业特征的债券市场、创业板和中小企业板的融资平台,降低战略性新兴产业的载体企业进入这些市场的门槛。另外,还要建立不同层次资本市场之间的转换机制,逐步实现各层次资本市场间的有机衔接,使风险投资能够获得股权价格上的大幅度溢价机会,形成风险投资顺畅的退出机制,从而有利于战略性新兴产业发展和升级。

第四,提高政府管理水平,促使政策手段多样化。我国政府目前对于战略性新兴产业的发展采用的多是减免税收,直接增加投入的政策,容易导致重复建设,以及大型企业利用自身的信息优势获取较多补贴。实际上小企业在创新方面更具竞争力,更能有效地利用创新资源,因此,政府应通过制定和落实扶持中小企业发展的各项政策,在研发投入、税收、产业化、政府采购、投融资和公共创新体系建设等各个方面进一步加大对战略性新兴产业中的中小企业的支持力度,特别是解决科技型中小企业发展中存在的问题,鼓励中小企业进入战略性新兴产业的研发和产业化环节。

第 五 章

后金融危机时代中国产业升级
与就业规模的相关性分析

产业结构升级与就业之间的关系问题始终是中国工业化发展中的一个十分重要的问题。国际金融危机之后,随着中国产业结构升级的压力进一步加大,这一问题变得更加突出。本章首先实证分析后金融危机时代中国产业升级与就业规模的关系,进而分析中国就业增长影响因素的区域差异,在此基础上,提出后金融危机时期实现我国就业规模扩大和产业结构升级相统一的思路及对策。

第一节 后金融危机时代中国产业升级与就业规模的关系分析

一、中国产业结构升级与失业的关系分析

金融危机对中国经济的影响主要是通过外贸部门传导,并通过中国现有产业结构对经济增长和失业造成相当程度的影响。下面通过理论和实证分析来揭示产业结构升级对缓解金融危机对于中国经济增长和失业影响的作用和机理。

(一)金融危机期间中国产业结构对失业的影响

一个国家的经济体系由若干个产业构成,各产业的经济规模和增长率决定了整个国家的经济规模和经济增长率[①]。从产业角度分析经济增长,可将中国经济增长率表示为:

---

① 黄茂兴、李军军:《技术选择、产业结构升级与经济增长》,《经济研究》2009 年第 7 期。

$$y_t = \frac{\Delta Y}{Y} = \sum_{i=1}^{3} \frac{\Delta Y_i}{Y} = \sum_{i=1}^{3} \frac{Y_i}{Y} \frac{\Delta Y_i}{Y_i} = \sum_{i=1}^{3} \beta_i y_{it} \tag{1}$$

通过对时间 t 求导，可得中国经济增长变化率：

$$\frac{dy_t}{dt} = \sum_{i=1}^{3} \frac{d\beta_i}{dt} y_{it} + \sum_{i=1}^{3} \beta_i \frac{dy_{it}}{dt} \tag{2}$$

其中，y_t 和 $\dfrac{dy_t}{dt}$ 分别表示中国经济增长率和经济增长变化率，β_i 表示三次产业部门各自在中国经济总量中所占比重。

由式(1)和式(2)可知，中国经济增长率和增长变化率受三次产业在国民经济中的比重和增长变化率的影响，也即是受产业结构状况的影响，合理的产业结构是保证中国经济持续稳定增长的关键，产业升级是实现中国经济稳定发展的必然选择。现阶段，中国产业结构还很不合理，主要表现为第二产业所占比重过大，国际金融危机对中国经济的影响主要是通过对外贸易，而我国的对外贸易又主要涉及第二产业。由此，国际金融危机通过对外贸易传导到中国，并通过影响第二产业造成中国经济增长的困境，由此造成大量失业。长期以来，中国产业结构与就业结构之间就存在不平衡现象[①]，根据奥肯定律，经济增长率和失业率呈反向变化关系，中国经济增长速度减缓必然会造成大规模失业。由此可得出以下结论：金融危机后，中国失业剧增和经济增长减缓的本质原因是产业结构不合理，国际金融危机作为导火索，加剧了经济增长减缓，进而造成大量失业。可以说，正是中国产业结构的不合理才加大了国外经济状况对国内经济的干扰度，由此破坏了国内经济稳定增长的机制。

(二)实证分析

国际金融危机严重抑制了中国经济稳定增长的良好势头，2008 年、2009 年中国 GDP 增长率降至 9.00％、8.70％。由于中国资本市场对外开放程度有限，因此国际金融危机对中国资本市场影响有限，金融危机对中国经济的影响主要是通过对外贸易。2007 年国际金融危机发生以来，国外市场对中国产品的需求逐年递减，货物出口总额增长率从 2006 年金融危机发生前的 24.22％降至 2007 年的 16.68％，并且 2008 年出口增长率首次降至 10％以内，达到 6.32％，中国对国外货物出口增长率大幅递减是国际金融危机对国内经济增长影响的主要切入点。

[①] 桑玲玲:《我国产业结构演进与就业结构变迁的实证分析》,《中国优秀博硕论文库》, 2005 年。

从 2000—2008 年,中国产业结构升级不明显,第三产业比重没有明显增加,第二产业仍占主导地位,2008 年第一、第二、第三产业的比重分别为 11.31%、48.62%、40.07%,相比之下,日本、美国的第一产业比重在 2% 以内,第三产业比重都达到 70% 左右(见表 5.1)。

下式是中国在现有不合理产业结构下的经济增长率和在长期有较合理产业结构(以美、日产业结构作为参照)条件下的经济增长率:

短期(非合理产业结构下)的中国经济增长率:

$$y_t^S = \frac{\Delta Y^S}{Y^S} = \sum_{i=1}^{3} \frac{Y_i^S}{Y^S} \frac{\Delta Y_i^S}{Y_i^S} = \sum_{i=1}^{3} \beta_i^S y_{it}^S = 11.31\% y_{1t}^S + 48.62\% y_{2t}^S +$$

$$40.07\% y_{3t}^S \tag{3}$$

长期(合理产业结构下)的中国经济增长率:

$$y_t^l = \frac{\Delta Y^l}{Y^l} = \sum_{i=1}^{3} \frac{Y_i^l}{Y^l} \frac{\Delta Y_i^l}{Y_i^l} = \sum_{i=1}^{3} \beta_i^l y_{it}^l = 1.00\% y_{1t}^l + 29.00\% y_{2t}^l + 70.00\% y_{3t}^l$$

$$\tag{4}$$

由式(1)知,外贸冲击对中国经济增长影响程度主要由三次产业所占的产值比重和各产业经济增长率来决定。考虑到产业结构的相对稳定性,故 2008 年中国的产业结构可以作为三次产业结构的短期构成,来分析中国对外贸易总额的下降如何影响中国经济,可通过式(3)来表示。在长期,随着中国产业的逐步升级,产业结构将趋于合理,则外贸急剧下降对中国经济的影响可通过式(4)来表示。通过式(3)和式(4)分析短期和长期中国经济增长率,同时结合各产业的经济增长率(见图 5.1),可得出以下结论:由于外贸出口增长急剧减缓,且外贸出口主要涉及第二产业,而且第二产业在中国现阶段所占比重较大,因此,外贸出口量增长急剧减缓对中国经济增长率产生较大影响,这是由中国现阶段的产业结构状况决定的。如果中国目前的产业结构处于式(4)所表示的合理产业结构下(如日、美那样的产业结构),那么金融危机对中国经济增长的影响将小得多。这也就是说,产业结构的不合理和升级缓慢是导致金融危机对中国经济增长造成显著影响的根本性原因。

经济发展进程中,高经济增长率往往伴随着较低失业率,相应的,低增长率则伴随着高失业率[1]。因此,产业结构不合理及升级缓慢在加剧了中国经济增

---

[1]　Arthur M. Okun. Potential GNP: Its Measurement and Significance[R], in Proceedings of the Business and Economics Section, American Statistical Association(Washington, DC: American Statistical Association, 1962), pp. 98—103.

长率下降的同时,也提高了国内失业率。

经济增长率（%）

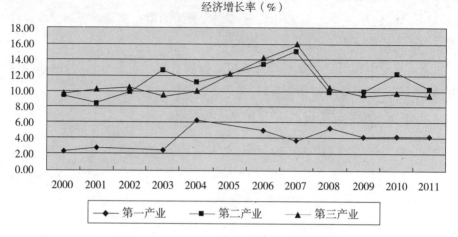

图5.1 2000—2008年三次产业部门的经济增长率

资料来源:由《中国统计年鉴》(2012)注:根据国内生产总值指数得出

二、中国就业规模和产业结构关系的实证分析

有学者认为,在中国二元经济结构和就业结构下,产业升级缓慢和失业严重主要是制度性原因引起的[①]。这里则试图从产业角度分析就业问题,以回答以下问题:三次产业的产值比重(用 GDP1、GDP2、GDP3 表示)是否分别与中国就业规模(以总就业人数 L 表示)有着长期稳定的关系;GDP1、GDP2、GDP3 对中国劳动就业规模影响的弹性系数是多少;后金融危机时期就业规模对三次产业结构的变化会有怎样的短期和长期反应。通过对上述问题的分析,可从产业角度为金融危机发生后中国政府在制定和实施经济刺激政策及产业振兴规划时,把重点放在第二产业提供相应的理论根据,同时也为后金融危机时期选择促进产业发展和升级的方向及重点提供理论支持。

通过建立实证模型进行协整分析,可以理解中国就业规模(用 L 表示)和三次产业所占产值比重的长期关系。为了减少各变量的异方差性,首先对各变量取对数,得 lnL、lnGDP1、lnGDP2、lnGDP3。进行协整前需检验数据序列的平稳性,常用的数据平稳性检验方法为 ADF 检验。

---

① 周天勇:《结构转型缓慢、失业严重和分配不公的制度症结》,《管理世界》2006 年第 6 期。

表 5.1　2000—2008 年中国、日本、美国三次产业结构的构成状况　　（单位：%）

年份	中国			日本			美国		
	第一产业	第二产业	第三产业	第一产业	第二产业	第三产业	第一产业	第二产业	第三产业
2000	15.0629	45.9164	39.0206	1.771	32.405	65.824	1.2318	24.1544	74.6137
2001	14.3918	45.1525	40.4557	1.7033	31.0144	67.2822	1.1763	22.9915	75.8322
2002	13.7427	44.7898	41.4674	1.7222	30.4206	67.8571	1.0244	22.3714	76.6042
2003	12.7973	45.9689	41.2337	1.6931	30.3565	67.9504	1.2169	22.0304	76.7527
2004	13.3932	46.2252	40.3816	1.6196	30.4844	67.896	1.3689	22.1612	76.4699
2005	12.5918	47.6835	39.7246	1.5255	30.4522	68.0224	1.2473	22.4668	76.2859
2006	11.3437	48.6789	39.9774	1.4675	30.127	68.4054	1.0757	22.4039	76.5204
2007	11.1257	48.5022	40.3722	NA	NA	NA	NA	NA	NA
2008	11.3081	48.6191	40.0728	NA	NA	NA	NA	NA	NA
2009	10.6	46.8	42.6	NA	NA	NA	NA	NA	NA
2010	10.2	46.8	42.6	NA	NA	NA	NA	NA	NA

资料来源:《中国统计年鉴》(2011)。

（一）序列的平稳性——ADF 检验

如表 5.2 所示,在 1% 和 5% 的显著性水平下,变量 D(lnL)、D(lnGDP1)、D(lnGDP3)的一阶差分变量的统计量小于麦金农(Mackinnon)临界值,而变量 D(lnGDP2)在 10% 的显著性水平下满足上述条件,所以拒绝 D(lnL)、D(lnGDP1)、D(lnGDP2)、D(lnGDP3)具有一个单位根的零假设。上述变量是一阶单整的,可进行协整分析。

表 5.2　劳动规模和产业结构的 ADF 检验结果

变量名称	ADF 检验统计量	检验形式(c,t,l)	1% 检验临界值	5% 检验临界值	10% 检验临界值
lnL	2.757223	(0,0,l)	−2.669359	−1.956406	−1.608495
D(lnL)	−3.440946*·**	(0,0,l)	−2.674290	−1.957204	−1.608175
lnGDP1	−1.463027	(c,0,l)	−3.752946	−2.998064	−2.638752
D(lnGDP1)	−4.322000*·**	(c,0,l)	−3.769597	−3.004861	−2.642242
lnGDP2	−1.576213	(0,0,l)	−2.674290	−1.957204	−1.608175
D(lnGDP2)	−1.789887***	(0,0,l)	−2.674290	−1.957204	−1.60817

变量名称	ADF 检验统计量	检验形式(c,t,l)	1%检验临界值	5%检验临界值	10%检验临界值
lnGDP3	－3.196054	(c,t,l)	－4.416345	－3.622033	－3.248592
D(lnGDP3)	－4.573080***	(0,0,1)	－2.674290	－1.957204	－1.608175

注：①本表中的结果通过 EViews5.0 计算得出，以下各表相同；②检验类型(c,t,l)中，c 表示在单位根检验方程中包含常数项，0 表示不包含常数项，t 表示包含趋势项，0 表示不包含趋势项，l 表示滞后阶数，l 在软件中设为自动选择；③D 表示差分算子；④*、**、*** 分别表示 ADF 检验值在 1%、5%和10%的置信水平下显著。

（二）长期均衡关系——AEG 协整检验

协整是对非平稳经济变量长期均衡关系的统计描述，当两个或多个具有相同阶数的时间序列变量的线性回归方程的残差是平稳的，即残差不含有单位根时，则这两个或多个变量之间存在长期均衡关系。要确定劳动规模变量 D(lnL)与产业结构变量 D(lnGDP1)、D(lnGDP2)、D(lnGDP3)的协整关系，首先对 D(lnL)分别与 D(lnGDP1)、D(lnGDP2)、D(lnGDP3)进行协整回归分析，然后对各回归方程的残差进行检验，即可分辨出它们之间是否存在协整关系。

通过 EViews5.0 软件得到的协整方程如下：

$$lnL = 1.045631 - 0.467662lnGDP1 + \varepsilon_t \tag{5}$$

$$lnL = 2.753393 + 0.990039lnGDP2 + \varepsilon_t \tag{6}$$

$$LnL = 2.18485 + 0.60852lnGDP3 + \varepsilon_t \tag{7}$$

通过 ε_t 的平稳性检验可知三个方程的残差 ε_t 通过 1%和5%的显著性水平检验，由此可得 lnL 分别与 lnGDP1、lnGDP2、lnGDP3 存在长期均衡关系。

通过以上计量分析可得出以下结论：第一，虽然总劳动规模、三次产业的产值结构变化具有非平稳性，但总劳动规模与三次产业的产值结构存在长期协整关系，即从统计意义上说它们之间具有一定的比例关系。第二，第一产业的产值结构对总劳动就业规模的影响为负，第二、第三产业的产值结构对总劳动就业规模的影响为正。这在西方发达国家和在中国目前二元经济结构下都是成立的。第三，通过比较可知，第一、第二、第三产业的产值结构对劳动规模的影响不仅表现在方向上，劳动规模的弹性也不一样。随着中国工业化进程的推进，第二产业的产值比重每增加 1%，对总劳动就业规模的拉动为 0.99%；第三产业的产值比重每增加 1%，对总劳动就业规模的拉动只有 0.61%。由此说明，现阶段中国第三产业对劳动力就业拉动的潜力还很大，要增加就业，必须大

力发展第三产业;第一产业的产值比例减少 1%,对总劳动就业规模的拉动为
0.47%。为此,进一步降低第一产业比重将有利于增加就业。

（三）脉冲响应分析

这里的脉冲响应分析是利用脉冲响应函数分析后金融危机时期三次产业
比重的各自变化对于总就业规模的短期和长期影响。图 5.2、图 5.3 和图 5.4
分别是中国特定环境下的总就业规模对三次产业比重变化及产业升级的反应。

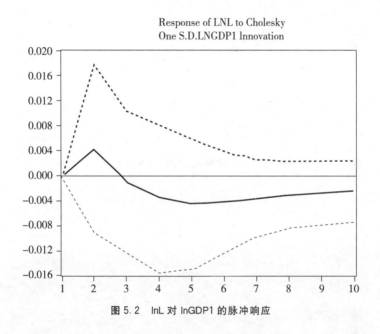

图 5.2　lnL 对 lnGDP1 的脉冲响应

图 5.2 说明了第一产业的产值比例 lnGDP1 增加对 lnL 的短期和长期影
响。也可从产业结构升级的角度来分析,即 lnGDP1 减少对 lnL 的影响,初期的
产业结构升级使 lnGDP1 减少。从短期看,就业规模 lnL 经历了 1、2 期的短暂
下降后,从第 3 期开始,总就业规模趋于上升,并且从长期分析,lnGDP1 的减少
使总就业规模长期增加,这和我们前面的分析是一致的。

图 5.3 说明了第二产业产值比例 lnGDP2 增加对总就业规模 lnL 的短期和
长期影响。短期来看,lnGDP2 增加使就业规模的变化没有规律性,但从长期来
看,lnGDP2 增加会带动总就业规模的增加,但与图 5.4 显示的第三产业相比,
增长的比例较小,这显示了中国现阶段所处的工业化阶段,第二、第三产业所占
的比重变化对总就业规模影响的复杂性。

图 5.4 说明了第三产业的产业结构比例 lnGDP3 增加对总就业规模 lnL 的
短期和长期影响。产业结构升级使 lnGDP3 增加,短期来看,将带动就业规模

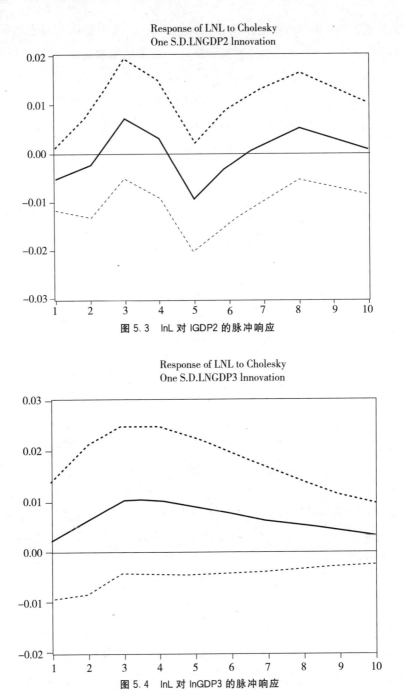

Response of LNL to Cholesky
One S.D.LNGDP2 Innovation

图5.3　lnL 对 lGDP2 的脉冲响应

Response of LNL to Cholesky
One S.D.LNGDP3 Innovation

图5.4　lnL 对 lnGDP3 的脉冲响应

lnL 一直增长,到第 3 期达到最大,第 4 期开始下降;但是长期来看,对劳动规模的影响将是正向的,而且与第二产业相比,增长的比例较大。

通过以上分析,可以发现:我国第一、第二、第三产业的产值结构与国内总就业规模之间存在长期稳定的关系,第一产业产值比例减少与第二、第三产业的产值比例增加都有利于增加就业规模,并且第二产业增加就业规模的弹性系数超过第三产业。通过脉冲响应函数分析可以发现,产业升级使第一产业产值比例减少,短期会减少就业,但在长期会增加就业,第二、第三产业产值比例增长的长期效应是一致的,它们都会使就业规模增加,但第三产业增加的比例相对更大。

国际金融危机发生后,我国政府采取了一系列重点支持和发展第二产业的政策措施,实证分析表明,第二产业的劳动就业弹性系数大于第三产业,短期内重点支持第二产业对扩大就业是有利的。通过脉冲响应函数分析可知,长期内中国第三产业对劳动规模带动效应更明显;第二产业产值增加对总体就业规模的影响在短期内会有所变化,这和现阶段中国第二产业不断由劳动密集型向资本和技术密集型转变所造成的劳动规模变动的不确定性有关。因为当第二产业由劳动密集型向资本和技术密集型转变时,一方面会产生替代效应,使工人就业需求减少;另一方面会产生新的产业和部门,从而产生收入效应,需要大量的工人。以上两种效应使第二产业产值增长对总就业规模的影响从短期看不具有确定性,但从长期看,收入效应会大于替代效应,使总就业规模增加。其政策含义是:在经济复苏时期应重点促进第二产业的恢复和发展,而在后危机时期,就应在加快劳动密集型向资本和技术密集型转变的同时,大力发展第三产业,实现产业升级,最大限度地增加劳动力就业。

三、中国产业升级对就业的促进作用

在中国,产业升级能够促进就业规模的增长,而且同一产业的不同行业对就业的促进作用存在明显差异,这可以通过 2005—2007 年中国分行业就业弹性及其平均值(见表 5.3)来说明,数据显示第二、第三产业各行业的就业弹性明显大于为负值的第一产业(农林牧副渔业),这说明第二、第三产业创造就业的能力明显强于第一产业。从就业弹性的行业截面数据分析,在中国,目前创造就业能力最强的行业即就业弹性最大的包括第二产业的建筑业和第三产业的房地产业及信息传输、计算机服务和软件业,其中建筑业就业弹性的平均值为0.427,即建筑业增加值每增长 1％便可创造 0.427％的就业岗位,房地产业及信息传输、计算机服务和软件业的就业弹性平均值分别为 0.459、0.602,就业弹性最强的第三产业的两个行业强于第二产业的建筑业,这说明产业升级对于就

业的重要意义;从行业的时间序列数据分析,以第二产业的制造业和第三产业中最先进的信息传输、计算机服务和软件业为例,2005—2007年制造业的就业弹性连年降低,分别为0.285、0.269、0.146,说明作为"世界工厂"中国的制造业就业拉动能力日趋下降,产业内部的优化升级亟须加快,2005—2007年信息传输、计算机服务和软件业的就业弹性连年上升,分别为0.447、0.596、0.763,说明代表世界产业发展潮流的信息技术及其创新能力对中国就业的拉动能力不断提高,未来中国在产业升级和扶持上应加大高科技产业的发展,在提高产业竞争力的同时又能充分挖掘就业潜能。

表5.3 2005—2007年中国分行业就业弹性及其平均值

就业弹性分行业	2005	2006	2007	平均值	就业弹性分行业	2005	2006	2007	平均值
农林牧副渔业	−0.116	−0.404	−0.245	−0.255	批发和零售业	−0.891	−0.312	−0.073	−0.425
工业	0.207	0.250	0.161	0.206	住宿和餐饮业	0.166	0.143	0.049	0.119
电力、燃气及水的生产和供应业	−0.006	0.051	0.022	0.022	金融业	0.167	0.048	0.124	0.113
制造业	0.285	0.269	0.146	0.233	房地产业	0.697	0.337	0.343	0.459
采矿业	0.037	0.241	0.096	0.125	信息传输、计算机服务和软件业	0.447	0.596	0.763	0.602
建筑业	0.585	0.383	0.312	0.427	科学研究、技术服务和地质勘探业	0.148	0.188	0.168	0.168
交通运输、仓储和邮政业	−0.195	−0.006	0.049	−0.051	卫生、社会保障和社会福利业	0.256	0.313	0.167	0.245

数据来源:由中国统计年鉴(2006—2009)计算得出。

第二节 新型工业化背景下中国就业影响因素的区域差异分析

一、问题的提出

西方国家的经济理论与实践表明,较高的经济增长率往往伴随着较低的失业率;反之,低增长率伴随着高失业率[1]。然而,这一结论在中国并不完全成立。20世纪90年代后期以来,中国经济高速增长并没有相应带来较高的就业率,相反,失业率一直维持在较高的水平。中国工业化进程中的就业率与经济增长率之间的这种变动态势与我国经济转型和结构调整的加快推进有关,也与产业结构调整引起的产业结构与就业结构之间的结构性偏差有关。除此之外,区域差异也是影响工业化进程中就业的重要因素。现阶段中国东、中、西部三大区域之间在资源禀赋、产业状况和技术条件等方面都存在明显的空间差异,工业化、城市化和信息化发展水平也存在较大差异[2]。不同区域多层面的要素差异是导致各区域就业水平及其影响因素存在较大差异的重要因素。

本节在已有研究的基础上,以2002—2007年中国东、中、西部的30个省(直辖市、自治区)作为实证研究对象[3],通过应用计量面板数据模型分析了新型工业化战略背景下不同区域之间就业影响因素的差异。通过理论和实证分析,主要探讨以下问题:(1)通过相关变量的省域数据检验各区域所存在的经济增长与就业增长之间的不匹配现象,并进而揭示其内在原因;(2)通过比较东、中、西部三个区域各变量对就业影响的空间差异,得出中国各区域由于资源禀赋、产业基础和政策制度等因素的差异造成的就业影响因素的差异;(3)在对影响就业的显著性因素进行分析的基础上,提出"十二五"期间中国各区域在加快经济增长的同时兼顾就业增长的思路及对策。

二、文献综述

在西方国家,从萨伊定律奠定了西方传统就业理论的基石开始,就业问题一直是西方经济学界关注的焦点,并且提出很多经典就业理论。从历史进程分

---

[1]　Arthur M. Okun. Potential GNP: Its Measurement and Significance[R]. in Proceedings of the Business and Economics Section, American Statistical Association Washington, DC: American Statistical Association, 1962, pp. 98—103.

[2]　以工业化为例,陈佳贵等人研究得出,截至2005年,上海和北京已经进入后工业化社会,而西部的广西、云南等省份刚进入工业化初期的后半阶段,西藏还处于前工业化阶段。陈佳贵等:《中国工业化进程报告》,社会科学文献出版社2008年版,第46—50页。

[3]　这里对省、自治区、直辖市的选取原则是:按照中国研究的惯常方式,台湾、香港、澳门不作为本书的研究对象,考虑到西藏的经济数据与其他各地区差别悬殊,故将西藏也排除。

析,西方就业理论可以分为四部分:传统就业理论、凯恩斯就业理论、现代就业理论、当代前沿就业理论。从萨伊提出以萨伊定律为基础的就业自动均衡理论开始,西方传统就业理论开始形成,除就业自动均衡理论外,西方传统就业理论还包括均衡工资就业理论、就业周期波动理论;此后,在大萧条的背景下,凯恩斯提出了刺激有效需求的凯恩斯就业理论;现代就业理论以菲利普斯曲线的提出为标志,随后的 19 世纪 70 年代,拉弗提出了从供给方面促进就业的供给学派就业理论,而弗里德曼为代表的货币学派提出了基于自然失业率和单一货币政策的货币主义就业理论,主张以此维持经济稳定;当代前沿就业理论中比较有影响力的有三个:劳动力寻访理论、隐形合约理论、工资黏性理论,其中,劳动力寻访理论认为,人们寻找工作的过程是一个不确定性动态过程,受到多期计量因素的影响。而隐形合约理论认为,隐性合约中的就业总量会高于竞争的劳动力市场。西方经典就业理论为中国学者分析中国工业化进程中就业相关问题提供了理论借鉴,但是,基于中国国情,影响国内就业的因素与西方国家差异很大,而且新型工业化的发展模式与西方传统工业化模式不同,因此,运用西方经典就业理论要结合中国国情。

在中国,研究就业与个别影响因素关系的较多。从研究范围看,以全国范围内就业问题研究为主,从区域角度研究的较少;从研究的主题看,以 FDI、技术进步、资本形成、人力资本、产业结构与就业关系研究的居多,而且不同研究者对同一个问题的研究角度往往有所差异,以上分析说明了就业问题研究的复杂性和进一步研究的必要性。在产业结构与就业问题的研究中,王强(2009)分析了劳动力就业与产业结构升级的关系,认为现阶段三次产业结构与就业结构存在不匹配现象。喻桂华等(2004)认为,就业结构与三次产业结构产生偏差的原因是农业劳动力转移缓慢,工业生产中普遍采用节约型技术,发生资本替代劳动,以及第三产业就业潜力没有发挥出来。王少国(2005)分析了经济增长、产业升级对城镇就业的影响,认为 1978—2002 年各时间段内经济增长与就业增长之间有不同的关系,其中 1992—2002 年就业增长随经济增长下降的原因在于此阶段的经济增长是劳动节约型经济增长,产业升级对劳动就业的影响在不同时期也有不同影响,1978—2001 年产业升级对就业影响不明显,1992—2002 年城镇就业增长主要来自非农产业的发展。在 FDI、技术进步、资本形成、人力资本等因素与就业关系的研究中,李捷瑜等(2009)从国际视角分析了 FDI、技术进步与就业的关系,结论是:发展中国家的 FDI 在显著促进就业的同时,妨碍了技术进步,而发达国家结论正好相反。王丽丽(2009)分析了FDI对中国就业的影响,结果与李捷瑜的分析类似,无论是长期还是短期,FDI都能促进劳动力就业。刘书祥等(2010)通过1979—2006年时间序列数据分析了技术进步对中国就业的影响,结果显示,技术进步对中国就业具有双重作用,一定时期内技术进步的就业效应并不明显,纯技术进步对中国就业有显著负效应,当期技术效率改善对就业没有显著影响,滞后期技术效率对就业增长有负效应,同时经济增长与就业增长有明显的正效应。范勇(2010)分析了人力资本、技术进步与就业的关系,认为,人力资本投资对就业增长有显著的正效应,而技术进步则对就业产生了挤压效应。

也有国内学者研究影响就业的综合因素。陈桢(2006)通过从全国范围内对影响就业的变量做实证分析发现,影响中国就业弹性的因素主要包括经济结构因素、体制或制度政策因素、资源禀赋条件、技术进步及收入水平五个方面,回归结果与计量检验说明,中国经济增长过程中就业效应下降与当前经济结构调整和经济转型中的制度因素有很大关系。姚战琪、夏杰长(2005)通过运用2000—2002年的省级面板数据,从全国范围内分析了投资、人力资本、技术存量变化、城市化及产业结构对就业的影响,研究发现,该期间影响中国就业的主要因素包括工资的增长、人力资本、技术进步,而其他因素对就业的影响并不明显,文章最后认为放松资本和劳动力市场的规制、加强资本积累是市场经济条件下推进就业的基本因素。应燕等(2009)分析了有效需求不足、经济结构调整和信息不对称等因素对就业的影响,认为这些因素是当前我国就业困难的主要原因,但是文章分析以理论分析为主,缺乏实证分析的支撑。已有研究影响就业的综合因素是将空间范围界定为全国,我们认为这样的研究对象和范围选择有值得商榷之处,因为产业结构、技术引进、FDI等影响就业的因素在中国东、中、西部存在明显的地区差异,而且各地区的经济发展水平很不平衡,这样导致影响就业的因素会有各自的地区特点,因此在区域范围内研究影响就业的各种因素更有可取之处,更有利于分析中国经济和就业的不均衡发展状况。

三、模型构建及变量选取

本书以卢卡斯(1988)的内生增长模型作为基础计量模型。该模型是一个包含人力资本贡献的生产函数,其基本形式是:

$$Y = AK^{\beta}(uhL)^{1-\beta}h_a^{\varphi}(\varphi > 0) \tag{1}$$

其中，Y 是总产出，A 是常数项，代表初始技术水平，K 是物质资本存量，uhL 是人力资本，因为人力资本通过劳动者体现，因此本文用劳动就业人口 L 替代 uhL，h_a^e 反映人力资本的溢出效应，$h_a^e > 0$ 时，该生产函数表现出规模报酬递增特性。将式(1)两边同时取对数并通过移项，得劳动就业人口 $\ln L_{ti}$ 为被解释变量的方程：

$$\ln L_{it} = B_{it} + \alpha \ln K_{it} + \chi H_{it} + \kappa \ln Y_{it} + \varepsilon_{it}$$

$$B_{it} = \mu_i + \nu_t \tag{2}$$

式(2)即为本文就业研究的基本面板数据模型。其中，L 表示就业规模，D 是常数项，K 表示物质资本存量，Y 表示 GDP，H 表示人力资本水平，ε 是残差项，t 表示年份，i 表示省份，B_{it} 包含两项 μ_i 和 ν_t，表示该模型可能是固定效应模型或随机效应模型。当 B_{it} 是某一常数向量时，该面板数据模型是混合模型，F 检验可分析是采用混合模型还是固定效应模型，而 $Hausman$ 检验可分析应建立随机效应模型还是固定效应模型。

为了全面考察影响就业的因素，就业研究的基本面板数据模型扩展为：

$$\ln L_{it} = B_{it} + \alpha \ln K_{it} + \beta \ln Y_{it} + \chi H_{it} + \delta \ln RD_{it} + \varepsilon SR_{it} + \varphi TR_{it}$$
$$+ \gamma UR_{it} + \eta GV_{it} + \iota WG_{it} + \varphi FDI_{it} + \kappa EX_{it} + \lambda IN_{it} + \varepsilon_{it} \tag{3}$$

式(3)即为就业研究的扩展面板数据模型，其中 B_{it} 的含义上面已作了说明，其他各变量的说明见表 5.4，就业研究相关变量的简单统计性描述见表 5.5。

表 5.4　就业扩展面板数据模型的变量说明

变量名称		符号	样本数	变量说明	数据来源
影响就业的变量	经济增长要素	Y	180	以各省份的 GDP 表示，以 CPI 折算为 2002 年的价格，单位是亿元	中国各省统计年鉴(2003—2008)
	工资要素	WG	180	以各省份在职职工平均工资表示，以 CPI 折算为 2002 年的价格，单位是万元/年人	各省统计信息网
	FDI 比率要素	FDI	180	以 FDI 与各省当年 GDP 比率表示，以此指标说明 FDI 比重大小对就业的影响，FDI 以当年年末汇率折算为人民币再与 GDP 相比	中国各省统计年鉴(2003—2008)
	出口比率要素	EX	180	以出口与当年 GDP 比率表示，以此指标说明出口比重大小对就业的影响	中国各省统计年鉴(2003—2008)

（续表）

变量名称		符号	样本数	变量说明	数据来源
影响就业的变量	投资比率要素	IN	180	以全社会固定资产投资总额与GDP比率表示，以此指标说明投资比重大小对就业的影响	中国各省统计年鉴（2003—2008）
	物质资本要素①	K	180	按照永续盘存法进行计算，折算为2002年的价格，单位是亿元，详见本变量注释	中国各省统计年鉴（2003—2008）
	人力资本要素	H	180	以各省份每万人口在校大学生数表示，单位是个/万人	国家统计局网站
	城镇化要素	UR	180	各省份以各年城镇人口占总人口的比率表示	中国各省统计年鉴（2003—2008）
	产业升级要素（第二产业占国民生产总值的比重②）	SR	180	该变量用以描述产业升级状况，以第二产业产值占GDP的比率表示	中国各省统计年鉴（2003—2008）
	产业升级要素（第三产业占国民生产总值的比重）	TR	180	该变量用以描述产业升级状况，以第三产业产值占GDP的比率表示	中国各省统计年鉴（2003—2008）
	技术进步要素③	RD	180	按照永续盘存法进行计算，折算为2002年的价格，单位是亿元，详见本变量注释	中国科技统计年鉴（2003—2008）
	政府规模要素	GV	180	以各省的政府财政决算中的政府支出与各自GDP的比率代表政府规模	中国各省统计年鉴（2003—2008）
被解释变量	就业人数④	L	180	以各省年末就业人数表示，单位:万人	中国统计年鉴（2003—2008）

① 以物质资本存量表示，它的计算如下:按照永续盘存法进行计算，在张军等2004年的论文《中国省级物质资本存量估算:1952—2000》给出的1952—2000年物质资本存量数据基础上，采用与张军论文中所用的相同方法计算出2001—2007年的物质资本存量，其中，重庆市的物质资本存量由作者按张军方法算出;各年投资采用全社会固定资产投资数据，按固定资产投资价格指数折算为1952年价，资本折旧率取9.6%;将2002—2007年各省物质资本存量折算为按2002年价格计的数值。

② 本书考察产业结构对就业影响时，参考姚战琪等（2005）的方法，不考虑第一产业对就业的影响，而只考虑第二、三产业结构对就业的影响，因为姚等认为中国第一产业对就业贡献的表现主要起剩余劳动力蓄水池的作用。见姚战琪、夏杰长:《资本深化、技术进步对中国就业效应的经验分析》,《世界经济》2005年第11期。

③ 各省技术进步以各省研发资本存量表示，研发资本存量的计算如下:用逐年的R&D经费支出以永续盘存法计算，因为各省份只有1998年以后的数据，且1998年之前R&D投资额较小，因此选1998年为基年，取1998年R&D经费支出的5倍来作为各省的基年R&D资本存量;后续年份的R&D支出额按照CPI折算为2002年价格;研发资本的折旧率按8%计算。

④ 国家统计局的就业数据与各省统计局数据有差别，以国家统计数据为准。

表 5.5　变量的简单统计性描述

变量	样本数			均值			标准差		
	东部	中部	西部	东部	中部	西部	东部	中部	西部
L	72	54	54	2422.79	2519.11	1717.11	1564.14	1434.58	1267.36
WG	72	54	54	1.93	1.42	1.59	0.67	0.38	0.41
Y	72	54	54	9086.71	5008.15	2549.93	6257.03	2244.52	1920.69
FDI	72	54	54	0.043	0.017	0.009	0.02	0.01	0.009
EX	72	54	54	0.36	0.06	0.07	0.25	0.02	0.04
IN	72	54	54	0.40	0.43	0.53	0.07	0.11	0.10
K	72	54	54	17749.47	8150.49	5574.97	12034.66	4497.87	5483.58
H	72	54	54	209.44	140.76	110.66	154.78	58.94	55.12
UR	72	54	54	0.47	0.39	0.33	0.21	0.09	0.07
SR	72	54	54	0.47	0.48	0.46	0.10	0.06	0.04
TR	72	54	54	0.42	0.35	0.38	0.09	0.08	0.03
RD	72	54	54	525.06	187.70	131.68	481.67	122.28	165.04
GV	72	54	54	0.12	0.15	0.22	0.04	0.02	0.06

四、实证结果分析及其基本结论

本节建立新型工业化背景下影响就业的面板数据模型,可全面分析各种要素对于中国就业的影响,考察各种要素对就业影响的程度、区域差异和作用机理。就业面板数据模型如下:

$$\ln L_{it} = B_{it} + \alpha \ln K_{it} + \beta \ln Y_{it} + \chi H_{it} + \delta \ln RD_{it} + \varepsilon SR_{it} + \varphi TR_{it} + \gamma UR_{it}$$
$$+ \eta GV_{it} + \iota WG_{it} + \varphi FDI_{it} + \kappa EX_{it} + \lambda IN_{it} + \varepsilon_{it} \tag{4}$$

根据 F 检验和 $Hausman$ 检验的结果,对东、中、西部三个区域的就业模型均需选择个体固定效应面板数据模型,所以式(4)中的变量 $B_{it} = c_i + \mu_i$,其中 c_i 为截距项,μ_i 为个体效应。通过 EViews6.0 对三个区域的相关变量数据进行分析,得出东、中和西部的个体固定效应模型估计结果(见表 5.6 和表 5.7)。

(一)就业影响因素的显著性分析

三个区域就业影响的固定效应估计结果(见表 5.6)中,东部区域中显著影响就业的因素是出口比率、投资比率、物质资本、第三产业占 GDP 的比重、政府规模;中部区域中显著影响就业的因素是工资、投资比率、物质资本;西部区域中显著影响就业的因素是经济增长率、出口比率、人力资本、技术进步。不仅三大区域中显著影响就业的因素有明显差异,而且各区域内部的个体效应也存在明显差异(见表 5.7)。表 5.7 显示,三个区域内部的个体效应不但存在数量差别,而且同一区域内各省份诸变量对就业的影响具有一定的反作用,如东部地区中北京、天津、上海三个直辖市的就业效应随各自影响就业变量而成负个体效应,分别是 -0.963、-1.372、-1.041,而其他省份的个体效应都为正,这说明三大直辖市中各变量对就业的影响具有相似性。

表 5.6　影响就业的固定效应估计结果

变量	系数			t 统计量			P 值		
	东部	中部	西部	东部	中部	西部	东部	中部	西部
C	4.573**	6.631**	6.113**	7.22	19.63	27.12	0.0000	0.0000	0.0000
WG	−0.033	−0.045*	−0.028	−1.06	−1.72	−1.52	0.2948	0.0954	0.1382
lnY	0.125	0.056	0.084**	1.30	1.25	2.28	0.1987	0.2190	0.0291
FDI	−0.384	0.009	0.334	−1.18	0.02	1.22	0.2446	0.9843	0.2296
EX	0.182**	−0.221	0.233**	2.28	−1.02	2.97	0.0272	0.3139	0.0056
IN	−0.238**	−0.189**	−0.048	−2.38	−2.68	−1.18	0.0212	0.0113	0.2470
lnK	0.132**	0.065**	0.013	2.58	2.46	1.07	0.0130	0.0194	0.2919
H	0.0001	0.0002	−0.0004**	1.19	1.42	−3.37	0.2395	0.1645	0.0019
UR	−0.072	0.044	0.101	−0.83	0.46	1.02	0.4106	0.6497	0.3131
SR	0.412	−0.073	−0.184	0.98	−0.77	−0.98	0.3329	0.4480	0.3360
TR	1.295**	−0.058	−0.068	3.12	−1.56	−0.41	0.0031	0.1281	0.6860
lnRD	−0.029	0.034	0.108**	−0.62	1.57	3.34	0.5372	0.1261	0.0021
GV	0.863**	−0.016	−0.096	2.478	−0.06	−0.77	0.0168	0.9559	0.4439
	东部	中部	西部	东部	中部	西部			
R^2	0.9994	0.9996	0.9999	调整后的 R^2	0.9992	0.9994	0.9999		
F 检验的 P 值	0.0000	0.0000	0.0000	Hausman 检验	FEM	FEM	FEM		

注:在判断面板数据模型采用随机效应还是固定效应模型时,可采用两种方法:一是进行 Hausman 检验,二是采用分析经济含义的方法,由于东、中、西部包含的省域的个数相对于解释变量总数较少,故采用方法二判断模型类型,因为本节面板数据模型采用的是东、中、西部各省份作为样本,所以可采用固定效应模型(FEM);* 表示在 10% 水平下显著,** 表示在 5% 水平下显著。

表5.7　影响就业的个体效应估计结果

地区		μ_i	地区		μ_i	地区		μ_i
东部	北京 BJ	−0.963	中部	广西 GX	0.605	西部	湖北 HUB	0.124
	天津 TJ	−1.372		海南 HN	−0.996		重庆 CQ	0.254
	河北 HEB	0.708		山西 SX	−0.358		四川 SC	0.980
	辽宁 LN	0.192		内蒙古 NMG	−0.643		贵州 GZ	0.625
	上海 SH	−1.041		吉林 JL	−0.651		云南 YN	0.639
	江苏 JS	0.626		黑龙江 HLJ	−0.311		陕西 SX	0.213
	浙江 ZJ	0.471		安徽 AH	0.524		甘肃 GS	0.061
	福建 FJ	0.152		江西 JX	0.012		宁夏 NX	−1.121
	山东 SD	0.946		河南 HEN	0.849		青海 QH	−1.212
	广东 GD	0.669		湖南 HUN	0.452		新疆 XJ	−0.439

(二)就业影响因素的作用及区域比较

1.经济增长要素对就业的影响

实证结果表明,中国三大区域的经济增长对就业影响的显著性不同:东、中部地区的经济增长对就业影响的显著性不强,而西部地区经济增长对就业增长产生正的影响,弹性系数为 0.084,因此,虽然中国各省的经济总量和就业规模逐年递增,但它们之间的相关性在不同区域是不同的,这说明,奥肯定律不能满足中国所有区域的实际情况。东、中部地区经济增长对就业增长影响不显著,一方面是由于我国经济转型和结构调整加快引起就业效应不足;另一方面,东、中部地区的产业结构调整引起就业增长与经济增长不匹配是另一主要因素。

2.国外直接投资(FDI)比率、出口(EX)比率和总投资(IN)比率对就业的影响

因为 FDI 比率要素包含在 IN 比率要素中,因此有一个变量可能显著性不强,表5.6 的固定效应结果显示,中国东、中、西部中 FDI 比率要素对各自就业的影响不显著,这因为它和 IN 比率要素线性相关;出口比率在东部和西部能显著影响就业,它们的影响弹性系数分别是 0.182、0.233,即本区域在经济增长过程中,提高出口在当地生产总值中的比率会显著促进本地区的就业增长,而且在东、西部同时提高出口比率,西部的就业规模增长更快,因为 0.233>0.182,东部地区出口对就业的影响不显著,而且投资比率增加会减少当地失业(弹性系数为−0.189),由此可知,东部地区要想在发展经济的同时促进就业同步增

长,需要通过大力提高消费等在 GDP 中的比率来实现。总投资比率在东部和中部能显著影响就业,它们的弹性系数分别是-0.238、-0.189,即如果东、中部地区发展经济过程中过多依靠总投资拉动,则会对本地就业规模增长产生负的影响,这和现阶段中国东、中部投资主要集中在第二产业,而第三产业的就业能力总体强于第二产业有关,因此东、中部在发展经济的同时,一方面要将更多的投资投入第三产业,另一方面通过大力促进消费来拉动经济增长,提高该区域消费在 GDP 中的比例,以实现经济增长和就业增长的同步发展。

3. 物质资本对就业的影响

表 5.6 显示,东、中部的物质资本存量增加能显著促进就业增长,弹性系数分别为 0.132、0.065,而西部地区物质资本增加对就业的影响并不显著。资本、劳动和技术进步等要素共同促进经济增长,资本与劳动两种生产要素的合理配置对经济发展至关重要。资本增长对就业增长的影响体现在两个方面:一是资本存量增加促进经济增长,而经济增长反过来会对劳动力产生大量需求,因此物质资本存量增加对就业增长的促进作用意义重大;二是资本存量增加会对劳动力具有一定的替代作用,因为资本存量增加会引起劳动需求的减少,若资本存量增加的促进作用大于替代作用,则劳动需求增加;若替代作用大于促进作用,则劳动需求减少。实证结果表明,东、中部的资本存量增加对就业的促进作用大于替代作用,且东部的资本积累比中部地区具有更强的就业促进作用,相比之下,西部地区资本增长的促进作用不明显。

4. 技术进步对就业的影响

实证结果显示,西部地区的研发资本存量增长能显著促进就业增长,弹性系数为 0.108,而东、中部地区的研发资本存量增长对就业的作用不明显,因为技术进步对就业增长会产生替代效应和促进效应,短期内技术进步可能会减少就业,但长期内必定会促进就业增长,因为本节只考察了 2002—2007 年的短期情况,所以东部地区研发资本存量影响就业弹性系数表现为负值(-0.029),虽然它不显著,但是东部地区研发资本存量对就业的影响长期必定是正的,而西部地区因为促进作用大于替代作用,所以研发资本存量增加能显著提高就业规模增长。

5. 政府规模对就业增长的影响

一方面,政府规模增大,有利于为经济社会发展提供更多服务和调控能力;另一方面,更大的政府规模意味着运行效率较低,同时运行成本增加,表 5.6 说明了从区域角度中国三个区域的政府规模对就业增长的影响,结果却有所不同,东部地区的政府规模增加对于该区域的经济增长有很大的促进作用,弹性系数为0.863,这说明东部地区的政府运行效率较高,而中、西部地区政府规模对就业影响的系数为负,虽然不显著,但是它从侧面说明了中、西部地区在政府规模扩大的同时应不断提高运行效率。

6. 产业升级对就业的影响

产业升级要素以第二产业占国内生产总值的比重和第三产业占国内生产总值的比重表示,因为产业结构的变化是一个长期过程,短期内一个国家或地区的产业结构具有相对稳定性,两种产业结构在统计上可能会表现出一定的线性相关性,因此第二产业和第三产业对就业的影响有一个可能是不显著的,计量结果显示,东、中、西部中第二产业对就业的影响均不显著,验证了我们的假想,因此我们考察第三产业结构对就业的影响,东部地区第三产业能够显著地促进就业,弹性系数是1.295,而中、西部第三产业对就业的影响不显著,这是因为东部地区三次产业较发达,在当地经济中占的比重较大,吸收就业的潜力得到了释放,而中、西部地区产业结构不合理程度较大,第三产业吸收就业的能力较低,而且因为中国各地区的就业统计方面的原因而使很多灵活就业的人员没被统计入内,这种统计上的不完整使中、西部地区的第二、第三产业对就业的影响表现有点异常,即弹性系数为负,虽然它们不显著,所有这些可能会使第二、第三产业对就业的影响在计量结果上表现为不显著和存在异常现象。

7. 人力资本、城镇化水平和工资对就业的影响

实证结果显示,中国东、中部的人力资本溢出效应对就业的影响不显著,而西部地区人力资本对就业的影响显著负相关,弹性系数为-0.0004,这与西部地区的产业结构和人力资本结构之间的不匹配相关。西部地区第二产业的比重过大、技术附加值偏低,而第三产业比重偏小,这导致该区域对高技术和高学历人力资本的需求相对较少,人力资本的利用不充分,人力资本的溢出效应得不到充分发挥。三大区域的城镇化水平对就业的影响并不显著,这说明虽然城镇化具有较强的内生创造就业的功能,但目前我国各地区城镇化的聚集和扩散效应还没有得到充分发挥,这种状况也与目前国内很多地区强行推进城镇化,而相应的产业发展与就业保障措施不匹配等直接相关。这表明,在进一步推进城镇化的过程中,应相应促进当地产业的发展,通过发展产业吸纳更多的剩余劳动力,实现城镇化与产业升级的协调推进。在中部地区中工资对就业影响显著,弹性系数是-0.045,而东、西部地区并不明显,东、西部地区产业结构与就业结构的不匹配使工资对就业增长的影响不显著,一方面很多行业需要大量特

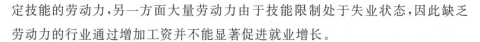

定技能的劳动力,另一方面大量劳动力由于技能限制处于失业状态,因此缺乏劳动力的行业通过增加工资并不能显著促进就业增长。

（三）基本分析结论

首先,在影响就业的贡献要素中,对就业影响最多的依然是传统要素,这是因为中国新型工业化战略实施是一个长期过程,各种资源的配置在新的战略下达到更合理的配置需要较长时间,因此,传统因素在中国经济发展的较长期将依然是影响各区域就业增长的主要因素;其次,中国三个区域的经济增长与就业增长并不完全匹配,西部的经济增长能显著带动其就业增长,而东、中部却不明显,这说明了奥肯定律在中国各区域适用的差异性;最后,中国就业增长的影响要素存在明显的区域差异:经济增长对就业增长的拉动作用在西部地区较明显,东、中部并不明显;出口比率要素在东部和西部能显著影响就业,通过提高出口在当地生产总值中的比率会显著促进本地区的就业增长;总投资比率要素在东部和中部能显著影响就业,如果东、中部地区经济发展过程中过多依靠总投资拉动,则会对本地就业规模增长产生一定的负面影响,因此要促进经济增长和就业增长的协调发展,需要更多地通过扩大总消费水平来促进经济增长,提高该区域消费在 GDP 中的比例;东、中部的资本存量增加能显著促进就业增长,而西部地区并不显著;东部地区的政府规模增加对于该区域的经济增长有很大的促进作用,这说明东部地区的政府运行效率较高,而中、西部地区政府的运行效率有待提高;中国三大区域中人力资本的溢出效应对就业增长并不明显,城镇化的内生就业创造功能在各区域也没有得到很好的发挥。

第三节　后金融危机时代兼顾产业升级与就业扩大的思路及对策

一、实现产业结构优化升级与就业扩大二者兼顾的思路及对策

经济和就业增长是以各产业发展为依托的,中国的产业结构状况决定了未来经济增长的可持续性和充分就业的程度,因此,后金融危机时期中国可通过产业升级推动就业增长,促使就业和经济协调增长,改善中国经济增长与就业增长不协调的局面。同时,在促进产业结构升级时要考虑就业的主要影响因素,因为经济和产业结构的相对稳定性决定了这些因素对就业影响的持续性和长期性。后金融危机时期,产业结构升级要有新的思路,产业结构升级是手段,

目的是以产业升级实现就业和经济协调增长。因此,后金融危机时期产业结构调整的总思路是通过供给结构、需求结构、城乡结构、地区经济结构、要素投入结构的全方位调整促进产业结构升级,并以产业结构升级促进就业增长,达到就业和经济增长的协调发展。

(一)产业供给结构的调整

中国现有产业结构的状况是,第二产业所占的比例偏高,第三产业所占比例偏低,而且第二产业在近几年有增加的趋势,从产业升级的角度看这种趋势应该引起重视。中国工业与信息化部调查显示,2009 年全国 24 个工业行业中有 21 个行业产能过剩,产能过剩行业不仅包括传统的钢铁、水泥、平板玻璃、煤化工等行业,还包括风电设备等新兴产业。中国产能过剩的行业主要在第二产业,这就不难解释中国现有研究显示的第二产业占国民生产总值的比重增加会对就业增长产生不利影响,这与大量第二产业过剩导致就业吸收能力增长空间不大有关。未来中国一方面应该促进第二产业内部的结构优化升级,减少基于地方利益和政绩考核产生的第二产业过剩投资的局面,加快能扩大外需的出口贸易相关产业发展,另一方面加大对第三产业相关领域的投资和扶持,加大各产业的研发投入,促进技术进步,这样才能从供给角度以产业升级促进就业增长,实现就业和经济的协调增长。

(二)产业需求结构的调整

对就业的已有研究显示,中国经济增长并不与就业增长同步,这与产业需求结构不合理导致的结构性失业较严重有关。后金融危机时期,在实施以产业发展促进经济增长的战略中,一方面应考虑经济增长的速度和持续性,另一方面应充分发展就业带动能力强的产业,如房地产业及信息传输、计算机服务和软件业等,通过内需和外需结合的方式多途径调整市场需求结构,从而从需求角度实现产业结构升级与就业规模扩大的兼顾。

(三)城乡结构的调整

后金融危机时期,中国的工业化和城镇化进程加速推进,而城镇化具有就业的内生创造功能和产业集聚功能,要充分发挥城镇化的就业和产业创造功能需要采取恰当的政策调整中国现有的城乡结构。在城镇化推进的过程中要注意完善产业发展等配套工作,坚持城镇化和产业结构发展并重的思路,进一步增加农民就业。未来中国城镇化进程需坚持乡村向小城镇发展和大城镇带动周边农村城镇化两条路径结合的方式,这是中国特有的城乡二元结构和人口禀赋所决定的。这种城镇化发展途径有利于实现产业升级与就业规模的兼顾。

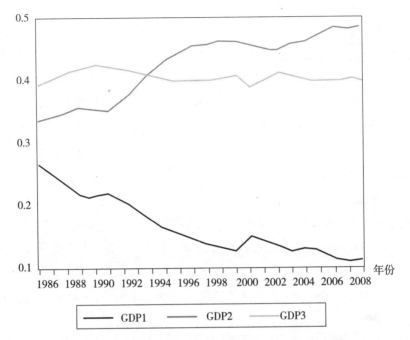

图 5.5　1985—2008 年从产值角度分析三次产业结构的变化情况

资料来源：根据国家统计局数据计算得出。

（四）地区经济结构的调整

中国东、中、西部的经济发展水平差距很大，在区域分工的背景下，国家应通过产业转移、政策优惠和资金扶持等措施切实提高落后地区的经济水平，从而缩小各地区工业化和城市化进程的差异，实现各地区产业结构升级和就业规模的兼顾。

（五）要素投入结构的调整

后金融危机时期，各国对新能源、低碳经济等可持续发展产业高度重视，人与环境问题受到普遍关注，因此中国在工业化进程中必须尽快转变经济增长方式，通过提高技术和信息在产业中的应用，转变要素投入结构，提高产业的资源利用效率，促进产业结构升级。此外，还需要提高物质资本存量的利用效率，发挥其对于就业增长的间接带动作用，由此才能实现产业升级与就业规模的兼顾增长。

二、实施就业规模扩张的区域差异性政策

"十二五"期间中国政府要促进就业扩张和经济增长的协调一致，各区域需要采取具有自身区域特色的发展战略及对策。

（一）东部地区

通过实证分析可以看到，东部区域中显著影响就业的因素是出口比率要素、投资比率要素、物质资本要素、第三产业占 GDP 的比重要素、政府规模要素等。因此，东部地区在发展经济过程中需考虑就业增长的影响要素，继续扩大对外开放和出口，提高总消费在 GDP 中的比例，不断提高资本存量水平，还要加速推进产业升级和产业转移，提高政府的运行效率，这样才能促进就业增长和经济增长的协调发展。

（二）中部地区

在中部地区，显著影响就业的因素是工资要素、投资比率要素、物质资本要素，而产业升级、城镇化等贡献要素没有得到很好发挥，因此中部地区在经济发展过程中，一方面要重视传统因素在经济增长和就业扩大中的作用，另一方面要积极推进产业结构升级，不断提高城镇化质量和水平，促进就业扩大与经济增长的一致。

（三）西部地区

在西部区域，显著影响就业的因素是经济增长要素、出口比率要素、人力资本要素、技术进步要素，因此西部地区要促进经济和就业的协调发展，一方面要努力培育本地新的经济增长点，促进经济增长，提高区域内、区域间和国际间贸易水平，提高本地对人力资源的利用水平、扩大人才引进力度，加快产业结构升级，建立完善的产业转移承接机制和配套设施，由此促进西部就业增长和经济增长的协调一致。

第 六 章

中国特色新型工业化发展中的
产业组织优化

产业组织是特定产业内部企业之间的市场与组织结构关系。合理的产业组织是产业竞争力提升的基本条件。面对日趋激烈的国际经济竞争,通过优化产业组织,提高我国产业的国际竞争力已成为中国特色新型工业化发展的重要内容。"产业竞争力归根结底是一个产业组织问题,形成有效竞争的市场结构和产业组织结构是培育和增强产业竞争力的根本途径和决定性条件"[①]。提升我国产业国际竞争力,走中国特色新型工业化道路,必须加快调整和优化我国产业组织结构。

第一节　经济全球化和网络经济:中国产业组织调整
　　　　　优化的新平台

一、中国产业组织调整面临的新形势

(一)经济全球化、全球化寡头垄断与中国产业组织调整

一个国家产业组织的构建和产业国际竞争力的提高,不能脱离所处的国际经济、技术环境与条件。20 世纪 90 年代以来,国际经济、技术发展的两个最重要的趋势是经济的全球化和网络经济的迅猛发展,它们构成了现阶段中国产业组织调整和产业国际竞争力提高的新平台。经济全球化必然导致产业和生产

[①]　金碚:《经济全球化背景下的中国工业》,《中国工业经济》2001 年第 7 期。

的全球化,进而形成全球统一市场。对全球市场份额的争夺和垄断控制,将成为各国企业战略行为的重要出发点,而不断通过内部扩张、并购和强强联合,迅速扩张企业规模,提高竞争实力,则成为各国企业获取全球市场垄断地位的主要手段。许多发达国家的政府也纷纷放松反垄断法的执行,极力支持本国企业抢占海外市场。

按照新古典竞争理论,在全球化条件下,随着进入既定竞争市场的买者和卖者的增多,可能导致全球市场集中度的降低,并强化竞争。然而,当今国际市场竞争的一个重要走势不是竞争的增强,而是垄断的进一步强化,许多行业的全球化寡占态势初见端倪,如化学行业、半导体行业、轮胎行业、航空制造、汽车、钢铁、移动通信、计算机软件、制药业等产业。即使在一些竞争性较强的日用消费品市场中也开始形成某些高市场占有率的大型跨国企业,如在消费品饮料行业和洗涤剂市场。当然,在这些国际寡占型市场,也存在激烈的竞争,尤其是对于一些产品生命周期短、市场具有多变性的行业而言,竞争更为激烈。全球市场垄断的增强,对各国产业竞争和产业组织调整提出新的更高要求。面对激烈的全球市场竞争,企业必须培育和形成自身的竞争优势,而这种竞争优势在很大程度上又表现为技术创新优势和市场垄断优势。对于中国这样一个发展中大国而言,提高产业的市场集中度,占有更多的国际市场份额,是参与国际经济竞争的必然要求。

(二)国际新型产业分工与中国产业组织调整

经济全球化以全球市场化为前提,以全球信息化为条件,以国际资本快速而频繁的流动为特点,同时以生产全球化为核心和表现形式。跨国公司的对外直接投资和全球性经营战略又成为推动全球化发展的主要力量。生产的全球化表现为产业组织在全球范围内的扩张和活动,其实质是跨国公司建立全球性的运营体系,把产业分工的增值链放在全球不同区位,以利用专业分工优势与全球协作网络的整合优势,实现经营利润的最大化。在这一以跨国公司为主要载体的、以产业价值链为纽带的国际一体化生产体系面前,没有哪个国家的企业可以像孤岛那样,与世隔绝而独善其身。中国产业发展和竞争力的提高,同样要求积极加入到新的国际分工体系中来,通过切入以跨国公司为主导的全球化产业生产链条,发挥自己的学习效应和后发优势,迅速提高自身的国际竞争力,抢占国际价值链的高端位置。企业处于全球产业价值链的不同环节,其所获得的附加价值和回报率是不同的。处于国际生产分工体系高端的企业,将获得高产业附加值和回报率,如电脑生产,INTEL公司、微软公司卖的是技术、标准,利润率和回报率都甚高,所获利润率占整个产业利润的60％以上。处于分工中端的,如日本、中国台湾,则负责生产电子产品的某些关键部件,至少也能赚20％左右的利润。而处于分工末端的我国大陆地区,则主要负责组装、加工,所得到的只是微薄的劳务工资报酬。因此,加入全球生产体系,对中国企业的国际竞争力提出迫切的要求,它要求中国企业必须加快形成和提高自己的竞争优势,特别是形成自己明显的核心竞争力,以占据国际产业价值链条中的重要和关键环节。

面对全球产业分工,中国企业借助于跨国公司的直接投资,切入全球产业链条,遇到的一个重要问题是比较优势问题。按照新古典经济学贸易理论,现阶段中国企业应主要着眼于发挥劳动力成本低的优势,承担那些具有劳动密集型特征的生产环节。然而,倘若长期局限于这一地位和水平,不能尽快地将比较优势转变为竞争优势,那么,我国企业和产业的国际竞争力将有可能被长期锁定在低水平上而难以实现超越。因此,对于中国而言,必须迅速地通过资金和技术的积累,沿着跨国公司产业发展的链条,由劳动密集型环节向资本和技术密集型环节提升,将比较优势尽快地变成竞争优势。为此,必须重塑我国产业组织结构,形成有利于技术创新,有利于发展高新技术产业的新型产业组织结构。否则,我国企业将摆脱不了在资金、技术和市场方面对国外跨国公司的过分依赖,从而不可能有效提升我国产业的国际竞争力,更谈不上形成我国企业独立的和主导性的市场地位。

(三)网络经济与中国产业组织调整

20世纪90年代以来,现代信息技术和计算机网络的应用呈现出突飞猛进的势头,从而昭示了一种新型经济形式——网络经济的出现。在过去半个多世纪的时间内,尽管也有众多的技术发明被多个部门所采用,但从对市场结构和企业竞争行为的影响看,信息网络技术无疑是最为显著的。首先,它体现为对规模经济、市场集中度的影响。它使企业信息收集、加工和分析的成本大大降低,并进而影响到企业的运作方式。信息网络技术的应用通过降低资本品的专用性、节约市场交易成本和削弱由于信息不对称和区域分割造成的垄断力量等功能,降低了企业的最小有效规模。但与此同时,它也为企业规模的扩张开辟了广阔的空间。因为信息技术能够减少组织和使用等级性组织的成本,例如,进行长远计划和协调的成本、监督和评估办公室人员以及进行质量控制的成本。此外,信息技术还能够使个别部门的管理者更易于专门化,降低企业管理成本,并使外部契约更多地被企业内部市场化所取代,从而获得相当可观的管理规模经济。伴随企业规模扩大所引起的边际管理成本的增加速度却是递减的,"X—非效率"(Leibenstein,1966)发生的机率大大降低[①],企业对市场替代的规模边界相应增加,企业的最佳规模水平得到提高。

其次,企业竞争范式发生巨大变化。在网络经济条件下,信息技术成为决定企业市场地位的主要手段。企业的高利润率以至于市场地位不再来源于企业对价格和产量的控制,而是技术创新的速度和创新水平。在信息时代,企业的市场地位建立在技术垄断的基础之上。传统的主要依靠价格竞争谋取市场地位的竞争方式已不再适用,非价格竞争成为企业竞争的主要手段,其中,对技术标准和技术范式的控制最为关键。这时,技术标准就是市场标准,控制了技术标准,也就控制了市场。即使是一个小企业,只要掌握了技术标准,也可以迅速成为一个大企业,如微软公司。控制了技术标准和技术范式,也就具备了迅速超越竞争对手的条件。由于信息技术创新的频率快、专用性强,以及标准程度高,技术创新更易于为少数企业所掌握,并形成垄断地位。再加上信息技术创新的高风险性,对企业资金实力和抗御技术创新风险的能力也提出更高的要求,这就使大企业在掌握技术标准和建立技术范式方面,占有较大的优势。正如人们所看到的,当今世界大多数技术标准,主要掌握在规模巨大的跨国公司手中。但信息时代的垄断与工业经济时代的垄断有一个很大的不同是,垄断企业不能长期垄断市场,在新的动态竞争环境中,大企业的高市场份额往往是不稳定的,技术标准的改变和技术范式的转换,必然导致企业市场地位发生变化。这使在位厂商常常面临巨大的竞争压力,并使其市场垄断行为大为收敛。

再次,网络外部性要求形成合作型企业组织。网络经济的一个重要特征是网络外部性,其基本含义是连接到一个网络的价值取决于已经连接到该网络的其他单位的数量。网络外部性的存在使企业之间的合作成为必要,并对企业组织提出新的要求。企业之间包括不同国家企业之间的"优势互补,资源共享"变得越来越重要,合资经营、连锁经营、业务外包、战略联盟、虚拟企业和供应链联盟等合作型企业组织形式大量出现。正如布利克所指出的,"未来的跨国战略将日益以协作而非单纯的竞争为依据,最好把协作视为技能、机会和资本的转

---

① 莱本斯坦(C. H. Leibenstein)在 20 世纪 60 年代提出"X—非效率"(X-Inefficiency)理论,认为,随着企业规模的扩大,大企业内部必然要增加管理层次,从而需要交换的信息和下达的指令也要增加,在这种情况下,进行有效的管理就增加了难度,由此存在着资源分配的非效率性,即"X—非效率"。

让和套利"。他还认为,"在这个新世界中,甚至连收购这一损人利己的古老工具,也染上了更多的协作色彩。"[①]事实上20世纪90年代以来发生的全球范围的企业兼并,已很少能够找到那种你死我活式的零和博弈并购行为,强强联合、产业内合作型竞争变得更加时兴。

中国企业要参与国际竞争,提高产业的国际竞争力,必须进行业务流程再造,重塑企业组织结构和产业市场结构,除了积极将自己的生产体系纳入全球生产体系外,还要与发达国家的跨国公司形成多种形式的生产协作和技术创新联盟。在与跨国公司的竞争与合作中,提升自己的竞争力。近年来,跨国公司调整了其全球化经营战略,开始以全球技术战略为核心构建其跨国投资经营体系,以直接建立海外研发机构以及兼并、收购东道国当地同行业竞争者等方式,将部分研发活动从本国转移到海外子公司或分公司,同时通过建立战略联盟、合资企业等形式,开展跨国间的技术研发合作,以保持自己在全球竞争中的优势地位。这就为中国企业开展与跨国公司的经济技术合作、利用其技术外溢效应提供了新的契机。但对于提升我国产业的国际竞争力而言,单纯依赖跨国公司的技术外溢是不行的。因为跨国公司向当地国企业生产链条的技术转移,服从于其延长技术产品生命周期,保证整个产业链条运营效率,以获得最大利润的目的,所转移的技术一般是成熟性技术而不会是最先进的核心技术。恰恰是这种核心技术,才是决定一个国家企业和产业国际竞争力的主要因素。要掌握这种技术,必须通过自主技术创新,不断加大技术投入,培育大量有较强技术创新实力的大型企业或企业集团。

二、现阶段中国产业市场结构及其对产业竞争力提升的制约

(一)现阶段中国产业市场结构实证分析

1. 中国产业集中度

关于中国产业集中度的测度指标,一般用CR_4和CR_8,也有用赫芬达尔赫希曼指数(Herfindahl-Hirschman Index,简称HHI)和基尼系数(Gini Coefficient)等方法。目前国内的研究主要分析了制造业和一些细分行业包括饲料加工、烟草和钢铁产业等。分析结果表明中国各产业的市场集中度普遍偏低,但是有上升的趋势,有待进一步提高。武前波,宁越敏,李英豪(2011)利用中国制造业500强的数据,分析了中国制造业产业的集中度,结果表明行业整体处于

---

① 乔尔·布利克等:《协作型竞争》,中国大百科全书出版社1998年版,第7页。

不断集中状态,但也出现过集中度下降的现象(见表 6.1)。然而这与发达国家相比还存在一定的差距,20 世纪 70 年代以来,美国、日本、德国等主要制造业国家前 100 家工业企业的销售收入集中率均在 25% 以上,1992 年美国制造业前 100 家企业的集中率超出 30%,前 200 家企业则高于 40%(魏后凯,2001)。王艾敏(2009)分析了 2002—2006 年中国饲料产业集中度,CR_4 和 CR_8 变化一致,中国饲料加工行业市场集中度的总趋势是逐渐增加的(见表 6.2)。李林(2009)分析了 1998—2007 年中国烟草产业的集中度,其变化起伏较大,并且一直处于较低的水平。1998—2003 年,HHI 指数表现出与绝对集中度相同的变化趋势,HHI 指数下降到 300 左右。自 2003 年整合烟草产业起,相对集中状况得到了大幅度的改善,2007 年绝对市场集中度下降了,可是相对市场集中度是上升的(见表 6.3)。马文军,李孟刚(2011)基于企业和产业双重效率目标,对 2007 年我国钢铁产业集中度进行了测算,结果表明我国主要钢铁企业数量调减到 5—10 家,将主要钢铁企业的规模扩大到 3300—6600 万吨,将整个钢铁产业的产能调减到 33000 万吨左右(见表 6.4)。

表 6.1 2004—2008 年中国制造业企业 500 强的营业收入集中度

年份 集中度	2004	2005	2006	2007	2008
CR_{100}(%)	18.82	17.45	16.86	17.46	19.05
CR_{200}(%)	24.07	22.60	22.00	22.54	23.83
CR_{500}(%)	30.84	29.45	28.30	29.22	29.97

资料来源:武前波等:《中国制造业企业 500 强集中度变化特征及其区域效应分析》,《经济地理》2011 年第 2 期。

表 6.2 2002—2006 年中国饲料加工业集中度

年份 集中度	2002	2003	2004	2005	2006
CR_4(%)	37.66	39.23	37.52	39.06	41.77
CR_8(%)	59.29	60.09	59.12	59.99	64.53

资料来源:王艾敏:《集中度、效率与绩效的实证分析——基于一种理论假说在中国饲料行业的验证》,《经济经纬》2009 年第 4 期。

表 6.3 1998—2007 年中国烟草产业集中度和赫芬达尔赫希曼指数

年份 集中度	1998	1999	2000	2001	2002	2003	2004	2005	2006	2007
CR_4(%)	35.16	30.95	31.24	25.20	25.40	24.95	28.28	26.92	30.66	33.24

（续表）

年份 集中度	1998	1999	2000	2001	2002	2003	2004	2005	2006	2007
CR₈(%)	46.42	42.32	47.12	37.73	38.21	37.86	42.54	44.87	57.09	55.91
HHI	511.12	396.17	403.02	292.49	297.66	291.78	373.60	415.69	545.97	567.28

资料来源：李林：《烟草产业集中度研究——基于产业经济学的视角》，《思想战线》2009 年第3 期。

表 6.4　2007 年我国钢铁产业的实际集中度与基于双重效率目标诉求的最优集中度比较

	企业个数（家）	企业规模（万吨）	产业产量（万吨）
最优值	1	33000	33000
适宜值	5—10	3300—6600	33000
现实值	6686	8.4（宝2858）	56460

资料来源：马文军、李孟刚：《我国钢铁产业最优集中度的系统性测算——基于企业与产业双重效率目标诉求和 2007 年数据的实证》，《财经研究》2011 年第 3 期。

2. 中国产业的规模经济

关于规模经济的测度基本上采用管理科学领域中的 DEA 绩效分析法间接给出规模效率的排序，但也有采用生存技术法和成本函数方法中超越对数成本函数（Translog Cost Function，简称 TCF）等。分析的产业主要包括钢铁产业等。陈甬军，周末（2009）采用 2004—2007 年间的上市钢铁企业的面板数据，运用双向随机效应模型估计方法，直接估计了中国钢铁业的市场势力溢价和规模弹性，钢铁产业规模弹性值为 0.9353，研究结果表明目前中国的钢铁产业不存在系统性的市场势力，钢铁产业依然处于完全竞争状态，竞争十分激烈；钢铁业所具有的规模效应在中国上市钢铁企业中没有体现，相反中国钢铁产业存在规模不经济的重要特征，当钢铁企业规模达到中国钢铁上市公司程度的时候，规模效应导致的成本节约已经不明显了。伊淑彪，丁启军（2009）运用 DEA 方法分析了 2007 年上市公司 30 家钢铁企业，实证结果表明大型和特大型钢铁企业与小企业相比不具有效率优势，各家钢铁企业的纯技术效率差距大于规模技术效率差距。这与马文军，李孟刚（2011）分析相反，他们认为中国钢铁企业规模过小，还没达到规模经济。范建双，李忠富（2009）运用超越对数成本函数的随机边界分析（SFA）方法，对我国 25 家上市大型承包商 2003—2007 年的规模经济状况进行了实证分析。SFA 的测算结果表明，我国的大型承包商中存在普遍的规模不经济现象，测算的规模经济值与企业的等级有一定关系，即承包商等级越高，规模不经济现象越明显；但 DEA 的结果则表明了规模经济的普遍存在,且承包商的规模经济性与企业的规模等级并无关联。范双剑,李中富 (2010)运用广义超对数成本函数模型分析 2003—2007 年上市公司 25 家建筑企业,结果表明上市建筑企业不存在规模经济和范围经济。张旭青,李周 (2010)利用第一次全国经济普查数据和 2007 年中国社会科学院农村发展研究所"中国木材市场研究"课题组对 188 家木材加工企业的调查数据,分析中国木材加工业规模经济,结果表明,中国木材加工企业整体上内部规模经济不显著,但人造板制造企业和木制品制造企业存在显著的内部规模经济;同时,木材加工业存在显著的外部规模经济。

综上,现有研究分析表明中国的各产业集中度普遍偏低,但是总体上处于上升趋势,有待于进一步调整和优化。关于各产业的规模经济分析是有争议的,但是大多数学者认为产业处于规模不经济阶段,这可能与分析的产业、方法和数据的不同有关。另外,受可获得的数据限制,目前不论是分析集中度还是规模经济,主要采用的是上市公司数据(部分采用了产业层面的数据),分析的结果可能与中国真实的产业集中度和规模经济存在一定的偏差,有待数据完善后进行进一步的实证分析。

中国目前还少有世界顶级制造企业。资料显示:2006 年世界制造业 500 强中,各国(地区)企业的上榜数分别是:美国 228 家、日本 72 家、英国 31 家、法国 29 家、加拿大 27 家、德国 17 家、瑞士 13 家、中国大陆(包括香港)共有 6 家,台湾地区有 6 家,其他国家 71 家。从国家分布来看,以美国为主的发达国家实力雄厚,上榜美国企业占总数的 45.6%,占制造业 500 强市值总额的 49%。上榜企业数居前 7 位的国家总计有 417 家企业,占 500 强总数的 83.4%,占制造业 500 强市值总额的 86%。中国大陆上榜企业总共 6 家,占 500 强总数的 1.2%,占市值总额的 0.7%,由此可见中国制造业与世界制造业之间存在较大差距。在 2009 年世界 500 强中,中国有 43 家入选,其中制造企业只有 11 家[①]。

(二)中国产业组织对提升产业竞争力的制约

中国以分散竞争为主要特征的产业组织对产业竞争力的提高产生不利影响。第一,分散竞争的市场结构恶化了正常的市场竞争环境。改革开放以来,尽管中国企业的总体规模在不断扩张,规模经济水平和市场集中度在逐步提高,但总体上仍呈现出分散竞争的特征,有实力和竞争力的大企业和企业集团数量仍太少。这种产业组织不利于快速提升我国产业的国际竞争力。分散竞争恶化了

---

① 李金华:《中国现代制造业体系的构建》,《财经问题研究》2010 年第 4 期。

正常的市场竞争环境,导致了市场竞争的无序和市场机制调节效力的下降,甚至产生严重的"逆淘汰"。分散竞争还表现为企业过度进入,在产业市场容量有限的条件下,过度进入必然压缩原有大企业的市场份额和产量,并可能使大量低于最小最佳规模(MES)的企业成为市场的主要供给者,从而大大降低产业的规模经济效益,并可能成为企业恶性价格大战和市场秩序混乱的重要诱因。

第二,分散竞争制约着我国企业技术创新能力的提高。在当今世界,大企业已成为技术创新的主体力量。一个国家大企业的数量往往与这个国家技术创新的实力和水平呈正相关。现阶段,我国企业技术创新能力和水平与发达国家相比存在很大的差距,一个重要的原因是企业规模过小,技术创新能力不强。这可以从我国企业规模、集中度与技术创新之间的相关性分析中得到说明。总体上看,我国大中型企业研发投入占全社会总研发投入的比重明显高于小型企业,集中度较高的产业的技术进步水平也高于集中度低的产业[①]。并且,在分散竞争的环境中,即使规模稍大的企业具备了一定的技术创新能力,也时常面临着技术创新成果被模仿或剽窃的可能,从而减弱了企业进行技术创新的激励。

第三,分散竞争限制了企业盈利水平的提高。产品的市场占有率和盈利率是衡量产业竞争力的重要指标。在发达市场经济国家,产业盈利率与产业集中度之间存在明显的正相关性。这种正相关性在我国许多行业也已显现(戚聿东,2001;杜传忠,2002)。这种正相关性很大程度上来自于高集中度行业或大企业的经营效率。原因有三:一是以上计算剔除了那些受政府管制较严、受政策性因素影响较大的行业,如煤气生产和供应业、烟草加工业、煤炭采选业和自来水生产和供应业等;二是我国尚未出现明显的市场垄断行为,高集中行业的高利润率不是大企业价格垄断的结果;三是现阶段大企业的效率指标总体上高于其他规模的企业。从全员劳动生产率指标看,20世纪90年代中期以来,虽然不同经济规模的工业企业劳动生产率都呈上升趋势,但大型工业企业的全员劳动生产率不仅普遍高于全部工业企业的平均水平,而且明显优于中小型企业。

三、网络型寡占市场结构:中国产业组织调整的目标模式

(一)寡占型市场结构与经济效率及产业竞争力

现代产业组织理论认为,市场结构通过影响企业市场行为,进而决定市场

---

① 杜传忠:《网络型寡占市场结构与中国产业的国际竞争力》,《中国工业经济》2003年第6期。

绩效。市场绩效主要包括资源配置效率、利润率、技术进步和劳动生产率等。研究开发投资是提高企业劳动生产率的极为重要的因素,其对劳动生产率的弹性值一般数倍于资金密集度对劳动生产率的弹性值。因此,可将劳动生产率的提高主要归于技术进步因素。一个国家产业的国际竞争力就是指这个国家的产业在与其他国家的同类产业相比较所表现出来的竞争优势,它一般用产品的国际市场占有率、盈利率等指标来反映①。从经济学的角度看,竞争力的本质就是经济效率或者生产率,而资源的有效配置就是达到最高效率或者生产率最高的要素使用状况,这实际上也就是达到最高竞争力所要求的经济学条件②。可见,决定市场绩效的因素,实际上也就是决定产业竞争力的因素。市场结构通过影响企业行为,进而影响市场绩效,从而也就对这个国家的产业竞争力产生重要影响。

人们一般把有效竞争作为最有效率的市场结构的基本特征,并往往认为只有垄断竞争市场才是有效竞争市场。实际上,有效竞争市场的本意是既保持一定的竞争性,又能实现较高水平的规模经济的市场③。而垄断竞争市场是指由于存在产品差别而使生产者具有一定垄断性的市场。在这种市场上仍然具有较多的企业,企业规模相对较小,难以实现显著的规模经济。同时,现实中的垄断竞争市场具有很大的不稳定性,它内在地具有转化为寡头垄断市场的机制。因为产品差别产生于人们需求偏好的变化,而随着人们需求偏好变化节律的加快,促使企业通过创造更多的产品差别来适应消费者需求的变化,以便在竞争中占据优势,并进而控制产品产量及价格,直至发展成寡头垄断市场。在寡头垄断市场上,市场上少数几个较大规模的企业之间通过采取策略性协作行为,达到具有相对稳定性的纳什均衡状态。在现代经济、技术条件下,寡头垄断市场结构对提高一个国家的产业竞争力具有重要的作用。

首先,它有利于提高产业的资源配置效率。传统垄断理论依据福利经济学原理,总是把包括寡头垄断在内的垄断型市场结构与资源配置的低效率联系在一起,认为垄断的存在将减少产品产量,提高产品价格,进而减少消费者剩余,最终将导致资源配置的低效率。实际上,这种观点是基于新古典主义的完全竞

---

① 金碚:《产业国际竞争力研究》,《经济研究》1996 年第 11 期。

② 金碚:《经济学对竞争力的解释》,《经济管理·新管理》2002 年第 22 期。

③ Clark,J. M.,(1940):Toward a Concept of Workable Competition,American Economic Review.

争假设推演出来的,而完全竞争又依附于一系列较严格的条件,现实中很难完全具备这些条件,从而完全竞争对资源的优化配置机制缺乏现实的基础。资源配置效率的提高自然取决于市场竞争,但这种竞争不是原子式企业之间的分散竞争,这种竞争往往以降价作为主要手段,不可避免地会导致市场运行的无序化,扭曲资源配置机制。相比之下,规模较大、实力较强的寡头垄断企业之间的竞争,超越了单纯价格竞争的界限,在技术创新、售后服务、广告促销、产品差别等非价格方面展开竞争,而这些竞争更有利于提高企业的经营效率。当然,寡头垄断企业之间有时会形成某种形式的卡特尔等垄断组织。但现代产业组织理论发现,由于企业机会主义动机的存在,参加卡特尔的企业往往会暗中违背价格、产量协议,导致卡特尔的解体,并引发新一轮更加激烈的竞争。因此,从长期和动态的角度看,寡头垄断市场仍保持了较高的竞争水平和强度。除此之外,寡头垄断市场结构有利于实现规模经济和范围经济。因为这种市场上的大企业更有利于采用大型、高效和专用设备,更有利于采用大批量生产方式,企业内部与企业之间也更有利于形成高效率的专业化分工与协作,因而能够在更大程度上实现规模经济和范围经济。而规模经济与范围经济的获得能够在很大程度上抵消寡头垄断对资源配置可能带来的效率损失。

其次,寡头垄断市场结构更有利于实现企业技术创新。企业技术创新是决定一个国家产业竞争力的主导性因素。在市场结构与技术创新的关系上,人们的认识并不一致。传统垄断理论认为,垄断减弱了大公司所面对的竞争压力,从而会降低企业进行技术创新的动机。这实际上只是一种理论上的抽象推演,它在现实各国技术创新的实践面前愈来愈缺乏说服力。相反,寡头垄断市场上的企业却日益显示出明显的技术创新优势。除了这种市场所具有的竞争力量推动外,寡头企业所具有的充足的人力、物力和财力,较强的技术力量和抗风险实力,也使其在技术创新方面比小企业具有明显的优势,尤其是对那些投资大、风险性高的创新项目而言,更是如此。再者,寡头企业凭借其市场支配地位,可有效地防止新技术被其他企业迅速模仿,保证获得技术发明或创新所带来的大部分利润,从而能够持续保持较强的技术创新动机。创新学派的代表人物熊彼特曾指出,垄断大企业最有利于促进技术变革,是资本主义社会技术进步的主要推动力[①]。莫尔顿·卡曼和南赛·施瓦兹根据战后经济运行态势进一步指出,决定技术创新的三大因素是竞争程度、企业规模和垄断势力。企业规模的

---

① [奥]熊彼特:《资本主义、社会主义和民主》,商务印书馆1979年版。

大小通过它与技术创新后所取得的市场份额的高相关度而决定着技术创新动力的强弱;垄断势力则使企业能对市场有所控制,从而影响着技术创新的持久性;而寡头企业之间或明或暗的竞争则成为促使它们不断进行技术创新的巨大动力。可以说,当今各国资本、技术密集型产业中,几乎所有的重大技术创新都源自于垄断性大企业。一个国家技术创新水平与其企业规模整体水平、市场集中程度呈现出较强的正相关性。

再次,寡头垄断市场结构有利于主导产业的发育和产业结构的升级。一个国家主导产业的发育成熟和产业结构的优化升级,是提高其产业国际竞争力的重要前提条件。世界产业发展的历史表明,主导产业通过对其他产业的支持、带动,发挥较强的产业关联效应,能够直接或间接地刺激国民经济各部门或产业生产率的持续增长,从而在整体上有利于提高这个国家的产业竞争力。正如罗斯托所指出的,现代经济成长的实质是(主导)部门的成长过程[①]。而主导产业的迅速成长则需要产业的集中和企业规模的扩大。因为,主导产业的发育成长首先需要大量投资,且同时面临着比成熟产业大得多的市场风险,这就决定了筹集资本和承受巨额风险的主体往往只能是大企业。企业规模较小的竞争型市场结构显然无法支撑这种主导产业的发育。同时,产业高收益率只能在投资主体对市场运行具有较强控制时方可获得,投资主体至少要控制新技术扩散的速度、新企业的大量进入、价格水平居于高位而不至于迅速下降。这种控制的结果进一步造成了生产进而是资本和市场的集中。由此使一个国家的主导产业、寡头垄断市场结构、产业收益率和产业竞争力之间形成一种相互促进、互为实现的动态作用关系。

(二)网络型寡占市场结构:中国产业组织调整的目标模式

产业组织的调整必须明确其调整的目标模式,然后再向着这一目标模式逐渐推进。根据我们的研究认为,面对经济全球化和网络经济迅速发展的现实,从提高我国产业国际竞争力角度考虑,我国工业市场结构调整的目标应是一种网络型寡占市场结构[②]。在这种新型产业市场结构体系中,作为主体的寡头垄断市场主要是指那些生产技术较为复杂,资产专用性较强,资金、技术密集度较高,生产具有显著规模经济和范围经济效益的产业。在这类产业市场上占支配

---

① 罗斯托:《从起飞进入持续增长的经济学》,四川人民出版社1982年版。
② 杜传忠:《网络型寡占市场结构与中国产业的国际竞争力》,《中国工业经济》2003年第6期;《网络型寡占市场结构与中国企业的自主技术创新》,《中国工业经济》2006年第11期。

地位的是具有较强技术创新能力和盈利率的大企业或企业集团,它们构成我国产业国际竞争力提高的主导性力量。这些产业广泛分布于钢铁、重型机械制造、汽车制造、飞机制造、造船、化工等重化工业,以及大型物资供销与商业批发业等。除此之外,我国的市场结构体系还包括那些存在"自然垄断"性质的生产部门、社会公共产品生产部门,如交通、邮电业、电力、煤气和自来水,以及某些重要原材料生产部门和尖端国防科技部门等具有一定垄断性质的行业。另外,还有一些规模经济和技术条件要求较低、进入限制较小、企业经营方向易于调整,且资本、技术密集度较低的行业。这类行业中一般存在较多的企业,企业之间存在较强的竞争。从总体上看,后两种产业市场在整个国家市场结构体系中不占主体地位,真正处于主体地位,并对产业的国际竞争力起决定性作用的是通过市场竞争形成的寡头垄断产业。考虑到我国市场的广阔性和居民需求的多层次性,我国的寡头垄断市场结构一般属于松散型寡头垄断市场结构。这种网络型寡占市场结构的主要结构特征是:

第一,大企业与中小企业之间形成合理的专业化协作网络。要使若干生产最终产品的大型核心企业作为整个生产、销售体系的"龙头"企业,同时又有相当数量的中小企业为之进行配套生产和销售,使大企业与中小企业之间形成既分层竞争,又跨层协作的经营态势,在保持市场结构一定集中度的同时,避免中小企业间的过度竞争,提高不同类型企业之间的协作效率。

第二,大企业与大企业之间要更多地进行分工合作,尤其注意建立战略联盟,进行合作竞争。大企业之间的战略联盟主要包括技术研发联盟和采购联盟。前者是企业联合进行技术开发,以降低技术创新的成本和风险;后者指企业联合进行原料采购,降低采购成本。同时,大企业要积极创造条件,争取与进入我国的跨国公司形成生产、技术、经营上的协作和联盟关系,以此带动我国大企业不断提高自身的经营、管理水平,建立高效的企业运行机制。

第三,新型市场结构应是一种面向全球市场的动态化市场结构。国内大企业的生产、运营要面向全球市场,力争成为国际化经营企业,即在国际市场上进行采购、生产、销售和研发。只有在这样的环境中成长起来的大企业才真正称得上具有较强的国际竞争力,也才能在全球寡头垄断市场中占有一席之地。

第四,新型市场结构应建立在网络经济的基础之上。在网络经济条件下,企业技术创新速率明显加快,产品改型换代频繁。在这种情况下,企业应以技术的不断创新和提供物美价廉的产品来锁定大量消费者和用户,以维持自己的市场地位和盈利水平,而不是以传统的价格垄断行为获取高额垄断利润来操纵市场。

四、加快形成网络型寡占市场结构的思路及对策

我国网络型寡占市场结构的形成,是一个十分困难的过程,其中最重要的一个环节是具有国际竞争力水平的大企业的发育和成长。根据我国现有的体制条件和面临的国际经济环境,实现分散竞争型市场结构向网络型寡占市场结构的转换,必须在充分发挥市场机制作用的前提下,发挥政府的积极推动作用。要进一步完善市场运行机制,强化市场调节功能,特别是通过企业之间的竞争和优胜劣汰,实现资源和生产要素向优势企业的转移,提高市场集中水平。与此同时应发挥政府的积极推动作用,主要包括:

第一,大力推动企业兼并。采取联合、兼并、破产、控股、参股、收购、拍卖、嫁接等多种形式,促进存量资产的合理流动,清除各种体制性和非体制性障碍,促进企业进行跨地区、跨部门、跨所有制、跨国界的企业兼并。同时,政府应在政策上对国有企业的退出加以引导,并鼓励非国有企业对国有小企业的兼并与重组。

第二,按照规模经济的原则组织生产和建设。在企业中推行标准化政策和生产许可证制度,严格限制各地新建不符合规模经济要求的企业。要根据各产业的生产技术特点,规定新建企业必须达到的最小经济规模、最低技术标准,凡达不到标准的不准进入该产业。要加快投融资管理体制改革,赋予大企业、大集团更大的投融资权利,对符合规模经济要求、有利于增强我国产业竞争力的大项目给予重点支持。

当前,我国钢铁、汽车等行业出现生产能力过剩,一方面,由于过剩产业的集中度低,产业内绝大多数企业属于"全能型",专业化优势不明显,很难结合产业结构调整方向,找到发挥自身优势的突破点,因而增加了退出和调整的难度;另一方面,在"全能型"企业居主导地位的产业中,产业结构调整时需要集中退出的企业多,容易给社会带来震荡,而不像分工协作关系明显的产业,结构调整时企业可以渐次退出,具有"温和效应"。在这种情况下,如果微观上的产业组织结构得不到优化,供给过剩产业的闲置资产不能及时、有效地退出,供给短缺产业不能及时、有效地吸纳资本、技术等生产要素,产业结构调整目标就难以实现。

第三,通过综合配套改革,为企业之间的分工协作创造良好的体制环境和条件。企业之间的分工与协作包括大型企业或企业集团的发展、大中小企业之间的生产协作,以及国内企业和国外企业之间的协作。创造企业协作的体制环境和条件要求进一步推进政府机构改革,减少政府行政干预,简化企业购并的审批程序,减少企业向集团化发展的行政性障碍;加快产权制度改革,明确国有

企业的投资主体及其权限与责任;深化财政体制改革,对重要产业的企业并购行为给予财税政策方面的支持;积极创造条件,鼓励一批竞争力强的大企业"走出去",在与国外大企业的竞争与协作中,迅速发展壮大自己。产业组织结构优化都需要提高产业内企业之间的分工协作水平,发挥分工效益,主要途径是培育和发展"专、精、特、新"的小企业。国外经验表明,分工协作效应明显的"专、精、特、新"小企业是产业结构调整的主体。一方面,这类小企业是经过市场机制优胜劣汰后生存下来的优强企业,富有开拓、冒险和创新精神,因而最具活力和效率,能够适应产业结构调整的需要,通过技术创新和产品开发转换经营方向,从而成为产业结构调整的主体;另一方面,这类小企业与大企业具有明确的分工协作关系,能够作为大企业传导产业调整政策的执行主体,随着大企业经营行为变化而调整自身的经营,是产业结构调整政策取得预期效果的基础。

第四,面对全球金融危机的影响,要尽快出台鼓励兼并重组、淘汰落后产能,调整优化产业组织的配套政策。"十二五"期间,我国面对金融危机的影响,经济结构将进入深度调整时期,其中包括对产业组织的调整,而推进企业的兼并重组将成为"十二五"时期我国实现产业组织调整的重要途径。目前,我国还没有形成以市场为基础的产业组织调整的有效机制,当前在政府政策方面,还存在诸多地方保护主义倾向和限制及阻碍企业兼并重组进程的规定,如土地更名、各种事业性收费及中介费用高,员工安置难,资质重审复杂,另外还有地方政府设置的各种行政性障碍,导致跨区域、跨所有制、跨行业的兼并、重组困难。为此,要尽快出台鼓励兼并重组、淘汰落后产能,调整优化产业组织的配套政策。

第二节　产业的市场集中与空间集聚:中国产业　组织调整优化的两条基本路径

产业的市场集中与空间集聚是现代产业组织演进的两种基本路径,大企业与产业集群是它们的组织载体。现阶段,我国中央及地方政府在推进产业组织调整优化的过程中,提出要发展有竞争力的大企业和产业集群的战略[①]。这实

---

①　魏后凯教授主笔的《中国产业集聚与集群发展战略》一书第 12 章"中国产业集群发展战略与政策",对近年来中国国家层面、政府部门层面以及省区层面的产业集群发展战略制定情况进行了总结和归纳。在省区层面,在全国 31 个省、自治区、直辖市中,除了山西、宁夏、云南、西藏等少数几个省份的"十一五"规划没有明确出现"产业集群"的词汇外,其他各省区市均明确提出了"产业集群"发展战略。(魏后凯,2008)。值得注意的是,几乎所有的省区在该规划中同时提出要大力发展有竞争力的大企业和企业集团。

际上即是分别循着市场集中和空间集聚思路调整优化产业组织。

一、产业市场集中与空间集聚的历史演进及其动因分析

（一）产业的市场集中与空间集聚的历史轨迹

产业的市场集中和空间集聚作为当代产业组织演进的两种基本形式，都是伴随着市场经济的发展而出现并逐步向前推进的，二者分别从企业之间与企业内部推动产业组织形态的调整与变革。产业的空间集聚主要是通过调整企业之间的关系实现对产业组织的调整，而产业的市场集中则是通过企业自身规模的扩张推动产业组织的形态变化。按照历史演进的顺序可大致划分为三个阶段：(1)第一阶段：大致从第一次工业革命开始到19世纪末，是产业市场集中与空间集聚发展的初期。在这一时期，伴随着西方国家市场经济体制的建立，市场交易的逐步展开，企业主要是中小企业在空间上的集聚开始出现。"在资本主义历史的最初阶段，区域就已经发挥了重要作用，它们作为集聚和特定生产活动的场所而存在"（艾伦·J.斯科特，2005）。与此同时，随着市场竞争的逐步展开和加剧，企业之间的兼并重组逐步展开，企业规模扩大，市场集中趋势越来越明显。特别是到了19世纪后半叶，市场集中进程加快，并在19世纪末20世纪初形成垄断型寡头市场结构。(2)第二阶段：从20世纪初到20世纪末期，是产业的市场集中快速发展并在产业组织形态演变中居于主导性地位的时期。这一时期，一体化大企业成为西方国家产业组织的主体，其显著的规模经济与范围经济、发达的专业化分工协作能力与较高的技术创新效率对一个国家的产业竞争力提升起到重要作用。相比之下，这一时期产业空间集聚虽然得到一定的发展，但在发展的程度、水平和对经济的影响力方面远逊于产业的市场集中。(3)第三阶段：从20世纪末至今，是产业空间集聚迅速发展时期。在这一时期，产业的空间集聚在世界范围内获得复苏和快速发展，对经济的影响力不断增大，而市场集中则保持相对稳定的发展态势。

（二）产业的市场集中与空间集聚的一般动因

从一般意义上说，任何一个组织系统的发展演变都是系统内部结构与外部环境条件相互影响、相互调整到相互适应的过程，具体到一定时期的产业组织也是如此。随着产业组织运行环境的变化，产业组织形态与内部结构也将发生相应的调整与变化。组织系统的这种演进逻辑与秩序和生物体的演化具有很大程度的相似性。产业组织，包括作为其基本形态之一的产业集群，都不是一

个简单的经济现象,而是一个复杂的经济系统,具有有机体和生物系统的基本特征(张曙光,2008)①。以研究复杂系统见长的耗散结构理论认为,一个无序和混沌的系统在一定的条件下通过系统的自组织过程会产生出有序和一定的组织结构来。自组织系统由内部无序到有序的转变与周围环境存在直接的关系。新组织由于具有旧组织所不具备的适应外部环境的要素和特质,从而表现出较高的运行效率,而旧的组织则逐渐淘汰(普利高津,1987)。具体到产业组织,无论是一体化大企业组织,还是产业集群,实际上都是由产业组织的最初"胚胎"——简单企业为适应外部环境条件的变化而逐渐发展起来的。对外部环境条件的适应及由此引起的对内部结构的调整,是产业组织发展演变的基本动因。

纵观产业发展史,产业组织的企业形态发生了一个由单体企业→现代企业→复合型一体化大企业→企业网络组织发展演变的动态过程。单体企业具体包括手工业作坊和古典企业两种形式。从原始社会后期手工业与农业分离直到16世纪中叶工场手工业形成的漫长时期里,工业生产是以个体手工业者或家庭手工业生产为主。工场手工业以两种方式出现:一种是把不同种独立的手工业者结合在一起,使他们在同一产品的生产过程中从事具有互补性的局部操作,这实际上是纵向一体化企业组织的萌芽;另一种则是把独立的同种手工业集中在同一工场内同时劳动,全部操作由协作工人同时进行,产品的生产变成了局部合作的各个手工业者的联合生产。这实际上是产业集群型产业组织的萌芽。

18世纪60年代工业革命的产生使蒸汽机械在生产中得到广泛应用,其技术特性使得操作者集中起来,根据生产流程进行相应的分工,由此形成机器大工业的企业或工厂,其组织特征是:单人业主制或合伙制财产组织形式;所有者与经营者同一的内部组织管理形式;只从事单一产品或服务生产及供应的生产经营组织形式。这时的企业规模较小,数量多,生产技术关系相对较简单,且产品生产单一。同时由于运输设施的落后,缺乏运输大量商品的可靠方式,生产商不愿作扩大产量和原材料采购的必要投资,企业尚不具备进行大规模生产的

---

① 张曙光教授同时认为,现有经济理论之所以在分析产业集群中遇到很大的挑战,也许与对产业集群的这一特征的重视不够有关。张曙光:《企业网络和群体空间——产业集群的经济学解释及对经济学的挑战》,《中山大学学报》2008年第1期。

物质技术条件。从企业外部环境条件看,这时市场不确定性较低,企业经营风险较小,经济联系相对简单,市场交易成本较低,企业的竞争主要是一种自由竞争。根据钱德勒的研究,单体企业发展为现代企业是在 1840 年以后。这时的运输技术和通信技术发展迅速,特别是以电力发明与应用为主要标志的第二次技术革命"孵化"出钢铁、汽车等新兴产业,其对巨额资本和复杂企业组织的要求,导致了股份公司企业组织和大企业生产体制的诞生。在股份公司资本运作杠杆作用下,企业通过并购、重组等形式促进了企业规模的迅速扩张和内部组织结构的复杂化,企业集团、纵向一体化企业等"多单位复合体大企业"相继出现,市场集中和垄断化趋势越来越明显,大企业型产业组织是这一时期产业组织的基本形态。

即使在大企业型产业组织占主导地位的时期,仍有一部分处于外围地位、依靠所谓后福特式工业区经济较快发展的地区,其主要特点是高度的空间集聚、本地内部商业网络、创新和经济增长等。特别是 20 世纪 70 年代以来意大利东北部和中部地区新兴手工业得到快速发展,它们在产业组织上借助于垂直非一体化、产业间交易网络及地方劳工市场的作用,实现了经济的快速增长,引起广泛的世界关注。但总体上说,19 世纪后半叶至 20 世纪末,大企业产业组织形态占支配地位。

进入 20 世纪 80 年代以后,产业组织的运行环境发生了深刻变化(见表 6.5),为适应这种变化,国际上越来越多的大企业实行纵向分解,转而采取新的企业经营方式,以突破企业自身生产能力的限制,充分利用外部资源更快地满足市场需求,适应新的竞争环境。由此,产业集群重新在全球复兴并获得迅速发展。产业集群中的企业间活动具有互补性,资源具有依赖性,企业间活动协调通过企业间的多样化契约安排来实现。它包括关键企业、核心企业、总装企业,它们或处于产业集群的网络节点,或承担产业整合和承担产品成型。另外,还有与之相关联和配套的大量中小企业。与大企业相比,产业集群的企业边界是相对清晰的,企业内部关系相对简单,管理链条和环节相对短,但企业与企业之间的市场交易关系变得更为复杂。从某种意义上说,集群企业是对古典企业在组织制度上的一种回归和拓展(张曙光,2008),它既充分利用了古典企业产权的激励作用,有效解决了现代企业普遍存在的代理问题以及信息交换问题;同时对契约实施过程中的事后机会主义、"锁定"及"敲竹杠"等道德风险现象都起到明显的抑制作用。

表 6.5　20世纪 90 年代竞争形式的特征

基于时间的竞争	精益生产
产品品种急剧增加	周期缩短
及时生产	全面质量管理
区域经营	层次扁平化
持续改进	计算机集成制造
产品生命周期缩短	过程重组
市场驱动的质量	服务重要性的提高
全球化	分化的市场
网络组织	快速响应
微型市场	柔性制造系统
定制化提高	数据资源经营

资料来源：〔美〕约瑟夫·派恩：《大规模定制——企业竞争的新前沿》，中国人民大学出版社 2000年版，第 32 页。

二、产业的市场集中与空间集聚的基本关系及其发展趋势

（一）产业的市场集中与空间集聚的替代性分析

通过对产业市场集中与空间集聚历史的考察与有关学派理论的分析，可得出以下结论：产业的市场集中和空间集聚，作为当代产业组织发展演进的两种基本形态共存于工业化发展的不同历史阶段，从而形成不同时期一个国家特定的产业组织体系。二者在总体上不是一种可以截然分开、完全互为替代的关系，只是由于经济发展环境及条件的变化，使二者在一个国家特定的产业组织体系中所处的地位与所起的作用有所差别而已。不可否认，近几十年来，由于企业竞争环境和网络信息技术的发展，产业集群在世界各地获得快速发展，并在一些国家或地区对一体化大企业实现了一定程度的替代。产业集群中的大量中小企业成为相当于一体化大企业中的每个车间或班组，它们之间的业务往来也替代了大企业内部的不同生产工序，并使企业间的分工或产品分工替代了企业内分工（张曙光，2008）。但产业集群对一体化大企业的这种职能替代并不是在任何产业都能实现的，在某些资本密集型重化工业，如钢铁机械制造、汽车制造、钢铁生产、石油化工及造船等，由于生产设备与技术工艺具有明显的不可分割性，生产过程及工序存在较高程度的衔接性，产品标准化强，使一体化大企业仍在这些产业具有明显优势，市场集中仍是这些产业的基本产业组织形态。相反，包括我国在内的许多国家的产业集群，多数是在某些劳动密集型产业获得了快速发展。在这些产业，产业集群成为最具代表性的产业组织形态。

产业的市场集中与空间集聚作为现代产业组织的两种基本形态，其组织载

体是一体化大企业与产业集群。二者主要存在以下区别:一是在企业行为理念上,合作型竞争与竞争型合作是产业集群环境下企业的基本行为理念;而产业的市场集中更强调通过企业之间的激烈竞争,通过大企业对中小企业的兼并重组,追求市场份额和市场支配力的提高。二是企业内部治理结构的不同。一体化大企业主要依靠科层式管理进行组织协调和治理,更注重正式制度和管理规范的运用;而产业集群则主要是企业家通过网络关系和信任机制进行治理,以解决交易中的组织、协调和控制问题,更注重非正式制度和规范的作用,尤其是它将孤立的企业变为嵌入社会关系网络中的单元。三是赖以形成的资本与知识基础不同。产业集群比一体化大企业更注重发挥社会资本的积累与应用,更注重默会知识或不可编码知识的交流与学习等。四是所适应的经营环境不同。一体化大企业主要适应那些产品同质性强、标准化高、生产工序衔接紧密、生产方式和市场变动相对不大的经营环境;而产业集群则更适合于需求变动大、产品差异性高、企业经营环境不稳定的经营环境。20世纪80年代以后,市场竞争环境的变化使许多产业以产业集群为代表的网络型产业组织兴起,福特生产系统被打破,大批量标准化生产的等级化公司开始被小企业为主的灵活生产网络所取代。但这种替代不可能是完全替代,只要还存在资本设备的不可分割性,存在适宜使用大规模重型机械设备以及物理性规模效应明显的产业,一体化大企业仍具有存在的必然性。现实中我们看到的,工业中适宜于产业集群发展的主要是那些资金密集度相对较低的产业,多数属劳动密集型产业[①]。可见,二者分别适应于不同的经营环境和产品特性,相互之间并不能简单地相互替代。在它们各自所适应的环境和条件下,才有利于发挥两种产业组织形态的特有优势。当然,二者之间的以上区别是相对而非绝对、动态而非静态的。

一体化大企业与产业集群在企业的主要经营职能及效率体现上存在一定差别。如规模经济,从经济学意义上,泰勒尔将与产业市场集中密切相关的企业规模经济具体划分为横向规模经济和纵向规模经济(J.泰勒尔,1997),前者衡量的是企业重复生产同种产品数量;后者衡量的是企业内部包含的生产环节数量,即内部一体化程度的高低。泰勒尔的这一划分对深化企业规模和规模经

---

① 我国的产业集群主要分布在长江三角洲、珠江三角洲和环渤海湾地区,且大多集中在化纤纺织、丝绸纺织、制衣、制鞋、精细化工、五金制品等轻工业之中,重工业之中只有交通运输设备制造业产业集群的特点较为明显,高新技术产业集群也主要是在几个高科技园区,规模数量有限。其他国家的产业集群,很多也是主要是在劳动密集型产业,如意大利、英国等。魏后凯:《中国产业集聚与产业集群发展战略》,经济管理出版社2008年版,第45页。

济关系、分工与规模经济关系等的认识无疑是有益的,但国内有的学者却借助于泰勒尔的这一划分进而提出规模经济只与企业的横向规模有关,企业的纵向规模则具有规模不经济的特性,并且纵向规模越大即企业内部包含的生产环节越多,规模不经济越严重,由此得出企业一体化程度高不如一体化程度低更有效率的结论(张元智、马鸣萧,2006),却是值得商榷的。现代一体化大企业作为一个具有特定内在组织结构的有机体,其内部各种组织、部门及要素使用都是紧密相连、不可分割的,它们共同完成企业的整体生产运营过程。企业大批量生产过程和规模经济的实现,与企业内部纵向一体化而实现的专业化分工协作直接相关。企业的横向规模与纵向规模都是企业规模经济不可缺少的条件。

与追求规模经济一样,进行技术创新也是企业重要的行为之一。产业集群与大企业在实现技术创新方面都具有特定的优势,二者同样不可完全替代。从技术创新的历史演变看,伴随着 20 世纪大规模生产模式和大企业组织的出现,发明和创新的任务也逐步由原来的以单个企业家和工人为主转向以企业研发中心为主的阶段[①],创新的焦点也由持续的技术改进转变为大规模生产模式下的技术与产品的突破性创新。20 世纪技术创新中诸多重大技术进步,特别是那些所需资金量大、基础理论要求高、市场风险较大的重大突破性技术创新,大都是在具有较为发达的大企业研发机构中完成的。卡曼和施瓦茨认为,竞争程度、企业规模和垄断力量这三个变量决定着技术创新。现代产业集群在实现技术创新方面确实具有了许多大企业所无法具有的优势,如非编码知识或默会知识的外溢、创新网络组织的形成等,并且集群创新对过程创新较为重视,研究开发与生产、销售等后续活动衔接较好,在这些方面产业集群更具有优势。但从总体上看,集群创新主要还是从事的那些具有渐进性特征的创新,而对于具有突破性特征的创新特别是产品技术,大企业更具有优势。

产业的市场集中与空间集聚存在的不可完全替代关系,在产业组织的现实演进中也得到一定的体现。进入 20 世纪 90 年代,在产业空间集聚迅速发展的同时,美国等西方国家的工业集中度仍然呈现上升趋势(杜传忠,2002),以大企业为主体的市场集中型产业组织,通过企业组织结构的优化重组、流程再造以

---

① 最早的集中研究机构是 1900 年建立的隶属通用电气公司的通用研究实验室,随后许多大企业纷纷效仿,到 20 世纪 30 年代,美国 200 家最大的公司中有 115 家建立了自己的中心研究实验室。见 Richard·Florida and Martin Kenney . The Breakthrough Illusion:Corporate America's Failure to Move from Innovation to Mass Production[M]. New York:BasicBooks,1990.

及信息网络技术的广泛运用,仍表现出强劲的竞争优势。著名的经济史学家钱德勒通过研究认为,即使像意大利这样的以中小企业为主体形成产业集群的国家,也并不意味着可以忽视大型企业的作用。钱德勒在分析意大利产业集群与大企业的关系时指出,意大利在全球市场上独特的竞争力被认为是依靠中小型企业的发展,这些企业大多涉足劳动密集型产业。这些因地理关系而聚集在一起的中小型企业在手工制作向现代化生产过渡时,一直以那些古老的生产工艺为基础,它们在国际市场上拥有特殊的市场份额。但在资本密集型产业中,大型工业企业在意大利工业化进程中仍扮演着核心的角色。进入 21 世纪,在汽车、轮胎、化学制品、轻型机械等行业,大型企业仍然发挥重要的作用(钱德勒,2004)。特别是在经济全球化条件下,大企业通过纵向延伸产业链和横向兼并收购,使优势企业的核心业务规模进一步扩大。大企业、大集团正在以其大规模生产的成本优势、巨大投入的技术开发优势、营销网络遍布全球的销售优势成为世界经济竞争的主导者,成为一个国家或地区经济实力的重要体现和象征。打造一批这样的大企业,"鼓励发展具有国际竞争力的大企业集团"(胡锦涛,2007),以提升我国产业的国际竞争力,仍然是我国产业组织调整的重要任务。

(二)产业市场集中与空间集聚之间的融合性发展趋势

国外产业组织发展的历史表明,产业的市场集中与空间集聚不但不能完全替代,而且二者具有一种相互融合、实现功能相补的趋势。这种融合性表现为:在现实产业集群发展过程中,既存在着以中小企业为主体的企业集群(可称之为 S 型产业集群),同时也不乏以大型企业为主体的产业集群(可称之为 M 型产业集群)[①]。一般情况下两种融合性产业集群的区别是:S 型产业集群生产的专业化较强,产业集群围绕某一产业形成专业化产业链,其成员企业包括上游的原材料、机械设备、零部件和生产服务等投入供应商,下游的销售商及其网络、客户,侧面延伸到互补产品的制造商、技能与技术培训和行业中介等相关企业以及基础设施供应商等。这种产业集群内部有较好的分工与协作关系和运行机制,集群成长迅速,美国、日本及意大利等国家,都大量存在这种类型的产

---

① 《经济学手册》就将产业聚集划分为工业区(Industrial Districts)和产业簇群(Industrial Clusters)两种形式,工业区内的企业一般生产很相似的产品(生产整个产品或产品的一部分),它们通常聚集得很紧密,且通常是中、小企业;产业簇群中的企业则通常既有大型企业,又有小型企业,可以来自不同但相关的各类产业。工业区可被看作是产业簇群的一种形式,一个工业区可能又是一个大的产业簇群的一部分。(威廉·拉佐尼克,2006)。

业集群。在意大利,这类产业集群主要分布于纺织、服饰、食品、饮料、机械加工与制造等传统工业。M 型产业集群在一定程度上属于马库森意义上的轮轴式产业区和卫星平台式产业区(邵剑兵、马佳,2008)。前者是指地域结构围绕一种或几种工业的一个或多个主要企业,这些大企业表现为垂直一体化,产业区内还存在着一些较小和较弱的供应商;后者主要是区外大型企业利用所在区域某些资源上的优势,将其价值链条中的某个环节放在该区域中,如研究中心、制造工厂或其他。M 型产业集群主要存在于资本密集型产业,集群生产活动主要由大企业控制,大企业负责协调生产过程与上、下游环节之间的关系,组织供应链并界定最终产品,许多中小企业以大企业为核心,按照生产中的垂直分工与合作关系组成多层次生产体系。如日本的汽车制造、家电行业等都存在这种由大中小企业共生形成的产业集群。美国的某些产业集群也是以大企业为主体,中小企业围绕大企业形成联系紧密的生产链,如底特律城汽车产业集群。这种类型的产业集群往往形成了以几个大型企业为核心进行运营,围绕不同的核心企业形成了多个生产体系。在同一体系内部,各相关企业密切合作,而在体系之间又存在着明显的竞争。这样,产业集群中的竞争一方面表现为核心企业之间的竞争,即选择外围合作企业(如供货商、服务机构等)和争取顾客;另一方面又表现为生产同类产品的配套企业之间的竞争,即外围企业在对企业自身发展更有利的核心企业的归属上进行竞争。

M 型产业集群的形成主要有两种方式:一种方式是一开始是小企业的集聚,然后逐渐出现规模较大企业。如美国地毯业产业集群,在产业刚开始集聚时,多尔顿及其附近地区的地毯业企业基本上都是小企业。但随着竞争的深入以及规模经济作用的发挥,逐渐从 20 世纪 60 年代开始出现一些规模较大的企业,一些企业的销售收入开始超过 1 亿美元,最后终于出现销售收入超过 10 亿美元的大企业(徐康宁,2008)。当然,最早从事行业生产的企业最终未必能成为大企业。另一种方式是以现有大企业为基础和支柱,与大量中小企业实行分工协作形成以大企业为主体的产业集群。以丰田汽车产业集群为例,在以丰田公司为首的"金字塔式"的企业序列中,一级配套企业有 168 家,二级配套企业4700 家,三级配套企业 31600 家,四级及以下的配套企业则无法统计。

三、中国产业的市场集中和空间集聚融合发展的态势

改革开放以来,随着我国市场化改革的不断推进和深入,产业的市场集中与空间集聚呈现出并行发展、协同推进的态势。产业的市场集中主要是从分散

竞争的市场结构向集中型市场结构转变，产业的规模经济水平和市场集中度逐渐提高；产业的空间集聚则表现在我国许多地区，尤其是在东南沿海地区出现的大量专业镇或"块状经济"。

我国现阶段工业化发展水平以及进一步提升产业国际竞争力的要求，都迫切需要我国大力发展一批具有较大规模与实力的大企业和企业集团。首先，是进一步推进工业化进程的需要。我国目前正处于工业化发展的中期阶段（陈佳贵、黄群慧，2007），进一步推进工业化进程仍是我国经济发展面临的重大任务。在这一过程中，消费结构的升级、城市化进程加快等因素和条件使重化工业发展的潜力和空间还相当大，而重化工业的发展无疑是以一大批规模大、实力强的大型企业和企业集团作为产业支撑的。其次，提高我国自主创新能力的需要。提高我国自主创新能力已成为重要的国家发展战略。如上所述，在当今国内外经济技术条件下，实力雄厚的大企业和企业集团仍是一个国家实现技术创新的中坚力量。特别是在现阶段，从总体上看，我国多数产业集群尚没有形成集群特有的创新功能，集群企业大多没有自己的核心技术和知识产权，仍处于以仿制和贴牌为主的低级阶段，主要靠低成本、低价格来维持其竞争优势。在这种情况下，大企业在实现自主创新过程中的作用更为突出。再次，提升产业国际竞争力的需要。在当今国际产业链中，我国尚未拥有世界级的投资、研发和营销中心，众多国有大中型企业主要依靠低端制造业、低价劳动力和高资源消耗来增加产值和获取微薄利润。近年来，我国制造业向深度加工方向发展的趋势明显加快，由过去仅提供初级原材料和低加工度产品，向增加技术含量和提高产品加工深度方向演化、升级。产业升级的加快必然要求增强相关制造业企业的生产规模和产品加工能力，使大企业在国际产业分工体系中的竞争优势更为显著地体现出来。

促进产业集群发展同样是我国产业组织调整及经济发展重要的方面，具有一体化大企业所无法替代的作用及职能。首先，通过发展产业集群实现企业的分工与专业化生产，促进经济增长。产业集群内分工的细化有利于提高企业专业化程度，同时集群内企业的集中和相互关联，使得中间投入品的规模效应和劳动力市场规模效应充分发挥作用，从而促进区域经济增长。其次，促进技术进步与扩散。对于区域经济而言，产业集群是一种重要的创新体系，它提供了一种新的技术创新形式——集群式创新。集群内企业之间地缘接近，联系密切，有利于促进技术扩散。再次，促进区域经济发展和产业升级。产业集群通过吸引区外技术、资本和劳动等经济资源和要素向集群集中，增强地区经济实

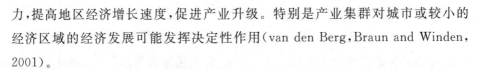

力,提高地区经济增长速度,促进产业升级。特别是产业集群对城市或较小的经济区域的经济发展可能发挥决定性作用(van den Berg,Braun and Winden,2001)。

从总体上看,目前我国产业集群还处于初级发展阶段,大量企业集聚尚未真正形成产业集群,即使形成的成规模的产业集群也主要是在劳动密集型的传统产业由中小企业形成的产业集群,在资本与技术密集型产业形成的产业集群还不多见。但由大企业与中小企业相互协作形成的产业集群已出现,表现出我国产业市场集中与空间集聚融合发展的一种态势。有的学者对我国目前产业集群存在的类型进行了划分:一种是几个大型企业组成的寡占式产业集群,主要集中在石油化工、重型机械、大型家电等少数几个行业。另一种是以大企业为核心、大量中小企业协同配套的"轮轴式"产业集群,如温州乐清的电器产业集群,就是以正泰、德力西为核心企业,另有2000多家中小关联企业组成的产业集群。这类产业集群的技术创新通常是由居于核心地位的大企业承担的;还有一种是无核心企业的中小企业产业集群,集群企业数量较多、生产经营规模小。其中,由大企业组成的寡占式产业集群,其技术创新的动机较为强烈,如珠海三角洲聚集了康佳、科龙、美的、格兰仕等一批家电制造企业,每年的技术创新投入费用就高达十几亿元(李永刚,2004)。王缉慈教授也曾总结了我国现阶段存在的五种主要的产业集群形式,其中就有以大中型国有企业为核心的老工业基地的产业集群(王缉慈,2001)。

四、促进中国产业的市场集中与空间集聚融合发展的途径

随着国际分工的深化和网络经济的发展,现代产业竞争越来越演变为企业网络之间、产业集群之间以及产销供应链之间的竞争。这就要求突破不同类型企业独立发展存在的缺陷,既保障大企业做精主业、做强企业,又使中小企业拥有更大的发展空间,这是我国产业组织调整的基本方向。从总体上说,我国现阶段产业的市场集中和空间集聚作为我国产业组织调整优化的两条基本思路,可以并行不悖,不应将二者简单地对立起来,而应通过适当的方式、在适当的产业及区域实现二者融合发展。尽管大企业在我国产业发展和产业组织体系中仍具有产业集群不可替代的优势,但国际经验表明,一个国家产业竞争优势的获得不是单靠少数独立的大企业来完成的,而往往体现为大中小企业之间生产协作能力和产业体系的整体效率。因此,现阶段,在某些区域促进产业的市场集中与空间集聚融合发展,形成以大企业为主体的产业集群与产业组织体系,

是我国工业特别是制造业产业组织调整的基本方向。

首先，在特定区域，将中小企业纳入大企业的生产体系，打造以大企业为主体的具有地方特色的产业集群。在进一步引导优势资源、资产和人才向大企业、大集团集中的同时，要按照专业化协作原则，通过市场化运作方式积极引导中小企业进入大企业的发展体系，建立中小企业同大企业之间合理的分工协作关系，形成以大企业为主导，中小企业对大企业专业化配套和专业化服务，大中小企业合理分工、有机联系、协调发展的格局。推动中小企业向"专、精、特、新"方向发展①。通过这种对接与协作，形成具有地方特色的产业集群。立足于地方工业园区，发展以大企业为主体的地方产业集群，是我国产业集群发展的重要途径。目前，我国很多地区工业园的入园企业之间缺少一定的产业联系，致使某些工业园区成为各类企业的简单扎堆，其本身并没有随着入驻企业的增加而产生某种聚集效应，围绕某个或某些大企业，发展产业集群，使大企业与中小企业之间形成一定的技术、经济联系和协作关系，是加快形成大企业为主体的产业集群的有效途径。

其次，通过分离大型企业的非核心业务形成产业集群。针对那些"大而全"型国有大中型企业，尤其是制造业国有大中型企业，根据业务的重要性、资产专用性和交易频率大小，保留那些核心的、资产专用性高和交易频率大的业务，而对那些非核心的、资产专用性低和交易频率小的配套业务，运用资本运营的方式将其转变为就近发展的外部企业，利用产业集群方式来提升这些企业的竞争力。这既是提高国有大型企业效率的有效办法，也是形成产业集群的重要途径。

再次，打造以大企业为主体的区域间产业链和产业集群。目前，我国产业的空间集聚主要局限于特定区域之内，跨区域之间的产业集群尚不发达，即使是在经济相对发达的长三角、珠三角及京津冀地区，由于区域间分工协同机制的不健全，因而难以形成围绕产业升级、增量与存量有机结合的产业集群，从长远来看这将不利于区域内各城市产业发展的持续性和根植性，制约区域产业竞争力的进一步提高。区域间产业集群和产业链的打造，需要以大企业作为"骨

---

① 特别是在国有特大型企业比较集中的东北老工业基地，这一方法显得更为重要。近年来，这些地区在促进大企业与中小企业之间协作配套关系的形成方面取得显著进展。如何将工业大企业的发展与产业集群的发展有机地结合起来，仍是这些地区产业发展面临的一个重要课题。

架"，再与中小企业在生产协作上形成产业互补关系①。

最后，以国外大跨国公司作为主体打造区域产业集群，也是实现产业市场集中与空间集聚的有效途径。当一个跨国公司"旗舰"进入后，国内配套企业可随之跟进，由此逐渐形成以跨国公司为主体、国内中小企业与之配套的区域产业集群。我国目前与之配套的企业多属于劳动密集型企业，在区域产业集群或产业分工链条上多处于加工制造环节，缺乏在上游研发、设计环节以及下游市场营销环节（如品牌）的延伸。要进一步通过发展大企业和产业集群，提升产业配套能力与竞争力水平，实现向国际分工价值链高端的跃升，这是提升我国产业竞争力的重要途径。

第三节　中国现阶段产业组织发展中的痼疾
——产能过剩及其治理

一、近年来我国工业发展中的产能过剩

产能过剩是企业所拥有的生产要素数量、组织技术条件等所代表的生产能力持续显著地高于有效需求所造成的开工不足、生产闲置和企业利润显著下降的经济现象。根据工业和信息化部 2010 年 3 月 18 日发布的《中国工业经济运行 2010 年春季报告》内容显示，目前我国钢铁、电解铝、水泥、焦炭、汽车和电力、煤炭等行业存在较明显的产能过剩问题，风电装备、多晶硅等新兴产业因无序投资也开始出现产能过剩倾向，制造业平均产能利用率较低。产能过剩若得不到及时、有效的治理，必将对我国经济发展带来严重负面影响。而厘清我国产能过剩产生的深层次原因，则是从源头上治理产能过剩问题的必要条件。

产能是一种与企业所拥有的生产要素规模、组织技术条件相关联的，企业利用现有资源和生产要素所能达到的最大生产能力。当企业所拥有的生产要素数量、质量、技术条件和组织等所代表的生产能力持续显著地高于社会有效

---

①　例如，近年来，山东省提出了在全省大企业之间打造七大产业链、加快形成产业集群的战略，以此努力提高产业的配套能力和竞争力。再如河南省，有作为重要钢铁生产基地的安阳钢铁股份有限公司，作为大型机械制造企业的中国一拖集团有限公司，以及作为国家重要的石化能源基地濮阳市内具有著名的中原油田以及中原乙烯、中原大化等大型企业，同样可以这些大企业作为支柱，整合相关区域的企业及资源，形成能源—钢铁—机械制造"一条龙"式产业链或产业集群，以提高区域整体产业竞争力。

需求所对应的生产加工条件时就意味着产生了产能过剩问题。美国一般把78%—83%的产能利用率作为经济行为的正常运行区间,若出现较长时间的低于75%的产能利用率,则认为出现了产能闲置现象,较长时间持续徘徊在70%以下的产能利用率就表明出现了产能过剩(郭树言、欧新黔,2008)。我国一般认为产能利用率在30%—60%之间为产能严重过剩,60%—75%为显著过剩,75%—80%为轻度过剩,80%—85%为基本适度,85%以上为产能显著不足(卢锋,2009)。

20世纪90年代中期,特别是进入21世纪以来,随着我国经济的快速增长,投资过热、产能过剩问题也逐渐凸显出来。概括地说,进入21世纪以来我国主要出现了四次较大规模的产能过剩:第一次发生在2000年前后。我国经济在快速增长的情况下遭遇了东南亚金融危机的后续影响,使部分行业出现严重的设备闲置、库存积压和利润率下降等问题。针对当时的情况,我国对滞销严重的行业采取限产以缓解库存,通过对纺织业压锭,对煤炭、冶金等产业的"小煤窑"、"小厂矿"实行关、停、并、转来淘汰落后产能,通过行业准入限制部分行业新增投资以预防产能过剩。第二次发生在2004年前后。当时全国总需求快速增长和通胀压力持续不减,部分行业如钢铁、电解铝、水泥等投资增长过快,产能过剩问题凸显。中央政府通过加强宏观调控抑制投资,并实施了限制土地供给、提高融资门槛等措施来集中治理产能过剩问题。尽管如此,许多行业的产能过剩仍未消除。第三次发生在2005年。国家在保持经济持续、快速增长的同时,投资增速也再次迅猛提升,2005年产能过剩问题再一次在钢铁、水泥、焦炭、电解铝等行业迅速开始显现出来。铁合金、电石等行业开工率下降幅度甚至超过50%,纺织、化工、电力等行业也不同程度地的存在产能过剩问题。当时,国家发改委等部门主要采取限制投资、淘汰落后产能、实施兼并重组等措施抑制产能过剩。第四次发生在2008年下半年,并一直延续至今。受全球金融危机的影响国外需求急剧下降,国内总需求萎靡不振,再加上我国制造业总体上处于全球产业链的中低端环节,使我国部分行业产能过剩问题更加突出。再者,国家实施的大幅度刺激经济和振兴产业发展的宏观政策,在抑制经济下滑、保增长的同时,也加剧了部分行业的产能过剩。值得注意的是,这次产能过剩除了发生于传统的钢铁、水泥等产业外,还波及了风电设备、多晶硅等新兴产业。2009年9月26日国家发改委等十部门联合发布《关于抑制部分行业产能过剩和重复建设,引导产业健康发展的若干意见》,提出了治理产能过剩问题的

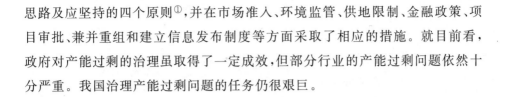

思路及应坚持的四个原则[①],并在市场准入、环境监管、供地限制、金融政策、项目审批、兼并重组和建立信息发布制度等方面采取了相应的措施。就目前看,政府对产能过剩的治理虽取得了一定成效,但部分行业的产能过剩问题依然十分严重。我国治理产能过剩问题的任务仍很艰巨。

二、产能过剩对工业化发展的影响

从一般意义上说,产能过剩是市场经济条件下的一种经常性现象,是市场竞争机制作用的必然结果。但在我国现阶段,它却是由市场性和体制性两方面的因素所引起。前者是指由于经济周期的变化或市场波动引起部分行业生产能力大于市场有效需求所需要的生产能力,这种产能过剩的形成往往和经济周期、市场竞争及技术进步等市场因素密切相关,并且这种产能过剩将引起行业内企业的激烈竞争,通过市场淘汰落后生产能力,并促使企业加强管理、提高技术和产品质量,由此将优化产业结构和产品结构,提高生产效率。这种产能过剩主要依靠市场机制进行自我调整和克服,典型市场经济国家发生的产能过剩一般都是这种类型的产能过剩。

近年来我国部分行业出现的产能过剩除了具有典型市场经济国家产能过剩的一般成因外,还具有明显的体制性成因,主要表现为政府职能不合理、地方保护主义严重、有效退出机制的缺乏以及宏观调控失当等。产能过剩导致企业设备闲置、生产资源浪费,甚至出现企业无序甚至恶性竞争等不良后果,并将对工业化及中长期宏观经济发展产生不利影响。具体表现为:首先,体制性产能过剩往往持续时间长,影响面大,对社会经济造成的破坏力更为严重。包括导致物价下跌、通货紧缩和失业的增加等。其次,严重的产能过剩还会导致相关企业利润下降,甚至负债累累,继而引致银行信贷问题,有可能诱发全社会金融危机。再次,对于某些重化工业的产能过剩,还会加剧资源环境的破坏和生态恶化问题。最后,体制性产能过剩往往导致较大的社会资源浪费。以风电设备为例,风电是国家鼓励发展的新兴产业,但近两年来风电产业快速发展,各地为了争得新能源的发展先机和优势,在各级地方政府的"鼓励"下对风电设备的投资一哄而上,出现了严重的重复引进和重复建设现象。2008 年底已安装风电机

---

① 这四项原则,一是控制增量和优化存量相结合;二是分类指导和有保有压相结合,抑制产能过剩问题的深化,鼓励发展高技术、高附加值、低消耗、低排放的新兴产业;三是积极培育新兴产业和提升传统产业相结合;四是要求坚持市场引导和宏观调控相结合。

组 11638 台,总装机容量 1217 万千瓦。2009 年我国风电机组整机制造企业超过 80 家,还有许多企业准备进入风电装备制造业,2010 年我国风电装备产能将超过 2000 万千瓦,而每年风电装机规模为 1000 万千瓦左右[①]。巨额的投资难以有效利用,造成资源的大量浪费。

三、体制缺陷:我国产能过剩形成的根本性原因

现阶段我国产能过剩问题的产生表面上看是由于全球金融危机造成的有效需求不足引起的产能利用率下降,而实际上则是由于我国市场经济体制的不完善、政府职能转变不到位、地方政府为追求 GDP 政绩而过度干预等体制性因素造成的重复投资、过度投资引起的。治理产能过剩必须正本清源,从根本上消除产生产能过剩的体制性障碍。为此,这里借鉴江飞涛(2008)和 Nishimori、Ogawa(2004)等的相关研究成果,尝试建立一个体制因素影响企业产能的理论模型,以分析体制性因素导致产能过剩发生的内在机理。

由于企业进入市场和进行投资决策多依赖于对未来需求和市场收益的预期,因此,企业产能形成的基本模型由预期收益、成本和利润三个基本函数共同构成。企业预期收益函数为 $R(q) = P \cdot q$,企业预期成本函数为 $C(q) = F(q) + V(q)$,其中 $F(q)$ 代表固定成本,$V(q)$ 代表变动成本,企业预期利润函数为 $\Pi(q) = R(q) - C(q)$。企业在选择利润最大化时的产能规模变量 q_0 应满足以下一阶条件

$$\Pi'(q_0) = R'(q_0) - C'(q_0) = 0 \tag{1}$$

利润函数 $\Pi(q)$ 在实际问题中为凹函数,求最大值要求满足二阶条件

$$\Pi''(q_0) = R''(q_0) - C''(q_0) < 0 \tag{2}$$

考虑到产品生产销售的边际净收益具有非增性,因此,该假设是符合产业运行实际的。一方面,市场供给增加会导致价格下跌;另一方面,随着企业生产规模的扩大必然会引起对原材料、设备、劳动力的需求上升,从而导致生产要素价格的上涨。根据这一模型,下面主要对地方政府的不当干预、地方保护主义、监管缺位和企业退出机制不健全等对企业产能的影响进行具体分析。

(1)地方政府干预不当和地方保护主义刺激产能过剩形成。由于政府职能转变不到位,政府对社会和经济资源控制和干预的能力较强,市场对资源配置

---

① 数据来源:发展改革委等十部门联合发布的文件《关于抑制部分行业产能过剩和重复建设,引导产业健康发展的若干意见》,2009 年 9 月 26 日。

的基础性作用尚未充分发挥出来。现行的地方政府政绩考核机制和财政分权体制成为产能过剩形成的"加速器",因为面对好的项目,地方政府将越过市场机制推动项目上马,对投资和经济增长进行过度干预,结果造成部分行业过度投资、重复投资,由此引发严重的产能过剩。地方政府的不当干预往往表现为补贴、减免税、廉价转让土地等,用 $G(q)$ 表示由于政府的补贴、减免税、廉价转让土地等对企业的支持,地方政府的支持力度一般是随着企业生产能力的增加而增加,所以有

$$G'(q) = \frac{\mathrm{d}G(q)}{\mathrm{d}q} > 0 \tag{3}$$

地方政府的支持政策意味着企业生产经营中的成本减少,则企业的预期成本函数和预期利润函数可以分别表示为:$C(q) = F(q) + V(q) - G(q)$(政府支持的企业预期成本函数)和 $\Pi(q) = R(q) - F(q) - V(q) + G(q)$(政府支持的企业预期利润函数)。利润最大化要求满足一阶导数为零,进行整理可得

$$R'(q) - F'(q) - V'(q) = -G'(q) < 0 \tag{4}$$

设 q 为存在政府过度干预和地方保护条件下的企业产能,q_0 为完全市场条件下的企业产能,所以,由式(1)和式(4)结合可得:

$$R'(q) - F'(q) - V'(q) < R'(q_0) - F'(q_0) - V'(q_0) \tag{5}$$

根据式(2),$\Pi'(q)$ 是 q 的减函数,所以可以得出 $q > q_0$。上述运算结果表明,随着政府的支持性干预力度增加,企业产能将逐步扩大。地方政府受 GDP 崇拜和政绩考核机制的利益驱使,往往对能够带来地方税收收入和 GDP 增加的企业项目进行过度支持。其结果是本地企业产能盲目扩张,造成全社会的低水平重复建设和过度投资。在典型市场经济国家,通常情况下垄断性强的行业是难以出现产能过剩问题的,虽然这些企业有较大的产品定价权,但这种定价权是建立在限制产能扩张的基础上的,垄断企业没有产能过剩的冲动。而我国的产能过剩行业中相当一部分属于国有垄断企业,这些企业投资的背后是地方政府利用资源垄断权力,对 GDP 政绩和增加财政收入的追求,同时也造成严重的产能过剩。

(2)地方政府监管缺位造成产能盲目扩张。外部性会导致市场失灵,在政府监管缺位时如果不能通过税收或补贴等方式进行干预,就可能会出现产能过剩问题。以存在资源浪费、生态环境破坏需要政府的加强监管的情况为例,追求利润最大化的企业是不可能自觉进行生态环境保护的,政府如果不能够通过有效的生态环保税收和实施排污许可证等对工业企业实施环境管制,引导企业

依靠科技创新发展资源消耗低、环境污染小的产业,低效率、污染重的产业产能就有可能持续膨胀。我们依然用企业产能形成模型进行分析,用 $E(q)$ 表示由于政府对污染企业征收的环境税、排污费及许可证交易的支出总和,对于企业来说是由于政府实施环境管制而增加的成本,$E(q)$ 一方面伴随着产能规模的扩大而增加,即 $E'(q) = \dfrac{\mathrm{d}E(q)}{\mathrm{d}q} \geqslant 0$,另一方面也随着政府监控力度的加大而增加。地方政府的环境管制意味着企业生产经营中的成本增加,企业的预期成本函数和预期利润函数可以写成:$C(q) = F(q) + V(q) + E(q)$(环境管制下的企业预期成本函数)和 $\Pi(q) = R(q) - C(q) = R(q) - F(q) - V(q) - E(q)$(环境管制下的企业预期利润函数)。假设同种条件下有两个地方政府,即政府 1(对应地方企业产品产量是 q_1)和政府 2(对应地方企业产品产量是 q_2),在同等污染程度条件下政府对其管制存在很大区别,假设政府 1 积极矫正市场失灵,政府 2 出于某种原因对环境监管缺位,政府 1 实施管制的严格程度大于政府 2,意味着政府 1 辖区内企业的单位产品要承担更多的成本,即随着产能的增加对应的费用成本增加,$E'(q_1) > E'(q_2)$。两地企业在追求利润最大化时须满足一阶导数为零,进行整理可得 $R'(q_1) - F'(q_1) - V'(q_1) > R'(q_2) - F'(q_2) - V'(q_2)$。根据式(2)$\Pi'(q)$ 是减函数,所以有 $q_1 < q_2$,即政府 2 的监管缺位,对外部性问题缺乏有效的矫正导致其辖区内的企业产能在同等条件下有较大产能扩张,而政府 1 通过实施严格监管有助于合理限制产能膨胀,管制越严格对产能规模的控制越有效。由于我国市场机制不完善和地方政府为追求政绩而忽略对落后产能的管制,企业在生产中不用承担环境费用,导致大量的高耗能、高污染、低效益的技术水平落后产能的普遍存在。政府对企业加强环境管制意味着企业生产成本的增加和产业、产能结构优化,使那些资源消耗和环境污染程度高的企业减少产能。

(3)市场退出机制不健全导致落后产能大量存在。在市场经济条件下,通过优胜劣汰使经营不善的企业破产是正常现象。由于我国市场机制不完善,缺乏有效的企业退出机制,而地方政府又基于 GDP 政绩追求或人员安置等问题的考虑往往不愿意让企业破产,甚至采取种种措施保护这种企业运转,其结果是无效率的企业依然保持着一定的生产能力,造成行业内的产能过剩。根据企业产能形成的基本模型,企业预期收益函数 $R(q) = P.q$ 和预期成本函数 $C(q) = F(q) + V(q)$,其中,$V(q) = V_c.q$,$V(q)$ 是总变动成本,V_c 是单位变动成本。企业盈亏平衡时有:$P.q = F(q) + V_c.q$。根据微观经济学原理,若存在沉没成本,即使企业存在亏损,只要 $P-V_C>0$,企业为了损失最小化(部分回收沉没成本和减轻因企业破产带来的人员安置等政府负担)就会继续经营下去。退出障碍成本 $F(q)$ 值越大,企业的产能 q 值也就越大,且经营时间也可能越长。$F(q)$ 包括企业前期投入的固定资产、无形资本和人员安置成本等,在某种程度上可以代表企业市场退出障碍,这个退出障碍的存在是形成我国产能过剩问题的重要原因。我国企业退出机制不健全是由于地方政府不愿意轻易接受企业破产造成的社会成本。其原因在于:一是国有银行商业化程度不高,而国有企业的巨额银行贷款在企业破产时成为死账,最终将由国家承担企业破产导致的巨额资产损失;二是政府对国有企业依然承担着无限责任股东的角色,企业一旦破产将造成大量增量成本,国有资产流失,这是追求 GDP 政绩的地方政府不愿意看到的现象;三是我国目前社会保障机制还不健全,社会保障水平低,覆盖面窄,财政投入的力度小,还不能有效提供过多企业破产带来的职工保障需求。企业破产带来的职工安置问题必然给政府带来负担,政府不愿意轻易让企业破产,也避免引发大量工人失业,由此使国有企业一般都具有形成产能过剩的倾向。

(4)宏观调控失当也会造成产能过剩。通常情况下总需求不足和通货紧缩可能会加剧产能过剩问题,在进行宏观调控过程中实施积极的财政政策和稳健(或宽松)的货币政策,通过减少税收、增加政府采购和适度降低利率以刺激需求来实现投资增长是推动宏观经济走出通缩的关键因素之一。而这种政策在具体的实施过程中往往难以实现理想的目标,原因是:一方面,在刺激消费需求的同时,也因同时降低利率刺激了投资需求,由此推动产能持续增加;另一方面,在目前我国宏观经济调控体制下,政府采购的产品主要与公共基础设施建设有关,这会给钢铁、有色、水泥等行业传递一种市场需求增大的信号,由此将会增加产品需求预期,进而刺激产能增加;再者,由于宏观调控政策一般存在滞后性特征,往往是本轮宏观经济问题尚未得到解决,又刺激了下一轮的产能扩张。例如,在 2009 年,中国政府为实现"保八"的经济增长目标,实施了一系列扩张性财政政策和货币政策,促进企业特别是大型国有企业加大投资和供给,虽然较快地实现了经济的复苏,但同时也加剧了本已存在的产能过剩问题。

四、治理产能过剩,优化中国产业组织的思路及对策

根据以上分析可知,现阶段中国政府职能存在错位、地方保护主义严重、地方政府过于追求 GDP 政绩,以及产业的进入退出机制不健全、宏观调控机制有

待完善等体制性因素,是导致中国产能过剩问题的根本症结所在。要达到对产能过剩的标本兼治,既要从技术层面采取消减产能和扩大需求等措施,更要针对形成产能过剩问题的深层次原因进行体制性改革和创新。现阶段,治理中国产能过剩问题的根本出路在于深化体制改革,这是治理我国产能过剩问题的根本之策。第一,进一步转变政府职能,理顺政府与市场的关系,强化市场机制对资源配置的基础性调节功能。对产能过剩的治理,不应简单地通过"关停并转"来进行,而主要通过改革不合理的体制机制来实现。政府应适应市场经济发展的要求,主要加强提供公共服务的职能,为经济的有序运行创造良好的市场、法律和制度环境。深化政府行政审批制度改革,要把政府行政审批权限制在法律规定的必要范围内,政府只对关系到国家经济安全、资源节约与环境保护、国计民生的关键项目进行投资审批。

第二,改革和完善地方政府的政绩考核机制,通过更科学的政绩考核机制引导地方政府的经济行为。改革和完善地方政府的政绩考核机制的根本之点在于消除"GDP崇拜"、建立以经济发展、社会发展和生态环境保护协调统一的新政绩考核制度,特别是要将绿色GDP指标纳入地方政府和官员政绩考核内容,促使地方政府将资源环境标准纳入产业结构的调整和经济目标的追求之中,改变以往单纯依靠盲目上项目、进行重复投资实现经济增长的偏向。

第三,建立和完善产能利用率评价指标体系和行业产能信息定期发布机制。借鉴发达国家在产业经济信息的收集、整理、分析和发布制度方面的经验和做法,建立符合我国经济发展实际的行业产能利用率衡量方法与指标体系。由政府统计部门发布行业产能信息和产业分析意见,这也是政府公共服务职能的重要体现,它有利于企业清楚了解该行业在特定阶段的产能利用率情况,据此确定自己的投资行为。产能利用率的实质是产出与产能的比较,完善产能利用评价指标体系和行业产能信息定期发布机制,强化其对企业投资决策的参考作用,而非强制性管制,将有助于克服企业盲目投资造成的产能过剩[①]。

第四,建立和完善企业进入退出机制。对于依靠市场机制难以消除外部性而造成产能过剩的产业,需建立健全企业"准入机制",通过设置一定的"进入门

---

① 2006年国务院就曾作出指示,要求有关部门完善统计、监测制度,做好对产能过剩行业运行动态的跟踪分析,建立定期向社会披露产品供求、产能规模、价格变化等相关信息的制度。但遗憾的是我国的产能利用评价指标体系尚不完善,行业产能信息定期发布机制还没有常态化、全面化。

槛"来限制落后产能的扩张。为此,政府要积极制定相应的技术、能耗、质量、环保、规模和安全标准,提高市场准入门槛和产业进入壁垒,限制污染排放严重、生产安全事故率高、经营方式粗放的产能,同时将那些技术含量低、资源环境问题严重的落后产能拒于行业之外。"破产出局"是市场经济条件下抑制产能过剩的有效措施。针对那些生产效率低、市场竞争力差的企业,通过企业兼并重组等退出机制,促使这些企业退出市场,从而减少落后产能。然而,企业破产退出会造成工人失业等社会问题,为此需做好相关配套工作,主要包括完善社会保障制度,加强对下岗职工的技能培训和再就业指导等。

第五,进一步完善政府宏观调控体系。宏观调控既要促进总供给与总需求实现总量平衡,也要采取相应配套措施解决结构性失衡问题,重点是通过产业政策调整部分行业的产能过剩问题。政府宏观调控政策的制定和执行,一要注重财政政策、货币政策和产业政策的有机结合,充分发挥财政、货币和产业三大政策工具的协调作用。二要在把宏观调控政策的执行建立在充分发挥市场机制作用的基础上,通过市场机制适度压缩产能过剩行业的投资需求增长,控制过剩产能的扩张,同时积极引导和促进新兴产业快速发展,调整优化产业结构和产能结构。

第 七 章

中国特色新型工业化发展中的企业成长

　　企业是一个国家产业体系的微观基础,也是工业化发展的微观载体。保持企业旺盛的成长活力,是形成有竞争力的产业体系和高效率工业化的基本条件。中国企业成长受体制性因素的影响十分明显,促进企业成长,并购是其中最根本的途径。

第一节　经济转轨期中国企业成长的影响因素分析

一、国内外关于企业成长的相关研究

　　企业成长是企业随着时空的推移,根据企业内外部经营环境的变化,对企业的管理进行动态调整和优化,与其外部经营环境相互适应,不断优化企业持续的经营绩效的过程(赵晓,2007)。从学理上看,企业成长的思想可追溯到古典经济学,根据这一理论,企业内部分工与专业化提高了劳动生产率,同时也促进了企业生产规模的扩大,而这反过来又进一步深化了企业的分工与专业化,二者相互促进从而实现了企业成长。从亚当·斯密的专业化分工到杨格的规模报酬递增,再到约翰·穆勒关于资本需求对企业规模经济的作用等,都包含了丰富的企业成长理论。马歇尔将规模经济、市场结构与组织等要素分析结合起来,大大丰富和深化了关于企业成长的分析。但在其后新古典经济学占主导地位的经济学研究中,有着丰富内涵的关于企业成长被侧重从技术、生产层面进行研究的企业规模经济的研究所取代,直到1959年伊迪丝·彭罗斯(Edith

T. Penrose)出版了《企业成长理论》一书,才将企业成长重新作为基本分析对象,全面系统地对企业成长问题进行了研究。彭罗斯主张以"成长经济"理论代替传统的"规模经济"理论。从现实经济实践看,产业是生产具有高度替代性产品的企业的集合体,企业是产业"有机体"的"细胞"或载体,企业成长是产业发展的微观基础和前提。我国正处于经济转轨过程中,面临着产业升级与发展的艰巨任务,如何通过加快企业成长实现产业升级与发展,是我国经济转轨时期面临的重要课题。

企业成长受到一系列因素的影响。关于影响企业成长的因素,彭罗斯(2007)着重从企业内在角度揭示其成长的影响因素及其作用机理,其中重点分析了管理对于企业成长的影响,而对企业外部环境因素的影响及其机理分析较少。事实上,在现实经济中,企业成长不仅受其内在因素的作用,同时还受到外部环境条件及一系列相关因素的影响。对于转轨经济而言,影响企业成长的因素更为复杂,特别是各种体制性因素对企业成长的影响作用十分明显。关于经济转轨期企业成长的影响因素,国内外学者已进行了较多的研究,这些研究主要是从法制不完善、腐败、高税负、融资困难以及所有制结构不合理等体制性特征因素对企业成长的影响进行分析的。所有制结构是影响转轨期企业成长的关键性因素,因而转轨早期关于这方面的相关研究较多(Konings et al.,1996;Konings,1997;Bilsen and Konings,1998;Faggio and Konings,1999);到了转轨的中后期,市场环境、融资约束等对企业成长的制约效应越来越显著,相应的这方面的研究也越来越多(Saeed,2009;Hashi and Toci,2010)。纵观国外学者的研究,主要是通过引入经济转轨国家的多种体制性特征,同时对吉布莱特法则加以检验[①]。从所分析的转轨经济国家看,主要是东欧、中欧的转轨经济国家。

目前,关于中国经济转轨期企业成长影响因素的研究还相对较少。李涛等(2005)利用4省区367家非国有企业数据检验了转轨经济过程中企业成长的影响因素,研究表明各种管制措施以及融资约束程度对非国有企业的成长没有显著的影响,而良好的法制环境对非国有企业的成长作用较显著。Hallward-

---

　　[①]　吉布莱特法则(Gibrat's Law)也被称为比例效应法则(The Law of Proportional Effect),1931年由法国学者吉布莱特提出,是用来刻画企业成长率与企业规模之间关系的法则,其主要内容是:企业成长是一个随机过程,同一产业中不同规模企业,在相同时期内,其规模变动的概率相等,即企业的成长率独立于其规模变量。

Driemeier(2006)利用中国 5 城市 1500 家企业数据检验了所有制、投资环境和企业绩效之间的关系,结果证实外商投资显著促进了企业的成长,而管理约束负担和腐败明显阻碍了企业成长[①],融资和基础设施对企业成长的影响不显著。

为了更全面、深入地理解和分析转轨期中国企业成长的影响因素,本书从所有制、融资约束、地方保护、税负、竞争和对外开放等多角度探索中国经济转轨各种因素对企业成长的影响。中国作为世界上最重要的转轨经济国家,其经济转轨的基本特征是以增量改革带动经济转轨,在经历了新旧体制长期并存的阶段之后,非国有经济和市场机制的作用越来越强。与此同时,政府对经济发展的过度干预仍较为严重,主要表现为地方保护主义、高税负以及由此导致的市场扭曲和不正当竞争等,这些因素给企业特别是中小企业的成长带来诸多不利的影响。现阶段,中国私营企业在国民经济发展中的地位和作用越来越重要,但中国大多数银行仍属国有银行,存在着政府的隐含担保和软预算约束,由此使私营企业相对于国有企业融资更为困难。并且转轨期的企业多处于成长期,规模不大,贷款抵押不足,加之转轨期资本市场不发达,融资渠道有限,这些都在一定程度上制约着企业的快速成长。随着中国经济转轨进程的不断推进,对外开放程度的逐渐加深,尤其是加入世界贸易组织后开放型经济发展框架的逐步建立和完善,中国的出口和外商直接投资持续增长,跨国公司加速向我国转移生产能力,进一步加剧了企业间的竞争,同时也推动了企业技术扩散和国内企业技术、产品品质等的升级,并对企业成长产生了积极的推动作用。本书在国内外相关研究的基础上,运用分位数回归方法,对中国转轨期国有经济比重、政府税收、地方保护、市场竞争、企业融资、外商投资、产品出口等影响企业成长的主要因素及其影响机理进行实证分析,在此基础上提出促进企业成长的相应对策。

二、研究设计

（一）数据来源和样本选择

本节使用了世界银行 2005 年企业投资环境调查的大样本数据,涉及中国 70 个大中城市多个产业 12400 家不同规模的企业。世界银行及其合作者在许

---

① 管理约束负担是指经理应对政府规定企业经营所需的基本条件花费的时间。腐败对以销售额表示的企业成长存在显著的负向关系,而对以从业人员表示的企业成长负向关系不显著。

多国家组织了企业调查(投资环境调查),通过与企业管理者和所有者面对面采访,搜集了大量涉及这些国家企业的各方面信息。世界银行在中国共组织了三次调查,分别是 2002 年竞争、技术与企业关系研究调查、2003 年投资环境调查和 2005 年投资环境调查。这些调查包括许多产业在不同地区、不同规模的企业数据,内容涉及融资、劳动、管理、合同执行、腐败、法制、创新和技术、企业生产率以及企业所在城市的经济状况等。

为了使分析更加准确,本节对样本进行了如下筛选:一是剔除了一些有缺失项的样本数据;二是尽管分位数回归的估计结果对于离群值样本不敏感,但为了尽量防止由于调查以及数据录入错误而引起的企业高增长率或者高收缩率,将从业人员的企业成长率大于 5 或者小于-5 的样本予以剔除;三是将企业税负占主营业务收入大于 0.5 的予以剔除,一般认为企业税负占主营业务收入不会大于 0.1,但考虑到烟草、酒类等特殊行业税收比较高[①],所以放宽了这一标准。

(二)研究模型

本节重点考察了转轨特征对企业成长的影响。大量关于特定因素对企业成长影响的实证研究都建立在检验吉布莱特法则是否成立的模型基础之上,这也包括研究转轨经济中企业成长的问题。大量实证研究发现:企业成长和企业规模之间存在显著的负相关性(Dunne and Hughes,1994;Yasuda,2005;Calvo,2006),这就意味着小企业增长更快。之所以存在这一现象,原因在于最近十年技术进步抵消了大企业的比较优势以及政府出台的各种扶植小企业成长的有利政策(Hart,2000)。大量实证研究还表明,企业成长和企业年龄之间也存在显著的负相关性(Dunne and Hughes,1994;Yasuda,2005;Calvo,2006),这意味着年轻企业比起老企业增长更快。从总体上看,现有大多数实证研究结果并不支持吉布莱特法则。鉴于此,本节也基于此模型,重点考察国有经济、税负、地方保护、融资约束、竞争、外资经济比重和出口等转轨经济特征对企业成长的影响,同时引入企业家受教育程度、员工受教育程度、员工培训、R&D、区域差异等影响企业成长的控制变量。

根据以上讨论,本节建立如下模型:

---

① 甲类香烟消费税从价税率为 56%,乙类香烟为 36%,雪茄烟为 36%。甲乙类香烟划分标准为 70 元,在卷烟批发环节额外加征了 5%从价税。白酒类消费税为 20%,黄酒为 240 元/吨,啤酒 220 元/吨,其他酒为 10%,酒精为 5%。

$$growth = \beta_0 + \beta_1 state + \beta_2 tax + \beta_3 protection_3 + \beta_4 competition_4$$
$$+ \beta_5 finance_5 + \beta_6 foreign_6 + \beta_7 export_7 + \sum \beta_n control_n + \varepsilon$$

其中 $control$ 变量包括 $lnscale$，$lnage$，$enedu$，$emedu$，$emtrain$，$r\&d$，$location$

（三）变量定义

表 7.1　变量符号及定义

因变量	符　号	定　义
从业人员成长率	$growth$	（2004 年从业人员总数—2003 年从业人员总数）/2003 年从业人员总数
解释变量	符号	定义
国有经济	$state$	国有资本/全部资本
竞争	$competition$	其他企业竞争行为影响企业经营和成长的程度
融资约束	$finance$	融资约束阻碍企业经营和成长的程度
税负	tax	2004 年税负总额/2004 年主营业务收入
地方保护	$protection$	地方保护阻碍企业经营和成长的程度
外商投资	$foreign$	国外资本/全部资本
出口	$export$	2004 年出口额/2004 年销售收入
控制变量	符号	定义
规模	$lnscale$	2003 年企业从业人员总数的对数
年龄	$lnage$	从企业建立开始计算到 2004 年企业年龄的对数
企业家受教育程度	$enedu$	按照接受教育程度分别赋值为 1，2，3，4，5，6，7
员工受教育程度	$emedu$	接受过大学教育员工总数/企业员工总数
员工培训	$emtrain$	如果过去两年员工接受过企业培训则为 1，否则为 0
研发活动	$r\&d$	2003 年企业研发活动支出/2003 年企业主营业务收入
企业位置	$location$	如果企业位于副省级城市①则为 1，否则为 0

注：企业家受教育程度分为 7 档，分别为没有接受过教育、小学、初中、高中、专科、本科、硕士及以上，分别赋值为 1，2，3，4，5，6，7；税负除了包括增值税、消费税、企业税等一般税收，还包括各部门征收的管理费用；融资约束、地方保护和竞争是被调查者的主观意见，按照对企业经营和成长的影响严重程度分为五档，分别为没有、低等、中等、高等和非常高，分别赋值为 0，1，2，3，4。

---

①　目前，我国副省级城市有：哈尔滨市、长春市、沈阳市、大连市、济南市、青岛市、南京市、杭州市、宁波市、广州市、深圳市、武汉市、成都市、西安市、厦门市。其中，大连市、青岛市、宁波市、厦门市、深圳市是计划单列市。

表 7.2　变量统计性描述

变量	样本数	均值	标准差	最小值	最大值
growth	12265	0.09425	0.3334	−0.9380	5
lnscale	12265	5.5542	1.4856	1.6094	11.7005
lnage	12265	2.1265	0.8777	0.6931	4.9345
enedu	12265	5.5768	0.9980	1	7
emedu	12265	0.1834	0.1778	0	1
emtrain	12265	0.8745	0.3313	0	1
r&d	12265	0.0105	0.311	0	0.6797
location	12265	0.1290	0.3352	0	1
foreign	12265	0.1461	0.3168	0	1
export	12265	0.1649	0.3156	0	1
finance	12265	1.4002	1.2651	0	4
tax	12265	0.0482	0.0495	0	0.5
protect	12265	0.6598	0.9047	0	4
state	12265	0.1330	0.3141	0	1
competition	12265	1.1274	1.1061	0	4

1. 企业成长率

已有研究文献主要使用了销售额、从业人员、资产(净资产)等指标来测度企业成长,在这些关于企业成长的文献中,30.1%的文献使用了销售额测度企业成长,29.8%的文献使用了从业人员测度企业成长(Delmar,1997)。可见,销售额和从业人员是最常用的测度企业成长的指标。尽管如此,用销售额表示企业成长率也存在一些缺陷,该指标与通货膨胀和汇率相关(Delmar et al.,2003)。另外,企业一般不愿披露销售额的财务数据(Hoxha,2008),尤其在转轨经济国家还存在经营者低报企业收入等问题(Aidis,2005)。因此,以从业人员数量表示的企业成长率可信度更高,并且其与就业政策相关性比较强。基于以上分析,本书以从业人员指标测度企业的成长率。但用从业人员测度企业成长率也存在一定的缺陷,其受劳动生产率增长和机器替代劳动力的影响比较大

(Delmar et al.,2003)。企业成长率的测度方式对准确表示企业成长也很重要，本书采用了基于年度成长率而不是一段时间累积的成长率，年度成长率更能评价企业成长的即时效应(Brown et al.,2004)。

2. 国有经济比重

在经济转轨过程中，国有企业的改组和私有化将引导资源由国有企业流向私有企业，实现资源的再配置，其目标是创造并形成竞争性市场环境。尤其是在渐进式经济转轨过程中，在传统体制收缩的同时市场主体及其关系相应形成和扩张时，国有企业可能会阻碍市场机制的形成和发挥。从企业角度看，转轨主要涉及两个方面：资源从国有部门向私人部门再配置和企业重组提高企业效率。大多数转轨经济国家，资源再配置和企业重组已取得了明显进步，伴随着市场开放，新私营企业和外资企业的进入，私营经济已成为转轨国家经济发展的重要动力。早期文献已证实，新私营企业的成长性要高于国有企业和已私有化的企业(Konings,1997)。Faggio and Konings(1999,2003)进一步研究发现，国有经济对保加利亚、爱沙尼亚和罗马尼亚等转轨国家企业的成长存在显著的负向效应。尽管中国转轨过程中国有企业进行了股份制改造，甚至通过上市实现了产权多元化，使得民营经济得到了迅速发展，成为支撑中国经济增长的重要力量，但仍存在国有企业凭借其特殊地位尤其是行政性垄断，获得资源的无偿或低价使用、贷款等诸多方面的优惠，使大多数企业失去了平等竞争的机会。刘小玄、李利英(2005)研究发现在国有企业改制过程中国有产权对企业绩效具有显著的负作用，而非国有资本对企业总资产、销售收入、净资产和所有者权益具有显著的正向影响。

3. 政府税收

税收作为国家调节经济的重要方式之一，对企业成长具有显著影响，这主要是由于政策制定者能够通过税收征收方式和税率等影响企业的投资决策。有关研究显示，一些转轨经济国家的税负比许多欧洲国家还要高(Hashi and Mladek,2000)，并且这些国家的税目繁多、征税程序较为复杂，从而进一步增加了企业的交易成本。例如在罗马尼亚，企业管理者普遍认为税收管理负担是企业成长的重要制约因素(Brown et al.,2004)。可以说，在转轨经济国家，不合理的税负及其相关制度已成为这些国家企业成长的重要制约因素。再者，转轨经济国家的不合理税负与政府有关部门的腐败结合在一起进一步阻碍了这些国家企业的成长。目前中国企业的税负偏重，2006—2009年中国规模以上工业企业应交增值税和主营税金合计税负为13.57%，与同期平均总资产贡献率

13.60％基本相等(张伦俊、李淑萍,2012),并且有研究显示,中国的有效税负和腐败之间存在一定的正相关性(Cai et al.,2005)。

4. 地方保护

地方保护作为转轨期非正式的政府管制行为之一,对企业的成长具有显著影响。正如 Bai et al.(2003)所指出的,转轨经济中的地方保护主义行为会造成市场分割、阻碍自由贸易、限制生产分工,进而损害了作为市场进入者的非国有企业的成长。在转轨经济国家存在着政府不重视打假和进行知识产权保护、在商品采购和项目招标过程中会有意倾向本地企业、发生商业争议时司法部门可能会有意偏袒本地企业等隐蔽性地方保护主义行为,它们可能直接或间接地减弱了本地市场上企业之间的竞争,巩固或提高了本地企业的市场份额,减弱了其提高经营效率的动力,这可能使企业丧失在外地市场竞争的能力和优势。中国的分权式改革条件下,地方政府不仅拥有较大资源配置权力,而且拥有相对独立的经济利益,由此使地方政府有动机也有能力保护本地企业,使它们享受外地企业所不能享受的待遇。

5. 市场竞争

在成熟的市场经济国家,竞争能够显著促进企业的研发和新技术的利用,不断推出新产品,提高企业效率。但在转轨经济环境下,市场机制的不完善造成企业过度竞争[①],导致了企业竞争费用的上升,削减了竞争可能带来的利润,使企业在技术创新、新产品开发方面的投资不足,企业长期处于低利润或负利润状态。另外,市场竞争法规体系的不健全,国有企业的产权特性、行政性垄断干预等,还将导致大量不公平竞争行为[②],如对大型国有企业补贴以及管理政策支持、赋予外国投资者特殊的优先权和拥有非常强的政治关联的企业获得不正当利益等(Brown et al.,2004)。根据国外学者的研究,这一现象在中欧经济转轨国家表现得也较突出,如在阿尔巴尼亚,非注册企业通过逃税方式比注册企业拥有更为明显的优势(Muent et al.,2000);在科索沃,不公平竞争对新企业和快速成长企业的成长存在显著的制约作用(Hoxha,2008)。我国转轨经济中

---

① 张维迎、马捷(1999)在《恶性竞争的产权基础》一文中将"恶性竞争"定义为"价格小于边际成本的定价行为",国内其他学者在引用该文"恶性竞争"的概念时往往将其与通常所说的"过度竞争"看成是同一个经济学概念。李志强(2008)将"过度竞争"定义为参与某个市场竞争的任何一家企业的期望利润都小于零的状态。

② 不公平竞争又称"不正当竞争"、"非法竞争"等。在工商业领域中采用不诚实或其他不正当手段侵犯他人权利,牟取非法利益的行为,都归于不公平竞争。

企业间多种形式的不正当竞争行为也大量存在[1]，恶化了市场公平竞争环境，阻碍了企业顺利成长。

6. 融资

融资是决定企业成长的一个重要因素。资本市场尚不发达、金融服务业发展水平低和商业银行的高风险规避是转轨经济的重要特征（Pinto，2005）。融资制度不完善和资本市场的不成熟增加了信息的不对称性，提高了交易成本，制约了金融市场对企业成长的作用。在斯洛文尼亚，企业将融资成本和贷款偿还保险方式视为影响企业成长最严重的障碍（Bartlett and Bukvič，2001）。在阿尔巴尼亚，缺乏资金是企业成长的主要制约因素之一，企业往往通过家庭或朋友提供资金来弥补银行贷款的短缺（Muent et al.，2000）。Abubakr（2009）通过检验东欧和中亚26个转轨国家融资资源和企业成长之间的关系表明，股票市场、本地银行、外资银行和国有银行、商业信誉和租赁等融资资源都有利于促进转轨国家企业成长，但国有银行和非正式金融制度制约了小企业的成长。中国在转轨期金融市场得到迅速发展，在对国有银行进行股份制改造的同时，涌现出许多非国有金融机构，对企业间接融资起到重要作用。但总体上看，我国资本市场发育缓慢，银行借贷和民间借贷是目前中国企业获取资金的主要来源，企业间接融资依然存在较大困难。据2010年中国企业家调查系统调查结果显示，73.5%企业选择了长期借贷，55.3%企业选择了民间借贷，只有少数企业能够通过参与股票市场、引入风险投资等直接融资方式获得资金，而银行贷款只能满足日常生产经营的需要（中国企业家调查系统，2011），并不能满足对外扩张的需要，企业融资约束依然存在。

7. 外商投资

外商投资对东道国经济存在溢出效应、需求效应和竞争效应（Fotopoulos and Louri，2004）。从微观角度看，三种效应显著促进了东道国企业的成长。跨国公司通过引进新技术导致东道国企业效率提高，即溢出效应。同时，跨国公司还可利用已有营销网络为获得外国市场铺平道路，间接增加了东道国企业的需求，即需求效应。面对跨国公司的竞争压力，国内企业不断提高企业效率，强

---

[1] 我国反不正当竞争法共指定了11种不正当竞争行为，涉及虚假的商业标识行为、公用企业限制竞争的行为、行政垄断行为、商业贿赂行为、虚假宣传行为、侵犯商业秘密行为、不正当低价销售行为、搭售行为、不正当有奖销售行为、商业诋毁行为和串通招投标行为，随着市场经济发展，又出现了一些包括附赠式有奖销售、反向假冒和商标与企业名称混同等不正当竞争的新形态。

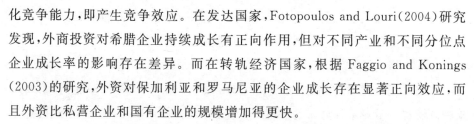

化竞争能力,即产生竞争效应。在发达国家,Fotopoulos and Louri(2004)研究发现,外商投资对希腊企业持续成长有正向作用,但对不同产业和不同分位点企业成长率的影响存在差异。而在转轨经济国家,根据 Faggio and Konings(2003)的研究,外资对保加利亚和罗马尼亚的企业成长存在显著正向效应,而且外资比私营企业和国有企业的规模增加得更快。

8. 出口

出口有利于扩大市场范围,促进企业专业化分工,实现规模经济。出口过程是企业"干中学"的过程中,增加了东道国企业可接触到国外先进技术的机率,有利于企业模仿和技术创新。出口也有利于东道国企业国际化,不断学习和借鉴国外企业先进的经营管理经验和理念,激活了东道国企业的经营管理机制,提高经营管理效率。Batra et al.(2003)、Beck et al.(2005)利用大量跨国数据证明了出口对企业成长存在显著的促进作用。在转轨经济国家,贸易导向对企业绩效的正向作用将随着经济转轨的推进变得越来越小甚至为负,如 Faggio and Konings(1999)研究发现,贸易导向对罗马尼亚和保加利亚企业成长存在显著的正向效应,而对波兰企业成长的作用并不显著,对爱沙尼亚和斯洛文尼亚的企业成长存在负向效应。

9. 控制变量

企业 R&D 行为:在当今知识经济社会,R&D 和创新成为企业成长的有力引擎,企业间多年持续的 R&D 差异可能会引起其绩效间的巨大差异;企业家教育:通过教育和个人经验培养的人力资本有助于企业显性知识和隐性知识的结合(Hoxha,2008),企业家教育有助于提高其战略能力,有效提高企业的生产效率;员工教育经历、职业培训:高素质的员工更有利于企业学习、开发和应用新技术,提高企业的生产效率,更好地应对市场竞争;区域差异:区位之所以能影响企业成长,主要是由于和区位相关的一些因素包括消费者和供应商、劳动力市场特征、基础设施、集聚效应和市场竞争等对企业成长都具有一定影响。在转轨经济国家,区位选择可能对企业成长显得更为重要,转轨经济国家区域差异特征可能更为明显,不同地区经济发展水平、公共服务水平的差距很大。

此外,本节使用了一些被调查者对企业成长影响因素的主观评价意见。企业家的主观意见对于其动机和直接行为往往具有显著影响(Davidsson,1991)。而 Beck et al.(2005)则认为,尽管企业家主观评价或意见描述了制度障碍约束了企业成长的结论可能是正确的,但现实中企业可能并没有考虑这种障碍通过影响竞争对手而从中获益。因此,如果主观意见和客观指标同时存在,本书采用客观指标。如关于税负对企业成长的影响，既有被调查者的主观评价，又有实际税负占主营业务收入比重指标，本书则使用后者。

(四)研究方法

本书采用分位数回归，该方法由 Koenker and Bassett(1978)提出，主要用来刻画解释变量对条件分布的被解释变量的影响。Buchinsky(1998)概括了分位数回归方法的优势：使用残差绝对值的加权平均最小化的目标函数，这使被估计系数向量对于离群值更加稳健；允许所研究的回归参数依因变量的不同分布点变动，更为细致地解释了不同分位上回归关系的差异；如果随机误差项是非正态分布，分位数回归比最小二乘法回归更有效率。

假设条件分布 $y \mid x$ 的总体 θ 分位数 $y_\theta(x)$ 是 x 的线性函数，即

$$y_\theta(x_i) = x_i{}'\beta_\theta$$

求第 θ 分位数回归方程系数 $\hat{\beta}_\theta$ 的估计量的方法是求目标函数最小，即

$$\min_{\beta_\theta} \sum\nolimits_{y_\theta \geq x_i{}'\beta_\theta}^{n} \theta \mid y_\theta(x_i) - x_i{}'\beta_\theta \mid + \sum\nolimits_{y_\theta < x_i{}'\beta_\theta}^{n} (1-\theta) \mid y_\theta(x_i) - x_i{}'\beta_\theta \mid$$

鉴于分位数回归的优势和企业成长率分布的特点，许多学者将该方法应用于企业成长的研究。如张维迎等(2005)认为，企业成长率存在正、负两种状态，而不同因素对企业在这两种状态时的影响有可能不同，需要利用分位数回归方法研究各种因素对企业成长率整个条件分布的影响。Lotti et al.(2003)最早将分位数回归方法应用到研究企业成长问题，而后 Fotopoulos and Louri(2004)用分位数回归方法研究了 FDI 对企业成长的影响。Coad and Rao(2008)利用同样方法研究了创新与企业成长的关系，其研究的企业成长率的数据(Compustat firms)遵循了厚尾分布，尤其在研究创新与企业成长关系时，高成长性企业作为离群值不能被剔除，研究结果表明创新对处于高分位点企业(快速成长企业)成长率的正向影响更加明显。Micheline and Sleuwaegen(2010)也采用了同样的方法研究了非洲企业高成长性问题。

三、实证研究结果及其分析

(一)计量分析的基本结果及其分析

表 7.3 列出了模型回归的主要结果，表中最左边一列给出 OLS 回归结果，右边给出了分位数回归结果，分别估计了 0.1—0.9 分位数方程。本节分析以分位数回归结果为主，OLS 回归结果作为参考和比较。

表 7.3 经济转轨与企业成长的 OLS 和 QR 回归结果

变量	OLS	Q10	Q25	Q50	Q75	Q90
state	−0.0487***	0.0005	−0.0228***	−0.0261***	−0.0598***	−0.0925***
	(0.0103)	(0.0127)	(0.0033)	(0.0037)	(0.0088)	(0.0175)
tax	−0.2270***	−0.1790**	−0.0660***	−0.1220***	−0.1570***	−0.1530
	(0.0612)	(0.0783)	(0.0195)	(0.0222)	(0.0550)	(0.1150)
protection	−0.0009	0.0039	−0.0020*	−0.0018	−0.0051	−0.0062
	(0.0037)	(0.0046)	(0.0012)	(0.0014)	(0.0033)	(0.0064)
competition	−0.0078***	−0.0124***	−0.0043***	−0.0036***	−0.0053**	−0.0132**
	(0.0029)	(0.0035)	(0.0009)	(0.0011)	(0.0026)	(0.0052)
finance	−0.0015	−0.0065**	−0.0030***	−0.0016*	−0.0027	0.00025
	(0.0025)	(0.0031)	(0.0008)	(0.0009)	(0.0022)	(0.0045)
foreign	0.0365***	0.0325**	0.0165***	0.0300***	0.0453***	0.0646***
	(0.0110)	(0.0137)	(0.0035)	(0.0040)	(0.0097)	(0.0197)
export	0.0609***	−0.0014	0.0138***	0.0422***	0.0731***	0.1450***
	(0.0109)	(0.0137)	(0.0035)	(0.0040)	(0.0095)	(0.0194)
lnscale	−0.0300***	−0.0098***	−0.0063***	−0.0076***	−0.0176***	−0.0371***
	(0.0023)	(0.0028)	(0.0007)	(0.0008)	(0.0021)	(0.0045)
lnage	−0.0392***	−0.0130***	−0.0111***	−0.0159***	−0.0418***	−0.0865***
	(0.0037)	(0.0045)	(0.0012)	(0.0013)	(0.0031)	(0.0065)
enedu	0.0089***	0.0023	−0.0013	0.0024*	0.0024	0.0110*
	(0.0035)	(0.0041)	(0.0011)	(0.0013)	(0.0031)	(0.0065)
emedu	0.0261	0.0280	0.0254***	0.0371***	0.0544***	0.0403
	(0.0184)	(0.0223)	(0.0058)	(0.0067)	(0.0165)	(0.0342)
emtrain	0.0509***	0.0454***	0.0149***	0.0227***	0.0525***	0.0624***
	(0.0093)	(0.0112)	(0.0030)	(0.0034)	(0.0083)	(0.0170)
r&d	0.2290**	0.1620	0.0808***	0.1710***	0.3160***	0.2010
	(0.0969)	(0.1210)	(0.0312)	(0.0351)	(0.0840)	(0.1560)
location	0.0105	−0.0128	−0.0077***	−0.0019	−0.0032	0.0072
	(0.0091)	(0.0109)	(0.0029)	(0.0033)	(0.0081)	(0.0165)
C	0.2550***	−0.0671***	0.0344***	0.0710***	0.2760***	0.6220***
	(0.0195)	(0.0227)	(0.0062)	(0.0071)	(0.0176)	(0.0366)
样本	12265	12265	12265	12265	12265	12265
Pseudo R2	0.0524	0.0127	0.0219	0.0294	0.0535	0.0669

注:①***表示显著水平在 1%水平上,**表示显著水平在 5%水平上,*表示在 10%水平上显著;②分位数回归的 R2 为 Pseudo R2。

中国经济转轨以渐进式的增量改革为主要特色,国有经济比重较大在经济转轨过程中一直是一典型特征。分位数回归更具体地刻画了该特征对企业成长的阻碍作用。国有经济比重系数从0.25—0.9分位点都显著为负,且随着分位点上升这种效应也在逐步增加,0.9分位点国有经济比重系数(-0.0925)比0.25分位点(-0.0228)增加了3倍多,这表明国有经济比重对企业扩张时的制约作用比对企业收缩时要大。国有企业凭借其特殊地位,特别是行政性垄断,获得比其他所有制类型的企业更多的优势,使得其他企业失去了公平竞争的机会。

税负是转轨国家影响企业成长的重要因素。税收对企业成长率条件分布的两端影响大于对中间影响(0.9分位点影响不显著)。在转轨过程中,高税负是阻碍企业高成长和加速高速收缩企业衰退甚至退出市场的重要因素。同时,还应关注隐藏在高税负背后的高纳税成本以及征税的规范性和公平性等问题可能比税负本身对企业成长的制约作用更大。另外,已有学者证实转轨国家税负和腐败高度相关,而腐败对企业成长的制约作用显而易见。由此,也凸显税负对企业成长的不利影响。

地方保护变量的系数除了在0.25分位点显著为负外,在其他分位点上均不显著。李涛等(2005)也发现地方保护主义对企业成长影响不存在显著的负向关系。转轨期中国存在着较为严重的市场分割和地方保护主义,但总体上看国内市场的整合程度呈上升趋势(Naughton,1999;桂琦寒等,2006),特别是2001年中国加入WTO后,随着各类产品的关税逐年降低,贸易自由化不断加强,外国企业进入中国市场的成本也相应在下降,企业竞争力在增强,由此降低了地方保护对企业成长的负面效应。

竞争对企业成长率的影响在各个分位数回归方程中均显著为负,且其对企业成长率条件分布的两端影响大于对其中间部分的影响。这表明,竞争对高成长企业或高速收缩的企业影响更大。一方面,在中国经济转轨过程中,要素市场、产品市场仍不完善以及相应管理制度不健全,导致了不公平竞争,增加了企业经营成本,从而恶化了企业成长的市场环境;另一方面,在中国特定的背景下可能存在着过度进入,从而导致了市场过度竞争,价格大幅降低,利润大量减少,迫使企业收缩经营,甚至退出市场。

融资约束对企业成长的制约作用从0.1—0.5分位点均显著,但随着分位数上升这种效应逐渐降低,从0.1分位点的-0.0065下降到了0.5分位的-0.0016,融资约束加速了高速收缩企业进一步收缩的幅度,最后甚至迫使企业退出市场。从0.5分位点以上,融资约束对企业成长制约作用不显著,这说明融资约束并不是制约高成长企业成长的主要障碍。高成长企业可通过内部融资解决资金短缺,而处于经营困难的企业,留存盈利较少,很难满足企业发展资金需要,可能更多地需要依靠外部融资,由此,外部融资约束对处于高速收缩期的企业成长的制约作用更显著。

外商投资对企业成长率的影响在各个分位点上都显著为正。外商投资主体是跨国公司,它比东道国企业具有更高的 R&D 投入、高素质的员工、先进技术产品和更高产品差异化水平等优势。从本质上看,跨国公司最重要的优势在于其先进的技术,本地供应商为了满足跨国公司技术标准,因而受益于跨国公司扩散的先进技术,如此的技术扩散改善了国内企业的技术效率,有效促进了企业成长。除了 0.1 分位点外,出口对企业成长影响均显著为正,随着分位点上升,这种效应也在不断提高,这也证实了中国企业持续增长与不断增加的出口规模是分不开的。

企业规模和企业成长存在负相关性,企业规模对企业成长率条件分布的两端负向影响大于对其中间分布的影响。企业成长和企业年龄之间也存在显著的负相关性,而且企业年龄对企业成长率条件分布的高分位点的影响大于其对低分位点的影响,换言之,对于成长越快的企业,年龄的负向作用越强。通过以上研究发现企业成长显然不遵循吉布莱特法则。

企业家受教育水平变量的系数在 0.5 和 0.9 分位点上显著,且在 0.9 分位点的系数显著高于 0.5 分位点的系数。从总体上看,企业家教育对企业成长的正向效应并不是很明显,但它对高成长企业成长的促进作用比较显著。Aidis and Mickiewicz(2005)研究也表明,转轨经济国家的企业家受教育水平越高,其所经营的企业成长越快。

员工受教育程度在 0.25、0.5 和 0.75 分位点都存在显著的正向影响,而且随着分位数上升这种效应逐渐增强,回归系数从 0.25 分位的 0.0254 上升到了 0.75 分位的 0.0544。这说明受过良好教育的员工对企业成长的作用更明显。职业培训变量的系数在 0.1—0.9 的分位数回归中都很显著,且在条件分布两端其对企业成长的影响更为显著。也即是说,当企业因各种原因出现规模收缩时,职业培训能够在一定程度上起到减少企业收缩幅度的作用。职业培训不但能提高员工的劳动生产率,而且能增强人力资本的专用性,有效降低高素质员工离职的数量。

R&D 是推动企业成长的最重要的因素,R&D 系数在 0.25、0.5 和 0.75 分位点都显著为正。随着分位点上升,这种效应也呈现出上升趋势。这一结果也证明,R&D 和创新是企业取得长期竞争优势的基础。

区域差异变量的系数仅在 0.25 分位点显著为负。尽管中国大城市消费市场更加广阔,基础设施更加完善,但随着城市规模的扩大,土地成本进一步上升,交通拥堵严重,随着大量企业进入,对于资源和市场的争夺更加激烈,大城市集聚已由规模经济向规模不经济过渡,对企业成长的正向效应逐渐转变为负向效应。

(二)中小企业与大企业成长影响因素的实证结果及其比较

中小企业成长在我国经济转轨过程中发挥重要作用,它对转轨过程中产生的许多经济和社会问题具有较强的化解能力,特别是对就业问题的缓解具有不可替代的重要作用。另外,在创新、发育市场机制等方面,中小企业的作用也十分显著。据此,这里对不同规模的企业成长问题进行分组考察,结果见表 7.4、表 7.5。

表 7.4　经济转轨与中小企业的 OLS 和 QR 回归结果(从业人员小于 1500)

变量	OLS	Q10	Q25	Q50	Q75	Q90
state	−0.0515***	−0.0007	−0.0222***	−0.0279***	−0.0533***	−0.0904***
	(0.0120)	(0.0147)	(0.0036)	(0.0046)	(0.0094)	(0.0232)
tax	−0.2570***	−0.1320	−0.0683***	−0.1330***	−0.1770***	−0.2890**
	(0.0697)	(0.0887)	(0.0210)	(0.0264)	(0.0546)	(0.137)
protection	−0.0023	0.0008	−0.0028**	−0.0022	−0.0067**	−0.0028
	(0.0042)	(0.0052)	(0.0013)	(0.0016)	(0.0033)	(0.0080)
competition	−0.0076**	−0.0107***	−0.0045***	−0.0038***	−0.0031	−0.0112*
	(0.0032)	(0.0039)	(0.0010)	(0.0012)	(0.0025)	(0.0063)
finance	−0.0001	−0.0049	−0.0018**	−0.0012	−0.0018	−0.0001
	(0.0028)	(0.0034)	(0.0008)	(0.0011)	(0.0022)	(0.0054)
foreign	0.0343***	0.0335**	0.0149***	0.0246***	0.0391***	0.0530**
	(0.0124)	(0.0155)	(0.0037)	(0.0047)	(0.0099)	(0.0248)
export	0.0580***	−0.0102	0.0101***	0.0410***	0.0755***	0.1360***
	(0.0122)	(0.0152)	(0.0037)	(0.0046)	(0.0096)	(0.0240)
lnscale	−0.0360***	−0.0171***	−0.00700***	−0.00838***	−0.0238***	−0.0443***
	(0.0031)	(0.0037)	(0.0009)	(0.0012)	(0.0025)	(0.0065)
lnage	−0.0431***	−0.0148***	−0.0117***	−0.0182***	−0.0487***	−0.103***
	(0.0042)	(0.0051)	(0.0013)	(0.0016)	(0.0032)	(0.0083)
enedu	0.0089**	0.0011	−0.0010	0.0026*	0.0016	0.0094
	(0.0038)	(0.0045)	(0.0011)	(0.0014)	(0.0031)	(0.0079)
emedu	0.0170	0.0297	0.0268***	0.0384***	0.0559***	0.0267
	(0.0204)	(0.0247)	(0.0061)	(0.0078)	(0.0163)	(0.0424)
emtrain	0.0534***	0.0485***	0.0145***	0.0232***	0.0536***	0.0657***
	(0.0099)	(0.0119)	(0.0030)	(0.0038)	(0.0079)	(0.0200)

（续表）

变量	OLS	Q10	Q25	Q50	Q75	Q90
r&d	0.2660**	0.1240	0.0803**	0.2070***	0.3980***	0.4690**
	(0.1090)	(0.1260)	(0.0337)	(0.0416)	(0.0839)	(0.1980)
location	0.0209**	−0.0056	−0.0049	0.0009	0.0006	0.0196
	(0.0106)	(0.0125)	(0.0032)	(0.0040)	(0.0084)	(0.0210)
C	0.2900***	−0.0274	0.0369***	0.0794***	0.3220***	0.7080***
	(0.0226)	(0.0261)	(0.0068)	(0.0086)	(0.0181)	(0.0458)
样本	10,690	10,690	10,690	10,690	10,690	10,690
Pseudo R2	0.0483	0.0147	0.0202	0.0268	0.0491	0.0578

注：①***表示显著水平在1％水平上，**表示显著水平在5％水平上，*表示在10％水平上显著；②分位数回归的R2为Pseudo R2。

表 7.5 经济转轨与大企业成长的 OLS 和 QR 回归结果（从业人员大于等于 1500）

变量	OLS	Q10	Q25	Q50	Q75	Q90
state	−0.0477***	−0.0096	−0.0167*	−0.0208***	−0.0712***	−0.1060***
	(0.0142)	(0.0209)	(0.0096)	(0.0073)	(0.0133)	(0.0281)
tax	−0.0692	−0.2790**	−0.0504	−0.0498	−0.0659	0.0427
	(0.0962)	(0.131)	(0.0692)	(0.0491)	(0.0884)	(0.1820)
protect	0.0030	0.0118	−0.0040	−0.0002	0.0041	−0.0066
	(0.0061)	(0.0087)	(0.0040)	(0.0031)	(0.0059)	(0.0125)
competition	−0.0075	−0.0117	−0.000886	−0.00194	−0.0111**	−0.0203*
	(0.0057)	(0.0081)	(0.0037)	(0.0029)	(0.0054)	(0.0111)
finance	−0.0106**	−0.0163**	−0.0093***	−0.0038	−0.0100**	−0.0087
	(0.0049)	(0.0074)	(0.0033)	(0.0025)	(0.0045)	(0.0098)
foreign	0.0612***	0.0182	0.0284**	0.0586***	0.0982***	0.1250***
	(0.0189)	(0.0274)	(0.0130)	(0.0098)	(0.0176)	(0.0374)
export	0.0814***	0.0329	0.0324**	0.0537***	0.0837***	0.2060***
	(0.0194)	(0.0293)	(0.0137)	(0.0100)	(0.0180)	(0.0383)
lnscale	−0.0143*	0.00638	−0.000793	−0.00360	−0.0168**	−0.0282*
	(0.0081)	(0.0110)	(0.0053)	(0.0041)	(0.0078)	(0.0171)
lnage	−0.0137**	0.0039	−0.0051	−0.0050*	−0.0106**	−0.0320***
	(0.0057)	(0.0084)	(0.0040)	(0.0029)	(0.0051)	(0.0105)
enedu	0.0105	−0.00185	−0.00309	−0.00125	0.0007	0.0157
	(0.0069)	(0.0094)	(0.0046)	(0.0035)	(0.0066)	(0.0136)
emedu	0.0883**	−0.0341	0.0378	0.0523***	0.0159	0.0892
	(0.0351)	(0.0528)	(0.0237)	(0.0181)	(0.0339)	(0.0671)
emtrain	0.0501	0.1240***	0.0824***	0.0188	0.0092	0.0102
	(0.0315)	(0.0445)	(0.0208)	(0.0161)	(0.0297)	(0.0632)
r&d	−0.0878	0.1420	0.0086	−0.0599	−0.0018	0.0003
	(0.1580)	(0.2220)	(0.1060)	(0.0768)	(0.1140)	(0.2380)
location	−0.0399***	−0.0432**	−0.0264***	−0.0165**	−0.0188	−0.0341
	(0.0130)	(0.0176)	(0.0088)	(0.0067)	(0.0125)	(0.0265)

变量	OLS	Q10	Q25	Q50	Q75	Q90
C	0.0682	−0.2430**	−0.0764	0.0298	0.2610***	0.4130***
	(0.0753)	(0.105)	(0.0490)	(0.0383)	(0.0731)	(0.153)
样本	1575	1575	1575	1575	1575	1575
Pseudo R2	0.0980	0.0299	0.0323	0.0533	0.1113	0.1540

注：①***表示显著水平在1％水平上，**表示显著水平在5％水平上，*表示在10％水平上显著；②分位数回归的R2为Pseudo R2。

由表7.4、表7.5可以看出，融资约束对大企业成长的制约作用明显高于对中小企业的制约。小企业融资约束系数仅在0.25分位点显著为负，而大企业融资约束系数在0.1、0.25和0.75分位点都显著为负（分别为−0.0163、−0.0093和−0.0100），可见，融资约束对处于高速收缩期的大企业成长的制约作用更明显。中小企业融资规模较小，融资渠道有限，这使得其选择了其他非正式的融资渠道，缓解了企业的融资压力（李涛等，2005）。另外，中小企业较强的融资约束使得它们对预算软约束的预期较低，进而提高了中小企业资金使用效率和投资效率，降低了融资约束的制约作用。再有，中小企业经营更加灵活，在资金紧缺情况下，可以用扩张劳动力方式替代大型设备资本，减少大规模的资金支出，从而可有效缓解企业融资的压力。相对而言，大企业需要更多大型设备实现规模化生产，不易实施用大规模劳动力替代资本的方式解决资金短缺问题，劳动力与资本的替代性较差。因而，大企业经营者在评价融资约束对企业成长制约作用时可能比小企业表现得更强烈。

税负显著制约了中小企业成长，尤其是高速成长的中小企业，而对大企业的成长影响不显著。中小企业税负系数在0.9分位点为−0.289，明显小于0.25分位点的−0.0683（0.1分位点不显著），而大企业税负系数仅在0.1分位点显著。中小企业处于企业发展初期，面临着提高经营管理水平、开拓市场等诸多问题，税负过重加剧了这些企业的经营困难，因此在经济转轨过程中如何通过制定合理的税负政策促进中小企业成长，是转轨国家普遍面临的重要问题。

中小企业地方保护系数在0.25、0.75分位点显著为负，而大企业地方保护系数在所有分位点上都不显著。这说明，大企业在一定程度上能够承受地方保护对其成长造成的不利影响，大企业与政府关系更为密切，善于运用各种政治策略影响政府的决策过程，更多地获得政策信息、市场准入、政治影响力、减少环境不确定性以及降低交易成本等各种利益,中小企业往往不具备这样的优势。

员工受教育程度和职业培训对中小企业成长都很重要,但二者相比,职业培训系数在所有分位点上都显著。这表明中小企业更应该重视员工职业培训,提高员工的具体操作能力。对大企业而言,员工受教育系数仅在 0.5 分位点显著,而职业培训系数在 0.1、0.25 分位点显著,分别为 0.1240、0.0824,这表明职业培训在很大程度上能够减少处于高速收缩期大企业的收缩幅度。

中小企业 R&D 密度系数在 0.25—0.9 分位点都显著为正,而大企业 R&D 密度系数在所有分位点都不显著,并且在 0.5、0.75 分位点为负。R&D 是中小企业增强生存能力和提高生产效率的一种重要战略行为。我们发现 2007 年中关村科技园区内总收入在亿元以下的众多中小企业总收入只占园区整体的 13.0%,但其科技活动经费支出和研发经费支出占园区整体比重分别达到了 37.4% 和 32.2%,中小企业已经成为园区内技术创新非常活跃的企业群体[①]。从理论上分析大企业在承担 R&D 上处于优势,因为大企业有更雄厚的研发资金、更多样化的产品、营销渠道以及更容易获得外部融资,这些都为创新创造了良好条件。相反,中小企业在承担 R&D 上往往处于劣势。但实证分析结果表明,R&D 导致了中小企业更高的成长。创新作为一种基本的企业行为,从生产角度看主要包括产品创新和工艺创新。产品创新,是指改善或创造产品,进一步满足顾客需求或开辟新的市场。工艺创新,又称过程创新(Process Innovation),是指产品生产技术的重大变革,它包括新工艺、新设备及新的管理和组织方法。根据企业实力,中小企业更加注重产品创新,大企业更加关注工艺创新。不同创新形式对从业人员企业成长影响的结果可能是不一样的。产品创新一般对从业人员企业成长率有正向影响(Harrison et al.,2005,欧洲四国;Calvo,2006,西班牙;Benavente and Lauterbach,2008,智利)。然而,工艺创新具有节约劳动力的特性(Goedhuys and Sleuwaegen,2010),因而其对从业人员企业成长影响是负的(Harrison et al.,2005)、正的(Calvo,2006)或者没有影响(Benavente and Lauterbach,2008)。

中小企业区域差异系数在 0.1—0.9 分位点都不显著,而且在一些分位点为负,但大企业区域差异系数在 0.1、0.25、0.5 分位点都显著为负。现实中只

---

① 2007 年中关村科技园区高新技术产业经济发展综述。http://www.zgc.gov.cn/document.

有少部分中小企业得到迅速扩张成为大企业,原始区位优势对这些迅速扩张企业在一定程度上起着积极作用。尽管大城市拥有众多消费群体、较多的科研机构、完善的基础设施、便捷的交通条件、高效的社会服务体系等优势,为企业成长提供了良好的外部发展环境,但随着企业规模扩大,对各种资源的需求扩大,对市场争夺更加激烈,以及大城市土地、劳动力成本不断上升,抵消了大城市所具有的各种优势。

因为我们仅考虑了从业人员标准[①],所以将大型和中小型企业的人员划分标准提高到 1500 人。考虑到模型的稳健性,我们将大型和中小型企业的人员划分标准修改为 1000 人,对模型进行了重新估计,其基本结果没有发生变化。

四、主要研究结论及政策建议

本节以 2005 年世界银行中国企业投资环境调查数据为样本,运用分位数回归方法,重点研究了我国特定的转轨制度背景对企业成长的影响。研究结果表明,国有经济比重、税负、竞争以及融资约束是制约企业成长的重要因素。尽管政府一直高度重视企业融资问题,不断完善企业融资制度,而且出台了许多支持企业融资的政策,但其结果仍差强人意,融资难仍是转轨期制约中国企业成长的一大瓶颈。值得注意的是,本节的研究结果并没有发现地方保护主义显著制约了企业的成长,这可能与中国国内市场整合程度不断上升有关。虽然中国市场经济体制不断完善,但不公平竞争行为仍然存在,成为制约企业健康成长的重要因素,同时过度竞争将进一步加剧市场不公平竞争的这种负面效应。FDI 和出口有效促进了企业成长,随着中国经济对外开放程度的不断加深,大量外资进入中国市场,FDI 的溢出效应越来越显著;另一方面,中国出口额不断增加,国内企业越来越深地嵌入国际分工体系,技术溢出与学习效应促进了中国企业的快速成长,由此证明了中国企业成长受惠于对外开放不断扩大和加深的过程。实证研究还表明,企业成长和企业规模、年龄之间存在显著的负相关性,这表明与国外成熟市场经济条件一样,在中国转轨经济背景下吉布莱特法则也不成立。值得注意的一点是,在熊彼特创新主义学派看来,企业家是推动

---

① 2011 年国家统计局制定了新的统计上大中小微型企业划分办法。其中要求工业企业大中小微的划分满足如下条件:从业人员(X,人)营业收入(Y,万元),大型:X≥1000,Y≥40000;中型:300≤X<1000,2000≤Y<40000;小型:20≤X<300,300≤Y<2000;微型 X<20,Y<300。大型、中型和小型企业须同时满足所列指标的下限,否则下划一档;微型企业只需满足所列指标中的一项即可。

企业创新、实现企业成长的最为关键性的因素,但本节的实证分析表明,在中国转轨经济过程中企业家的教育水平对企业成长影响并不显著,其中的原因很可能是在经济转轨期间,由于市场竞争秩序还较混乱,相关法律法规不健全,使许多企业把更多地精力花费在寻找并利用市场、法律和政策漏洞,以不正当的行为方式来获取企业成长的资源和条件,而在这一过程中,在成熟的市场经济国家对企业成长具有重要作用的企业家的教育水平或素质条件对中国企业的成长作用显得微不足道。另外,在转轨经济过程中,中国经济中存在大量行政垄断性企业,这些企业凭借行业、地区或部门垄断获取高额垄断利润,在这种环境条件下企业家对企业成长的作用显得无足轻重。实证分析结果表明,企业从业人员的教育水平和职业培训明显有助于企业成长,且企业 R&D 已成为推动企业成长的最重要的因素。在转轨经济条件下,相对良好的外部环境可以为企业经营和利润获得提供一个有利的外部条件,但仅有这种条件对企业成长是远远不够的,这些条件必须与企业内在的素质、能力与活力相结合,才能形成推动企业快速成长的巨大力量,而企业内在素质、能力与活力的形成直接取决于企业从业人员的教育水平和职业培训以及企业 R&D 水平。

本节的实证研究还发现,转轨期不同因素对规模不同的企业的成长所造成的影响存在较大差异。地方保护和税负对中小企业成长的制约作用显著高于对大企业的影响,而 R&D 密度和职业培训则显著提高了中小企业的成长,并且这种作用显著高于大企业。而区域差异对中小企业成长基本不起作用,但显著地制约了大企业成长。这种影响作用的差异表明,在目前转轨经济过程中,地方保护、税负等体制性因素以及 R&D 密度和职业培训等技术性因素对中小企业成长的影响更为显著,如何为中小企业创造更加良好的体制性环境,为其技术创新和人员教育培训建立更加良好的平台,是转轨期促进中小企业成长面临的重要课题。

综上所述,融资约束、税负、国有经济比重以及竞争等转型特征是制约企业成长的主要障碍,而 FDI、出口、员工受教育水平、职业培训、R&D 等因素则有力地支撑和促进了转轨期企业的成长。根据以上影响因素及其影响机理,为促进转轨期我国企业成长,应采取以下主要对策:第一,进一步完善市场经济体制,健全市场竞争机制。重点是进一步打破行政性垄断,抑制乃至消除地方保护主义行为,规范行业、地区限制公平竞争的歧视性政策,建立更加公平、开放、竞争、有序和统一的市场环境,平等对待各类投资主体,鼓励和引导民营资本进入新开放领域,严厉打击和规范不正当的市场竞争行为,切实解除体制性因素对企业成长的严重束缚。第二,进一步深化国有企业改革,重点推进公益性和竞争性国有企业改革,打造具有内在成长机制的企业主体。对于公益性国有企业,要规范公司治理结构,推进管理制度改革,深化人事制度和分配制度改革,加强对价格、服务标准、成本控制和行业限制等有效的行业监管。对于竞争性国有企业,要彻底实现政企分开,使企业独立决策和单独承担市场风险。第三,进一步强化对外开放对企业成长的促进作用。为此,要不断优化利用外资的来源结构,引进更多的大型跨国公司,提高 FDI 资本密集度和技术密集度,严格限制低技术含量外商投资项目,禁止高能耗高污染的外商投资项目。不断提高FDI 经营的本地化程度,积极引导 FDI 和本地企业合作,鼓励 FDI 企业延长产业链。不断扩大企业出口,增加出口信用保险的承保面,推进人民币跨境结算业务,降低出口汇率风险,实施贸易救济,积极应对反倾销。第四,改善企业融资环境,降低融资成本。深化金融体制改革,放宽市场准入,允许民间资本进入,发展中小金融机构。规范信贷市场特别是民间信贷市场,发展多层次信贷市场。完善信用担保体系建设,建立支持企业借贷的信用机构。推进企业融资方式创新,发展新的融资品种,进一步拓宽企业融资渠道。第五,完善税收征管制度,提高纳税效率,减少企业纳税成本,促进税收规范和税负公平。进一步加强非税收入的规范化管理,实现税费归位。推进税收征管的信息化建设,提高办税效率。加强税源监控,严厉打击偷税漏税等违法行为。第六,重点促进中小企业的快速成长。政府要进一步营造适合中小企业成长的政策环境和市场环境,重点是制定科学合理的税负、人才引进及培训、R&D 激励等方面的政策。进一步提高增值税和营业税起征点,扩大小微型企业所得税优惠范围,协助中小企业提高财务管理水平,降低纳税成本负担。加大人力资本投资,重点发展与中小企业人力资本结构相适应的职业教育,为中小企业职业培训提供政策和资金支持。继续增加中小企业专项基金和中小企业发展基金,特别是要进一步完善科技型中小企业创新基金管理和实施,引导科技型中小企业技术创新,促进科技成果转化。加强政府采购对中小企业的倾斜,保证中小企业在政府采购中占有一定的比例。

第二节　企业并购:促进中国企业成长的基本杠杆

现代市场经济条件下,企业成长的途径主要有两条:一是通过内部资源积累实现内生性成长;二是通过企业并购实现外部扩张。相比之下,后者是实现企业快速成长的最有效的途径。美国著名经济学家施蒂格勒[①](1989)在评价兼并对美国企业成长的作用时曾明确提出,"没有一个美国大公司不是通过某种程度、某种方式的兼并而成长起来的,几乎没有一家大公司主要是靠内部扩张成长起来的"[②]。正因为如此,绝大多数企业都将实现企业成长作为进行并购的主要目的,正如哈贝(2000)等人研究表明的,在参与并购的公司中,超过80%的公司将"成长"列为首要因素。当今国际产业的竞争,也是企业成长性之间的竞争,通过企业并购提升中国企业的成长率,是增强中国产业国际竞争力的重要途径。

一、研究综述

国外对并购影响企业成长的研究主要集中在以下两个方面:一是直接研究并购对企业成长的效应。Cosh et al. (1989),Mueller(1985)and Kumar(1985)发现并购对企业成长存在显著的负向影响。Odagiri and Hase(1989)研究也发现在并购发生三年后并购也不能提高企业成长率。Park and Jang(2011)研究餐饮行业的并购得出结论,并购企业成长性在并购3—5年后与非并购企业成长性趋于一致。同样,Hoshino(1982),Taketoshi(1984)研究了日本公司并购,发现并购对企业成长有一种正向效应。以前直接研究并购对企业成长的效应的结论是矛盾的,这与许多研究使用了事件研究法有关,其研究结果依赖于选取的时期。二是研究并购和企业规模关系。Moeller et al. (2004)研究发现规模小的并购者往往有正向收益,而规模大的并购者有负向收益。Asquith et al. (1983)也发现被并购者与并购者规模的比率对并购绩效有直接影响。Park and Kim(2010)检验了餐饮行业的吉布莱特法则是否成立,并加入了并购效应,研究发现对最小有效规模以下企业,并购是达到规模经济,实现企业成长的一种有效战略,但并不能保证最小有效规模以上的大企业在并购后能实现持续成长。

近年来,随着我国市场竞争的不断加剧,企业并购活动日趋频繁,并购规模不断增大,2006—2009年累计交易额达9109亿元,是2002—2005年累计交易

---

①　从并购的实证研究看,一般都集中在兼并、收购和要约收购事件上。资产重组的概念在国内资本市场已经被广泛使用,被约定为四大类:股权转让、资产剥离、资产置换和兼并收购,其中兼并收购是指上市公司用现金或者股票对外收购、兼并其他企业,包括收购目标公司资产的行为,本节研究的并购就是指兼并收购行为。

②　乔治·J.施蒂格勒:《产业组织和政府管制》,潘振民译,上海三联书店1989年版,第2页。

额 225.03 亿元的 40 多倍。关于并购效应的研究,国内学者主要从以下三个方面进行分析:一是关于并购对企业绩效的影响,冯根福,吴林江(2001)认为,上市公司并购绩效整体上有一个先升后降的过程,不同并购类型在并购后不同时期内业绩不相一致。李善民等(2004)进一步研究发现交易溢价、行业相关性、相对规模、收购比例、第一大股东持股比例等都是影响并购绩效的主要因素。二是关于并购对企业效率的影响,李心丹等(2003)研究发现,并购活动总体上提升了上市公司的经营管理效率,同时并购后的几年内继续保持着绩效稳步提高的趋势。三是关于并购对公司价值的影响,张新(2003)认为,并购重组为目标公司创造了价值,而对收购公司股东却产生了负面影响。周小春,李善民(2008)研究表明,现金收购、收购比例高和并购后的资源整合程度高等有利于并购价值的创造,行业相关度仅对并购价值创造有正的间接影响,而员工对并购的抵制不利于并购价值的创造。

从总体上看,目前国内外学者关于并购对中国企业成长影响的研究还相对较少,特别是对于不同的并购类型及并购特征等对企业成长的影响差异的研究就更少。现实中并购对企业成长的影响是一个十分复杂的经济过程,不同的并购动机、并购战略选择、并购方式及其特征等对企业成长的影响都是不同的,并且并购后企业的资源整合、组织文化协调等也是影响并购后企业成长的重要因素。从以上各方面入手揭示并购对中国企业成长的作用机理,在此基础上进一步分析并购对企业成长的影响,是我国现阶段并购研究有待深化的重要问题。本节在借鉴国内外有关研究的基础上,运用中国上市公司数据,具体考察不同并购类型对企业成长的影响差异,并对并购特征影响企业成长的机理进行分析,在此基础上得出企业并购影响我国企业成长的基本结论,并提出相应的对策建议。

二、变量选取与模型构建

(一)样本选取

所有的并购事件样本来自国泰安《中国上市公司兼并收购、资产重组数据库(CSMAR)2005》。财务数据和其他数据来自于 ccer 金融数据库、wind 数据库及上海证券交易所网站、深圳证券交易所网站。本节中的并购活动是指资产收购或股权收购。并购事件的样本的选取遵循以下原则[①]:一是交易金额大于

---

① 不能完全排除企业并购前与并购后发生的并购可能对企业成长产生的影响。

500万元；二是并购公告时间完整，交易须在2005年完成；三是收购公司不属于金融行业（即SIC代码为I开头）；四是若并购在当年发生两次及以上，以最大交易金额的那次为准。根据以上标准对样本进行筛选，并排除了少数不可获得全部变量的数据样本，最后得到245个样本。根据研究需要，按照《上市公司行业分类指引》的行业划分标准，对所选样本的不同并购类型进行分类，从中可大致看出目前我国企业并购所呈现出的主要类型和行业特征（见表7.6）。

表7.6　企业并购行业特征及并购类型

行业代码	横向	纵向	混合	行业代码	横向	纵向	混合
A	6	2	1	G	7	4	1
B	2	2	0	H	9	6	4
C	57	34	27	J	10	5	3
D	5	6	2	K	8	2	2
E	3	3	2	L	1	1	0
F	5	6	2	M	12	3	2

关于数据选择时间，本节选择的是2005年企业并购的数据，主要原因：一是并购对企业成长作用的显现有一个过程，只有考察并购前后若干年的企业成长特性才能把握这一作用；二是本节重点研究并购对企业成长的作用，有必要排除重大经济波动或冲击对企业成长的影响，2008年爆发的全球金融危机无疑对中国经济和企业成长产生了重大影响，为剔除这一影响，企业成长选择的是2002—2008年的数据。

（二）变量定义及描述

本节所选变量的含义及统计描述可见表7.7、表7.8。

企业成长：一般用营业收入（主营业务收入）、从业人员或总资产（净资产）的增长率来衡量，本节主要以主营业务收入的增长率来衡量企业成长，因为主营业务收入不仅能表示企业成长，还能体现企业的绩效。同时，为兼顾模型分析的全面性和稳健性，也以从业人员的增长率衡量企业成长。

企业特征：主要包括企业规模和企业年龄。企业规模分别用2005年企业主营业务收入总额和从业人员总数的对数表示。关于企业规模与企业成长的关系，国外大量实证研究表明，二者之间存在显著的负相关性（Mansfield 1962；Evans 1987；Goddard et al. 2002；Audretsch et al. 2004；Calvo 2006）。企业年龄以截至2008年公司上市累积年数的对数表示。国外许多文献验证了企业年龄和企业成长之间也存在负向关系(Variyam et al. 1992；Dunne et al. 1994；Yasuda 2005)。

表 7.7　变量的符号及定义

因　素	变　量	符　号	定　义
企业成长	主营业务收入成长率	growth1	2005—2008 年企业主营业务收入的平均增长率。用公式表示为:主营业务收入成长率 =〔(2008 年主营业务收入－2005 年主营业务收入)/2005 年主营业务收入〕/3
	从业人员成长率	growth2	2005—2008 年企业从业人员的平均增长率。用公式表示为:从业人员成长率=〔(2008 年从业人员总数－2005 年从业人员总数)/2005 年从业人员总数〕/3
企业特征	主营业务收入规模	lsca1	2005 年企业主营业务收入总额的对数
	从业人员规模	lsca2	2005 年企业从业人员总数的对数
	年龄	lage	从企业上市开始计算到 2008 年企业年龄的对数
融资约束	外部融资	dar	反映负债总额与资产总额之间的比率关系,即债权人提供的资本占全部资本的比例,其计算公式为:债务资产比率=负债合计/资产合计
并购特征	关联交易	pad	如果是关联交易则为1,如果不是关联交易则为0
	同一属地	idd	如果是同一属地则为1,如果不是同一属地则为0
	交易标的	nma	如果交易标的是股权则为1,如果交易标的为资产则为0

表 7.8　变量的统计描述

变量	样本数	均值	标准差	最小值	最大值
growth1	245	0.2985	0.8093	−0.333	11.6
growth2	245	0.1216	0.4141	−0.294	4.3
lsca1	245	20.839	1.3173	16.330	24.668
lsca2	245	7.4521	1.4240	3.5553	11.090
$lsca1^2$	245	436.001	55.058	266.660	608.523
$lsca2^2$	245	57.554	20.690	12.641	122.986
lage	245	2.5234	0.2821	1.7918	2.9957
dar	245	0.5385	0.16724	0.0965	1.1728
pad	245	0.7102	0.4546	0	1
idd	245	0.6286	0.4842	0	1
nma	245	0.6694	0.4714	0	1

外部融资:用资产负债率表示,反映负债总额与资产总额之间的比率关系。许多学者实证检验了融资约束与企业成长之间的关系,发现融资约束或者其滞后期与企业成长存在显著的负相关性(Moore et al. 2009;Leitão et al. 2010)。而 Oliveira and Fortunato(2008)实证研究发现,融资约束对企业成长的作用是正向的,但不显著;Nunes and Serrasqueiro(2009)检验了服务业大企业融资约束对企业成长率存在显著的正向关系。沈坤荣、张成(2003)研究发现,尽管总负债与中国上市企业成长之间的关系不显著,但长期负债(长期负债与总资产之比)对企业成长存在正向关系。

并购特征:以关联交易、同一属地和交易标的表示。从理论上说,关联交易的并购可以降低企业交易成本,保证合同优先执行,有利于并购后企业的成长。但李善民等(2004)、吴超鹏等(2008)通过实证分析却得出关联交易、同一属地与并购企业绩效之间并不存在显著的相关性。另一方面,关联交易的并购也可能是运用行政力量撮合而成的交易,这种在非市场竞争条件下形成的交易价格及发生的其他不公平情况,可能抑制并购后企业的成长。从并购企业的属地看,若并购企业与被并购企业属同一属地,则有利于降低企业之间资源整合的成本。

(三)模型构建

1. 不同并购类型企业成长性分析

从历史上看,发达国家先后经历了以横向并购、纵向并购、混合并购、金融杠杆并购和全球跨国并购为主要特征的五次并购浪潮,这足以证明并购已成为企业成长的重要方式。西方并购理论认为,企业并购对企业成长具有协同效应、市场势力、规模经济和风险规避等正向效应;但另一方面并购对企业成长也存在一定的负向效应,如过度支付假说、过度自信假说、自由现金流量假说等。彭罗斯(1995)认为,企业内生增长和以并购为方式的外部扩张都能实现企业的成长,差别在于二者实现企业成长的轨迹不同。而恰恰是这种差别,使得并购能在短期内建立额外的生产能力,迅速提高企业产量,也可使企业较快突破结构性壁垒,特别是在成长期市场,机会窗口打开的时间有限,若不能及时扩大生产能力,抢占市场,快速推进企业成长,就难以取得领先优势(张良森、章卫东,2006),而内生增长往往不具备这种时间战略优势。

企业并购包括横向并购、纵向并购和混合并购。横向并购有利于形成规模经济,可导致并购后企业市场势力增加和成本降低。对企业成长而言,横向并购也存在一定的风险,表现在并购公司和被并购公司在经营理念、企业文化等方面的差异或冲突影响了企业协同效应的发挥,不利于企业资源有效整合。纵向并购可有效节约交易成本,获取专用性资产,包括特殊的原材料、专利技术和专业技术人员等,有效消除上下游垄断市场势力,规避政府管制。但另一方面,纵向并购也会在一定程度上降低上下游交易的灵活性,引致双方之间的相互依赖性增强。混合并购有利于实现企业多元化发展,分散企业经营风险。但企业进行跨行业并购存在较大的经营风险,如果企业进入一个较陌生的领域,难以把握新行业的市场动态变化,且由于专用性,企业以前累积的人才、专业技术和社会关系等重要战略资源,很难在新的经营领域有效发挥作用,而且容易分散企业在核心领域的资源优势,不利于企业保持主要领域的竞争优势。

综合以上分析并根据企业并购的实际,本书假定:横向并购的成长性优于纵向并购、混合并购的成长性;而纵向并购的成长性又优于混合并购的成长性。

2. 并购企业成长性影响因素的实证模型

本书在检验吉布莱特法则模型的基础上建立计量模型,重点考察并购特征对企业成长的影响。吉布莱特于 1931 年研究了法国不同产业中的不同规模的企业成长,认为企业成长是一个随机过程,不同规模的企业成长率并不因其规模不同而有所差异,也即是说企业的成长率独立于其规模水平,这一法则也被称为比例效应法则(The Law of Proportional Effect)。

本书设定以下计量模型,检验采取外源成长模式吉布莱特法则是否成立,并进而考察并购特征对企业成长的影响。

$$growth = c + lsca \tag{1}$$

$$growth = c + lsca + (lsca)^2 \tag{2}$$

$$growth = c + lsca + (lsca)^2 + lage \tag{3}$$

$$growth = c + lsca + (lsca)^2 + lage + dar \tag{4}$$

$$growth = c + lsca + (lsca)^2 + lage + dar + pad + idd + nma \tag{5}$$

(四)估计方法的选择

本书选择了分位数回归估计法[①],因为在研究企业成长方面该方法比最小二乘法更有优势。用普通最小二乘法(OLS)进行估计,只能表明各种影响因素

[①] Koenker and Bassett 于 1978 年最早提出了分位数回归方法,它使用残差绝对值的加权平均最小化的目标函数,故不易受极端值影响。在特殊情况下,如果 $\theta = 0.5$,则为"中位数回归",这即是众所周知的最小绝对离差估计量(least absolute deviation(LAD)),它比均值回归(OLS)更不易受到极端值的影响,因而也更加稳健。参见 Koenker, R. and Bassett G.. Regression Quantiles [J]. Econometrica,1978,46:pp. 107−112.

的边际变动对企业成长率的均值影响,而难以识别这些因素对企业成长条件分布的各个分位点所产生的影响,并且也很难处理一些离群值(张维迎等,2005)。Coad and Rao(2006)也证实了标准最小二乘法的正态分布误差假设对于电子计算机会计数据库(Compustat)中的数据不成立,Stanley et al.(1996)and Bottazzi and Secchi(2003)研究发现其考察企业的成长率遵循了厚尾分布,并且在这种研究背景下,高成长性企业本身作为离群值不能剔除它们,而应值得详细研究。

假设条件分布 $y \mid x$ 的总体 q 分位数 y 是 x 的线性函数,即

$$y_i = x'_i\beta_\theta + \mu_{\theta i} \qquad Quant_\theta(y_i \mid x_i) = x'_i\beta_\theta \tag{6}$$

$$\min \sum_{i=1}^{n}(y_i - x'_i\beta)^2 \tag{7}$$

$$\min_\beta \frac{1}{n}\sum_{i:y_i \leqslant x'_i\beta}^{n}\theta \mid y_i - x'_i\beta \mid + \sum_{i:y_i > x'_i\beta}^{n}(1-\theta) \mid y_i - x'_i\beta \mid$$

$$= \min \frac{1}{n}\sum_{i=1}^{n}\rho_\theta\mu_{\theta i} \tag{8}$$

$$\rho_\theta(\mu_{\theta i}) = \begin{cases} \theta\mu_{\theta i} & \mu_{\theta i} \geqslant 0 \\ (\theta-1)\mu_{\theta i} & \mu_{\theta i} < 0 \end{cases} \tag{9}$$

由于分位数回归的目标函数带有绝对值,不可微分,一般用线性规划方法(linear programming)解,亦可用自助法(bookstrap)进行计算。

应用 Jarque-Bera、Shapiro-Wilk W 和 Shapiro-Francia W′统计量分别检验以主营业务收入和从业人员表示的企业成长率是否服从正态分布。在 Jarque-Bera 检验中,若偏度值(Skewness)大于 0,则分布是右偏的;若偏度值(Skewness)小于 0,则分布是左偏的;若一个分布的峰度值(Kurtosis)大于 3,则该分布的两侧尾部比正态分布的两侧尾部要"厚",称为厚尾分布;若一个分布的峰度值(Skewness)小于 3,则该分布的两侧尾部比正态分布的两侧尾部要"薄",称为薄尾分布。企业成长率偏度、峰度及正态分布检验的结果见表 7.9。

表 7.9　企业成长率偏度、峰度及正态分布检验

变量	样本数	Skewness	Kurtosis	Jarque-Bera	Shapiro-Wilk W	Shapiro-Francia W′
growth1	245	11.336	156.860	246909.0***	11.146***	9.603***
growth2	245	6.6381	59.5860	34866.14***	10.626***	9.204***

注:①Jarque-Bera 为 chi(2)统计量;Shapiro-Wilk 和 Shapiro-Francia 为 z 统计量;②*** 统计量在 1% 的显著水平上,** 表示统计量在 5% 的显著水平上,* 表示统计量在 10% 的显著水平上。

从检验结果看,Jarque-Bera、Shapiro-Wilk W 和 Shapiro-Francia W′检验都在 1％的显著水平上强烈拒绝企业成长率服从正态分布的原假设。企业主营业务收入成长率的偏度值为 11.336,其分布是右偏的;其峰度值为 156.860,远大于 3,表明其成长率遵循厚尾分布,同样以从业人员表示的企业成长率也存在相同的特征。

三、计量结果及其分析

（一）并购前后及不同并购类型的企业成长分析

从表 7.10 可以看出,企业并购后成长性显著提高,但有下降的趋势。不论是主营业务收入表示的企业成长率还是从业人员表示的企业成长率,在企业并购后都有了显著的增强,但二者之间的差异性也很明显。从主营业务收入企业成长率看,并购当年企业的成长率为 0.15306,明显比并购前企业的成长率(0.30945)有所下降,并购两年后企业成长率增加到 0.32581,已明显超过了并购前企业的成长率。进行设备、厂房和土地等资产标的收购时,投产需要时间,且面临着资源整合等问题,因此,并购提高企业主营业务收入需要一定的时间,但随着资产设备陆续投产,企业内部资源整合不断推进和调整,并购效应逐渐显现,企业的成长性逐渐增强。但到并购后第三年企业的成长率又下降到 0.09456,这与 2008 年世界金融危机的影响有关,这次危机使得国内大量企业主营业务收入大幅减少。从从业人员表示的企业成长率看,并购当年企业成长率为 0.11046,明显比 2004 年的 0.05946 要大,随后企业的成长率虽有所下降,但仍比并购前企业的成长率明显提高。这可能是由于被并购企业的人员归入到并购企业中,使得并购后企业人员迅速增加的缘故。

从不同并购类型对企业成长的影响看,以主营业务收入企业成长率来分析,并购当年及随后一年纵向并购企业的成长率略超过横向并购,但随着企业资源整合的推进,横向并购企业的成长率明显超过了纵向并购。纵向并购在并购当年及一年后企业的成长性要强于混合并购,但以后逐渐发生逆转,混合并购的企业成长性又超过了纵向并购。在现阶段中国上市公司的混合并购中,多数企业通过并购进入到房地产或与房地产相关的行业,这可能是导致混合并购企业的成长性强于纵向并购企业成长性的原因。综合地看,横向并购企业的成长性明显强于另两类并购企业的成长性。从从业人员表示的企业成长率看,三种并购类型的企业成长性差异并不显著,但混合并购企业成长性的波动性较大,尤其是到了 2008 年,混合并购的企业成长性从 2007 年的 0.10979 下降到了－0.00061,这一迅速下降趋势与2008年金融危机有关,其使得企业大量裁员,企业从业人数迅速下降。

表7.10　并购前后及并购类型企业成长率比较

成长率	并购类型	2002	2003	2004	2005	2006	2007	2008
主营业务收入成长率	综合	0.19428 (200)	0.24045 (215)	0.30945 (223)	0.15306 (241)	0.21571 (244)	0.32581 (243)	0.09456 (245)
	横向	0.28470 (105)	0.25857 (109)	0.26275 (113)	0.15308 (122)	0.22792 (124)	0.35361 (124)	0.08426 (125)
	纵向	0.08976 (55)	0.21152 (62)	0.40281 (66)	0.16190 (73)	0.23000 (74)	0.29451 (73)	0.07118 (74)
	混合	0.10063 (40)	0.23632 (44)	0.29715 (44)	0.12218 (46)	0.15980 (46)	0.30057 (46)	0.16014 (46)
从业人员成长率	综合	0.07165 (196)	0.06977 (215)	0.05946 (224)	0.11046 (242)	0.06629 (244)	0.08975 (244)	0.08020 (244)
	横向	0.11904 (103)	0.10482 (109)	0.02523 (115)	0.16054 (123)	0.04639 (124)	0.09593 (125)	0.08887 (125)
	纵向	0.02460 (54)	0.01587 (63)	0.14687 (65)	0.08274 (74)	0.06001 (74)	0.07219 (73)	0.11629 (73)
	混合	0.01163 (39)	0.06094 (44)	0.01977 (44)	0.00687 (45)	0.12727 (46)	0.10979 (46)	－0.00061 (46)

注:括号内为样本数量;由于数据缺失剔除了一部分样本;剔除了成长率大于4或者小于－4的极端值情况的样本。

(二)并购后企业成长性的主要影响因素分析

以主营业务收入和从业人员表示的企业成长率分位数回归结果分别见表7.11、表7.12。

表7.11　主营业务收入成长率的分位数回归结果

变量	Ols	分位点								
		0.1	0.2	0.3	0.4	0.5	0.6	0.7	0.8	0.9
lsca1	－4.98# (－7.62)	0.52# (0.14)	－0.48# (0.15)	－1.02# (0.21)	－1.27# (0.23)	－1.76# (0.34)	－1.61# (0.41)	－1.48# (0.42)	－2.80# (0.64)	－5.72# (1.31)
lsca1²	0.12# (7.4)	－0.01# (0.00)	0.01# (0.00)	0.02# (0.01)	0.03# (0.01)	0.04# (0.01)	0.04# (0.01)	0.03# (0.01)	0.07# (0.01)	0.13# (0.03)
lage	－0.32** (－2.0)	－0.07 (0.05)	－0.14# (0.04)	－0.17# (0.05)	－0.18# (0.06)	－0.18** (0.09)	－0.23** (0.11)	－0.26** (0.10)	－0.33** (0.16)	－0.44* (0.25)
dar	0.43 (1.5)	0.12 (0.08)	0.21# (0.06)	0.17* (0.09)	0.24** (0.10)	0.23 (0.15)	0.39** (0.20)	0.47** (0.20)	0.69** (0.29)	0.59 (0.37)
pad	－0.04 (－0.40)	0.02 (0.04)	0.02 (0.03)	0.003 (0.03)	0.02 (0.04)	0.04 (0.06)	0.08 (0.07)	0.04 (0.07)	－0.01 (0.11)	－0.08 (0.15)

（续表）

变量	Ols	分位点								
		0.1	0.2	0.3	0.4	0.5	0.6	0.7	0.8	0.9
idd	0.13 (1.38)	0.07** (0.04)	0.05** (0.02)	0.07** (0.03)	0.031 (0.04)	0.03 (0.05)	0.02 (0.07)	0.027 (0.06)	0.05 (0.10)	0.03 (0.14)
nma	0.07 (0.70)	−0.06 (0.04)	−0.02 (0.02)	−0.03 (0.03)	−0.06 (0.04)	−0.01 (0.05)	0.01 (0.07)	0.02 (0.06)	0.01 (0.10)	−0.15 (0.14)
C	54.2# (7.91)	−5.8# (1.54)	5.01# (1.56)	11.2# (2.16)	13.9# (2.37)	19.2# (3.57)	17.8# (4.25)	16.6# (4.47)	30.7# (6.80)	62.4# (14.1)
R²	0.26	0.04	0.05	0.05	0.05	0.05	0.06	0.071	0.11	0.17
N	245	245	245	245	245	245	245	245	245	245

注：#表示估计系数在 1% 的显著水平上，** 表示估计系数在 5% 的显著水平上，* 表示估计系数在 10% 的显著水平上；②分位数回归的 R^2 为 Pseudo R^2。

表7.12　从业人员成长率的分位数回归结果

	Ols	0.1	0.2	0.3	0.4	0.5	0.6	0.7	0.8	0.9
lsca2	−0.51# (−3.99)	−0.11 (0.08)	−0.09* (0.05)	−0.11# (0.03)	−0.09** (0.04)	−0.11 (0.08)	−0.07 (0.08)	−0.06 (0.09)	−0.30** (0.13)	−1.17# (0.32)
lsca2²	0.03# (3.47)	0.01 (0.01)	0.01* (0.00)	0.007# (0.002)	0.01* (0.00)	0.01 (0.01)	0.003 (0.01)	0.003 (0.01)	0.02* (0.01)	0.07# (0.02)
lage	−0.14 (−1.52)	−0.08 (0.06)	−0.12# (0.03)	−0.10# (0.02)	−0.08# (0.03)	−0.11* (0.06)	−0.12** (0.06)	−0.15** (0.06)	−0.17* (0.10)	−0.30 (0.19)
dar	−0.01 (−0.09)	−0.09 (0.14)	−0.09 (0.06)	−0.10** (0.04)	−0.11* (0.06)	−0.08 (0.10)	0.03 (0.10)	0.012 (0.10)	0.14 (0.15)	−0.13 (0.28)
pad	0.14** (2.46)	0.01 (0.03)	0.009 (0.02)	0.004 (0.02)	0.02 (0.02)	0.024 (0.04)	0.015 (0.04)	0.032 (0.04)	0.076 (0.06)	0.148 (0.14)
idd	0.01 (0.20)	0.05 (0.04)	−0.003 (0.02)	0.0002 (0.01)	0.008 (0.02)	0.01 (0.04)	0.029 (0.03)	0.035 (0.04)	0.040 (0.06)	0.015 (0.11)
nma	0.07 (1.23)	−0.02 (0.03)	−0.004 (0.02)	0.0131 (0.014)	0.016 (0.02)	0.035 (0.03)	0.026 (0.03)	0.026 (0.04)	0.063 (0.06)	0.118 (0.12)
C	2.36# (4.36)	0.52 (0.39)	0.59# (0.21)	0.664# (0.144)	0.59# (0.19)	0.75** (0.35)	0.65** (0.33)	0.70* (0.36)	1.68# (0.57)	5.83# (1.31)
R²	0.13	0.07	0.04	0.035	0.033	0.031	0.034	0.039	0.052	0.138
N	245	245	245	245	245	245	245	245	245	245

注：①#表示估计系数在 1% 的显著水平上，** 表示估计系数在 5% 的显著水平上，* 表示估计系数在 10% 的显著水平上；②分位数回归的 R^2 为 Pseudo R^2。

从最小二乘法（OLS）计量结果看，企业规模与企业成长具有显著的负相关性，这表明企业成长并不是随机的，中小企业比大企业增长得更快。实证结果还表明，并购后企业的成长率与企业规模的平方项呈明显的相关性，这与 Goedhuys and Sleuwaegen(2010)研究所得结论相同。分位数回归结果不完全支持吉布莱特法则。规模及其平方项系数对企业主营业务收入成长率的影响在各个分位数方程中均显著,且规模系数从 0.1 分位点的 0.52 增加到 0.8 分位点的 −2.80,而在 0.9 分位点更上升到 −5.72,这表明随着分位点的上升,企业规模变动对企业成长率的各个分位数的边际影响逐渐增加,也即是说,对于增长越快的企业,企业规模的制约作用越大。由此可得,OLS 给出的规模影响(−4.98)高估了企业规模对收缩企业成长的制约作用。规模及其平方项对企业从业人员成长率的两端分布影响较显著,而对中间分布的影响不显著。企业的主营业务收入成长率和从业人员成长率都与企业年龄之间存在显著的负相关,且随着分位数的增加,企业年龄的分位数回归系数呈现逐渐上升趋势,即企业年龄对并购后高成长性企业的影响明显大于高收缩性企业,Jovanovic(1982)对这一现象从理论上进行了分析,认为新进入企业之所以比已在位企业成长得更快就在于其中的效应更明显。

对于外部融资对企业成长的影响,除了在 0.1、0.5、0.9 分位点外,外部融资对企业主营业务收入成长率均存在显著的正向影响,且这种影响是逐渐增加的,外部融资系数从 0.2 分位点的 0.21 增加到 0.8 分位点的 0.69。这表明,最小二乘法低估了企业负债对企业成长的影响,同时也表明负债对并购后高成长企业主营业务收入增长率的影响更为显著。外部融资能给并购企业带来充足的资金,对并购后企业资源的整合起着较重要的作用,同时还可增加管理层的激励,有利于约束经营者的行为,防止其盲目过度投资,有利于降低股权代理成本,提高公司经营绩效。

关联交易对企业主营业务收入成长率和对从业人员成长率的影响都不显著。尽管最小二乘法结果证实关联交易对企业从业人员成长率存在显著的正向影响,但分位数回归结果表明这种正效应在所有分位点上并不显著。企业同一属地系数在主营业务成长率的 0.1、0.2 和 0.3 分位点上显著为正,这意味着企业同一属地并购特征能够有效抑制企业规模的收缩。尽管资产标的、股权标的在负债风险、税收、政府审批和影响第三方权益方面存在差异,并购前需要权衡两种交易方式,以降低收购的成本,但实证结果表明交易标的对企业主营业务收入成长率和从业人员成长率均不显著,其不是影响企业成长的重要因素。总体上看,关联交易、企业同一属地等并购特征不是影响企业成长的主要因素。并购作为影响企业成长的一种重要力量,可能对当期企业成长的影响较显著,但当并购企业为达到协同的潜力面临着文化整合和执行计划的挑战时,企业规模简单地增加并不能保证后续时期企业持续发展(Weston et al.,1999)。在某种程度上,许多公司合并后反映的仅仅是账面上公司财产的转移,并没有创造出新的生产能力。并购后企业能否实现持续成长可能更多取决于并购企业的内在能力包括资源整合、文化协调及经营管理制度的调整等。因此,要特别加强对人力资源、技术和固定资产等有形资产的整合,提升核心竞争力。同时,更要注重企业文化以及经营管理制度的整合,特别要克服以前独立企业的文化差异,塑造共同的价值观念,发挥软要素在并购后企业经营中的重要作用。

四、主要研究结论及对策建议

本节的计量分析结果表明,企业并购是促进企业成长的重要因素,尤其是在并购发生后的二至三年内其对企业成长的推动效应更明显。不同并购类型对企业成长的影响有所不同:在以主营业务收入表示的企业成长率中,横向并购对企业成长的作用远大于纵向并购和混合并购,纵向并购和混合并购对企业成长的作用差异并不明显,但纵向并购企业成长的稳定性要高于混合并购。在以从业人员表示的企业成长率中,三种类型的并购对企业成长的作用差异性并不显著,相比之下横向并购企业成长率更加稳定,纵向并购和混合并购的成长率波动性较大。

我国并购后企业的成长并不遵从 Gibrat 法则,即企业规模与企业成长之间存在显著的负向关系,而且企业规模的平方项也与企业成长之间存在显著的关系。同样,企业年龄与从业人员成长率和主营业务收入成长率之间都存在着显著的负向关系,并且随着分位数的增加这种效应也相应显著增强。外部融资是推动并购后企业高成长的重要因素。关联交易、同一属地和交易标的等并购特征并不是影响并购后企业成长的重要因素,主要原因在于并购后企业资源的整合、企业文化的协调等可能是影响并购后企业成长更为重要的因素。

在现代市场经济条件下,企业并购是实现企业成长的重要途径,特别是在国际金融危机之后,新一轮的企业并购正在我国许多行业展开。对于企业经营者而言,在通过企业并购实现自身快速成长过程中,首先,要加强对并购前企业状况的评估,要对自己以及目标公司所处的产业发展前景、经营状况、财务状况进行全面分析,合理评估自身能力,明确并购目标并选择适宜的并购方式,审慎确定竞价的合理范围。其次,高度重视并购后资源的整合和组织管理结构的调整。资源的整合重点是强化技术、人力资源整合,强化企业负债之间的整合,以提高企业筹资能力。经营管理的整合重点是加强战略管理和组织结构的协调。最后,加强并购后原市场的整合和新市场的开拓,以有效应对并购后可能带来的产能的迅速膨胀。

第 八 章

基于集群、网络与合作视角的
中国自主创新实现路径研究

通过技术创新特别是自主创新提升中国产业的国际竞争力,是中国特色新型工业化发展的重要内容。关于自主创新对中国产业升级和新型工业化发展的重要作用和意义,国内外学者已进行了大量的研究,本章着眼于中国自主技术创新的实现,从集群、网络与合作的视角,探讨中国产业自主创新的实现路径。

第一节 产业集群的技术创新机理及实现路径

技术创新是产业发展的内在根本动力,怎样的企业更有利于实现技术创新,是大企业、中小企业还是各类企业构成的企业网络? 长期以来,人们对这个问题认识并不一致。我们认为,技术创新是一项复杂的系统性活动,相对于单个的大企业和小企业而言,作为相关或类似企业聚集体的产业集群在实现技术创新方面具有更为明显的优势。产业集群创新网络使企业在交流中进行技术创新比单个企业具有更高的效率,由此导致了技术创新"网络范式"的兴起。

一、产业集群的技术创新效应——理解"两个熊彼特"悖论的新视角

技术创新是以某项技术发明、技术知识为基础,以通过技术知识的首次商业化应用作为手段,实现商业利润的经济技术行为。对技术创新实现过程的考察可以从多个侧面,既可以从技术角度,也可以从市场角度,还可以从空间或区域的角度进行考察。从知识的视角看,技术创新即是知识的加工与运用过程;

从市场角度看,技术创新是知识成果商品化或市场化的过程;从区域或空间角度考察,则主要是考察产业集群实现技术创新的效应和机理。对产业集群技术创新效应的研究,与现代技术创新正在由线性模式向网络化模式转变的趋势直接相关,同时,也是理解企业规模与技术创新关系的新的视角。

在企业规模与技术创新的关系上,长期以来人们的认识并不一致,具体体现为究竟是大企业还是中小企业更有利于实现技术创新。在这个问题上主要存在两种看似矛盾的观点:一种观点以创新学派的代表人物熊彼特为代表,认为大企业更有利于实现技术创新,因为创新活动难以预知结果,具有较大的风险,但创新活动能够获得垄断利润,正是对创新活动的期望,激励了企业的创新活动。由于大企业具有承担创新风险的能力,而且具有雄厚的科研开发资本,所以,大企业更有利于技术创新(Schumpeter,1942)。另一种观点以肯尼迪·阿罗为代表,认为中小企业更有利于实现技术创新,理由是处于垄断地位的企业已具有较高的超额利润,从而承担高风险创新活动的动机较小,而一个由中小企业构成的完全竞争型市场结构更有利于鼓励企业投资于 R&D,从而比垄断大企业有更多的创新动机,并且中小企业组织构架灵活,市场单一,更适合于创新(Arrow,1962)。

长期以来,产业经济学界围绕以上两种观点的争论一直在持续,至今仍难以得出一致性的结论。实际上,即使是熊彼特在对企业规模与创新能力之间的关系论述上前后也是不一致的。纵观熊彼特的创新理论,有着两套明显不同的理论体系,也即是菲利普(Phillips,1971)提出的所谓"两个熊彼特"(或"熊彼特I"和"熊彼特II")的命题。"第一次世界大战"前的熊彼特强调企业家与小企业在创新中的作用,把中小企业视为创新以及经济增长的主要引擎,认为创新及经济增长的动力多来自于在经济周期复苏阶段中大量涌现的中小企业,它们将发明创造成功转换为商业化的创新,此即所谓"熊彼特I"的理论。后期的熊彼特又强调大企业和垄断在技术创新中的作用与优势,即所谓"熊彼特II"的理论。

如果从单个的企业看,应当说两种规模的企业在技术创新方面各有优势和不足,并且企业规模对技术创新的影响与企业所处的外部环境条件,特别是企业所处的市场结构和企业区域分布形态直接相关。可以说,以上两种观点都忽视了企业作为集群或网络出现的现实,而仅从单个的、独立的企业出发分析其对技术创新的影响。事实上,在当今经济社会,大量中小企业都是以空间集群化的形式存在的,一般并不是独立的中小企业。对大企业而言,为更有效地发

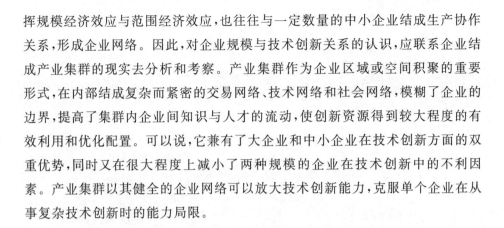

挥规模经济效应与范围经济效应，也往往与一定数量的中小企业结成生产协作关系，形成企业网络。因此，对企业规模与技术创新关系的认识，应联系企业结成产业集群的现实去分析和考察。产业集群作为企业区域或空间积聚的重要形式，在内部结成复杂而紧密的交易网络、技术网络和社会网络，模糊了企业的边界，提高了集群内企业间知识与人才的流动，使创新资源得到较大程度的有效利用和优化配置。可以说，它兼有了大企业和中小企业在技术创新方面的双重优势，同时又在很大程度上减小了两种规模的企业在技术创新中的不利因素。产业集群以其健全的企业网络可以放大技术创新能力，克服单个企业在从事复杂技术创新时的能力局限。

二、基于企业网络的产业集群技术创新机理分析

产业集群本质上是由科研机构、关联企业、中介组织、金融机构和市场顾客通过产品价值链构成的企业网络。企业网络内的各种交互、合作而产生的"知识溢出效应"和"学习效应"为产业集群技术创新创造了有利条件。

（一）产业集群创新网络的构成要素及作用机制

产业集群的技术创新是一个系统过程，生产企业是创新体系的核心主体，也是技术创新投入、产出以及收益的主体。产业集群内各行为主体在交互作用与协同行为中形成了包括关联企业、大学及科研机构、地方政府部门、中介组织及金融机构等在内的网络结点（如图 8.1 所示）。不同的结点在网络中联成的价值链以及各链条中流动的知识、信息、生产要素等构成了产业集群创新网络。产业集群创新网络能够促使各行为主体加强技术交流与共享，提高产业集群技术创新的能力和效率，形成产业集群技术创新网络体系。

由图 8.1 可以看出，根据产业集群内各行为主体对技术创新的重要性和紧密性，产业集群创新网络体系可分为核心层、中间层和延伸层三个层次：核心层是由技术创新主体的生产企业和与之有合作、交流关系的上下游供应商、销售商、竞争企业和互补企业构成；中间层是由核心层企业和与之有知识、信息、资源传递关系的大学及科研机构、地方政府部门、中介机构及金融机构构成；延伸层是产业集群内部行为主体尤其是核心企业在一定市场条件下与外部主体的交流和互动所构成的市场环境。产业集群能够充分发挥其网络创新优势主要依赖于各层主体的行为机制。首先，核心层企业是产业集群技术创新的核心要素，是推动产业集群技术创新的主导企业和产业集群创新网络的关键主体。核心层企业主要是包括在产业集群中具备研发能力的龙头企业及与之关系紧密

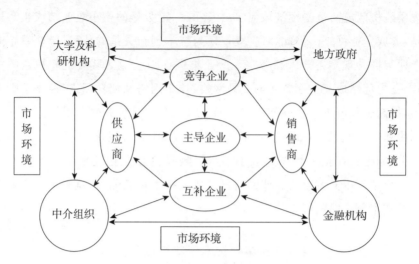

图 8.1　产业集群技术创新网络体系

的上下游供应商、销售商、竞争企业和互补企业,这些企业市场敏感度高,人才、信息联系密切,不仅担负着整个产业集群技术创新活动的关键任务,而且制约整个产业集群技术创新能力,其技术研发能力决定了产业集群技术创新的方向和程度。在产业集群达到一定规模时,为了满足顾客越来越挑剔、精致的更高层次需求,核心层企业将带领和引导整个产业集群推进技术创新和产业升级。

其次,中间层是产业集群技术创新的基础环境条件。产业集群创新网络的中间层包括与核心层企业密切关联的高校与科研机构、中介组织、地方政府部门和金融机构。中间层对产业集群技术创新提供信息、智力、资金和政策支持,不仅能够对技术创新产生催化作用,而且是专业技术的积累和扩散渠道,为产业集群技术创新提供必需的物质条件和智力支持。中间层为产业集群技术创新提供了必不可少的环节:大学和科研机构、企业、中介组织提供了知识和技能、文化和价值观念等,政府和企业提供了法律和管理等制度因素、基础设施和公司经营设施等物质条件。基于产品价值链的知识交流、资金往来、人力资本流动、信息沟通等的需求,面对面交流沟通的要求,在面临外部环境危机的条件下产生互助合作的需求等构成了产业集群技术创新的必要条件,这些需求的不断产生和积累成为产业集群持续创新的有效动力。

最后,延伸层主要是指产业集群所面临的市场环境,是产业集群技术创新的动力来源。市场需求是产业集群技术创新的根本动力,产业集群技术创新的根本动因在于为了满足顾客不断上升的需求从而赢得市场竞争优势,市场环境的变化必然随之带来产业集群的技术创新。市场需求所形成的技术创新动力

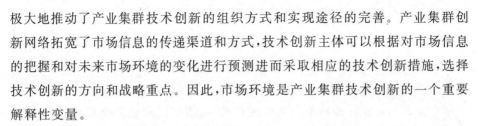

极大地推动了产业集群技术创新的组织方式和实现途径的完善。产业集群创新网络拓宽了市场信息的传递渠道和方式,技术创新主体可以根据对市场信息的把握和对未来市场环境的变化进行预测进而采取相应的技术创新措施,选择技术创新的方向和战略重点。因此,市场环境是产业集群技术创新的一个重要解释性变量。

（二）"网络范式"下产业集群的技术创新机理分析

第一,产业集群能够形成有效的技术创新激励机制。产业集群容易形成知识、技能、信息等方面的累积效应,能够利用网络结构培育企业持续学习与技术创新能力。产业集群技术创新的重要推动力来自于产业集群内部同行业企业之间的竞争性压力和挑战,各企业彼此在地理位置、产品种类上比较接近,会感受到竞争的隐形压力,这将迫使企业持续进行经营管理方式、方法和生产技术的创新,促使企业在产品设计、开发、包装、技术等方面不断进行创新和升级,以适应迅速变化的市场环境。波特曾指出,发生在集群内部的绝对性压力,包括竞争性压力、同等条件下的压力以及持续比较的压力激励着集群内企业进行技术创新以突出自己(Porter. M. E,1998)。正是产业集群内部的竞争压力激发了相关企业的创新潜能,为企业提供了实现创新的重要动力来源和物质基础,激励着产业集群内的企业保持技术创新的持续动力。

第二,产业集群能够建立长期、稳定的技术创新协作机制。产业集群是以内部各企业的专业化分工和协作为基础的,相关企业通过一定区域的集聚,形成一种有效的协同创新组织形式,这种组织的结构比市场组织稳定,比层级组织灵活。产业集群内各企业可以借助这种组织结构建立长期、稳定的合作关系,实现产业集群内资源、知识和信息共享和优势互补,实现供应商、生产商和销售商之间的技术创新合作,能够有效克服单一企业在技术创新过程中的能力局限,降低技术创新活动中的不确定性。以产品价值链为基础进行合作,有效降低了产业集群企业进行技术创新的成本和风险,激励产业集群成员进行创新。为了适应和满足市场需求变化和客户的精致需求,产业集群内各企业常常发生互动,供应商、销售商和生产商能够密切互动,积极实施产—学—研紧密合作,共同努力解决技术难题,积极主动参与到技术创新过程。产业集群具有的地方网络性、互惠共生性、协同竞争性、资源共享性等特征,有助于产业集群创新网络内企业建立稳定的技术创新协作关系。

第三,产业集群能够降低企业技术创新成本。产业集群中各相关企业主体基于产品的高度相关性而彼此交往频繁,积累了丰厚的社会资本,使整个产业集群如同无障碍联结的"大企业"和相互学习的整体,降低了产业集群内各企业的学习成本和交易费用。在技术创新过程中通过内部相关企业之间或者内部企业与产业集群外部主体的交易,依托所面临市场的多样性需求,使产业集群内部专业化分工进一步细化,充分运用产业集群内部的知识溢出效应、外部效应和信息共享机制推动技术的创新和扩散,从而推进产业集群的升级和优化。另外,产业集群内各相关企业的专业化分工和"学习曲线"的存在使产业集群内专业化程度较高的小企业也能够以非常低的成本学习新技术并参与到技术创新活动之中,促使更多有价值的技术创新活动产生。这样更容易激发新思维、新方法和新技术的产生。产业集群内部的专业化分工使得各相关企业专注于其核心技术,依托于建立在企业间信任基础上的竞争合作机制进行技术创新的合作,使得每个企业负担的共性技术创新成本显著降低,从而也降低技术创新的总体成本。产业集群本质上是一种能够有效降低技术创新活动中各相关企业交易费用的新机制。

第四,产业集群提供了缄默知识的学习和传播的途径。知识是技术创新活动中关键性的投入要素,可分为编码化知识和缄默知识两种。技术创新活动是在创新主体交流编码化知识和缄默知识过程中推动的,其中,缄默知识对技术创新的贡献更重要。缄默知识是难以用语言解释清楚的主要来源于实践经验和技能,具有明显的隐含性特征的知识。因此,阿罗曾指出缄默知识是一种"干中学",通过边干边学积累的实践经验知识。在信息化时代,编码化知识的传播相对比较容易,而缄默知识的交流和传播需要相对严格的条件,在产业集群内各相关企业之间的交易、技术和社会网络为缄默知识的交流和扩散提供了有利的条件。产业集群内部技术、人才、资金等资源在各企业之间充分流动,形成了巨大的协同效应,能够有效发挥产业集群内部的知识溢出效应,克服技术创新所面临的不确定性,有利于技术创新所需要的缄默知识的学习和传播。例如,产业集群把各类人才吸引到产业聚集区,并在产业集群内各企业之间流动,各类人员的流动往往伴随着知识、技术尤其是缄默知识的交流与外溢,使各类知识和技术能力不断得到共享,有力地推动产业集群的技术创新。产业集群内部的缄默知识沟通平台能够促进不同主体的互动和交流,对产业集群创新网络具有引导和促进作用,推动产业集群技术创新能力的提升。

第五,产业集群能够为技术扩散提供有效渠道。绝大多数技术创新对产业集群的效能和竞争力提升都是通过技术扩散实现的。在产业集群创新网络中,网络节点上的各相关企业关系的密切性为技术扩散的实现提供了较好的条件,通过技术扩散能够引发新一轮的技术创新。产业集群对技术扩散的推动作用主要体现在以下几个方面：其一，产业集群各相关行为主体之间存在着大量的知识、信息和人才的集聚和频繁流动，伴随着较强的技术、知识外溢，加速了技术创新成果的扩散；其二，产业集群内形成了较为完善的交易、技术和社会网络，提升了产业集群的"干中学"能力，形成了默契的行为方式和多种交流渠道，使彼此之间能够频繁地进行正式和非正式技术创新所必需的缄默知识的交流，使产业集群的技术创新成果迅速扩散；其三，产业集群内中小企业的创新活力加速了技术扩散效率，并提升了新技术的适应性。产业集群内中小企业在采用技术创新成果时，往往会结合市场需求和自身实际条件，对吸纳的技术创新成果进行改进、消化或再创新，以提高创新技术的适用性，从而加快了技术扩散和创新能力的进一步提升；其四，产业集群内发达的专业市场能够加速技术扩散。产业集群内的专业市场在提供商品交易场所的同时承担了技术创新者、率先采用者和跟进使用者的联结纽带，降低了协调费用和交易风险，在汇集商品物流的同时传递了大量的人才流、知识流和信息流，促进了技术创新成果的扩散，提高了新技术成果的使用成功率。

（三）产业集群技术创新的实现路径

产业集群技术创新的实现也是产业集群在技术创新推进下不断升级的过程。这一路径包括产业集群创新网络孕育阶段、产业集群创新网络形成阶段、技术创新大量涌现阶段和技术创新推进产业集群创新能力提升阶段等四个环节（见图 8.2）。

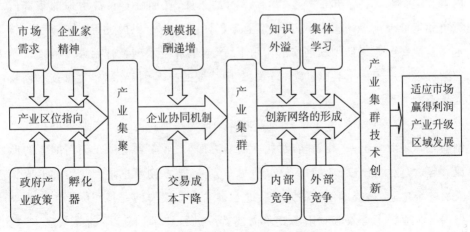

图 8.2 产业集群技术创新的发展路径

第一,产业集群创新网络孕育阶段。在持续的市场需求、合理的产业政策、健全的产业孵化器和企业家精神作用下形成的产业区位指向能够吸纳众多企业集聚起来,产业集聚使产业集群的技术创新进入了孕育阶段。该阶段各种资源和要素相对欠缺,各主体之间尚未形成完整的产品价值链,区域内各相关企业尚未形成产业集群技术创新所必需的网络关系,引进的企业还没有产生地方根植性。但各相关企业之间的非正式交流开始变得频繁,企业日益增强的实力和产品性质为产业集群创新网络的形成打下坚实基础。产业集群创新网络的孕育阶段也是产业园区形成时期,产业园区的形成为区域内企业提供了知识、信息和技术交流的必要条件。

第二,产业集群创新网络形成阶段。经过孕育期的积累,产业园区在配套设施、区域创新环境和合作网络方面有了较大程度的改善,更多企业及相关机构开始大量集聚到产业园区,产品价值链逐步完整。产品交易成本下降、规模报酬递增等外部经济效应开始呈现,各相关主体之间的交流进一步频繁,专业化的劳动力和商品流动网络开始形成,各企业之间逐步建立了协同机制,产业集聚开始升级到了产业集群阶段。随着产业集群内各相关企业学习和创新环境的改善,专业化分工深化,协作关系更加密切,交易频率增加,各行为主体、企业之间逐渐建立起紧密的网络关系。产业集群创新网络逐步形成,为产业集群技术创新搭建了完善的网络平台。

第三,产业集群技术创新大量涌现阶段。随着产业集群内企业数量的持续增加,网络内各结点之间的关系更加密切,专业化分工水平越来越高,产业集群内各相关企业具备了知识外溢、集体学习的条件,在面临着日益增加的集群内竞争和集群外竞争的压力下,促使产业集群内主导企业积极进行工艺、产品、技术创新。在产业集群创新网络的作用下,产业集群技术创新开始大量涌现。产业集群逐渐成为一个具有动态、高效、有序特征的技术创新系统,大量技术创新成果不断涌现出来。

第四,技术创新进一步提升了产业集群的发展创新能力。产业集群和技术创新之间是对立统一、相辅相成的关系,一方面,产业集群有助于创新网络的形成,刺激产业集群内企业的技术创新;另一方面,技术创新也是产业集群形成和发展的根本动力,技术创新的升级有助于推动产业集群的完善和优化。产业集群内各企业为了有效应对市场竞争需要持续进行技术创新,不断降低成本,提高产品质量和服务水平,才能在激烈的市场竞争中生存和发展。产业集群内企业的产品、工艺的升级换代客观上推动了产业集群和产业结构的优化升级,增强了产业集群的活力,进而推动了区域经济的发展。产业集群技术创新是推进产业集群持续发展和保持竞争优势的关键。

需要指出的是,上述分析旨在说明产业集群技术创新能力的发展路径,在现实中各阶段不是截然分开的,在某些情况下可能是叠加进行的。

三、通过产业集群实现技术创新的路径

目前,我国的产业集群尚处于初期发展阶段,产业集群创新网络尚未完全搭建起来,集群内相关企业缺乏自身的核心技术和创新能力,技术创新效应不明显。通过产业集群实现技术创新应成为现阶段我国技术创新的重要选择,也是促进我国产业集群进一步优化升级的重要途径。首先,地方政府要积极构建产业集群创新网络。地方政府要在遵循市场规律的前提下制定实施科学的产业政策,积极引导和发展符合本地实际的产业集群,吸引大学和科研机构、具有自主创新能力的企业、中介组织和金融机构,构建完善的产业集群创新网络,提高产业集群的技术创新能力。其次,引导和形成产业集群内部企业间的良性竞合关系。健全政府监管和行业自律的制度和机制,加强技术创新产权保护,规范和理顺产业集群内各企业的竞争与合作关系,防止恶性竞争,构建企业诚信体系,从而提升集群内企业在利益一致基础上的产业集群技术创新能力。再次,积极培育产业集群内部主导企业的技术创新能力,尤其是要将培育自主创新能力和吸纳集群外部新知识、新技能相结合,发挥主导企业在产业集群技术创新过程中的引领和辐射作用。最后,健全产业集群相配套的技术扩散渠道。完善专业市场对技术创新成果的扩散功能,提高创新成果的扩散和使用率。

第二节　集群企业产品差异性与技术创新溢出效应的关联性分析

一、问题的提出

近年来,产业集群作为一种新型产业组织形式,在区域经济发展中发挥着越来越重要的作用,从而受到越来越多的重视。特别是在广东、浙江和江苏等沿海省份,产业集群的作用表现得更为突出。这些区域的"专业镇"或"块状经济"以"小企业、大协作;小产品、大市场;小集群、大作为"而闻名于世。然而,从总体上看,我国产业集群的发展还处于较低级的水平,主要表现在产业规模小、

专业化层次低、产业链不完善、技术创新能力差。许多地区的产业集群还只是同类企业的简单"扎堆"[①]，集群内企业的产品模仿多于创新，产品同质化水平偏高，差异化、协作性不强。企业竞争主要以低成本和低价格作为主要手段，技术创新能力不强。由于企业产品的差异化不足，当集群中推出一个新产品、新款式时，立即会招致同行企业的模仿或跟进，由于缺乏知识产权和专利保护等正式制度的作用，技术模仿在产业集群中大量存在，技术溢出效应受到一定的影响。

提高产业集群的竞争力、实现产业集群升级是我国产业集群进一步发展的内在要求。国内外产业集群发展的实践都证明，技术创新是实现产业集群升级和竞争力提高的根本途径。在我国现阶段"扎堆"式产业集群发展条件下，只有首先强化集群企业的产品差异性、促进企业技术创新，发挥企业技术创新的外溢效应，才能进而推动集群企业的专业化协作、供应链构建和合作创新的实现，实现我国产业集群升级和竞争力提高。那么，对于一个生产相同或相似产品的产业集群而言，企业产品差异与技术外溢效应之间究竟存在怎样的内在关联性及动态作用关系，便成为本节将要着重研究的问题。

二、文献回顾

发达国家的产业集群总体上看已发展到较高的程度，集群企业之间已形成了较高水平的供应链协作关系，并已形成了一套具有较高效率的集群企业合作创新机制。因而，尽管国外关于集群企业之间的产品差异性与技术创新、创新成果外溢之间关系的研究文献很少，但关于产业集群知识外溢的研究文献相对较多。对于产业集群的知识外溢，学者们运用不同的方法、从不同的角度进行了研究。产业集群的知识外溢一般可定义为在特定产业区内的知识外部性。最早从这一视角研究产业集群创新效应的是英国著名经济学家马歇尔。他在其经典著作《经济学原理》中较为详细地描述过产业集群内的创新氛围，论证了相对于零散的企业，产业集群内企业创新的普遍与快速。现代研究集群知识外溢的学者最为著名的是克鲁格曼。他把"马歇尔外部性"（Marshallian externalities）归结为三个方面：一是专业化经济；二是劳动力市场经济；三是知识外溢。知识外溢是借助于产业区内人们之间的信任、社会交往，区域内的企业更容易

[①] 正因为我国目前产业集群所具有的这种状态，也有的学者认为，我国的产业集群还只是一种"准集群"（魏后凯，2006）。

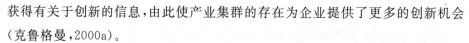

获得有关于创新的信息,由此使产业集群的存在为企业提供了更多的创新机会(克鲁格曼,2000a)。

目前关于产业集群内知识外溢的文献,主要顺着两条思路:一是由 Martin and Sunley 开创的"新工业地理(New Industrial Geography)"(Martin and Sunley,1996);二是由克鲁格曼在 20 世纪 90 年代重新阐释的"新经济地理(New Economic Geography)"(克鲁格曼,2000a,2000b)。从总体上看,学者们对产业集群内知识外溢的研究,一般建立在以下三个基本假定前提之下:一是企业或大学等研发机构的创新可以通过某种方式传递给其他企业;二是外溢的知识是纯公共物品,对它的利用具有非竞争性、非独占性等特点;三是基于外溢的知识难以长距离传递,基本上是一种本地化的公共物品。由于知识外溢的效果可以表现在专利数据、创新记录和专利引用等方面,从而人们对知识外溢的效应也较多地从以上几个角度进行分析。如 Jaffe 运用企业专利、利润与市场价值等数据对创新的两个供应因素——技术机遇和 R&D 外溢的效应进行了研究(Jaffe,1986)。Audretsch and Feldman 采用 SBIDB(the Small Business Administration's Innovation Data Base)中的对创新活动进行直接测度的数据来进行分析,指出了美国某些特定产业的创新集聚现象,如在计算机产业,加利福尼亚州和马萨诸塞州加起来占据了大约一半多的创新成果,从而对于产业活动的地理集聚与知识外溢(知识外部性)之间的关系做了开创性的研究(Audretsch and Feldman,1996)。Almeida and Kogut 用专利引用的方法对美国半导体产业做了一个检验,证明从大学到企业的知识外溢是高度本土化的。另外,相比于大企业,小企业更愿意融入当地的知识网络。对专利持有人跨企业流动的数据分析表明,这种人员流动会影响当地的知识外溢,且知识流(the flow of knowledge)是嵌入区域劳动力网络之中的(Almeida and Kogut,1997)。Verspagen and Schoenmakers 进一步指出,并不是所有的当事人都能得到知识外溢的好处。吸收能力与地理距离决定了吸收知识外溢的效率,而知识外溢的地理维度来源于默会知识与可编码知识(codifiable knowledge)的差异。他们还采用了 EPO(European Patent Office)的专利引用数据,并以 27 个大型跨国公司为样本,证明了技术创新根植于地域空间,地理邻近对于知识外溢具有极大的正效应(Verspagen and Schoenmakers,2000)。

国外关于产业集群的技术外溢、创新效应,还有其他许多研究,这里不再一一赘述。总体看来,国外学者关于产业集群技术创新、技术外溢效应的分析,重点是在运用知识或者创新的产出方程,检验区域邻近对技术创新、知识外溢的作用,进而得出产业集群、知识外溢与技术创新关系的若干结论。而对于集群企业的产品差异对集群知识外溢和技术创新的影响涉及较少,这自然是与这些国家产业集群的发展水平直接有关的。

目前,国内对产业集群升级的研究较多,并且人们已经普遍认识到提高技术创新能力是实现集群技术创新的根本途径,为此,学者们提出多种提高集群技术创新的措施(魏后凯,2006;王君,2008)。但对于影响产业集群技术创新的内在要素,特别是在中国现有产业集群发展状况下,如何通过形成产品的差异化,促进集群企业技术创新以及扩大创新成果的外溢效应,人们关注得很少。事实上,产品差异程度对现阶段中国产业集群企业的产品竞争和技术创新具有现实的影响。一个明显的事实是,产品差异化程度不同的产业集群,其技术创新效率存在明显的差别。在目前国内多数产业集群内企业主要以成本、价格作为主要竞争手段,竞争层次较低,企业技术创新水平不高的情况下,揭示产品差异化与集群企业的技术外溢、创新行为的内在联系,有助于理解现实产业集群中不同产品差异化程度对集群企业技术创新不同的影响效应,并在此基础上制定切合实际的引导和促进产业集群提高技术创新水平、实现产业集群优化升级的对策。

三、模型设计及其分析

产业集群作为众多生产同类产品的企业在地理空间上的集中,集群企业之间在生产和研发方面必然存在较高程度的信息披露和信息对称性,由此导致企业研发较高程度的"溢出效应"。由于存在技术创新的"溢出效应",使集群中某个企业技术创新成果的使用和推广,能够同时促进集群内其他企业技术创新水平的提高,并进而推动整个集群技术创新。从集群企业生产过程看,集群企业技术创新的"溢出效应"可表现为:某一企业的技术创新在降低自身生产成本的同时,也带动了集群内其他企业生产成本的降低。生产成本的降低可以看作是企业技术创新的一种必然结果。

集群企业的产品差异性与企业技术创新存在内在关联。从一般意义上说,在一个具有较高产品差异化程度的产业集群中,某个企业的创新能够给其他企业带来更多的学习和模仿机会,或者是创新动机的激励,并进而导致整个集群技术创新氛围的浓厚和创新水平的提高。相反,在产品差异化程度较低的产业集群中,成员企业进行内部技术创新的动力和竞争激励相对不足,企业更多地关注价格、成本方面的竞争,有时甚至出现竞相降价等过度竞争行为。这种低层次的竞争不仅削弱了企业技术创新的能力,也淡化了整个集群技术创新的氛围,从而降低了产业集群技术创新水平。可以说,集群企业的产品差异水平是影响产业集群技术创新的重要因素,这种影响又直接与技术创新的溢出效应联系在一起。至于它们之间的具体作用及其机理,可以通过以下模型进行具体分析。

（一）模型结构

产业集群的性质和特征决定了集群企业所生产的产品具有一定的替代性,但不同集群企业产品的相互替代程度是不同的。对这一特征,可以通过斯潘斯和迪克塞特的反需求函数来刻画(Spence,1976,Dixit,1979)。为简单起见,我们从产业集群中选取两个企业,假定它们生产同类但存在一定差异化的产品,所对应的反需求函数分别为:

$$p_1 = a - (q_1 + \theta q_2)$$
$$p_2 = a - (\theta q_1 + q_2)$$

上式中,$a > 0$ 为需求曲线的参数,$p_i(i=1,2)$ 为两个企业的产品价格,$q_i(i=1,2)$ 为两个企业的产品产量。θ 是反映产品替代性或差异化水平的参数,$0 \leqslant \theta \leqslant 1$。$\theta$ 介于 0 和 1 之间,说明两个企业生产的产品之间存在着一定程度的相互替代性或差异性,θ 的值越接近于 1,这种替代性就越强,相应的,产品差异化程度越低;当 $\theta = 1$ 时,则意味着两个企业所生产的产品是完全可替代或不存在任何差异性;相反,θ 越趋向 0,则这种替代性就越弱,而差异性就越强。当 $\theta = 0$ 时,意味着两企业生产的产品完全没有替代性,而差异性达到最大[①]。可见,在以上反需求函数中,参数 θ 较清楚地刻画了集群企业生产同类产品的替代性或差异性程度。为叙述方便,以下侧重分析产品差异化的影响。

对于集群企业技术创新竞争与合作关系的刻画,我们借鉴 D'Aspremont 与 Jacqueminde 的关于企业合作创新的建模思路,并对其进行简化。由于集群企业技术研发溢出效应的存在,每个企业的研发除了降低本企业的产品生产成本外,还将使集群其他企业的单位产品成本降低。因而,在以上模型中,可以将某一企业技术研发的外溢性表示为另一企业生产成本的相应降低。假定两个企业最初具有相同的单位生产成本 C,且满足 $a > c > 0$,企业都不存在固定成本;$x_i(i=1,2)$ 为企业 i 通过研发使本企业成本降低的幅度,则企业 i 的有效成本降低。

---

① 这里没讨论 θ 取负值的情况。当 θ 取负值时,模型成为一个互补商品的需求模型。

$$X_i = x_i + \beta x_j$$

其中，$0 \leqslant \beta \leqslant 1$ 为溢出系数，参数 β 表示厂商 j 的 R&D 水平对厂商 i 的单位生产成本的影响程度，也即是反映技术创新溢出效应的系数，集群企业研发一般具有正的溢出效应。考虑极端的情况，当 $\beta = 0$ 时，意味着企业的研发不存在任何溢出效应，每一企业的研发水平仅影响自身的生产成本，不对集群其他企业的生产成本产生任何影响。这一般是当专利制度保护力度足够大的情况。当 $\beta = 1$ 时，说明存在完全的研发溢出效应，也就是说集群企业之间的技术创新知识能够完全共享，每一个企业的技术创新对对方和对自身生产成本的影响是无差别的，这一般是缺乏专利制度保护的情况。βx_j 即为企业 j 的研发投入使企业 i 的单位生产成本降低的程度。由此，可设企业 i 的单位生产成本 C_i 为：

$$C_i = C - x_i - \beta x_j , \quad i \neq j , \quad i = 1,2$$

假定研发投入是收益递减的，这里假定为二次的，即企业 i 的研发投入水平满足

$$y_i = \frac{1}{2} x_i^2 ①$$

在不考虑研发效率的条件下，企业 R&D 投入决定企业的研发水平和技术创新水平。基于此，可以用企业的 R&D 投入水平表示企业的技术创新水平。两个企业围绕研发投入和产量水平进行博弈。可将该博弈过程设计成两阶段动态博弈：在第一阶段，即研发阶段，两企业同时选择各自的研发投入水平 y_i，以降低产品成本，目的是在第二阶段实现自身利润的最大化；在第二阶段，两企业进行古诺（Cournot）产量博弈，即两企业在给定第一阶段研发投入后，各自选择能够实现利润最大化的产量水平。在这个两阶段博弈过程中，企业在第一阶段能够预期到研发投入对第二阶段利润水平的影响。因此，整个博弈过程是一个两阶段完全信息动态博弈，博弈的均衡结果是一个子博弈精练纳什均衡（Subgame perfect Nash equilibrium）。

（二）模型求解

可采用逆向归纳法求解以上完全信息动态博弈的均衡。先求解第二阶段的纳什均衡。在这一阶段，两企业进行古诺产量博弈。根据以上假设，可写出

----

① 为使模型分析方便，这里在不影响所分析问题性质的前提下，舍掉像 D'Aspremont 与 Jacqueminde 模型中体现技术创新效率的系数 b，也就是这里不考虑技术创新效率的影响。在他们的模型中，该函数的表达式为 $y = bx^2/2$。

两企业的支付函数,分别为:

$$\pi_1 = [a - (q_1 + \theta q_2) - (c - x_1 - \beta x_2)]q_1 - \frac{1}{2}x_1^2$$

$$\pi_2 = [a - (\theta q_1 + q_2) - (c - x_2 - \beta x_1)]q_2 - \frac{1}{2}x_2^2$$

在该阶段,两企业独立决定自己的产量,在产品市场上进行竞争,以实现利润最大化。因此,在该阶段,两企业实际进行的是一个非零和静态博弈,存在纳什均衡。给定第一阶段两企业的研发 R&D 投入,在第二阶段,两企业最大化自己的支付函数。其一阶条件分别为:

$$\frac{\partial \pi_1}{\partial q_1} = [a - (q_1 + \theta q_2) - (c - x_1 - \beta x_2)] - q_1 = 0$$

$$\frac{\partial \pi_2}{\partial q_2} = [a - (\theta q_1 + q_2) - (c - x_2 - \beta x_1)] - q_2 = 0$$

求解上面一阶条件组成的联立方程,得到两企业的纳什均衡产量分别为:

$$q_1 = \frac{(a-c)(2-\theta) + (2-\theta\beta)x_1 + (2\beta-\theta)x_2}{4-\theta^2}$$

$$q_2 = \frac{(a-c)(2-\theta) + (2-\theta\beta)x_2 + (2\beta-\theta)x_1}{4-\theta^2}$$

相应的,可得出均衡时两企业的利润表达式:

$$\pi_1 = \frac{1}{(4-\theta^2)^2}[(a-c)(2-\theta) + (2-\theta\beta)x_1 + (2\beta-\theta)x_2]^2 - \frac{1}{2}x_1^2$$

$$\pi_2 = \frac{1}{(4-\theta^2)^2}[(a-c)(2-\theta) + (2-\theta\beta)x_2 + (2\beta-\theta)x_1]^2 - \frac{1}{2}x_2^2$$

再求第一阶段纳什均衡。在该阶段,两企业独立进行研发投入,在其他企业研发投入给定的情况下,选择自己的研发投入水平 y_i($i=1,2$),产品成本降低 x_i($i=1,2$),实现自己利润的最大化,即使得

$$\pi_1^n = \max\left\{\frac{1}{(4-\theta^2)^2}[(a-c)(2-\theta) + (2-\theta\beta)x_1 + (2\beta-\theta)x_2]^2 - \frac{1}{2}x_1^2\right\}$$

$$\pi_2^n = \max\left\{\frac{1}{(4-\theta^2)^2}[(a-c)(2-\theta) + (2-\theta\beta)x_2 + (2\beta-\theta)x_1]^2 - \frac{1}{2}x_2^2\right\}$$

求解以上利润函数最大化的一阶条件,得

$$\frac{\partial \pi_1^n}{\partial x_1} = \frac{2(2-\theta\beta)}{(4-\theta^2)^2}[(a-c)(2-\theta) + (2-\theta\beta)x_1 + (2\beta-\theta)x_2] - x_1 = 0$$

$$\frac{\partial \pi_2^n}{\partial x_2} = \frac{2(2-\theta\beta)}{(4-\theta^2)^2}[(a-c)(2-\theta) + (2-\theta\beta)x_2 + (2\beta-\theta)x_1] - x_2 = 0$$

求解以上两个一阶条件的联立方程,可得到第一阶段研发竞争博弈的纳什

均衡解为：

$$X_1 = X_2 = X_{nc} = \frac{2(2-\theta\beta)(a-c)}{(4-\theta^2)(2+\theta)-2(2-\theta\beta)(1+\beta)}$$

可见，集群企业在两阶段博弈过程中，在第一阶段，选择相应的研发投入水平使成本降低幅度相等；在第二阶段，选择相应的产量水平，以实现利润的最大化。其研发投入水平的高低与产品差异程度（θ）和技术溢出系数（β）有关。

（三）模型结论分析

这里对模型的分析，主要是考察产品差异化程度（θ）、技术溢出效应（β）对集群企业技术创新的影响。在这里，集群企业的技术创新水平用其 R&D 投入水平 y_i（$i=1,2$）来表示。鉴于 R&D 投入水平 y_i 与成本降低幅度 x_i 之间存在正向变动关系，即 $y_i = \frac{1}{2} x_i^2$，在不致引起误解的情况下，为计算方便，下面以 x_i 代替企业的研发投入水平 y_i。

在假定其他变量不变的条件下，求企业研发水平 x 关于 θ 的一阶偏导数，得到

$$\frac{\partial x_{nc}}{\partial \theta} = -\frac{(a-c)(2+\theta)[\beta(4-\theta^2)+(2-\theta\beta)(2-3\theta)]}{[(4-\theta^2)(2+\theta)-2(2-\theta\beta)(1+\beta)]^2}$$

由假设条件 $a-c>0$，$0 \leqslant \theta \leqslant 1$，$0 \leqslant \beta \leqslant 1$，可得，当 $0 \leqslant \theta \leqslant \frac{2}{3}$ 时，始终有 $\frac{\partial x_{nc}}{\partial \theta} \leqslant 0$。即是说，在此区间两企业生产的产品替代性相对较小，而差异性相对较大时，企业竞争均衡时的研发投入水平随着产品差异化程度（θ）的逐步降低（提高）而逐步减少（增加），且与技术溢出效应无关。由此可归纳出以下命题：

命题 1：生产同类产品的集群企业，其研发投入水平与两企业产品的差异化程度有关：在产品差异化程度处于相对较高的区间时，企业研发投入水平是产品差异化程度的递增函数，且这时集群企业的研发投入水平与技术溢出效应无关。

该命题的现实含义可作如下解释：在一个生产具有较大差异性产品的产业集群中，企业的技术创新成果受到其他企业模仿的几率减少，技术创新的成果可以较大程度地内在化。在这种情况下，企业用于研发投资的激励增加，且产品差异化程度越高，企业研发投资的激励越大，投资水平越高。

而当 $\frac{2}{3} < \theta < 1$ 时，在该区间，集群企业产品的替代性较强，而差异化程度相对较低。这时，仅仅通过上式很难确定 $\frac{\partial x_{ic}}{\partial \theta}$ 的正负号。为此可通过考察函数 $y(\theta) = -\beta(4 - \theta^2) - (2 - \theta\beta)(2 - 3\theta)$ 的性质，得出相应结论。

由导数 $y'(\theta) = 6 + 2\beta - 4\theta\beta$，再根据假设条件 $0 \leqslant \beta \leqslant 1, 0 \leqslant \theta \leqslant 1$，可知，该一阶导数始终大于零，说明函数 $y(\theta)$ 在 $[2/3, 1]$ 区间上是一个关于 θ 的递增函数。特别的，当 $\theta = \frac{2}{3}$ 时，函数 $y(\theta)$ 取得最小值 $y(\theta)|_m = -\frac{32}{9}\beta < 0$；当 $\theta = 1$，函数 $y(\theta)$ 取得最大值 $y(\theta)|_M = 2 - 4\beta$。

进一步考察 β 对集群企业研发投入的影响。当 $\beta > 1/2$ 时，$y(\theta)|_M = 2 - 4\beta < 0$，进而可得在该区间范围，$\frac{\partial x_{ic}}{\partial \theta} \leqslant 0$。也就是说，在企业技术创新的溢出效应比较大（$\beta > 1/2$）时，企业的 R&D 水平是产品差异化程度的增函数：产品差异化程度越高，企业的研发投入水平越高。由此，可得到以下命题：

命题 2： 在集群企业产品差异化程度较低，而技术创新溢出效应较大的情况下，集群企业的技术创新水平是企业产品差异化程度的递增函数，即企业研发投入随企业产品差异化程度的升高而增加，随企业产品差异化程度的降低而减少。

该命题的现实含义可解释为：如果集群企业的技术外溢效应较大，企业的创新成果容易为其他企业所模仿，内部化程度相对降低。在这种情况下，集群企业的研发投入水平变化将与产品差异化程度直接有关，差异化程度大，可在一定程度上延缓技术外溢效应的不利影响，从而提高企业研发投入的激励，增加研发投入。

再考虑 $\beta < 1/2$ 的情况，这时技术创新的溢出效应比较小。此时，$y(\theta)|_M = 2 - 4\beta > 0$，这就意味着存在一点 θ^*（$2/3 < \theta^* < 1$），使得 $\frac{\partial x_{ic}}{\partial \theta} = 0$。当 θ 在 $[2/3, \theta^*]$ 时，$\frac{\partial x_{ic}}{\partial \theta} \leqslant 0$；当 θ 在 $[\theta^*, 1]$ 时，$\frac{\partial x_{ic}}{\partial \theta} \geqslant 0$。这说明，在集群企业技术创新溢出效应较小（$\beta < 1/2$）、产品差异化程度较低（$2/3 < \theta < 1$）的情况下，企业的研发投入水平对产品差异化程度的反应较为敏感。在这一区间中，随着产品差异化程度的变化，集群企业的研发投入水平会呈现出不同方向的变化。先是集群企

业的研发投入水平随产品差异程度的提高而增加,随后又随着企业产品差异程度的提高而降低。由此可归纳出以下命题:

命题3:当集群企业技术创新的溢出效应比较小且产品差异化水平较低时,企业研发投入水平对产品差异化的变动较为敏感。随着产品差异化的变动,集群企业研发投入水平会表现出不同方向的变动。起初,企业研发投入随着产品差异化程度的提高而提高;当产品差异化程度达到一定程度之后,企业研发投入水平则随产品差异化程度的提高而降低。

该命题揭示的内容在现实产业集群创新过程中,是很难直接可以观察得到的。我们不妨作如下解释:健全的技术专利保护制度对促进企业技术创新是至关重要的。尤其对于产业集群而言,由于集群内企业生产产品的可替代性较强,产品差异化程度较低,技术溢出效应又比较强,企业技术模仿较为严重。在这种情况下,要促进集群企业的技术创新,必须有良好的企业技术创新激励与保障机制和措施,最大限度地防止企业技术创新效应的溢出,保护创新企业的创新利益和积极性。然而,与一般企业的技术创新不同,产业集群内企业的技术创新溢出效应是不可避免的,甚至有时是较大的,在这种情况下,单纯的技术专利保护制度并不能充分保证企业的技术创新,而保持集群企业产品的一定的差异化,对于保护其技术创新利益,激发其技术创新动机,就变得十分重要了。但集群企业的产品差异化对集群企业的技术创新的影响又不是单向、线性的,表现出较为复杂的性质。

四、对模型含义的进一步说明及政策含义

本节以 D'Aspremont 与 Jacqueminde 的技术研发博弈模型为基础,采用斯潘斯(Spence,1976a)和迪克塞特(Dixit,1979)的有产品差异化的反需求函数,建立起集群企业技术创新的动态博弈模型,具体分析了集群企业的产品差异化程度、技术溢出效应对集群企业研发投资的影响,并从中得出一些有价值的结论,特别是该模型揭示了集群企业的产品差异化和技术外溢效应变动对集群企业技术创新水平所具有的复杂影响。

在现实经济中,不同类型的产业集群表现出很不相同的技术创新特征。本模型主要揭示的是传统工业中,中小企业形成的产业集群的技术创新情况。事实上,无论是在中国还是在国外,除了传统工业产业的中小企业形成的产业集

群,还有高新技术产业的产业集群以及服务业的产业集群。即使在传统工业中,除了中小企业形成的产业集群外,还有大企业形成的产业集群。对这些集群的企业产品差异、创新外溢效应与企业技术创新之间的关系,本模型的结论可能并不适合。另外,对于产业集群技术创新效应的分析,还有许多其他的视角,如创新网络、创新环境、默会知识传播等,本模型也没有涉及。

本模型的分析结论所蕴含的政策含义是:首先,加紧制定产业集群技术创新引导政策。政府应充分考虑不同产业集群企业技术创新的特殊性和具体创新特征,制定有针对性的引导性政策,鼓励企业增加研发投资,提高技术创新水平,实现产业集群升级。其次,加快培育和打造区域产业集群产业链。根据产品差别对集群企业技术创新的影响机理,政府应引导集群企业形成具有一定差异化水平的产品生产链条,矫正低水平重复生产和单纯围绕价格、成本进行竞争的缺陷。最后,制定集群企业技术创新专利保护政策。根据产业集群技术创新特征,制定和实施适当的技术专利保护政策,既尽可能发挥集群企业技术创新外溢效应对集群企业技术创新的促进作用,又有效遏制过多的技术创新模仿对集群企业技术创新的不利影响,形成集群企业技术创新的有效激励机制。

第三节　网络型寡占市场结构:实现中国企业自主创新的市场结构条件

在市场经济条件下,市场结构形态是影响企业技术创新的重要因素。在经济全球化和网络经济迅速发展的今天,构筑怎样的产业市场结构,形成促进企业进行技术创新的有效机制,更好地实现我国企业的自主技术创新,提高产业的国际竞争力,已成为现阶段中国产业组织调整和企业技术创新面临的重要课题。

一、市场结构与技术创新的研究范式

现有产业组织理论对市场结构与技术创新关系的研究,从理论上说基本上是以新古典经济学为基础,新古典经济学理论体系所固有的静态性和机械性等缺陷,在这种研究上都有所体现。从研究方法上看,这些研究是在对现实市场结构与企业技术创新作了很大简化和设定一系列前提假定的基础上进行的,其结论的现实适应性和可操作性都很有限。为克服现有研究的弊端,以探寻现实中有利于实现企业技术创新的有效市场结构,必须在研究范式上进行根本创

新,具体包括:

(一)由静态分析转向动态分析

静态分析是新古典经济学理论体系的固有特质,其分析是建立在技术、制度等因素假定不变的前提下的。而现实技术创新本身是一个动态的过程,很难在新古典经济学的静态分析范式下揭示其变化过程和机理,必须转向动态分析。熊彼特正是摆脱了新古典经济学的静态分析范式,基于动态的视角,才深刻地揭示出技术创新作为"创造性破坏"的本质和过程,并进而得出垄断性市场结构和大企业更有利于实现技术创新的重要观点。要揭示技术创新的动态过程及其影响因素,必须如植草益所指出的,对熊彼特的"创造性破坏"观点所揭示的有关企业规模、市场结构的形成等进行更为动态的和内生的分析(植草益,2001)。

(二)由因果相关分析转向作用机理分析

分析市场结构作用于技术创新的动态过程,内含着对这一过程作用机理的分析。只有具体分析市场结构影响技术创新的机理,才能揭示有利于实现技术创新的市场结构形态。现有对市场结构与技术创新关系的大量相关分析,多是通过选取某一行业市场结构和技术创新的某些具体指标数值(市场结构一般选择市场集中度)进行相关分析,并在此基础上得出集中度(或垄断性)高低与技术创新的相关程度。实际上,市场集中度仅是影响市场结构的一个因素,并且它还不是一个独立的影响因素,它要受企业规模、市场容量等因素的影响。同时,市场集中度与市场垄断程度虽然存在一定的正相关性,但二者毕竟不是等同关系,其相关程度要受到行业的产品性质、技术条件等多种因素的影响,很难得出一个对各个行业都一致的结论。

从某种意义上说,目前对企业技术创新所作的大量博弈模型分析也是一种机理分析,但这种分析的重点放在了企业技术创新行为的互动性和策略选择方面。这种分析对理解和把握企业创新行为之间的互动反应是必要的,但对揭示不同市场结构作用于技术创新的机理以及市场结构模式选择作用有限。况且由于模型受制于特定的假定前提和一系列参数、变量,略微变动就可能得出差异性较大的结论。

(三)由对市场结构的单层结构理解转向双层结构理解

传统产业组织理论对市场结构的界定是在特定市场(指生产具有密切替代关系的产品市场)上企业所构成的市场关系,主要是垄断、竞争关系。根据这一界定将市场结构划分为不同的类型。实际上,这一界定秉承了新古典主义经济学的固有传统,把不同规模的企业统统看成没有内部结构的"黑箱"。对于这一"黑箱"的分析又仅仅是局限于投进资本、劳动等生产要素,经过经营生产出产品,提供给市场消费。"在该模型中,除了市场外没有组织或制度"(诺斯,1992)。市场结构对企业技术创新的影响,也就归结为不同的市场垄断、竞争态势对企业技术创新的影响,而忽视企业组织结构对企业技术创新的影响。对于企业组织的效率,新古典经济学仅把企业组织规模与形式的变化与为了获得市场支配力的垄断倾向联系在一起。钱德勒以描述性的方式考察了企业组织结构的演化过程,但缺少对这种组织创新及其扩散效应的更正规和更富逻辑性的分析。而新制度经济学对企业组织演进的效率性进行的分析侧重于其交易效率,而对其技术创新效应关注较少。

现实中包括技术创新行为在内的企业各种行为选择,不但受企业外部市场关系的影响,同时也受到企业内部组织结构和产权制度安排等的作用。企业组织结构演进的过程,同时也是企业技术创新方式不断变化的过程。从 19 世纪技术创新的典型模式是个体发明家和企业家,到 20 世纪后期技术创新的主流模式变成与外界进行充分交流的企业内部研发部门,世界上主要大企业都建立了自己的研发机构,实际上都与企业的组织结构调整紧密相连。为此,有必要对市场结构含义加以拓展,使之包含企业内部组织的内容,并将企业内部组织结构对企业技术创新的影响和外部垄断、竞争关系对企业技术创新的影响结合起来,进行综合性分析[①]。

(四)从企业技术创新的竞争范式转向竞争与合作范式

20 世纪 90 年代以来,随着经济全球化和网络经济的迅速发展,企业竞争的外部环境发生了巨大变化,由此导致企业竞争模式、行为方式等也相应发生了巨大变化,合作型竞争成为企业越来越普遍的行为方式选择。这种合作几乎包括了企业的生产、销售和研发创新等企业运营的全过程。企业集群、合作创新联盟等新型合作性企业组织形式大量出现,它们对企业技术创新产生重要的影响。分析市场结构对企业技术创新的影响,必须对这些合作型企业组织形态的技术创新效应进行分析。

---

① 这样一种对市场结构的拓展,并未超越产业组织分析的"界域"。在科斯看来,他的企业组织理论就是产业组织理论(科斯,1994)。当代产业组织研究权威泰勒尔也指出:"企业研究是市场分析的开端。""企业理论是经济学的一个极为重要的主题,也是产业组织学的一个必不可少的组成部分"(泰勒尔,1998)。

二、网络型寡占市场结构的技术创新效应与实现机理

立足于以上研究范式的转变与创新,结合现实产业市场结构对企业技术创新的影响,我们认为,在当今经济、技术条件下,最有利于实现工业企业技术创新的市场结构既不是单纯的垄断或寡头垄断市场结构,也不是纯粹竞争或垄断竞争的市场结构,而是以大企业为主导、大中小企业协作共生的网络型寡占市场结构。这种市场结构的形态特征主要有:(1)企业市场关系的寡占性。行业中存在着少数具有较大规模和技术创新实力的"龙头"大企业,它们在生产运营、技术创新和产品销售等方面,既形成较强的竞争关系,又在某些方面进行一定的合作。(2)企业协作关系的网络性。产业市场中,除了存在处于寡占地位的若干家大企业外,同时还存在着相当数量的中小企业为大企业进行配套生产、营销产品,从而形成不同规模企业之间的专业化分工协作或企业网络组织,如企业战略联盟、产业集群与合作创新组织等。(3)企业组织结构的复合型。寡占型市场上的大企业具有复杂的内部组织结构。通过科学的职能划分和流程再造,特别是借助于迅速发展的信息技术,这些大企业较好地兼顾了大企业组织与中小企业组织在技术创新方面的优势。对网络型寡占市场结构的技术创新效应及实现机理的分析主要从以上三个方面展开。

(一)寡占型市场上企业技术创新行为的常规化

在现代西方发达国家,许多重要的工业部门相继形成了寡占型市场结构,寡占型企业成为这些国家技术创新的主体性力量。在寡占型市场上,少数几家大企业相互之间主要进行非价格竞争,而技术创新竞争则是其最重要的竞争形式,尤其是在诸如高科技寡占型行业更是如此。这些大企业对技术创新的投资与对机器、设备等的投资一样,越来越变成它的一种常规化行为方式,用于技术创新上的投资不断增加。1997年,美国计算机和数据处理服务部门的企业将其总收入中13%以上的资金用于研发,医药行业的这一数字为10.5%,办公、计算和会计设备生产企业用于该目的支出也超过了9%,生产光学和音响设备、通信设备、电子零件等产品的企业,也将其大部分收入用于研发(National Science Board,2000)。正如施穆克勒所指出的,技术发明曾被作为一种非常规化的经济行为,但现在它已日益成为商业企业的一种全天候且持续的行为(Schmookler,1966)。

寡占型企业的常规化创新行为来自于这种市场上的激烈竞争。在这种市场上,如果某一寡占企业凭借某一行为方式使其创新绩效优于其竞争者,该企

业将在特定时期可能会赚取一定的超额利润。但其竞争对手也会很快采取相同的行为方式，并可能成为最终的创新成功者。在这种情况下，每一企业很难再通过一时的冒险或偶发的奇想，以及外部某些难以预测的因素等来达到长期保持市场势力的目的，只有通过持续、常规化的技术创新行为才能维持市场地位。研制新产品、发明新技术等行为成为企业经营中的一个常规性而且是关键性的部分，并通过建立和设置相关的制度和组织安排，实现常规化技术创新，并不断提高创新的成功率。这种技术创新过程的持续性和常规化，有利于不断积累创新资源，逐步提升创新成果的档次和水平，进而形成更大规模和更高水平的技术创新。

基础性科学研究是实现企业常规化和持续创新的重要保证，而寡占型大企业在这方面具有明显的优势。只有这些企业才有更大的动机和实力来开展这种费时较长、投资较大的研发活动。而现实中准完全竞争或垄断竞争行业的小企业，由于没有同其竞争对手相互依赖的市场关系，也不存在相互之间的研发竞赛，技术外溢问题较为严重，再加上企业实力不强，从而在基础性研究和持久性技术创新方面的动机和能力都嫌不足。从经济、技术发展史上看，大量的技术创新竞争均发生在寡头垄断行业中。这种一般被视为有可能威胁到公众利益的垄断市场结构，现实中却成为推动技术创新和经济增长的主导性力量。资本主义经济增长的绩效之所以迥然优于其他所有经济形态，一个重要的原因便是由于寡占型企业技术创新的常规化以及不断强化的创新过程（鲍莫尔，2004）。早年的熊彼特也曾对小企业和企业家的技术创新作用十分重视，这与当时西方国家寡占型大企业的发展还很有限、技术创新尚未成为其常规化行为方式有关。其后，随着寡占型大企业技术创新行为的普遍化和常规化，熊彼特毅然修正了原来的观点，深刻地指出，技术创新已不再是企业家凭借其特殊的才能所能实现的活动。"（企业家创新）职能的重要性正在丧失，而且其重要性必定还会加速丧失……因为创新本身已降为日常事物了"（熊彼特，1942）。

（二）寡占型市场上企业创新投资竞争的"棘轮效应"及标准确定

在寡占型市场上，一旦将技术创新看作是企业的一种常规化行为方式，那么从理论上说，其创新决策的过程及竞争结果，便与企业其他形式的投资决策过程及结果分析遵循着相同的逻辑。对于进行常规化创新的企业来说，它进行技术创新所能保证得到的，与用于机器设备或市场营销上的花费一样，带来大致平均的利润。但创新投资竞争的平均利润并不意味着在现实中所有企业的创新投资支出都相同，也不意味着各个企业只得到零超额利润。在现实创新竞争过程中,一些企业总会超过平均水平,而另外的企业则可能低于平均水平,由此导致两类企业利润上的差别。这种创新投入差别引致的利润率差别成为驱使寡占企业竞相加大技术创新投入的内在动力。寡占企业比竞争对手创新落后意味着其成本、价格和产品质量等方面的失利,以及竞争优势和市场地位的丧失,而只有比竞争对手具有更多的创新投入,才能获得创新超额利润,并保持自己的这种市场优势。为此,寡占企业时常关注其竞争对手的研发支出水平,以便确定自己的研发支出水平①(见图8.3)。这一竞争过程使寡占型市场上的研发与创新投入具有不断增加的趋势,并产生所谓"棘轮效应"。这一过程可借助于保罗·斯威齐(Paul Sweezy)的折弯的需求曲线模型加以说明②(见图8.4)。

设某一寡占型行业有若干家实力相当、行为相互依赖的企业。如果 M 企业发现其他各家企业在研发上每年支出 a 万美元,则该企业在研发上的支出也将不会远低于这一水平。当然,他也不会投入过高于该水平的研发资金,因为该企业会预料到其他企业也会追随他的行为。

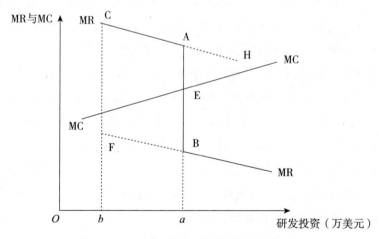

图 8.3　寡占型企业研发投资竞争与标准确定

上图中的一条边际成本线和两条边际收益线(MRH 和 FMR)都是 M 公司用于研发投资的函数(为简单起见,MR 线与 MC 线都用直线表示)。两条边际

---

①　事实上,许多涉及竞争性技术的专利诉讼或反托拉斯案件证明,企业在制订自己的创新计划时,总是很积极地关注着其竞争对手的创新活动。那些处于市场支配地位的企业很是关注那些对其竞争威胁较大的企业的赶超计划(威廉·鲍莫尔,2004)。

②　该模型本来是用来解释为什么在寡头垄断市场上价格具有"刚性"的特征。

收益线表示了竞争对手两种可能的行为反应方式。若每次 M 企业提高其研发投入水平,则其竞争对手也采取同样的做法,则 M 企业得到较低的边际收益线(FMR),这时 M 企业并不能因增加研发投入而领先于其竞争对手。但如果 M 企业增加其研发支出,而其竞争对手们未能相应地提高它们的研发支出水平,这时 M 企业研发支出的 MR 水平就会相应较高(MRH)。一般情况下,寡占企业不同的研发支出行为将引起竞争对手不同的反应。当它增加研发费用时,它们将会模仿他的行为,但它们不会跟随该企业降低研发费用的行为。由此将形成企业折弯的边际收益曲线 CABMR,它是两条边际收益线(MRH 和 FMR)组合形成的。在当前的研发支出水平 a 上,点 A 与 B 之间有一段垂直的间断距离,这是因为:如果行业中每个企业每年花费 a 万美元,M 公司突然降低其研发水平,如到了 b 水平,则它自然会担心其竞争对手将不会跟随它削减研发支出,而仍旧支出 a 万美元,M 企业预料到这样做的结果将是丢失很大一部分收益,并发现自己沿曲线 MRH 向后移动到点 C。而当企业 M 决定增加其研发支出,使之高于 a 万美元时,这时其竞争对手也跟随它增加了支出,由此它将沿着下面的 FMR 曲线移动。

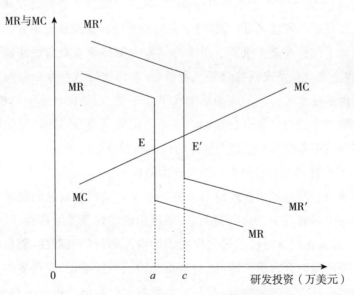

图 8.4　寡占型行业研发投资标准的提高

倾若每一家企业都没有发现具有较大市场前景的创新机会,则行业中的每一家寡占企业就将维持大致相等的研发支出,从而形成一种相对均衡状态(图8.3 中 MR 线与 MC 线的交点 E)。但这种均衡往往不会维持太久的时间。当其中某一家企业发现了很有市场前景的创新机会,从而增加研发投资并成功发明出一项新产品时,这家企业将会进一步扩大用于新产品上的投资。首先取得研发突破的企业的分段边际收益曲线,将会从 MREMR 移到右上方的 $MR'E'MR'$(见图 8.4),MC 线与 MR 线的相交点也由原来的 E 点移到右方的 E' 点,行业中其他公司将被迫跟随这种增加了的投资行为,由此导致行业的研发标准投入量由原来的 a 万美元增加到 c 万美元,并且由于棘轮效应的作用,这一研发标准水平将不会再下降到原来的水平。

在寡占行业,对标准研发支出水平的追求和竞争导致该行业研发支出的不断提高。尽管每个企业都知道,在它们提高创新支出的情况下,其竞争对手也会追随它的行为增加创新投资。但在追求创新超额利润动机的驱动下,任何一家企业都内在地具有超越行业研发标准水平的欲望。寡占型企业的这种创新投入竞争与其他方面的投入竞争具有很大的不同。如广告投入的竞争,在竞争导致整个行业广告费用激增的情况下,首先破坏均衡的企业,很可能只得到比以前更少的利润,因而企业并不轻易增加过多的广告费用支出。但对于创新投入而言,当某个企业发现利润前景十分看好的项目时,就会毫不犹豫地增加研发投资,并因此带动其他企业竞相增加研发投资。而首先获得研发成功的企业无疑会获得更多的收益。可以说,行业出现并发现新的投资前景对寡占型企业创新支出水平的提高至关重要。现实许多寡占型行业也确实往往经过一段时间后,某些企业就会发现新的创新投资机会,并由此导致行业创新投资跃升到一个更高的标准水平。至于新的标准水平是多少,则是由行业生产规模、资产和市场份额等多种因素综合决定的。在西方国家制药、计算机、家用电器以及其他许多领域中都曾发生过以上描述的技术创新投资的竞争。

(三)现代寡占型企业组织结构与技术创新

对企业组织的技术创新效应的研究一直是产业组织理论和技术创新经济学研究的一个薄弱环节。而事实上,一个组织的结构及其运作程序、控制过程的规范化、标准化程度可以在很大程度上影响其创新的可能性、创新项目的有效性以及新产品的开发速度等(D. Douyherty)。概括地讲,现代寡占型大企业组织在技术创新方面的优势是:有利于实现技术创新的规模经济和范围经济;大企业所具有的规范化、标准化和集权程序使其内部的协调变得相对容易,并易于作出较好的投资决策,使创新项目实施得更快和更高效。但大公司复杂的机构也增加了公司的僵化和惰性,这被莱本斯坦称为 X 一非效率。相比之下,规则程序较少的小企业组织在创新方面具有明显的灵活性,易于产生更多的创新思想。正因为两种企业组织形式在技术创新方面各有利弊,因而产业组织理论在判定究竟是大企业还是小企业更有利于实现技术创新方面,迄今难以得出一致的结论。

从逻辑上讲,如果寡占型大企业能够通过内部组织结构的调整、职能分权和流程再造等,克服大企业技术创新过程的僵化和惰性,并体现出小公司的创新灵活性及其优势,那么关于寡占型大企业组织不利于实现技术创新的说辞也就变得没有意义。事实上,现代许多大的寡占型企业正是这样做的。如通用电器、惠普、通用汽车等大公司都试图把它们的公司重新组成由小公司构成的业务群来保证它们能够获取整个公司的资源,同时又能保持小公司的简单性和灵活性。图斯曼(Tushman)和奥雷尔(O'Reilly)基于既照顾到大多数公司保持现有产品线的效率和一致性,又有利于实现更多根本性的技术创新,并对技术的变革作出快速的反应等要求,提出一种灵活性企业创新组织(Tushman and O'Reilly,1996)。这种组织是由多种内部不一致的结构所构成的复杂组织形式,它同时实现了短期效率和长期创新的目的。这些公司把研发部门建得同机构内的其他部门完全不同。公司的制造和销售部门可以是高度规范化和标准化的,而其研发部门则是根据目标的不同,实行不同的激励机制。这样在制造部门这种具有规模经济效应的活动方面仍维持集权和较高程度的一致性,而同时把研发创新等活动分权化,使其具有小公司那样的灵活性和效率。这样,在一个寡占型企业内部,包含了多种结构、流程和文化,既可以充分利用整个大企业组织充足的创新资源,又充分发挥了小公司所拥有的精心选择项目和高效率进行创新的机制。

寡占型企业组织的调整和重组,主要是根据外部经营环境的变化,使企业组织结构更富于柔性和弹性。借助于迅速发展和得到广泛应用的信息技术,近年来一种兼顾效率与柔性的新型企业组织形式——企业模块化组织,在促进和实现大企业创新方面显示出特有的优势。模块化是指一个系统的部件可以被分离和重组的程度。通过使产品模块化,可以在特定输入组合的情况下大大增加可能配置的种类。克莱斯勒公司(Chrysler)通过把所有的新车型建立在一系列标准化平台上,成为汽车行业内最快的新产品开发者之一,并同时使新产品开发成本保持在很低的水平上。产品设计中的模块化则是通过确定界面标准规格来实现的。它使得在给定输入组合的情况下实现一系列的终端产品,因而使公司在满足用户不同需求的时候可以实现相对较高的性能成本比。另外,由于模块化使得在升级一个组件的时候不需要改变其他组件,公司及用户就可以在不改变整个系统的情况下升级它们的产品。个人计算机就是模块化系统带来方便升级的例子。

企业不但有产品的模块化,还可以有组织结构的模块化。在这种模块化中,开发和生产活动并不是紧密结合在一起的,它们之间的协调是通过遵守共同的目标和标准来实现的。倘若每个开发团队都接受一个共同的开发计划和界面标准,他们开发的组件就能有效地连接在一起,而不需要这些小组紧密地协作,这样标准界面在所有的开发和生产部门中就提供了一种"嵌入式合作",使得一个产品的部件可以由一个公司内部高度自主的部门来分别生产,甚至可以由其他公司来完成。由此,公司就可以有更大的研发柔性和更多的产品配置,如公司可以围绕与自己核心能力相关的领域进行技术创新,并把其他活动外包或与其他厂商形成联盟,而把公司的活动集中在自己有竞争优势的领域,从而开发出更多的对用户有吸引力的高性能产品,并同时降低了创新管理的复杂性,节省大量创新管理费用。信息技术的迅速发展和广泛应用,使得这种松散连接的组织结构变得越来越普遍,并在完成技术创新过程中显示出明显的优势。

跨国公司无疑是当今世界最重要的寡占型企业。20世纪90年代以来,许多跨国公司的研发活动向全球扩张。到90年代末,荷兰、瑞士等国的跨国公司超过50%的研发活动都是在国外的分支机构完成的,西欧为30%(Melissa A. Schilling,2005)。国外市场提供了高度多元化的信息和资源来源,以及高度多元化的产品需求和不同运营规则,这促使大跨国公司通过组织结构调整,特别是采用分权性研发组织,把技术创新(或其他核心能力)放到多个市场中进行应用,尽可能快地吸收各地创新资源,并使创新活动更好地适应各地市场的需求。同时,跨国公司针对技术创新进行了不同形式的企业组织结构调整,既能维持大企业特有的集权化、规模化等研发优势,同时又通过多种形式的分权化,使创新活动更富灵活性和效率,并最大限度地实现了各创新部门间的协同。

(四)寡占型企业主导下的企业网络与技术创新

在现代寡占型企业技术创新过程中,创新竞争只是其行为选择的一个方面,相互之间的创新合作与创新成果的交流和共享也是其经常采取的重要行为。这种合作创新是通过以大企业为主体的企业网络组织和技术创新联盟实现的。

企业网络组织包括多种形式,如企业集群、战略联盟、虚拟企业、供应链、企业系列和企业外包等,这里仅以产业集群的技术创新效应为例来说明。产业集群是一种通过内部交易网络、技术网络和社会网络综合构成的一种复杂企业网络组织,创新知识(尤其是对创新具有重要作用的缄默化知识)、信息与人才在集群企业间的合理流动和优化配置,促进了集群企业的技术创新能力,使之同时兼具了大企业和中小企业在技术创新方面的某些优势,而又在一定程度上抑制了两种企业对技术创新的不利影响。产业集群创造了企业技术创新的良好氛围,提供了企业技术创新的有效载体,并形成了加快企业技术创新成果扩散的有效渠道。

　　从企业集群类型上看,由大企业作为主体形成的产业集群,相对于单纯由中小企业结成的产业集群,表现出更强的技术创新效应。正如有的学者所证明的,在企业规模均衡分布、既没有特别大型的企业、也没有规模较小企业形成的产业集群中,如果缺乏有效的专利制度保护和技术转让制度,自主技术创新并不是企业的均衡稳定战略,而只是一种偶发性的行为战略"变异"。但一个产业集群如果存在一个规模占优的核心企业,并形成以核心企业为领头企业,其他许多中小企业为追随企业的非对称结构,那么核心企业选择技术创新,其他中小企业选择技术模仿与跟进,就成为产业集群技术创新的均衡稳定战略(李永刚,2004)。我国产业集群的技术创新效应说明了这一点。目前我国基本形成了三类产业集群:一是几个大型企业组成的寡占式产业集群,这种产业集群目前数量还较少,主要集中在石油化工、重型机械、大型家电等少数几个行业。但这类产业集群企业的技术创新动机较为强烈,如珠海三角洲聚集了康佳、科龙、美的、格兰仕等一批家电制造企业,每年的技术创新投入费用就高达十几亿元。二是以大企业为核心、大量中小企业协同配套的轮轴式产业集群,如温州乐清的电器产业集群,就是以正泰、德力西为核心企业,另有2000多家中小关联企业组成的产业集群。这类产业集群的技术创新通常是由居于核心地位的大企业承担的。三是无核心企业的中小企业产业集群,集群企业数量较多、生产经营规模小,企业自主技术创新的内在动力较弱。目前,我国这类产业集群数量较多,对实现企业自主技术创新的作用很有限。相对不足的技术创新能力反过来限制了这些产业集群竞争力的提升。总之,我国现有产业集群对大企业的创新激励明显高于中小企业,由大型企业构成的产业集群的创新倾向明显高于中小企业构成的产业集群。

　　企业网络的技术创新效应还表现在各种形式的技术研发和创新联盟。据有关资料显示,世界最大的150家跨国公司中,已有90%的公司与其他厂商结成各种形式的战略联盟,其中R&D联盟已成为跨国公司重要的技术来源,对这种企业合作创新联盟的技术创新效益及社会福利影响,人们已进行了大量研究,这里只是指出,在经济全球化和网络经济条件下,企业合作创新之所以变得越来越普遍,主要原因有:技术创新的难度和不确定性进一步增大;创新技术的融合性增强,不同领域企业的合作创新可以避免研发项目选择上的重复性,提高创新效率;技术外溢性效应更加明显,而这种外溢性正是企业进行创新合作的重要条件。对于企业的合作研发行为,美国反托拉斯法在相当长的一个时期内都是予以明确制止的。但从 20 世纪 80 年代以后,对这方面的限制逐步放松①。

三、网络型寡占市场结构与中国企业的自主技术创新

(一)网络型寡占市场结构——中国工业企业实现自主技术创新的市场结构条件

提高中国企业自主创新能力,已成为现阶段提高中国产业国际竞争力,更好地应对国际经济竞争的必然要求,其必要性和迫切性已无需赘言。问题是通过怎样的途径,具备怎样的条件才能更好地实现企业的自主技术创新。对于这一问题,人们分别从不同的角度提出许多建议和措施,如增加政府科研投入;强化企业研发主体地位;增加企业研发投资;深化科技创新体制改革,等等。应当说,以上途径或措施都是必要的。但如果将企业自主技术创新当作是一个常规化、持续性的行为过程,那么企业强烈的内在技术创新动机、较强的技术创新实力和有效的技术创新实现机制等是必不可少的。在经济全球化和信息经济条件下,以上条件的形成有赖于网络型寡占市场结构的建立和完善。在我国,寡占型市场主要是指那些重点产业、支柱产业,包括机械制造业、电子信息、石油化工以及一些基础性产业,如金融业、通信业等。同时还要根据比较优势原则,造就一批优势产业,着力开拓国际市场,增大规模经济和低成本优势,使生产资源向这些部门相对集中。目前,我国产业具有国际竞争力的主要是一些技术含量少、附加值低的产业,如纺织玩具、手表、箱包等劳动密集型产业。而在那些对整个国民经济具有重要影响的资本、技术密集型产业,如汽车、通信设备、计

---

① 1984 年美国制定"国家合作研究法"(National Cooperative Research Act of 1984,简称 NCRA),1993 年制定"国家合作生产增修条款"(National Cooperative Research and Production Act of 1993,简称 NCRPA),2000 年又制定了"竞争者合作联盟反托拉斯法准则"(Antitrust Guidelines for Collaborations Among Competitors,简称 AGCAC),显示了美国政府对企业间合作研发重要性的认识不断深入,并通过法令的形式予以支持。

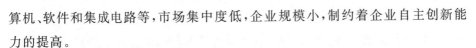

算机、软件和集成电路等,市场集中度低,企业规模小,制约着企业自主创新能力的提高。

我国的寡占型市场结构不是单独由若干家大企业所支配的市场结构,而是大企业与大企业之间、大企业与中小企业之间通过各种经济、技术联系形成的协作型或网络型市场结构,它兼具竞争性与合作性的双重特征。寡占型大企业是这种市场结构的基本"骨架"和支撑,强烈的技术创新动机和充足的技术创新实力是这些企业实现自主技术创新的保证。

（二）大力发展有竞争力的大企业和企业集团,打造网络型寡占市场结构的"骨架"

大企业作为现代技术创新的主导性力量,对实现我国自主技术创新具有不可替代的作用。大企业在目前我国技术创新过程中的优势已初步显现出来。国内一些学者根据现有统计资料,对我国产业集中度与技术创新之间的关系进行了一定的实证分析,得出的结论大致相同,即现阶段中国产业集中度、企业规模与企业技术创新之间存在不同程度的正相关性。（戚聿东,2004;魏后凯,2002;杜传忠,2003）。进一步发展大企业和企业集团,提高产业集中度,是提高我国企业技术创新能力的必然选择。

就目前看,我国企业总体规模较小、市场集中度偏低、分散竞争现象在一些行业还较严重。尽管 2012 年入围世界 500 强的中国内地企业的营业收入、利润占 2012 年世界 500 强的比重达到 13.01％和 13.09％,但与美国企业 500 强相比,虽然 2012 年中国企业 500 强的营业收入、资产总额、入围门槛的增速都高于美国企业 500 强,但利润增幅却连续 3 年低于美国企业 500 强,差距也被进一步拉大。据统计,2011 年中国企业 500 强的净利润总额相当于美国 500 强净利润总额的 43.53％,但 2012 年中国企业 500 强的利润总额占美国 500 强净利润总额的百分比下滑到了 39.48％。并且世界 500 强的排头企业都是竞争性行业的企业,而我国进入世界 500 强的大企业中,垄断行业的企业仍占主导地位。2004 年中国企业 500 强排在前 10 位的几乎全是国有垄断型大企业[①],国有及国有控股企业的比重高达 72％。尽管这些国有垄断企业营业收入较高,但往往不是凭借效率高、技术创新能力强而取得的,而是行业垄断经营的结果。这些国有垄断大企业长期享受国家在资金、资源、法律、政策、人力资源等许多方面的优惠和倾斜,缺少外部竞争压力,从而缺乏进行自主技术创新的动力和压

---

① 如中国石化、国家电网、中国石油、中国移动、中国人寿、中国工商银行等。

力。我们所要建立的网络型寡占市场结构中的大企业应是在激烈的市场竞争中发展壮大起来的，它们不只是规模大，更主要的是竞争力强，它们只有靠持续的自主技术创新，才能在激烈的国内外市场竞争中居于有利地位。这样的大企业才是实现我国企业自主技术创新的主导性力量[①]。

发展壮大有竞争力的大企业，除了深化国有企业改革、健全市场竞争机制外，提高国有大企业的竞争力外，还应大力发展、壮大天然具有竞争力的民营企业，让国有企业和民营企业在公平的环境下展开竞争，使民营企业不断提高规模、实力和技术创新能力。与国有企业相比，数量逐年增加的中国民营企业表现出了较强的生命力。2006年中国企业500强民营企业资产利润率是国有企业的4倍，资产周转率是国有企业的5倍。不断发展壮大的民营企业应成为我国网络型寡占市场结构充满活力的重要组成部分，是实现中国企业自主技术创新的生力军。目前，应通过体制、政策改革，破除各种制约民营企业发展的因素，减少政府规制、打破行政垄断，促进民营企业的迅速成长和壮大。

（三）通过调整优化企业组织结构，培育企业的核心竞争力和技术创新能力

适应外部竞争环境、具有较高内部运行效率的企业组织结构是网络型寡占市场结构的重要内容，也是实现企业技术创新的重要条件。我国目前大部分企业的扩张和发展更多地是靠外在力量，而不是靠内部高效的组织结构调整和协调来完成。无论是企业规模的扩大，还是市场份额的提高，甚至于企业技术创新，往往是靠质量、价格或规模获得的比较优势，而不是依靠企业组织结构的调整、企业流程再造和企业核心竞争力的提高。特别是在目前的企业扩张中，简单复制、盲目扩张现象较严重，扩张的短期功利性明显，企业相应的组织优化、管理能力提高和核心竞争力增强等没有及时跟上，致使一些企业规模刚得到扩张，即患上所谓"大企业病"，表现为企业内部机构臃肿；部门之间业务范围交叉，权责不清；部门之间信息流通迟滞，协调困难，导致企业运行效率低下，技术创新水平不高。

发挥企业组织的技术创新效应，必须实现企业组织结构的创新，使企业规模扩张与企业组织结构优化、企业核心竞争力的提高有机地结合起来。全球500强公司的成长过程，都是建立在企业组织不断调整优化与核心竞争力不断

---

① 2004年，宝钢和上汽两家被认为是真正意义上的竞争性行业的制造业企业首次跻身全球500强，以及联想收购IBM的PC部门而成为全球第三大PC厂商，标志着我国竞争性行业开始产生世界级的大企业。

提高基础上的。我国现有企业组织结构调整的着眼点应从企业职能设置和权利分配出发,进行企业业务流程再造和职能重新划分。特别是要改变企业组织普遍存在的"两头(开发和销售)小、中间(生产)大"的"橄榄型"模式,这种组织结构庞大臃肿,不利于对外界市场变化作出灵活反应。企业应将主要精力放在核心业务上,剔除形不成竞争优势的一般业务。借助于网络信息技术,逐步形成"两头(开发和销售)大、中间(生产)小"的"哑铃型"组织结构。

(四)加强企业之间的协作,发展企业网络和合作创新

企业之间的协作和网络化发展,是现代社会化大生产和网络经济发展的必然要求,也是我国实现企业技术创新的重要条件。发达国家的企业通过企业间的协作和网络化发展,各自进一步向核心能力集中,形成明显的产业、产品分工,表现出强劲的竞争优势。我国产业特别是制造业企业长期存在"大而全"、"小而全"的弊端,使企业成为一个封闭系统。企业内部各部门片面追求部门利益,导致物流、信息流经常扭曲、变形。生产系统设计只考虑生产过程本身,而没有考虑生产过程以外的因素对企业竞争能力的影响。供、产、销等企业的基本活动在传统的生产方式下各自为政、相互脱节,没有形成相互协作关系。

构筑网络型寡占市场结构,必须加强大中小企业间的协作,同时大力发展合资经营、连锁经营、业务外包、战略联盟、虚拟企业和供应链联盟等新型网络型企业组织,实现"优势互补,资源共享"。为此,要培育企业的核心竞争力,使企业能够专注于价值链上的某一区域,做专做精做强,通过与国内其他企业及跨国公司的合作,嵌入全球生产体系,在竞争与合作中,提升自己的技术创新能力和竞争优势。需要注意的是,在与跨国公司的合作中,单纯依赖跨国公司的技术外溢是不足取的。跨国公司在全球设置生产体系以及向当地企业链条转移技术,目的只是为延长技术产品的生命周期,保证整个产业链条的运营效率,以获得更大的利润。其转移技术的底线是不损害其技术垄断地位,它们所转移的技术一般都是成熟性技术而不会是最先进的核心技术。在全球市场竞争中,恰恰是这种核心技术才是企业核心竞争力的主要源泉。即使处在产业链条的较核心地位,也许能够获得一时较高的产业附加值,但未必能获得有利于实现本国产业竞争力持续提升的核心技术。要取得这种技术,只能依靠企业的自主技术创新。通过与国内外企业结成一定的技术创新联盟,进行合作创新,实现优势互补,成果共享,从总体上提高中国企业的技术创新水平。

第四节　合作创新:实现中国企业自主创新的有效机制

改革开放以来,我国基本上走了一条"以市场换技术"的技术发展道路,虽然取得了一定成效,但却不能从根本上提高我国的科技创新水平,特别是那些对国民经济发展具有重要影响的核心技术、关键技术、前沿技术等是不可能换来的,只能通过自主创新才能获得。然而,自主技术创新作为一项十分复杂、艰巨的技术、经济过程,必须通过积极、有效的途径和对策才能够实现。在我国现阶段特定的经济、技术环境和条件下,进行合作创新是实现自主创新的一条切实可行的有效途径。

一、合作创新提高我国自主创新能力的机理分析

技术创新是推动我国现阶段产业结构优化升级、提高产业国际竞争力,进而实现国民经济持续快速增长的关键性因素。这里所说的技术创新,实际上指的是自主技术创新,而不是仅仅靠模仿或舶来技术实现的技术创新。在技术领域,过分注重跟踪、模仿,将难以越过跨国公司严密的专利壁垒,使得跟踪发展的技术在市场上实际应用的空间十分有限,这将会进一步拉大与先进国家技术创新水平的差距,形成技术创新的路径依赖,长期锁定于国际技术分工体系的低端。在当今国际经济、技术竞争环境下,技术依赖远比资金依赖、市场依赖更加危险和难以摆脱。正因为如此,中国必须进行自主技术创新。自主创新包括原始创新、集成创新和引进消化吸收再创新。无论哪一种自主创新类型都需要投入大量的资金和人力,需要具备相应的科技创新条件。而这些条件在我国现阶段并不完全具备,通过合作创新最大限度地发挥我国技术创新资源的效能,则是实现我国自主技术创新的理性选择。

（一）合作创新与原始创新的实现

一般认为,原始创新是指通过科学实验和理论研究探索事物的现象、结构、运动及其相互作用的规律,或者运用科学理论解决经济社会发展中关键的科学技术问题的过程,其成果表现为重大的科学发现、技术发明、理论创新以及实验方法及仪器的发明等(朱少英、齐二石,2008)。原始创新是所有其他技术创新的基础和源泉,是实现技术跨越式发展的基础性条件。作为一种首创性创新,原始创新一般没有现成的研究思路和成果可资借鉴,并且其研究成果需要较长时间的知识积累才能实现,因此,从事原始创新往往需要承担相当大的风险,需

要投入大量的人力、物力和财力,创新成果运用于商业领域也需要相当长的周期。这些特点都将导致企业对从事原始创新缺乏足够的动力。现阶段我国的原始创新多存在于高校和科研机构当中,只有少数实力较强的企业才从事这类活动[①]。通过企业的合作创新,可以在很大程度上有效缓解乃至于克服企业进行原始创新所遇到的障碍和困难。首先,合作创新能够实现企业创新的成本分担和风险分摊。原始创新的前期投入成本巨大,并且创新周期较长,创新成功率又较低,单独一个企业很难承担如此大的创新成本和创新风险,除了国家支持以外,企业可通过合作创新的方式降低自身所承担的原始创新风险,分摊创新成本,增强企业原始创新动力和能力。

其次,合作创新有利于实现原始创新中的内部规模经济,提高创新效率。如果将原始创新看成一种生产知识的过程,那么这种生产过程既有可能存在规模报酬递增,又可能存在规模报酬递减的情况。原始创新的累积性特征决定了在创新投入达到一定规模之前,生产知识的过程是规模报酬递减的;在创新投入跨越了某一临界值之后,这一过程则呈现出规模报酬递增的特点,这时就能够实现原始创新的内部规模经济,从而提高原始创新效率。而企业合作创新则是实现技术创新规模经济的有效途径。以下通过模型加以说明。用原始创新成功率 p 表示创新的产值,x 表示企业的原始创新投入,x^* 表示企业原始创新投入的临界水平,假定考虑极端的情况,即创新投入达到临界值之前,创新成功率几乎为 0[②]。那么原始创新的生产函数形式可表示为一个分段函数,如图 8.5 所示:

如果企业单独采取创新行动,则其所能达到的最大创新投入规模为 x^1,创新成功率基本为 0,这也就是企业为什么不愿意进行原始创新的原因。如果进行合作创新,那么两家甚至多家企业的总体创新投入 x^c 就会超过 x^*,进而实现原始创新的规模经济,企业技术创新效率将得到提高,由此将大大激发企业

---

① 我国原始创新的不足可通过申请的专利数体现出来。目前,在产业技术领域,我国的发明专利只有日本和美国的 1/30,只有韩国的 1/4。近 15 年来,外国企业和国内企业在中国申请专利的比例是 6.4∶1。在信息技术领域,外国人在中国的发明专利占 90%,计算机领域占 70%,医药领域占 60.5%,生物领域占 87.3%,通信领域占 92.2%。中国社会科学院工业经济研究所:《中国工业发展报告》(2008),经济管理出版社 2008 年版,第 463 页。

② 这一假定符合现实情况,即原始创新的小规模投入基本上不见成效,只有在投入大量的创新成本之后,随着时间和知识的积累,才能实现原始创新的成功,如果将时间和已有的知识也看成原始创新的投入,那么这一假定就更符合实际情况。

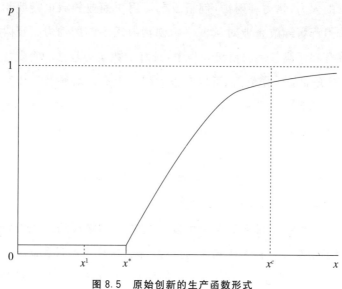

图 8.5　原始创新的生产函数形式

进行原始创新的动力,增强其创新能力。

最后,合作创新有利于实现原始创新资源的有效配置。原始创新对科研人员和科研环境的要求比较严格,高校和科研机构比较容易具备这些环境条件,但另一方面,高校和科研机构进行原始创新又具有资金缺乏的不利条件。相比之下,企业(尤其是联合体企业)一般在创新资金方面具有优势,也具有较强的进行原始创新的动机,但却缺乏进行原始创新所需要的硬件设施和科研人才。以上两难境地为企业与高校、科研机构在原始创新方面进行合作创新、实现产学研结合提供了可能和条件,同时这也是合理配置我国有限的科技资源,使之发挥最大效能的有效途径,是实现原始创新重大突破的重要条件。

(二)合作创新与集成创新的实现

集成创新是指企业利用各种信息技术、管理技术与工具等,对各个创新要素和创新内容进行选择、集成和优化,形成优势互补的有机整体的动态创新过程。通过集成创新,围绕一些具有较强技术关联性和产业带动性的战略产品和重大项目,将各种相关技术有机融合起来,有助于实现一些关键技术、核心技术的突破。在我国目前企业原始创新能力不足的情况下,集成创新显得尤为重要,甚至有可能成为实现我国技术跨越的突破口。合作创新对实现我国企业集成创新具有重要作用,具体体现在:首先,合作创新能够满足集成创新把握技术需求环节的要求。集成创新思想所要解决的问题是日益丰富、复杂的技术资源与实际应用之间的脱节,它要求把握技术的需求环节,在创造符合需求的产品与丰富的技术资源供给之间形成一种匹配效应。而合作创新有利于实现这种效应。例如，生产商与经销商之间的合作创新有利于生产企业及时了解市场动态，创新并生产出具有市场竞争力的产品；生产商与科研机构的合作创新，能够为生产企业找到一套与该产品生产相匹配的技术资源供应。可见，通过合作创新实现了创新要素的有效匹配与整合，进而提高了企业的集成创新能力。

其次，合作创新有利于实现集成创新过程中的资源共享和有效配置。集成创新作为一个极其复杂的技术创新系统，要求创新主体将创新要素优化、整合，实现要素之间的优势互补和合理配置。集成创新强调的是一种群体性、集成性的创新活动，涉及多项技术或项目，往往需要多家企业的协调配合才能实现，仅靠一家企业的单打独奏是难以完成这一复杂过程的。特别是在现代技术创新条件下，集成创新过程已由原来的线性过程转变成网络化过程，创新过程对企业之间资源与技术的共享，增加资源优势互补的空间，提高创新知识的利用率等方面都提出更高的要求，在这些方面，企业合作创新无疑具有明显的优势。

最后，合作创新有利于实现企业之间的协同效应，促进隐性知识的传播，进而提高企业集成创新能力。集成创新所涉及的知识、能力和资源往往由不同层次的创新主体掌握，由于集成创新的复杂性程度较高，因此创新主体涉及的范围也较广，包括各种类型的企业、企业职能部门、高校和科研机构、其他组织、用户及个人等。在实现集成创新过程中，各创新主体的隐性知识往往发挥重要的作用。而创新中的隐性知识难以跨越时空限制，往往只能通过面对面的接触、交流才能得以传播，并发挥其有效价值。合作创新能够为企业建立一个促使隐性知识有效传播的平台，克服了时空因素对隐性知识传播和外溢的限制，促使科研人员之间相互激发创新灵感。同时，合作创新还实现了不同创新主体、创新设备及其他创新要素的协同使用，提高了集成创新过程中的专业化分工协作水平，提高了企业集成创新能力。

（三）合作创新与企业引进消化吸收及再创新的实现

在经济全球化条件下，技术的引进、消化、吸收与再创新是后发国家和地区进行技术创新、实现技术跨越的捷径，也是实现自主创新的重要形式。目前，我国企业在引进、消化、吸收与再创新方面存在的主要问题是：在技术引进中重引进，轻消化、吸收。一些企业由于资金和创新能力的限制，只具有引进技术和先进设备的费用，却缺乏必要的消化吸收费用和能力。由此在"引进——消化吸收——再创新"的创新链条中，只能完成第一个阶段的任务，而在消化吸收和实现再创新方面，做得远远不够，没有达到国家提倡的通过引进、消化、吸收与再创新,最终提高我国自主创新能力的意图和要求。进一步看,目前制约我国企业对引进技术进行消化、吸收和再创新的主要因素是企业对引进技术的吸收能力不强和进行再创新的动机不足。克服这一障碍,也需要进行合作创新。

首先,合作创新有利于提升企业在引进、消化、吸收与再创新过程中的吸收能力。企业的吸收能力是指企业获取外部知识并对获取到的知识加以消化、转化和应用的能力,影响企业吸收能力的主要因素有相关知识的累积性、相关知识的差异性等。一方面,企业合作创新的基础是合作企业将其拥有的创新资源整合在一起进行创新,通过合作创新有利于增加合作体的知识基础,提高企业吸收、利用和创造新知识的能力。因此,企业合作创新通过增加企业相关知识的累积,提高企业对引进技术的吸收能力,进而加速创新成果的转化。另一方面,企业在合作创新过程中,不同企业团队成员间的知识背景往往存在一定的差异,这种具有差异性知识背景的人员之间的交流、碰撞,容易诱发新的创意、新的研究思路,产生新知识和新技术,提高引进、消化吸收与再创新的水平和速度。

其次,合作创新有利于强化企业对引进技术的消化吸收和再创新动机。目前,我国企业对引进技术进行消化吸收和再创新的动机不足,主要是因为技术引进相对来说比较简单,成本比较低,而进行消化吸收和再创新的过程却需要大量创新资源的支持,需要相应的消化吸收和再创新平台,并且面临再创新失败的风险。而当企业再创新成功之后,在相关知识产权和专利制度不完善的条件下,其创新成果容易被同行企业模仿。这种模仿主要来源于创新本身的溢出效应,这种溢出效应尽管从社会角度来看具有正的外部性,但从企业自身角度来说,则会削减企业进行消化吸收和再创新的动机。而通过合作创新,能够在一定程度上将企业再创新的溢出成果内部化,增加企业进行消化吸收和再创新的动机。其具体机理通过图8.6加以说明。

在图8.6中,假设MR_1表示从单个企业角度来看创新的边际收益,MR_2表示从社会的角度来看创新的边际收益,MC表示创新的边际成本。技术成果的溢出对整个社会来说是一种正外部性,根据经济学原理,在存在正外部性的情况下,私人供给要小于社会最优的供给水平。而将正外部性内部化之后,私人供给则能够达到社会最优的供给水平。对合作创新来说,在合作创新之前,企业只考虑再创新带给自己的收益,它将根据$MC=MR_1$的原则决定自己再创新的最优投入水平X_1,这一水平小于作为社会最优水平的X_2;在合作创新之后,参与合作的企业作为一个整体来共同决定再创新的投入水平,这一水平将是社会最优的水平,它比企业单独创新时的投入水平要高。可见,合作创新通过将创新溢出内部化,提高了企业的再创新投入水平,进而提高了企业对引进技术的消化、吸收与再创新的能力。

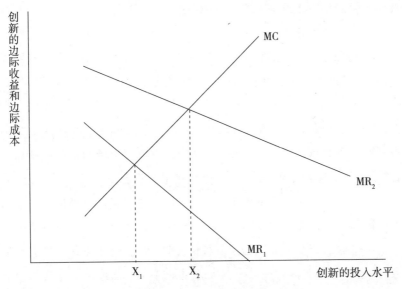

图 8.6　合作创新将溢出成果内部化机理

以上分别分析了合作创新对提高企业三种类型的自主创新能力的作用。需要指出的是,在现实技术创新实践中,企业合作创新对三种自主创新能力的提高作用不是相互孤立的,而是相互渗透、相互影响、相互强化的。三种作用的机理存在很大程度的相通性和综合性。当然,由于三种自主创新形式的具体实现过程不同,合作创新对它们的具体作用机理也存在一定的差别。

二、中国企业合作创新现状及主要制约因素分析

近年来,合作创新在我国企业之间越来越普遍,形式也日益多样化。如,在我国一些地区发展较为迅速的产业集群,近来兴起的区域创新系统,产学研创新联盟以及国家创新体系的构建等,都是实现合作创新的具体形式。但与发达国家企业之间的合作创新相比,目前我国企业的合作创新在总体上还处于较低的水平,主要表现为合作规模小、技术复杂程度低、投资数额少;合作领域窄,主要限于计算机、通信、电子、汽车、家电等几个产业领域;参加合作的企业数量少,没有形成合作的趋势。大企业合作创新的形式多为企业与高校和科研机构之间的产学研联盟,而企业与企业之间的战略联盟较少,小企业合作创新的形

式多为产业集群的形式。根据 2006 年全国工业企业创新调查统计数据显示，2004—2006 年产品创新企业按合作形式的分布情况如下[①]：主要由与其他企业合作研发的大型企业数目占产品创新企业数的比重为 3.7%，而主要由与科研院所合作研发的比重占到 8.5%，主要由与高校合作研发的比重为 3.9%，与高校和科研机构合作的比重之和为 12.4%，这一数值要远远高于企业之间的合作比例；中型企业的这三个比值分别为 5.4%、5.0%、3.6%，后两者之和也要大于企业之间合作的比重；小型企业的这三个比值分别为 8.1%、4.6%、3.7%，对于小型企业而言，企业之间的合作创新同企业与高校和科研机构之间的合作创新基本上持平。小企业和大企业的这种差异主要是因为企业本身的规模和对创新的不同需求所导致的。小企业规模小，缺乏创新的资金和抵御创新风险的能力，因此小企业更倾向于与其他企业进行合作，来增加创新投入，分担创新风险。大企业一般不缺乏创新的资金，但却缺乏像高校和科研机构那种创新的环境和硬件设施以及大量的创新人才，同时大企业有能力为高校和科研机构的创新活动提供足够的资金；相反，由于规模的原因，大企业往往具有独占产品市场的能力，并且不愿与其他企业共享这种独占的利益，因此相比与其他企业合作而言，大企业更倾向于与高校和科研机构进行合作创新。这也正是我国产业集群多由小企业聚集而成，而产学研联盟多由大企业和高校与科研机构合作形成的重要原因。

目前，我国参与合作创新的企业数目较少，作为自主创新主体的大企业之间的合作创新更少，这种现象产生的原因是多方面的，从合作创新自身的实现条件看，主要制约因素包括企业规模不对称、信息不对称、建立合作创新联盟的成本（包括搜寻成本、沟通成本、谈判成本、管理成本）和实施合作创新的障碍（包括合作过程中的信息不完全和合作创新成果的分配以及创新失败的风险分担问题）较大、合作创新联盟具有不稳定性，等等。

除了以上制约因素外，在我国现阶段具体的经济环境和条件下，企业合作创新还受到其他一些特定因素的制约，主要包括：第一，中国市场结构的分散性和行政垄断特征制约了企业之间的合作创新。现代经济、技术发展的历史表明，以大企业为主导的寡占型市场结构是最有利于实现企业技术创新和合作创新的市场结构，既包括大企业之间的合作创新，也包括大企业与中小企业之间

---

① 数据来源于中华人民共和国国家统计局专题数据：2006 年全国工业企业创新调查统计数据，http://www.stats.gov.cn/tjsj/qtsj/2006cxdc/。

的合作创新。但目前我国市场结构总体上分散,在竞争中成长起来的实力雄厚的大企业和企业集团数量较少,具有较强技术创新实力的寡占型大企业数目更少。许多产业的小企业数目过多,分散竞争甚至恶性竞争严重,企业进行合作创新的动机不足,能力不强。对于数目较少的寡占型大企业来说,宁愿依靠规模经济来获得市场上的超额利润,而不愿意进行技术创新,更不愿与实力相当的其他企业进行合作创新,以分享合作创新成果。另一方面,现阶段我国许多行业的行政性垄断严重,在行政性垄断市场结构中,企业的高利润主要来自于行政垄断的庇佑,相应的企业进行技术创新及合作创新的动机大为减弱。

第二,我国知识产权保护制度不完善制约着企业之间的合作创新。合作创新是以合作伙伴的资源共享或优势互补为前提的,要求合作创新联盟成员之间分享具有敏感性的知识和信息,企业在合作创新过程中难免要将自己的技术秘密呈现给合作方。因此企业要面临一些关于知识产权方面的风险:一是企业可能会面临联盟内企业将应该得到保护的技术秘密和信息披露给联盟外企业的风险;二是企业员工流动带来的技术信息泄露风险;三是企业可能会面临"搭便车"的合作伙伴恶意窃取知识资产的风险。这三种知识产权风险都将严重影响企业合作创新的动机和效率。企业可以通过签订协议和知识产权风险发生后的诉讼来保护自己的利益,在一个知识产权保护制度完善的经济中,对于侵权事件的惩罚比较重,从而能有效制约合作伙伴的机会主义行为。但在目前,我国知识产权保护体制还远不完善,不能有效地保护合作企业的利益,形成制约我国企业合作创新的障碍。举例来说,企业创新成果和员工经验之间的界限很难区分清楚,我国的知识产权保护法对这一点没有明文的规定和说明,在员工流动造成的知识产权纠纷案中,司法机构对于员工泄露企业技术机密的行为无法取证,因此对于这种案件司法机构也很难做到及时审理和正确裁断,很难及时、有效地保护企业的权益。

第三,我国市场信誉机制的不健全制约着我国企业的合作创新。创新具有累积性特征,短期的合作可能并不会迅速带来创新的成功,第一年合作的效应很有可能在两年或多年之后才能显现出来。由于信息不对称和信息不完全的问题,企业在合作的过程中具有欺骗的行为动机,而良好的市场信誉机制有助于遏制这种行为动机,使合作伙伴之间形成行动的默契,带给合作双方互利双赢的结果,合作成员可以通过"信誉"来积累成员间的信任度和合作意愿度,从而减少机会主义行为。但目前我国市场经济体制还处于初级阶段,还未建立起完善的市场信誉机制。在这种情况下,企业的合作创新大都是短期行为,一般是一个项目完成后即结束合作,甚至是一个项目没有完成就破坏了双方之间的信任度和合作意愿,这种情况在技术创新联盟中多表现为合作联盟的不稳定性。由于信誉机制的不健全,企业之间缺乏应有的信任,合作创新联盟缺少适当的约束来限制企业的欺骗行为,导致企业的机会主义行为盛行,大大削弱了企业进行合作创新的动机,影响着企业合作创新的效率。

三、通过加强合作创新提高我国自主创新能力的对策

合作创新是实现我国企业自主创新的有效途径之一,但在这个过程中,也会存在一系列制约因素,包括从合作创新联盟的建立到合作创新成果的分享,其间的每一个环节都可能存在直接或间接的障碍,为此,应采取有效对策和措施克服这些障碍。第一,进一步优化我国产业市场结构,形成在竞争基础上的高效率寡占市场结构,彻底破除行政性垄断。要进一步促进市场竞争,加快企业兼并重组步伐,着力发展一批具有较强实力和较大规模的大企业和企业集团,形成大企业与中小企业分工协作、互利共赢的生产网络和技术创新体系。加快垄断产业改革,建立健全产业进入机制,引进外资和民营资本,强化市场竞争,完善市场监管,强化企业进行技术创新的动机。

第二,进一步形成企业合作创新的良好信誉机制。企业的信誉机制是保证企业合作创新联盟稳定性的重要条件,也是进行有效的合作创新的重要保障。在目前,要采取以下措施加快企业合作创新信誉机制的形成和完善。首先,要建立健全企业合作信誉等级评价制度和评价体系,形成现代化的信誉管理系统,为企业间的合作创新提供真实、可靠、便捷的信誉信息服务;其次,建立高效的信息披露系统,约束技术联盟成员的机会主义行为,发挥第三方"信誉监督"的治理功能;再次,建立企业信誉危机预警系统,及时对企业运行中出现的各种信誉风险问题进行预先报警,尽力减轻信誉缺失给合作联盟企业造成的损失。

第三,进一步完善知识产权保护制度。知识产权保护制度是企业合作创新的根本保证,只有完善的知识产权保护才能保证企业的正当利益不受侵犯,才能消除企业合作创新的顾虑。我国知识产权立法时间较短,在内容上还存在诸多漏洞,知识产权保护的执法力度也有待于提高,执法部门在知识产权诉讼案的处理方面还经验不足,这些都制约着我国企业合作创新的实现。为此,要借鉴发达国家知识产权保护的有效经验,进一步完善我国知识产权立法体系建设,提高知识产权法的执法力度。同时,政府应加快制定相应的配套政策,大力培养专业从事知识产权保护的高层次人才,加快建立和完善知识产权法的实施

机制。

第四，引入合作创新的第三方组织。由于信息的不完全性，企业在选择合作对象的过程中需要花费大量的搜寻成本。通过引入第三方组织，可有效地帮助企业搜集合作方企业信息，快速寻找合作对象，并将具有互补性资源和具有合作意愿的企业创新资源进行合理匹配，同时还可以对企业合作创新提出一些专业性的建议和指导。合作创新的第三方组织应是一种专门的具有高素质的中介组织，它拥有强大的信息平台，这种信息平台能够有效保证具有合作意向的企业迅速找到较为合适的合作对象，提高合作创新的效率。

第五，政府要积极为企业合作创新创造良好的外部环境和条件。首先，应该规范政府行为，为企业合作创新建立相对稳定的政策环境，增强企业对合作创新政策的稳定预期，进而增加企业的合作创新动机；其次，政府在促进合作创新过程中要慎重其事，要间接促进而不是直接参与合作创新，要将合作创新的主体确立为企业、高校、研究机构等，而不是政府本身；再次，政府应该在政策导向上支持合作创新，如促进寡头市场结构的形成，完善知识产权保护制度，建立通畅的信息流动机制、提供强大的信息交流平台，协助、监管第三方组织的运行，促进企业信誉机制的建立等。

第 九 章

新型国际分工与中国产业
国际竞争力提升

    20 世纪 90 年代以来,随着经济全球化和信息技术革命的发展,国际分工也步入了基于价值链进行拆分的产品内国际分工阶段。这种新型国际分工最突出的特征是各个国家按照其制造业竞争力的强弱分布于价值链的不同增值环节,具体说,制造业竞争力强的国家处于产品价值链的高利润环节,如研发和销售阶段;制造业国际竞争力弱的国家则处于产品价值链较低利润的环节,如原材料加工、生产组装环节等。而我国主要参与劳动密集型产品国际产业分工的比较优势日益削弱,获利空间越来越小。在新型国际产业分工格局下如何迅速提升中国产业的国际竞争力,已成为目前我国工业化发展中各界共同关注的热点问题。

第一节　新型国际分工条件下中国制造业
竞争力影响因素及对策

一、文献综述

    国际分工理论创立 200 多年来,经历了产业间分工、产业内分工,再向产品内分工的演进。20 世纪 90 年代以来,国际分工发展到新阶段,基于价值链的产品内分工理论开始盛行。Hummels 等(1998)利用投入—产出法分析得到:20世纪 90 年代全球贸易的增长大部分来自垂直分工贸易(Vertical-specializationbased trade)，产品内分工带动了全球贸易的发展。进入 21 世纪，国际生产模式正向垂直专业化和产品内分工发展，全球价值链理论与产品内分工理论也在互相渗透与融合中进一步发展。与此同时，产业竞争力的研究也逐渐深化。基本的研究范式是在波特(Porter,1985)的钻石理论及模型基础上加以进行拓展和调整。Marion 和 Kim(1997)建立了美国食品制造业竞争力模型，主要考察了资本密集度、相关产业、产业集中度、规模经济、技术进步等因素对美国食品制造业竞争力的影响。Moren 和 Lourdes(1997)通过计量模型验证了不同因素对西班牙制造业竞争力的作用。国内对新型国际分工条件下我国制造业竞争力问题的研究也逐渐深入。较早进行研究的是任若恩(1998)，通过对中美制造业的对比得出，我国制造业的竞争优势主要来源于相对便宜的劳动力成本。赵文丁(2003)研究认为，新型国际分工是一种产业间分工、产业内分工、产品内分工并存的混合型分工。他用显示性比较优势(RCA)指数描述了我国制造业国际竞争力变化的趋势，认为我国不仅要大力发展劳动密集型产业，还应承接跨国公司资本、技术密集型产业加工制造环节的海外转移。赵彦云(2005)提出核心竞争力、基础竞争力、环境竞争力"三位一体"的模式，并利用 1999—2003 年我国工业企业数据对制造业产业进行了区域和基本面的分析。王静(2004)采用制造业 30 大类的数据，以显示性比较优势(RCA)、显示性竞争优势(CA)、显示性比较优势变动(Cr)等指数作为变量，通过实证分析测算了新型国际分工条件下中国制造业竞争力的状况，并认为当前国际分工的新变化是在产品内按价值链的增值环节进行分工，还认为"全球制造中心"不应是中国制造业发展的目标，而应力争在制造业的某些分支产业上成为科技创新型全球制造中心。金碚、李钢、陈志(2006)等的分析将出口增长率指数、显示性比较优势指数等作为比较优势权重，将国际市场占有率、贸易竞争指数等作为竞争优势指数，共同构建制造业国际竞争力评价体系，并计算了中国加入 WTO 以来制造业国际竞争力的综合指数。除了指标分析法，潘波(2006)通过构建 Cournot 双寡头模型分析了中国制造业国际竞争力提升的路径，认为我国不应长期从事劳动密集型产业的生产活动，徘徊于低技术、低价值的产业链环节，而应向混合型分工方向发展。樊淑娟(2007)采用因子分析法，从影响制造业国际竞争力的要素获得能力、生产能力、营销能力三个方面构建了相应的指标评价体系，对中国与美国、日本、印度等国制造业的国际竞争力水平做了对比。

从现有国内外主要研究看，制造业国际竞争力的评价基本采用两种方法：

一种是多指标分别测试竞争力的变化,如以显示性比较优势(Revealed Comparative Advantage,即 RCA)指标为主要评价指标,以贸易竞争(TC)指数为辅助指标;另一种是将竞争力分解为多层次的指标进行综合评价①。但这些研究,在变量赋权方面存在随意性较大的问题,并且从已有文献看,单独研究国际产业分工或我国制造业国际竞争力提升的成果较为丰富,但将二者结合起来研究新型国际分工条件下我国制造业竞争力提升路径的研究还不多见,特别是通过建立相应的指标体系对该问题进行实证分析的更为少见。

二、新型国际分工对中国制造业影响机理及趋势分析

20 世纪 90 年代以来,特别是中国加入 WTO 之后,中国经济更迅速地融入全球经济体系中来。制造业作为我国工业体系的主体,对中国经济增长和国际竞争力的提升具有重要影响。随着中国制造业更加深入地融入国际产业分工体系中,通过技术引进和自主创新途径提升生产技术和管理水平,已成为企业提升竞争力的重要途径,这也预示着传统的劳动密集型产业已不再是支撑中国制造业竞争优势的唯一力量,部分资本密集型和技术密集型产业在参与国际分工的过程中竞争力在迅速提升。在多层次的产业分工格局中,分工不仅表现在传统意义上的劳动密集型产业和资本、技术密集型产业之间,还表现为同一产业、同一产品价值链上不同环节之间。首先,产业间分工的界限被打破。中国参与国际分工,是作为发展中国家从事劳动密集型产品的生产开始的。服装、玩具、鞋帽等制造业的低端产品由中国生产,而发达国家从事的是机械、电子等资本、技术密集型产品的生产,属于制造业的高端。然而,随着产业间分工边界的逐渐打破,中国机电、家用电器等高端制造业产品也越来越多地走出国门,走向世界。

其次,产业内分工环节的扩大,为中国制造业企业竞争力提升开辟了新的空间。在新型国际分工条件下,产业内分工主要依据产业链条的不同环节来进行。在经历了多年的经济转型和产业升级之后,发达国家主要着眼于研发和品牌营销环节,着眼于控制核心技术和经营网络,而把技术含量和利润率相对较低的加工制造环节转移到发展中国家。以手机制造业为例,长期以来我国一直

---

① 如金碚等构建了包括三个层次、八个指标的我国制造业国际竞争力评价体系,见金碚:《企业竞争力测评的理论与方法》,《中国工业经济》2003 年第 3 期。

为国外手机制造厂商提供廉价劳动力,负责加工制造环节。而在新型国际分工条件下,诺基亚、三星等手机生产厂商纷纷在中国建立研发中心、服务中心,或将研发和营销等环节转移到中国,这就为中国制造业企业提升技术水平和管理能力提供了难得的机遇和条件。

再次,产品内分工参与程度的提高将带动中国制造业企业产业利润和附加值的提升。国际分工往往按照同一产品的不同工序或零部件的不同技术含量来进行,技术含量高的工序、附加值高的部件一般由发达国家来完成,我国以往承担的多是低附加值的初级零部件。以计算机产业为例,技术发源与标准制定仍然掌握在美国等少数发达国家手中,但我国(中国大陆、中国台湾)已从最初的代工生产与制造组装逐步向一般部件设计与制造甚至核心部件研发设计与制造延伸,也有部分品牌已参与到全球的营销与管理环节中。各国的分工地位决定了各国在分工环节中所得的贸易利益分配,其分工地位的高低也会直接影响各国贸易利益的分配比例。传统的分工格局已被新型国际分工所替代,随着我国分工地位的不断提高,制造业企业的获利能力和附加值也将逐步提升,见图9.1所示。

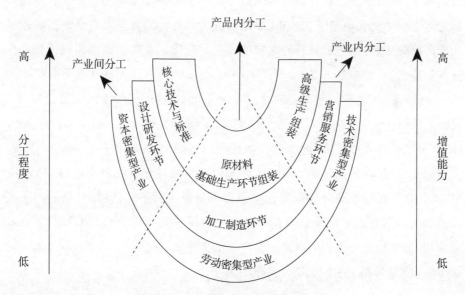

图 9.1　基于价值链的新型国际分工格局

三、新型国际分工条件下中国制造业竞争力影响因素实证分析

（一）模型设定

在竞争力研究中，Porter 钻石理论是分析产业竞争力的基本理论框架，但运用该理论对具体产业的竞争力进行实证分析却存在一定的障碍。一是竞争力决定因素的量化存在困难，如需求条件、相关产业、政府、机遇等因素都存在不同程度的量化困难，有的甚至难以量化，有的需要用多个指标来刻画；二是对不同经济社会制度下的国家而言，产业结构状况不一样，各个因素的作用方式及作用大小也不同，这对影响因素的选择、指标的设定等都具有一定的影响。根据本节的研究目的，结合中国现有的统计数据条件，本节拟采用显性比较优势（RCA）指数作为中国制造业竞争力的衡量指标，据此建立中国制造业竞争力的实证分析模型。

在产业竞争力的评价指标体系选择上，由于各自的研究角度和侧重点不同，国内外学者的选择也不一样。再加之由于各部门之间产业差异性较大，竞争力的表现形态不同，因而也很难用同一个评价体系来评价所有的产业。具体到国际市场，由于产业竞争力主要表现在所占市场份额的大小上，因而国内对制造业竞争力的实证研究文献中，多采用进出口方面的数据来显示制造业竞争力受国际分工、国际进出口贸易影响所产生的变化。常用到的指标包括显示性比较优势指数（Revealed Comparative Advantage，RCA）、贸易竞争指数（Trade Competition，TC）、国际市场占有率（Market Share，MS）、产业内贸易指数（Internal Industry Trade，IIT）、显示性竞争优势指数（Competitive Advantage，CA）、出口产品质量指数、进出口价格比、出口优势变差指数等。从国际上看，美国经济学家 Bela Balassa 于 1965 年提出的显示性比较优势指数（RCA）[①]在联合国、世界银行等国际机构进行竞争力分析时得到了广泛应用；从国内重要权威和核心期刊的论文及中国制造业竞争力评价的专著来看，RCA 指数也较为常用，能够较好地体现出制造业竞争力的变化及其趋势[②]。因此，本节通过计算 RCA 指数来衡量中国制造业竞争力水平。

---

① 也称为相对出口优势指数、相对出口绩效（Relative export performance，REP）指数。
② 邹薇（2002）、金碚（2003）等均采用 RCA 指标分析中国的制造业国际竞争力状况，见邹薇：《论竞争力的源泉：从外生比较优势到内生比较优势》，《武汉大学学报》2002 年第 1 期；金碚：《企业竞争力测评的理论与方法》，《中国工业经济》2003 年第 3 期。

显示性比较优势指数(RCA)是指在一国总出口中某类商品所占份额与世界该类商品出口额占世界出口份额的比例(Béla Balassa,1965)。它剔除了国家总量经济波动和世界总量经济波动的影响,可以较好地反映一个国家某一产业的出口与世界平均出口水平比较来看的相对优势,是目前评价产业国际竞争力的较合理的指标。其计算公式为:

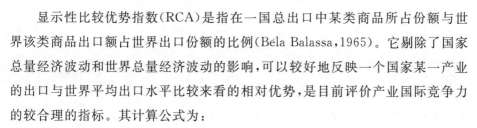

$$\text{RCA} = \frac{EV_{ij}}{\sum_{i=1}^{m} EV_{ij}} \bigg/ \frac{\sum_{j=1}^{n} EV_{ij}}{\sum_{j=1}^{n} \sum_{i=1}^{m} EV_{ij}} \qquad (1)$$

在上式中,j 表示某一国家($j=1,2,\cdots,n$),i 表示商品类别($i=1,2,\cdots,m$),RCA 表示第 j 国第 i 类商品的显示性比较优势指数,EV_{ij} 表示第 j 国第 i 类商品的出口额,$\sum_{i=1}^{m} EV_{ij}$ 表示第 j 国所有商品的出口总额,$\sum_{j=1}^{n} EV_{ij}$ 表示第 i 类商品的世界出口总额,$\sum_{j=1}^{n} EV_{ij}$ 表示所有商品的世界出口总额。

一般认为,如果一国 RCA 指数大于 2.5,则表明该国该产业具有极强的国际竞争力;RCA 介于 2.5—1.25 之间,表明该国该产业具有很强的国际竞争力;RCA 介于 1.25—0.8 之间,则认为该国该产业具有较强的国际竞争力;RCA 小于 0.8,则表明该国该产业的国际竞争力较弱[1]。

根据国际上衡量竞争力的两个著名模型——Kim-Marion 模型和 Moreno 模型的设定,制造业竞争力主要由要素投入(资本和人力资源的投入)、研发强度(技术进步)、产业集中度等因素决定。进一步考虑到,Kim-Marion 模型还将贸易壁垒等因素的影响考虑在内,Moreno 模型还将汇率因素作为解释变量。本节重点分析国际新型分工对中国制造业竞争力的影响,因此,除了考虑基本的决定因素(如要素投入、研发强度、规模经济等)外,还将加入某些假设以验证新型国际分工对中国制造业竞争力的影响。

多种分工方式并存是新型国际分工的一个突出特点,特别是随着国际分工程度的深化,分工深入到产品生产阶段的内部,即从传统的产业间分工到产业内分工,再到产品内分工,Hummerls(2001)称为垂直专业化分工(Vertical Specialization,VS)。国内外相关研究一般认为,产品内分工的实现,垂直专业化生产所带来的技术扩散、技术转移,能够实现生产环节的规模经济和不同工序的

---

① 张小蒂、孙景蔚(2006)的研究中,RCA 指数扩大 100 倍,但认为 RCA 指数小于 80 表明该国该产业的国际竞争力较弱。见张小蒂、孙景蔚:《基于垂直专业化分工的中国产业国际竞争力分析》,《世界经济》2006 年第 5 期。这里选用国内外文献中较为通用的标准。

比较优势，从而提高一国制造业生产率及其国际竞争力（张祎，2008）。垂直专业化分工因素已被张小蒂、孙景蔚（2006）等学者引入了我国制造业竞争力的研究当中。因此，这里假定参与新型国际分工所带来的垂直专业化生产有利于我国制造业竞争力的提高。由此提出以下假设：参与新型国际分工程度的提高有利于我国制造业竞争力的提升。

在全球价值链分工体系中，越来越多的发展中国家参与到中游组装环节。如果其他国家在组装加工环节比我国具有更明显的成本优势，那么我国劳动密集型产业、制造业中组装加工的环节所获得的利益将受到进一步的挤压，竞争力也会有所减弱。随着技术进步以及资本在全球范围内流动速度的加快，国际分工所产生的利益分配越来越向价值链上游和下游方向（即微笑曲线的两端）倾斜。对于资本、技术密集型产业来说，由于其资产专用性较强，在整个价值链分工中能够获得的利益更多；而对于劳动密集型产业来说，则其竞争力却逐渐降低。可以设想，在新型国际分工条件下，资本、技术比劳动更能推动制造业竞争力的提高。据此提出以下假设：新型国际分工条件下资本、技术带来的制造业竞争力提高幅度大于劳动带来的制造业竞争力提高幅度。

根据以上分析，建立制造业竞争力指标与各影响因素之间关系的数理模型：

$$RCA = \beta_0 \beta_1 (K/L)_{it} + \beta_2 OLP_{it} + \beta_3 AS_{it} + \beta_4 Tl_{it}\beta_5 VSS_{it} + \varepsilon_{it} \tag{2}$$

其中，RCA 为测度制造业竞争力的指标，即显示性优势指标；i 表示制造业的不同行业；t 表示时期（年份）；K/L 代表资本密集度；OLP 代表全员劳动生产率；AS 代表企业规模；AI 代表 R&D 强度，即研发投入；VSS 代表制造业不同行业参与国际分工的强度，即价值链上的垂直专业化程度；β 为待估系数，ε 为误差项。

为验证上面提出的假设，需要进一步分析制造业中要素密集度不同的行业参与国际分工的不同及其对竞争力的影响，引入虚拟变量，即以下模型：

$$RCA = \beta_0 + \beta_1 (K/L)_{it} + \beta_2 OLP_{it} + \beta_3 AS_{it} + \beta_4 AI_{it} + \beta_5 VSS_{it} + \beta_6 D_i VSS_{it} + \varepsilon_{it} \tag{3}$$

其中，D_1 为反映行业要素密集度的虚拟变量。如果行业 i 为劳动资源密集型行业则取值为 0；如果行业 i 为资本、技术密集型行业则取值为 1。

（二）变量界定及描述

1. 资本密集度。它反映了资本要素在制造业中的投入。Acs 和 Audretsch（1989）将资本密集度定义为"资产总额/就业人数"。王仁曾（2002）在分析产业国际竞争力的决定因素时也是用产业人均占有资产总额（K/L）来表示资本密集度。其中 K 为该产业的资产总额，L 为产业的从业人员人数。

2. 全员劳动生产率。劳动生产率是研究国际分工条件下产业竞争力的一个重要决定因素，一般用各行业的全员劳动生产率来表示。全员劳动生产率是行业生产技术水平、经营管理水平、职工技术熟练程度和劳动积极性的综合性衡量指标，其变化反映了该行业与其自身过去技术水平相比较的情况。目前我国的全员劳动生产率是用工业增加值除以同一时期全部从业人员的平均人数来计算的。

3. 企业规模。Kim 和 Marion 用 MES（最小有效企业规模）来度量规模经济对美国食品制造业竞争力的影响，一般用产业中居于企业产出比重中位数的企业规模来表示。规模经济是影响竞争力变化的重要因素，但限于我国现有的数据条件，这里借鉴王仁曾的研究（王仁曾，2002），以平均每个企业的销售收入（即行业总销售收入除以行业中的企业数量）来表示。

4. 研发（R&D）投入。研发投入一般用研发强度来表示，它是用来反映技术进步对制造业竞争力影响的指标，这里用产业的 R&D 经费支出占销售收入的比重来表示。虽然对一般的制造业企业来说，研发投入的作用效应存在时滞现象，即研发投入一年或几年之后才能出研发成果，但考虑到本文研究的侧重点在国际分工对制造业竞争力的影响方面，而不是重点考察技术创新对制造业竞争力的作用，因而可不必考虑研发投入滞后效应的影响。

5. 垂直专业化程度。现有文献中，一国垂直专业化程度的度量（Vertical Specialization Share of export，VSS）一般都采用 Hummels（2001）使用的方法，即通过一国投入产出表来计算该国垂直专业化程度，也即是度量每一单位出口中垂直专业化贸易所占的份额。具体计算公式为：

$$VSS = VS/X_k \tag{4}$$

其中 VS 表示一国的垂直专业化贸易额，X_k 表示一国的总出口额。Hummels 等人将垂直专业化贸易界定为一国总出口中由进口的中间品创造的贸易额。其计算公式为：

$$VS = uA^M(1 - A^D)^{-1}X \tag{5}$$

其中，u 为（1×n）维的元素为 1 的向量，n 是产业部门数，A^M 是投入产出表中进口中间产品的消耗系数矩阵，A^D 为投入产出表中国内中间产品的消耗系数矩阵，并且 $A = A^D + A^M$ 是投入表的直接系数矩阵。X 为（n×1）维各产业的出口向量。

为考察垂直专业化程度对不同要素密集型产业竞争力的影响,进一步加入虚拟变量与VSS的交叉项。各变量符号及简要界定如表9.1所示。

表9.1 变量的符号及定义

变 量	符 号	定 义
资本密集度	K/L	产业资产总额/产业从业人数
全员劳动生产率	OLP	工业增加值/从业平均人数
企业规模	AS	产业销售收入/企业数量
研发投入	TI	产业R&D支出/产业销售收入
垂直专业化程度	VSS	产业垂直专业化贸易额/产业总出口额

资料来源:作者自行整理。

（三）数据来源及选取

从现有对我国制造业竞争力的研究文献看,对制造业部门主要有以下几种分类方法:一是按照国际贸易标准(Standard International Trade Classification,简称SITC)进行分类,选择一位数10类(或一位数9类但不包括第9类未分类商品)[1];二是根据我国制造业分类方法,从30个制造业行业中进行选取[2];三是按照WTO的分类方法进行选取[3];四是按出口额大小选取主要出口产品[4]。

从本节的研究角度来看,计算RCA与VSS指标离不开国际贸易方面的数据,但目前国际上的统计数据与国内制造业分类不一致,从而给数据搜集与获取带来较大困难。为兼顾数据可得性与研究结论的准确性,借鉴已有研究成果,这里按照国民经济行业分类标准的对照码进行转换,具体做法是:将制造业分为15类,分别为食品制造业、纺织业、缝纫及皮革制品业、木材加工及家具制

---

① 邹薇(1995)、范爱军(2002)、范纯增和姜虹(2002)研究RCA指数时采用此种分类方法。见邹薇:《关于中国国际竞争力的实证测试与理论研究》,《经济评论》1999年第5期;范爱军:《中国各类出口产品比较优势实证分析》,《中国工业经济》2002年第2期;范纯增、姜虹:《中国外贸产业国际竞争力结构优化研究》,《经济管理》2002年第2期。

② 张其仔(2003)等采用此种分类方法,见张其仔:《开放条件下我国制造业的国际竞争力》,《管理世界》2003年第8期。

③ 张金昌(2004)在专题"中美两国有国际竞争力的产业确定"采用此种分类方法。

④ 赵文丁(2003)、蓝庆新和王述英(2003)采用此种分类方法,见赵文丁:《新型国际分工格局下中国制造业的比较优势》,《中国工业经济》2003年第3期;蓝庆新、王述英:《论中国产业国际竞争力的现状与提高对策》,《经济评论》2003年第1期。

造业、造纸及文教用品制造业、石油加工及炼焦业、化学工业、建筑材料及压延工业、金属制品业、非金属矿物制品业、机械工业、交通运输设备制造业、电气机械及器材制造业、电子及通信设备制造业、仪器仪表及其他计量器具制造业。将以上行业具体划分为劳动密集型产业（Di＝1）和资本、技术密集型产业（Di＝0）。制造业具体行业划分如表9.2所示。本节选取1998—2008年制造业中上述15个行业的数据。之所以选择这一时间段的数据，是因为20世纪90年代末以后，特别是中国加入世贸组织以来，新型国际分工对我国制造业竞争力的影响越来越显著，再加上1998年之后《中国统计年鉴》制造业各细分行业的一些具体指标较为全面，能够获得较充分的研究数据。本节中所使用的国外数据主要来自于世贸组织公布的相关数据，国内数据主要来源于《中国统计年鉴》与《中国工业经济统计年鉴》等公布的有关数据。

表9.2　制造业行业划分

劳动密集型（Di＝1）	资本、技术密集型（Di＝0）
食品制造业	石油加工及炼焦业
纺织业	化学工业
缝纫及皮革制品业	建筑材料及压延工业
木材加工及家具制造业	金属制品业
造纸及文教用品制造业	非金属矿物制品业
	机械工业
	交通运输设备制造业
	电气机械及器材制造业
	电子及通信设备制造业
	仪器仪表及其他计量器具制造业

（四）实证分析结果

按照模型1和模型2，使用Stata 10软件对我国制造业1998—2008年15个细分行业的面板（Panal Data）数据进行回归分析，并选择怀特（White）异方差修正法进行估计。回归结果整理如表9.3所示。

从回归结果来看，各变量均显著，总体在1%水平上通过P检验。各项符号均为正值，表明在新型国际分工条件下，资本密集度、全员劳动生产率、企业规模、研发投入、垂直专业化程度等诸变量都对提升制造业竞争力具有正向作用效应。由此可得，要素投入的增加、技术能力的增强和规模经济水平的提高等都有利于提升制造业竞争力,这与波特竞争力理论模型以及国内外实证分析得出的结论是一致的。

对于垂直专业化程度的影响,其回归数值为正,表明垂直专业化程度提高对制造业竞争力提升具有正向作用,现实中我国制造业企业更深地参与国际分工、在国际价值链上垂直延伸,有利于提升我国制造业竞争力。同时还可看到,表征垂直专业化程度的 VSS 系数值为3.828,远高于其他变量的系数值,这表明,新型国际分工条件下,垂直专业化生产对制造业竞争力的提升有着更为明显的影响力。同等程度下,参与新型国际分工、提高垂直专业化生产的程度比资产、人力等要素的投入更能增强我国制造业的国际竞争力。从现实考虑,资产投入的增加能进一步扩大产业的规模,但对制造业来说,在厂房、设备等数量固定不变的条件下,即使再增加要素投入,也难以使工业增加值大幅度提升。特别是在生产工艺日益先进的情况下,劳动生产率已达到一个较高的水平,单纯靠生产要素的投入增加,在达到一定的饱和点之后将无法使效益得到新的提升。相比之下,垂直专业化在中国制造业发展中呈现不断深化的趋势,其对我国制造业竞争力的提升空间还很大。

表9.3 回归结果分析

	模型 1		模型 2	
	β 值	t 值	β 值	t 值
截距项	−18.232	−4.673	−16.641	−9.162
K/Lit	0.353	8.134	0.326	7.188
OLPit	0.274	5.872	0.257	5.342
ASit	0.259	4.292	0.199	9.683
TIit	0.636	2.155	0.645	1.329
VSSit	3.828	2.783	1.398	−4.994
DiVSSit			4.733	2.163
R2	0.975		0.969	
F 值	27.520		22.344	

资料来源:作者自行整理及计算。

从新型国际分工对不同要素密集型行业的影响看,从模型2回归结果可以看到,对于劳动密集型产业,垂直专业化的影响系数为1.398,而对于资本、技术密集型产业的影响系数是 6.131(1.398+4.733)。这说明,无论对劳动密集型产业还是资本、技术密集型产业,参与国际分工、进行垂直化生产对提高产业竞争力都具有正向作用,但相比之下,参与国际分工、进行垂直专业化生产对资本、技术密集型产业竞争力的提升比劳动密集型产业更为显著。这主要是因为我国资本、技术密集型产业通过承接国际产业转移而进入资本、技术密集型产业的劳动密集型环节,这些环节的技术含量较高且溢出效应较大,获得的竞争力提升更为显著。近年来这些产业参与垂直专业化生产的程度越来越高,获得了更多的技术溢出效应,更具有规模经济。与此同时,随着资本、技术密集型产业生产效率的不断提高和国际竞争力的不断增强,我国劳动密集型产业中的部分优质资源如部分熟练劳动生产力等,也被吸纳到资本、技术密集型产业中来,从而导致资本、技术密集型产业竞争力的进一步提升,而相应的,劳动密集型产业的竞争力有所减弱。这是我国产业参与新型国际分工后竞争力提升的基本趋势。

四、新型国际分工条件下提高我国产业国际竞争力的对策

通过本节的研究,可以得到以下结论:第一,传统国际分工格局已被新型国际分工形式所替代,随着中国制造业越来越深地融入到新型国际分工体系中,无论是劳动密集型产业还是资本、技术密集型产业,在参与国际分工的过程中竞争力都得到相应提升。尽管现阶段我国参与国际分工的主要是劳动密集型产业,且主要处于国际价值链的生产加工环节,但随着我国越来越多的资本、技术密集型产业参与国际产业分工,我国产业整体竞争力会进一步提升,在国际产业价值链中所处的环节会逐步得以提升,从初级组装加工等低附加值环节,逐步迈向高级组装加工、研发和销售服务等高附加值环节。第二,资本、技术密集型产业参与新型国际分工、进行垂直专业化生产获得的竞争力提升比劳动密集型产业更显著。从总体来看,我国传统的劳动密集型产业(如纺织、服装等)的竞争力呈下降趋势,而资本和技术密集型产业的国际竞争力呈逐步增强趋势,这是与新型国际分工对两大类产业竞争力提升的不同效应影响直接相关的。资本、技术密集型产业在参与新型国际分工、进行垂直专业化生产过程中,表现出更明显的技术溢出吸纳效应和规模扩张效应,促进这些产业向价值链高端迈进,从而推动产业竞争力的更明显提升。相比之下,我国劳动密集型产业虽然也能在参与新型国际分工过程中获得一定收益,但竞争优势越来越不明显,竞争力提升的空间越来越小。这也与劳动密集型产业产品的国际市场竞争日益激烈且需求的收入弹性较低,进口国市场对这些产品的需求量增加远低于

其国民收入提高的比例等因素有关。当我国这类产品的出口量达到一定的规模之后，市场进一步扩张的空间将变得很有限。在这种情况下，我国资本、技术密集型产业的产品在国际市场上的竞争优势更加凸显，这些产业对提升我国产业竞争力的作用也就更为显著。

根据以上结论，在新型国际分工条件下进一步提升中国产业国际竞争力，应采取以下对策：第一，进一步推动我国产业更深地嵌入全球价值链。无论是劳动密集型企业还是资本、技术密集型企业，都应鼓励进一步参与国际分工，通过新型国际分工提升自己的竞争力水平。随着我国具有比较优势的制造业企业的成长，要鼓励一批企业"走出去"，更深地参与国际产业分工。第二，进一步提升劳动密集型产业技术水平和竞争力，引导其更积极地参与国际产业分工，充分发挥垂直专业化生产的技术溢出效应和产业关联效应，提升劳动密集型产业的竞争效率。一方面，针对我国劳动密集型制造业产业集中度低、规模不经济的情况，可进行产业重组和企业组织调整，培育有实力和竞争力的企业集团，发展中小型制造企业产业集群，实现大企业和中小企业之间的专业化分工协作，提升产业国际竞争力，更好地参与国际竞争。另一方面，加大产业技术和工艺水平创新，推动企业向产业链条的研发设计、品牌营销等环节延伸，以提高企业在国际分工链条中的地位和增值能力。第三，推动资本、技术密集型产品出口，着力提升产业自主创新水平。进一步调整资本、技术密集型出口产品结构，扩大高附加值产品出口比重，提升资本、技术密集型产业在国际分工链条中的地位。为此，要着力增强这些产业的自主创新能力，切实掌握一批行业关键技术、核心技术和专利，培育产业知名品牌，提升产业竞争力，更好地参与国际产业分工，以带动中国整体产业竞争力的提高。

第二节 新型国际分工条件下中国企业 "走出去"路径及战略分析

一、文献综述

后金融危机时代，为加快新型工业化发展，促进产业结构升级，我国企业应顺应劳动密集型生产向资本和技术密集型生产转移的趋势，积极实施"走出去"战略。西方学者对发展中国家企业"走出去"的问题进行了一定的研究，主要有刘易斯·威尔斯(1983)的小规模技术理论，Sanjaya Lall(1985)的技术地方化理论以及 John A. Cantwell 和 Paz Estrella Tolentino(1990)提出的技术创新产业升级理论。较为著名的分析模型有：克鲁贝尔—劳埃德模型(Grubel 和 Lloyd,1975)描述的是同质产品只有规模报酬递增和产品差别化才能对其进行产业内贸易；布兰德—克鲁格曼模型(Brander 和 Krugman,1983)解释的是寡头垄断企业互相倾销行为条件下同质产品产业内贸易；克鲁格曼模型(Krugman,1979)考察的是某一产品存在水平差异,生产条件、消费者偏好以及要素禀赋都相同的对称国家之间的产业内贸易；兰开斯特模型(Lancaster,1980)揭示的是在偏好多样化和存在规模收益递增的情况下,两国差异产品之间的产业内贸易；法尔维模型(Falvey,1981)在比较优势理论的基础上引入产品质量的垂直差异来解释产业内贸易；而萨顿模型(Shaked 和 Sutton,1984)则从短期和长期两个方面分析了垂直产业内贸易。国内学者对企业"走出去"的研究相对较晚。李刚(2000)具体分析了我国企业实施"走出去"战略的内涵、紧迫性和必要性,并对国内部分企业具体行业的案例进行了调查分析。江小涓(2001)提出我国企业应积极利用国内外两种资源,带动出口,抢占国际分工制高点,掌握国际竞争的主导权。梁琦(2009)分析了产业国际化的基本路径及其与市场结构的关系。

综上所述,尽管国外这些研究涉及了产业内贸易的问题,但是他们研究的重点仍然以产品为重点,评价多是以静态和单要素为主的,只涉及产业内贸易的一个方面。另外,国内学者的研究多局限于宏观层面的探讨,缺乏分行业具体实证研究。基于此,本节通过综合各种影响因素研究产业内水平和垂直两种贸易形式,在此基础上建立面板数据模型,按行业实证分析产业内贸易与分工对企业"走出去"的影响作用。并在此基础上提出促进我国企业"走出去"的对策。

二、模型设定与变量描述

(一)计量模型的构建

如文献所述,相关的理论各有侧重,无法构建一个统一的系统理论框架,同时考虑到 Greenaway 和王鹏(2007)等人在对垂直型产业内贸易和水平型产业内贸易进行区分研究时发现,垂直型和水平型产业内贸易具有不同的决定因素,应将产业内贸易分解以分类研究产业内贸易影响因素,因此,本节以产业链整合为轴线,将产业内贸易理论涉及的各种决定因素放在同一个模型中去分析,建立产业内水平和垂直贸易的两个基本模型,把产品差异化程度、市场化程度、对外投资水平、市场结构和最小有效规模等作为影响产业内水平和垂直贸易的因素。通过把以上因素线性叠加,可得到如下基本模型:

模型 1:产业内水平贸易分析。

$$HIIT_{it} = \chi_0 + \chi_1 PN_{it} + \chi_2 MD_{it} + \chi_3 FDI_{it} + \chi_4 MS_{it} + \chi_5 MES_{it} + \varepsilon_{it}$$

模型 2:产业内垂直贸易分析。

$$VIIT_{it} = \beta_0 + \beta_1 PN_{it} + \beta_2 MD_{it} + \beta_3 FDI_{it} + \beta_4 MS_{it} + \beta_5 MES_{it} + \omega_{it}$$

其中,$HIIT_{it}$ 和 $VIIT_{it}$ 分别表示在时间 t 内第 i 个产业的水平和垂直产业内贸易比例,PN 表示差异化程度,MD 表示市场化程度,FDI 表示对外直接投资、MS 表示市场结构、MES 表示最小有效企业规模,ε_{it} 和 ω_{it} 为误差项。

产品差异被认为是影响产业内贸易的主要因素。差异产品的类型不同,引起产业内贸易的动因也就不同,水平差异产品引起产业内贸易的主要原因是消费者偏好的不同,某一产业的产品组合差异化程度越高,水平产业内贸易程度就越高;垂直差异产品引起产业内贸易的主要原因是消费者对产品档次的需求差异,产品垂直差异程度越大,垂直产业内贸易程度就越低。市场化程度越高,越容易达到规模经济,生产成本逐渐降低,由此所产生的经济性促进产业内贸易发展。市场结构是产业内贸易的另一重要影响因素。竞争程度越高的市场结构,行业企业数目越少,产业内水平贸易越大。但是有关市场结构对产业内贸易的影响存在很多争议,特别是将市场进一步细分为垄断竞争市场和寡头垄断市场之后,就外商直接投资这个角度而言,它对产业内贸易的影响不是十分明确。针对外商直接投资对产业内贸易的影响,在理论上,本节将假定其具有正方向的影响。即对外投资规模越大,产业内贸易水平越高。最小有效规模对产业内贸易的影响主要是通过生产成本变动来实现的,在要素禀赋相似的条件下,企业通过扩大生产规模降低平均成本,以获得竞争优势和比较优势,从而更好地参与国际贸易与分工。

基于以上分析,提出以下相关假设:

假设 H_1:产品差异化程度对水平和垂直产业内贸易分别有正反两方面的影响;

假设 H_2:市场化程度与水平和垂直产业内贸易均呈正相关;

假设 H_3:某产业对外直接投资量与水平产业内贸易和垂直产业内贸易均呈正相关关系;

假设 H_4:市场结构与产业内水平贸易呈负相关,与产业内垂直贸易关系不确定;

假设 H_5：企业的最小有效规模对水平产业内贸易呈正相关，与垂直产业内贸易关系不确定。

（二）数据来源与选取

本节数据源于 Un-Comtrade、中国海关统计、中国商务年鉴和中国统计年鉴，产业的具体分类方法依据国际贸易标准代码（SITC），初级产品是 SITC0—4 类商品，工业制成品是 SITC5—8 类商品，根据本文的研究范围和目标，主要分析第 3 类（矿物燃料、润滑油及相关原料）、第 5 类（化学制品及相关产品）、第 6 类（按原料分类的制成品）、第 7 类（机械及运输设备）、第 8 类（仪器、钟表、家具和卫生等杂项制品）。将国际贸易标准代码在一位数层面的划分为产业（i），将三位数层面的划分为产品（k）。

（三）变量定义及描述

1. 产业内贸易

产业内贸易是衡量一国或地区某个产业在国际市场中应变能力以及表征该产业在国际分工地位的重要指标。本节重点利用 Grubel 和 Lloyd 计量法、GHM 细分方法对产业内贸易进行不同程度的度量。根据 GHM 细分方法，借助进出口商品（p）的单位价值，对产业内贸易进行细化；如果 $1-\alpha \leqslant \dfrac{UV_p^x}{UV_p^m} \leqslant 1+\alpha$，把产业内贸易归为产业内水平贸易；当 $\dfrac{UV_p^x}{UV_p^m} > 1+\alpha$ 或 $\dfrac{UV_p^x}{UV_p^m} < 1-\alpha$，则认为是垂直产业内贸易，其中：$UV_p^x$ 是指该国出口产品（p）的单位价值，UV_p^m 是指该国进口产品（p）的单位价值，α 为系数，一般设为 0.15 至 0.25，本书把 α 设定为 0.25（采用 Hu 和 Ma（1999）、william Davidson（2003）等人对发展中国家采用的标准）。综合以上分析，我们用 GL 和 GHM 法来计算各种产业内贸易指数，公式为：产业内水平贸易指数（$HIIT$）$= \dfrac{[(X_p+M_p)-(X_p-M_p)]^H}{X_p+M_p}$，产业内垂直贸易指数（$VIIT$）$= \dfrac{[(X_p+M_p)-(X_p-M_p)]^V}{X_p+M_p}$。

2. 产品差异化程度

它是相对于同质化或者成本优势而言的一种竞争手段或者产品定位。产品多样性对水平产业内贸易有着正向影响，而对垂直产业内贸易有着负向影响（Greenaway 和 Milner，1995）。同样，我国企业产品多样化对产业内贸易也有正相关关系（马剑飞、朱红磊和许罗丹，2002）。基于学者们的研究及数据的可获得性，本文将用工业成本利用率（PN）来表示产品的差异化程度。

3. 市场化程度

市场化程度是指在经济中市场机制对资源配置"基础性"作用程度的大小。通过国际贸易构建更大的一体化市场,可以使消费者得到更多的产品种类,并享受到规模经济带来的利益,从而增进各国福利(Krugman,1979;Shaked 和 Sutton,1984)。市场化程度大小对推动我国企业走出国门参与国际产业分工,提高我国产业内贸易水平意义重大。本节利用国有总资产占大中型企业总资产的比例来表示市场化程度(MD)。该指标越大,市场化进展越缓慢,水平和垂直产业内贸易就越低;反之,亦然。

4. 对外直接投资

资源驱动型和成本驱动型的 FDI 与产业内贸易负相关(Markusen,1995),而追求规模经济和产品多样化的 FDI 与产业内贸易则正相关(Greenaway,1986)。例如在欧盟内部的贸易往来中,FDI 的增加导致了垂直型和水平型产业内贸易的同时增加(Fontagne、Freudenberg 和 Peridy,1997)。同样,基于垂直型产业内贸易与跨国公司离岸生产活动密切相关的假定,最近几年中,FDI 对东亚地区垂直产业内贸易的迅速增长起了重要作用(Kyoji Fukao、Hikafi Ishido 和 Keiko Ito,2003)。Roberts 和 Steve(2003)用外资企业在产业中的比例来表示外资经济比重。为准确刻画 FDI 对产业内贸易影响,本节用三资企业总资产与大中型企业总资产的比重来衡量对外直接投资(FDI)。它与水平产业内贸易和垂直产业内贸易都有着正向关系。

5. 市场结构

王鹏(2007)用所选产业的大中型企业数量表示该产业的市场结构。本节选用大中型企业数目(MS)代表该产业的市场结构,该指标越大就表明市场越倾向于完全竞争,反之市场结构就越倾向于垄断。Greenaway、Hine 和 Milner(1995)基于 1988 年与英国进行贸易往来的 62 个国家的统计数据,详细分析了产业内贸易是垂直的还是水平的具体影响因素,认为垂直型产业内贸易与较多企业数目的市场特征正相关,而水平型产业内贸易与较少企业数目和低程度的规模经济正相关。

6. 最小有效规模

长期平均成本曲线便是规模曲线,长期平均成本曲线上的最低点就是"最小有效规模(MES)"。从这种意义上说,最小有效规模对水平产业内贸易有着显著正向影响,对垂直产业内贸易的影响不确定(Greenaway 和 Milner,1995)。根据 Kessides(1986)的研究,用企业平均资产规模来衡量规模经济效应,可用行业"总资产/企业数目"得到,它是对产业规模经济的一种替代(杜传忠,2010)。在此,本节用大中型企业的平均规模(大中型企业的总资产与大中型企业数之比)表示最小有效规模(MES)。

关于变量的符号及定义见表9.4。

表9.4　产业内贸易特征决定因素

决定因素	变量	定　　义	HIIT 使用符号	VIIT 使用符号
产品的差异化程度	PN	工业成本利用率	＋	－
市场化程度	MD	国有总资产/大中型企业总资产	＋	＋
外国直接投资额	FDI	三资企业总资产/大中型企业总资产	＋	＋
市场结构	MS	大中型企业数量	－	＋/－
最小有效经济规模	MES	大中型企业的总资产/大中型企业数目	＋	＋/－

资料来源:作者自行整理。

三、实证结果及分析

(一)基于面板协整技术的实证分析

1. 面板单位根检验

本节采用 15 个行业 1999—2009 年的面板数据进行估计,面板数据中既包含时间序列因素,又包含截面数据。回归分析之前进行单位根检验,这是避免出现伪回归的前提条件。由于面板数据单位根检验的特殊性和目前没有一个比较全面的面板数据单位根检验方法,因此,文章运用了 Eviews6.0 软件的四种方法,即:LLC-T* 检验(Levin、Lin 和 Chu,2002)、IPS-W 检验(Im、Pesaran 和 Shin,2003)、Fisher ADF-FCS 和 Fisher PP-FCS 检验。

从表9.5 可以看出,检验结果会因检验方法不同而不一样。先看 HIIT、VIIT、MD 变量,在水平(level)序列结果观察,LC-T* 方法中在 1% 显著水平上显著,即不存在单位根,属于平稳序列,而其他三种方法则认为在 level 下就不是平稳序列。由于仅有一种检验结果不一样,可以判定接受其他三种检验结果。其他四个变量(PN、FDI、MS、MES),四种统计量都认为是不平稳的。对于 7 个变量一阶差分序列,LLC-T* 、IPS-W、Fisher ADF-FCS 和 Fisher PP-FCS 四种方法都拒绝"原来存在单位根"的假设,认为是平稳序列。综上得出,HIIT、VIIT、PN、MD、FDI、MS、MES 都是 I(1)过程,其一阶差分为 I(0)过程。

表 9.5　单位根检验结果分析

变量	水平序列				一阶差分序列			
	LLC-T*	IPS-W	Fisher ADF-FCS	Fisher PP-FCS	LLC-T	IPS-W	Fisher ADF-FCS	Fisher PP-FCS
HIIT	−3.53601* (0.0002)	−0.01252 (0.4950)	32.3935 (0.3495)	29.1242 (0.5111)	−4.80500* (0.0000)	−1.88541* (0.0297)	46.3682** (0.0287)	90.9193* (0.0000)
VIIT	−2.49645* (0.0063)	−0.25637 (0.3988)	33.7882 (0.2894)	29.1479 (0.5098)	−7.90112* (0.0000)	−3.06799* (0.0011)	61.8482* (0.0005)	89.1724* (0.0000)
PN	−1.04403 (0.1482)	1.70793 (0.9562)	28.1335 (0.5634)	27.5697 (0.5932)	−2.23230* (0.0128)	−1.88650* (0.0296)	48.3142* (0.0184)	118.124* (0.0000)
MD	−6.48435* (0.0000)	−0.90482 (0.1828)	35.2446 (0.2338)	32.3256 (0.3525)	−3.16258* (0.0008)	−1.86566* (0.0310)	57.2069* (0.0020)	76.7532* (0.0000)
FDI	−1.20039 (0.1150)	1.66794 (0.9523)	12.7116 (0.9976)	21.2129 (0.8811)	−1.35076* (0.0884)	−1.91419* (0.0278)	46.8430* (0.0258)	148.989* (0.0000)
MS	3.42968 (0.9997)	4.39693 (1.0000)	4.37568 (1.0000)	1.59069 (1.0000)	−7.28000* (0.0000)	−3.23941* (0.0006)	59.8970* (0.0009)	65.8370* (0.0002)
MES	1.25160 (0.8946)	3.95284 (1.0000)	6.44964 (1.0000)	8.26179 (1.0000)	−7.03774* (0.0000)	−2.86620* (0.0021)	58.2071* (0.0015)	135.176* (0.0000)

注:括号中的数为相应统计检验的 p 值,* 分别表示在5%显著性水平显著。

表 9.6　面板数据的 Pedroni 协整检验结果

统计量	HIIT 统计量值	VIIT 统计量值
Panel v-Stat	−3.240160(0.0021)*	−3.424197(0.0011)*
Panel rho-Stat	3.924046(0.0002)*	3.142483(0.0029)*
Panel PP-Stat	−9.124479(0.0000)*	−12.68983(0.0000)*
Panel ADF-Stat	−3.104685(0.0032)*	−6.810775(0.0000)*
Group rho-Stat	5.484826(0.0000)*	5.605610(0.0000)*
Group PP-Stat	−17.16618(0.0000)*	−16.17929(0.0000)*
Group ADF-Stat	−5.592287(0.0000)*	−5.222270(0.0000)*

注:除了 Panel v-Stat 为右尾检定之外,其余统计检验量均为左尾检定。* 表示在1%显著性水平拒绝没有协整关系的原假设;括号中的数为相应统计检验的 p 值。

2. 面板数据的协整关系检验

由上文面板数据单位根检验结果可以得出,7 个变量都是一阶单整的,所以它们之间可能存在协整关系,为了进一步确认协整关系是否存在,本文运用面板数据的 Pedroni 协整检验对其进行检验,结果如表 9.6 所示。在表 9.6 中很容易得出,七种统计量在 1%显著性水平下都强烈地拒绝"不存在协整关系"的原假设。因此,由 Pedroni 协整检验结果可以确认变量之间存在长期均衡关系。

（二）实证结果分析

通过前面的协整检验，说明变量之间存在着长期稳定的均衡关系，其方程回归残差是平稳的。本节借助 Eviews6.0 分析软件，利用固定效应模型对1999—2009 年我国 15 个行业的面板数据进行分析，结果如下：

1. 产业内贸易影响因素

利用不同时点所对应截距不同的固定效应模型来分析产业内贸易，从表9.7 中可以看出模型的总体显著水平和拟合优度较理想。首先，从产业内水平贸易影响因素结果来看，产品差异化程度、市场化程度、外商直接投资、市场结构和最小有效经济规模的符号与预期的一致，产品差异化程度对水平产业内贸易的影响较显著。从时间固定效应来看，2004 年是我国产业内水平贸易的转折点，2004 年以后我国产业内贸易水平截距转为正值，表明我国企业"走出去"参与国际产业内贸易和分工的力度增强，这显然与这一时期我国加入世贸组织直接有关。其次，对我国产业内垂直贸易的影响因素实证分析可得，最小有效规模对产业内垂直贸易的影响较为显著，这表明我国积极实施"走出去"战略，实现企业内部规模经济将更有利于产业内贸易的发展。从时间固定效应角度分析，从 1999—2009 年，中国的产业内垂直贸易有逐渐上升趋势，且上升效果较为显著，这主要源于我国改革开放水平的不断提高和"走出去"力度的不断加大，参与全球产业内分工的中小企业数量逐渐增多，但这些企业目前主要还处于国际产业分工价值链的低端的生产组装环节，这对我国产业结构优化升级和国际竞争力提升是不利的。

表 9.7　产业内贸易影响因素计量结果

解释变量	HIIT			VIIT		
	预期符号	(1)	(2)	预期符号	(1)	(2)
C		0.403078	7.056572		0.356965	5.643063
PN	+	0.014588	5.178669	−	−0.017180	−5.506873
MD	−	−0.097304	−1.497423	−	−0.225551	−3.134330
FDI	+	0.082675	0.315112	+	0.038733	0.645029
MS	−	−0.002406	−0.181371	+	0.000011	0.474737
MES	+	0.002784	0.580505	+	0.024721	4.654031
1999——C		−0.073272			−0.105204	
2000——C		−0.053596			−0.076788	
2001——C		−0.041690			−0.032075	
2002——C		−0.031546			−0.018199	
2003——C		−0.022796			−0.003581	

（续表）

解释变量	HIIT			VIIT		
	预期符号	(1)	(2)	预期符号	(1)	(2)
2004——C		0.001200			−0.016103	
2005——C		0.029901			0.033772	
2006——C		0.034883			0.038247	
2007——C		0.052776			0.053871	
2008——C		0.055635			0.059070	
2009——C		0.048504			0.066989	
Adjusted R^2		98.201368			0.937475	
observation		165	165		165	165

注：(1)(2)分别代表截距值和 t 统计值。

2. 行业时刻个体固定效应

利用不同时间序列、不同截面的时刻固定效应模型分析我国 15 个行业的产业内贸易及影响因素作用强度。由表 9.8 的统计结果可知,该模型总体检验性水平均在 1% 以下,拟合优度达到 90% 以上,总体显著水平和拟合优度较理想。

表9.8 产业内贸易时刻个体固定效应模型截距值比较

行业列表	HIIT		VIIT		SITC 两位数	SITC 分类
	代表符号	截距	代表符号	截距		
能源矿产业	NY	−0.220526	NY	−0.078957	32+33+34+35	SITC 3
化学原料及制品制造业	HX	−0.053397	HX	0.125618	51+52+56+59	SITC 5
医药制造业	YY	0.005009	YY	0.111561	54	SITC 5
塑料制品业	SL	−0.105759	SL	0.092145	57+58	SITC 5
皮革羽绒及其制品业	PG	0.058691	PG	0.091630	61	SITC 6
橡胶制品业	XJ	0.068749	XJ	−0.198431	62	SITC 6
木材及其加工制造业	MC	0.104719	MC	0.026962	63	SITC 6
造纸及其制品业	ZZ	−0.188983	ZZ	0.014299	64	SITC 6
纺织服装业	FZ	−0.065749	FZ	0.215641	65	SITC 6
非金属矿物制品	FJS	0.006479	FJS	−0.200905	66	SITC 6
金属制品业	JS	0.080950	JS	0.087899	68+69	SITC 6
电器机械及器材制造业	DQ	0.106828	DQ	−0.011652	77	SITC 7
电子及通信设备制造业	DZ	0.041765	DZ	0.123566	76	SITC 7

行业列表	HIIT		VIIT		SITC 两位数	SITC 分类
	代表符号	截距	代表符号	截距		
交通运输设备制造业	JT	0.109655	JT	0.040247	78+79	SITC 7
仪器仪表设备制造业	YQYB	0.051568	YQYB	−0.008340	87+88	SITC 8

从这 15 个产业的个体截距可以看出,产业内水平贸易时刻个体固定效应中电子机械及器材制造业、交通运输设备制造业和木材及其加工制造业的截距值较大,表明这几个产业在参与产业内水平分工和贸易方面有较强的比较优势和竞争优势。产业内垂直贸易时刻个体固定效应中,纺织服装业、电子及通信设备制造业、化学原料及制品制造业及医药制造业的产业内垂直贸易的水平较高,特别是纺织服装业和电子及通信设备制造业的产业内垂直分工水平最高。我国传统产业纺织服装企业依靠国内资源禀赋和廉价劳动力成本优势,已具备"走出去"参与国际贸易和分工的竞争优势,但由于我国纺织服装企业主要在全球产业和价值链较低的环节进行贴牌生产,技术含量较低,再加上产业组织较为分散,还没有形成明显的规模效应,产业中中小企业生产和加工所占比重较大。作为我国高技术产业的电子及通信制造(IT)产业的产业内贸易有加速增长趋势,表明我国 IT 产业作为新兴的高科技产业已具备潜在的"走出去"竞争优势,只是由于我国目前技术创新特别是自主创新能力较弱等因素的限制,该产业的企业主要还是通过模仿创新或吸收、消化再创新的路径参与全球价值链的分工和贸易。

从各行业水平和垂直贸易的固定模型截距看,我国能源矿产业的产业内水平和垂直贸易水平都相对较低。一方面,由于目前国内勘测和开采水平还较低下,对能源资源存储和开采存在不合理之处,使用方式粗放,致使国内部分能源矿产资源供求矛盾突出,导致国内能源矿产业的"走出去"进程较为缓慢;另一方面,能源矿产资源产业具有投资金额大、风险高及规模报酬周期长等产业特征,在与实力雄厚的国际能源矿业跨国公司竞争中不占优势,再加上国内能源资源价格体系不合理,政策环境有待优化等,这些都限制了我国能源矿业企业"走出去"参与国际产业内水平贸易分工和垂直贸易分工的能力。

（三）主要结论

通过以上计量分析结果可以得到以下结论:第一,近几年来,我国多数行业企业"走出去"参与全球国际分工和贸易的程度逐渐提高,产业结构得到进一步的调整,企业在充分利用国内外优势资源的过程中极大限度地实现着资源的优化配置,获得参与全球价值链分工生产的附加值利润,但也必须清醒的认识到,各个行业的贸易水平增长速度并不显著。我国企业尚没有控制全球产业价值链的核心生产制造环节,主要凭借廉价的劳动力和资源禀赋优势参与全球产业内贸易和分工。

第二,国内"走出去"战略实施力度的加大和市场化程度的增强,促进了我国经济对外开放的进程,现代市场经济越来越成为经济发展的主导力量。国家干预的减少和市场调节的作用日益增强,国有、私营、外资、集体和民营等不同形式的企业在"走出去"中获得公平的竞争机会,实现了投资主体的多元化和投资形式的多样化。特别是非公有制经济和民营经济不断在调整自身经济结构,在扩大投资领域的过程中发展壮大。

第三,产品差异化和规模经济推动了我国产业内水平贸易发展。产品差异化生产和贸易满足了国内外不同收入层次和消费偏好的消费者需求,企业在扩大生产规模实现有效规模经济生产的同时,加强差异化产品的研发设计和生产,从而增强产品的出口竞争力。但产品差异化对产业内垂直分工的发展不利,一方面,跨国企业通过规模经济实现产品的批量生产,从而提高生产率,降低工序差异化成本;另一方面,在经济一体化背景下,企业参与全球产业内模块化生产过程中,追随发达国家的技术标准,来加强生产的转化效率。

第四,FDI 对产业内贸易的影响不显著。尽管如此,FDI 对产业内贸易方面的影响仍然不容忽视,短期内可以增加我国国际贸易总量。但从长期来看,我国应加大对技术引进的消化吸收力度,加大再研发投入,增强产品国际竞争力,避免陷入"比较优势陷阱"。目前,我国企业正在形成以"能源矿产开发型"、"制造业的市场寻求型"和高技术产业的"模块化标准生产"为主的三大类投资策略,逐渐从贸易型投资转向开拓国际市场和资源有效配置型的投资。

第五,三大类行业产业内贸易和分工不尽相同。纺织服装业已具备较强的国际竞争优势,产业内贸易水平也在稳步提升,纺织服装企业也不失时机地将生产链条上的各个生产制造环节分布到全球最有优势的国家和地区,参与全球产业内价值链条的分工生产,促进了产业内贸易的发展。以 IT 产业为代表的知识技术密集型高技术产业是促进我国产业内贸易发展最有潜力的产业。全球化的深入和分工的细化,高新技术产品的创新和研发生产应用的模块化趋势日益突出,IT 产业的高标准化生产,迅速实现产品生产的规模经济。能源矿产业对企业"走出去"的促进作用影响较小,甚至产生负面影响。由于资源开采勘探技术落后、资源开采储备的不合理及国内外政策环境等因素的影响,企业"走出去"参与产业内贸易和分工的程度还有待进一步提高。

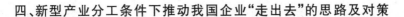

四、新型产业分工条件下推动我国企业"走出去"的思路及对策

现阶段我国企业"走出去"战略应以资源开发型对外投资和经营为主,同时积极地辅之以市场寻求型和高新技术研发型对外投资和经营活动。

第一,能源资源开发型战略。我国能源、矿产资源企业"走出去"战略的目的是为了寻求矿产资源,突破我国能源资源不足的瓶颈。目前我国还处在对外投资和经营的起步阶段,应实施以资源进口替代和出口导向为主,纵横向一体化的生产活动。在立足于国内发展的前提下,首先,结合世界资源分布、产业内分工地位和竞争能力,以及我国能源矿产资源"走出去"现状,明确企业战略发展方向,加强自身规范性建设,积累国际化投资经营运作经验,预防与海外或国内企业的恶性竞争;其次,积极推动能源矿产的国外商业性勘查开采工作,为企业提供良好的勘探、存储环境及政策金融支持;最后,通过企业国内外并购重组,培育一批具有自主知识产权的大型综合性企业集团,集研发设计、生产制造、经营管理和售后服务为一体,培育其在能源贸易、投资和跨国经营方面的资源整合能力。

第二,市场寻求型战略。这种"走出去"战略主要是企业在国外投资建厂并趋向工序化。当企业的规模达到一定程度时,一方面,为了进一步扩大市场规模、巩固企业的优势地位、有效规避东道国贸易保护主义限制,企业选择在海外投资建厂进行生产、销售及售后服务等;另一方面,在海外开辟新的市场,利用国内外两种资源,将更有助于拓展企业发展空间,增强企业竞争活力。如我国纺织服装业、家电等行业积极实施"走出去"战略,到有较大市场需求潜力和良好投资环境的国家或地区投资建厂,实现了劳动、资本和技术密集型生产的工序化。首先,注重提高产业价值链高端的研发设计能力,将企业与科研机构联系起来,建立合理正规的研发中心并引进高级人才,为这些企业"走出去"提供必要的支持。其次,企业应进行统一规划,形成集科研、生产和销售于一体的分工网络体系,提高产业整体投资和外贸水平,并促进企业和产业结构的优化升级;再次,企业应避免以量取胜的劣势,转变粗放型生产模式,提高资源和知识的利用效率,使得生产的产品向高技术含量、高附加值水平和高生态知识型方向转化,尽快达到东道国的技术标准和消费要求;最后,政府应改善贸易条件,鼓励高技术含量的优质产品出口并支持有"走出去"能力的企业到海外投资建厂,融入海外生产分工体系当中,形成一体化的网络分工体系,提高整体国际竞争力水平。

第三,高新技术研发型战略。这种"走出去"战略主要是在海外投资建立高新技术研发设计中心,将本国企业研发出来的高新技术产品交由国内母公司或国外子公司进行生产,然后再将产品销往国内外。它不仅有助于汲取外国的先进技术创新和管理经验,加速国内高技术产品更新换代周期,实现国内外分工合作的效益最大化;也可以与国外企业紧密合作,拓展产业经济发展空间;还有助于推动我国对外开放的进程,实现高技术产业的技术创新和升级,促进国内经济的快速发展。为此,首先,有竞争潜力和比较优势的企业应充分利用国内资源、人力、知识和资本等相对丰富的生产要素来确定"走出去"的发展重点,并根据国内 IT 产业发展特点和结构特征选择切实可行的生产路径;其次,推行国内 IT 产业的开放式生产模式。中国"走出去"企业与海外技术资金雄厚的企业合作,在发展劳动密集型工序的生产过程中,引入先进技术和管理经营理念,沿着附加值较高的产业价值链攀升,建立技术密集型工序的生产,实现与国际主流生产标准接轨;再次,把软件业和信息制造业的发展放到战略高度重点扶持和发展,前者注重高级专业化人才的培养和技术创新,组织行业领头企业带动中小企业,实现企业重组和结构优化;后者提高生产制造水平和技术创新能力,积极开拓海外市场;最后,推动国内大中型企业以价值为核心建立起互动协作机制,开放市场网络,构建产业战略联盟,完善国内产业结构优化升级,延伸信息技术产业链在中国的增值过程,为企业"走出去"奠定坚实的经济基础。

第 十 章

"十二五"时期中国工业化与
信息化深度融合研究

我国正处在工业化进程中,恰逢信息化兴起,信息技术的勃兴、渗透和催化,为我国走新型工业化道路提供了难得的历史机遇。工业化为信息化提供了坚实的物质基础,并对信息化发展提供了广阔的市场需求;信息化为工业化提供了强大的发展动力。推进"两化"融合发展,是中国特色新型工业化的重要内容和基本要求,对促进我国工业由大变强,提高产业整体竞争力,促进资源节约,减轻环境污染,实现经济与社会可持续发展,都具有十分重要的意义。

第一节 信息化与工业化融合的内涵及作用分析

一、信息化的内涵

信息化是一个涉及国民经济众多领域、有着多重含义的经济、技术范畴,并且其内涵随着经济社会发展处于变动之中。从总体上看,信息化的内涵主要包括:第一,它是指信息技术在国民经济和社会生活中的广泛应用,从而推动经济、社会快速发展的过程。具体包括计算机、传真机、电话、摄像机、计算机网络、光纤及卫星网等信息技术在信息收集、加工、处理、输送和发布过程中的应用;各种信息标准和信息立法的确立;经济信息化应用系统的有效建立和应用;信息技术支撑的各类经济数据库对国民经济运行态势和情况的反映;通过对信息技术和电子信息装备的广泛应用,更有效地开发和利用信息资源,提高信息产业和信息经济增加值在国民生产总值中的比重等。

第二,信息化是指在工业化发展过程中,通过信息技术的广泛应用提高信息经济在国民生产总值中的比重,促进信息产业快速发展和信息技术研发能力的提升。具体内容包括信息基础设施、信息产业、信息技术、信息人才和信息环境等。其中,信息产业是信息化的支柱和产业基础;信息技术是信息化的基本技术支撑和带动力量;信息人才是推动信息化发展的主体力量;信息环境是保障信息化有序运行的外部环境因素。以上要素相互联系、互为依托,构成中国信息化发展的系统结构①。

第三,信息化主要是指国民经济的信息化,具体表现为在国民经济各部门之间、部门内部以及企业间加快信息交流与共享利用,促进企业信息化技术改造,提高企业生产效率,进而调整产业结构,降低资源消耗,提高经济效益。在这一过程中,信息产业在国民经济中所占比重不断提高;信息技术的广泛应用使国民经济各部门的经济效益得到提升。

第四,信息化是指在工业化发展过程中,通过信息技术的广泛应用,创造智能型社会生产力;通过快速、高效、低能耗的信息传递,将工业化过程中的生产、分配、交换、消费等环节有机衔接起来,从而极大地提高社会劳动生产率,加快推进全社会现代化。

二、信息化与工业化融合的内涵及作用

（一）信息化与工业化融合的基本内涵

信息化与工业化融合,指信息化与工业化作为两个性质不同的动态发展过程,在发展过程中各自渗透到对方融为一体、互为动力、共同发展的过程。其最主要的表现是在国民经济各个领域应用信息技术,在生产要素以及组合方式、生产方式以及组织管理结构、产品及其营销方式、新兴产业衍生等多个层面相互渗透和融合的过程;是产品信息化、生产过程信息化、市场需求和生产供给信息化、决策信息化、管理信息化的过程。在实现二者融合阶段,工业化以机械化、电气化、自动化为代表,信息化以数字化、智能化和网络化为代表。在这一过程中,工业化是信息化的基础,是信息化发展的载体;信息化又是工业化发展的手段和推动力量,为工业化发展提供新的供给基础和需求空间。

从更广泛的视角看,信息化与工业化的融合不仅发生在经济领域,也发生

---

① 周叔莲:《重视信息化大力推进信息化与工业化融合》,《中国井冈山干部学院学报》2008 年第 3 期。

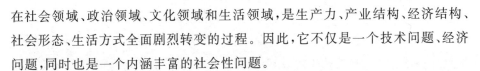

在社会领域、政治领域、文化领域和生活领域,是生产力、产业结构、经济结构、社会形态、生活方式全面剧烈转变的过程。因此,它不仅是一个技术问题、经济问题,同时也是一个内涵丰富的社会性问题。

(二)两化融合对中国工业化发展的重要推动作用

第一,信息化的发展和应用是加快推进工业化、实现生产力跨越发展的重要杠杆。我国总体上仍处于工业化的中后期阶段,属于发展中国家行列。在推进工业化的历史进程中,必须高度注重运用信息技术改造传统产业,以信息化带动工业化,充分发挥后发优势,实现生产力的跨越式发展,加快完成工业化发展的历史任务。由于历史条件的限制,主要西方发达国家都是走了一条"先工业化,后信息化"的发展道路。我国工业化发展处于信息化快速发展和广泛应用的时期,工业化发展水平相对较低,在这种条件下,我们没必要也不应该走西方国家工业化的老路,而应该将工业化与信息化结合起来,以信息化带动工业化,以工业化促进信息化,实现二者有机融合发展,走出一条符合时代经济技术发展要求、有利于发挥我国后发优势的新型工业化道路。世界银行在2001年发布的研究报告《中国与知识经济:把握21世纪》中提出,为迎接全球知识革命的挑战,中国必须更加开放,形成驾驭塑造全球经济模式的力量,利用快速进步的技术力量,特别是信息技术,实现跨越式发展。

第二,信息化发展和应用有利于提高工业化效率,加快经济发展方式转变。从总体上说,我国采取的仍是一种粗放型经济发展方式,在工业化发展方面表现为我国制造业总体水平和竞争力还不高,特别是尽管许多工业品数量位居世界首位,但制造业产品中的高技术产品比重还不高,特别是信息技术及核心工业技术产品的比重更低。工业经济增长主要依赖于大量生产要素的投入,高新技术产业所占比重较小,在国际产业分工中处于价值链的低端。通过信息化与工业化的融合,用信息技术改造传统产业,以带动整个工业结构的优化升级,从而提高工业化效率,加快经济发展方式的转变。

第三,信息化发展和应用有利于实现我国产业结构优化升级。首先,以信息化带动工业化,有利于促进我国工业由大变强。目前,我国工业规模已经很大,许多产品产量在世界上已占首位,但工业整体实力和竞争力还不强。通过信息技术改造提升以轻纺工业为代表的劳动密集型工业产业,提高产品档次和经济效益。通过使用自动化、智能化工业设备和工艺,降低我国工业化过程中过高的能耗和物耗,节约使用资源。另外,通过在装备制造业中大量使用计算机集成制造系统等,有利于加快形成我国更为先进和强大的装备制造体系,从而为整个工业体系提供更高技术水平和竞争力的装备制造体系。

其次，以信息化带动工业化是提升我国服务业发展水平的重要推动力量。信息化不仅改变了传统的生产方式，也在工业流程的末端——销售与流通领域发挥了重要作用，引起销售模式和流通方式的深刻变革。在经济全球化条件下，电子商务大大缩短了企业供应链反应时间，实现实质性的成本节约。在生产制造领域，例如汽车行业，过去汽车企业都是高度垂直生产，现在大部分汽车制造企业将主要精力放在开发设计、营销和最后组装上，而不是制造，这就强有力地推动了现代服务业的发展。信息产业部电信研究院副总工程师杨培芳指出，从工业社会向信息社会过渡，信息通信业对国民经济的直接贡献率约为4%—6%，间接贡献率估计超过10%[①]。我国服务业发展面临的突出问题是现代服务业发展相对不足，而现代服务业对信息技术具有巨大的需求。通过发展信息网络设备、条形码等数字化设备和技术，建立面向国内外市场的信息服务平台，可有效改造和提升我国传统服务业，发展壮大现代服务业。通过信息化技术的广泛应用，可有效促进专业化分工协作，通过两化融合促进"两业"（制造业与现代服务业）互动发展。

再次，信息化有利于推动新能源和新材料等战略性新兴产业的快速发展。在工业化发展历史上，能源、材料与信息之间存在相互依存、相互作用的关系。特别是在当代，信息通信技术的突破性发展和广泛应用，是通过半导体、光纤等原材料的创新、卫星通信应用和太阳能新能源技术的应用才得以完成。发展现代信息通信技术，需要推动发展电子元器件的开发和生产，并带动新能源、新材料产业的快速发展。通过大力发展半导体材料、光电子材料等，可有效促进新型元器件等信息产业的发展和升级。

第四，信息化与工业化融合是提高我国资源环境系统效率、实现可持续发展的重要途径。工业化时代的主导性资源是物质、资本，随着信息化的发展和应用，信息资源越来越成为生产过程的主导性资源，信息正成为社会生产力要素系统中的重要构成要素。与其他一般生产力构成要素不同，信息是一种无形的、寓于其他要素之中的非独立要素，它主要是通过提升其他生产力要素的自身素质，优化其他要素的配置结构，提高社会生产力水平。开发和利用信息资源为目的的经济活动迅速扩大，并将逐渐成为国民经济活动的重要内容。实践证明，传统工业化的要素配置和使用方式对自然资源造成过度开采和能源的过度消耗，环

---

① 郭丽君：《历史机遇：推进信息化与工业化融合》，《光明日报》2008年1月30日理论版。

境污染严重,导致经济社会发展的不可持续。而通过信息化的发展和应用,实现对物质资源使用的节约,并通过信息技术降低能源消耗和寻找可再生的生物能源,从而缓解经济发展与环境保护之间的矛盾,实现经济、社会的可持续发展。随着我国工业化进程的推进,工业化发展与环境保护之间的矛盾越来越尖锐,社会可持续发展问题变得越来越突出。为此,必须高度重视现代信息通信系统在工业化发展中的应用,以降低资源、能源的消耗,减少对环境的污染。另外,信息技术还为在环境领域提供信息服务创造了良好的技术条件。联合国环境保护委员会已向100多个发展中国家及经济转轨国家提供了在环境领域建立服务体系,包括法律、政策与技术咨询等服务,这些都属于信息服务业的范畴。从信息系统的软硬件角度来看,现在对全球环境系统的观察和数据收集,例如对影响臭氧层物质与森林状况的监视,以及目前世界实施的综合全球观察战略(IGOS),把空间观察站与地面观察站联系在一起,其支持技术都属于信息产业范畴,其中应用的地理信息系统、卫星定位系统、人工智能与神经网络等,都属于现代信息系统范畴,它们为我国可持续发展战略的实施提供了技术上的有力支持。

第二节 基于信息技术应用视角的信息化与工业化融合的机理分析

一、信息技术的发展及其演进

信息化与工业化融合实质上是一种信息技术跨越现象,是信息技术不断发展、演化、升级而发生的,是从低效率的工业技术形态跨越技术发展的某些阶段从而直接进入到更高效率的技术形态的过程,是发展中国家沿着发达国家工业技术轨迹加速发展,并利用信息技术与信息技术范式实现技术追赶的过程。

信息技术是指在信息科学的基本原理和方法的指导下扩展人类的信息功能的技术,一般主要指利用电子计算机和现代通信手段实现收集信息、获取信息、传递信息、储存信息、处理信息、显示信息、分配信息等功能的技术总和。狭义的信息技术包括计算机硬件、软件、服务以及半导体和元件技术;广义的计算机技术还包括光纤通信、移动通信、数字微波、数字交换、人造卫星和互联网技术等[①]。

---

① 具体到技术层面,信息技术包含 CAD/CAM、ES、ISDN、Spread sheet、PCS、Client/Server、Imaging、CASE、Lan、Workstation、Teleconferencing、EDI、E-mail、Fax、Mini-computer、4GL、IBM Mainframe、large-Scale Relational database、OA、KM、HRMS、EAM、ERP、SCM、CRM、BI、CAPP、CAE、CAT、RP、RE、EMS、DNC、DCS、CQM、PDM、PLM 等。

对于信息技术的分类,不同的科学领域、不同学者有着不同的划分方法,认同度较高的分法是将信息技术划分为硬件信息技术和软件信息技术两大类。硬件技术侧重于信息建设工程、设备、机器、工具等的基础设施建设,而软件信息技术则更侧重于软件、信息服务技术、信息技术解决方案等。一般硬件信息技术更侧重于改善生产性设备,将信息技术嵌入生产设备当中,主要包括计算机硬件类设备、通信设备、电子与导体类设备、科学仪器类设备制造及其他信息设备制造等技术门类,而计算机软件则包括数据库、ERP 管理软件、分析决策软件、客户关系软件 CRM、数据库管理软件 PDM、产品质量监控软件 CQM、产品生命周期管理软件(PLM)等经营管理类软件。

从纵向上看,信息技术的发展经历了由简单技术到复杂技术的过程,而信息技术的简单与复杂程度主要是由信息技术本身被理解和使用的程度决定的。以用户操作方面为主要特点的简单技术包括文字处理系统、即时通信系统等,而复杂技术则是目前信息技术发展的趋势,包括企业资源计划(ERP)、计算机辅助设计及制造(CAD/CAM)等。简单信息技术在组织中的应用存在用户相互依赖,且其采用与普及的程度通常是一种自发的、自动的社会传染模式(socail contagion);而复杂信息技术的购买及推广,则一般为企业行为,其扩散的动力来源于组织的力量,可以说是一个自上而下的过程。一般来讲,对于信息技术的研究多以对于复杂信息技术的研究为主。自 1964 年以来,信息技术的发展经历了从硬件到软件的逐步升级及应用大幅度提升的过程,逐步完成了信息技术在企业层面的扩散,先后发生了以晶体管技术为主、以 CPU、GUI 的操作系统、通用数据库为主、以互联网为主和以云计算、物联网为主的技术变迁过程。James T. C. Teng,Varun Grover and Wolfgang Guttler 等学者通过 Bass 模型及其扩展模型包括外部影响模型(External influence Models)、内部影响模型(Internal Influence Models)、Gompertz 模型等,认为 CAD、ES、PCS、ERP 等20 种信息技术是影响企业发展、完成信息技术在企业及产业间扩散的扩散源,并按照市场饱和程度高低、扩散速度快慢将它们区分为 5 类[1]。Nolan(1979)、

---

① Workstation、Teleconferencing、EDI、E-mail、Fax 等 5 种技术定义为信息技术创新并以最慢的速率扩散,但扩散的程度能达到 100%,Mini-computer、4GL、IBM Mainframe、large-Scale Relational database 等属于信息技术创新以最慢的速率扩散,并达到 70%—90%市场饱和度,而 CAD/CAM、ES、ISDN 等信息技术创新则以较慢的速率进行扩散,并达到 30%—60%的饱和度,而 Spread sheet、PCS、Client/Server 和 Lan 则以较快的信息技术进行扩散,并可以达到 85%—100%的市场饱和度,Imaging 和 CASE 技术则将以较快的速率扩散,但饱和度只能达到 40%—70%。

Synnott(1987)、刘英姿(2004)则从不同角度研究了企业信息化的问题。汪淼军、张维迎等(2006)深入研究了企业信息化发展的三个阶段,并认为企业信息化经历了从 PC、CAD/CAM 等硬件及系统技术扩散、到 ERP 等内部信息集成技术的扩散、再到 LAN、EDI、Internet 等网络信息技术扩散的阶段[①]。据此,信息技术发展过程可分为四个阶段:以系统为中心(1964—1981 年)、以 PC 为中心(1981—1994 年)、以网络为中心(1994—2005 年)和以应用为中心(2005 年以后)。在这一过程中,信息技术提升了企业产品、技术、质量、服务、组织、工作流程水平,并完成了信息技术在企业内部及企业间的扩散。此外,MIS、CAD/CAM、LAN、INTERNET、CASE、DSS、TELECONFERENCING、ERP 等信息技术的发展要求更加有效的组织与管理的方法,有效地推动了管理方法创新、提升了企业内部的管理创新水平,并逐步实现提高了传统产业内部的技术与管理的信息化水平。

表 10.1　信息技术发展阶段与关键技术水平

阶段	以系统为中心 (1964—1981 年)	以 PC 为中心 (1981—1994 年)	以网络为中心 (1994—2005 年)	以应用为中心 (2005 年以后)
关键信息技术	晶体管、集成电路和电子计算机	CPU、GUI 的操作系统、通用数据库	互联网、浏览器、搜索引擎	云计算、物联网、三网融合

资料来源:作者自行整理。

按照技术演化理论,信息技术的发展过程是信息技术的无限次微小技术轨道的变迁过程,是一个由低级阶段向高级阶段发展的过程,存在着连续性的技术进步,也存在着由低级阶段跨越中间阶段发展至高级阶段的跃迁。总体上来看,信息技术存在着三次技术范式之间的跃迁,分别是从以晶体管技术为主到以 PC 技术为主,从以 PC 技术为主到以互联网技术为主,从以互联网技术为主到以应用技术为主。而在每个阶段内部,信息技术都存在着连续性的技术进步。

(1)以系统为中心。信息技术的基本演变过程为:计算器—真空管—晶体管—集成电路—大型机—小型机。在这一过程中,信息技术实现了从机械式运行方式向分时系统的过渡,直到大型机的出现,数据信息、软件处理和计算能力得到迅速的提升。

---

① 汪淼军、张维迎、周黎安:《信息技术、组织变革与生产绩效——关于企业信息化阶段性互补机制的实证研究》,《经济研究》2006 年第 1 期。

（2）以 PC 为中心。超大规模集成电路和微处理器技术成为这一时期信息技术的主流，随之而来的是计算机 PC 时代的来临。随着计算机汇编语言程序的广泛应用，软件行业脱离硬件行业开始发展，商业应用领域 CAD、CRM、CIMS、ERP 等软件开始被企业运用到生产、管理、销售和服务中。

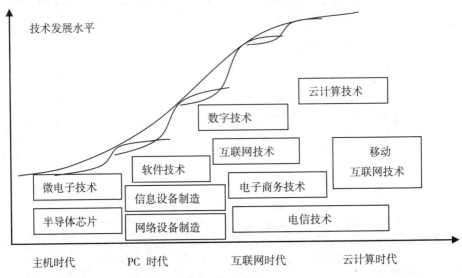

图 10.1　信息技术演化视角下信息技术的发展

资料来源：宋红坤，2009 年。

（3）以网络为中心。随着 Milnet、Usenet、Bitnet、Csnet 等的应用，TCP/IP协议最终产生，信息技术进入了互联网络时代。随后，DNS 域名服务系统、HTTP 协议的万维网和基于协议的浏览器发明，使得网络迅速成为了软件和商业的开发平台，并出现了 Yahoo、Amazon、Google 等一系列新的企业代表。

（4）以应用为中心。随着互联网和电信技术的快速进步，移动通信和互联网技术快速发展、相互融合，电信运营商、互联网企业、计算机和手机等终端设备产业开始跨界竞争和合作，利用高速互联网传输能力将数据从个人计算机移动到服务器计算机群落中的"云计算"技术也得到快速发展，SAAS、APPS 等技术得以实现，节约了用户在服务器和软件授权上的成本，同时也减少了供应商企业的成本。

短短几十年内，信息技术经历了四个阶段，主导技术转变了三次，"摩尔定律"概括了信息技术发展所具备的高速度的特征。同时，信息技术与企业、产业、区域发生相互作用产生融合，体现了信息技术的强渗透性。信息技术的发

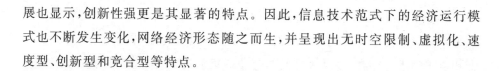

展也显示,创新性强更是其显著的特点。因此,信息技术范式下的经济运行模式也不断发生变化,网络经济形态随之而生,并呈现出无时空限制、虚拟化、速度型、创新型和竞合型等特点。

二、基于信息技术应用视角的信息化与工业化融合的机理分析

（一）信息技术发展周期内信息化与工业化融合过程描述

在一个信息技术发展周期内,信息化与工业化融合实际是一个技术跨越的过程,即传统工业引进、消化、吸收信息技术,并与信息技术相互作用形成再次创新的过程,具体表现为信息技术、信息设备、信息产品、信息化人才引进到企业内部,与企业内部原有的工业技术相结合,提升原有人力资源素质并提升企业内部资金运转方式和周转速度,最终吸收信息技术,形成具备信息技术特征的生产力要素,从根本上推动工业化的过程。从理论上讲,信息化与工业化融合的实质是信息技术引进、消化、吸收和再创新的过程,信息技术成为关键性生产要素之一,并打破了工业技术时期的技术范式,突破了工业化时期积累性的技术进步,以信息技术范式使得技术进步具有了跃迁式的特征。大部分企业或者产业引进消化吸收信息技术实现创新后,都经历技术范式、生产要素、生产方式等的跨越,工业化进程得以快速发展,甚至出现从工业化初级阶段向中级阶段、高级阶段跨越的现象。因此,信息化与工业化融合是信息技术跨越式进步的过程,是信息技术引进消化吸收扩散的过程,是信息技术与工业技术相互作用、互相渗透的过程,是由工业技术范式向信息技术范式转变的过程,是由工业技术轨道向信息技术轨道并轨的过程,是信息技术与传统工业化生产要素相互渗透融合的过程。

在一个信息技术发展周期内,信息化与工业化的融合是以信息产品、信息设备、信息人员、信息技术等的引进来实现的,其过程表现为信息技术引进、消化、吸收和再创新。

根据技术生命周期理论,一项技术的生命周期可以分为研究、应用、发展、成熟、老化等阶段,一般来讲,技术生命周期包括导入期、生长期、成熟期、停滞期四个阶段,呈现出 S 型曲线。工业技术与信息技术的生命周期均无例外。如图 10.2 所示,信息化产生于传统工业化过程中,是整个工业化过程的一个重要环节。工业化过程为 S_1,信息化过程为 S_2,信息化与工业化融合过程为 S_3。在信息化与工业化融合过程中,工业化进程呈现 S 型,信息化进程也呈现 S 型,信息化产生于工业化过程中,出现在工业化过程的成长期与成熟期之间。信息技术具备高扩散性、高创新性、高收益性、高兼容性和高路径依赖性等特点,信息技术对工业技术的发展有一种天然的带动和提升作用;同时,大部分传统工业均属于物质消耗高、技术水平低的劳动密集型行业,工业技术水平亟待提升到一个更高的层次,因此,工业技术与信息技术之间的融合存在着"内部驱动和外部拉动"的双重动力。

信息化与工业化融合即为工业化技术轨道向信息技术轨道跨越的过程(见图 10.2)。在这个过程中,在微观生产要素层面,工业技术一般通过技术学习(technolgoical learning),包括对信息技术的引进、消化、吸收过程到与信息技术结合实现创新等模式,使信息技术成为这一时期的主导技术,由此使技术范式逐渐转换,人力资本素质和资本运行速度得以提升;中观层次则实现了技术效率由低向高的转变,并直接进入高技术效率的信息技术形态;宏观层面则表现为对工业技术投资逐渐变少,而对信息技术投入越来越多,由此带来产业国际竞争力的提升。

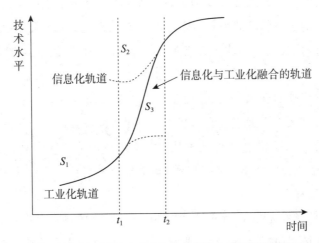

图 10.2 技术周期内信息化与工业化融合中技术轨道跃迁

一个信息技术周期内,信息化与工业化融合表现为信息技术使得原有的工业技术加速发展,并跳过工业技术的技术衰老期,通过信息技术的高扩散、高创新等特征,直接提升至信息技术轨道,从而提升工业化技术水平,也促进了工业化的快速推进。

在信息化与工业化融合过程中,工业化轨道向信息化轨道转变,企业、产业甚至区域经历了信息技术的引进、消化、吸收和再创新的过程。企业通过购买技术、设备、技术许可、知识流动等,掌握关键技术和技术秘密,对产品设计、零部件应用、生产流程等进行再度应用和创新,从而提高企业的技术水平和绩效水平[①]。信息化与工业化融合的直接实现方式即为对信息技术、信息产品、信息技术许可、专利等的购买和应用,并通过"干中学"等手段吸收信息技术的应用和技术秘诀,进而用信息技术的手段和方式对于生产、研发、管理、销售等进行创新,从而解决传统工业化中出现的资源能源消耗量大、技术水平低和经济效益差等问题。

第一阶段:信息技术的引进。对于企业来讲,信息技术的引进主要包括生产设备、产品设计、制造工艺、测试方法、技术标准等。新技术被引进至企业内部后,需要根据技术要求进行引进设备与原有设备按照信息技术的生产方式进行改造,才能进入生产阶段。对于企业来讲,所引进的信息技术与原有技术之间的结合,使企业开始向一条新的技术范式转型。在这一过程中,"Learning By Doing(干中学)"提高了企业技术能力,工人熟练程度和产品质量提高,生产成本降低,并形成生产管理、技术研发等部门之间的信息反馈,提高了知识积累的水平。

第二阶段:信息技术的吸收、消化。这一过程是工业技术与信息技术渗透、工业技术与信息技术结构相互适应并形成同质的技术结构、技术范式、技术轨道的过程。在这一过程中,"干中学"同样起着极其重要的作用。信息技术引进后,企业内部工人对信息技术应用的熟练程度加深,企业研发、设计、管理部门开始收集市场对于企业所生产新产品的反馈信息以深入地研究市场对于信息化产品的需求程度,并将这些信息作为改进操作技术、产品和工艺的重要依据。这一阶段,以对维持引进信息技术或者信息产品的性能进行模仿或者微量创新为主,侧重于提高技术研发、设计、生产等部门的运行效率。

第三阶段:信息技术的再次创新。引进信息技术的企业或产业熟练地掌握了信息技术的操作原理及专有技术,已经基本完成对于信息技术的消化吸收,并在这一过程中逐步形成技术积累以及研发能力。这一阶段,工业企业将逐渐掌握信息技术中的关键性技术要素,在引进信息技术的基础上进行自主研究与开发,扩大信息技术的应用领域与范围,并对产品进行重新开发。同时,由于信息技术的应用,劳动人员生产素质和工业企业的 R&D 能力有所提高。科技研发以及 R&D 能力的形成是该阶段的关键。

因此,信息技术的发展水平直接影响两化融合的发展速度,并使得以工业技术范式为核心向以信息技术范式为核心转变①,从而提高生产率及产业绩效。其实现机理为:在微观层面上,企业内部实现了技术水平和能力的跨越,实现了信息技术与物质资本、人力资本、工业技术等生产要素的相互作用,促使管理方式变革、业务流程优化、劳动力基本素质提升、创新手段改进和生产效率提高;在中观层面上,信息技术带动了整个行业技术系统的升级,信息技术改变着产业形态、突破传统产业边界、促进产业融合、催生新产业的衍生,从而实现行业内技术水平与生产能力的跨越。由此可见,信息技术引进、消化、吸收和扩散所带来的信息化与工业化融合促进新的生产力的形成,催生生产方式、组织方式、管理方式和产业形态等方面的创新,并逐渐形成了新的技术范式。

(二)信息技术发展周期内信息化与工业化融合过程的机理分析

信息化与工业化的融合是工业技术轨道向信息技术轨道跨越的过程,是建立在信息技术、工业技术不断演化发展基础上的,是信息技术在工业企业、行业内部不断引进消化吸收创新扩散的过程,因此,信息技术与工业技术之间的融合过程是信息化与工业化融合的关键问题。在一个信息技术周期内,信息技术不断发展遵循技术生命周期S型曲线,工业技术发展也遵循S型曲线,而信息化与工业化融合引致工业技术曲线跃升至信息技术的S型曲线上,并逐渐与工业技术形成一种较为稳定的关系。在这一过程中,工业技术范式得以变化,经过消化、吸收、再创新的过程,两种技术之间的相互作用达到一种稳定耦合状态。由此可见,信息化与工业化的融合关键还是技术之间的相互作用和融合。

在信息化与工业化融合过程中,所引进的信息技术与工业技术之间,发生相互扩散、相互融合、相互作用。一方面,信息技术改变落后工业技术,先进的信息技术融入到生产、管理、研发、设计、销售等过程中提高了企业的生产效率、管理水平、技术水平,从而成为工业技术发展的动力和引擎;另一方面,随着工业技术的不断发展而暴露出的资源消耗量大、环境污染少等亟待解决的问题,为信息技术的发展提供了环境和基础。由此可见,信息技术与工业技术之间存在着相互作用的关系,信息技术 T_1 的引进对于提高工业技术水平 T_2 有着促进作用,而工业技术水平 T_2 的提高对于信息技术 T_1 产生新的需求,从而促进信息技术 T_1 再次发展,即 T_1、T_2 组成满足以下条件的互补型系统:

(1)信息技术 T_1 引进能够促使工业技术 T_2 加速发展与升级,反过来工业

---

① 周振华:《信息化与产业融合》,上海人民出版社、上海三联书店 2003 年版,第 56 页。

技术发展水平的提升也促进信息技术 T_1 进一步的发展;

(2)工业化时代,信息技术 T_1 没有出现之时,工业技术 T_2 仍满足 S 型曲线;

(3)当信息技术 T_1 在企业内部引进、消化、吸收,并实现再创新后,工业技术 T_2 与信息技术 T_1 之间形成了一种相对的稳态;

(4)信息技术对于工业技术的影响,并没有彻底地改变工业技术本身,工业技术保持部分原有的特性;

基于以上假设,T_1、T_2 分别代表信息技术和工业技术,T_1、T_2 之间的相互作用表现为信息技术与工业技术融合的过程,也就是企业内部引进、消化、吸收和再创新,信息技术与工业技术之间两个单元技术相互扩散的过程,该类扩散系统的确定性符合罗杰斯特方程,如方程(1)所示:

$$\overset{q}{x_1} = \lambda_1 x_1 (1 - x_1)$$

$$\overset{q}{x_2} = \lambda_2 x_2 (1 - x_2) \tag{1}$$

其中,x_1 代表信息技术 T_1 的扩散率,x_2 代表工业技术 T_2 的扩散率。λ_1 代表 T_1 的创新扩散系统,λ_2 代表 T_2 的创新扩散系统,λ_1、λ_2 也分别反映了对信息技术和工业技术的投资强度。

信息技术 T_1 和工业技术 T_2 之间具有相互提升、相互作用的关系,T_1 在企业内部的传播对 T_2 有促进作用,由 T_1 和 T_2 组成了互补性扩散系统,如方程(2)所示。f_1 代表信息技术引入后的创新扩散率,f_2 代表引入信息技术后工业技术的扩散率。α_1 和 α_2 分别代表 T_1 和 T_2 的扩散系数,反映对 T_1 和 T_2 的投资强度。扩散系数越大,说明扩散率增长越快,所得对于技术的投资就越多。因此,信息技术与工业技术组成的互补性技术创新扩散系统的演化模型为:

$$\dot{f_1} = \alpha_1 f_1 [1 - f_1 - \beta_1 (1 - f_2)]$$

$$\dot{f_2} = \alpha_2 f_2 [1 - f_2 - \beta_2 (1 - f_1)] \tag{2}$$

其中,β_1、β_2 分别为 T_2 对 T_1、T_1 对 T_2 的影响系数,且满足 $0 \leqslant \beta_1, \beta_2 \leqslant 1$,$\beta_1, \beta_2 \leqslant 1$ 是因为 T_1 与 T_2 之间的相互影响都不超过自身特性对于扩散程度的影响;$\beta_1, \beta_2 \geqslant 0$ 是因为当 β_1 或 $\beta_2 = 0$ 时,方程(2)中的扩散方程式将退化为自治系统,此时,信息技术与工业技术间将没有互补作用。

另由方程(2)可知,一方面 f_1 增长时,f_2 扩散方程的右边项也增长,由此体现出信息技术 T_1 的扩散对工业技术升级的促进作用。而当 f_1 没有达到极值时,f_2 所能达到的极限只能是 $1 - \beta(1 - f_1)$,且此值小于 f_2 应达到的极值 1。

这说明,信息技术 T_1 扩散缓慢且水平不高时,会对于工业技术进一步升级的促进作用并不明显。当 f_1 达到极值1时,T_1 为 T_2 的进一步扩散提供了充分的条件,这时 T_2 的扩散将有可能达到极限值 $f_2=1$,因为此时 $\beta(1-f_1)=0$,此时信息技术与工业技术融合达到最高水平。

由此可见,信息技术与工业技术相互作用的过程是一个自治的微分动力系统,方程(2)均为非线性微分方程,且右端都不含有时间项。因此,若考察信息技术与工业技术融合的平衡点及该点的稳定性,可采用 Lyapounov 间接方法。

(1)信息技术与工业技术融合平衡点

设 $P(f_1,f_2)$ 代表 $\dot{f}_1$,$Q(f_1,f_2)$ 代表 $\dot{f}_2$,并有方程(3)

$$P(f_1,f_2) = \alpha_1 f_1[1-f_1-\beta_1(1-f_2)] \tag{3}$$
$$Q(f_1,f_2) = \alpha_2 f_2[1-f_2-\beta_2(1-f_1)]$$

在系统方程(3)的平衡点为使 $P(f_1,f_2)$ 和 $Q(f_1,f_2)$ 为零的点(f_{1e},f_{2e}),即

$$P(f_{1e},f_{2e}) = 0 \tag{4}$$
$$Q(f_{1e},f_{2e}) = 0$$

在方程(4)中,f_{1e},f_{2e} 分别代表扩散系统方程(2)的平衡点 T_1、T_2 的扩散率。求解方程(5)得到四个平衡点:$B(0,0)$、$C(0,\beta_2)$、$D(1,1)$、$E(\beta_1,0)$。它们在 f_1-f_2 平面上的位置,如图 10.3 所示。

$$P(f_{1e},f_{2e}) = P(f_1,f_2) = \alpha_1 f_1[1-f_1-\beta_1(1-f_2)] \tag{5}$$
$$Q(f_{1e},f_{2e}) = Q(f_1,f_2) = \alpha_2 f_2[1-f_2-\beta_2(1-f_1)]$$

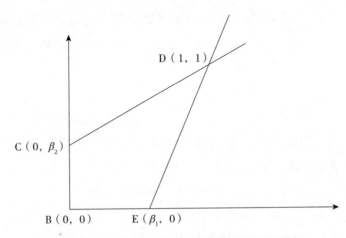

图 10.3　信息技术与工业技术扩散系统稳定点示意图

（2）系统在平衡点的稳定性

信息技术与工业技术扩散系统中平衡点的稳定性用 Lyapounov 方法计算，可用矩阵 A 来判别。

$$A = \begin{bmatrix} P_{f1}(f_{1e}, f_{2e}) & Q_{f1}(f_{1e}, f_{2e}) \\ P_{f2}(f_{1e}, f_{2e}) & Q_{f2}(f_{1e}, f_{2e}) \end{bmatrix}$$

由式中可得：

$$p_{f1}(f_{1e}, f_{2e}) = f\frac{\partial p(f_{1e}, f_{2e})}{\partial f_1} = \alpha_1[1 - 2f_{1e} - \beta_1(1 - f_{2e})]$$

$$P_{f2}(f_{1e}, f_{2e}) = \frac{\partial p(f_{1e}, f_{2e})}{\partial f_2} = \alpha_1\beta_1 f_{1e}$$

$$Q_{f1}(f_{1e}, f_{2e}) = \frac{\partial Q(f_{1e}, f_{2e})}{\partial f_1} = \alpha_2\beta_2 f_{2e}$$

$$Q_{f2}(f_{1e}, f_{2e}) = \frac{\partial Q(f_{1e}, f_{2e})}{\partial f_2} = \alpha_2[1 - 2f_{2e} - \beta_2(1 - f_{1e})]$$

当矩阵 A 的两个特征值都是负数时，系统方程（2）在平衡点（ f_{1e} , f_{2e} ）是渐近稳定的；当两个特征值只有一个为正数时，则平衡点（ f_{1e} , f_{2e} ）就是不稳定的。因此，应考虑在信息技术与工业技术扩散系统中的 B、C、D、E 四个平衡点的稳定性。

对于平衡点 B，将 f_{1e} =0， f_{2e} =0 代入矩阵 A，则得到

$$A = \begin{bmatrix} \alpha_1(1 - \beta_1) & 0 \\ 0 & \alpha_2(1 - \beta_2) \end{bmatrix}$$

可见，矩阵 A 的两个特征值 $\lambda_1 = \alpha_1(1 - \beta_1) > 0$， $\lambda_2 = \alpha_2(1 - \beta_2) > 0$，故系统式在 B 点是不稳定的，则 B 为系统方程（2）的一个源点。

同理可得，C、E 为系统方程（2）的鞍点。

对于平衡点 D，将 f_{1e} =1， f_{2e} =1 代入矩阵 A，则有

$$A = \begin{bmatrix} -\alpha_1 & \alpha_1\beta_1 \\ \alpha_2\beta_2 & -\alpha_2 \end{bmatrix}$$

可见，矩阵 A 的两个特征值 $\lambda_1 = -\alpha_1 < 0$， $\lambda_2 = -\alpha_2 < 0$，故系统方程（2）中，平衡点 D 具有渐进稳定性，而 D 点也成为系统方程的一个汇点。

由于扩散速度大于或者接近于 0，因此，系统方程（2）有着实际的意义，而在 BCDE 围成的封闭区域内，系统式的状态演化，将随时间逐渐趋近于 D 平衡点。图 10.4 为系统演化轨迹示意图。

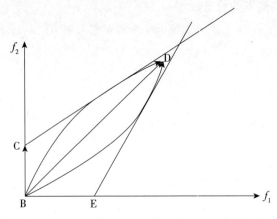

图 10.4　信息技术与工业技术系统演化扩散示意图

信息技术与工业技术融合自信息技术产生之时便已开始,随着信息技术、工业技术不停的发展,信息技术与工业技术之间相互渗透,相互促进,信息技术与工业技术融合水平越来越高。在方程(2)中,β_1,β_2 代表了扩散系统内技术创新的 T_1 和 T_2 间的相互作用强度。α_1 和 α_2 反映了扩散系统对于技术创新 T_1 和 T_2 的投资强度。而工业技术在信息技术与工业技术融合之前产生,即 T_1 扩散滞后于 T_2,根据方程(2),当 $f_1 = 0$ 时,T_2 停留在 $(1- \beta_2)$ 的水平,不能打破自身的循环系统;而当信息技术对于工业技术产生扩散效应时,T_2 的水平就得到了提高。因此,T_2 的扩散过程不是光滑的,而是有一个转折点,这个转折点是由 T_1 和 T_2 间的相互作用关系导致的。

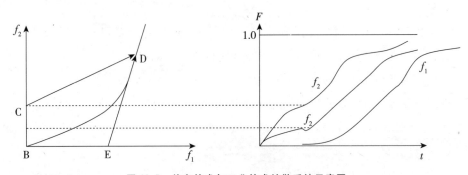

图 10.5　信息技术与工业技术扩散系统示意图

通过以上模型分析可知,在信息化与工业化融合构成的复杂系统中,信息技术与工业技术的融合在过程上接近于一条 Logistics 曲线,并最终无限接近于 D 点。由此可知,在信息技术不发生变革的情况下,工业技术与信息技术融合最终将趋于一种平稳的状态,而这个平稳的状态又将会被信息技术发生的进步所打破,从而开始新一轮的信息化与工业化融合的过程。很明显,信息化与工业化的融合过程受到信息技术和工业技术的双重影响,是信息技术创新、发展并持续扩散形成的自发过程。在这一过程中,信息技术与工业技术之间首先实现内生性融合,再通过技术变革实现对其他生产要素的内生性影响,进而促进企业层面、产业层面和区域及整个宏观层面的变革。在企业层面,信息化与工业化融合主要表现为新技术成果在企业内部扩大应用和影响范围,与企业工业技术形成互动式技术扩散,实现与企业的生产技术、管理技术融合,实现技术再创新;在产业层面,信息化与工业化融合主要表现为产业间的技术扩散,其实质是产业组织模式的创新,包括产业融合、形成产业集群、衍生出新的产业等。信息技术被引入到需求方企业后,需求方企业将打破原有的技术边界、产业边界、业务边界,并形成新的边界,出现产业融合的现象;一些新衍生的产业则是信息技术直接渗入扩散,与传统技术相互融合的结果,如远程教育产业、金融电子化产业、动漫产业、数字产业等。在区域及宏观层面,信息化与工业化融合主要表现为信息技术的高渗透性、高带动性、高创新性促使信息技术在各个产业部门、社会组织中不断扩散,形成由局部到整体、从核心到外围的过程,最终改变了区域内社会的价值模式和经济运行方式。

(三)长期内信息化与工业化融合的机理分析

信息化与工业化融合过程是随着信息技术的更新和进步不断升级的,如图10.6所示。第一阶段信息技术经历了主机时代、PC时代、网络时代和应用技术时代,工业化则伴随着主机时代信息技术的出现实现了第一次技术跨越,企业内部引进消化吸收计算机、大型计算设备的信息处理功能 I_1,主要针对的是需要大型计算功能的生产活动,以提高计算速度和准确性,此时,信息技术对于工业技术 S_1 提升作用不大,但仍将工业技术带到更高的水平 S_2,即为信息化与工业化融合的第一个阶段 M_1;第二阶段,PC时代出现,信息技术、信息设备制造、网络设备、软件技术等主导技术群落 I_2 出现,具体如 ERP、CAM 等生产、管理类软件等,工业生产过程 S_2 迅速引进、吸收、消化信息技术,并在企业以及产业内部创新而改进原有工业化的生产水平,使得工业技术水平再次提升至 S_3,这一阶段为信息化与工业化的第二次融合;第三阶段,信息技术发展为以互联网为基础的信息技术群落 I_3,工业生产过程 S_3 存在引进消化吸收互联网技术、电子商务营销平台的需求以提高工业化过程中经营、销售、服务等水平,在此过程中,企业层面建立以信息技术为基础的营销平台,产业层面建立产业信息服务平台,区域间建立区域服务平台等,两化融合的应用范围进一步扩大,此为 M_3 过程,而工业化水平则被提升至 S_4 阶段;第四阶段,信息技术发展为以新一代信息技术、云计算、物联网为主的信息技术群落 I_4,这时信息化被引入到广泛的社会领域,如打造智慧地球,变革和改变了人们的生活方式和社会运行方式,形成工业化的高级阶段 S_5,此阶段为信息化与工业化融合的第四阶段。从整个工业化与信息化的发展过程来看,工业化内部经历了 S_1、S_2、S_3、S_4、S_5 等连续性阶段,形成较为完整的工业化过程;而信息化与工业化融合也相应地随着信息技术的更新连续地经历了从 T_1 到 T_5 的四个阶段,每个阶段内部都发生新一轮的信息化与工业化融合,每一轮信息化与工业化融合都更上一个层次,带来了工业技术和信息技术的不断进步。

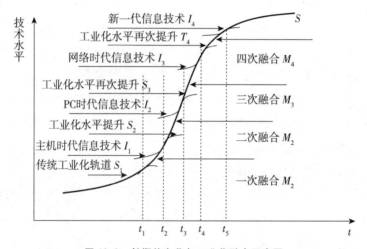

图 10.6 长期信息化与工业化融合示意图

根据此过程,长期工业化阶段可用分段函数 $F(x)$ 来表示,短期工业化用 $f(x)$ 来表示,其持续时间为 $2n\Delta$。而信息化作为工业化的高级形式,其函数形式与工业化是一致的,用 $f(x)$ 来表示,其中:

$$f(x) = \frac{1}{1 + e^{-2(x-n\Delta)}} + nk, n \in [0,1,2,3,\cdots]$$

对 $f(x)$ 进行二阶求导,并令其等于零,可得:

$$f''(x) = \frac{4e^{2(x+n\Delta)}(e^{2n\Delta} - e^{2x})}{(e^{2x} + e^{2n\Delta})^3} = 0$$

由此可知 $f(x)$ 函数中的 $x = n\Delta$ 时,$f(x)$ 存在拐点。

工业化 $S_1(t_0, t_0 + \Delta)$ 的起始时间为 t_0,此时函数的形式为 $f(x)$,直到 $t_0 +$

$\frac{\Delta}{2}$ 时工业化出现拐点,工业化增长速率变小,即信息化 $I\left(t_0+\dfrac{\Delta}{2}, t_0+\dfrac{3\Delta}{2}\right)$ 的初始阶段,这时大型计算机、大型计算设备的信息处理功能被引进企业、产业中以提高企业、产业中的生产活动,促使工业技术轨道向信息技术轨道跨越。当 $t = t_0 + \Delta$ 时,信息化 $I_1\left(t_0+\dfrac{\Delta}{2}, t_0+\dfrac{3\Delta}{2}\right)$ 出现增长拐点,工业化轨道跨升至信息化轨道,工业化 $S_1(t_0, t_0+\Delta)$ 又跃升至 $S_2\left(t_0, t_0+\Delta\dfrac{3\Delta}{2}\right)$,此时,工业化函数形式变为:

$$F(x) = \begin{cases} f(x) & x \in \left[t_0, t_0+\dfrac{\Delta}{2}\right] \\[3mm] \dfrac{k}{\Delta}\left(x-t_0-\dfrac{\Delta}{2}\right)+f\left(t_0+\dfrac{\Delta}{2}\right) & x \in \left[t_0+\dfrac{\Delta}{2}, t_0+\dfrac{3\Delta}{2}\right] \end{cases}$$

当 $t = t_0 + \Delta$ 时,以 PC 等信息技术为主导的信息化 $I_2(t_0+\Delta, t_0+2\Delta)$ 出现,工业化 $S_2\left(t_0, t_0+\dfrac{3\Delta}{2}\right)$ 引进、消化、吸收信息设备制造、网络设备制造、软件技术等主导技术群落,在企业以及产业内部进行生产、管理、设计等方面的创新,工业化轨道再次实现跨越;当 $t = t_0 + \dfrac{3\Delta}{2}$ 时,工业化 $S_2\left(t_0, t_0+\Delta\dfrac{3\Delta}{2}\right)$ 跨越新的信息技术轨道 $I_2\left(t_0+\dfrac{3\Delta}{2}, t_0+2\Delta\right)$,形成 $S_3(t_0, t_0+2\Delta)$,即

$$F(x) = \begin{cases} f(x) & x \in \left[t_0, t_0+\dfrac{\Delta}{2}\right] \\[3mm] \dfrac{k}{\Delta}\left(x-t_0-\dfrac{\Delta}{2}\right)+f\left(t_0+\dfrac{\Delta}{2}\right) & x \in \left[t_0+\dfrac{\Delta}{2}, t_0+\dfrac{3\Delta}{2}\right] \\[3mm] f(x-\Delta)+k & x \in \left[t_0+\dfrac{3\Delta}{2}, t_0+2\Delta\right] \end{cases}$$

依此类推,

$$F(x) = \begin{cases} f(x) & x \in \left[t_0, t_0+\dfrac{\Delta}{2}\right] \\[3mm] \dfrac{k}{\Delta}\left(x-t_0-\dfrac{\Delta}{2}\right)+f\left(t_0+\dfrac{\Delta}{2}\right) & x \in \left[t_0+\dfrac{\Delta}{2}, t_0+\dfrac{3\Delta}{2}\right] \\[3mm] f(x-n\Delta)+nk & x \in \left[t_0+\dfrac{(2n+1)\Delta}{2}, t_0+(n+1)\Delta\right] \\[3mm] \dfrac{k}{\Delta}\left(x-t_0-\dfrac{(2n+1)\Delta}{2}\right)+f\left(t_0+\dfrac{\Delta}{2}\right)+nk & x \in \left[t_0+(n+1)\Delta, t_0+\dfrac{(n+4)\Delta}{2}\right] \end{cases}$$

如图 10.7 所示,物联网、云计算等新一代信息技术成为主导技术,工业化发展轨迹则形成曲线 $S(t_0, t_0+3\Delta)$,即工业化完成了一条从工业化初级阶段向

工业化中高级阶段或者更高级阶段的跨越,整个跨越的过程是信息化与工业化融合的过程,是信息技术不断更新,信息技术不断被引进、消化、吸收和再创新的过程,是工业化与信息化之间平衡关系被破坏又不断达到新平衡的过程,是技术范式与经济范式不断升级和变化的过程,是信息技术成为主导技术群落的过程,是信息技术变革传统工业化时期生产要素而成为关键性生产要素的过程。

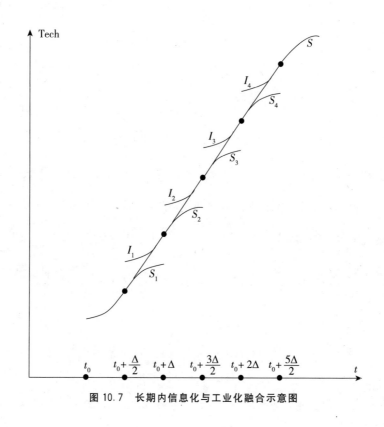

图 10.7　长期内信息化与工业化融合示意图

第三节　基于产业层面的我国信息化与
工业化融合绩效的实证研究

一、相关文献综述

信息技术的发展在全球范围内带来了生产方式、商务管理与经济运行模式的变革。开发投资信息系统,优化企业内部流程、供应链及库存管理,数字化交易及实现产品与服务的客户化等成为影响企业绩效、提升产业竞争力的重要手段。尤其在后金融危机时代新一代信息技术快速发展的背景下,推动信息化与工业化深度融合成为我国产业提升竞争力的关键手段,技术创新发展、智能生产与管理、产业间协调发展已经成为我国信息化与工业化深度融合的新的方向。

为了考察产业层面信息化与工业化融合对于产业绩效的直接影响,可以用信息化投资代替信息化与工业化融合中信息技术的引进水平,进一步代替信息化与工业化融合水平。

有关产业层面信息化绩效的实证研究目前尚不多见,相关研究文献中主要通过行业信息化投资数据,验证信息化投资对于行业生产率有着不同程度的积极影响,选择不同行业进行信息化投资关乎未来经济的发展。Kevin J. Stiroh(2001)借鉴 Domar(1961)年提出的全要素生产率分解模型,将 1987—1995 年、1995—1999 年的 61 个行业数据分别分为 3 组,即生产性 IT 行业、IT 使用行业和独立于 IT 行业的其他工业,结果表明,使用 IT 技术对于行业生产率的提高有不同程度的影响。其中,26 个 IT 行业对于生产率的贡献率为 0.66 个百分点,2 个生产性 IT 行业对于生产率的贡献率为 0.16,其余 33 个行业的贡献率则只有 0.08。显然,IT 技术的普及和使用对于提高生产率有着显著的作用和效果[1]。Theo S. Eicher 和 Oliver Roehn(2007)通过追踪德国、美国的信息化投资的效果,探究德国 1995 年和 2000 年生产效率降低的原因。利用德国 52 个产业的数据回归分析表明,1995 年德国生产率下降是因为对于 ICT 密集行业(如贸易、金融、信息通信技术制造等)投资过多,而这些产业与 ICT 技术的融合对于提高生产率的影响又较小;2000 年后,德国生产率下降的原因与之前有所不同,ICT 密集型产业的积极作用逐渐消失,ICT 资本深化和全要素生产率增长急剧下降。28 个行业显示出负的全要素生产率,较美国相比更有 27 个行业相对落后。Rorbor Inkalaar、Mary O'Mahony 和 Marcel Timmer(2003)也研究了 ICT 与美国、欧洲生产率绩效的关系,并得出与上文基本相似的结论。我国学者汪斌、余冬筠(2004)、王宏伟(2006)分别从信息化对经济增长、经济结构调整影响的宏观视角展开研究;汪淼军等(2007)以企业信息化投资为研究重点;尤其是谢康等(2012)就两化融合的质量问题加以分析,为本节研究行业层面信

① Stiroh, Kevin J. Information technology and the U. S. Productivity Revival: What Do the Industry Data Say? American Economic Review[J], vol. 92, no. 5, pp. 1559—1576.

息化投资问题提供了有益的借鉴。

2009 年,国家实施信息化与工业化深度融合政策以发展电力、电信、交通、银行及制造业等产业,并先后出台发展国家智能电网、3G 业务、智能交通、电子化医疗、银行业 IT 建设及制造业信息化建设等具体措施,未来几年我国仍将在这些行业展开大规模的信息化投资。因此,我国产业信息化投资成功与否与我国信息化与工业化深度融合战略的成功密切相关,从这个角度讲,研究产业信息化投资问题具有重要的政策指导意义。

基于以上考虑,本节利用 2003—2008 年我国 37 个制造业行业数据,运用面板数据模型,实证研究我国信息化与工业化融合对于生产绩效的影响,既有助于探讨我国信息化与工业化深度融合的独特现象,也有助于进一步认识产业层面信息化与工业化融合绩效的影响因素,为制定我国信息化与工业化融合战略提供有价值的经验证据。

二、信息化投资绩效的模型构建

信息化与工业化融合是信息技术消化吸收再创新所形成的时间和空间过程,具有渐进性和阶段性,直接体现为产业或者企业内部信息化投资增强,在微观层面表现为信息技术与生产要素相互作用并影响生产绩效,信息技术在研发设计、生产制造及经营管理等工业活动中模块化的应用与渗透,从而促使管理方式变革、业务流程优化、创新手段提升、生产效率提高;中观层次上则改变产业形态,打破旧有产业边界、重组市场结构、促进产业融合、催生新产业衍生。因此,信息技术引进吸收扩散所带来的信息化与工业化融合促进新的生产力的形成,催生生产方式、组织方式、管理方式、产业形态等方面的创新,并逐渐形成了新的技术范式及生产函数。此外,信息化与工业化融合随着信息技术的变革而不断改变企业的技术边界、组织特征、市场结构等,这些重要因素也反过来影响生产绩效。

信息化与工业化融合表现为企业或者产业以信息化生产及管理设备、软件等形式将信息技术引进、消化、吸收、再创新,并扩散至生产、设计、销售、管理等环节的过程,在此过程中信息技术对生产绩效产生了决定性作用。本章将信息化投资作为信息化与工业化融合的技术形态,也即影响产业绩效的内生变量(Endogenous Variables),并按内生经济增长理论利用生产函数模型分析的方法进行实证分析。考虑到我国处于两化融合过程中,信息化投资主要通过增加信息化硬件设备、软件系统及相应人力资本投资实现,其实质是为完成对于信

息技术的引进、消化、吸收和再创新,故本节将行业信息化投资作为一种技术形态引入到生产函数中,即:

$$Y_{it} = AK_{it}^{\alpha}L_{it}^{\beta}T_{it}^{\delta}IT_{it}^{\gamma}e^{\varepsilon_{it}} \tag{1}$$

其中,Y 是产出;K 和 L 分别是有形资本投入和劳动投入;T 为 R&D 存量投入;IT 为产业内微电子设备控制原价;α 是产出对资本投入的弹性系数;β 是产出对劳动投入的弹性系数;δ 为产出对于原有技术投入的弹性系数;γ 是产出对引进信息技术的弹性系数。

对(1)式两边取对数可得(2)式:

$$y_{it} = a + \lambda t + \alpha k_{it} + \beta l_{it} + \delta t_{it} + \gamma it_{it} + \varepsilon_{it} \tag{2}$$

其中,$y=\log(Y)$,$k=\log(K)$,$l=\mathrm{Log}(L)$,$t=\mathrm{Log}(T)$,$it=\log(IT)$,a 为常数项,ε_{it} 为误差项。

考虑到现实中产业绩效还受到其他诸多因素的影响,故需在以上模型中加入其他控制变量。Barnet、Mackness(1993),Westhead、Storey 等(1996)曾强调中小企业与大企业在企业信息化资源利用过程中的差异性;汪淼军、张维迎、周黎安(2006)也在研究信息技术、组织变革与生产绩效的关系时,强调大企业和中小企业的信息化互补机制存在显著差异,并发现大企业互补机制比中小企业更为完备。为此,我们使用企业平均规模来衡量不同市场集中度的产业。故在模型中加入控制变量——市场结构水平,用 Struc 表示。模型可设定为:

$$y_{it} = a + \lambda t + \alpha k_{it} + \beta l_{it} + \delta t_{it} + \gamma it_{it} + \phi \mathrm{struc}_{it} + \varepsilon_{it} \tag{3}$$

为了衡量信息化与工业化融合过程中,信息技术与产业内生产要素之间的消化吸收扩散作用,进一步将信息技术分别与资本存量、R&D 和劳动力资本存量两两、作为被解释变量放入方程中:

$$y_{it} = a + \lambda t + \alpha k_{it} + \beta l_{it} + \delta t_{it} + \gamma it_{it} + \phi \mathrm{struc}_{it} + \varphi t_{it} \times it_{it} + \eta l_{it} \times it_{it} + \kappa k_{it} \\ \times it_{it} + \varepsilon_{it} \tag{4}$$

其中,φ 代表信息技术和传统技术之间的交互作用对于产出或生产率的影响;η 表示信息技术与劳动力资本之间交互作用对于产出或生产率的影响;κ 表示信息技术与资本存量发生交互作用对于产出或生产率的影响。Roodman(2006)曾指出,通过动态面板数据的计量方法消除模型估计中的内生性偏误。考虑到模型(4)式中还有 t 与 it 两个内生变量,为防止基本计量模型的设定偏误,本文通过引入变量的滞后项将(4)式扩展为以下动态模型:

$$y_{it} = a + \lambda t + \alpha k_{it-1} + \beta l_{it-1} + \delta t_{it-1} + \gamma it_{it-1} + \phi \mathrm{struc}_{it-1} + \varphi t_{it-1} \times it_{it-1} + \eta l_{it-1} \\ \times it_{it-1} + \kappa k_{it-1} \times it_{it-1} + \varepsilon_{it} \tag{5}$$

模型(5)可简化为：

$$y_{it} = a + \lambda t + \alpha k_{it-1} + \beta l_{it-1} + \delta t_{it-1} + \gamma i t_{it-1} + \phi \text{struc}_{it-1} + \varphi t i t_{it-1} + \eta l i t_{it-1} +$$
$$\kappa k i t_{it-1} + \varepsilon_{it} \tag{6}$$

其中，tit_{it-1} 代表 $t_{it-1} \times it_{it-1}$；$lit_{it-1}$ 代表 $l_{it-1} \times it_{it-1}$；$kit_{it-1}$ 代表 $k_{it-1} \times it_{it-1}$。

三、数据和变量

（一）主要变量设定

这里选取石油天然气开采业、黑色金属采矿业、医药制造业等 37 个细分行业作为研究对象。我们选择 2003—2008 年全国 37 个大中型工业企业的数据，样本数共计 222 个，数据来源于《中国科技统计年鉴》和《中国统计年鉴》。

按照上文对 y、l、k、it、t、struc 的定义，依次选取各细分行业工业总产值、产业内各细分行业全部从业人员平均人数、固定资产总额、微电子控制设备原价占生产经营用设备原价比重、行业 R&D、市场结构水平等作为统计指标。其中，y、k、t 等变量受到环比价格指数的影响，这里以 2003 年为基期，按照各行业价格指数调整，其表达式为基期价格 * 环比价格指数。

1. 资本存量核算

关于资本存量。本节在计算资本存量过程中，主要参考了张军、章元(2003)《对中国资本存量 K 的再估计》及向蓉美、叶樊妮(2011)《永续盘存法核算资本存量的两种途径及其比较》中对资本存量的计算方法，并借鉴后者的核算方法，认为在核算过程中应增加对资产相对效率与重置率、资本租赁价格与资本折旧进行考虑。与他们的计算不同之处在于，我们直接根据年龄—价格函数测算资本存量净额而替代了计算折旧函数，从而解决了部分几何折旧不彻底所带来的影响。本节运用资本存量净额的估计结果，并利用所有行业加总的工业总产值和国有控股工业产值的比例，计算分行业国有控股资本存量总额，并利用各行业固定资本存量净额比例计算出各行业的资本存量总额，最后利用工业品出厂价格指数转化成不变价格资本存量净额。

乔根森根据资本租赁价格概念，对资本折旧的经济意义进行重新的定义，并创造了资本投入的数量—价格对偶计算体系，即在竞争均衡的条件下，资本品的当期购置价格等于它未来所有期望租赁收入的折现之和：

$$P(t) = \sum_{\tau=0}^{\infty} d(\tau) \overset{\tau+1}{\underset{s=1}{\pi}} \frac{1}{1+r(t+s)} P_k(t+\tau+1) \tag{7}$$

其中，$P(t)$ 表示 t 期资产价格，$P_k(t)$ 表示 t 期资产的租赁价格，而 $d(\tau)$ 表

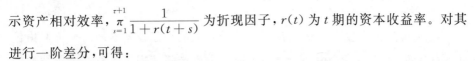

示资产相对效率,$\prod\limits_{s=1}^{\tau+1}\dfrac{1}{1+r(t+s)}$ 为折现因子,$r(t)$ 为 t 期的资本收益率。对其进行一阶差分,可得:

$$P(t) - [1+.r(t)]P(t-1) = -P_k(t) - \sum_{\tau=1}^{\infty}[d(\tau) - d(\tau-1)]\prod_{s=1}^{\tau+1}$$

$$\frac{1}{1+r(t+s)}P_k(t+\tau) \qquad (8)$$

若以 $P_D(t)$ 表示折旧,根据相对效率与死亡率的关系有:

$$P_D(t) = \sum_{\tau=0}^{\infty}m(\tau)\pi\frac{1}{1+r(t+s)}P_k(t+\tau) \qquad (9)$$

在此基础上假设平均折旧率为 $\overline{\delta_D}(t)$,则折旧可以表示为:

$$\overline{\delta_D}(t) = \frac{\sum\limits_{\tau=0}^{\infty}m(\tau)\pi\dfrac{1}{1+r(t+s)}P_k(t+\tau)}{\sum\limits_{\tau=0}^{\infty}d(\tau)\pi\dfrac{1}{1+r(t+s)}P_k(t+\tau)} \qquad (10)$$

而几何相对效率模式下若效率损失为 δ ,则可证明:$P_D(t) = \delta P(t)$ 。即此时平均折旧率、平均重置率、相对效率损失率相等,几何相对效率模式保持了效率重置与价值折旧之间的一致性。因此,资本存量净额可以在取得几何双曲线模式的资产年龄价格函数以及历年固定资本形成数据的基础上估算而来,$NK(t)$ 为资本存量净额,$AP(t)$ 为资产的年龄—价格函数,$I(t-\tau)$ 为历年固定资本

$$NK(t) = \sum_{\tau=0}^{\infty}AP(\tau)I(t-\tau)$$

2. 其他变量选取

劳动投入。这里选取全部从业人员平均数来替代劳动投入。

工业技术。这里采取 R&D 存量替代企业生产过程中工业技术的发展和应用水平,并利用企业总值和分行业国有控股工业总产值比例计算出各行业资本存量总额,并利用工业品出厂价格指数转化成不变价格测度资本存量净额。

信息化投资。根据美国 IDG(International Data Group)关于企业信息化资本的调查方式,企业的信息化资本数据来自企业信息化主管经理对于企业信息化设备每年的价值以及相应投资的估计,主要包括中央处理器、个人计算机和终端附属设备等计算机硬件,路由器、集线器、广域网和局域网设备、交换机、电话等通信设备等[1]。信息化投资即为信息化所引入信息技术的投资,即拥有

---

[1] 汪淼军、张维迎和周黎安:《企业化投资的绩效及其影响因素:基于浙江企业的经验证据》,《中国社会科学》2007 年第 6 期。

和利用的微电子技术对生产过程进行控制、观察、测量等机器设备的原价。因此,信息化投资水平实质代表的是所引入至企业的信息技术形态。为了避免价格重复计算,本文采用微电子控制设备原价占生产经营用设备原价比重替代信息技术水平。[①]

企业平均规模。本节参考徐盈之(2009)等提出的方法[②],验证信息技术内生化条件下,行业内企业平均规模对于生产绩效的影响。具体计算公式为:行业 i 的企业平均规模=行业 i 的总产值/行业 i 的企业总数目。

(二)简单统计分析

行业样本数量为 222 个,分行业产值的均值为 19591504 万元,资本存量均值为 89132469 万元,从业人数均值达到 463794 人,信息化投入比例均值为 0.13,工业化水平即 R&D 投入量均值为 126458 万元,而企业平均规模为 76441 万元。表 10.2 对上述变量进行了简单的统计描述。2003—2007 年产业生产产值、资本存量、劳动及工业技术水平等呈现明显的上升趋势;2003—2007 年信息技术投入与平均产业规模等呈现明显的上升趋势而 2008 年分别出现拐点。此外,2003—2007 年战略性新兴产业均高于传统行业信息化投入水平,即战略性新兴产业具备信息技术投入含量高的属性;此外,2003—2008 年传统技术的 R&D 投入水平,战略性新兴产业也高于传统产业,这也与战略性新兴产业的高技术性特点基本相符。

表 10.2 主要变量的统计描述(均值:2001—2007 年)

	2003 年	2004 年	2005 年	2006 年	2007 年	2008 年
Y(万元)	10697217	17720059	17228830	20062297	22946751	28893872.55
K(万元)	85210262	77668069	81547366	85073756	90751506	114543852.9
L(人)	423381.2	533368.2	420126.5	496855.1	408976.4	500058.5676
T(万元)	79672.01	113821.8	112125.2	128513.4	147658.6	177120.4572
IT	0.102801	0.108553	0.12332	0.158579	0.156705	0.135137467
Struc(万元)	34921.85	32046.91	92640.31	116901.9	116295.2	64881.26755

注:由作者根据原始数据计算而得。

---

① 根据美国 IDG(International Data Group)关于企业信息化资本的调查方式,信息化资本数据包括企业信息化设备的价值及相应投资的估计。根据《中国科技统计年鉴》统计指标,产业信息化包括信息化硬件和软件。

② 徐盈之、孙剑:《信息产业与制造业的融合》,《中国工业经济》2009 年第 6 期。

四、主要分析结论

(一)产业信息化绩效分析

由表10.3估计结果可知,(6)式的 OLS 估计、Within 估计及系统 GMM 估计结果存在较大的差异。考虑变量 t_{it-1} 和 it_{it-1} 与残差项滞后一期值 ε_{it-1} 相关所引致的内生性问题(即残差项的自相关问题),这里放弃对 OLS、Within 模型的解释,直接对 GMM 模型进行分析。

在 GMM 模型估计结果中,kit、lit、tit 三个交叉项均显著为正,这表明信息技术与资本存量、劳动、工业技术之间存在着正向的影响关系,并通过生产要素之间的相互作用提高行业生产绩效。此外,在 GMM 模型分层次进行的估计中,it_{it-1} 的估计系数基本为负,但并不能因此确定信息化投入对于产业成长有抑制作用。因为信息化投入对于生产绩效的影响一方面来自信息化投资对于生产绩效的拉动作用;另一方面则通过对信息技术引进消化吸收并提升原有的生产要素结构和效率从而提升生产绩效。

为进一步具体考察信息化投资对于生产绩效的作用机制,我们将利用行业信息化边际生产率考察信息化投资对于行业生产绩效的作用机制,分别对表10.3中的计量结果对 it 进行求导,得到:

$$MP_1 = \partial y_{it}/\partial it_{it-1} = -0.523 + 0.033 \times k_{it-1} \tag{11}$$

$$MP_2 = \partial y_{it}/\partial it_{it-1} = -0.486 + 0.042 \times l_{it-1} \tag{12}$$

$$MP_3 = \partial y_{it}/\partial it_{it-1} = -0.184 + 0.024 \times t_{it-1} \tag{13}$$

可见,信息化投资的边际生产率存在拐点,即信息技术对产业绩效的影响可能存在着拐点,而这拐点的位置恰与资本存量、劳动和工业技术密切相关。当 $\partial y_{it}/\partial it_{it-1} = 0$,即 $k_{it-1} = 15.84(K = 115210895.5$ 万元),$l_{it-1} = 11.57(L = 732393$ 人),$t_{it-1} = 7.67(T = 246127.7$ 万元)时,信息化投资与生产绩效维持在同一水平增长;当 $\partial y_{it}/\partial it_{it-1} > 0$ 时,即当 $K > 115210895.5$ 万元,$L > 732393$ 人,$T > 246127.7$ 万元时,信息化投资将带来生产绩效的提高;当 $\partial y_{it}/\partial it_{it-1} < 0$ 时,$K < 115210895.5$ 万元,$L < 732393$ 人,$T < 246127.7$ 万元时,信息化投资对于提高生产绩效存在一定的抑制作用。

以2008年所有行业资本存量、劳动投入和信息化投资的平均数据(见表6.1)来看,目前我国企业的平均规模还不足以支持信息化投资来提高我国生产绩效。而就行业数据来看,化学原料及化学制品制造业、有色金属冶炼及压延加工制造业、交通运输设备制造业及电力、热力的生产和供应等行业规模均已超

表 10.3　主要计量结果

	(1)			(2)			(3)		
	OLS	WITHIN	SYS-GMM	OLS	WITHIN	SYS-GMM	OLS	WITHIN	SYS-GMM
L. lny	0.560*** (8.40)	0.028 (1.06)	0.568*** (4.61)	0.575*** (8.66)	0.026 (1.01)	0.546*** (4.37)	0.547*** (8.21)	0.029 (1.07)	0.464*** (4.18)
k_{it-1}	0.226*** (2.69)	0.072 (1.06)	0.223*** (2.91)	0.160*** (2.66)	0.062 (0.91)	0.091* (1.72)	0.189*** (3.03)	0.061 (0.89)	0.161** (2.47)
l_{it-1}	0.089 (1.33)	0.301*** (3.38)	0.255*** (3.26)	0.101 (1.29)	0.315*** (3.23)	0.377*** (3.05)	0.081 (1.24)	0.299*** (3.46)	0.204** (2.52)
t_{it-1}	0.196*** (4.53)	0.637*** (5.59)	0.018 (0.40)	0.198*** (4.54)	0.633*** (5.43)	0.031 (0.75)	0.288*** (4.70)	0.675*** (6.80)	0.318*** (5.07)
it_{it-1}	−0.219 (−1.32)	−0.035 (−0.40)	−0.509*** (−2.97)	−0.084 (−0.62)	−0.029 (−0.43)	−0.432** (−2.46)	−0.184** (−2.13)	−0.050 (−1.08)	−0.396*** (−3.47)
$struc_{it-1}$	0.015 (0.57)	0.128*** (3.39)	0.164*** (3.19)	0.012 (0.45)	0.128*** (3.36)	0.168*** (2.95)	0.019 (0.67)	0.129*** (3.55)	0.172*** (3.21)
kit_{it-1}	0.193 (1.17)	−0.048 (0.59)	0.543*** (3.05)						
lit_{it-1}				0.055 (0.41)	0.042 (0.65)	0.461** (2.56)			
tit_{it-1}							0.141* (1.90)	0.057 (1.46)	0.367*** (3.74)
obs	222	222	222	222	222	222	222	222	222
adj − R^2	0.969	0.917		0.969	0.917		0.969	0.918	
Hansen[1]			1.000			1.000			1.000
AR(1)[2]			0.002			0.001			0.002
AR(2)[3]			0.072			0.065			0.031

注：估计系数下方括号内数值为对应估计的标准差。***、**、* 分别代表 1%、5%、10% 的显著水平。[1] 为 Hansen 工具变量有效性检验的伴随概率值，该检验的原假设是"工具变量是有效的"。

过拐点,因而信息化投资对于生产绩效的提高作用较为显著,即在该类行业内通过信息化投资引进的信息技术已经通过信息化投资的带动作用,以及信息技术与资本存量、劳动和工业技术等生产要素发生交互作用而提高行业的生产绩效;其余产业或存在资本存量超过拐点,或存在工业技术投入超过拐点,但总体上看,信息化投资还不足以提高该类行业的生产绩效。由此可见,在信息化与工业化融合过程中,行业中企业平均规模与信息化投资对于生产绩效的影响存在着显著的正向关系,即行业中企业平均规模越大,信息化投资对于产业绩效的作用程度越高。

(二)战略性新兴产业与传统产业两化融合状况对比

为了评估不同产业信息化投资对生产绩效的影响,笔者将信息化与工业化融合的产业分为传统产业和战略性新兴产业[①],其中传统产业包括食品加工等22个行业,战略性新兴产业包含通讯设备制造等15个行业[②]。为了增强说服性,为与信息化投资绩效分析采取模型一致,仍为 SYS-GMM 估计,选择"一步法"。为了更好地研究信息化投资在传统产业与战略性新兴产业中的作用,仍以(6)式作为估计模型。估计结果如表10.4所示。

按照式(11)、式(12)、式(13)中的计算方法,在 GMM 模型估计结果中,战略性新兴产业与传统产业中信息技术与资本存量、劳动及工业技术之间的相互关系与生产绩效之间存在着显著关系且均存在拐点,战略性新兴产业中资本存量、劳动投入、工业技术分别为 166192606 万元、850262 万元、391686 万元,传统产业则分别为 69399649 万元、455152 万元、64189 万元。

第一,战略性新兴产业规模效应的拐点较高,传统产业的拐点较低,即在信息化投资对于生产绩效的影响上战略性新兴产业比传统产业更要求具备较大

---

① 战略性新兴产业包含节能环保、新一代信息技术、生物、高端装备制造业、新能源、新材料和新能源汽车等产业。战略性新兴产业不是凭空而为,主要是依赖传统产业的技术积累、制造能力、产业组织,从而实现产业技术的跃升、新产业的衍生,例如新材料产业中"功能性材料"、"结构性材料"都离不开"有色金融"、"石油化工"、"钢材"等产业。

② 15个行业主要包括石油化工、炼焦及核燃料加工业、化学原料及化学制品制造业、医药制造业、化学纤维制造业、橡胶制造业、塑料制品业、黑色金属冶炼及压延加工业、有色金融冶炼及压延加工业、金属制品业、通用设备制造业、专用设备制造业、交通运输设备制造业、通信设备、计算机及其他电子设备制造业、仪器仪表及文化、办公用机械制造业、电力及热力的生产和供应业等15个与战略性新兴产业关系较为密切的产业作为替代战略性新兴产业的行业,分别替代新一代信息技术、新材料、新能源、新能源汽车、生物、节能环保等7个战略性新兴产业,其余22个产业作为传统产业。

规模。可能的原因是传统产业本身规模较小,相应的信息化投资多以管理类、电子商务类等为主,这类信息技术对于产业规模的要求较低;而战略性新兴产业相对规模较大,信息化投资所带来的信息技术多以生产类、研发类、管理类等为主,因此也要求战略性新兴产业的劳动投入、资本存量、工业技术等生产要素与信息化投资相匹配。此外,在传统产业及战略性新兴产业中有着共同特点,行业规模较大、平均企业产值较大的行业引进消化吸收信息技术更容易提高生产绩效。

表 10.4 战略性新兴产业与传统产业信息化与工业化融合对比

	SYS-GMM					
	战略性新兴产业			传统产业		
	(1)	(2)	(3)	(1)	(2)	(3)
$L.\,lny$	0.813***	0.873***	0.832***	0.356*	0.681***	0.542***
	(3.31)	(4.24)	(3.84)	(1.76)	(3.68)	(3.12)
k_{it-1}	−0.197	0.148	0.205	0.710***	0.138	0.159**
	(−0.98)	(1.00)	(1.30)	(2.63)	(1.23)	(2.57)
l_{it-1}	0.263	0.497**	0.333***	0.449**	0.607**	0.215**
	(1.66)	(2.54)	(2.91)	(2.07)	(2.57)	(2.47)
t_{it-1}	0.127	−0.095	0.174	0.250	0.070	0.395***
	(1.08)	(−1.18)	(1.01)	(1.39)	(0.61)	(4.15)
it_{it-1}	1.201**	−0.287	−0.559	−1.606**	−0.601	−0.424***
	(2.58)	(−1.65)	(−1.59)	(−2.36)	(−1.51)	(−4.09)
$struc_{it-1}$	0.124	0.144*	0.140*	0.405***	0.346***	0.214***
	(1.04)	(1.84)	(1.79)	(3.71)	(3.53)	(3.87)
kit_{it-1}	−1.455**			1.646**		
	(−2.52)			(2.37)		
lit_{it-1}		0.390*			0.673*	
		(1.73)			(1.69)	
tit_{it-1}			0.631*			0.409***
			(1.75)			(4.06)
obs	90	90	90	132	132	132
Hansen[1]	1.000	1.000	1.000	1.000	1.000	1.000
$AR(1)$[2]	0.030	0.040	0.061	0.010	0.003	0.002
$AR(2)$[3]	0.582	0.975	0.947	0.358	0.185	0.062

注:估计系数下方括号内数值为对应估计的标准差。***、**、*分别代表1%、5%、10%的显著水平。(1)为 Hansen 工具变量有效性检验的伴随概率值,该检验的原假设是"工具变量是有效的"。

第二,与传统产业不同,在战略性新兴产业的 GMM 估计中,交叉项 tit、lit 在估计中显著为正,交叉项 kit 显著为负,而 it 系数显著为正。虽然不影响拐点,但说明信息化投资、信息技术与人力资本、工业技术之间的相互作用对提高生产绩效有着显著的作用。可能的原因是战略性新兴产业与传统产业不同,多是知识密集型产业,信息化投资带来的信息技术更容易提升该类产业的劳动者素质、工业技术水平,从而提高生产绩效;另外,我国战略性新兴产业处于起步阶段,行业内生产设备、管理水平、信息化程度较高,而产业技术本身所需投入较大,信息化投资可能挤占了产业其他的投资需求,从而使得信息化投入与资本存量相互作用对生产绩效形成负向相关关系。

这一结论给予我们启示是,我国战略性新兴产业发展处于初始阶段,信息化投资可侧重于提高行业内劳动力对于信息技术的应用水平,并侧重行业内部已具备信息技术的企业或者部门推进对于生产、设计、管理、营销等信息技术的综合集成、协同设计,以最大限度地促进信息化投资在行业内部的应用。从这个角度说,战略性新兴产业的信息化投资方向更应侧重于协调发展、统筹发展,推进信息化与工业化深度融合。

(三)扩展性分析

信息化投资过程实质为信息技术引进、消化、吸收和再创新的过程,因此,信息化投资对于生产绩效的影响与信息技术在行业内的应用状况直接相关。如图 10.8 所示,信息化投资对生产绩效的影响近似 U 型曲线。信息化投资由 t_1 时刻开始引进,由于投资成本较大,且其他生产要素对于信息技术处于吸收阶段,信息化投资成本大于收益而使得生产绩效降低;t_2 时刻信息技术完成引进、消化、吸收过程,信息技术边际增长达到最大化,并逐渐实现信息技术对于其他生产要素的提升与创新,信息化投资成本小于收益使得生产绩效提高;直到 t_3 时刻,信息化投资对于技术和生产绩效的影响完成。由此可见,信息技术在行业内部消化吸收与再创新的临界点成为 U 型曲线的最低点,而决定该临界点的关键为资本存量、劳动投入、工业技术与信息技术之间的相互作用关系,即加入信息技术要素后,技术范式的调整与生产要素的配置。具体分析如下:

第一个阶段,处于拐点以前,资本存量、劳动投入、工业技术水平规模不足,信息化投入不能提高生产绩效。一方面,信息技术处于引进、消化、吸收阶段,资本存量、劳动投入、工业技术等生产要素规模偏小而不能达到较好的引进消化吸收效果;另一方面,信息化投资一定程度挤占了资本存量、劳动、工业技术研发投资,或是信息化投资效率低于其他资本投资效率。即行业内部劳动投入较少,对于信息技术的"干中学"、模仿等活动的传导机制不顺畅,人力资本、工业技术、工业设备等没有形成对于信息技术的消化与吸收。

第二阶段,拐点后,信息化投资提高了生产绩效。资本存量、劳动投入、工

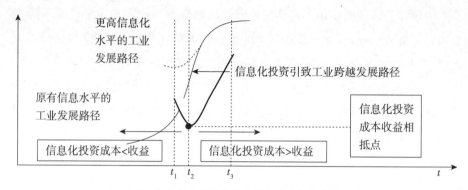

图 10.8　信息技术发展与两化融合对生产绩效的影响

业技术水平达到一定的规模,信息化投资引致的信息技术得以吸收并实现创新,主要表现为信息技术模块化生产、增加产品附加值、延长产业链条、提高产业的管理效率等以提升企业生产绩效及其水平;劳动力吸收信息技术的效果开始显现,并实现应用于生产、设计、管理、营销等环节,提高了生产绩效水平;此外,对于技术改造、技术研发、技术创新等投入量充足,为信息技术再创新提供了良好基础,具体体现为 CRM、CAM 等提升行业内生产与设计效率;ERP、电子商务平台等缩小沟通、协调和交易成本。

由此可见,信息化投资与生产绩效之间存在着 U 型曲线的关系,该曲线的最低点为信息技术在行业层面达到技术边际增长最大点,实现信息技术的再创新,而行业内部生产力要素与信息技术之间的相互作用是信息化投资的实现机制,资本存量、劳动投入与工业技术等生产要素规模需要足够大,才能与信息化投入形成匹配机制。这一结论可用来解释现阶段我国信息化与工业化融合过程中信息化投资出现的"生产力悖论"问题,即信息化投入对于部分产业生产绩效影响不大甚至出现抑制作用,主要原因是目前我国部分产业发展基础较为薄弱,工业技术水平低、劳动投入低,这些都成为制约信息化投资和提高生产绩效的重要因素。

长期来看,信息化与工业化融合是工业技术随着信息技术不断进步而实现的技术跨越过程,每一个技术跨越过程,信息化投资都与生产绩效之间存在着 U 型曲线的关系。如图 10.9 所示,长期内信息化投资对于生产绩效的影响呈现 P 型曲线,或者说,信息化投资对于生产绩效的长期影响整体上呈现 S 型关系,但每个信息化与工业化融合的周期内均存在拐点,即出现生产绩效先降低、再升高的局面。值得指出的是,在信息技术交替过程中,生产绩效为前一种信息技术引入对于生产绩效的影响与后一种信息技术引入对生产绩效影响的叠加效果,以至于使得生产绩效在较长期范围内有所下降,同样呈现出 U 型曲线的特征。值得注意的是,信息化与工业化融合的过程始终为工业化升级和跨越的过程,信息化投资不是影响生产绩效的唯一因素,信息化投资、劳动力、资本、工业技术等生产要素的合理配置、规模不断变大才是提升产业生产绩效的关键因素,这也恰恰证实了信息技术应用最终改变的是信息技术主导群落、信息技术范式、生产绩效及经济增长方式这一过程。这些结论验证了上文中我们的分析结论,即信息化资本、劳动力、资本存量、工业技术等生产要素要达到一定规模、达到一定的配置结构,信息化投资对于生产绩效的影响才为正,即信息化投资对于生产绩效的影响存在特定的拐点。

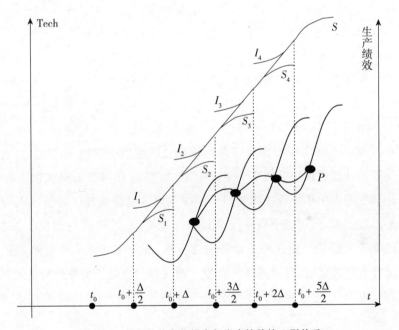

图 10.9 长期的信息化投资与生产绩效的 S 型关系

通过以上模型分析主要得出以下基本结论:信息化投资对于生产绩效的影响为 U 型曲线;信息化投资对于生产绩效的影响取决于信息技术引进、消化、吸收和再创新水平,进而取决于信息技术与生产要素相互作用,取决于资本存量、劳动投入、工业技术与信息技术的规模与质量;传统产业与战略性新兴产业这两个不同性质的行业间信息化投资对于生产绩效的影响存在明显差别。

第四节　我国信息化与工业化融合的现状及推进思路

一、"十一五"以来我国"两化"融合取得的进展与存在的问题

"十一五"以来我国"两化"融合取得的主要进展是：第一，工业企业信息化整体水平大幅提升。钢铁、石化、航空、电子等行业涌现出一批关键业务系统实现综合集成应用的本土企业，部分企业的业务集成、管控衔接、产销一体化水平已居全球领先地位。装备、船舶、汽车、家电、有色、纺织等行业骨干企业在研发设计、生产工艺、经营管理等环节的单项应用已比较成熟，关键业务信息系统集成应用开始全面起步。第二，支撑"两化"融合的信息技术装备和服务能力显著增强。"核高基"（核心电子器件、高端通用芯片及基础软件产品）、极大规模集成电路制造设备及成套工艺、新一代宽带无线通信、高档数控设备和装备等一大批重大科技专项部署实施，支持了汽车电子、电力电子、数控机床、研发设计工具、生产执行系统、大型管理软件的研发和产业化。第三，中小企业信息化服务体系不断完善。各地围绕服务中小企业集群建设，建立和完善各类信息化服务体系。超过 300 家中小企业信息化辅导站已覆盖全国地级市，全国 45 个城市建立了信息化管理提升服务中心，"一站式"信息化服务新模式初步形成，网络联保贷款等为中小企业提供"微贷"的融资模式纷纷涌现。第四，电子商务发展迅速。近年来，我国电子商务交易规模快速扩张，2010 年全国电子商务交易额超过 4.5 万亿元。企业电子商务快速发展，成为工业企业购销的重要渠道，以及整合客户、供应商资源的重要手段。涌现出一批电子商务交易额超过 2000 亿元的行业电子商务交易平台，中小企业网上交易和网络营销的利用率达到 42.1%。

从企业层面看，"两化"融合的实施已覆盖了经营管理、研发工艺、装备制造及生产流程、产品生产、电子商务、协同集成等领域，形成了以应用系统建设、信息技术引进吸收为主流的过程。从区域层面看，珠江三角洲地区、上海、重庆、南京、青岛、广州、唐山、呼包鄂乌地区作为国家级信息化与工业化融合示范区，在信息技术应用、"两化"融合重大项目工程建设、"两化"融合工作机制制定等方面发挥了较好的示范效应。从行业层面看，我国主要以第二产业推进"两化"融合为主，主要行业包括石油化工、钢铁、有色金属等原材料行业，以及机械、汽车、船舶等装备制造工业，初步实现了主要依靠增加矿产资源消耗向主要提高

资源利用效率、技术进步和管理创新的转变,实现了从传统图纸到数字化设计和产业链的协同研发,实现了从单一产品制造到对信息技术深度吸收、集成应用的转变,部分企业实现从制造业向产品增值服务的转变。

现阶段我国"两化"融合存在的主要问题及制约因素有:第一,不同行业"两化"融合水平差距较大,总体水平偏低。国家工信部 2010 年组织完成了对钢铁、化肥、重型机械、轿车、造纸、棉纺织、肉制品加工等 7 个重点行业 367 家企业信息化与工业化融合发展水平评估结果:截至 2010 年上半年,中国企业"两化"融合整体上仍处于以局部应用为主的阶段,不同行业融合水平差异较大。24.5% 的评估企业处于起步阶段,重点关注信息化基础设施建设;43% 的评估企业处于信息化局部覆盖阶段,只注重单项业务,而协同集成基本尚未开展;22.2% 的评估企业处于集成阶段初期或向集成阶段过渡;只有 10.3% 的企业处于深度创新阶段。其中,钢铁和轿车行业开展集成性应用较为普遍,重型机械和棉纺织行业总体处于由局部覆盖向集成过渡阶段,化肥、造纸和肉制品加工行业基本处于局部覆盖阶段。

第二,技术支撑能力不强,特别是自主创新能力较弱。一是电子信息技术领域创新能力不足。从我国信息技术领域发明专利申请比例来看,国外各技术领域的发明专利申请比例平均高达 99%,远远高于我国 43.49% 的平均水平。在高端芯片、核心软件、关键元器件以及专用设备、仪器仪表等领域,绝大部分知识产权和技术标准由国外企业掌控。一些核心技术、产品和装备依赖进口,并直接移植到我国工业企业,企业消化和吸收新的产品和技术的能力差。二是软件技术发展落后。软件技术是信息化与工业化融合的载体,设备融合、产品融合、工业流程融合、管理方式融合、经营方式融合等都以软件技术为基础,并由此催生出软件产业。基础软件开发能力薄弱,尤其是对多核 CPU、高效能计算机的操作系统的开发;嵌入式软件、软件硬件结合能力差,直接导致制造业等与信息业融合较慢。软件服务业发展滞后,不能够通过提供全面的信息技术解决方案对业务流程进行重组、再造和优化,解决制约不同产业领域以及不同发展阶段所面临的特定问题,也造成了电子商务、网络金融、网络教育、移动互联网增值服务等新兴产业发展受阻,从而阻碍了"两化"融合。

第三,信息产业总体水平偏低。微电子作为信息技术产业的基础,是实现"两化"融合的关键。我国微电子技术相对落后,其中高端设计技术、管件制造设备和新材料成为限制"两化"融合的三大瓶颈,高端设计技术尤其是集成电路设计是薄弱环节。目前,我国集成电路产业国内市场自给率始终未能突破

10％,国内 IC 设计全部收入不到世界 IC 设计营业额的 3％,只为台湾地区 IC 设计业的 1/10。以操作系统、数据库、中间件等为代表的基础软件是信息产业的核心,长期以来,这一领域被微软、甲骨文、IBM 等跨国公司垄断。

第四,行业结构和信息化发展模式不合理。目前我国行业结构相对分散,企业网络性、集群性发展较差,企业规模总体偏小,分散竞争严重,限制了企业的信息化改造和网络化发展。在信息化发展模式方面,目前我国的信息化还存在重硬件轻软件的现象。在发达国家,用户硬件、软件、服务的采购比例一般是各占 1/3,而目前我国 IT(信息技术)用户进行采购,基本上 70％是硬件,20％是软件,10％是服务,对软件和服务的重视明显不够。

第五,“两化”融合的体制机制尚未理顺。在政府层面,2008 年 3 月,国务院机构改革,撤销了国务院信息化工作办公室,成立了工业和信息化部。促进工业化与信息化融合发展是此次机构改革的一个重要目标。但目前看来,工信部在推进“两化”融合发展方面仍存在诸多体制机制障碍。一方面,“两化”融合涉及技术研发、产业化、资金扶持、标准制定等多个方面,而工信部作为国务院一个职能部门,进行跨部门协调困难较大;另一方面,在政府主管部门、行业协会、信息企业、工业企业几大主体之间,还没有形成高效的分工协作关系。在行业层面,目前缺乏完备的工业企业“两化”融合评估体系和行业评估规范,工业企业还难以根据“两化”融合评估结果对自身“两化”融合发展阶段、融合方式的有效性等进行准确判断。

在企业层面,工业企业内部缺少专门负责推进“两化”融合的部门和主管领导,如根据中国钢铁工业协会提供的数据,目前在 56 家重点钢铁企业中,公司级领导中专职主管信息化的总经理仅有 6 位占 11％。此外,工业企业内部、企业之间、行业之间的“信息孤岛”现象较严重,数据及流程的集成性较低,系统的查询、监控及决策能力较差。

另外,“两化”融合的政策体系(技术融合、人才培养、信息化应用以及配套的财税金融政策等)不完善;社会公众信息化意识缺乏等。

二、推进我国“两化”深度融合的有利条件

现阶段,促进我国“两化”深度融合存在诸多有利条件,主要包括:第一,“两化”融合的空间进一步扩大。工业领域的信息技术应用仍然是“两化”融合的主战场,推动信息技术在工业领域应用来扩规模、上水平仍然是最重要的客观需求特征。城镇化进程的加速,对城市发展和管理水平提升的要求迅速增强,数

字城市、智慧城市、智能城市的发展方兴未艾,正在塑造新的信息技术需求市场。随着中部崛起、西部大开发战略深入落实,区域市场也在加快扩张。第二,后国际金融危机时代企业对信息技术应用的需求进一步加速上升。随着影响市场环境变化因素增多、劳动力成本上升、人民币升值压力等的发展,企业普遍从危机中体会到,企业发展需要寻求信息化的支撑。企业越来越关注和认同信息化在降本增效、减少风险、经营创新方面的作用,对信息技术应用的需求普遍增强。第三,宏观经济政策对"两化"融合的促进效果开始显现。节能减排政策催生了一批利用信息技术、互联网平台和创新服务模式,为地区、行业、企业节电、节煤、节油、能耗监测、减排、控排提供服务的信息技术服务企业。第四,体现融合发展的领军型企业初步形成,示范和引领作用将进一步显现。经过若干年的努力,各地已形成一批信息技术应用的领先企业,开始走上了融合发展道路。第五,信息化不断深入发展,创新应用不断加速涌现。电子商务服务模式、3G 广泛应用和后 3G 技术研发应用、物联网应用、"三网"融合等技术和应用还在不断发展中,"两化"融合的创新性应用还在不断涌现。信息化的深刻影响和融合发展的新模式正在进一步发展形成之中。

三、进一步推进"两化"深度融合的思路及对策

(一)"两化"融合的主体与基本路径

"两化"融合是一个逐渐推进的发展过程,要分清政府与市场的作用和分工,以免错位。企业是"两化"融合的主体,"两化"融合的深度、广度和速度很大程度上取决于企业的积极性、主动性和创造性,必须最大限度地发挥好市场在资源配置中的基础性作用,充分发挥企业信息技术应用的主观能动性。政府是"两化"融合发展环境的营造者,是法律法规的制定者,是试点示范的推动者。"两化"融合进程需要政府的宏观调控,建立和完善相关的产业政策和资源环境标准,同时又要减少对微观经济活动的直接干预。

"两化"融合的基本路径应是:总体上要以企业为主体,创新机制,搭建平台,完善环境,以点带面,多方联动推动"两化"融合。重点推动信息技术在传统产业改造升级和战略性新兴产业、现代服务业发展中的应用。从单项业务应用向多业务综合集成转变;从单一企业应用向产业链协同应用转变;从局部流程优化向全业务流程再造转变;从传统的生产方式向柔性智能的生产方式转变;从提供单一产品向提供一体化的产品、服务组合转变。

（二）进一步推进"两化"深度融合的对策

第一，提升"两化"融合的支撑能力和服务水平。电子信息产业是支撑"两化"融合发展的"装备部"。信息产业的技术水平和创新能力影响我国"两化"融合的进程、深度和广度。要按照"需求牵引、多业联合、协同攻关、重点突破"的思路，以增强工业电子、工业软件和信息服务能力为重点，着力强化"两化"融合的支撑能力。首先，要大力发展工业电子和软件。一要依托科技重大专项和技术改造，推进信息技术与传统工业技术间协同创新，加快汽车电子、船舶电子、机床电子等产品的开发和产业化。二要大力发展高档数控系统、制造执行系统、工业控制系统、大型管理软件等工业软件，提高国产工业软件、行业应用解决方案的市场竞争力。三要组织开展重点行业工业控制系统安全评估，建立重点产业工业控制系统安全预警和应急机制。其次，要提升工业产品的智能化水平，加快智能制造装备发展。一要以数字化、智能化、网络化自动控制系统和装备为重点，支持关键智能基础共性技术、核心智能测控装置与部件以及重大智能制造集成装备等领域的技术突破，提高制造业重大技术装备自动化成套能力。二要在重点行业推广具有自主知识产权的智能仪表、自动控制系统及关键执行和传动基础零部件，以及大型成套流程型制造装备和离散型制造装备，加快推进智能制造装备产业、技术与应用协同发展。再次，要推动信息化与生产性服务业融合发展，加快生产性服务业的现代化。现代生产性服务业是高端制造产业发展的重要基础和支撑。推动大型工业企业基于供应链管理的电子商务协同应用，推动行业第三方电子商务服务平台向全流程电子商务服务升级。鼓励制造企业与专业物流企业信息系统对接，推进制造业采购、生产、销售等环节物流业务的有序外包，推动行业性、区域性和面向中小企业的物流信息化服务平台发展。

第二，深化信息技术的集成应用，加快企业信息化改造。一要以信息化创新研发设计的手段。信息技术的综合集成是"两化"深度融合的重要标志。要把增强传统制造业自主创新能力作为"两化"深度融合的关键环节。支持研发设计工具与生产经营、企业管理、行业规范的有机融合，支持产业链上下游企业间的协同设计；重点推动机械、汽车、船舶、电子等行业研发设计能力的增强；建立石化、钢铁、有色、建材等行业全流程创新的产品研发体系；提高家电、服装、家具、玩具等行业的个性化设计水平。二要推动生产过程信息技术的集成应用。深化生产过程中信息技术集成应用，是推进柔性制造、网络制造、智能制造、绿色制造等新型生产方式的基础。提高制造业重大技术装备自动化成套能力,支持机械、船舶、汽车、纺织、电子等行业生产设备的数字化、智能化、网络化改造,提高精准制造、极端制造、敏捷制造能力。支持钢铁、石化、有色、建材、纺织、造纸、医药等行业加快普及先进过程控制和制造执行系统,提高大型装备的集成应用水平。三要推进企业管理信息系统的综合集成。要适应产业竞争格局的新变化,推进重点行业骨干企业生产制造、运营管理、采购销售等核心业务系统的综合集成,实现产销一体、管控衔接和集约生产,促进企业组织扁平化、决策科学化和运营一体化。推动产品全生命周期管理、客户关系管理、供应链管理系统的普及和深化,实现产业链上下游企业的信息共享和业务协作。四要推广普及首席信息官(CIO)制度,加强"两化"融合培训。重点完善中央企业首席信息官制度,健全企业信息化领导机构,鼓励各地国有企业监管机构建立信息化评级和考核体系,引导和支持民营企业建立首席信息官制度。加快实施创新人才推进计划、企业经营管理人才素质提升工程、国家中小企业银河培训工程、装备制造和信息领域国家专业技术人才知识更新工程、信息领域高技能领军人才培养工程等。

第三,不断完善推动"两化"深度融合的政策和引导体系。一要加快发展和完善行业信息化服务体系。加快建设一批主体多元化、服务便捷化、机制多样化的地方"两化"融合促进服务中心。组织实施企业信息技术服务业务剥离重组示范工程,提升面向产业链和产业集群的行业信息化解决方案提供能力和水平。通过引导资金、财政贴息、税收优惠等形式,支持面向地方产业集群发展的信息化技术和服务平台建设。二要组织开展典型示范和行业评估工作。鼓励和支持地方树立示范企业,建立信息化与工业化融合试验区;积极推进区域"两化"融合评估工作。

第 十 一 章

中国工业化与城镇化
协调发展研究

工业化与城镇化水平是发展中国家经济发展水平的重要标志。工业化和城镇化之间存在紧密的互动和影响关系,工业化能够有效提升城镇人口的就业和收入水平,解决农村富余劳动力的就业,有利于统筹城乡经济、社会发展,从而对城镇化发展提供强大动力,是城镇化发展的重要基础和前提;而城镇化的发展有利于加快城市公共设施和社会公共服务平台的建设,从而为工业化发展注入发展的活力。"十二五"期间,我国工业化和城镇化将进入快速发展阶段,能否实现二者协调发展,对加快转变经济发展方式、走中国特色新型工业化道路,具有十分重要的影响。

第一节 工业化与城镇化相互作用及耦合关系的理论分析

一、工业化与城镇化的双向带动作用

(一)工业化对城镇化的带动作用

工业化是城镇化的基础和动力,对城镇化具有巨大的推动作用。首先,工业化为城镇化的发展提供了物质基础。工业化水平的提高使得社会生产力极大提高,积累的社会财富迅速增多,从而产生城镇化的巨大需求,并为大规模的城市建设和城镇化发展提供了相应的物质基础和良好的发展条件。工业化为城镇化的发展提供了先进的交通运输设备、现代电力和能源系统、丰富多彩的工业产品,拉动了房地产、城市建设、税收等的迅速发展,为农业部门提供了先

进的机器设备而使农业劳动生产率极大的提高,大量农村剩余劳动力进入现代化部门,工业在城市及城市周围的全面发展推动了城市开发区、工业园区的迅速建立,城镇化速度大幅提高。其次,工业化通过产业结构优化推进城镇化进程。城镇化的过程就是产业结构不断由低级向高级演变的过程。在一个国家主导产业由农业转向工业和现代服务业时,劳动力也随之从农业转移到制造业和服务业,从而使企业和工人聚集到城市中来,以获得要素聚集和人口集中的规模效益,于是便促进了城镇化发展(Davis & Henderson,2003)。工业化能够通过引起劳动力从农村向城市的不断流动来实现城镇化。随着人均收入水平的上升,工业化的发展导致产业结构的转变,带动了城镇化水平的提高。产业结构的状况可以表现为两个方面:一方面是劳动力在不同产业就业中所占的比重,另一方面是不同产业的产值在总产值中所占的比重。随着工业化过程的推进和经济的发展,人均收入水平提高,劳动力会由第一产业向第二和第三产业转移,第一产业在总产值和劳动力就业构成中的占比会显著下降,非农产业的产值占比和就业构成占比会增加。人均国民收入水平越高的国家,农业劳动力在全部劳动力中所占的比重相对来说就越低;反之,人均国民收入水平越低的国家,农业劳动力在全部劳动力中所占的比重相对来说就越高(Colin Clark,1940)。再次,工业化通过技术进步推进城镇化进程。在工业化进程中,技术进步使农业生产率提高,导致农业部门释放出大量的劳动力,正是这部分劳动力转移到城市中的工业和服务业(Murata,2002),人力资本通过影响城市聚集经济的发挥,成为连接技术进步导致的产业结构变化和城镇化发展的桥梁(Black & Henderson,1999),使城镇化得以快速发展。更高的技术水平使制造业对劳动力吸收能力较快下降,导致从农业中转移出来的劳动力会大量地直接向第三产业转移。技术进步在城镇化与产业结构变动之间起到了关键性作用(Moir,1976)。

(二)城镇化对工业化的促进作用

城镇化带来的是人口在产业间的转移和产值比重在产业间的调整,城镇化的发展为工业化的发展提供了广阔的外部环境和丰富的物质资源,从而拉动工业化的发展。首先,城镇化的发展会产生聚集经济效益。聚集经济是由于把生产活动按某种规模聚集在同一地点进行,因而给生产或销售方面带来的利益或造成的节约(Weber,1909)。聚集经济效益不仅可以降低可变成本,还可以降低其固定生产成本和交易成本。企业可以更容易地在城市中找到熟练的技术工人和技术人员,可以方便地共同分担诸如供水、供电、仓储、排污等具有巨大规模经济性的基础设施,可以更容易地从其他厂商那里获得投入和服务支持。其次,城镇化能够带来规模经济效益。城镇化过程中的各种要素和资源向城市的转移和集中,为大规模的生产提供了可能。并由此促进分工的深化和专业化水平的提高,进而促进工业化的发展。再次,城镇化能够促进产业结构的优化。城镇化意味着分工和专业化程度的加强,农村向城市转移的人口对于市场要素的需求增强,农产品市场扩大;城市人口消费的农产品需要从农村运到城市,这将促进依托于农业的服务业的发展。城镇化是服务业发展的重要原因,城镇化能够促成一个国家由农业型经济向服务型经济转变(Singclmann,1978),服务业人口和城市人口的比重与城镇化密切相关,城市以及城镇化区域是后工业时期和后现代时期的服务业活动(如金融、IT业、媒体等)发展和分布的焦点地区(Hermelin,2007),城镇化促进了服务业就业人员的增加(Yoshima Araki,1997)。城市和城镇化地区服务业的发展本身就是工业化发展的重要内容。

二、基于系统视角的工业化与城镇化耦合发展关系分析

从系统观点来看,工业化与城镇化的协调发展就是指双方各以对方为约束条件,选择自己的要素,调整自己的结构,改变自己的功能以适应和促进对方发展的过程,是各系统要素不断更新累积,系统结构不断优化,系统功能不断互洽(相容和相激),形成工业化过程、城镇化过程在动态反馈中螺旋式交互上升的状态或过程。工业化与城镇化两子系统,在保持工业化过程内部和城镇化过程内部的协调基础上,二者作为一个有机整体,在发展演化过程中,为了实现各自的目标,相互依存、相互适应、相互促进、共同发展。只有实现二者的协调发展,才能有效推进经济社会的持续协调健康发展。可以说,实现与城镇化协调发展是中国特色新型工业化的重要内容。

在工业化与城镇化耦合协调机制方面,工业化是传统农业经济向现代工业经济转变的过程,工业化引起非农产业产出的上升,大量企业聚集在城市地区,导致城市规模扩大(Mills & Becker,1986);城镇化反映了传统农业社会向现代城市社会的转变,随着城市数量增加、规模扩大,交易成本降低,聚集经济促进生产效率提高,进一步推进工业化的进程(Lucas,1988)。在不同经济发展水平条件下工业化和城镇化的耦合协调状态存在差异。在城镇化的初级和中级阶段,工业化拉动城镇化,是城镇化进程的主要推动力,工业化过程中积累的巨大财富拉动房地产、城市建设等的迅速发展,使城镇化建设进入大规模的扩张阶段,同时工业化还使大量农村剩余劳动力进入现代产业部门,工业推动了城市

开发区、工业园区的迅速建立,城镇化速度大幅提高,农民不断转换为城市人口。在这一阶段,工业化与城镇化往往呈现明显的正相关关系,耦合协调度快速提升。到了城镇化的高级阶段,工业化增长稳定或下降,城镇化率的提高则转为主要由第三产业推动非农就业比重的上升,第三产业成为城镇化发展的主要动力,工业化与城镇化的耦合协调度相对较高。工业化与城镇化之间的相互作用主要是通过产业结构和就业结构的变化来实现的。在工业化和城镇化的互动发展过程中,产业结构的演进遵循着由轻工业到重工业再到第三产业的发展轨迹。只有把作为经济发展过程的工业化与作为社会发展过程的城镇化结合起来,整体推进,使二者协调发展,才能实现经济的持续、健康发展。

三、工业化和城镇化关系的发展趋势

上文已经提到,工业化与城镇化之间的相互作用主要是通过两个方面来实现:产业结构和就业结构的变化。在工业化和城镇化的互动发展过程中,产业结构的演进遵循着由轻工业到重工业再到第三产业的发展轨迹。在工业化发展的初始阶段,由于轻工业以农产品为原材料,并且具有投资少、见效快、吸纳劳动力多等优势,所以大部分国家都起步于轻工业。随着轻工业规模的不断扩大,使得城市对劳动力的需求出现供小于求,同时城乡收入的差异也吸引着农村劳动力大量向轻工业转移,在这种拉力和推力的共同作用下,劳动力由第一产业向第二产业转移,促进了工业化过程中城镇化的发展。轻工业的发展在满足人民最基本的生活需求以后,人民的需求结构便向更高需求层次转变,由原来的衣食需求转向家电等重工业产品需求,使得重工业的迅速发展成为必然,进入重化工业化阶段。随着重化工业进程的推进,装备和技术水平的提高导致工业对劳动力的需求量减少,使其在吸纳劳动力方面的作用大大减弱。对于高收入的发达国家,城镇化水平并没有因为第二产业就业水平的下降而下降,相反却是在不断提高的,这主要归功于第三产业的发展。当重化工业发展到一定阶段之后,企业作为工业化发展的主体,必然会对其自身发展的外部环境和社会服务产生巨大的需求,于是随之而生的生产性服务业获得了广阔的发展空间。同时,由于重化工业的发展提高了人均国民收入水平,提高了人们的生活水平和质量,使得人们的高消费需求大大提高,也会催生服务业的发展。第三产业的发展是工业化发展的客观要求和必然结果,其具有劳动密集型的特点,为劳动力提供了大量的就业机会,从而在工业化不断推进的情况下,非农产业就业的比重仍在不断提高,由此进一步促进了城镇化的发展。因此,在城镇化

的初级和中级阶段,会形成工业化率高于城镇化率的格局,而到了城镇化的高级阶段,则会形成城镇化率高于工业化率的格局。H.钱纳里和 M.塞奎因于 1975 年发表的《发展型式 1950—1970》一书中提出比较城镇化率与工业化率的世界发展模型,该模型通过对上百个国家的数据统计指出工业化与城镇化的关系经历了由紧密到松弛的发展过程:工业化的发展推动了最初的城镇化发展,它通过调整生产的供给结构来满足、适应城镇化发展所需要的各种需求。城镇化一旦受到工业化的初始推动,就会以越来越快于工业化的速度发展,这时工业化的速度开始滞后于城镇化进程。可见,工业化与城镇化在发展初期,工业化会略超前于城镇化,但发展到一定阶段后,城镇化会加速发展,而工业化则开始趋缓。工业化和城镇化关系的这种发展趋势如图 11.1 所示。

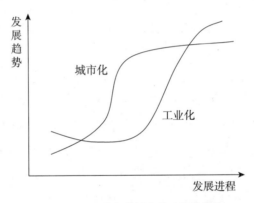

图 11.1 工业化与城镇化关系发展趋势

第二节 中国工业化与城镇化发展关系的历史演变

一、改革开放之前的工业化与城镇化的关系

从新中国成立到改革开放之前,我国计划经济体制下的城市与农村、工业与农业互相隔离,是两个各自循环的系统。这个时期的工业化与城镇化的主观因素比较明显,客观的互动机制没有形成,轻重工业严重失调,广大的农村发展落后,城市与农村的隔离等造成了我国工业化与城镇化协调发展的巨大障碍。在计划经济体制下,我国工业化与城镇化在 1949—1978 年关系的演变趋势如表 11.1 所示。

表 11.1　改革开放以前工业化、城镇化及二者的偏差关系

年份	工业化率	城镇化率	偏差	年份	工业化率	城镇化率	偏差
1949	12.57	10.64	1.93	1964	31.7	18.37	13.33
1950	14.08	11.17	2.91	1965	31.8	17.98	13.82
1951	16.9	11.78	5.12	1966	34.7	17.86	16.84
1952	17.6	12.46	5.14	1967	30.7	17.74	12.96
1953	19.8	13.31	6.49	1968	28.5	17.62	10.88
1954	21.5	13.69	7.81	1969	32.3	17.5	14.8
1955	21	13.48	7.52	1970	36.8	17.38	19.42
1956	21.9	14.62	7.28	1971	38.2	17.26	20.94
1957	25.4	15.39	10.01	1972	39.3	17.13	22.17
1958	31.7	16.25	15.45	1973	39.4	17.2	22.2
1959	37.4	18.41	18.99	1974	38.8	17.16	21.64
1960	39	19.76	19.24	1975	41.5	17.34	24.16
1961	29.7	19.29	10.41	1976	40.9	17.44	23.46
1962	28.3	17.33	10.97	1977	42.9	17.55	25.35
1963	29.6	16.84	12.76	1978	44.3	17.92	26.38

资料来源:转引自蔡美香:《中国工业化与城市化协调发展的制度基础》,硕士学位论文,西北大学经济管理学院,2006 年。

　　根据上表,我们可以进一步得出改革开放以前工业化与城镇化的发展趋势图,如图 11.2 所示。

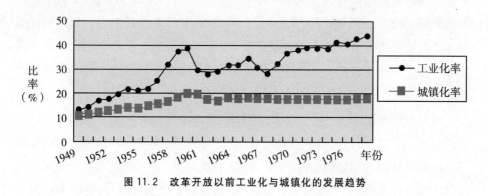

图 11.2　改革开放以前工业化与城镇化的发展趋势

　　由图 11.2 可以看出,改革开放之前我国的城镇化长期处于较低的水平,并且提升缓慢,1949 年的城镇化率为 10.6%,到 1978 年只提高到 17%左右。城镇化发展水平一直低于工业化的发展水平,尽管二者在新中国成立初期水平相当,但随后二者差距越来越大。从图 11.2 可以看出,我国城镇化呈现出缓慢而平稳发展,而工业化进程则呈现较大的波动特征。从发展趋势上看,改革开放

之前的工业化与城镇化之间的发展关系又可划分为三个阶段：

第一阶段从 1949—1957 年,是工业化带动城镇化发展的起步阶段。这一时期工业化率和城镇化率都在不断提高,但工业化率比城镇化率增长更快,从总体上看二者的发展是协调的。该阶段处于"一五"计划时期,我国开始了大规模的工业化及城镇化建设。国家集中力量进行工业化基础设施建设,经济发展的重心偏向工业。工业化的迅速发展带动了许多新的工业城市、工业区和工业镇的出现,由此带动了城镇化的快速发展。这一时期城镇化的发展是由工业化的快速发展带动的,主要是为工业服务而发展起来的。由表 11.1 可知,工业化率由 1952 年的 17.6% 增加到 1957 年的 25.4%,城镇化率由 1952 年的12.46% 增加到 1957 年的 15.39%,二者整体上处于较为协调的状态。这一时期可以说是我国工业化带动城镇化发展的一个黄金时期,工业化是城镇化发展的主要动力,在工业化的带动下,大量农村人口流入城市,使城市人口比重不断上升,城镇化得到快速发展。

第二阶段从 1958—1965 年,是工业化与城镇化开始出现严重偏离的阶段。从图 11.1 中可以看到,这一时期我国的工业化与城镇化发展都出现了较大的波动,其中 1958—1960 年工业化率和城镇化率都有跳跃性提高,这主要是由"大跃进"运动所推动的。工业化率由 1958 年的 31.7% 上升到 1960 年的 39%,城镇化率由 1958 年的 16.25% 上升到 1960 年的 19.76%。1961—1965 年,工业化与城镇化进入低速发展时期,工业化率与城镇化率分别下降到 31.8% 和17.98%①。这主要是由于"大跃进"、"三年自然灾害"以及较为不利的国际环境使得政府被迫实施了一系列逆城镇化政策,从而造成城镇化率呈现出逆向下降趋势。而工业的发展和布局严重脱离了市场导向,工业化与城镇化开始出现严重脱节和背离。

第三阶段从 1966—1978 年,是逆城镇化发展阶段,工业化与城镇化之间的偏离越来越严重。自 20 世纪 60 年代初期到中期,在调整政策作用下中国经济呈现出短期好转之后,随之发生的十年"文化大革命"再一次严重破坏了正常的经济社会发展关系,工业化呈现持续低速增长,工业化率由 1966 年的 34.7% 上升到 1976 年的 40.9%,城镇化发展基本处于徘徊不动状态,城镇化率由 1966年的 17.86% 变化为 1976 年的 17.44%。工业化与城镇化在低水平上呈现失调状态。

---

① 刘传江:《中国城市化的制度与创新》,武汉大学出版社 1999 年版。

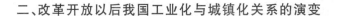

二、改革开放以后我国工业化与城镇化关系的演变

改革开放以来,随着我国经济发展水平的不断提高,工业化与城镇化的互动发展呈现出逐渐协调的趋势,其最明显的特点就是二者互动发展的二元机制,即农村工业化与城镇化的互动发展,以及城市工业化与城镇化的互动发展的相互交织。农村经济和农村工业化的发展,拉动了工业化和城镇化的又一次飞速发展。1978—2009 年,我国的工业化与城镇化关系的演变趋势如下表11.2 所示。

表 11.2　改革开放以后工业化、城镇化及二者的偏差关系

年份	工业化率	城镇化率	偏差	年份	工业化率	城镇化率	偏差
1978	44.3	17.92	26.38	1994	41.4	28.6	12.8
1979	43.8	18.96	24.84	1995	42.3	30	12.3
1980	44.2	19.39	24.81	1996	42.8	30.48	12.32
1981	42.1	20.16	21.94	1997	43.5	31.91	11.59
1982	40.8	21.13	19.67	1998	42.6	33.35	9.25
1983	40.0	21.62	18.38	1999	42.8	34.78	8.02
1984	38.9	23.01	15.89	2000	43.6	36.22	7.38
1985	38.5	23.71	14.79	2001	42.6	37.66	5.94
1986	38.9	24.52	14.38	2002	44.5	39.09	5.41
1987	38.3	25.32	12.98	2003	45.3	40.53	4.77
1988	38.7	25.81	12.89	2004	45.9	41.76	4.14
1989	38.3	26.21	12.09	2005	46.2	42.99	3.21
1990	37.0	26.41	10.59	2006	47.1	43.9	3.2
1991	37.4	26.37	11.03	2007	47.5	44.94	2.56
1992	38.6	27.63	10.97	2008	47.4	45.68	1.72
1993	40.8	28.1	12.7	2009	46.3	46.59	−0.29

资料来源:2004 年之前的数据转引自蔡美香:《中国工业化与城市化协调发展的制度基础》,西北大学,2006 年;2005 年之后数据转引自周叔莲等:《中国的工业化与城市化》,经济管理出版社 2008 年版。

根据表11.2,我们可以绘制出改革开放之后我国工业化与城镇化的发展趋势图,如图11.3 所示。

由图11.3 可看出,改革开放以来,我国工业化发展速度总体上依然高于城镇化发展速度,但二者之间的差距变得越来越小。总体上看,这一时期城镇化率曲线变动相对平稳,说明我国城镇化进程稳步推进,而工业化率曲线却呈现

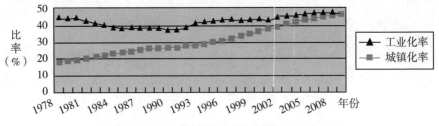

图 11.3 改革开放之后工业化与城镇化的发展趋势

出相对较大的波动性,且工业化发展水平高于城镇化发展水平。这一时期随着我国经济体制改革的不断加快和深入,市场化程度加深,工业化发展进入相对稳定阶段,城镇化发展不断推进,二者之间的偏差逐渐缩小,尤其是城镇化发展速度呈现出明显加快趋势。从改革的进程划分,这一时期我国工业化与城镇化的发展关系可分为两个阶段:

第一阶段从 1978—1992 年,是我国经济转型的前期。由表 11.2 可以看出,工业化率由 1978 年的 44.3% 下降到 1992 年的 38.6%,城镇化率则由 1978 年的 17.92% 上升到 1992 年的 27.63%,城镇化进入快速发展的时期,工业化与城镇化的偏差由 1978 年的 26.38% 缩小到 1992 年的 10.97%。发轫于 1978 年的经济体制改革先从农村开始,然后转向城市,经济体制改革成为构成工业化与城镇化互动发展的根本动力。农村工业化的兴起与发展释放了城镇化发展的潜在需求,大大推动了城镇化进程。家庭联产承包责任制的全面实行,使得长久被压抑的农民的生产积极性被极大的释放,迫切需要将农村剩余劳动力转移出去,再加上城乡收入差距的拉大,在经济利益的驱使下,农村剩余劳动力大量流向城市。城市工业化进程的加快,对城市建设提出新的要求,而大量农村劳动力成为城市建设的主力军,由此推动我国城镇化率以较快的速度上升。这一趋势在 1984 年以后以城市为重心的经济体制改革开始后变得更为突出。这一时期,城市居民的收入水平迅速提高,产生了大规模的消费需求并带动了消费结构的升级,由此引致产业结构和就业结构发生巨大变化,工业化与城镇化呈现良性互动发展态势。但进入 1987—1992 年,我国城镇化发展明显变慢,主要原因是,一方面随着改革进程的加深,乡镇企业的劣势和不足逐渐暴露出来,其自身基础薄弱、规模小、竞争力差等缺陷使其难以充当城镇化发展的主力军,吸纳农村剩余劳动力的数量大幅减少,吸纳劳动力的能力明显减弱,由此导致城镇化进程趋缓。进入 1989—1991 年间,一方面,我国乡镇企业由于治理整顿等原因进入发展低潮,导致我国城镇化进程严重受挫;另一方面,农村工业化与城镇化的互动发展遭遇到诸如体制、政策、观念和历史等多方面因素的制约，进一步滞缓了城镇化的发展。

第二阶段是 1992 年之后，我国确立了社会主义市场经济的改革目标，由此开始了由计划经济体制向市场经济体制的转轨。从表 11.2 可以看出，这一时期我国工业化进入相对稳定发展时期，工业化率由 1993 年的 40.8％增加到 2007 年的 47.5％。城镇化发展呈明显加速趋势，城镇化率由 1993 年的 28.1％增加到 2007 的 44.94％；二者之间的偏差由 1993 年的 1.27％缩小为 2009 的 0.27％。这一时期，我国市场化程度逐步加深，市场在资源配置中发挥着越来越大的调节作用，同时户籍制度松动，劳动者拥有了更大的自主选择权和自由流动权，可以冲破二元体制的束缚，寻求更广阔的生存空间和发展空间，从而促进了城镇化的进一步发展。城镇化进程的加快使大批农民向城市转移，极大地提高了对市政建设、城市基础设施的需求，构成了我国固定资产投资以及经济增长以较快速度增长的重要推动力量。另外，由于工业化对城镇化的带动作用是通过对产业结构和就业结构的影响来实现的，所以这个时期的第三产业迅猛发展，也是城镇化发展的一个很大的推动力。第一产业的产值和就业比重持续下降，第二产业、第三产业产值和就业比重持续上升，第三产业多属于劳动密集型产业，具有较高的就业弹性，非农产业的就业比重上升较快，对城镇化的带动作用较强，而且随着市场化程度加深、产业结构趋于合理，第三产业对城镇化发展的带动作用也越来越大。

进入 20 世纪 90 年代后半期，我国城市经济也面临深刻变革，尤其是国有单位和城镇集体单位等传统正规部门就业遇到较大障碍，下岗失业人员大量增加，造成巨大的就业压力。尽管这一时期城市就业压力较大，但大量农村劳动力和人口流向城市的进程并没有停止，特别是随着城乡流动的制度性约束逐渐减少，农村剩余劳动力向城市的流动数量越来越多，只是他们流向城市实现的是一种远距离、跨区域流动就业，却无法在户籍身份、具有城市生活能力和以家庭为基础的举家转移等方面真正融入城市社会，而最终只能成为城市边缘人口或再返回农村。据统计，至今城市农民工的数量已从 20 世纪 80 年代末期的 3000 万上升到目前的 1.3 亿，占到全国总人口的近 10％。这种不完全的城镇化形式，在相当程度上支撑了中国经济的持续快速增长，但却是以损害农村流动人口的利益为代价的。

综上所述可以发现，尽管新中国成立以来我国工业化和城镇化都获得了较大程度的发展，在一个较长的时期内，我国工业化推动着城镇化的发展，近年来城镇化又在一定程度上推进工业化的发展。但总体上看,我国工业化和城镇化的发展关系呈失衡状态,表现为城镇化水平明显低于工业化发展水平,二者之间的耦合关系不甚明显。我国 2010 年人均 GDP 超过了 3800 美元,按发展经济学家钱纳里的工业化与城镇化发展模型预测,城镇化率应在 65% 以上,而目前我国城镇化率仅为 46.59%。远低于发达国家 80% 以上的水平,也低于和我国工业化发展水平大致相同的发展中国家城镇化率水平。城镇化发展相对滞后将制约我国工业化发展,并不利于实现经济系统和社会系统的协调互动。

第三节 中国工业化与城镇化之间耦合度实证分析及检验

一、中国工业化与城镇化发展的 Granger 因果关系检验

经过多年的发展,无论从全国整体来看还是分区域看,我国的工业化与城镇化都取得了很大成绩,但仍存在诸多问题,特别是工业化与城镇化总体上尚未实现良性互动和协调发展,从而制约了整个经济社会的持续、协调和健康发展。对于现阶段我国工业化与城镇化之间的不协调状况,国内已有许多专家进行了研究,但现有研究主要是进行定性分析,相应的定量分析还较少见。这里运用系统耦合协调度模型及计算方法,进一步对现阶段中国工业化与城镇化之间的总体协调状况进行测算,并分省市对二者之间的耦合协调状况进行测算并加以比较。耦合最初是物理学的一个概念,是指两个(或两个以上)系统或运动形式通过多种相互作用而彼此影响的现象,耦合度即是描述系统之间这种彼此相互作用的影响程度。本书实际上是将工业化与城镇化看作是经济社会大系统中的两个子系统,首先运用 granger 模型对二者之间的相互作用关系进行衡量和评价,在此基础上运用耦合协调度模型对我国各省区工业化和城镇化系统的耦合协调度进行测算并加以比较,以求较为系统、全面地把握现阶段我国工业化和城镇化的协调发展状况。

工业化发展水平的提高,不只表现为工业产值所占比重的上升,也表现为非农产业总体所占比重的上升,并且后者对工业化、城镇化发展的影响意义更大,由此,这里选择的反映工业化发展水平的指标即工业化率(IND)为非农产业增加值占 GDP 的比重。反映城镇化发展水平的指标为城镇化率(URB),它为年底城镇总人口数占年底总人口数的比重。样本年限为 1952—2011 年,所有指标数据来自历年的《中国统计年鉴》。新中国成立以来,我国工业化率与城

镇化率呈现出大致相似的变动态势,该两个变动序列之间是否存在因果关系,需进行 Granger 因果检验。考虑到只有具有协整关系的同阶单整变量才能做 Granger 因果检验,故这里的检验可分三步进行:先检验两变量的单整性,然后检验它们之间的协整关系,最后再进行两变量的 Granger 因果关系检验。

首先对工业化序列与城镇化序列的平稳性和协整关系进行检验。这里采用 ADF 检验法对工业化与城镇化序列的平稳性进行检验,结果见表 11.3 所示。

表 11.3　工业化率(IND)与城镇化率(URB)的平稳性检验结果

变量	ADF 值	临界值	检验形式 (C,T,K)	结论
IND	−1.37	−3.55	(C,T,1)	非平稳
dIND	−5.84	−3.55	(0,0,1)	平稳
URB	1.79	−3.55	(0,0,1)	非平稳
dURB	−1.65	−3.55	(0,0,2)	非平稳
D^2URB	−8.48	−3.55	(0,0,3)	平稳

注:①检验形式中的 C 和 T 分别表示常数项和趋势项,K 表示滞后阶数;

②d 表示变量序列的一阶差分;

③d^2 表示变量序列的二阶差分。

由表 11.3 可知,原序列 IND 是一阶单整 I(1)变量,URB 序列是二阶单整 I(2)序列,而 URB 的差分序列 dURB 为一阶单整 I(1)序列。进一步对 IND 序列和 URB 的一阶差分序列进行协整检验,结果表明,我国工业化率和城镇化率的差分序列具有相同的阶数。为此本节运用 Eviews5.1 软件对 IND 序列和 dURB 序列进行协整检验,检验结果见表 11.4 所示。

表 11.4　IND 序列和 dURB 序列的协整检验

Hypothesized No. of CE(s)	Eigenvalue	Trace Statistic	0.05 Critical Value
None *	0.381326	28.12519	15.49471
At most 1	0.030708	1.715443	3.841466
Trace test indicates 1 co-integrating eqn(s)at the 0.05 level			
* denotes rejection of the hypothesis at the 0.05 level			

由表 11.4 可知,新中国成立以来我国工业化率与城镇化率(IND 序列和 dURB 序列)之间存在协整关系,可对其进行 Granger 因果检验。本文分别对 IND 序列和 dURB 序列进行从滞后 2 期到滞后 6 期的 Granger 非因果性检验。检验结果见表 11.5。

表 11.5 工业化率与差分城镇化率 Granger 因果关系检验结果

	K＝2	K＝3	K＝4	K＝5	K＝6
$H_0(1)$	1.14* (0.327**)	0.86 (0.468)	0.66 (0.622)	0.48 (0.787)	1.19 (0.333)
$H_0(2)$	5.47 (0.007)	5.23 (0.003)	8.79 (0.000)	7.66 (0.000)	8.04 (0.000)

注:K 为滞后期,* 为 Granger 因果检验的 F 值,** 为对应的 P 值;
$H_0(1)$:差分城镇化率不是工业化率的 Granger 原因;
$H_0(2)$:工业化率不是差分城镇化率的 Granger 原因。

由表 11.4、表 11.5 可知,对于原假设"差分的城镇化率对工业化率不存在 Granger 因果关系",从 K＝2 到 K＝6 所有滞后期检验式的 F 值均落在原假设接受域,即差分的城镇化率不是工业化率的 Granger 原因;对于原假设"工业化率对差分城镇化率不存在 Granger 因果关系",所有滞后期检验式的 F 值均落在原假设拒绝域,即工业化率是差分的城镇化率的 Granger 原因。由此表明,推进工业化进程能够以滞后时间的方式显著推进城镇化进程,而样本数据表明城镇化进程对工业化的推进并不显著。工业化能够推动产业结构优化,并通过产业结构优化升级推动农村剩余劳动力转移和非农产业在国民经济的比重增加,进而通过这种变化带动城镇化,因此,工业化对城镇化的推进存在着一定的时滞。

二、中国工业化与城镇化耦合协调度实证分析

对我国工业化率与城镇化率的 Granger 检验结果表明,新中国成立以来我国工业化与城镇化两大系统之间既存在内在的关联协同性,也具有一定的异质性,二者之间的协同性可用系统耦合模型加以测算和说明,耦合度数值大小反映二者之间的协调程度。

(一)系统耦合协调度分析模型

系统协调是指系统发展演变过程中,系统内部各子系统之间以及构成系统的要素之间形成相互适应、相互影响的关系特征,常用的协调度是通过测量静

态系统间距离的大小来判断系统之间是否协调。借助物理学中的耦合度函数来计算协调度,需建立多个系统相互作用的耦合度模型。在这里,我们设变量 $u_i(i=1,2,\cdots,m)$, $u_j(1,2,\cdots,n)$ 分别表示系统,推广到多个系统相互作用的耦合度模型为: $c_n=\left\{(u_1\cdot u_2\cdots u_n)/\prod(u_i+u_j)\right\}^n$ 。当只有两个系统时,其耦合度模型为: $d_2=\{(u_i\cdot u_j)/(u_i+u_j)^2\}^2$ 。

用 I、U 分别代表工业化系统和城镇化系统, $F_1(x,t)$ 和 $F_2(y,t)$ 是分别度量它们发展水平的函数,其中,x、y 分别为系统 I、U 的特征向量,t 为时间向量,由此可得出工业化与城镇化的耦合度公式:

$$d=\left\{\frac{F_1(x,t)\cdot F_2(y,t)}{\left[\dfrac{F(x,t)+F_2(y,t)_1}{2}\right]^2}\right\}^2 \tag{1}$$

在(1)式中,d($0\leqslant d\leqslant 1$)表示耦合度,d 值越大说明工业化与城镇化两大系统之间的耦合度越高,反之则越低。由于各省份的工业化与城镇化程度存在着相互交错、不平衡和动态发展的特征,因此,某些省份的 $F_1(x,t)$ 和 $F_2(y,t)$ 的值较低且相近的时候,使用耦合度指标可能出现二者的协同耦合都较高的假象。为了更真实地反映出我国工业化与城市化两大系统之间的协调发展状况,这里进一步构建一个工业化与城镇化系统相互耦合的协调度模型,依次可评判不同区域工业化与城镇化两个系统之间的协调发展程度,并能反映出工业化与城镇化发展水平的高低。根据前述对协调发展的定义,我们将度量工业化与城镇化协调发展水平高低的指标称为耦合协调度:

$$D=\sqrt{d\cdot T}\ ,\ T=\alpha F_1(x,t)+\beta F_2(y,t) \tag{2}$$

在(2)式中,D 为耦合协调度,d 为协调度,T 为工业化与城镇化的综合评价指数,α、β 为待定参数。在实际应用中,一般使 $T\in(0,1)$,以保证 $D\in(0,1)$,以便于更好地测度二者的协调关系。

(二)中国工业化与城镇化系统耦合协调度测算及其区域差异性分析

根据上文构建的工业化与城镇化的耦合协调度模型,这里对我国各省、自治区和直辖市工业化与城镇化两大系统的耦合协调度进行测度。我们选取全国 31 个省、自治区和直辖市的 1999 年、2001 年、2003 年、2005 年、2007 年、2009 年、2011 年工业化和城镇化的计算数据作为样本,取耦合协调度模型 $T=\alpha F_1(x,t)+\beta F_2(y,t)$ 中的系数 α、β 值都为 0.5,将样本数据带入模型 $D=\sqrt{d\cdot T}$ 进行计算,计算结果如表 11.6 所示:

表 11.6　全国 31 个省区 1999—2011 年工业化和城镇化的耦合协调度

编号	省区	1999 年	2001 年	2003 年	2005 年	2007 年	2009 年	2011 年
1	北京	0.947292	0.951414	0.959098	0.976028	0.978289	0.957840	0.957883
2	天津	0.921205	0.924501	0.930146	0.958337	0.963834	0.935754	0.93407
3	河北	0.730272	0.738021	0.789658	0.835232	0.845556	0.782506	0.844910
4	山西	0.803065	0.806924	0.825251	0.878317	0.886611	0.809804	0.797538
5	内蒙古	0.781168	0.799687	0.823666	0.860934	0.875695	0.833671	0.812271
6	辽宁	0.865497	0.872153	0.878637	0.90728	0.90309	0.860142	0.854626
7	吉林	0.810513	0.834634	0.839105	0.864541	0.872543	0.760789	0.821001
8	黑龙江	0.856268	0.858323	0.869026	0.884433	0.885392	0.832528	0.808274
9	上海	0.960548	0.962818	0.968868	0.984352	0.984433	0.968354	0.9710232
10	江苏	0.797264	0.82199	0.85754	0.893962	0.905476	0.848970	0.8542033
11	浙江	0.769206	0.779834	0.806834	0.911935	0.918517	0.861059	0.868407
12	安徽	0.70496	0.718957	0.74378	0.817165	0.832638	0.773753	0.728531
13	福建	0.740648	0.749591	0.808369	0.869772	0.878531	0.825475	0.831230
14	江西	0.723917	0.733796	0.766575	0.822316	0.835606	0.779830	0.787735
15	山东	0.770214	0.780477	0.819635	0.871762	0.909579	0.813151	0.853246
16	河南	0.701328	0.709817	0.744322	0.799459	0.820924	0.754117	0.767172
17	湖北	0.773745	0.78298	0.804202	0.845351	0.852111	0.793406	0.797434
18	湖南	0.715784	0.727118	0.759397	0.816445	0.833958	0.778253	0.780934
19	广东	0.823618	0.831959	0.832354	0.922072	0.929144	0.880742	0.880626
20	广西	0.687745	0.696928	0.717443	0.795001	0.807048	0.751129	0.753915
21	海南	0.705274	0.710886	0.783101	0.781118	0.796252	0.771363	0.772800
22	重庆	0.740906	0.752779	0.777465	0.856485	0.871839	0.827089	0.831207
23	四川	0.702516	0.713053	0.743205	0.801075	0.810646	0.755462	0.7607014
24	贵州	0.670757	0.677452	0.756057	0.780251	0.792523	0.711911	0.739123
25	云南	0.680757	0.686162	0.717787	0.789939	0.801531	0.728184	0.758558
26	西藏	0.613715	0.627014	0.697743	0.77869	0.79486	0.671691	0.731958
27	陕西	0.758632	0.771162	0.789306	0.836363	0.857599	0.791746	0.828443
28	甘肃	0.720978	0.728374	0.775386	0.80323	0.815016	0.726512	0.731045
29	青海	0.768279	0.776221	0.880511	0.850087	0.855199	0.783782	0.790447
30	宁夏	0.782274	0.792554	0.848898	0.859601	0.865109	0.803903	0.827375
31	新疆	0.782416	0.795757	0.884554	0.816865	0.828843	0.755804	0.768032

根据上表计算结果进一步绘出 1999—2011 年我国各省、自治区和直辖市

工业化和城镇化的耦合协调度变化趋势图(见图 11.4)。在图中,31 个省、自治区和直辖市分别在横轴上用数字 1—31 来表示。

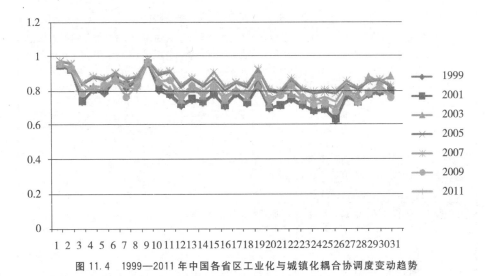

图 11.4　1999—2011 年中国各省区工业化与城镇化耦合协调度变动趋势

综合对表 11.5 和图 11.4 进行分析,可以看出,近年来,我国各省、自治区和直辖市的工业化和城镇化耦合协调度水平总体上呈提高趋势,这表明我国工业化和城镇化正逐渐趋于协调发展。为进一步把握我国工业化和城镇化协调发展的区域差异,这里按照优质协调、良好协调、中级协调、极不协调四种协调类型,将东部、中部和西部三大区域的工业化与城镇化系统耦合协调度水平进行分类,结果如表 11.7 所示。

表 11.7　我国各省市工业化与城镇化的耦合协调度分布

耦合协调度指标范围	等级	全国各省分布情况					
		2007 年	区域分布	2009 年	区域分布	2011 年	区域分布
0.00—0.49	极不协调	无		无		无	
0.50—0.69	不协调	无		西藏	西部:1	无	
0.70—0.79	中级协调	海南、贵州、西藏	东部:1 中部:0 西部:2 合计:3	河北、吉林、安徽、江西、河南、湖北、湖南、广西、海南、四川、贵州、云南、陕西、甘肃、青海、新疆	东部:2 中部:6 西部:8 合计:16	山西、安徽、江西、河南、湖北、湖南、广西、海南、四川、贵州、云南、陕西、甘肃、青海、新疆、西藏	东部:1 中部:6 西部:10 合计:16

耦合协调度指标范围	等级	全国各省分布情况					
		2007 年	区域分布	2009 年	区域分布	2011 年	区域分布
0.80—0.89	良好协调	河北、山西、内蒙古、吉林、黑龙江、安徽、福建、江西、河南、湖北、湖南、广西、重庆、四川、云南、陕西、甘肃、青海、宁夏、新疆	东部:2 中部:8 西部:10 合计:20	山西、内蒙古、辽宁、黑龙江、江苏、浙江、福建、山东、广东、重庆、宁夏	东部:6 中部:2 西部:3 合计:11	河北、辽宁、吉林、江苏、浙江、福建、山东、广东、重庆、宁夏、内蒙古、黑龙江	东部:7 中部:2 西部:3 合计:12
0.90—1.00	优质协调	北京、天津、辽宁、上海、江苏、浙江、山东、广东	东部:8 中部:0 西部:0 合计:8	北京、天津、上海	东部:3 中部:0 西部:0 合计:3	北京、天津、上海	东部:3 中部:0 西部:0 合计:3

注:东部省份包括北京、天津、河北、辽宁、上海、江苏、浙江、山东、广东、福建、海南11省市;中部省份包括山西、河南、湖北、湖南、安徽、江西、吉林、黑龙江8省;西部省份包括内蒙古、贵州、西藏、广西、重庆、四川、云南、陕西、甘肃、青海、宁夏、新疆12省区。

从表11.7可以看出,我国东、中、西部工业化与城镇化系统的协调发展水平存在明显的差别。作为东部沿海地区的北京、天津、辽宁、上海、江苏、浙江、山东、广东等省市2007年工业化和城镇化系统的耦合协调度均达到优质协调水平,但到2009年、2011年只有北京、上海、天津三个直辖市保持了这一水平,而其他东部沿海省市的工业化和城镇化耦合协调度有所下降。这主要是因为北京、上海的工业化与城镇化已达到相对较高的水平,对于两市来说,传统工业制造业较少,工业主要是高端制造和高新技术产业,这些产业受2008年爆发的国际金融危机的冲击相对较小,再加上两市服务业较为发达,因而工业化和城镇化系统的耦合协调度并没有因国际金融危机的冲击发生明显变化。天津市近年来借助于滨海新区开发开放的优势和条件,加紧引进了一大批高水平的工业大项目、好项目,工业结构明显改善,增长速度近年来名列全国前茅;与此同时,天津实施"三区"联动战略,在加快滨海新区开发开放的同时,着力发展以中心城区为主的现代服务业,提升各区县工业与服务业发展水平,从而使工业化和城镇化呈现出协调发展的态势。相比之下,作为东部沿海地区的其他省市,如辽宁、江苏、浙江、山东和广东等,借助于改革开放的优势和较好的产业基础,工业化与城镇化也得到较快的发展,二者之间的耦合协调度在2007年之前总体上处于优质协调水平。但由于这些省份的工业外向型发展特征较为明显,加工工业发展模式突出,因而在这次国际金融危机的严重冲击下,这些地区的工业化发展受到较大影响。再加上近年来这些地区劳动力成本不断上升、土地价格持续上涨和人民币升值,导致其劳动密集型产业的生产成本大幅度增加,赢利空间不断被压缩,许多劳动密集型产品已经处于微利甚至零利润水平。在这种情况下,这些地区的工业产业有些开始向中西部转移,而高新技术产业、战略性新兴产业等高端产业的培育发展需要经历一个过程,由此也对这些省区的工业化发展造成一定的影响,从而表现出这些省的工业化与城镇化的耦合协调度在 2009 年、2011 年有所下降。

对于广大中西部省区来说,2007 年除了海南、贵州、西藏的工业化和城镇化系统耦合协调度处于中级协调以外,其他省区都处于良好协调水平,但与东部沿海省市相比还存在一定差距。2009—2011 年,中西部地区工业化和城镇化系统耦合协调度处于良好协调状态的省份有所减少,处于中级协调水平的省份有所增加。这主要是由于国际金融危机发生后,我国中西部地区经济增速相对加快,固定资产投资力度加大,再加上中西部地区开始承接东部沿海省份的产业转移,以及国家西部大开发、中部崛起等区域发展战略的有效实施,使中西部地区的工业化发展进程显著加快。据统计,2011 年我国中部地区投资比上年增长28.8%,西部地区增长 29.2%,远远高于东部地区 21.3%的水平[1]。另外,这些地区的城镇化发展水平由于受制度环境、产业条件等因素的限制而相对滞后,从而表现出工业化和城镇化系统耦合协调度在国际金融危机后有所下降的态势。随着这些地区工业化与城镇化的快速推进和发展,二者之间的协调发展水平将呈不断提高态势,工业化与城镇化系统的耦合协调度水平将进一步提高。

三、中国城镇化发展的制约因素

目前,中国工业化与城镇化协调发展还存在许多问题和制约因素,主要包括:第一,体制性及机制性因素。目前,我国在土地制度、户籍制度、行政区划体制、行政体制、财税体制、农村组织化程度等方面都存在一定缺陷,制约着城镇化的推进及其与工业化的协调发展。如现行户籍制度和农村土地制度严重束缚农民向城市的转移;而中央和地方之间的财政分配关系不合理,地方土地财政的加剧,制约着土地制度的改革。城镇公共服务和社会保障制度不健全,制

---

① 　马志刚:《城镇化事关发展全局》,《经济日报》2012 年 2 月 24 日第 4 版。

约着进城农民工转化为城市居民。

第二,城市基础设施及公共服务能力明显不足。由于城市教育、医疗、社会保障、保障性住房等公共服务供给能力薄弱,大量进入城市的农民工并没有享受到与城市居民平等的公共服务。2011年有1.59亿在城市工作半年以上的农民工及其家属,他们已经成为产业工人的主体,却不能完全融入城市生活,处于"半市民化"状态,严重制约了城镇化的推进。

第三,城镇化发展水平区域差异较大。中国城镇化水平呈现明显的东高西低特征。改革开放30多年来,东部沿海地区在形成外向型经济格局的同时,也形成了人口经济集聚程度较高的城市群,有力地带动了这些地区城镇化的快速发展。而处于内陆的中西部地区城镇化发展相对滞后。2010年东部地区城镇化率平均达到60%,而中、西部地区城镇化率平均只有45%和41%①。中、西部许多地区的潜力还没有得到充分发挥。城市群数量不足与质量不高并存,中小城市潜力还没有得到充分发挥,小城镇数量多、规模偏小,集聚产业和人口能力有限。城镇空间分布和规模结构不合理,导致人口大规模流动、资源大跨度调运,既增加了社会成本,也加剧了人口资源环境间的矛盾。

第四,城镇化发展模式存在一定缺陷。一是在发展大城市与发展中小城镇之间的关系方面,过分追求大城市的规模扩张,城市功能没有得到相应加强和提升,对中小城镇在中国特色城镇化发展过程中的战略地位认识不足,发展相对缓慢。二是追求速度扩张型城镇化发展模式,忽视城镇化发展质量和内在素质的提升,具体表现为主要依靠廉价农村剩余劳动力供给推动城镇化发展;主要依靠大量消耗土地资源推动城镇化发展;主要依靠低成本公共服务推动城镇化发展等。

第五,产业升级与城镇化发展没有实现有效结合。我国正处于工业化发展的中期阶段,在工业体系中重工业所占比重较大,产业的资本密集度总体较高,限制了对农村剩余劳动力的吸纳。再加上在推进产业升级过程中,过分关注工业升级,服务业特别是现代服务业发展相对滞后,工业与现代服务业的互动融合发展有待强化,这都限制了工业化与城镇化的协调发展。

四、基本结论

根据对中国工业化与城镇化进行Granger因果关系检验可以得出以下结

---

① 徐宪平:《面向未来的中国城镇化道路》,《中国经贸导刊》2012年第16期。

论:工业化是城镇化的 Granger 原因,但城镇化不是工业化的 Granger 原因。这说明我国工业化的发展直接带动了城镇化的发展,但反过来,城镇化对工业化的促进作用却不明显,工业化和城镇化没有形成良性互动和协调发展,即二者的互动发展出现了不协调的状况。工业化过去是将来还会是城镇化的发动机,工业化导致了人力、物力、资金、技术向城市的流动,从而有力地促进了城镇化的进程。城镇化的过程,就是产业结构不断由低层次向高层次发展的过程,城镇化与工业化同步就会有效地促进工业化的发展;反之,城镇化与工业化不同步,无论是城镇化超前于工业化还是滞后于工业化,都不利于工业化的发展,从而也会延缓城镇化的进展。

用耦合协调度模型对全国 31 个省、自治区和直辖市进行数据分析的结果表明:首先,我国大部分省区的工业化和城镇化协调程度还不高,并且工业化和城镇化的发展速度存在明显差异;其次,我国工业化与城镇化的协调发展呈现出明显的区域性:经济发展水平较高的东部地区二者的协调发展程度高,城镇化的滞后效应更多地表现在我国经济发展水平较低的中、西部地区。东部地区工业化和城镇化水平都比较高,且二者基本处于协调发展状态;中部地区工业化和城镇化水平处于中等,且二者耦合协调程度也一般;西部地区的工业化和城镇化水平最低,且二者出现了发展不协调的状况。因为城镇化的发展滞后于工业化的发展,使得在工业化促进了城镇化的情况下,城镇化却没有很好地促进工业化,由此导致二者出现不协调发展的状况。

第四节　中国工业化与城镇化协调发展的制约因素及推进对策

一、城镇化发展滞后制约我国工业化的健康发展

城镇化的明显滞后以及区域发展的不平衡,造成了工业化与城镇化发展的不协调,这种不协调又必然会制约二者进一步的推进乃至我国整个国民经济的发展和现代化的建设,所以,我国工业化与城镇化的协调发展具有紧迫性。首先,城镇化的滞后效应导致聚集效应较弱。城镇化不是脱离经济社会发展的一种孤立现象,它是经济社会发展的重要表现。从工业化与城镇化的一般关系来看,工业化是城镇化的基础和动力,其发展对城镇化具有巨大的推动作用,反过来,城镇化对工业化又具有促进作用。城镇化过程是人类生产与生活活动聚集

的过程,城镇化带来的是人口在产业间的转移和产值比重在产业间的调整,城镇化的发展为工业化的进一步发展提供了广阔的外部环境和丰富的物质资源,可以产生聚集效应,提高工业产业的厚度,使经济结构与就业结构相适应。聚集是城镇化的重要特征,城市所特有的聚集效应指的是经济社会活动因空间聚集所产生的影响或效果。滞后的城镇化使得聚集效应较弱,导致无法从根本上为工业和第三产业的发展提供人口聚集和规模效应,由于城市规模、城市建设基础设施等方面的落后,城镇体系的发育不良等因素使得城市的聚集效应较差,使得以城市规模为条件,与现代经济相联系的第三产业、文化教育、金融保险、信息服务业等难以发展起来,从而抑制了工业化的发展。

其次,城镇化的滞后效应使得服务业发展滞后,剩余劳动力转移困难,从而导致就业不足。按照世界其他国家和地区发展的历史经验来看,经济发展到一定阶段后,第三产业及服务业成为吸纳劳动力的主力,而发展第三产业及服务业部门,关键是城镇化的发展[1]。我国的城镇化相对于工业化的滞后,会导致第三产业发展缓慢,给农业剩余劳动力向城镇转移带来就业容量狭小的约束,使得人力资源得不到充分利用,就业不足,这又会导致农民收入水平的提高缓慢,而大量的农民低收入人群的存在,又形成对服务业发展的需求约束,相互之间形成恶性循环。我国正处于由传统的计划经济体制向市场经济体制转型的时期,并且还处于经济发展的低级阶段,城市和现代经济规模较小,不足以大规模吸收农村的转移劳动力。因为很多第三产业和消费服务业都需要人口最低积聚规模才能发展,第三产业如能源供应、通信服务等,消费服务行业如娱乐、文化、餐饮等,与此消费相关的其他行业,如交通等,这些服务在城镇化发展水平很低的情况下很难快速发展。因此,可以说城镇化滞后制约了第三产业的发展,进而使得我国的就业存在不足。

最后,城镇化的滞后效应导致资源消耗大,生态环境恶化,进而影响经济的可持续发展。我国城镇化滞后的又一种表现是资源的利用率低、环境污染严重。随着我国城镇化进程的加快,城市人口迅速膨胀,使得城市现有基础设施超负荷运转,城市资源如土地、水、植被等严重缺乏,城市的自然环境恶化。随着工业化与城镇化进程的加快,城市区域的扩张成为一种必然趋势,在现有城市土地资源无法满足城市规模扩张的要求时,必然意味着对农地的侵占,这是

---

① 蔡美香:《中国工业化与城市化协调发展的制度基础》,硕士学位论文,西北大学经济管理学院,2006年。

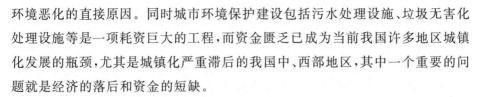

环境恶化的直接原因。同时城市环境保护建设包括污水处理设施、垃圾无害化处理设施等是一项耗资巨大的工程,而资金匮乏已成为当前我国许多地区城镇化发展的瓶颈,尤其是城镇化严重滞后的我国中、西部地区,其中一个重要的问题就是经济的落后和资金的短缺。

工业化与城镇化作为社会经济发展同一过程的两个方面,二者的不协调发展必然会影响到经济发展整体进程的推进,从而阻碍经济社会的协调发展。所以,要正确处理工业化和城镇化发展的关系,使二者处于一种良性互动的协调发展状态,才会得到一个稳定、持续的社会发展和经济增长。对于我国来说,协调工业化和城镇化之间的发展水平状况已经迫在眉睫。

二、我国工业化与城镇化耦合协调度低的成因分析

(一)工业化与城镇化的发展机制落后

改革开放之后我国工业化与城镇化的发展演进机制与改革开放之前工业化和城镇化的发展演进机制存在很大的不同。首先,工业化与城镇化发展的动力源泉不同。改革开放之前的工业化与城镇化的传统发展演进中的动力主要是来源于政府的行政命令与计划的强制执行,在一种完全封闭的经济环境下发展,政府为工业化输入资金,以税收等手段通过农业为工业的原始发展积累资金;而改革开放之后的新兴发展演进的动力主要是来源于农村和城市,市场机制的逐步形成与正常运转,市场需求规模与范围的扩大刺激了农村工业与城市工业的发展。[①] 其次,工业化与城镇化互动发展的机制不同。改革开放之前是国家推动的一元工业化与城镇化,改革开放之后变为国家与民间力量共同推动的二元工业化与城镇化的互动发展模式。二元工业化与城镇化发展模式为我国工业化与城镇化发展做出了巨大贡献,但是不可否认,其中也存在很大的障碍,从一定程度上减缓了我国工业化与城镇化的进程。

从上述对我国改革前后工业化与城镇化互动发展的历史演进的分析可以看出,新中国成立初期,工业化与城镇化经历了短暂的良性互动发展,但随后二者之间逐渐出现脱节。随着工业尤其是重工业在国民经济中的比重不断上升,非农就业比重增长缓慢,城市人口比重波动起伏,20 世纪 70 年代,城市人口比重的增速基本处于停滞状态。改革开放后,由于城乡隔离政策的限制有所松

---

① 胡爱华:《工业化与城市化互动机制发展研究》,硕士学位论文,华中科技大学经济学院,2004 年。

动,以及农村改革,农业劳动生产率的提高,释放出一大批剩余劳动力,城市中工业化的发展导致人口源源不断地向大中城市迁移,促进了大中城市的发展。另外,由于农村工业化的飞速发展以及乡镇企业的兴起开辟了我国工业化的第二战场,工业化与城镇化又逐渐呈现出良好互动发展的态势。改革的成就是十分显著的,但不可否认,也仍存在许多的问题。

(二)长期的城乡二元结构制约了工业化与城镇化的协调发展

长期以来,我国形成了严格的城乡二元经济结构和二元行政管理体制,尽管改革开放后,阻碍城乡一体化发展的制度障碍在逐渐消除,但长达半个多世纪形成的城乡分割依然制约着工业化与城镇化的协调发展。城乡二元结构的主要表现在于以下几个方面:一是城乡二元户籍制度、劳动就业制度和社会保障制度的存在把农民固化在农村,严重阻碍了农民向市民的转换。地方政府为减轻因农民进城带来的财政负担通过严格的户籍制度将农民阻止在城市之外,只让其在城市打工,推动工业化进程,但不给他们市民身份。二是城乡二元的要素流动制度阻碍了农村向城镇化的过渡,吸收农村存款,却极少向农村发放贷款,严重破坏了农村的积累机制,阻碍了农村工业化和城镇化进程。虽然改革开放后城乡隔离体制政策已经有了很大变动,但是渐近式改革以及原有体制的影响,生产要素以及产品在城乡间的流动,仍然阻力重重。

城乡隔离体制制约了工业化与城镇化互动发展的可持续性。城市工业化与农村工业化两个阵地的形成,制约了企业聚集经济效益的提高,弱化了工业化与城镇化之间持续互动发展的能力。城乡隔离政策包括户籍制度、就业制度、土地制度、社会保障制度、教育制度以及社区制度等,农村工业化的发展以及特有的乡镇企业都是城乡隔离政策的结果。农村工业化没有遵循聚集经济原则,阻碍了农村工业化经济效率的提高,使企业在市场竞争中缺乏持久的竞争力,对农村剩余劳动力的吸纳能力减弱,减缓了农村人口市民化进程。改革开放以来,我国的工业化主要表现为农村工业化的高速演进,与此相适应,农业剩余劳动力的转移走了一条离土不离乡的道路,这种工业化战略是在城乡体制分割的条件下推行的。尽管农村工业化对于我们这样一个人口大国来说具有不可忽视的积极意义,但也带来了一系列弊端,如农村工业规模不经济,阻碍了技术进步和产业升级,由于聚集效应差,服务业没有相应发展,影响了非农产业的就业增长,相应地,农村人口城镇化的进程也变得相对较为缓慢。

(三)产业结构升级缓慢制约了工业化与城镇化的协调发展

根据配第一克拉克定理,农村剩余劳动力首先从第一产业向第二产业转移,随着工业化的发展,继而由第一产业和第二产业向第三产业转移,工业化和城镇化协调发展的关键是要第三产业得到充分发展,从而在工业化的进程中实现人口在城镇中的聚集。马克思的资本有机构成理论也说明了随着工业化的发展和资本有机构成的提高,将会出现大批相对过剩人口,这说明第二产业在发展到一定程度后其劳动力的吸纳程度是有限的,必须调整和优化产业结构,积极发展第三产业实现充分就业。我国城镇化滞后于工业化的一个重要原因在于产业结构不合理,第三产业发展滞后。过度重视重工业而轻视轻工业和第三产业的发展,以重化工业为主导的产业结构导致吸纳就业的能力严重不足。改革开放以来,我国打破了以重工业优先的传统经济发展模式,积极发展轻工业使具有就业比较优势的劳动密集型产业得到了快速发展。然而,受市场因素的驱动和传统体制机制惯性影响,我国的以重化工业为代表的资本密集型产业依然在国民经济中居于主导地位,且近年来呈现了持续快速增长的趋势,而由于比较利益的降低,劳动密集型产业的比重在国民经济中处于下降状态。以重化工业为主导的产业结构特征严重削弱了工业对劳动力的整体吸纳能力。再加上我国制造业在全球产业价值链中居于低端环节,产品价值份额低,难以支撑劳动力报酬的提升,导致我国的工人工资水平相对较低而难以支持高昂的城市生活成本,从而制约了城镇人口的聚集和城镇化的发展。

改革开放以来,我国作为城镇化后续动力的第三产业依然发展缓慢,不仅远远低于发达国家,也远远低于发展中国家的一般水平。由于第三产业发展滞后,城镇发育不良、功能不全,对农村剩余劳动力的吸纳能力不强。第三产业发展滞后制约了工业化与城镇化的互动发展。第三产业中的生产性服务业如交通运输、邮电通信、商业仓储、金融保险、教育、科研、技术服务等产业部门是为农业、工业的扩大生产规模和提高生产效率服务的,不仅是连接生产与市场的中间环节,而且是其他产业提高发展水平的重要条件。20 世纪 90 年代以来我国交通运输和仓储业、金融保险业在 GDP 中的比重是下降的,教育、科研和技术服务的比重则一直很低,这无疑会阻碍工业化的进程。第三产业与城镇化也是相互依赖相互促进的,第三产业只有依托于城镇化的发展才能生存和发展,第三产业的发展又将推动城镇化的进一步发展。所以,第三产业发展的滞后不仅阻碍了工业化和城镇化的发展进程,而且制约了二者的互动发展。[1]

---

①　胡爱华:《工业化与城市化互动机制发展研究》,硕士学位论文,华中科技大学经济学院,2004 年。

（四）传统的城镇发展体制制约了工业化与城镇化的协调发展

改革开放以来，我国主要实施控制大城市规模，重点发展中小城镇的方针，1978 年提出了"控制大城市规模，多搞小城镇"，1980 年又提出了"控制大城市规模，合理发展中等城市，积极发展小城镇"，1989 年把"国家实行严格控制大城市规模、合理发展中等城市和小城市的方针"上升为法律。这种城镇化发展方针在一定程度阻碍了工业化与城镇化的协调发展，大城市经济规模大，产业门类多，具有显著的规模经济效应和集聚经济效应。过分强调把中小城镇作为城镇化的重心忽视了大城市的规模经济和聚集效益，抑制了城镇化对工业化发展的支持作用，不利于工业化与城镇化的耦合协调发展。实际上，要想解决"大城市病"，关键在于提升城市管理水平、优化城市结构，而不是人为地限制城市规模。改革开放以来，在城镇基础设施建设方面，很多城镇的公共基础设施相对短缺，滞后于工业化发展，难以满足工业化的发展要求。以政府为主导的城镇建设体系受计划经济体制的影响，城镇基础设施的投资渠道单一，造成城镇基础设施仍然不足，诸多地区把推进城镇化片面地等同于城镇建设，超越发展阶段和实际需要，热衷于形象工程、政绩工程。这类投资多数来自财政性资金和银行信贷，既直接挤压了其他公共财政支出，还变相地抬高了农民进城的成本，甚至变相转嫁为农民负担。由于城市建设体制的不合理导致城市的要素聚集功能增长缓慢，阻碍了城镇化的进程和工业化的发展。自 20 世纪 80 年代以来，我国各省区广泛推行县改市、乡改镇的行政建制，城市布局普遍展开。近几十年来我国各类城市都普遍重视城市基础设施建设，各类城市的基础设施状况都有明显改善，但城市的要素聚集功能却增长缓慢，城市的区域经济中心的功能普遍较弱，对人才、技术、资金、信息等资源的聚集能力不强，这些都制约了城镇化的进程和工业化的发展。

三、促进我国工业化与城镇化协调发展的思路及对策

第一，深化和完善工业化与城镇化协调发展的制度体系。实现工业化与城镇化的协调发展是推进中国特色新型工业化的重要内容，是一项巨大的社会系统工程，需要有完善的制度体系来保障其运行，能否制定科学有效的制度安排对工业化与城镇化的协调发展至关重要。一是要进一步完善农村发展体制机制和户籍制度改革。在依法自愿有偿和加强服务基础上，完善土地承包经营权流转制度是解决二元结构转化过程中农村剩余劳动力能够脱离土地走进城市的重要途径，而户籍制度改革则是解决农村剩余劳动力进城就业的关键。户籍

管理制度改革的重点是消除城乡户籍差别，打破城乡隔离的制度障碍，降低迁移成本。逐步放开大城市户籍制度，全面放开中小城镇户籍制度，以逐步实现全体公民在户口身份上的完全平等。推动城镇行政机关和企事业单位劳动用工制度和人事制度改革，促进全国统一劳动力市场的形成，按照公开、公平、公正的原则招聘各类人才，给农民以公平的就业机会；取消对外地户口农民工的歧视，使之逐步获得平等的权利。保障农民工的劳动权益，使农民工享受与城镇居民相同的社会保障待遇和公民权利。二是要建立健全社会保障制度。目前农村社会保障机制还未健全，这不利于工业化与城镇化互动。健全社会保障制度实现社会保障体系的城乡全覆盖将有力促进工业化与城镇化的协调互动。不断推广为进城务工的农民建立失业、养老和医疗保险基金等制度，逐步将其纳入城镇社会保障范围；逐步建立务工农民失业、养老和失业保险跨地区兑现体系，为离开土地和跨区流动的农民解决后顾之忧。三是要建立高效的城市行政管理体制。城市管理部门应为加入城镇的居民提供及时、有效的养老、医疗、子女教育等公共服务，为城镇化中的城镇新成员解除后顾之忧，实现同等的国民待遇。

第二，通过积极推进产业结构调整优化实现工业化与城镇化的协调发展。长期以来，我国的城镇化水平滞后于工业化的基本原因在于工业产值比重与工业就业比重存在着严重的偏差，这种偏差主要是由我国产业结构不合理造成的，具体表现为第二产业比重偏高，服务业发展滞后，抑制了非农产业比重的上升。在工业化过程中，随着人均国民生产总值的不断提高，与制造业相比，服务业具有较高的就业弹性，而且呈现出随经济发展水平的提高，服务业对整个就业的带动效应增强的趋势。同时，从经济增长与产业结构变动的趋势看，工业就业对整个就业的带动效应变弱，与此相比，非农产业就业对整个就业的带动效应日趋增强，这种带动效应的发挥主要依赖于第三产业的迅速扩张，因此大力发展服务业是促进我国工业化与城镇化协调发展的基本路径之一。从目前来看，我国的第三产业发展整体处于低级发展阶段，但从长远发展来看，第三产业将成为我国工业化和城镇化进一步发展推进的基础和关键。通过加快第三产业发展带动工业化与城镇化的协调发展。要积极健全和完善第三产业发展的相关政策体系，全面发展城镇服务业特别是现代服务业，拓展劳动力的就业空间，并以此促进城镇化的发展和城镇整体水平的提高。

针对我国农村剩余劳动力数量多、就业压力大的实际情况，还要积极发展劳动密集型工业，结合我国工业发展的资源禀赋和比较优势，健全和完善支持劳动密集型产业发展的配套政策措施。在适时适度发展劳动密集型产业并增加农村剩余劳动力就业的过程中要积极支持企业兼并重组,引导具有劳动密集型特征的乡镇企业聚集起来形成产业集群,通过乡镇企业的集聚和产业集群的发展实现人口聚集和城镇化的发展。在工业化推进过程中,要积极增强我国企业的科技自主创新能力,积极增加自主知识产权,改变我国制造业在全球产业链分工体系中处于低端环节仅能从事低附加值的加工组装等的状况,增强我国制造业的国际竞争优势,提升产品附加值,推动经济效益和工资水平的提升,提高农村劳动力进入城镇之后的生活水平和适应能力。

第三,加快推动区域协调发展。总体上看,我国中西部地区的工业化与城镇化的耦合协调度较低,工业化和城镇化的程度都不高。根据前文的研究结果,城镇化初期,工业化的推动作用显著,因此,对于中西部地区来说,一是要坚持把深入实施西部大开发战略放在区域发展总体战略优先位置,给予特殊政策支持,发挥资源优势和生态安全屏障作用,加强基础设施建设和生态环境保护,大力发展科技教育,支持特色优势产业发展。加大支持西藏、新疆和其他民族地区发展力度,扶持人口较少的民族地区的发展。二是要大力推进中部崛起,发挥承东启西的区位优势,改善投资环境,强化交通运输枢纽地位,壮大优势产业,发展现代产业体系,通过工业化带动城镇化的进程。三是要全面振兴东北老工业基地,发挥产业和科技基础较强的优势,完善现代产业体系,促进资源枯竭地区转型发展。对于东部沿海地区来说,当前的主要任务是积极实现经济发展方式转变,发挥对全国经济发展的支撑作用和新型工业化的表率作用,在更高层次参与国际经济合作和竞争。更好发挥经济特区、上海浦东新区、天津滨海新区在改革开放中先行先试的重要作用,实现东部沿海工业化与城镇化的协同发展。

第四,积极完善城镇发展思路,为工业化发展提供平台。城镇化过程中的各种要素和资源向城市的转移和集中,为大规模的生产提供了可能,城镇化带来的是人口在产业间的转移和产值比重在产业间的调整,为建立在人力资本积累和面对面交流的基础上的高度专业化的劳动力的形成和新思想的产生提供了便利。城镇化的发展为工业化的进一步发展提供了广阔的外部环境和丰富的物质资源,借助于需求拉动工业化的发展。同时,空间位置的邻近有利于知识的传播和信息的扩散,城市的现代基础设施提供了最为便利的条件,满足了工业化中专业化的要求,有密切联系的工业企业之间能产生溢出效应,提高生产率水平,降低生产成本,给企业带来生产成本的节约和收益的增加,并由此促进分工的深化和专业化水平的提高,进而促进工业化的发展。

　　在工业化与城镇化的协调发展过程中,首先,要积极发挥大城市推进工业化和引导区域经济增长的主导作用。大城市具有先进、便利的交通运输、信息媒介和技术研发等功能和优势,能够聚集人、财、物等各种生产资源,吸引大企业投资生产,从而有效带动区域经济发展和工业化的推进。其次,要大力发展中小城镇,完善中小城镇管理体制,提升中小城镇行政管理水平,实现中小城镇行政管理体制与现代城市行政管理体制接轨。结合中小城镇所在地区的资源禀赋和区位优势确定中小城镇产业发展方向,确立主导产业,制定产业发展政策。完善中小城镇行政管理权限和管理范围;放宽中小城镇农村劳动力吸纳的限制,增强中小城镇对公共基础设施和社区管理方面的管理职能,使中小城镇成为推进乡镇企业尤其是劳动密集企业发展的重点区域,从而更好地吸纳农村剩余劳动力进城,实现工业化与城镇化的协调发展。

第 十 二 章

中国区域工业化水平
差异与协同发展研究

现阶段,我国整体上已进入工业化发展的中后期阶段,但由于我国幅员辽阔,各地区发展基础、体制环境、资源技术条件和劳动力素质等存在较大差别,导致各区域新型工业化发展水平存在较大差别。全面衡量和准确把握各区域新型工业化发展水平,有针对性地制定实施促进各区域新型工业化发展的对策,促进区域新型工业化协调发展,是"十二五"乃至其后一个时期中国特色新型工业化发展的重要任务。本章在有关学者研究的基础上,通过构建区域新型工业化指标体系,采用因子分析和回归分析模型,对我国省域新型工业化发展的差异性进行实证分析,在此基础上,提出促进我国区域工业化协调发展的思路及对策。

第一节　我国区域新型工业化发展差异的实证分析

一、研究综述

目前,对新型工业化进行测度的方法主要有主成分分析、因子分析法和层次分析法等。国内学者利用因子分析方法对新型工业化的测度,多沿用选取指标体系,最后针对某个特定省份或者特定区域进行研究的模式,未对我国省域新型工业化差异进行深入探讨。比如,王亚玲(2008)提出新型工业化指标体系包括反映工业化阶段的指标和反映工业化质量的指标两方面,通过借助主成分分析对我国 30 个省市新型工业化水平进行测度,重点分析了陕西工业化的现状及其存在的问题,并提出了相应的对策。王晗霞(2008)借助因子分析法对中部六省新型工业化水平进行实证分析,分析了造成中部六省域新型工业化差异的影响因素。刘涛(2005)重点研究了重庆市的新型工业化问题。卢华丽(2006)构建了包括工业化水平、工业化结构、科技含量、经济效益、信息化水平、资源环境和社会可持续发展七个方面的综合指标体系,运用因子分析和聚类分析对区域新型工业化水平差异的影响因素进行了分析,并给出相应对策。因子分析法的优势在于用较少的公共因子涵盖原来众多影响因素包含的信息,故而本节选取因子分析作为区域新型工业化差异的实证分析方法。

二、新型工业化的评价指标体系与因子分析法

工业化是一个国家或地区随着工业发展,人均收入和经济结构发生连续变化的过程,人均收入水平的提高和经济结构的转换是工业化发展的主要标志。新中国成立以来包括改革开放以来,我国走了一条传统工业化发展道路,产业结构不合理,资源环境遭到很大破坏,经济效益低下,人民生活水平提高缓慢。国内外经济发展环境与我国工业化发展的现实条件迫切要求我国必须加快转变经济发展方式,走出一条科技含量高、经济效益好、资源消耗低、人力资源丰富的优势得到充分发挥的中国特色新型工业化道路。新型工业化与传统工业化相比有以下几个特点:它是低消耗、高效益的工业化;它是经济增长与环境保护实现协调统一的能够实现可持续发展的工业化;它是能够充分发挥我国人力资源优势,与信息化实现融合发展的工业化;最后,它是能充分发挥科技先导作用的工业化。本节基于新型工业化这六个方面的特征,结合传统工业化的评价指标,构建新型工业化评价指标体系,并运用因子分析法对新型工业化的区域差异进行实证分析。

（一）区域工业化差异的测评方法:因子分析法

因子分析(factor analysis,简称FA)的思想源于1904年查尔斯·斯皮尔曼(Charles Spearman)对学生考试成绩的研究。因子分析是主成分分析的推广,是多元统计分析技术的一个分支,因子分析法是在主成分分析的基础上构筑若干意义较为明确的公因子,以它们为框架分解原变量,以此来考察原变量间的区别与联系。其主要特点是用较少的几个假想的因子来反映原来众多的观测数据所包含的主要信息。其中共同的原因称为公共因子;每一个变量也含有其特定的原因,成为特定(特殊)因子。因子分析的实质就是用几个潜在的但不能观察的互不相关的随机变量去描述许多变量之间的相关关系(或者协方差关

系），这些随机变量被称为因子。

（1）因子分析模型

描述如下：

$$X = \partial F + \varepsilon$$

其中，$X = (x_1, x_2, \cdots, x_p)^T$，是一个 p 维随机向量，$\partial = (a_{ij})_{p \times q}$ 为因子载荷矩阵，$F = (F_1, F_2, \cdots, F_q)^T (q < p)$ 为因子向量，a_{ij} 表示第 i 个初始变量在第 j 个因子轴上的负荷。如果把 x_i 视为 P 维空间的一个向量，则 a_{ij} 即为 x_i 在 f_j 轴上的投影。ε 表示初始变量不能被公共因子解释的部分。公共因子与特殊因子彼此独立。因子分析就是要找出公共因子并解释其实际含义。

（2）因子与因子载荷

由于 F 与 ε 相互独立，存在：$\mathrm{cov}(F, \varepsilon) = E(\varepsilon F') = 0$，而在正交因子模型条件下，存在：$\mathrm{cov}(X, F) = E(XF') = E[(\partial F + \varepsilon)F'] = \partial E(FF') + E(\varepsilon F') = \partial$，由此可得：

$$\mathrm{cov}(x_i, F_j) = \mathrm{cov}(\sum_{j=1}^{p} a_{ij}F_j + \varepsilon_i, F_j) = \mathrm{cov}(\sum_{j=1}^{p} a_{ij}F_j) + \mathrm{cov}(\varepsilon_i, F_j) = a_{ij}$$

在假设 x_i 和 F_j 的方差都是 1 的条件下，a_{ij} 是变量 x_i 和因子 F_j 的相关系数。

假定随机变量 X 的协方差矩阵为 $\sum$，则有

$$\sum = \mathrm{cov}(X, X) = \mathrm{cov}(XX') = E[(\partial F + \varepsilon)(\partial F + \varepsilon)']$$

$$= E[(\partial F + \varepsilon)((\partial F)' + \varepsilon')] = E[(\partial F)(\partial F)' + \varepsilon(\partial F)' + \partial F\varepsilon' + \varepsilon\varepsilon']$$

$$= \partial\partial' + \varphi$$

由上式可以得出：

$$\mathrm{var}(x_i) = a_{i1}^2 + a_{i2}^2 + \cdots + a_{ip}^2 + \varphi_i$$

假设，$a_{i1}^2 + a_{i2}^2 + \ldots + a_{ip}^2 = h_i^2$，则存在：$\mathrm{var}(x_i) = h_i^2 + \varphi_i = 1$

其中，h_i^2 反映了公共因子对 x_i 方差的贡献，称为共性方差。φ_i 称为特殊方差，或者剩余方差。共性方差的作用可以用其总方差的百分比表示，百分比越大说明共性方差的作用越大，进行因子分析的效果越好。因为每个变量的方差均为 1，因此共性方差就是所占的百分比数值。

因子载荷矩阵 ∂ 的估计方法都比较复杂，常用的方法有极大似然法、主成分法、迭代主成分方法、最小二乘法、α 因子提取法等。

（3）关于因子旋转

所谓旋转就是坐标变换。在旋转后的新坐标系中，因子载荷将重新分配，

使公因子负载荷系数向更大(向 1)或更小(向 0)方向变化,故有可能对通常情况下的支配因子做专业性解释,对公因子的命名和解释变得更加容易。可以证明,模型的共性因子并不唯一,对初始共性因子进行旋转,就可以获得一组新的共性因子。一类是正交旋转,它能保证旋转后各共性因子仍然正交。譬如方差最大正交旋转,共性因子上的相对载荷平方的方差之和能达到最大,并保证原共性因子之间的正交性和共性方差总和不变;另一类是非正交旋转,旋转后不能保证各共性因子之间的正交关系,如斜角旋转。

因子分析的一个重要目的是对原始变量进行分门别类的综合评价。如果因子分析结果保证了因子之间的正交性但因子不易命名,比较理想的处理方法是对因子模型进行正交旋转,保证变化后各因子仍正交。如果经过正交变换后对公因子仍然不易解释,还可通过斜交旋转,或许可以得到较易解释的结果。

(4)因子分析的步骤

因子分析要经过以下几个步骤:

①处理数据,对原始变量进行标准化处理,消除指标间量纲差异造成的影响;

②得出指标间的相关系数矩阵,并进行 KMO 和 Bartlett 球形检验,判断因子分析方法是否适用;

③根据累计贡献率并结合碎石图确定公共因子个数;

④进行因子旋转,并根据旋转成分矩阵给因子命名;

⑤计算各公共因子和综合得分,结合研究方向做相关分析等。

(二)评价指标体系的构建

新型工业化是一个既有经济发展又有资源节约与环境保护因素的综合的经济、技术发展过程,既包括量的扩张,又要考虑质的提升。遵循指标选取的系统性、科学性、易得性、可比性等原则,基于新型工业化的内涵和特征,在借鉴有关学者研究的基础上,这里主要从以下几个方面对我国 30 个省市新型工业化发展水平进行测度(见表 12.1)。

新型工业化是在传统工业化基础上发展起来的,因而新型工业化指标是在传统工业化指标基础上增加新型工业化特征指标得来的。新型工业化指标评价体系中工业化进程和工业化结构指标属于传统工业化发展水平指标,而人力资源、能耗、环保、科技创新、信息化和工业企业效益指标都属于新型工业化质量指标。

表 12.1　区域新型工业化指标体系

目标	一级指标	二级指标	变量
新型工业化指标体系	工业化进程	人均 GDP	X1
		城镇化率	X2
		恩格尔系数	X3
	工业化结构	工业化率	X4
		产业结构高度	X5
		第二、三产业产值所占比重	X6
		第二、三产业就业所占比值	X7
	人力资源指标	科教支出占财政支出的比重	X8
		城镇登记失业率	X9
		每十万人在校高校生数量	X10
	能耗指标	单位工业增加值能耗	X11
		单位地区生产总值能耗	X12
		电力消耗量	X13
	环保指标	工业废水治理效率	X14
		三废综合利用产品产值	X15
		环保投资占财政支出比重	X16
		建成区绿化覆盖率	X17
	科技创新指标	大中型工业企业新产品产值效率	X18
		新产品经费投入回报率	X19
		高新技术产业产值占工业总产值比重	X20
		技术市场成交额	X21
		大中型工业企业专利申请授予率	X22
		发明专利申请授予率	X23
	信息化指标	长途光缆线路长度	X24
		人均固定电话通话次数	X25
		互联网普及率	X26
		移动电话普及率	X27
		信息产业占 GDP 比重	X28
	工业经济效益指标	大中型工业企业资产负债率	X29
		流动资金周转率	X30
		总资产贡献率	X31
		成本费用利润率	X32

资料来源:作者自己整理。

1. 工业化程度指标

工业化程度指标包括工业化进程指标和工业化结构指标。其中工业化进程指标包括人均 GDP、城镇化率、恩格尔系数;工业化结构指标包括工业化率、产业结构高度、第二、三产业产值所占比重、第二、三产业就业所占比重。

①人均 GDP。它是判定工业化发展阶段的最基本的指标。H. 钱纳里等人提出按照人均 GDP 为划分依据,将经济结构转换过程划分为 6 个时期 3 个

阶段,分别为初级产品生产时期、工业化初期、工业化中期、工业化成熟期、工业化发达期和发达经济阶段,该指标被广泛运用于工业化发展阶段的判断中。

②城镇化率。城镇化率也即城乡结构指标。工业化的过程离不开城镇化,城镇化比重提升在某种程度上能反映出区域经济结构的转型,凸显出该地区基础设施、工业基础等方面的优势。

③恩格尔系数。恩格尔系数越低,说明居民生活越富裕,消费能力越强。一个地区经济发展水平,所处的经济发展阶段,乃至地区产业结构的演进,都可以在恩格尔系数指标中体现出来。本节的恩格尔系数为农村和城镇恩格尔系数的加权平均值,而权重值为乡村和城镇的人口比重值。

④工业化率。该指标是指工业增加值占 GDP 的比重。工业化通常被定义为工业在国民生产总值中比重不断上升的过程,以及工业就业人数在总就业人数中比重不断上升的过程。工业化率是国际上衡量工业化程度的常用指标之一。

⑤产业结构高度。产业结构高度化包括两个内涵:一是比例关系的演进;二是劳动生产率的提高。前者是产业结构高度化的量的内涵,后者才是产业结构高度化的质的内涵。具体计算公式为:$H = \sum_i a_i \times LP_{it}$,其中 a_i 表示第 i 产业产值在 GDP 中比重,LP_{it} 是指 i 产业在 t 时间内的劳动生产率,当劳动生产率较高的产业占较高份额时,产业结构高度值 H 也相应会较高。此时达到的产业结构高度也是较为合理、有效的实高度。

⑥非农产业产值占 GDP 的比重。该指标是指第二产业和第三产业产值之和占总产值的比重。根据库兹涅茨的理论,随着工业化程度的加深,第一产业产值所占总产值的比重持续下降,第二产业产值比重迅速上升,到工业化后期第三产业产值比重将大幅提高。随着工业化进程的加深,该指标值将不断增大。

⑦第二、第三产业就业所占比重。工业化的本质是指第二产业和第三产业在国民经济中的比重不断上升的过程,随着工业化进程的推进,第二、第三产业就业所占比重也会逐步提高,根据配第—克拉克定律,随着工业化水平的不断提高,第二、第三产业就业人数的比重将会持续提高。

2. 新型工业化质量指标

新型工业化质量指标体系包括人力资源利用、能源消耗、环境保护、科技创新等方面的内容。

(1)人力资源指标:包括教育支出占财政支出比重、城镇登记失业率、每十万人口在校高校生数量。①教育支出占财政支出的比重反映了国家在教育上的投资力度。②城镇登记失业率反映了地区城镇人力资源的利用效率,同时也是该地区企业经营效率的晴雨表,当企业经营效益不高,区域经济发展减缓时,将出现大批闲置的人力资源,此时失业率也居高不下。③每十万人口在校高校生数量反映出地区人口接受高等教育的状况和地区高素质人才的储备情况。

(2)能耗指标:包括单位工业增加值能耗、单位地区生产总值能耗、电力消耗量。长期以来,我国经济的高增长是建立在高能耗基础上的,2002 年以来,我国能源消耗增长一直高于 GDP 增长,这种粗放式的发展模式透支了未来的发展潜力。而单位工业增加值能耗、单位地区生产总值能耗、电力消耗量这三个能源消耗指标能够反映出地区发展集约化程度。

(3)环保指标:包括工业废水治理效率、"三废"(废液、废气、废渣)综合利用产品产值、环保投资占财政支出比重、建成区绿化覆盖率。

①工业废水治理效率是评价各地区工业废水排放达标效率的指标,其计算公式为:

工业废水治理效率=工业废水达标率/废水治理设施数=(工业废水排放达标量/工业废水排放总量)/废水治理设施数×100%。

②"三废"综合利用产品产值。该指标是指利用"三废"作为主要原料生产的产品价值(现行价),反映出地区工业化过程中废物改造再利用能力。

③环保投资占财政支出比重。该指标反映出工业化过程中对环境保护的投资力度和重视程度。

④建成区绿化覆盖率。该指标是指在城市建成区的绿化覆盖面积占建成区面积的百分比。城市绿化作为宜居环境最基本的标准,是区域经济可持续发展能力的重要标志。

(4)科技创新指标:包括大中型工业企业新产品产值效率、新产品经费投入回报率、高新技术产业产值占工业总产值比重、技术市场成交额、大中型工业企业专利申请授予率、发明专利申请授予率。

①新产品产值效率值。该指标是指各省份大中型工业企业新产品研发投入产出的相对效率,选取各省份大中型工业企业新产品产值作为输出量,大中型工业企业 R&D 人员全时当量和 R&D 经费作为投入量,借助 DEA 模型得出各省份大中型工业企业新产品产值相对效率值。

②新产品经费投入回报率。该指标是指新产品的销售收入与开发新产品经费的比值,该指标反映了开发新产品经费投入的经济效益。

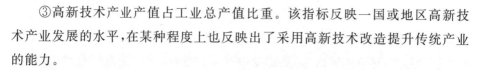

③高新技术产业产值占工业总产值比重。该指标反映一国或地区高新技术产业发展的水平,在某种程度上也反映出了采用高新技术改造提升传统产业的能力。

④技术市场成交额。该指标反映出地区创新能力,企业是技术合同买卖双方的最大交易主体,科技计划项目成果在技术市场实现了转移、转化。技术市场对推动科技进步、产业结构优化升级、促进国民经济良性发展上发挥着日益重要的作用。

⑤发明专利申请授予率。专利申请授予率反映出地区拥有自主知识产权的科技和设计成果情况,而发明专利是国际通用的反映拥有自主知识产权技术的核心指标。

(5)信息化指标:以信息化促进工业化,以工业化带动信息化,促进信息化和工业化的深度融合是新型工业化最显著的特点,参照我国《国家信息化指标构成方案》及其国际通用标准,结合数据的易得性,选取长途光缆线路长度、人均固定电话通话次数、互联网普及率及移动电话普及率、信息产业占GDP比重作为信息化的衡量指标。①长途光缆线路长度用于测量长途通信的通信线路实际长度,是通信基础设施规模最常用的指标。②人均固定电话通话次数用于测度电话主线使用率,反映信息资源的应用程度。③互联网普及率及移动电话普及率分别表示互联网上网人数和移动电话用户数量占总人口比重。④信息产业增加值占GDP比重是信息技术的产业指标,能从宏观上反映出信息产业在整个国民经济中所处的地位。

(6)工业经济效益指标:大中型工业企业资产负债率、流动资金周转率、总资产贡献率、成本费用利润率。①资产负债率是资本结构指标,该指标既反映企业经营风险的大小,又反映企业利用债权人所提供的资金从事经营活动的能力。②流动资金周转率是企业的经营效率指标,反映出该企业营运能力的强弱。③总资产贡献率是评价企业全部资产盈利能力的核心指标,是企业经营业绩和管理水平的集中体现。④成本费用利润率是指在一定时期内利润总额与企业全部生产投入之比,体现了经营耗费所带来的经营成果,是成本费用投入的经济效益指标,该比值越小,企业所得利润越少。

三、我国新型工业化区域发展水平的差异测度

(一)实证分析

为了消除因数据量纲不统一及大小悬殊而导致的不合理影响,在运用spss

进行因子分析之前需要对原始指标进行标准化处理。同时，由于各指标对于区域新型工业化影响方向并不一致，对于正向指标，其值越大则表示区域新型工业化程度越高；对于逆向指标，则需要进行逆向处理，由于逆向数据均为正数，本文采取对其取倒数的处理方法。本文数据均选自于《中国统计年鉴》(2010)和《中国高新技术产业统计年鉴》(2010)。由于西藏很多指标的数据均缺失，为保证因子分析的有效性，本节样本数据不包括西藏。

通过因子分析删除掉相关度较低的指标选项，最后保留了 16 个核心变量指标，分别为：人均 GDP、城镇化率、工业化高度、第二、三产业产值所占比重、第二、三产业就业所占比重、单位工业增加值能耗、单位地区生产总值能耗、"三废"综合利用产品产值、大中型工业企业新产品产值效率、新产品经费投入回报率、人均固定电话通话次数、互联网普及率、移动电话普及率、大中型工业企业资产负债率、流动资金周转率、总资产贡献率。

根据表 12.2 展示的 KMO 和 Bartlett 球形检验发现，KMO 的统计量值是0.736，说明变量间重叠程度较高，而 Bartlett 检验拒绝原假设，即变量间有较强的相关性，可以做因子分析模型。

表 12.2　KMO 和 Bartlett 球形检验表

KMO and Bartlett's Test		
Kaiser-Meyer-Olkin Measure of Sampling Adequacy.		0.736
Bartlett's 检验	Approx. Chi-Square	603.913
	Df	120
	Sig.	0

资料来源：SPSS16.0 统计结果。

而由特征值及累计百分比表(见表 12.3)可以看出，前四个因子特征值累计贡献率达到了 86.514% 以上(一般来讲，累计贡献率在 75% 以上就默认为适用)，说明前四个因子基本包含了所有评价指标的总信息量，满足选取标准，通过研究该四个因子可近似于获取所有指标的全部信息。

表 12.3　总解释变量表

Total Variance Explained					
Component	Initial Eigenvalues			Rotation Sums of Squared Loadings		
1	8.443	52.77	52.77	8.241	51.504	51.504
2	2.458	15.361	68.131	2.209	13.804	65.308

（续表）

Total Variance Explained						
3	1.74	10.873	79.004	2.039	12.743	78.051
4	1.202	7.51	86.514	1.354	8.463	86.514
Extraction Method：Principal Component Analysis.						

资料来源：根据SPSS16.0统计结果整理所得。

进行方差最大正交旋转后的因子载荷矩阵如表12.4所示。

表12.4 旋转后的因子载荷矩阵

	X1	X2	X5	X6	X7	X11	X12	X15
1	0.95	0.94	0.84	0.75	0.90	0.84	0.76	0.09
2	−0.05	−0.03	−0.06	−0.41	−0.15	0.23	0.40	0.13
3	0.14	0.19	0.21	0.13	0.09	0.11	0.00	−0.05
4	0.06	−0.07	−0.19	0.24	0.27	0.24	0.26	0.92
	X18	X19	X25	X26	X27	X29	X30	X31
1	0.30	0.05	0.91	0.97	0.94	−0.47	−0.19	−0.26
2	0.01	0.10	0.00	−0.08	−0.16	−0.67	0.73	0.88
3	0.93	0.95	0.02	0.02	0.04	0.04	0.36	−0.01
4	−0.01	−0.04	−0.23	0.02	−0.04	0.21	0.31	0.12

资料来源：根据SPSS16.0统计结果整理所得。

可以发现，因子1在X1、X2、X5、X6、X7、X11、X12、X25、X26、X27上有较大的负载，分别在人均GDP、城镇化率、工业化高度、第二、三产业产值所占比重、第二、三产业就业所占比重、单位工业增加值能耗、单位地区生产总值能耗、人均固定电话通话次数、互联网普及率、移动电话普及率上反映，由于该因子反映了含有能耗因素和信息化因素在内的工业化程度，故命名为低能耗的工业化发展程度因子。

因子2在X29、X30、X31上有较大的负载，分别从大中型工业企业资产负债率、流动资金周转率、总资产贡献率上反映地区工业经济效益，故命名为工业企业经济效益因子。

因子3在X18、X19上有较大的负载，分别从大中型工业企业新产品产值效率、新产品经费投入回报率上反映，而两项都是技术创新能力的体现，故把因子3命名为科技创新能力因子。

因子4在X15上有较大载荷,X15是"三废"综合利用产品产值,该指标反映了地区工业化过程中废物改造再利用的能力,故把因子4命名为环保程度因子。

根据SPSS输出结果和各公共因子特征值计算各公共因子和综合因子得分,并予以排序,结果见表12.5。

表12.5 公共因子和综合因子得分排序表

地区	F1	F2	F3	F4	综合	地区	F1	F2	F3	F4	综合
北京	2	20	15	27	2	河南	22	1	20	9	13
天津	3	25	2	10	4	湖北	13	15	23	13	18
河北	19	19	12	4	20	湖南	24	5	5	5	14
山西	17	29	21	12	27	广东	4	10	25	8	3
内蒙古	12	17	6	26	16	广西	28	21	4	16	24
辽宁	8	22	11	18	10	海南	16	2	30	29	19
吉林	18	8	1	23	9	重庆	14	23	3	14	15
黑龙江	11	7	29	1	11	四川	25	18	9	11	23
上海	1	16	8	28	1	贵州	30	27	19	17	30
江苏	7	12	18	2	6	云南	29	13	26	20	25
浙江	5	26	16	1	5	陕西	10	14	28	21	17
安徽	26	11	14	7	22	甘肃	27	24	24	24	28
福建	6	6	22	15	7	青海	21	28	10	25	26
江西	20	4	17	6	12	宁夏	23	30	13	19	29
山东	9	3	7	3	8	新疆	15	9	27	30	21

资料来源:根据SPSS16.0统计结果整理所得。

为了进一步分析区域新型工业化的进程和区域差异情况,本节根据综合因子得分情况对我国30个省(自治区、直辖市)进行了聚类分析,结果见表12.6。

表12.6 新型工业化因子得分聚类分析结果

一	上海、北京
二	天津、广东、江苏、浙江、福建、山东、吉林
三	河北、辽宁、安徽、广西、四川、新疆
四	内蒙古、黑龙江、湖南、湖北、陕西、江西、河南、海南、重庆
五	山西、贵州、云南、甘肃、青海、宁夏

资料来源:根据SPSS16.0统计结果整理所得。

（二）区域新型工业化差异性的实证结果及其分析

通过对地区因子进行聚类分析（见表12.6），我们可以发现我国新型工业化进程表现出很强的地域特征，新型工业化的程度、广度和深度在我国省域间差别较为显著，中、东、西部地区新型工业化梯度差异明显，环渤海、长三角及珠三角地区新型工业化程度处于全国领先水平。

通过观察表12.5可以发现，上海、北京、广东、天津这四个东部沿海省市的综合得分最高，已经达到了工业化后期阶段，新型工业化程度最高。其中，上海已经完成工业化进程，在低能耗和信息化方面有很强的优势，但工业企业经济效益因子得分相对较低，处于全国中等水平，技术创新能力处于全国中等偏上水平，环境保护力度偏弱。北京在低能耗工业化程度和信息化方面优势明显，但在工业企业经济效益方面得分较低，处于全国中等偏下水平，技术创新能力较强，在环境保护方面得分明显落后于全国其他省份。广东省、天津市由于城镇化和第三产业的非均衡增长，离完成工业化还有一段距离。天津市在低能耗工业化程度、信息化和技术创新能力方面有较强的优势，处于全国领先水平，但在工业企业经济效益方面明显落后于其他沿海省份。广东省在工业企业经济效益和低能耗、信息化方面有明显的优势，环境保护力度较强，但科技创新能力略显不足。

河北省地处环渤海经济圈，处于京津冀经济圈的第三位，受京津区位和宏观经济发展战略的影响，河北省一直在区域经济中为京津两市的发展提供了丰富的生产要素支持，处于承载的地位。通过表12.5可以发现，河北省科技创新能力较强但低能耗工业化程度、信息化水平及工业企业经济效益等方面均处于全国中等偏下水平，与京津地区相差甚远。

其次是江苏、浙江、福建、山东、吉林、辽宁、黑龙江等省份。其中，江苏省表现出很强的低能耗工业化程度优势和信息化优势，科技创新实力显著，工业企业经济效益也处于全国中等偏上水平，有很强的新型工业化发展潜力。浙江省在低能耗工业化进程方面领先于江苏省，信息化程度较高，技术创新能力处于全国前列，优势显著，但工业经济效益因子得分较为靠后，江苏和浙江两个省份在环境保护方面成绩显著，处于全国领先水平。福建省在低能耗工业化程度和信息化程度、工业经济效益方面均处于全国领先水平，但科技创新能力还需加强。山东省工业经济效益、技术创新能力、环境保护力度等方面均处于全国领先水平，低能耗工业化程度和信息化程度略显不足，新型工业化综合程度较高，有很强的发展潜力。

东北三省是全国工业化水平较高的地区,在改革开放以后,东北三省一度被边缘化,但随着国家提出振兴东北老工业基地以来,东北三省凭借良好的资源优势和较为优越的地理位置,加快与东北亚地区经济合作,近年来新型工业化程度提高。吉林省技术创新能力最强,工业企业经营状况良好,经济效益因子得分处于全国领先水平,但低能耗工业化进程落后于全国平均水平。辽宁省低能耗工业化程度、信息化因子得分较高,技术创新能力较强,但工业企业经济效益方面略显不足。黑龙江省工业企业经济效益因子得分较高,技术创新能力最弱。

在东部沿海省份中,海南省排名明显落后于其他省份。海南省工业企业经济效益方面有显著的优势,低能耗工业化水平和信息化水平较高,但科技创新能力和环境保护程度方面处于劣势。

中部省份的江西、河南、湖南、内蒙古、湖北等省份综合得分排名处于全国中等水平,得益于近年来国家的促进中部地区崛起政策,这些省份大力推进工业化进程,积极调整产业结构,优化产业布局,提高了新型工业化程度。其中,江西省在工业企业经济效益和环境保护力度方面处于全国前列,但科技创新能力处于全国中等水平,低能耗工业化程度和信息化方面略显不足。河南省低能耗工业化程度和信息化因子得分排名较为靠后,但在工业企业经济效益方面得分较高。湖南省低能耗工业化因子得分较低,但工业企业经济效益因子和技术创新能力因子得分排名处于全国前列。山西省在科技创新和工业企业经济效益方面均落后于中部其他省份,综合得分排名靠后,明显落后于中部其他省份。

陕西、重庆、新疆是西部地区省份中新型工业化程度较高的几个省份。其中,陕西省在工业企业经济效益和信息化、低能耗方面优势明显,科技创新能力较弱。重庆市技术创新能力很强,低能耗工业化程度和工业经济效益方面处于全国中等偏上水平。由于近年来,国家对新疆的大力支援,新疆凭借优越的资源优势在工业化方面表现十分突出,新型工业化水平甚至超过了中部一些较为发达的省份,新疆在低能耗、信息化方面处于全国中等偏上水平,而工业企业经济效益在全国处于领先水平。四川省低能耗工业化程度因子得分处于全国中等偏下水平,而工业企业经济效益因子、科技创新能力因子得分均处于全国中等偏上水平。云南、甘肃、青海、贵州、宁夏等西部偏远省份新型工业化程度较低。

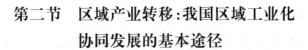

第二节　区域产业转移:我国区域工业化
协同发展的基本途径

一、区域产业转移与我国区域工业化协同发展

区域产业转移是区域经济发展不平衡的必然产物,也是开放经济条件下实现区域产业协调发展的内在要求和趋势。它一般以投资的形式出现,而本质上是现有生产能力在区域或空间上的重新组合和配置。在当今社会,产业转移已成为不同发展水平的国家或地区之间加强经济联系、实现经济协调发展的重要形式。第二次世界大战以来,世界范围内的国际产业转移就曾发生过三轮,每一轮都在很大程度上改变了世界经济发展的格局。第一轮国际产业转移是从20世纪50年代至60年代,欧美等发达国家传统的劳动密集型产业、高耗能工业向日本、西德等后发展国家的转移,这一轮产业转移大约持续了近20年的时间。第二轮国际产业转移是从20世纪60年代末至整个70年代,全球制造业向亚洲"四小龙"地区的转移,这一轮产业转移大约持续了15年左右的时间。第三轮国际产业转移则是从20世纪80年代以后,全球制造业向中国东部沿海地区进行大规模转移和聚集,这一轮产业转移一直持续到进入21世纪。以上每一轮国际产业转移,实质上都是发达国家跨国公司为了更加有效地利用全球资源以进一步发展和提升自己的竞争力,而展开的全球性战略布局和调整,是实现新的国际产业分工与协作的一种重要途径。

进一步分析20世纪80年代以来发达国家及港澳台地区企业向我国东部沿海地区的产业转移就会发现,这次产业转移主要是香港的大部分轻纺、玩具、钟表、消费电子、小家电等轻工和传统加工业的转移;而进入20世纪90年代以后,欧美、日韩及我国台湾省的电子、通信、计算机产业的低端加工和装配业开始向我国东部沿海地区大规模转移。进入21世纪以后,发达国家跨国公司的某些制造中心、产品设计中心、研发中心和采购中心等高端产业也开始向我国东部沿海地区转移。可见,发达国家和地区向我国东部沿海地区产业转移的水平在不断提高。在我国承接国际产业转移方面,总的看来,20世纪80年代以后,我国积极承接来自发达国家和地区的产业转移,积极参与国际产业分工与协作,利用国际产业转移的机遇和条件,凭借我国劳动力、资源和政策等方面的优势,迅速发展成为"世界工厂"和全球重要的"制造业生产基地",并实现了东部地区经济、社会的快速发展。应当说,东部地区产业结构的升级和经济快速发展,与积极承接海内外产业转移是直接相关的。

然而近年来,随着东部沿海地区制造业要素价格的上升、人民币汇率升值、出口退税下调以及加工贸易政策的收紧等多种因素的交织影响,使这些地区企业经营的商务成本居高不下,资源环境约束日渐突出,产业升级压力不断加大。在这种情况下,通过向中西部地区进行产业转移,以摆脱企业成本不断上升的"瓶颈"制约,集中有限的资源和空间重点发展高端产业,促进产业新的升级和竞争力的进一步提升,完成东部地区产业体系从规模扩张向结构提升转变,已成为促进东部地区加快转变经济发展方式、实现经济持续快速健康发展的必然要求。对于广大的中西部地区来说,积极承接东部沿海地区的产业转移,又是实现本地区产业结构优化升级、促进地区经济快速发展的有效途径。因为改革开放30多年来,我国区域经济事实上采取了一条非均衡的发展路径,东部沿海地区借助于良好的区位优势和政策优惠率先发展起来,同时东部地区与中西部地区经济发展的差距也进一步加大。为促进中西部地区加快发展,缩小不断加大的区域经济差距,我国先后实施了西部大开发、振兴东北老工业基地和促进中部崛起等重大区域性经济发展战略,并已取得较明显的成效。但毋庸讳言,如上节所分析的,时至今日,我国东部地区与中西部地区在工业化发展水平方面的差距仍然很大,有些方面的差距不但没有明显缩小,反而进一步扩大。这种状况说明,要从根本上缩小我国区域工业化发展差距,实现区域经济协调发展,必须调整我国区域经济发展思路,着眼于全国区域经济发展的整体性、系统性和协调发展的要求,以产业转移作为基本途径,加快建立和形成更为有效的区域经济协调发展的内在机制。

国际金融危机进一步凸显了加快形成我国区域经济协调发展机制、促进区域产业转移的必要性和紧迫性。无论在全球还是在我国,这次国际金融危机的影响仍未完全消失。国际金融危机对我国传统经济发展方式,包括区域经济发展方式提出严峻的挑战。金融危机充分暴露了我国经济过高的对外依赖度所带来的不利影响和严重后果,同时也显示出加快建立我国国内区域经济协调发展机制的重要性和迫切性。建立这种新型区域经济协调发展机制的重要目的是强化我国整体经济的"内循环"功能,有效抵御外部环境条件的变化,减轻我国经济对外部经济的过度依赖,将发展的基点主要建立在国内产业体系的健全、完善和竞争力提高基础之上。这样一种以区域产业协调发展为主要内容的经济内循环机制的形成,将成为源源不断地产生经济发展所需内需动力的"发动机"。反思一下近两年来我国应对国际金融危机的实践,可以发现:面临金融危机的强烈冲击,我国政府采取了大量扩大投资、着力刺激消费的一系列政策,取得了明显的成效,保持了相对较高的经济增长速度,促进了我国经济在危机中的率先复苏。应当说,我们应对危机的一系列政策是必要的和及时的。然而也应当看到,从总体上说,我国应对国际金融危机、力保经济增长速度的一系列政策措施,还仅具有治标而非治本的功能,政策措施主要是服务于短期内保持一定的经济增长速度,对整个国民经济的运行,在很大程度上还只是一种"输血"的性质,难以从根本上解决我国经济发展面临的矛盾和问题。对于我国经济发展而言,更为根本和事关长远的问题是经济结构不合理问题,是经济发展方式问题。而区域经济结构不合理是我国经济结构不合理的重要方面。通过加快调整优化经济结构,强化经济有机体的"造血"功能,形成内生性经济增长机制,具有更为根本和长远性的意义。而加快推进东部地区向中西部地区的产业转移,打造新型的区域经济协调发展机制,实现区域工业化协同发展,是形成以内需拉动为主导力量的新型经济发展方式的重要一环。

二、中国区域产业转移的驱动力分析

（一）产业转移的微观机理分析

作为产业转移的决策和实施主体,众多企业的生产经营决策构成一个产业是否发生转移的最终选择。由此,为分析产业转移的动力,首先简要分析一下企业进行生产转移的微观决策机理。

1. 企业进行生产转移的一般决策模式

这里假定企业作为市场主体,其进行经营决策的基本目的是追求利润最大化。具体到企业是否进行生产转移时,影响其决策的基本因素便是进行生产转移带来的收益与实施成本的大小权衡。假设企业进行生产转移的收益为 b_1,进行生产转移的成本为 c_1,此成本既包括企业进行生产转移不得不舍弃的固定成本,还包括各种机会成本,则企业进行生产转移从中获得的纯收益是 $\pi_1 = b_1 - c_1$。当 $\pi_1 > 0$,则企业就进行产业转移;否则,即不进行产业转移。由此可见,那些能够增大企业进行产业转移收益或降低企业生产转移成本的因素都能构成企业生产转移的动力。

2. 我国企业进行生产转移的特殊决策模式

对于现阶段中国企业来说,采取生产转移的决策,其驱动力来自于合作企业(如果企业采用联合投资的形式转移产能)、迁出地政府、承接地政府等多方

面的行为选择,而不同于一般产业转移文献所提及的,仅是转移企业对自身成本、收益进行权衡的结果。事实上,现阶段我国区域产业转移是一个多力量进行博弈的过程,参与博弈的各方,除了有作为产业转移主体的生产移出企业,还包括承接方企业(若企业与承接地企业进行联合投资而实现产业转移)、移出地政府和承接地政府。一方面,移出企业所在地政府出于调整当地产业结构的目的,限制甚至禁止其所处地某些行业的发展;另一方面,承接地政府为迅速扩大经济总量,则积极吸引该类型企业前来落户。在这种情况下,两地政府对企业给出的政策差距不仅使进行生产转移的企业经营成本有所降低,还能给企业带来长远发展的预期收益,如承接地政府出于招商引资的目的而多渠道维护企业良好的社会形象,企业经理人的社会地位也随之得到提升,而这些对于企业未来品牌竞争力的提升和发展空间的拓展无疑具有重要作用,从而构成企业进行生产转移的强有力的动力。由此,假设因政策因素带来的无形收益为 B($B>0$),则在上述企业决策模型中,企业进行生产转移决策的依据变为 $\pi'_1 = b_1 - c_1 + B$。当 $\pi'_1 > 0$ 时,企业选择进行转移;当 $\pi'_1 \leqslant 0$ 时,企业选择不进行转移。一般情况下,$\pi'_1 > \pi_1$,也即是当考虑到移出地和承接地政府给予的政策差别因素后,企业会选择进行生产转移。

(二)我国区际产业转移的动力分析

我国区际产业转移参与者有企业和政府,而政府在引导产业转移时,除了注重其经济效应,还会考虑其社会发展效应。因此,本节将分别从企业与政府两个维度来分析我国区际产业转移的动力来源,同时要考虑到政府的社会发展动机。

1. 东部地区企业转移动机之一:利用中西部地区的低成本生产要素

生产要素成本是企业生产经营的重要影响因素,它包括劳动力成本、土地成本、能源成本、原材料成本、办公耗材等。

(1)劳动力成本差异。一般情况下,区域经济发展水平差异将会导致劳动密集型产业的比较优势逐步丧失,产业从劳动力要素价格高的地区向价格低的地区转移,劳动力要素价格变动是产业转移的主要驱动因素。根据《中国统计年鉴》(2004—2008 年)各地平均工资统计数据可知,2003—2007 年我国上海、北京、广东、江苏、浙江等东部沿海城市职工平均工资最高,五年平均值在 20000元以上,而江西、海南、黑龙江、湖北、吉林、河南、贵州、河北等省平均工资最低,五年平均值徘徊在 15000 元左右。我国东部沿海地区职工的各种保险都略高于全国平均水平,显著高于中部地区,近乎为西部地区的 2 倍,企业在东部沿海

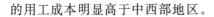

的用工成本明显高于中西部地区。

（2）土地成本差异。土地成本包括直接成本和间接成本，其中直接土地成本是购买土地的成本。东部沿海地区的直接土地成本是中西部地区的2—5倍，占地面积较大的生产企业，在中西部地区建设厂房，足以节约大笔资金用于新建厂房的生产经营。间接土地成本是为获得土地购买权花费的寻租成本等，由于东部沿海城市土地资源的获得越来越难，越来越多的企业在政府公关、公众形象维护方面不得不加大投入，以保证自己有足够的竞争能力去获得土地使用的权利，而中西部地区这方面的要求远小于东部地区。由此，企业在东部的间接土地成本方面也大于中西部地区。

（3）能源成本及原料成本差异。近年以来，煤、油、电的用量紧张导致我国特别是东部沿海工业地带的煤电油价格上涨明显，工业企业使用能源的成本压力陡涨。中西部地区石油、煤炭、铁矿等各种资源储量丰富，而东部沿海地区则储量稀少。从各地区电力消耗量可以看出，主要能源消耗大省是广东、江苏、浙江、山东、辽宁等东部地区。那么，能源价格上涨的压力也主要由这些地区的企业承担。制造加工型企业将厂址建在中西部地区靠近原料产地，就地进行生产，则可以节约原料外运的成本，这对于主要销售市场在国内的企业显得尤为重要。

当然，企业是否迁移，最终要取决于成本的节约是否足以弥补且超过其实施迁徙所耗费的成本，亦即企业决定是否迁移的前提条件是竞争区位与现有区位的盈利差额的贴现值，要大于企业的迁移成本。

2. 东部地区企业转移动机之二：承接地潜在的巨大市场需求

东部企业向中西部转移以后能够靠近市场、贴近消费者，便于获取信息，提高决策的速度和精度，从而更能对市场变化作出及时迅捷的反应，在竞争中取得优势地位。这是产业转移承接地的优势，也正是市场扩张型企业进行产业转移的动力。青岛啤酒集团快速收购外地啤酒厂即是这方面较为成功的例子。通过这种收购，青啤不仅获得了当地的工厂，迅速扩大了产能，更主要的是青啤收购工厂以后，保留并壮大了地方品牌，利用当地人对本地品牌的信赖，迅速赢得市场，实现以尽可能低的成本提高其产品和产量在中国市场占有率的目标。

3. 中西部企业及政府促进产业转移的动机

东部企业进行生产转移的形式主要有直接投资创建新厂、与中西部企业进行联合投资、购并原有企业等。第一种形式主要是东部企业自我决策并实施的结果，而在后两种形式的产业转移过程中，中西部企业在其中起到很重要的作用。中西部企业与东部企业进行联合投资的主要动机是利用东部企业的销售渠道,快速扩大市场份额。从地缘关系上说,东部企业地处沿海,有着靠近国际市场的优势,往往有一定的海外市场营销渠道。而中西部企业身处内陆,往往没有在国际市场上进行营销的经验和渠道,通过联合投资,中西部企业可以在与东部企业合作过程中,通过"干中学",了解并掌握开拓海外市场的经验,并适当利用东部企业的海外销售渠道。另外,联合投资还能为中西部企业带来急需的资金、技术和人才,给投资者带来的经济收益远大于等待自身资本积累的机会成本。因此,中西部企业有着足够的联合投资的动机。中西部企业选择被并购的主要动机是企业本身经营不善或者企业效益不佳,接受东部强势企业的并购能够保证企业资产和职工在市场中重新发挥其效应,这无论对中西部企业、职工和政府来说都是有利的。从中西部政府层面来看,为加速本地经济发展,迅速扩大经济总量,这些地区的政府一般都有较强烈的承接来自东部地区产业转移的动机。从社会层面讲,通过招商引资引来东部企业和投资,可以增加就业机会,有利于维护社会安定,提高当地人民对政府执政的满意度。

我国产业转移的动力可用图 12.1 表示。在该图中,图上方为产业转移转出地(即东部地区),下方为产业转移承接地(中西部地区),向下的箭头即为产业转移的动力。

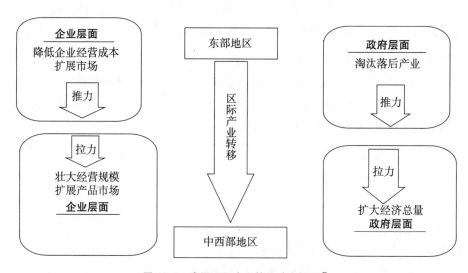

图 12.1　我国区际产业转移动力机制[①]

① 江霈:《中国区域产业转移动力机制及其影响因素分析》,全国博士学位论文库,2009年,第 62—63 页。

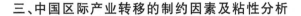

三、中国区际产业转移的制约因素及粘性分析

（一）现阶段中国区域产业转移的主要制约因素

对于东部地区来说，向中西部地区进行产业转移势在必行，这是调整优化这些地区产业结构、加快转变经济发展方式的必然要求。目前存在的主要制约因素是观念上的和认识上的。一些东部沿海地区担心产业转移可能导致本地区产业的空心化，因而对向中西部地区产业转移持有一定的疑虑。实际上这种担心是多余的。从短期来看，在创新机制尚未建立、新兴产业不能及时培育发展并形成规模、产业升级的技术支撑尚没有完全形成的条件下，将现有某些产业特别是劳动密集型产业转移出去，确实可能会使一些东部沿海地区失去部分经济增长点，并可能增加结构性失业。但从长远来看，向中西部地区的产业转移是势在必行，由此导致的某些不良后果不过是这些地区实现产业整体升级、重塑区域产业竞争力、实现经济持续稳定快速增长所必须要付出的代价。

对中西部地区来说，目前在承接东部沿海地区产业转移过程中，既存在一定的有利条件，也存在一些制约因素。从有利条件看，一般情况下，决定产业转移的核心因素是综合成本因素，一个企业在搬迁前后的综合成本对比将直接决定企业转移的方向及转移业务。企业综合生产成本主要包括原材料和能源价格；产业设备配套能力；厂房价格因素；综合人工成本；运输、物流成本和效率；税收等优惠条件。从企业财务报表对比分析可知，内地比沿海城市至少具备四个优势[①]：土地供给和土地价格优势；厂房和租金价格优势；劳动力供给优势；原材料及能源优势。从土地成本看，2005 年东部地区工业地价（基准价）为 569 元/m²，分别为中部地区与西部地区的 1.4 倍和 1.2 倍。从厂房租赁成本看，以广东、广西的制造业固定资产投资成本为例，广东的厂房租赁费用约为广西的 2 倍。从劳动力成本看，2005 年东部地区平均年工资达 2.24 万元，相当于中西部地区工资的 1.44 倍。当然，若仅看劳动力成本，目前我国中西部地区的优势与印度、越南等国相比已不再占有优势。若把中国人工工资平均水平设为 1，则目前我国东部人力工资水平约为 1.31，西部地区为 0.91，而印度和越南的水平分

---

① 福布斯 2005 年对中国城市经营成本指数进行了汇总排名，北京经营成本指数为 1，沿海地区包括的上海、广东、深圳、宁波、青岛等平均城市经营成本指数达到了 0.87，而中部南昌、武汉、长沙、株洲、昆明、合肥等平均城市经营成本指数达到 0.67，东部比内地高出了约 30%。青岛新闻网：福布斯 2005 年中国城市经营成本排名［EB/OL］，http://www.qingdaonews.com/，2005－8－27。

别是 0.8 和 0.4。越南一般劳动力的工资每月约为 400 元人民币,我国内陆地区在 1000 元左右,沿海地区在 1400 元左右(曲建,2008)。但如果进一步考虑到我国工人的劳动生产率水平远高于印度、越南等国,再加上我国中西部地区的能源、矿产资源丰富,劳动力供应充足等有利条件,这些地区仍是东部沿海地区大规模产业转移的理想之地。正因为如此,从 2000 年到 2007 年上半年,东部沿海地区到西部地区投资经营的企业已累计近 20 万家,投资总额达 15000多亿元,其中,仅上海企业在西部投资就达 1700 多亿元,浙江、福建企业也分别达到 1300 多亿元(谢丽霜,2009)。金融危机的出现,无疑将进一步强化这一势头。

目前,中西部地区在承接东部产业转移方面也存在一定的制约因素,主要包括:第一,交通、物流成本及税收环境劣势。一是路网发展缓慢。2004 年西部公路、铁路、水路网密度分别为 10.6、0.377、0.34 公里/百平方公里,分别低于全国 17.7、0.73、1.27 的平均水平;二是内河航运发展滞后。以长江航道为例,由于在这些地区基础设施严重老化,港域不足,大吨位货轮通行能力差等原因,航运发展受到制约;三是航空运输滞后。中西部地区的航空货运发展缓慢,规模较小。另外,目前我国具有国际保税物流功能的园区设施主要布局在东部沿海城市,内地省份尚缺乏这一保税物流服务体系,这也是导致这些地区物流成本较高的重要因素。另外,中西部企业税收环境偏紧,其工业平均税负要远高于沿海地区。

第二,产业配套能力相对较弱。现代产业发展的一个重要趋势是分工的不断细化和产业链的不断延长,资本迂回程度加深以及各产业之间关联性不断提高。这也就意味着,一个地区只有具备良好的产业配套条件,才能更好地承接国内外产业转移,顺利实现产业对接和分工协作。我国中西部地区的产业多以能源、原材料等重化工业为主,且基本上是通过国家计划直接调控的大中型企业,民营企业发展相对滞后,资本市场不发达,产业集群发展缓慢。再加上产业组织方面长期存在的封闭式运作模式以及"大而全"、"小而全"现象较为严重等,制约了这些地区产业配套能力的提高。

第三,适应现代制造和竞争模式的能力不强。全球化时代生产所采用的网络订单、JIT、零库存、到线结算、门到门销售等现代生产经营方式和以速度为中心的竞争方式,显得越来越重要,受到企业越来越多的重视。在对这些生产模式和竞争模式的掌握方面,中西部地区的企业与东部沿海地区的企业之间还存在不小的差距。

第四,投资环境有待于进一步优化。近年来中西部地区投资环境方面虽然有了很大的改善,但与沿海地区相比仍存在一定的差距。这些地区不但在硬环境方面,如基础设施建设等方面相对落后,在企业生产的软环境方面存在的问题更多,如政府服务能力、市场交易制度、法律政策环境等方面都存在一定的不足,制约着东部产业的转移。

(二)中国区际产业转移的粘性分析

产业转移粘性是表示产业转移阻力的一个概念,它既包含市场效应,又包括政策效应,是多方面因素综合作用的结果。其内涵可界定为:特定区域产业发生转移的过程中,由于产业内部因素、市场因素及政策因素等的影响,使得产业转移难以顺利进行的情形。导致我国区域产业转移粘性的主要因素有:第一,东部地区产业呈集群式发展态势,集群整体搬迁存在较大困难。在东部地区,许多企业都呈集群化发展态势,集群内企业之间形成专业化生产协作网络,显著提高了生产效率,促进了地区产业成长,地区产业成长又反过来强化了产业的集群化发展态势,从而进一步增强了产业的植根性。在当前的经济技术条件下,东部地区很难将整个生产协作网络转移到中西部地区,且中西部地区集群发展模式不发达,产业配套能力和相应基础设施不健全,短期内也无法承接这种集群式产业转移。

第二,东部地区人力资本的积累与吸纳效应。一个地区的人力资本积累,一是来源于本地区内部的积累,即通过加大教育投入、鼓励企业与科研机构创新来实现。在这方面,东部地区比中西部地区占有明显优势。二是从其他地区引入。就目前条件看,东部地区良好的城市形象,丰厚的工资待遇,是中西部地区所难以比拟的,从而使中西部地区在吸引人力资本的竞争中处于劣势地位。企业特别是创新型企业在选择生产地时,一般并不主动选择相对落后的地区,由此形成阻碍我国区际产业转移的制约因素。

第三,东部地区企业的沉没成本和资产专用性对区域产业转移的阻碍。沉没成本是指企业已经付出且不可收回的成本,也即是过去已经投资建设,现在正在使用的厂房、设备等。如果企业进行转移,这些既有的投入将无法收回,由此形成企业产业转移的成本。资产专用性是指企业的某些资产无法转作他用的特性。资产专用性在某一地区的产业处于衰落阶段时的障碍作用更加明显,转出企业由于找不到合适的买家,现有资产的残留价值几乎接近零。因此,资产专用性进一步加大了沉没成本对产业转移的阻碍效应。根据《中国统计年鉴》(2008)的地区国有企业以及私营企业固定资产统计数据可知,我国东部沿海地区私营企业和国有企业的固定资产都较多。东部地区较多的固定资产意味着这些地区企业的沉没成本数额巨大，由此限制了产业向中西部地区的转移。

第四，劳动力跨区域流动缓解了产业转移的必要性和紧迫性。目前，我国产业转移与劳动力转移之间存在一种逆向流动态势，即东部产业向中西部转移，而中西部劳动力向东部流动。大规模的劳动力向东部地区的转移，在很大程度上满足了东部地区劳动密集型产业对低成本劳动力的需求，减轻了东部企业因劳动力成本上升而向中西部转移的压力。从 2007 年的《中国农民工问题研究报告》可知，我国外出务工农民以来自中西部地区为主，在务工目的地选择上，天津、上海、浙江、江苏、广东、福建 7 个东部沿海城市接受了 82% 的跨省流动农民工。因此，中西部劳动力向东部的流动降低了东部地区产业转移的紧迫性，客观上成为导致东部地区产业转移粘性的一个因素。

第五，中西部各省份之间区位因素差距明显。理论上讲，区位强调各种地理要素和人类经济社会活动之间的相互联系和相互作用在空间位置上的反映，区位优势是指企业所处的区域有着良好的地理要素，能与生产、生活产生良好的互动作用。促使企业进行产业转移实际上是区域对产业的吸引力与排斥力双方博弈的结果，劳动成本、运输成本、政策优惠等异质空间中的区位要素决定了企业是否进行产业转移，中西部地区只有通过增加空间区位的吸引力才能更多地促使东部地区的产业大规模转移到本地区。而现阶段，中西部各省份区位因素差距较明显，产业转移的空间选择性倾向突出，像安徽、重庆等几个中西部省份成为产业转移的主要承接地区，而其他地区对东部转移产业的承接明显弱于这些省份。

第六，东中西部投资软环境差异突出。对于追求利益最大化的企业来说，市场发育水平低下意味着盈利机会稀少，市场秩序混乱意味着难以通过正当守法经营获取相应的利润，甚至无法保证投资本金安全。从总体上看，目前东部地区市场环境要明显优于中西部地区，从而限制了这些地区企业向中西部地区转移的积极性。此外，在投资软环境方面，如政府行政效率、执法环境、商业氛围等方面，中西部地区明显劣于东部地区，这都限制了东部地区产业向中西部的转移。

（三）产业转移粘性的实证分析——以广东省为例

本部分以广东省制造业为例，分析 28 个行业工业总产值的影响因素，利用面板数据模型进行实证分析，以考察影响区域产业转移粘性的主要要素。

1. 模型构建与数据来源

通过上文对产业转移粘性的分析,根据累积循环效应,这里得到对产业发展(以产业总产值代表)形成促进作用的指标,即形成产业转移粘性的研究对象。考虑到影响产业转移的特定因素,本节在 Cobbe-Douglas 生产函数基础上构建产业转移的研究模型:

$$\ln(gc)_{it} = a_{it} + \alpha_{1t}\ln(gd)_{it} + \alpha_{2t}\ln(ld)_{it} + \alpha_{3t}\ln(lt)_{it} + \alpha_{4t}(qw)_{it} + \varepsilon_{it}$$

其中,劳动生产率$(ld)_{it}$和劳动投入量$(lt)_{it}$表示人力资本的积累;同时考虑到产业集群对产业发展的影响作用,引进区位商$(qw)_{it}$来表示产业的区域集中度;a_{it}是常数项。

这里主要考察影响产业增长的经济因素而不考虑政策因素,将影响产业增长(生产总值表示)的解释变量分为生产要素变量和产业发展变量两类(见表12.7)。

表 12.7 产业转移黏性指标体系

产业增长(gc)	生产要素因素	资本要素	固定资本(gd)
		劳动要素	劳动生产率(ld)
			劳动投入量(lt)
	产业发展要素	产业集群	区位商(qw)

下面对变量的采用依据作以下简单说明。

(1)固定资本:用来表示沉没成本及资产专用性。固定资本投入越多,企业进行产业转移的成本越大,企业进行产业转移的可能性就越小。

(2)劳动投入量和劳动生产率:用来表示劳动力的跨区域流动。各个行业劳动投入量的多少,直接影响企业对劳动成本变动的敏感度。劳动密集型企业在劳动力成本上升时,较资本密集型企业更容易选择进行转移。

(3)区位商:用来表示区域产业集群发展状况。迈克尔·波特指出,产业集群能够提高产业集群内企业的生产率;能够提高集群内企业的持续创新能力、降低企业进入风险、促进新企业成立和发展,从而实现产业集群优势,这是远距离竞争对手难以达到的。由此这里假设产业集群加大了产业转移的机会成本。

本节选取广东省28个制造业2004—2008年的面板数据,研究各因素对工业总产值的影响。回归分析所需数据,除区位商为本节根据2005—2008年中国统计年鉴和广东省统计年鉴的主营业务收入等值进行计算得出之外,其他的数据均来自广东省统计年鉴。本节所用数据包括了 28 个制造业,其中工业企业数据来自广东省工业企业主要经济效益指标(全部国有企业和年销售收入在 500 万以上的非国有工业)。由于统计口径的不同,本节未将统计年鉴制造业分类中的工艺品及其他制造业、废弃资源和废旧材料回收加工业包括在原始数据中。

区位商的计算公式为:区位商=(某行业销售收入/所有行业销售收入)/(全国某行业销售收入/全国所有行业销售收入)。

2. 模型实证结果及分析

本节采用的是面板数据回归,估计方法是广义最小二乘法(GLS),回归过程中克服了异方差、截面异方差、序列相关和截面相关等问题。采用的三个主要模型的回归形式分别是:

$$\ln(gc)_{it} = a_{it} + \alpha_{1t}\ln(gd)_{it} + \alpha_{3t}\ln(lt)_{it} + \varepsilon_{it} \tag{1}$$

$$\ln(gc)_{it} = a_{it} + \alpha_{1t}\ln(gd)_{it} + \alpha_{2t}\ln(ld)_{it} + \alpha_{3t}\ln(lt)_{it} + \varepsilon_{it} \tag{2}$$

$$\ln(gc)_{it} = a_{it} + \alpha_{1t}\ln(gd)_{it} + \alpha_{2t}\ln(ld)_{it} + \alpha_{3t}\ln(lt)_{it} + \alpha_{4t}(qw)_{it} + \varepsilon_{it} \tag{3}$$

以上三个模型通过对不同变量的考察,来分析各变量对产业转移粘性的作用,各模型的计量回归结果见表 12.8。

模型(1)的回归结果表明,劳动投入和固定资产的投入对产业产值起到显著的正向促进作用,其中,固定资产的效果更大。这说明,资产专用性和劳动力跨区域流动是广东省存在产业转移粘性的重要原因。

模型(2)的回归结果表明,在模型(1)影响产业转移粘性因素的基础上,加入劳动生产效率之后,固定资产的相对重要性有明显的下降,劳动投入数量的相对重要性有所上升,但各个因素的作用都是正向的。也即是说,考虑到生产效率,广东省现有产业的资产专用性所造成的产业转移粘性略有下降,那么,如果大量聚集在广东省的熟练劳动工人不再留在工作的地点,而是返回原籍的话,则广东省产业转移的粘性将下降,也就是现有的制造业可能因为熟练工人返回中西部而选择进行产业的转移,形成一种产业随人转移的势头。

模型(3)的回归结果表明,区位因素对广东省产业的发展并不足够显著,这可能与工业园区的利用效率不高有关。2009 年初,民进广东省委在呈交省政协的《23 个省级产业转移工业园建设中的问题与建议》集体提案中也指出了产业转移工业园区缺乏宏观规划的问题:一方面,区位布局不合理,没有充分考虑土地资源、招商资源等在空间上的优化配置,在同一区域几乎同时批准的省级产业转移工业园数量太多;另一方面,产业定位不明确,多数园区产业混杂,既形

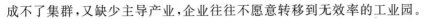

成不了集群,又缺少主导产业,企业往往不愿意转移到无效率的工业园。

综合以上 3 个模型的回归结果,可得到以下结论:首先,形成广东省产业转移粘性的主要因素是固定资产的投资和既有劳动力供给优势。这与我国产业发展所处的阶段密不可分,在多数的制造业过度依赖粗放的投入和廉价劳动力,而资本密集型和技术密集型行业少的情况下,这种结果必然出现。

其次,广东省产业集群效应逐渐弱化,其区位优势正在消失,这其中的原因主要有:一是土地、能源等生产要素成本的上升,导致产业集群的成本已大于企业从产业集群中所获得的效用;二是不少产业集群园区缺乏良好的集群效应,集群企业间缺乏紧密的联系,甚至只是在空间上聚在一起,而没有产业链上的相互配合;三是同行业之间恶性竞争和创新不足,导致利润率下降。

表 12.8 产业转移粘性三个模型的回归结果

变量	模型(1) GLS－1	模型(2) GLS－2	模型(3) GLS－3
_cons	0.610** (0.196)	−5.676*** (0.333)	−5.909*** (0.550)
Ln(gd)	0.915*** (0.082)	0.201*** (0.053)	0.373*** (0.050)
Ln(lt)	0.454*** (0.098)	0.856*** (0.05)	0.743*** (0.047)
Ln(ld)		0.756*** (0.039)	0.724*** (0.052)
qw			0.062 (0.024)
N	140	140	140

注:括号中的是标准差,*、**、***分别表示在 5%、1%、0.1% 水平上显著,_cons 表示常数项。

再次,企业经营效益对产业总产值的贡献作用不大,也就是,即使每耗费一单位成本及费用所赚取的利润在减少,但可能企业仍要扩大其生产规模,这表明,广东省制造业企业间的竞争已近乎一种恶性竞争,这也是我国东部沿海很多小型制造企业聚集时普遍存在的问题。通过进行产业转移,将经营的视角转向内陆市场,能够为企业带来更大的生机,不失为破解该问题的一个办法。

第三节 "十二五"时期中国区域工业化
协同发展的思路及对策

一、加快构建区域工业化协调发展的新机制

我国工业化作为一个整体系统,包括各区域工业化系统作为子系统。只有实现各子系统之间的协同发展,才能保障整体工业化系统运行的高效、有序。实现中国区域工业化系统的协同,要按照资源环境的承载能力、现有开发基础和未来发展潜力,统筹调整和优化经济布局、国土利用和城镇化发展格局,引导人口与经济在国土空间的合理均衡分布,引导产业相对集聚发展,形成主体功能定位清晰,人口、经济、资源环境相协调,基本公共服务和人民生活水平差距逐步缩小的区域工业化协调发展的新格局。按照统筹城乡、布局合理、土地节约、功能完善、以大带小的原则,培育以各区域特大城市为依托的城市群,形成各区域新的经济增长极,形成具有较强内在联系的区域经济协调发展机制,提高资源、要素的空间配置效率。特别是要改变目前存在的区域经济发展过程中的差距拉大、市场分割、分工不合理和发展不协调等问题,转向区域之间相对平衡发展、市场统一、各区域之间分工协调和有序互动的新的区域经济发展格局。形成新的东部支持和帮助中西部发展的合作机制和互动机制,引导生产要素跨区域合理流动。在进一步实施促进中西部欠发达地区加快发展战略的基础上,加快主体功能区建设,促进东部地区产业向中西部地区的有序转移,逐渐缩小地区发展差距。

二、依靠市场机制和区域互动机制推动区域产业转移

区域产业转移本质上是一种市场经济行为,它与我国传统体制下通过政府主导实现的产业转移有着根本的区别。各区域基于税收、资源等利益考虑,制定的地方性法规、政策和资源地方所有权制度,造成了市场分割,阻碍了区域产业转移的效率和资源的优化配置,区域经济运行低效。故而,为了加强区域合作互动,促进资源、要素跨省域流动,提高资源利用效率,推动区域经济一体化进程,就必须要改变地方政府理念。制定和完善市场主体、维护市场秩序方面的法律,引入市场竞争机制,建立和完善商品市场、金融市场、劳动力市场等,为区域工业化发展创造一个公平竞争的外部环境。市场机制是调节和实现区域

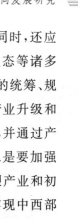

产业转移的基础性机制,企业是实现区域产业转移的主体。但与此同时,还应意识到,实现区域产业的顺利转移与承接,是一个涉及经济、社会、生态等诸多方面因素的复杂系统过程,在充分发挥市场机制作用的基础上,政府的统筹、规划、引导和推动作用不可缺少,具体包括:一是要结合东部沿海地区产业升级和中西部地区产业发展、产业结构调整的要求,科学规划国内产业转移,并通过产业政策和财政金融手段,鼓励东部沿海地区的企业向中西部投资;二是要加强中西部地区和东部地区的产业联系,促进东部沿海地区的劳动密集型产业和初级加工业向中西部地区转移,推动东部沿海地区产业的升级换代,实现中西部地区产业结构的调整和带动相关产业的发展,增加中西部地区的就业机会;三是要充分发挥中西部地区的资源优势,针对西部地区资源加工产业起点较低、规模较小的特点,适当放宽西部地区资源加工型产业的进入门槛,促进西部地区资源加工型产业的发展和东部沿海地区的产业转移;四是要积极营造有利于产业转移的政策环境,包括制定促进产业转移的税收优惠政策,继续对鼓励类产业的内资企业实行15％的所得税税率优惠,允许西部地区适当放宽鼓励类产业的范围,完善资源税的征收管理,防止西部资源的盲目开采和浪费,制定相应的产业转移政策和监管措施,防止落后生产能力和污染严重企业向中西部转移;五是要鼓励东部沿海地区的企业采取多种方式实现产业转移,为中西部企业引入新的生产经营机制和管理模式。

三、加快推进东部地区产业向中西部地区的转移

（一）东部地区要积极通过产业结构优化推进中西部的产业转移

从参与国际产业分工的链条看,改革开放以来,尽管我国东部地区的产业和企业已加入到全球产业分工的链条,但却主要从事制造环节和一般零部件加工和配套生产环节,产品附加值偏低。通过产业转移,要重点向以下环节拓展和延伸:拓展上游,提高技术研发和产品设计能力;立足中游,发展加工制造链增值大的环节;延伸下游,发展国际物流和总部经济。在零部件配套生产方面,进入关键零部件和设备的制造领域。全球经济环境与要素成本因素的变化,使东部地区加快推进产业结构优化升级和向中西部地区的产业转移势在必行。东部地区,要继续推进东部地区新型工业化进程,利用技术和区位优势,利用在资源、市场等方面较强的互补性,推进该区域工业化进程。东北三省要以辽宁省为核心,加快国有企业重组和产业结构调整,逐步建立起新型工业化体系,在推进信息化和工业化的相互融合等重点领域取得突破,实现东北老工业基地全

面振兴。东部地区要积极谋求产业升级，提升产业整体竞争力。通过转移出部分劳动密集型制造业之后，东部地区应重点发展以下具有较高技术含量和附加值的产业：一是生产性服务业，包括金融业、咨询管理、法律、会计、广告、战略策划、产品设计和物流服务等。二是高附加值的制造业，包括利用日美欧等发达国家先进机械制造业的对外转移机会，发展本地区的高附加值制造业。通过推进信息化与工业化的融合，提升制造业的水平；加快调整电子信息工业结构，发展以新一代移动通信产品为主的通信设备和以数字产品为主的消费类电子制造业，以及新型环保产品制造业等。三是高新技术产业，加大高新技术改造传统产业的力度，培育高新技术产业集群，做大做强高新技术知名品牌和产品，鼓励有实力的企业走出去，提高产业的国际竞争力。

(二)中西部地区要积极优化经济环境强化区域产业配套能力

新一轮区域产业转移主要集中在一些传统的劳动密集型产业，并且呈现出企业"抱团"转移的趋势，包括东部产业集群的整体转移，如东部纺织服装产业就以"整体嵌入"方式实现向西部转移[①]。还有东部地区的一些企业以龙头企业和大企业为核心，实行组团式或产业链整体转移的方式。这些龙头企业和大企业为降低成本、贴近市场等，对一个产业的上、中、下游各个阶段的产品进行整个产业链的大规模转移，同时将研发、采购、销售、物流、售后服务等各个营运环节也转移过去。这种产业配套体系整体转移方式无疑会显著带动当地相关产业的大量投资和产业集群快速发展，但同时也对承接地的产业配套能力提出较高的要求。这就要求中西部地区要加快形成相对完善的产业配套体系或产业网络，适应东部集群式、网络化产业转移方式。同时，中西部地区产业配套能力的提升，也有利于这些地区在承接东部产业转移过程中，将承接的链条延伸到研发和设计环节，以摆脱在技术上形成路径依赖、长期受制于人的困境。

中西部地区要进一步加大承接产业转移的软环境与硬环境建设。中部地区具有较好的自然资源优势，交通便利，是我国最大的商品粮基地、重要的能源和原材料工业基地。为促进中部地区新型工业化进程，应积极发挥武汉城市圈的作用，利用安徽、河南等省份人力资源丰富和便利的交通运输优势，发展加工

---

① 据四川省纺织服装协会提供的资料显示，近年来广东、浙江纺织服装产业集群向四川整体迁移的趋势已出现。一些服装企业及相关配套的企业结伴到四川投资建厂，在成都周边的新都、彭州等县区形成了一些新兴的服装集群。这在促进四川产业集群加速发展的同时，也将改变以本地企业为主、依托本地资源的集群发展方式。见冯国、黄会清：《中国东部出现了产业集群"西进"的新态势》，《经济参考报》2008年9月3日。

制造业,培育优势产业,形成若干具有国际竞争力的产业集群,加深区域间合作,担当中部崛起的重任。西部地区要积极发挥四川、重庆、西安、新疆等工业化基础相对较好的区域的作用,着力解决经济发展的二元结构矛盾,因地制宜,充分利用地区资源优势,积极发展航天、太阳能等战略性新兴产业,发挥区域辐射效应,带动西部地区新型工业化水平的提升。此外,西部地区还要积极开拓地区新型工业化发展新途径,比如,广西打造的北部湾经济区,通过打通海上枢纽、公路和铁路相结合的运输模式,消除贸易壁垒,积极发展第三产业,提升整个区域的经济贸易水平。

在软环境方面,主要包括:一是政策环境。对到中西部投资的沿海企业给予相应的土地、信贷、财政贴息和税收刺激等政策优惠和支持,如在一些地方税的征收上给予适当的减免和优惠,适当放宽建设用地指标的控制,适当降低土地出让价格等。二是市场环境。消除不合理的产业进入壁垒,促进市场有序竞争,加强市场诚信建设,优化交易环境,降低市场交易成本。三是法律环境。形成有利于市场竞争和技术创新的执法环境,维护市场竞争秩序,加强技术、知识产权保护,促进技术创新。四是政府行政环境。要切实转变政府职能,着力打造服务政府、责任政府、法治政府和廉洁政府,推进审批事项改革,减少政府审批项目,优化办事流程。坚持依法行政,切实保障投资者的合法权益。硬环境建设方面最主要的是加快交通等相关基础设施建设,加强公路、铁路、水运、航空等交通网络建设以及与东部地区的对接,构建便捷通畅、安全高效的现代化综合交通运输体系,进一步降低物流成本。要加强工业园区的建设,把工业园区作为承接东部沿海地区产业转移的有效载体,科学布局,统一规划,分步实施,加快培育和发展区域特色产业集群。

四、完善政府宏观调控机制,推动区域工业化协调发展

为了推动我国区域新型工业化进程,要在充分发挥市场机制作用的基础上积极采用科学的宏观调控手段。首先,要坚持统筹兼顾的原则,推进全国各区域工业化协调发展。既要重点支持有良好的工业基础、辐射效应大的地区加快发展,又要对工业基础条件落后,但资源优势明显、发展潜力大的地区给予积极扶持,还要大力支持革命老区、边疆地区和贫困地区的新型工业化发展。具体来讲,继续加大对中西部地区的开发力度,通过制定有针对性的区域发展规划,促进地区经济振兴。第一要加大对中西部地区基础设施的投入力度,努力消除因基础设施水平低下产生的对工业化发展的制约作用。

第二,强化人才强国战略和就业保障机制,实现区域新型工业化和人力资源充分利用的协同。东部地区地理条件优越,人口稠密,经过较长时期的市场化开发建设,东部地区吸引了较多的高素质人才。中、西部地区对外开放程度较低,市场机制不健全,人才缺失严重,尤其是高层次经营管理人才、专业技术人才十分缺乏,同时,人才流失现象严重,技术创新能力较弱。为缩小新型工业化区域差异,就必须加大对外开放力度,建立一套有利于人才培养和技术创新的制度体系。政府要强化对中、西部地区的人力资源支撑和就业保障,大力发展职业教育培训,提供劳务信息,组织劳务输出,促进农村劳动力转移;加强人才开发和就业服务,完善社会保障制度,创新高层次人才引进、使用、激励的保障机制,消除户籍和垄断行业等不利因素,依靠市场对人力资源进行优化配置,推动人才合理流动。

第三,完善政府财政政策对新型工业化的支持体系。中西部地区常常面临资金短缺的瓶颈,政府应通过灵活的税收制度和财政政策,给予中西部地区必要的资金支持。实施差别化的产业税率,鼓励落后地区积极发展主导产业;加快发展区域资本市场融资,鼓励民间资本投资,形成银行信贷和资本市场融资为主,财政支出为辅,积极吸引外商投资,多渠道增加中西部地区的资金来源。

第四,完善政府的环境规制机制,强化对产业转移承接地的环境监管。中西部地区承接东部产业转移,目的是为了增强本地产业的竞争力,而不应是追求短期利税和 GDP 的增加。在承接转移产业的过程中,要避免引进那些资源、环境代价大、技术水平又太低的产业和企业。把承接产业和保护生态环境、实现可持续发展有机地结合起来,走循环经济和可持续发展之路。为此,要强化产业转移承接地的环境监管,采取有效措施防止外部产业的引入对本地区自然生态环境造成的不利影响。要在园区发展规划制定、园区选址、园区环评等方面严格把关,加强园区环境基础设施建设和运行的监督。严格控制能耗高、污染严重的项目,严禁引进不符合国家产业政策和技术政策的行业和项目。对化学制浆、电镀、纺织印染、制革、化工、建材、冶炼、发酵和危险废物处置等重污染行业实行统一规划和定点。要加强自然保护区和生态功能保护区的建设与管理,禁止在自然保护区和具有特殊保护价值的地区实行开发活动,进一步加强矿产资源和旅游开发的环境监管。严禁在饮用水源保护区和饮用水源保护区上游地区规划和建设排放污染物、威胁饮用水源安全的产业园区,严格禁止有毒有害、危险化学品等物质进入饮用水源保护区。

五、依靠科技进步促进区域工业化协调发展

整体来看,我国工业企业经济效益普遍较低,因此,我国要在激烈的国际竞争中实现新型工业化,必须要依靠科技进步,不断提高工业产品的科技含量,进而提高工业企业的经济效益和竞争力。

首先,要充分利用信息化的技术优势促进工业化发展,实现工业化与信息化的融合。东部地区要借助信息网络技术的迅猛发展,积极发展信息及通信设备制造业、软件业、信息服务业等诸多新兴产业。在产业转移和产业升级的过程中,要帮助中西部地区促进信息化产业同传统产业的广泛结合,利用高新技术改造提升传统产业,加快科研成果向生产力的转变,转变经济增长方式。不断进步的信息网络技术,不仅使传统产业迅速地提高劳动生产率和服务效率,增加品种,提高质量,降低成本,而且有效地改进微观经济管理和宏观经济管理,催生新的生产经营方式和新的业态。促进信息化与工业化的融合,可以迅速提高我国工业化水平,加快工业化进程。

其次,优化科技创新环境,通过技术创新提升区域产业竞争力。我国区域创新水平各异,东西部地区差异明显,而中西部地区较为接近。随着我国经济发展和对外开放的不断深入,东部地区原有的政策优势和区位优势将不断弱化。故而,为保持区域竞争力,东部地区应积极发展高新技术产业,加大研发投入力度,不断提高劳动者素质和技术创新能力。而中西部地区应重点提高中间技术的消化吸收和再利用能力。我国西部地区的国有企业所占比重大,效率低下,故而要加快西部地区国企改革步伐,建立现代企业制度,鼓励民营资本的介入,大力推动民营经济的发展。各区域要使企业成为技术创新的真正主体,促使产学研紧密结合,为企业提供完善的科技创新环境。

最后,要积极发挥区域创新极的辐射作用。充分利用珠三角创新极、长三角—上海创新极、京津创新极和中西部—重庆—四川—湖北创新极等的示范带动效应,缩短区域间创新能力的差异。

第 十 三 章

中国区域工业效率与资源节约
及环境保护机制研究

改革开放以来,我国经历了人类历史上规模最大的工业化发展过程,经济、社会取得迅速发展。但我国的工业化走的是一条高投入、高消耗、高污染的粗放型发展道路,经济发展是以牺牲资源与环境作为代价的。随着我国工业化进程的推进,经济社会发展所面临的资源约束趋紧、环境污染严重、生态系统退化等问题更加突出,如何实现经济社会的可持续发展,成为迫切需要解决的重要课题。党的十八大报告突出强调生态文明建设,明确提出建设美丽中国的目标与理念。为此,必须加快建立资源节约和生态环境保护机制,走中国特色新型工业化道路。

第一节　我国资源环境约束下的区域工业效率比较分析

本节运用 DEA 方法和 Malmquist 生产率指数对我国 2005—2007 年的工业效率变动进行实证分析和评价,并对这一期间内我国大陆 30 个省、自治区和直辖市在资源、环境约束下的工业效率进行聚类分析,以探求导致我国工业粗放型增长和效率低下的成因。

一、研究方法与模型选择

（一）数据包络分析（DEA）

数据包络分析,简称 DEA（Data Envelopment Analysis）,是以相对效率概念为基础,根据多指标投入和多指标产出对同类型的部门或单位即决策单元

(Decision Making Units,DMU)进行相对有效性或效益评价的一种方法。该分析方法于 1978 年由著名的运筹学家查恩斯(A. Charnes)、库伯(W. W. Cooper)以及罗兹(E. Rhodes)首先提出,其主要优点是评价结果不受所选择指标单位的影响,指标被赋予权重的客观性,可以研究多投入和多产出的生产效率等。最初主要应用于对一些非盈利部门,如教育、卫生和政府机构运营效率的评价,后来 DEA 又被更广泛地应用于各种领域,如金融、经济和项目的评估等。该方法的基本思路是通过对投入产出数据的综合分析,确定有效生产前沿面,并根据各 DMU 与有效生产前沿面的距离状况,确定各 DMU 是否为 DEA 有效,并指出其他 DMU 非 DEA 有效的原因及改进的方向和程度[①]。

（二）Malmquist 生产率指数

Malmquist 指数(Malmquist Productivity Index,MPI)是用来考察跨期多输入和多输出变量间的动态生产效率,并由此测定全要素生产率变化的指数。它首先是由瑞典经济学家和统计学家 Sten Malmquist 于 1953 年进行消费分析时提出,随后 1982 年 Caves、Christensen 和 Diewert 等人将 Malmquist 的思想首度作为生产率指数用来分析生产力增长,1994 年 Fare 等人建立了用来考察两个相邻时期生产率变化的 Malmquist 生产率变动指数。由于 Malmquist 指数具有不需要投入与产出的价格变量,不必事先对研究主体的行为模式进行假设,而且能够被分解为两个有意义的指数等良好性质,因此在评价行业中企业生产效率的动态变化及地区生产力变化趋势的研究领域被广泛采用[②]。

根据 Fare,Grosskopf,Lindgren 和 Ross(1992)的定义,Malmquist 生产率指数是假设固定规模报酬下所衡量的指数,可以被分解为相对技术效率的变化和技术进步的变化,即它可以分解为综合技术效率变动及技术变动的乘积:

$$M(X^{t+1},Y^{t+1},X^t,Y^t)=EC(CRS)\times TC(CRS)$$

在上式中,$EC(CRS)$ 是规模报酬不变且要素自由处置条件下的相对效率变化指数,这个指数测度从时期 t 到 $t+1$ 每一个决策单元对生产可能性边界的追赶程度,代表了综合技术效率变动。若 $EC(CRS)>1$,代表效率改善;$EC(CRS)<1$,代表效率恶化。此效率变动表示管理方法的优劣与管理层决策的正确与否:当

[①]　李力、韩丽媛:《基于能源—经济—环境 DEA 分析的我国工业发展效率评价研究》,《科技管理研究》2008 年第 5 期。

[②]　CharnesA. Measuring the Efficiency of Decision Making Units[J]. European Journal of Operational Research,1978(2).

效率改善,表示管理方式与决策正确、得当,使得 $EC(CRS)>1$;反之,如果管理方式与决策不当,会使 $EC(CRS)<1$。$TC(CRS)$ 是技术进步指数,这个指数测度技术边界在时期 t 到 $t+1$ 之间的移动情况,代表了技术变动。如果 $TC(CRS)>1$,代表技术进步;$TC(CRS)<1$,代表技术退步[①]。

若 Malmquist 指数大于 1,则表示由 t 期到 $t+1$ 期效率有所增长;Malmquist 指数小于 1 表示效率下降,Malmquist 指数等于 1 表示效率水平在期间内没有变化。

二、实证分析

（一）投入产出指标及样本的选择

这里界定资源和环境约束下工业发展的效率是用最少的资源消耗和最小的环境污染来取得最大的工业产出。根据这一界定,这里选取资源里面的能源和水资源以及环境污染里面的主要指标"三废"（废水、废气和废物）的排放量作为投入指标,即投入指标有 5 个,分别为工业能源消耗量（单位:万吨标准煤）、工业用水量（单位:亿立方米）以及工业废水排放量（单位:万吨）、工业废气排放量（单位:亿标立方米）和工业废物排放量（单位:万吨）,产出指标为工业总产值（单位:亿元）。

由于西藏自治区部分数据不完全,所以本节选取中国大陆除西藏自治区以外的其余 30 个省、自治区和直辖市作为决策单元（即 DMU）,选取 2005 年到 2007 年共 3 年的其各项数据值做分析。本节所有的指标数据均来自《中国统计年鉴》,其中,工业能源消耗量是由工业增加值和单位工业增加值能耗两项指标数据值的乘积得到。

（二）基于 DEA 方法的我国工业效率分析

1. 工业总体效率分析

本节是采取 BCC 模型,其效率分析可由综合技术效率值、纯技术效率值和规模效率值三方面组成,分别用 TE、PTE 和 SE 表示。现将我国大陆 30 个省、自治区和直辖市 2005 年到 2007 年的投入产出数据经过 DEA 软件 Deap2.1 运行计算,得到我国 30 个省、自治区和直辖市的工业效率平均值（见表 13.1）及其变化趋势（见图 13.1）。

[①]　BankerRD CharnesA CooperWW. Some models for estimating technical and scale inefficiencies in data envelopment analysis[J]. Management Science,1984,(30).

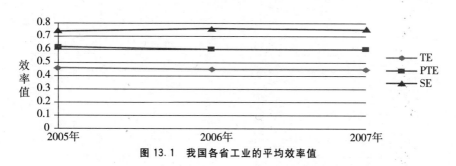

图 13.1 我国各省工业的平均效率值

表 13.1 2005—2007 年间我国工业的平均效率值

我国工业	2005 年	2006 年	2007 年
综合技术效率平均值	0.461	0.449	0.449
纯技术效率平均值	0.621	0.599	0.604
规模效率平均值	0.744	0.759	0.753

由表 13.1 可以看出,我国各省工业的综合技术效率平均值较低,2005 年、2006 年和 2007 年分别仅为 0.461、0.449 和 0.449,而且也没有明显的改善趋势。由此说明,近年来我国工业的快速发展是以资源的消耗和环境的污染为代价的,工业经济发展的粗放型特征较为严重。由图 13.1 可以看出,我国各省工业在各年度的规模效率平均值都高于纯技术效率平均值,说明我国工业发展的无效率主要根源于纯技术无效率,纯技术效率衡量的是以既定投入提供相应产出的能力,由此也意味着,通过加快技术进步及其应用来提高资源利用率和减少环境污染是提高我国工业效率的基本途径。

根据投入导向的 CCR 模型所设定的效率前沿标准,我国工业在总产值不变的情况下,投入应该大幅度下降。根据 Deap2.1 计算出来的投入目标值,与实际投入进行比较,再求其各项平均值,结果如表 13.2 所示。

表 13.2 投入导向的 CCR 模型的效率目标值与实际值比较

我国工业		2005 年	2006 年	2007 年
能耗	效率目标平均值	2947.308	3159.2761	3271.973
	实际平均值	7264.1107	8204.1528	9103.009
	差值百分比	59.43%	61.5%	64.06%
水耗	效率目标平均值	23.0781	22.9799	20.7782
	实际平均值	42.8233	44.7667	46.7303
	差值百分比	46.11%	48.67%	55.54%
废水	效率目标平均值	40285.82	35418.51	28344.06
	实际平均值	81004.2334	80038.5334	82187.9
	差值百分比	50.27%	55.75%	65.51%

（续表）

我国工业		2005 年	2006 年	2007 年
废气	效率目标平均值	4279.614	5105.823	5553.628
	实际平均值	8965.7667	11032.6333	12938.5
	差值百分比	52.27%	53.72%	57.08%
废物	效率目标平均值	2.5859	0.8996	0.6294
	实际平均值	54.9128	43.1569	39.7596
	差值百分比	95.29%	97.92%	98.42%

效率目标值是指无效率的工业若要达到有效率的标准应该达到的目标值。由表13.2可以看出，目标值明显小于实际值，说明在给定产出水平下存在明显的资源浪费和严重的环境污染，能源和水资源的消耗以及工业"三废"的排放，近几年来不但没有减少反而在不断增加。

另一方面，分析我国工业在既定投入不变的情况下总产值的增加幅度。根据 Deap2.1 计算出来的产出目标值，与实际产出值进行比较，其结果如表13.3所示。

表 13.3　产出导向的 CCR 模型的效率目标值与实际值比较

我国工业		2005 年	2006 年	2007 年
工业总产值	效率目标平均值	10810.99	14236.2716	18070.6315
	实际平均值	5589.652	6923.6597	8751.159
	差值百分比	93.41%	105.62%	106.49%

由表13.3可以看出，效率目标值远大于实际值，差值都在1倍左右。这说明，目前我国工业的投入水平完全可以支撑更大规模的产出，目前的产出再增加1倍左右的规模才能达到最高效率。如 2006 年和 2007 年产出差值的百分比都在100%以上，即要达到效率为1的生产水平，在既定投入不变的情况下，工业总产值应该再增加1倍以上。

通过上面的分析可以得出，近几年来在资源和环境条件约束下，我国工业发展的总体效率水平上升缓慢，有些效率指标的上升不稳定，甚至大部分存在下降趋势，总体上说明我国粗放型工业经济增长方式还没有得到根本性转变。

2. 我国各省、自治区和直辖市工业效率比较分析

以上是对我国整体工业效率进行的分析，由于资源禀赋、环境保护技术水平的不同以及其他因素差异，我国各地区资源和环境约束条件下工业效率存在一定的差异。这里运用 Deap2.1 软件对有关数据进行计算，得出 2005—2007年我国大陆 30 个省、自治区和直辖市的综合技术效率值（TE）、纯技术效率值

(PTE)和规模效率值(SE)(见表 13.4)。

表 13.4 2005—2007 年我国各省、自治区和直辖市的工业效率值

省份	2005 年			2006 年			2007 年		
	TE	PTE	SE	TE	PTE	SE	TE	PTE	SE
北　京	1.000	1.000	1.000	1.000	1.000	1.000	1.000	1.000	1.000
天　津	1.000	1.000	1.000	1.000	1.000	1.000	1.000	1.000	1.000
河　北	0.300	0.335	0.898	0.250	0.313	0.800	0.264	0.353	0.747
山　西	0.348	0.404	0.863	0.266	0.319	0.834	0.301	0.339	0.886
内蒙古	0.203	0.375	0.542	0.158	0.302	0.521	0.176	0.294	0.601
辽　宁	0.388	0.543	0.714	0.347	0.518	0.670	0.347	0.487	0.712
吉　林	0.485	0.560	0.865	0.440	0.511	0.861	0.500	0.575	0.870
黑龙江	0.666	0.724	0.919	0.514	0.561	0.916	0.495	0.647	0.764
上　海	1.000	1.000	1.000	1.000	1.000	1.000	1.000	1.000	1.000
江　苏	1.000	1.000	1.000	1.000	1.000	1.000	0.888	1.000	0.888
浙　江	0.695	0.780	0.891	0.628	0.742	0.847	0.744	0.959	0.777
安　徽	0.412	0.472	0.873	0.437	0.479	0.911	0.318	0.441	0.723
福　建	0.545	0.605	0.900	0.543	0.582	0.933	0.492	0.529	0.930
江　西	0.262	0.404	0.649	0.253	0.349	0.724	0.261	0.360	0.897
山　东	0.815	1.000	0.815	0.814	1.000	0.814	0.674	1.000	0.674
河　南	0.328	0.330	0.996	0.314	0.314	1.000	0.421	0.471	0.895
湖　北	0.287	0.325	0.883	0.276	0.306	0.901	0.340	0.379	0.897
湖　南	0.250	0.362	0.690	0.255	0.353	0.724	0.249	0.308	0.808
广　东	1.000	1.000	1.000	1.000	1.000	1.000	1.000	1.000	1.000
广　西	0.187	0.275	0.678	0.177	0.258	0.686	0.178	0.244	0.727
海　南	0.274	1.000	0.274	0.364	1.000	0.364	0.421	1.000	0.421
重　庆	0.305	0.472	0.648	0.283	0.389	0.726	0.286	0.374	0.765
四　川	0.288	0.347	0.830	0.264	0.298	0.887	0.216	0.222	0.974
贵　州	0.210	0.567	0.371	0.175	0.550	0.317	0.188	0.535	0.350
云　南	0.233	0.329	0.709	0.257	0.326	0.788	0.258	0.319	0.808
陕　西	0.381	0.459	0.831	0.456	0.519	0.878	0.478	0.533	0.896
甘　肃	0.234	0.519	0.450	0.306	0.487	0.628	0.313	0.436	0.719
青　海	0.279	0.993	0.281	0.220	1.000	0.220	0.200	0.814	0.245
宁　夏	0.148	0.931	0.159	0.165	1.000	0.165	0.147	1.000	0.147
新　疆	0.303	0.507	0.597	0.323	0.497	0.651	0.323	0.494	0.653

　　根据上表计算结果,进一步得出 2005—2007 年我国各省、自治区和直辖市工业效率的变化趋势如图 13.2、图 13.3 和图 13.4 所示(30 个省、自治区和直辖市分别在横轴上用数字 1—30 来表示)。

　　由表 13.4 及以上几个变动趋势图可以看出,我国 30 个省、自治区和直辖市的工业生产效率存在较大差别。为了进一步刻画并把握这种差距,我们借助于 DEA 方法进行聚类分析,以 DEA 有效性为聚类标准,通过逐步寻找 DEA 有

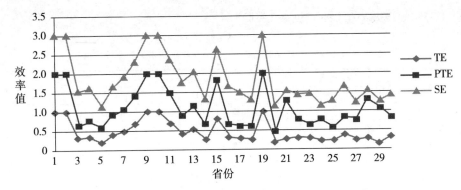

图 13.2　2005 年我国各省、自治区和直辖市的工业效率值

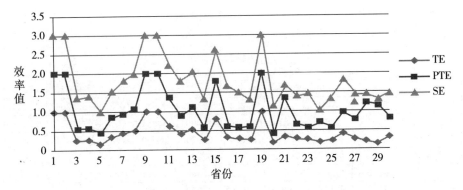

图 13.3　2006 年我国各省、自治区和直辖市的工业效率值

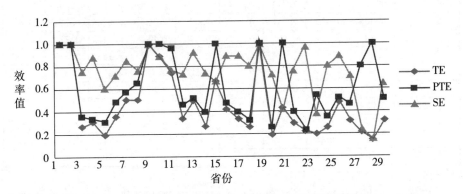

图 13.4　2007 年我国各省、自治区和直辖市的工业效率值

效单元对各省、自治区和直辖市工业产出效率进行归类比较和等级划分。

　　表 13.4 已利用 DEA 模型求解出了 2005—2007 年各省、自治区和直辖市工业的 DEA 效率值,现将效率值为 1 的样本品聚类为"第①类样本品",再将"第①类样本品"剔除,以剩余所有样本品为样本重复计算 DEA 效率值,把效率

值为1的样本品归为"第②类样本品",再剔除。重复以上步骤,直到所有样本品被归类完毕。按上述方法,我国30个省、自治区和直辖市的工业综合生产效率按水平高低可以分为五类,结果见表13.5。

表 13.5　2005—2007 年我国各省、自治区和直辖市聚类分析

省份	类别			省份	类别		
	2005 年	2006 年	2007 年		2005 年	2006 年	2007 年
北　京	①	①	①	河　南	④	③	③
天　津	①	①	①	湖　北	③	④	④
河　北	④	④	④	湖　南	⑤	④	⑤
山　西	③	③	③	广　东	①	①	①
内蒙古	④	④	④	广　西	⑤	⑤	⑤
辽　宁	③	③	③	海　南	③	③	③
吉　林	③	③	③	重　庆	④	④	④
黑龙江	③	③	③	四　川	④	④	⑤
上　海	①	①	①	贵　州	④	④	④
江　苏	①	①	②	云　南	④	④	⑤
浙　江	②	②	②	陕　西	③	③	③
安　徽	④	②	②	甘　肃	④	④	②
福　建	③	③	③	青　海	④	④	④
江　西	⑤	④	④	宁　夏	⑤	⑤	⑤
山　东	②	②	②	新　疆			

由表13.5可知,属于"第①类样本品"的省区为北京、天津、上海、江苏和广东,浙江和山东连续三年都稳定地属于"第②类样本品",黑龙江、吉林和辽宁三省属于"第③类样本品",其他效率一般的省份还有山西、陕西、福建、河南、海南等,效率比较差的地区有江西和宁夏等地。不难看出,工业效率相对比较高的省市,多分布在我国东部沿海以及东南沿海地区,如环渤海地区,长三角地区及珠三角地区。这些地区作为我国经济发达地区,是我国制造业和加工工业重点发展地区,有着较高素质的劳动力,较高水平的技术与管理,同时又受到港澳台地区及国外资金和技术的扩散、外溢效应的影响。而中西部及偏远地区的工业水平及效率明显低于沿海地区。

进一步分析可以得出,2005—2007 年,北京、天津、上海和广东都是 DEA有效率的,说明这四个地区已在工业污染排放量较少的条件下,以最低的能源和水资源的消耗,实现了较大的工业产出,并保持了这种效率优势。江苏由

2005 年和 2006 年的 DEA 有效率变为 2007 年的 DEA 无效率,但它的纯技术效率依然是 1,说明它的无效率主要是由于规模无效率造成的。通过对冗余的分析可知,江苏省能源和水资源消耗较高,同时工业废水的排放较多。2007 年江苏处于规模经济递减状态,说明它的工业规模过大,工业产出量已不足以弥补能源、水资源的投入和工业废水的排放对环境的污染。山东省的纯技术效率一直是 1,但规模效率在逐年下降,其规模经济也处于递减状态,说明山东省的工业规模近年来扩张过大,虽然其工业总产值是增加的,但却是以资源的过度使用和环境的严重污染为代价的。作为我国两个工业大省和经济发达地区,江苏和山东的工业发展模式呈现出明显的粗放型,这种通过规模扩张和资源、能源消耗实现的经济增长是难以持续的。只有减少资源投入、控制生产规模,或在保持现有生产规模基础上,加快提高技术进步和资源利用率,减少环境污染,才能实现资源、环境和工业的协调发展。

另外,综合考察图 13.2、图 13.3 和图 13.4 可以看到,海南、青海和宁夏三省(区)虽然综合技术效率值比较低,但纯技术效率值却很高,说明这三个省的工业效率低并不是由于技术造成的,而主要是由规模的无效率造成的,它们都处于规模经济递增阶段,工业规模扩张和发展的潜力还很大,只是由于目前工业规模过小,制约了其工业综合效率的提高。这些省份通过增加工业投入、提高工业规模将会大幅度地提升工业的综合效率。通过表 13.4 可以看到,中西部地区的某些省份的工业在技术效率和污染控制方面有较好的改善和表现,如安徽、贵州、甘肃等地。另由图 13.2、图 13.3 和图 13.4 可以看到,这些地区的纯技术效率曲线都在规模效率曲线以下,说明这些地区工业的无效率主要是由于技术无效率造成的。在这些工业经济发展相对落后的地区,地形不好,气候恶劣,人口稀少,交通不便,资本不足,管理不善,资源的利用率偏低,环境污染的治理能力较差,技术水平提升缓慢,工业经济发展的粗放性更为明显,但近几年来已经通过加快技术进步提高了资源利用率和减少了环境污染,进而提高了工业效率。

三、我国工业的动态效率评价

我们这里运用表示生产率变动的 Malmquist 生产率指数对我国 30 个省、自治区和直辖市在 2005—2006 年、2006—2007 年以及 2005—2007 年三个期间内的效率变动情况作进一步考察。其中,前两个期间分别考察 1 年内各项效率值的变动情况,第三个期间考察 2005—2007 两年内各项效率值变化的情况。

Malmquist 生产率指数可进一步分解为综合技术效率变动和技术变动。其中，综合技术效率变动表示管理方法的优劣与管理决策的正确性程度，技术变动表示的是行业的技术进步水平。综合技术效率变动又可以进一步分解为纯技术效率变动和规模效率变动。运用 Deap2.1 软件计算得出以下结果（见表 13.6）。

表 13.6　各期间内我国工业的 Malmquist 生产率指数及各项效率变动

效率评价期间	综合技术效率变动	技术变动	纯技术效率变动	规模效率变动	Malmquist生产率指数
2005—2006 年	0.969	1.267	0.948	1.022	1.227
2006—2007 年	1.008	1.166	1.007	1.000	1.174
2005—2007 年	0.976	1.517	0.955	1.022	1.481

由表 13.6 可以看出，在 2005—2006 年，2006—2007 年以及 2005—2007 年期间内，我国工业的 Malmquist 生产率指数都大于 1，说明我国工业的生产率从总体上呈现改善的趋势。进一步分析可以发现，生产率总体上改善的趋势主要是源于我国整个工业行业的技术进步，2005—2006 年行业的技术进步率为 1.267，2006—2007 年间行业的技术进步率为 1.166，2005—2007 年间工业的平均技术进步率为 1.517。工业的综合技术效率不容乐观，虽然其值已经由 2005—2006 年的 0.969 提高为 2006—2007 年的 1.008，但 2005—2007 两年间该指标还是小于 1 的，这表明我国工业的综合技术效率还是没有出现明显的进步。进一步分析影响综合技术效率变动的两个指标会发现，规模效率变动都大于 1，三个期间内的变动分别为 1.022，1.000 和 1.022，而纯技术效率虽然 2006—2007 年比 2005—2006 年间有了进步，但观察到 2005—2007 两年间该项指标值为 0.955，小于 1，说明限制我国综合技术效率大幅度提高的主要原因是受到了纯技术效率的影响。由于纯技术效率是说明每一个生产决策单位利用现有投入生产相应产出的能力，它可以说明生产及决策的正确与否。从本节所选择的投入指标来看，该项指标小于 1，说明我国大部分省区的工业部门存在过度的资源消耗，同时带来了很大范围和程度上的环境污染，而由于工业产值也会受到其他因素的影响，无法随着资源的增加而实现相应的增长，也就是说，工业的产出已经不足以弥补资源的消耗和环境的污染，由此才会出现技术效率低下的情况。由此可说明，我国工业以大规模的投资和严重的资源消耗、环境破坏为主要特征的粗放型发展方式已难以为继，加快转变经济发展方式已刻不容缓。

第二节　我国工业化进程中资源环境问题的成因分析

一、资源节约与环境保护的体制机制不健全

改革开放 30 多年来,我国逐步形成了"国务院统一领导、环保部门统一监管、各部门分工负责、地方政府分级负责"的资源环境管理体制。对于我国工业化起步发展、人口多、资源少、环保意识差的改革开放初期是非常有效的。但随着我国经济社会的发展和科技水平、环保意识的提高,这种"部门分散、地方分割、条块分离"的资源环境管理体制的弊端逐渐显露出来,具体说,我国现行资源环境管理体制存在的主要问题是:

第一,资源环境部门规格相对较低、独立性差,对重大决策的监督作用有待提高。我国经济建设的实践表明,经济与社会发展的重大问题决策往往对资源节约和环境保护产生巨大影响。从某种意义上说,我国资源环境问题产生的根本原因是经济与社会发展重大决策没有充分考虑到对资源环境的影响及其与其承受力的协调匹配问题。目前无论是地方环保部门还是国家环保总局在各级政府中的规格低,对政府重大决策缺乏有效的参与能力和监督制约机制。资源环境部门在人事、财政等方面从属于各级政府,因而也难以以独立的地位对各级政府以资源和环境为代价发展经济的行为进行有效的制约和监督。在资源环境形势严峻的情况下,资源环境部门依然是无足轻重的"冷衙门",履行环保职责的权力能力明显不足。

第二,资源环保部门区划分割,难以综合协调形成管理合力。资源与生态环境具有系统性、复杂性和跨行政区域性等特征,客观上要求对资源环境进行统一协调和管理,设置独立于地方政府的更高级别的协调和决策机构,实行系统管理和决策。从区域管理上看,我国现有资源环境部门是按照行政区划进行设置的,行政级别低,受制于地方政府,无法对地方利益和部门利益进行有效的协调和整合。地方政府在追求政绩的过程中造成的资源浪费和环境污染问题也就难以被限制了。只重视行政区划机构而忽视资源与生态环境监管的区划行政管理体制的弊端暴露无遗。现有的环境综合治理机构,如太湖流域的综合治理委员会、淮河治理委员会、黄河治理委员会等实际上只是协调通报监测机构,根本无法监管,也不可能综合治理。从部门管理上看,资源环境具有系统性,涉及众多部门、行业、领域,客观上需要进一步加强部门协调。多年的运行

实践表明,地方环保部门协调地方政府各部门,甚至国家环保总局组织协调国务院各部门开展环保工作存在较大困难,不利于资源节约与环境保护。

第三,中央与地方政府存在的委托代理问题难以落实地方责任制。根据我国现行《环境保护法》,地方政府对本辖区的环境质量负责,是环境质量好坏的责任主体。但由于中央与地方政府在资源与环境的具体问题上存在着信息不对称,加上缺乏科学完善的资源环境绩效考核指标体系,使中央与地方政府存在的委托代理关系,难以落实地方政府的责任制。现行的以 GDP 增长率作为政绩主要考核指标的考核制度,促使地方政府千方百计地谋求 GDP 和税收的增长。为此,不顾环境保护,甚至不惜以牺牲环境换取经济增长,造成严重的环境污染问题。同时,为实现地方经济的数量型扩张,依靠高投入、高消耗、高污染的粗放型经济增长方式造成大量土地资源被低效占用、电力等能源低效供给、许多基础设施和公共设施难以实现规模经济,进一步加剧了资源环境约束。根据《中国绿色国民经济核算研究报告》(2004)的统计结果,全国仅因环境污染造成的经济损失就占当年 GDP 的 3.05％。很明显,环境问题已使得我国经济发展取得的成绩大打折扣,甚至成为新型工业化发展的瓶颈[①]。

二、资源性产品价格扭曲

价格机制是市场经济条件下合理配置资源和保护环境的重要手段,由于价格扭曲所导致的资源配置失灵是加剧资源环境问题的重要原因。由于资源环境被视为具有非竞争性和非排他性而可以低价使用的公共物品,资源价格不能真实反映市场供求关系和资源稀缺程度,缺乏对企业和消费者的资源节约与环境保护动机的激励和约束作用,如石油、天然气、水、土地、电力、煤炭等处于产业链上游环节,作为生产和制造业的基础性资源价格一直由政府实行管制,而且出于维护低价格或低通货膨胀等考虑,长期对重要资源实行低价政策,严重扭曲了其稀缺程度和供求状况,造成了这些重要资源的巨大浪费和过度消费。对资源和环境保护、对外经济乃至整个经济方式转变都产生消极影响。目前,我国资源性产品总体价格水平偏低,价格水平既不反映资源的真实价值,对资源市场供求关系的变动不敏感,也没有体现出资源的破坏和环境污染治理的成本,资源开发、生产过程中对资源和生态环境的破坏等外部成本没有做到合理

---

① 中国环境与发展国际合作委员会、中共中央党校国际战略研究所:《中国环境与发展:世纪挑战与战略抉择》,中国环境科学出版社 2007 年版,第 86 页。

的内部化。微观上,资源行业进入门槛低,资源基础市场秩序混乱,破坏式或"挑肥拣瘦"式开采普遍存在,资源产品价格机制失灵。宏观上,经济发展被锁定在资源优势与能力劣势之间的路径依赖上难以超越,经济发展的环境代价和资源消耗越来越严重。

由于资源性产品价格偏低,使它难以起到激励或约束相关经济主体节约使用资源的作用。并且,政府制定的资源性产品指导价也只反映了资源的开发成本,而没有全面覆盖环境破坏成本和安全生产成本。在企业可以轻易获得廉价资源和生产要素、环境监管又不到位,而企业利润不断增长的情况下,无论是地方政府还是企业,都没有自觉地节省资源、加快推进经济增长方式转变的动力和压力,也缺乏冒险进行技术创新的动力和压力。很明显,在资源低价政策下,谁多消耗了资源,就意味着谁多分享了经济利益。这样,在环境监管不到位的情况下,认真治理污染的企业通常反而会丧失自身的市场竞争力。可以说,长期以来,我国经济发展过程中能源资源的消耗量大、利用效率低、经济发展呈现出资源耗费型和依赖型特征,一个重要的原因便是能源、资源的低价政策以及政府监管不到位所导致的。

资源性产品价格的扭曲,还导致我国外贸经济发展中的诸多矛盾和难题。从国际范围看,我国总体上资源价格低于国际市场价格。从结构性上看,国内与国际资源比价关系严重不对称,如国际通用的按热值计算的煤炭、石油、天然气比价关系大致为 1∶1.5∶1.35,而我国实际大致为 1∶4∶3,与其他能源价格相比,煤价偏低。另外,国际上天然气与原油按热值计算的比价平均为1.05∶1,而我国约为 0.4∶1,天然气价格与可替代的石油价格相比明显偏低。这种扭曲使得很多国内资源企业千方百计地去出口资源,以套取国内外市场价差,从而进一步加剧了国内资源的紧张形势。同时,由于我国多数资源性产品价格低于国外同类产品价格水平,使我国出口产品价格始终保持在全球较低的水平上,由此刺激了出口的快速增长,导致贸易顺差加大,带来结汇压力和人民币升值预期,国际投机资本因此迅速流入,由此造成资本项目顺差,这是引起我国国际收支失衡和人民币升值压力增大的不可忽视的一个因素。事实上,在大量进出口的背后,中国事实上在承担高能耗、高污染的资源与环境成本,而西方发达国家则攫取较高的附加值。据测算,我国能源利用率仅为 34%,大大低于国际水平。同时,我国能源消费强度远高于发达国家和世界平均水平,单位产值能耗约为美国的 3 倍、日本的 7 倍。近年来我国的外贸快速增长实际上是与能源资源产品价格低廉、土地成本没有充分反映、环保成本没有完全计入有着

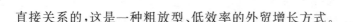

直接关系的,这是一种粗放型、低效率的外贸增长方式。

三、生态环境补偿机制缺失

生态环境资源的系统性、外部性、非排他性等属性,导致对生态环境资源的享用不可避免地会产生"免费搭车"问题,这一问题会诱发对生态环境保护以及经济社会可持续发展的破坏性行为,主要表现为:生态环境资源盈余地区很难对自己为经济社会发展所提供的生态环境资源和服务进行合理收费,从而失去保护生态环境和增加生态环境资源储备的积极性;生态环境资源匮乏地区可以免费或低价消耗生态环境资源和享受生态服务,因而也就不会去过多关注生态环境资源的稀缺和保护问题。生态环境资源盈余地区在生态保护中的正的外部效应得不到合理补偿,生态环境资源匮乏地区在生态环境资源消耗与占用中的负的外部效应也不能合理地内部化,由此将导致生态环境保护成本与收益的背离,导致生态环境资源的有效供给减少,生态环境系统对经济社会发展的承载力降低。

生态环境补偿机制就是综合运用政府、法律和市场手段,对损害生态环境的行为或产品进行收费,对保护生态环境的行为或产品进行补偿或奖励,对因生态环境破坏和环境保护而受到损害的人群补偿,以激励市场主体自觉保护环境,促进环境与经济协调发展的机制。根据国内外实践经验,建立生态环境补偿机制是促进生态环境有偿使用进而解决生态环境外部性问题的重要途径。尽管改革开放以来我国出台了一系列与生态环境保护有关的法律法规,但生态环境补偿法律保障不力、方式过于单一、标准不尽合理、征用各自为政、缺乏有效监管和范围过窄等问题仍非常明显。近年来,我国环境问题越来越突出,其中一个不容忽视的原因是廉价或无偿的环境使用制度以及由此造成的生态环境补偿机制缺失。2001年开始试点森林生态效益补偿和退耕还林政策,并对以黄河、长江源头为重点的全国性的生态系统进行了重点性保护是我国建立生态补偿机制的初步实践。2006年,财政部会同有关部门下发了关于矿山环境治理和生态恢复责任制的指导意见,建立了矿山环境治理恢复保证金制度,规定矿山企业要按照矿产品销售收入的一定比例分年预提矿山环境治理恢复保证金,并列入成本,初步建立起矿产资源开发的生态补偿机制;对跨省流域生态环境补偿机制进行了调查研究,并提出围绕水资源、水环境保护和水污染防治,省际间以签订合同或协议形式,建立起下游对上游水资源、水环境保护的补偿和上游对下游超标排污或环境责任事故赔偿的双向责任机制,逐步建立起以省际横向补偿或赔偿为主,中央财政引导或奖励为辅的利益补偿制度。在生态环境建设保护方面,我国还实行了排污收费政策,但刚刚启动,收费标准低,使用效果不明显,特别是没有要求生产开发者对生态功能的破坏实行任何补偿,因而影响了生态政策的执行效果。另外,我国资源管理部门还开征了资源费,但征收面还未铺开,已征得的有限资源费也没有完全用到生态建设中去。作为一种新型环境管理制度,现阶段我国的生态环境补偿机制在推行中还面临许多困难和制约因素。首先是观念上的问题。生态环境补偿机制的建立需要生产者、开发者、经营者改变生态资源是公共物品、无需付费的观念。其次是管理体制上的缺陷。目前我国的环境管理体制存在严重缺陷,横向管理体制不健全,尤其是缺少跨省市的协调机制,无法解决跨省市的生态环境补偿问题,制约了区际生态补偿机制的建立。再次是资金投入不足。特别是对我国西部地区来说,生态环境十分脆弱,自身资金投入不足,资本市场又发展滞后,限制了生态环境投资的增加。另外,生态环境影响的量化技术和货币化技术不成熟,使生态环境补偿缺乏强有力的技术支持。

四、有关政策法规不完善

政策法规是资源节约和环境保护的重要手段,然而我国资源环境政策法规还不完善且执行乏力,成为资源环境问题产生的基本原因。在税收政策方面,目前我国还没有建立起完善的与国际接轨的环保税收体系。例如国际上为保护环境和实现资源循环再利用,对废旧轮胎等实行无偿使用和免税政策,而我国则恰恰相反,不但不免费,税率还高于其他加工行业。为贯彻环境保护政策而采取的税收优惠措施的形式主要局限于减、免税,形式单一且缺乏针对性和灵活性。例如,由于资源税税收制度的不合理导致其环保功能淡化,成为地方政府鼓励资源开发、发展经济的手段,我国目前的资源税主要是针对自然资源所获得的收益征收的,调节的是企业的级差收入,成为地方财政收入的重要来源。其结果是加剧了生态破坏的程度。在环境立法方面,虽然改革开放以来尤其是自 20 世纪 90 年代开始,我国着手建立了一系列资源节约与环境保护的制度与法规,如环境影响评价制度、排污收费制度、环境保护责任制度、污染集中控制制度、限期治理污染制度等,但是这些制度主要是在环境污染的事后治理方面,在生态保护和资源利用方面至今还没有探索出一套有效的制度安排。在这种情况下,环境污染、水资源浪费现象不能得到有效治理。即使在有些方面建立了制度,但制度执行不力,制度功能不能有效发挥,使环境污染带来的成本得不到有效控制[①]。我国已颁布实施了《节约能源法》、《矿产资源法》、《水法》、《清洁生产促进法》、《可再生能源法》等法律,但在资源节约和综合利用,特别是再生资源回收利用等方面的法规建设仍然是薄弱环节,有些法律的原则性较强、可操作性较差,有些法律相对滞后,各经济主体节约资源和保护环境的法律义务和责任不明确,加之法律执行力度不够,检查监督不到位,使法律法规失去本身的严肃性,难以对浪费资源和破坏环境的行为实施有效惩处,加剧了资源消耗和浪费[②]。在生态环境保护方面,我们一直采用计划经济的"命令式"和"补贴式"措施,但它们不能保证实施效果,收效很低。资源利用等经济发展成本不能在国民收入核算体系中显示出来,资源耗竭状况也反映不出来,使人们无法进行经济发展成本与经济发展收益的对比,由此在工业化进程中使人们忽视了资源的浪费和短缺。

第三节　我国工业化发展中资源节约与环境保护机制的构建思路

一、建立和完善资源有偿使用制度

资源有偿使用制度是指为了有效保护环境和维持资源持续利用,国家采取强制手段使开发利用自然资源的单位和个人支付相应费用的有关制度,其理论基础是公共物品和外部不经济性内部化理论。完善资源有偿使用制度的前提要求建立一个完善的资源交易市场体系,将各种环境资源直接投入市场,依据价格规律和供需关系来确定、体现资源环境要素的价值,使环境资源的开发、利用、保护、再生、补偿纳入工业经济运行过程中的价值变化和资金周转之中,从而真实地反映市场经济的运行状况和全貌。我国资源有偿使用制度应主要包括以下内容:

一是建立真实反映资源稀缺程度、市场供求关系、环境损害成本的资源价格体系。为了维护自然资源的可持续利用,构建合理的自然资源价格差比价关系,处理好自然资源与资源产品、可再生资源与不可再生资源、土地资源、水域

①　任保平:《资源环境约束下的新型工业化及其制度供给》,《湖北经济学院学报》2004年第5期。

②　冷淑莲:《资源环境约束与可持续发展问题研究》,《价格月刊》2007年第11期。

资源、森林资源、矿产资源等各种不同资源价格的差比价关系;纠正原有的不完全价格体系所造成的资源价格扭曲,将资源自身的价值、资源开采成本与使用资源造成的环境代价等均纳入资源价格体系。通过调整和完善资源价格体系,为资源有偿使用制度的实施提供制度保障。

二是严格执行资源开采权有偿取得制度。石油、煤炭、天然气和各种有色金属等都是面临枯竭的不可再生资源,资源开采者必须向资源所有者——国家交纳相应的税费以获得开采权。应彻底取消自然资源一级市场供给(行政无偿出让和有偿出让)的双轨制,使企业通过招标、拍卖等市场竞争手段公平地取得资源开采权。对于此前无偿或廉价占有资源开采权的企业均应进行清理。

三是形成合理的资源成本分摊机制和资源有偿使用收入分配制度。将资源自身价值及开采费用、开采资源造成的环境恢复费用、资源开采生产的安全费用等共同成本合理地分摊到资源开采、资源产品和产品服务等产业链条之中;发挥财政的调节职能,将资源有偿使用的收入进行有效地分配,在中央与地方按比例分成的基础上,实行"专款专用";发挥财政监督职能,依据财经制度促使使用资源的经济成分准确、及时、足额地交纳有关税费,同时对造成资源有偿收入的税源和费源"跑冒漏损"现象进行检查验证。

二、进一步推进资源税收和资源性产品价格制度改革

目前国家对在我国境内开发的一切应税资源产品从量定额征收资源税,具体考虑不同资源的储存状况、开采条件、资源优势和地理条件等客观因素,采用差额税额标准进行级差调节。现行资源税的主要弊端是:征收标准太低且计税依据不合理,也就是上述资源产品价格和收益不断上涨,而资源税收入却固定不变。资源税改革的思路:第一步是适当提高资源税税额标准。如,将煤炭资源税征税标准提高一倍,从目前煤炭企业一般的利润水平看,完全是在企业可承受范围之内。除了煤炭以外,原油、天然气等矿产资源税都应提高征税标准。这也有利于让矿产资源丰富的地区能得到一些应有的回报,由此解决因资源开采而引发的局部地区差距拉大等问题。二是改革计税依据,在充分考虑资源有效利用率的基础上,将资源税由从量计征改为从价计征,即将资源产品销售收入作为计税依据,以改变资源税收入与资源收益脱节的状况。由于不同的资源产品其资源禀赋、地理位置、开采和难易程度等客观条件不同,因而从价计征不可能是一个统一的比例税率,应根据不同情况设置不同的资源税税率(或称级差税率)。另外,资源税的征收应考虑资源的有效利用,对资源利用率高的资源

性企业,其资源税税率应适当给予优惠。

现阶段,我国资源性产品价格存在较严重的扭曲,对资源和环境保护、对外经济乃至整个经济方式转变都带来不利的影响。造成我国资源性产品价格扭曲的原因是多方面的,既有对资源性产品价值属性认识方面的原因,也有现有资源性产品产权制度和政府监管体制及方式方面的原因。矫正我国资源性产品价格扭曲,关键是要形成一种科学、合理的资源性产品价格形成机制,真正使资源性产品的价格既能充分反映自然资源的价值及其稀缺性;同时又能反映资源的外部生态环境补偿价值和资源的代内与代际补偿价值。科学、合理的资源性产品价格应能按照资源价值的构成逻辑,在不同经济主体之间实现合理分配和补偿。但与一般性制造产品不同,资源性产品毕竟具有一定的公共产权价值,很难完全在市场作用下自发实现。这就意味着,市场的自发作用不能为资源价值的完全实现和资源价值各部分的合理分配提供根本性机制,资源性产品价格的改革,既要充分发挥市场机制的作用,同时还应该发挥政府监管的职能。为此应主要采取以下对策:

第一,要坚持我国资源性产品价格改革的市场化方向。价格机制是市场经济正常运行最重要的作用机制。只有合适的价格才能正确反映供给和需求,才能正确调动资源流向最需要的地方,从而保证资源最大限度的合理使用。价格机制不正常,就不能形成合理的价格,必然导致资源使用不合理,形成浪费。从改革总的方向看,我国资源性产品最终应形成以市场调节为基础的价格形成机制,政府应摈弃行政性干预和管理价格的方式,主要通过制定相关的税费政策和监管手段等进行适度调控,促使价格能够真实反映出资源的稀缺程度和市场供求状况。尽管资源性产品自身具有某些特定的属性,但从长远来看,并不能改变市场机制作为其价格变动基础性调节机制的特征。新型资源产品价格机制的形成,有利于使市场价格有效地刺激企业经营者加强管理、改进技术和提高资源的利用率,促进资源节约和综合利用,减少资源浪费和环境污染。

第二,打破行政性垄断,形成资源性产品的竞争性市场结构。现代产业组织理论认为,市场结构在很大程度上决定企业的市场行为,垄断的市场结构下的企业不可能制定反映市场供求状况和资源稀缺性的市场价格。资源性产品作为一种特殊商品,在工业化初期和市场经济体系不健全的时期,其生产经营以垄断行业或公用产品提供的行业为主,政府对这些商品的价格定位往往是实行低水平价格政策。但随着工业化进程的推进,这种垄断性市场结构下形成的资源低价政策所带来的负面影响越来越大。事实上,目前我国资源性行业的市场结构仍是一种政府行政垄断型市场结构形态。我国资源性产品价格存在的弊端以及改革的滞后,很大程度上与资源性产品市场的垄断性市场结构有关。不打破这种垄断性市场结构,只是简单地放开价格,必然会诱发该行业垄断企业的垄断行为。这样的垄断高价并不能真正起到对资源优化配置的调节作用,不会促使企业节约使用资源,加快技术创新,而只能使该行业的国有垄断企业攫取更大的行业垄断利润。因此,当务之急是要打破该行业行政性垄断市场结构,打破地区封锁、部门分割和行业垄断,在全国范围内形成统一开放、竞争有序的市场体系,促进资源在不同行业、部门和地区之间的合理流动。尤为重要的是要降低行业进入门槛,打破进入壁垒,鼓励和支持民间资本参与经营,实现资源供应主体的多元化,促使各主体之间展开竞争,这是形成该行业有效的价格调节机制的体制性前提条件。如果在没有充分的市场竞争的情况下进行价格改革,那么,资源领域里面的国有垄断企业,很有可能形成一个更大的、垄断性更强的企业群体,不但使非公经济无处立足,也将使城乡居民付出更大的代价。

第三,通过完善资源产品市场体系,促进资源产权和资源产品的有序流动。围绕资源性产品价格的改革方向,加快资源性产品价格的市场化进程,逐步建立统一开放、竞争有序的资源市场体系,促进资源在不同行业、部门和地区之间的合理流动,使资源性产品价格真正能够反映资源的稀缺程度和市场供求关系。建立完善的市场化体系也是对一些重要资源性产品价格争取在国际市场定价话语权的重要组成部分,使我国的资源性产品价格真正走向市场。例如要深化成品油流通体制改革,促进我国石油市场体系建设,规范石油现货市场,善用期货市场趋利避害。期货市场具有较好的套期保值功能和价格发现功能,在现代商品定价体系中扮演着重要角色。可尝试培育、发展资源基础市场和资源期货市场,通过资源产权一级市场来促成资源有偿使用制度改革。通过资源期货市场和长期订货合同来实现资源合理定价和稳定的供求衔接。建立完善资源储备制度,以应对战略性需求和安全性需求。建立和完善资源的产权交易市场。在一级市场上,将资源有偿使用制度落到实处;二级市场上,建立完善的产权交易制度,实现产权按照市场规则交易流转。同时建立各种提供咨询、信息服务及评估的中介机构。资源性产品统一、开放、竞争有序市场体系的建立有赖于打破地区封锁、部门分割和行业垄断,促进资源在不同行业、部门和地区之间自由流动,形成全方位市场竞争的格局。

第四,改革现有行业管理体制,建立健全政府监管机制。资源性产品不但具有竞争性,还具有社会公共产品的性质。如同其他非资源性垄断行业的价格需要政府监管一样,资源性产品价格也必须实行政府有效的监管,而不可能实行完全的市场竞争调节。在这里,要明确市场竞争和政府监管的关系。从基本导向上说,资源性产品价格由市场竞争形成和调节,政府的监管应有利于维护有序的市场竞争秩序,有效地反映市场竞争的要求,反映资源稀缺程度和市场供求状况。对资源实行不同程度的经济管制,是各国政府的通行做法。从长远看,资源性行业的垄断企业都是自主经营、自负盈亏的独立法人实体,产品价格变动带来的企业盈亏变化直接涉及企业长远发展、领导者绩效考核和员工收入水平等。在这种情况下,企业可能会利用价格手段采取一些欺诈性行为,或通过关联交易转移利润等价格违法行为。为此要加强政府监管,抑制垄断企业的不合理行为,维护有序的市场竞争环境。

价格监管的核心是确立合理的资源性产品价格制定基础。要加强和改善政府对垄断行业的价格监管,准确掌握垄断行业生产经营成本,科学分析垄断行业价格构成,在此基础上制定出资源性产品的合理价格。这种价格应能够反映资源稀缺程度和市场供求状况,反映环境和生态保护的要求。我国资源价格体制亟待创新,应消除以商品价格为管理对象的传统价格管理体制的约束。通过资源价格管理机构的设置和资源价格管理权限的合理划分,构建合理、有效的资源价格管理体制,将环境治理价格、资源耗竭价格、生态功能恢复价格等纳入价格管理的范围,并研究科学的定价依据,确定规范的定价方法。同时,积极培育资源产权评估机构、专业经纪公司等市场中介组织,并抓紧建立规范的市场交易制度,以促进资源市场交易效率和交易深度的提高。

第五,加快财税政策和社会保障制度等配套性改革。资源部门作为国民经济的基础部门,其价格改革和变动涉及经济全局和生产、流通、消费各个环节,因而必须循序渐进,注意社会承受能力,并进行配套改革,主要包括:一是要在对资源性产品进行价格改革的同时,也应着手推进包括工资制度在内的收入分配制度改革,使资源价格改革与居民收入增长相联系。尤其应注意不能让弱势群体为改革成本买单,通过完善社会保障机制、社会福利机制和加大财政补偿力度等措施,消除或弱化资源性产品价格改革给社会弱势人群带来的不利影响。二是要研究制定有利于发展循环经济、节约使用资源的财税政策,强化对使用节能节水产品和低油耗、低排量汽车及发展节能建筑等的财税扶持力度。三是要适时开征燃油税,对浪费资源的行为采取限制性税收政策;完善废旧物资回收利用税收优惠政策;完善消费税制,抑制不合理消费;在理顺现有收费和资金来源渠道的基础上,研究建立和完善资源开发和生态补偿机制。四是进一步建立和完善社会保障制度,特别是建立和完善对弱势群体适当补贴的机制,增强社会公众对资源性产品价格改革的承受能力,为资源性产品价格改革创造一个相对宽松的社会环境。五是加快建立具有反市场波动功能的能源资源储备机制,包括国家战略储备和企业商业储备,液体燃料储备和固体燃料储备,货币储备和物资储备等。

三、加快建立资源与生态环境补偿机制

生态环境补偿是指对损害生态环境的行为进行收费或对保护生态环境的行为进行补偿,以提高该行为的成本或收益,达到保护生态环境的目的。资源与环境具有较强的外部性,企业在生产经营过程中对资源与环境的消费所承担的成本仅仅是资源与环境成本的较少部分,外部不经济的结果是资源与环境的消费远远超过了最优消费量,导致生态环境恶化的趋势增加。要有效消除"外部性"实现资源与环境的优化,从理论上说,可采用"庇古税"和明晰资源环境产权等措施。庇古税的基本思想是对于有负外部性的资源与消费行为,通过征税的方式实现外部成本内部化,提高经济主体对资源与环境保护的自觉性和主动性;对于有正外部性的资源与环境的消费行为,通过以补贴或其他优惠政策的措施实现外部收益内部化,强化经济主体对资源节约与环境保护的积极性和主动性。

第一,明确补偿内容。我国生态环境补偿的具体内容包括:一是功能区补偿。主体功能区的界定是实施区域性生态补偿的一个重要基础。在主体功能区建设和生态补偿过程中,要充分发挥政府的主导作用,对不同功能区实行分区管理。对生态保护的重点功能区域,各级财政应加大纵向转移支付力度,支持生态建设和环境保护。与此同时,可采取"民建公买"等灵活方式,激励民众和其他社会力量参与生态建设和提供生态公共产品,产品成熟后由政府购买,以此提高生态产品供给的有效性。如由个人承包荒山种植公益林,待公益林成材后,进行科学合理的价值评估并由政府购买。二是流域补偿。由于涉及区际之间的协调,流域补偿是生态补偿领域的一个重点和难点。应由政府发挥主导作用,通过政府间的协商谈判加以解决。政府间横向转移支付应是补偿的一个重要方式。生态受益地区还可以通过对口援助(如提供劳动力培训)及开展技术合作等方式来予以补偿。此外,还可以借鉴一些地区的"异地开发"模式,由受益地区为生态保护地区提供发展的"飞地",以解决因生态保护而产生的发展空间受限的问题。引入市场机制也是解决流域补偿问题的一个有效途径。可以通过建立流域水权交易制度来调节水的使用,并为水资源保护筹集资金。三

是生态资源环境补偿。包括生态公益林、水资源、湿地资源、大气环境、矿产资源、耕地资源和各类自然保护区等资源环境的补偿。针对不同资源环境要素，由各主管部门提出具体规划方案并负责实施。补偿方式具体包括：上级政府以专项转移支付形式，支持各领域的生态补偿建设；建立生态保护补偿基金，体现对生态保护行为奖励性的补偿，基金可采取多元化的筹资模式，以中央和地市两级财政投入做引导，吸纳企业和社会多元资金；对破坏生态的行为征收各种补偿性的税费；执行生态恢复抵押金制度等。

第二，选择合理的补偿方式。在选择合理的资源补偿方式之前，应先确立资源补偿的标准。建立科学的生态环境评估体系，推动生态环境的定性评价向定量评价的转变，为生态环境补偿机制有效地完成实施目标提供相应的技术保障。采用科学的环境资源核算技术来确定生态环境的补偿标准、计费依据以及如何横向拨付补偿资金等，实现生态保护与生态职责的对应。为实现生态补偿权责统一，将补偿资金与保护效果挂钩，明确受偿政府、单位和个人在受偿的同时需承担相应的保护责任①，并根据评价结果实行动态生态补偿。由此确定的生态补偿方式才会更科学有效。生态补偿方式包括受益对象对自然资源的直接补偿和间接补偿两种形式。直接补偿是受益对象根据自然资源提供的效益，结合其经济发展水平以及支付意愿而提供给自然资源供给者的补偿，由于采用市场化的方式，又称为市场化补偿。其表现形式为具体的受益对象对生态供给者的直接补偿。受益者与供给者之间的补偿方式可以采用资金或实物补偿。资金补偿是最为常见的补偿方式，也是最为直接的补偿方式。在现实操作中可形成例如补偿金、补贴、生态保证金（押金退款）、赠款等方式。为了提高物质使用效率，补偿者也可运用物质、劳力和土地等进行补偿（即实物补偿方式），解决受补偿者部分生产要素和生活要素，改善受补偿者的生产和生活条件，增强生产能力②。

间接补偿是生态受益者以税收或生态基金等形式将资金转移到财政部门，然后通过财政转移支付等形式进行补偿，因此又称为政府补偿。间接补偿主要针对生态效益和社会效益，其形式主要表现为上级财政转移支付补偿。环境税和生态保证金制度是补偿资金长期稳定的来源，也是落实科学发展观、建设生态文明的有力抓手。根据我国的具体情况，可先将各种废气、废水和固体废弃

①　义术：《生态补偿机制助推发展方式转变》，《新东方》2009 年第 3 期。

②　韦钟华：《生态补偿制度研究》，《今日南国》2009 年第 1 期。

物的排放确定为环境税的课征对象,同时将一些高污染产品,以环境附加税的形式合并到消费税中。对新建或正在开采的矿山、林场等,应以土地复垦、林木新植为重点建立生态补偿保证金制度,企业需在交纳相应的保证金后才能取得开采许可,若企业未按规定履行生态补偿义务,政府可运用保证金进行生态恢复治理。我国财政部制定的《政府预算收支科目》中,与生态环境保护相关的支出项目约 30 项,但没有专设生态环境补偿科目。因此在财政转移支付项目中,应增加生态环境补偿项目,并加大该类目的纵向转移力度,对限制开发区域和禁止开发区域予以相应的政策倾斜。为了减少应补未补、补偿过度和补偿不足等不公平和效率低下现象,更为重要的是要由中央财政确定横向补偿标准,将生态环境受益地区向生态效益提供地区的转移支付统一上缴中央政府后,再通过纵向支付将横向生态环境补偿金拨付给因保护或投入生态环境而丧失经济发展机会的地区和人群。

第三,完善资源环境补偿机制实施的支持系统。一是完善中央及地方两级的环境补偿法律法规。完善的法律法规和设计合理的制度规范是生态补偿机制有效运行的基本依托和保障。由于生态补偿就其本质而言属于再分配的范畴,涉及不同阶层利益的重新调整,在促进生态环境建设和制定具体生态补偿机制及实施过程中,各不同利益相关方往往难以取得一致意见和行动。同时,在涉及生态补偿的主体、对象、标准和补偿资金来源及管理使用等诸多方面,也都会产生一系列矛盾及争议。这就要求在建立和实施生态补偿机制的过程中,应从全局利益出发统筹考虑。加快制定国家层面的相关法律规范,在此基础上,各地区根据本地资源环境实际情况,制定相应的生态环境补偿机制,并明确制定生态补偿的规则,为生态补偿活动提供补偿依据、原则、程序和实施细则。应在借鉴国际经验的基础上,按照"谁开发谁保护、谁受益谁补偿"的原则,尽快出台符合我国国情的《生态环境补偿条例》和《生态环境补偿法》等法律法规。

二是强化科技支撑体系。生态补偿机制建设需要相关科学技术的支撑与配合。应提高生态环境保护的科技支持能力,加快生态科研成果转化。积极研究建立生态环境价值评估体系,进一步从定性评价向定量评价转变,为生态补偿机制建设进入具体操作实施层面创造基础和条件。应将生态价值评估纳入国民经济核算体系之内,不仅为生态补偿的指标和标准体系建设提供依据,也为完善政绩考核体系提供补充。

三是完善相应的信贷与融资支持政策。财政投入政策是构建生态投资与生态资源补偿机制的重要组成部分。具体包括以下三方面的内容:财政直接投资。政府对生态环境保护进行投资是发达国家普遍的做法,目前我国应加大在这方面的投资。财政补贴和转移支付。政府对植树造林、生态保护、污染治理等活动进行财政补贴。目前,我国将生态环境补偿机制中的生态工程建设列为国家财政转移支付的重要支持对象,同时也应将天然林保护、退耕还林还草工程作为国家财政生态补偿的重点地区。要加大在西部地区财政转移支付的力度,把因保护生态环境而造成的当地财政减收,作为安排国家财政转移支付资金的重要因素。在融资方面,建立以政府投入为主、全社会支持生态环境建设的投资融资体制。建立健全生态补偿投融资体制,既要坚持政府主导,努力增加公共财政对生态补偿的投入,又要积极引导社会各方的参与,探索多渠道多形式的生态补偿方式,拓宽生态补偿市场化、社会化运作的渠道,形成多方并举,合力推进。逐步建立政府引导、市场推进、社会参与的生态补偿和生态建设投融资机制,积极引导国内外资金投向生态建设和环境保护。按照"谁投资、谁受益"的原则,支持鼓励社会资金参与对生态建设、环境污染整治的投资①。在信贷方面,根据生态环境保护及可持续发展的要求,对不同的对象实行不同的信贷政策。一般的,对生态环境保护及可持续发展有利的项目实施优惠信贷政策,反之则实施严格的信贷政策。

四是建立资源开发补偿机制,引导和规范各类市场主体合理开发资源,承担资源补偿、生态环境保护与修复等方面的责任和义务。资源开发补偿机制的重点在于实施税制改革,具体包括以下几个方面:首先,对资源型城市给予税收返还。中央与省级政府在资源型城市征收的资源型企业的增值税和资源税,部分或全部返还给资源型城市,用于资源型城市的环境治理和基础设施建设;其次,对资源型产业实施增值税改革。增值税由生产型改为消费型,将设备投资、矿产勘查投资等纳入增值税抵扣范围。与此配套提高排污费收费标准,推行绿色贸易等环境经济政策,激励企业在资源开采和生产过程中自觉进行资源节约与环境保护;再次,矿产资源补偿税费改革。使从现行的资源税、矿产资源补偿费中获得的税费收入直接形成矿业补偿基金,用于资源枯竭城市的产业转型补贴和职工安置。设定税费比例和适用范围时要尽可能使国内资源开采企业避免受到国外的冲击,矿产资源开发补偿税费收入能够满足历史欠账和未来环境补偿②。

---

① 孙加秀:《生态补偿机制的实践与反思》,《兰州学刊》2007 年第 4 期。
② 钱勇:《建立资源开发补偿机制》,《中南财经政法大学学报》2004 年第 9 期。

四、建立完善资源节约与环境保护的管理体制

科学合理的管理体制机制是实现工业化过程中资源节约与环境保护的基础。要进一步处理好中央与地方政府在资源节约与环境保护中的委托代理问题,强化地方政府在资源节约与环境保护方面的责任,抑制地方和部门保护主义。在部门管理体制方面,可进一步适当强化国家环保部的职能,防止环境保护政出多门,降低部门间的利益冲突,提高资源与环境工作的效率。可考虑成立跨区域的环境管理协调机构,赋予其对相关流域、区域环境和资源进行管理的职能,发挥其跨区域协调管理的作用。进一步明确中央政府与地方政府的职责,合理划分其相应职责和权利边界,避免资源与环境管理"越位"、"缺位"和"错位"现象。建立并落实节约资源、保护环境的目标责任制和行政问责制,建立并认真落实各级政府、职能部门和企业节能减排的责任追究制和问责制。

五、建立以绿色 GDP 为导向的新的政绩考核制度

长期以来,我国工业化发展过程中,资源耗费过度,环境破坏严重,一个重要的原因是各级政府为追求政绩,实现较快的经济增长速度,而不惜过度地投入资源,破坏生态环境。为此,加快改变单纯以经济增长速度作为地方政府政绩考核主要指标,将资源环境指标纳入政府政绩考核体系是走新型工业化道路、建设生态文明的必然要求。各级政府在制定和完善中央和地方法律法规、行政规章以及相关产业、经济、技术资源配置等政策时,应将环境保护监督管理工作纳入考虑范围。考察地方各级官员政绩时,应关注资源与环境保护的战略规划和专项规划的制定和执行情况,对资源浪费和环境破坏是否有合理的预测,对资源环境规划方案是否进行了合理的修订,以及在实际中是否有效地执行等进行考核。

加快建立以绿色 GDP 为导向的新的政绩考核制度。我国现行 GDP 指标核算体系,是以市场化的产出来衡量经济增长和进步程度的,只注重经济产值的增长速度,没有将环境资源引入核算内容,忽视了经济增长过程中对资源、环境所造成的负面效应,甚至将对资源浪费性使用和造成环境破坏的生产活动当作国民收入核算的内容。在这样的体系中,自然资源和生态环境都是"免费商品",自然资源的耗减和环境质量的下降不但不会减少 GDP,反而治理污染的经济活动所产生的收益还将计入 GDP,即污染也成为 GDP 的增长点,造成 GDP 的虚增。这种核算体系加上现行地方官员的政绩考核方式,导致一些地方不惜

代价片面追求增长速度,忽视结构、质量、效益,忽视生态和环境保护,诱致了大量浪费资源、破坏环境、损害后代人利益的行为,大大加大了经济增长的资源、环境代价。为此,应从经济增长核算体系方面加以调整和改革,使用反映资源节约与环境保护的绿色 GDP 指标。

绿色 GDP(GGDP)是指在 GDP 的基础上扣除对资源(包括土地、森林、草原、矿山、水)、环境(包括生态环境、自然环境)的破坏性影响后的余额。绿色 GDP 是人们在经济活动中处理经济增长、资源利用和环境保护三者关系的一个综合、全面的指标,这样就在 GDP 中扣除了不属于真正财富积累的虚假部分,即生产活动给环境资源造成损失的那部分成本,或以自然资源的拥有量和增加值作为“绿色 GDP”的有机组成部分。它是反映环境与经济综合效益的核算指标,是经济净增长的概念,是 GDP 总量减去经济增长造成的资源、环境损失(包括资源的损耗、环境破坏的损失和恢复成本)后的余额。这种新的核算体系,可以使生态环境补偿机制的经济性得到体现,能够更确切地说明经济增长与社会发展的数量与质量的对应关系,从而有助于增强人们的环保意识,提高建立生态环境补偿机制的积极性,对新型工业化和可持续发展的实现具有重要意义。它引导社会经济发展不但要注重眼前效益,也要追求长远利益,为干部政绩考核提供了科学依据。

绿色 GDP 核算体系的建立障碍主要表现在:资源和环境的定价、环境污染和资源损耗造成损害的滞后性、有关数据收集方面的困难等。为此,一方面,需加强绿色 GDP 核算的理论方法研究,突破技术上的难点问题,逐步完善绿色 GDP 核算的内容、方法;另一方面,需加强绿色 GDP 核算的制度建设,特别是资源环境统计制度、核算方法和标准的规范制度、核算过程的监督管理制度、核算结果的发布制度等,通过立法程序,将绿色 GDP 纳入统计范畴,与传统 GDP 同时进行核算,并纳入干部政绩考核内容。

建立绿色 GDP 核算体系时,可以考虑的思路是:一是建立绿色 GDP 指标体系和核算体系。该指标体系包括自然资源指标(包括自然资源储量指标、自然资源开采率指标、自然资源利用率指标、自然资源恢复率指标等);环境指标(环境投入产出比、环境恢复率、城市环境指标、农村环境指标、“三废”处理率等)。资源环境核算体系,包括矿产资源、水资源、森林资源、海洋资源的价值核算;环境资源的耗减核算;环境资源的损失成本核算;资源环境的恢复成本、再生成本和保护成本核算;环境资源的替代成本和机会成本核算;环境资源的改善收入等。二是推动资源环境产权和价格改革。只有使自然资源产权的界定明晰化,才能使资源的价格逐渐通过市场加以确定,如土地、水、森林、矿产资源等。相比之下,环境的价格难以确定,因为环境具有突出的公共物品性质,不易分割、共享性大、产权的界定也比较困难,可通过规定排污水平和排污权交易等方式为环境定价找到一个可行的途径。三是建立与绿色 GDP 相适应的企业绿色会计制度。把资源环境成本纳入企业会计核算。在该核算中,设立资源环境账户,记录企业对环境的影响和资源损耗,将其计入企业成本,并对绿色投资产生的收益进行核算。通过环境资源成本的核算,强化企业的环保意识,增强其保护资源环境的主动性。

六、建立和完善资源节约与环境保护的监督机制

由于资源与环境的特殊性,地方政府和企业倾向于牺牲资源与环境来追求政绩和短期经济利益。因此,建立高效的资源与环境监管机制,实现国家监察有效,地方监管有力、单位负责有方的环境监管,是防止相关经济主体破坏资源与环境、实施现代资源与环境管理的必然选择。高效的监督机制主要包括执法监督和社会监督两方面。

第一,健全资源环境执法监督体系。为了更好地对资源与环境进行监督,环境监督主体要从国家战略层面上提出我国环境执法保障的目标、方向及其战略,加快建设完备的环境执法监督体系、提高执法效能。环境保护部门加强监管环境保护法律法规的执行情况、各项环境规划的落实情况、有关标准和管理制度执行情况,明确各单位执行国家和地方污染物排放标准、环境质量标准的情况以及环境污染的危害情况。强化奖惩力度,对资源与环境影响严重者追究刑事责任[①]。采取有效措施规范对环境执法部门的有效监督,规范环境执法行为,制止环境违法违纪行为的产生。各级环境执法部门加强对执法人员的教育管理,健全自我监督约束机制。国家环境保护部门争取确立执法监督机构的法律地位,尽快制定出台《环境执法监督办法》、《限期治理管理办法》、《环保后督察办法》等;拓展环境执法监督领域,将环境执法监督从生产环节逐步向流通、消费、分配等环节延伸,从侧重于工业污染源的执法监督向整个生态系统拓展。构建充满活力的高效环境执法监督机制,加强与其他相关执法部门、司法机关配合与协作,搭建公众参与平台,形成专业执法和社会监督相结合的监督网络,从而有效实现资源与环境管理的法制化。

---

① 冯永锋:《环境执法监督体系将更加完备》,《光明日报》2008 年 3 月 25 日理论版。

　　第二,强化社会监督。资源与环境的社会监督的实质是通过公众参与来有效地制约政府在资源与环境方面的自由裁量权,确保政府在做出有关资源与环境的决策之前充分听取公众的意见,帮助决策机关及早发现问题,提高决策的科学性与准确性。社会监督包括对环境违法事件的监督、政务监督、执法行为的监督等方面。具体措施包括:建立、健全环保信息公开制度,保障公民的知情权和批评权,实现公众对资源与环境的监督权力。资源环境信息公开被视为一种全新的资源与环境管理手段,要求把行政执法的法律依据、执法程序、执法结果、廉政工作制度、文明办公规范、便民措施、举报办法和电话等,一律向社会公布,把资源与环境执法活动置于全社会的监督之下①。环保部门应及时公布重大环境违法事件和重大突发性环境事故,研究和探索企业环境行为审核、审计制度。对涉及公众利益的项目,积极探索资源与环境开发的听证制度,通过制度化和法制化的方式把资源与环境管理真正置于社会监督之下。

七、健全资源节约与环境保护的法规体系

　　只有充分运用以法律手段为主的环境保护体制,环境管理才能更有力、更规范,从而产生更持久、更深刻的影响。制度创新就是要求从资源环境管理法制化出发,加快资源环境保护立法,将政府及有关主体的行为用法律、法规的形式固定下来,建立健全具有中国特色的资源环境管理法律法规体系②。在立法目标上,以可持续发展、发展循环经济和建立"资源节约型"、"环境友好型"社会作为资源环境保护立法的基本方向和目标;在立法内容上,完善现行资源环境保护立法,对以往立法空白进行适当的修补,如补充制定自然资源保护立法及环保法律程序立法部分的内容;在法律制度上,应当逐步建立起由政府调控、市场引导、公众参与等构成的比较完整的法律制度框架。从资源环境管理规范化出发,建立完善的资源节约和环境友好标准体系。从资源环境管理制度化出发,建立资源节约监督管理制度,加强执法监督检查,依法查处破坏资源、浪费资源和污染环境的行为。

---

　　① 中国环境与发展国际合作委员会、中共中央党校国际战略研究所:《中国环境与发展:世纪挑战与战略抉择》,中国环境科学出版社 2007 年版,第 92 页。

　　② 冷淑莲:《资源环境约束与可持续发展问题研究》,《价格月刊》2007 年第 11 期。

第 十 四 章

中国特色新型农村工业化发展研究

党的十八大提出实现工业化、信息化、城镇化和农业现代化同步发展的要求,农村工业化是农业现代化发展的基本前提和基础。中国作为一个农业人口众多的发展中大国,积极推进农村工业化是有效解决"三农"问题,加快推进农业现代化的基本途径,也是推进中国特色新型工业化的重要内容。

第一节 中国农村工业化的基本内容及发展历程

一、农村工业化的含义界定

农村工业化从一般意义上说包含以下几个方面的含义:一是通过工业化推动农村三次产业结构协调发展,实现农村资源配置合理化过程;二是通过工业化过程推动中小城镇的发展,实现农村工业与城市工业的融合,促进农村人口转移和中小城镇人口聚集的过程;三是用工业化的理念和技术对传统农业发展模式进行改造,为农业现代化提供物质基础和技术条件;四是农村工业化的过程也是现代工业文明对农村社会进行全面渗透、影响的过程,通过对农村教育、卫生、法制意识和社会道德的全面洗礼提升农民的综合素质,推动新农村建设,实现农民富裕和生活现代化的过程。从时间维度上看,农村工业化是一个渐进的、由量变到质变的转化过程,亦即农村的自然资源和劳动力在农业、工业及其相关部门逐渐重新配置的过程。从空间维度上说,农村工业化特指农村地区范围内的工业化,就我国而言通常是指县域经济范围内的工业化。但农村工业化绝不是指在农村地区封闭环境下进行的工业化,它是整个国家工业化的重要组成部分,在很大程度上受到国家工业布局、工业结构调整的影响。在农村工业化引导的农村产业结构和就业结构变化的过程中,同样不可避免地会对农业生产、农村社会生活等其他方面带来深远的影响,从而促进整个农村地区的现代化,推动传统农业文明与现代工业文明的不断融合①。在外延上,农村工业化主要着眼于农村产业结构由农业向工业的升级,生产方式由小农生产向现代工业、企业生产方式转变。农村产业结构的升级(农村工业化)、农村社会结构的变化(农村城市化)是农村现代化的重要组成部分,是农村现代化的阶段性目标。农村工业与城市工业同是整个国家工业化的重要组成部分,有着紧密的联系。衡量农村工业化的主要指标有两项:一是工业产值占农村工农业生产总值的比重;二是从事二、三产业的农村劳动力占农村总劳动力的比重。这两项指标均达到 60% 以上时,通常即认为基本实现了农村工业化。三项辅助性指标:一是农村农民的物质生活和文化生活水平,可用农村人均收入与城乡人均收入比值等来衡量;二是农村城镇化水平,可用农村社会总产值中非农产值比重、农民非农化比重等来衡量;三是农村专业化和市场化水平,可从机械化装备、标准化技术、区域化生产、信息化管理、知识化农民、专业化生产等方面来表示。

积极推进农村工业化对于我国经济发展和新农村建设具有十分重要的意义。首先,农村工业化的发展有助于促进国民经济协调发展。农村经济是国民经济的重要组成部分,而农村工业是推动农村经济发展的重要力量,只有通过农村工业化发展实现了城乡统筹发展,整个国民经济才能实现协调和可持续发展。其次,农村工业化有助于全面建设小康社会。我国目前依然有近 60% 的人口生活工作在农村,农村实现了富裕,国家才能真正实现富裕。因此,我国全面建设小康社会的重点在农村,难点也在农村,只有加快农村工业化进程,实现农村小康社会,才能有效实现现代化建设的目标。再次,农村工业化的发展有助于有效解决我国"三农"问题。以工业的理念指导农业生产,推动农业产业化;农村工业化还可以促进城镇化,通过农村工业化把相关产业聚集到城镇上,也使人口相对集中在这些地方,人口的集中又会带来服务业的发展;农村工业化可以促进农村富余劳动力转移,推进农民的非农化进程,提高农民的收入。

---

①　罗其友等:《我国新型农村工业化战略问题思考》,《农业现代化研究》2006 年第 4 期。

二、改革开放以来中国农村工业化取得的成就

改革开放以来,我国以乡镇企业为代表的农村工业获得了迅猛发展,取得了举世瞩目的巨大成就。农村工业化的推进深刻地改变了农村经济单纯依靠农业发展的格局。1978 年,社队企业总产值只相当于当年农业总产值的 37%左右。到 1987 年,乡镇企业中二、三产业产值合计增加到 4854 亿元,这相当于农业总产值的 104%,首次超过了农业总产值。这是中国农村经济发展史上的一个里程碑,它标志着农村工业化已经进入了一个新的历史时期。到 2007 年,乡镇企业增加值已占农村社会增加值的 68.68%,成为支撑农村经济最坚实的支柱[①]。乡镇企业已成为增强我国综合国力的重要力量和保持农村社会稳定的重要因素。2009 年全国乡镇企业总产值 92500 亿元,占国内生产总值的28.52%;出口商品价值 30000 亿元,实缴国家税金 950 亿元,约占全国税收总额的 20%(见表 14.1)。农村工业的发展壮大了农村经济,支持了农业生产,增加了农民收入,保持了农村经济与社会的稳定。

我国农村工业化的发展成就主要体现在以下几个方面:

一是农产品加工业继续稳定发展。以农产品加工业为代表的农业产业化经营领域和规模进一步扩大成为农村工业发展的生力军。近年来,政府采取优惠政策,推动了我国农业产业化的发展,同时大力发展农产品加工业,延长了农业产业链,促进了农民就业,提高了农产品的附加值,促进了农业产业化的良性互动,农产品加工业成为农村工业企业重要的优势特色产业。2009 年,农村工业企业中规模以上乡镇农产品加工业增加值近 1.5 万亿元,其中食品工业增加值 1950 亿元,同比增长 16.28%,是农村工业企业中发展最快的行业之一。尽管受到金融危机的影响和国内市场准入门槛的提高,农产品加工业依然保持了较快的发展势头。2008 年全国规模以上农产品加工业完成增加值 10600 亿元,同比增长 16.42%;其中食品工业(包括农副食品加工业、食品制造业和饮料制造业)增加值 3300 亿元,同比增长 16.49%,农产品加工业增加值占规模工业的比重达到 31.48%。数据表明,农产品加工业已成为农村工业的主要行业和重要增长点[②]。

---

① 冯克:《中国特色农村工业化的成功实践——乡镇企业改革发展 30 年成就综述》,《农民日报》2009 年 7 月 27 日。

② 农业部:《2007 年全国乡镇企业经济平稳发展对三农贡献突出》,中央政府门户网站,2008 年 2 月 4 日。

表 14.1　2009 年乡镇企业主要指标情况表

指　标	绝对值(亿元)	同比增长
乡镇企业增加值	92500	10.00
其中:工业增加值	64500	9.68
其中:规模以上工业增加值	48000	9.92
乡镇企业总产值	388000	9.81
其中:工业总产值	265000	9.75
工业销售产值	251000	9.76
乡镇企业营业收入	381600	9.72
利润总额	22400	8.18
上交税金	9500	8.39
出口产品交货值	30000	−14.51
劳动者报酬	17000	7.39

数据来源:中国农业信息网:《2009 年乡镇企业发展总体情况》,2010 年 1 月 25 日。

　　二是依托大企业和新兴产业实现农村工业化的发展。近年来,随着我国城市化步伐明显加快,一些大城市按照中央统筹城乡发展的要求,纷纷实施城乡一体化战略,大工业逐步迁往郊区。大型工业企业的外迁,为农村企业提供了为大企业配套生产的发展机遇。乡镇企业为大型国有企业、外资企业等提供零配件生产、物流配送服务成为新的发展趋势。例如,北京市顺义区在现代汽车厂周边乡镇兴建了 238 家为现代汽车配套的企业,满足了现代汽车一半以上的零配件需求。长春市绿园区为一汽配套的加工企业多达 240 户,生产 8000 种配套产品,占一汽外购零配件的 10% 以上。这些企业创造的产值占全区乡镇工业的 80%,税收的 60%,还吸收近 5 万人就业。目前,天津、上海、武汉、重庆、青岛、福州、唐山等很多大城市郊区都形成了为大工业配套的产业集群。在大企业的帮助和指导下农村工业企业获得了较高的技术水平和管理水平,增强了农村工业企业的生命力和竞争力。从产业结构看,农村工业以农副产品加工、资源开发、劳动密集型、轻型加工企业为主,与大型国有企业形成了互为市场、相互依存、相互补充的关系。在为大型企业提供配套生产和服务的同时,也有效地推动了农村工业化的发展,使乡镇企业初步形成了高新技术化和产业集群化的新型格局。

　　三是农村服务得到快速发展,农村产业结构趋向合理化。随着我国农村工业化进程的加快和新农村建设的稳步推进,农村第三产业成为各地政府引导发展的重点和投资发展的热点,在规模和质量上得到了突飞猛进的发展,为推动农村工业化进程提供了科技、信息、人才、资金等有力支持。1996—2006年,我国乡镇企业服务业增加值,由3249.85亿元增加到11067.97亿元,年均递增14.6%。1996—2003年,我国农、林、牧、渔服务业增加值由129.6亿元增加到313.4亿元,年均递增13.4%。乡镇企业服务业增加值相当于农、林、牧、渔服务业增加值的35.3倍。农村第三产业占农村各产业增加值的比重由1996年的7.0%上升到2006年的15.6%[①]。农村第三产业一方面通过为其他产业尤其是农村工业有效提供科学技术知识、信息、物流和人才等服务,促进农村工业得到不断发展;另一方面,其自身的不断增长和完善,也为农村经济增长和农村工业化的推进做出贡献。例如乡村旅游业是一种关联带动性强、拉动内需明显的新兴服务产业。随着对农村旅游服务业的支持力度加大,以观光、旅游、度假和农村货物流通业为主要内容的新型农村第三产业发展迅速。发展乡村旅游业,一方面可以有效地吸纳农民由农业转向旅游业,直接从事旅游接待、卫生保洁等活动,实现农村剩余劳动力的转移;另一方面,旅游业的发展可以有效地带动相关行业的发展,如餐饮、住宿和土特产加工等产业的增长,旅游业的发展为增加农民收入、实现农民富裕提供了重要途径。

四是吸纳就业稳定增加,农村居民收入持续增长。1978年以来,我国农业劳动力比重由最初的70.5%减少到目前的42.6%;制造业和建筑业就业比重由最初的17.3%上升到目前的25.2%;服务业就业比重由最初的12.2%增加到了目前的32.2%[②]。农村工业化的推进开创了农民在农村就地就近就业的新路子。到2007年底,全国乡镇企业从业人员总数达15090万人,占农村劳动力总数的29.13%,比1978年的9.23%提高了10个百分点,极大地缓解了我国的就业压力,优化了农村劳动力结构,同时为农业适度规模经营、提高劳动生产率创造了条件。继联产承包解决温饱之后,乡镇企业成为实现农村小康生活的另一把钥匙。到2007年乡镇企业支付职工工资达13700亿元,农民人均从乡镇企业获得收入1420元,比1978年的10.74元增加了130多倍,占农民人均纯收入的34.8%,比1978年的8%上升了26个百分点,大大加快了农民致富奔小

---

① 姜长云:《我国农村服务业的发展状况》,中国经济信息网 http://www.cei.gov.cn/ 2007年6月30日。

② 中国经济信息网,2008年3月20日。

康的进程①。新的劳动法颁布实施后,企业用工制度得到规范,各地普遍提高了员工工资标准,乡镇企业劳动者报酬得以提高。

数据来源:中国农业统计年鉴2009。

图14.1　1980—2008年乡镇企业吸纳就业人数情况

随着农业科学技术和农业生产率的不断提高,我国农村地区产生了约2.5亿农村富余劳动力,而城市各产业吸纳农村劳动力的能力正在逐渐减弱。农村富余劳动力的就业不能主要依赖现有的城市产业体系,而要靠在农村创造就业机会。为此,农村工业化和农村城镇化是整体解决"三农"问题、吸纳农村剩余劳动力就业的基本途径。1978年全国社队企业职工2827万人,资产总额87亿元,平均每个职工年工资收入308元。到2008年,乡镇企业吸纳劳动力就业人数达1.5亿多人(见图14.1),支付劳动者报酬达15830亿元,大大加快了农民致富奔小康的进程。

第二节　中国新型农村工业化的内涵和基本要求

一、中国新型农村工业化的基本内容和要求

新型农村工业化是在加快农村经济发展方式转变、推动城乡统筹发展的背

---

①　冯克:《中国特色农村工业化的成功实践——乡镇企业改革发展30年成就综述》,《农民日报》2009年7月27日。

景下走"科技含量高、经济效益好、资源消耗低、环境污染低和人力资源充分利用"的新型工业化与城镇工业化协调发展的过程。它在内涵上除了包括依靠"科技含量高、经济效益好和实现人力资源充分利用"的工业化发展来繁荣农村经济、解决"三农"问题的基本要求外,更多地强调了在工业化进程中积极推动资源节约和环境保护机制建设,实现农村工业现代化与人口、资源、环境的协调和可持续发展。新型农村工业化是在打破城乡分割、统筹城乡发展背景下进行的农村工业化,既指工业在农村通过自身变革占据主导地位,又指通过工业化的生产方式包括工具装备、科学技术、产业组织、经营管理等来改造包括传统农业在内的农村产业和农村社会,促使农村经济系统向现代化转型,进而实现与城市工业化协调发展的过程[①]。因此,新型农村工业化道路是解决"三农"问题和推进新农村建设的有效途径。其基本要求包括以下几个方面:

一是新型农村工业化强调资源节约与环境保护。发达国家工业化道路以大规模消耗资源和牺牲环境为代价,"先发展、先污染、先破坏,后治理"是其典型特征。我国传统工业化道路也以粗放型增长为典型特征,结构性矛盾突出,发展方式不可持续。我们必须用科学发展观重新审视工业化道路。新型农村工业化要求走生产发展、生活富裕、生态良好的文明发展道路,把建设资源节约型和环境友好型社会放在更加突出的位置,实现速度和结构质量效益相统一,实现经济发展与人口资源环境相协调,实现经济社会科学发展、和谐发展、永续发展。

二是新型农村工业化要求以自主创新为核心。我国传统工业化道路以粗放型增长为主要特征,技术创新明显不足,对外技术依存度明显偏高。走新型农村工业化道路,就是要把提高自主创新能力作为工业化的战略基点和产业结构优化升级的中心环节,不断提高农村工业整体技术水平和核心竞争力。

三是要求统筹城乡劳动力就业。我国有 13 亿人口,劳动力资源占世界的 26%,但自然资源、资本资源不足世界总量的 10%。城镇每年有 1000 多万人口进入劳动力市场,需要就业和再就业的人数达 2400 多万;农村约有 1.5 亿富余劳动力需要逐步转移出来。就业问题已成为工业化过程中亟待解决的紧迫问题,要统筹解决城乡劳动力就业问题。进城务工不是解决农村富余劳动力的唯一途径,积极推进农村工业化进程,实现农民非农就业是解决农村富余劳动力

---

① 谢方:《基于产业集群的农村非农化研究》,西北农林科技大学博士论文,2008 年,第 43—44 页。

就业的重要途径。农村工业化的实质是将新型工业化道路深入到农村中去,通过农村非农产业的发展内部吸纳农村剩余劳动力,切实增加农民收入。通过农产品深加工,延长农业产业链条,是新型农村工业化发展的重要途径,农村工业化对农村劳动力就业具有重要意义。

四是新型农村工业化要求统筹处理好农村工业化和农业产业化的关系。大力发展乡镇企业,是加速农村工业化的必然选择。乡镇企业的发展,促进了大批农村劳动力向非农产业转移,加速了城镇化的进程,为农村工业化提供了广阔的发展空间。要鼓励乡镇企业把自身的发展与农业产业化相结合,把农产品加工业作为主营领域,通过发展农产品的深加工带动农业产业化的发展和升级。使农民从生活上享受到工业化带来的成果,而且彻底改变农业生产方式,减轻农民劳动强度,提高劳动生产率①。

五是新型农村工业化要求农村三次产业协调发展。由于我国是在传统农业部门没有得到根本改造的前提下发动工业化的,第一、三产业发展长期滞后,产业结构严重失调。走新型农村工业化道路,要遵循三次产业演变的客观规律,正确处理工业化与农村产业结构优化升级和产业协调发展的关系,发展现代服务业,加强基础产业,建立起完善的农村现代产业体系②。新型农村工业化要求通过优化农村产业结构,促使农村经济更好地适应市场,走向市场,实现农村经济由传统向现代、由封闭向开放的历史性转变。以农村三次产业的全面协调发展,带动新型农村工业化的有效推进。

二、中国新型农村工业化发展的重要意义

农村工业化是中国工业化的重要组成部分,在推进新型工业化的过程中必须重视农村工业化。有中国特色新型农村工业化就是要求农村工业化由粗放型增长向集约型发展,注重资源节约与环境保护,实现资源配置得到不断改善和优化。

首先,走新型农村工业化道路有助于缓解资源压力,实现可持续发展。我国农村地区的企业由于起点低、规模小、管理方式粗放,长期以来在经济增长方式上一直存在着"高投入、高消耗、高排放、低技术、低效益"的问题,传统的"资源—产品—废弃物和污染物"经济生产方式,对农村地区的经济社会可持续发

---

①　陈佳贵:《在新型工业化进程中统筹城乡发展》,《人民日报》2003 年 10 月 28 日。

②　丁兆庆:《中国特色新型工业化道路——"特"在哪里?》,大众网,2007 年 12 月 22 日。

展造成了巨大的压力。据统计,我国原油、原煤、铁矿石、钢材、氧化铝和水泥的消耗量分别约为世界消耗量的 7.4％、31％、30％、27％、25％和 40％,而创造的 GDP 仅相当于世界总量的 4％。我国单位产值能耗比世界平均水平高 2.4 倍,是德国的 4.97 倍、日本的 4.43 倍;我国国内生产总值中单位产值的能源、原材料和水资源消耗大大高于世界平均水平,我国的石油对外依存度高达 50％、钢铁为 44％、铜 58％、铝 30％[①]。我国单位 GDP 的废水、固体废弃物排放的水平大大高于发达国家,即单位产值的消耗强度大大高于世界平均水平。农村地区许多行业资源利用效率低、浪费大。高消耗换来的高增长,导致废弃物排放多、环境污染严重。粗放型经济增长方式实际上是在"竭泽而渔",这种发展方式是难以持续的。我国资源稀缺,如淡水、耕地和草地仅占世界平均水平的 1/4、1/3 和 1/2,如石油、天然气、煤炭、铁矿石等重要资源,人均储量只有世界平均水平的 11％、4.5％、79％和 42％。作为资源短缺而又属于资源高消耗的发展中国家,只有改变经济发展模式,提高资源利用效率,走新型农村工业化道路才能实现我国农村经济的可持续发展。

其次,走新型农村工业化道路有助于缓解环境压力,保持人与自然的和谐。1995 年,美国经济学家格鲁斯曼和克鲁格发表了《经济增长与环境》一文,提出环境库兹涅茨曲线假说,认为经济增长与环境污染之间呈"倒 U 型"曲线关系。在经济发展初期,环境污染程度随着经济增长不断加剧,当经济增长到一定程度后,环境污染达到最严重的程度;此后,随着经济增长,环境污染的程度逐渐减轻,环境质量不断得到改善。目前我国人均 GDP 为 2500 美元左右,农村人均 GDP 在 1000 美元左右,按照库兹涅茨的工业化阶段划分,我国处于工业化的中期,经济增长和环境污染的关系处于"倒 U 形"曲线的左半部分,资源与环境的压力相当严重。我国农村工业化由于发展时间短、科技含量低、经营管理粗放,形成了高开采、高消耗、高排放、低利用的经济发展模式,是以消耗资源、牺牲环境为代价发展的工业化。例如,九三学社中央在 2006 年提交给全国政协十届四次会议的提案中指出,由于乡镇企业具有布局分散、规模小和经营粗放等特征,乡镇企业每年有大量污染物未经处理直接排放。其中,废水排放达 30 亿吨,化学品排放 300 万吨,固体废物排放量达 3000 万吨,严重污染了农村的水环境。特别是近年来,城市实行对环境污染的严厉制裁后,许多污染严重

---

① 《我国 GDP 单位资源消耗高于世界平均水平》,http://www.chinairn.com,2005 年 4 月 21 日。

的企业转移到郊区或小城镇，一些电子、机械废旧垃圾性物品也转移到农村。目前，农村工业污染已使全国 20 万平方公里的耕地遭到严重破坏，进一步加剧了农村水环境的污染①。乡镇工业污染已经成为制约我国经济发展的重要因素之一。传统的农村工业发展模式打破了社会经济系统与自然生态系统间的生态传递与循环平衡规律，将物质生产和消费割裂开来，导致资源枯竭和环境污染，造成了对生态、经济和人体的严重危害。走新型农村工业化道路对于促进我国农村经济持续、快速、稳定发展具有重要意义。具有十分的必要性和紧迫性。

再次，走新型农村工业化道路有助于扩大农村剩余劳动力就业。随着工业化的发展，资源节约与环境保护日益成为农村工业化的基本要求。走新型农村工业化道路实现再生资源回收利用相当于扩大了资源开发产业，既纵向拉长了原有的产业链，又横向拓展了一体化生产体系，这实际上既解决了资源短缺的问题，又产生了新的对劳动力的需求。据统计，美国的废旧资源利用行业年产值 2005 年达 2360 亿美元，提供了 110 万个就业岗位，与美国的汽车业规模相当。日本"静脉产业"（废弃物循环利用）的产值 2005 年约为 48 万亿日元，从业人数 136 万人，预计到明年年产值将达到 67 万亿日元，就业人数可达 170 万人②。我国大部分乡镇企业经营规模小，效益低，大量的废弃物尚未得到循环利用，因此发展循环经济具有巨大的潜力。实践证明，走新型农村工业化道路是增加就业岗位，解决农村剩余劳动力就业的重要途径之一。

第四，走新型农村工业化道路是推动农村产业结构优化升级的重要途径。产业结构优化升级包括产业结构合理化和产业结构高度化两个方面。新型农村工业化要求提高经济效益和资源利用效率、保护环境实现可持续发展。在这种产业生态系统中，那些资源消耗高、环境污染重的产业将因为外部成本内部化和政府规制而失去市场竞争优势，逐步缩小规模，直至最后消失，最终使市场实现供求均衡和各产业的协调发展，产业结构合理化得以实现。走新型农村工业化道路必须通过不断提高科学技术，促进产业结构向高附加值化、高技术化、高集约化演进，实现更充分、更有效地利用现有资源和可持续发展的目标，这本身就是推动产业结构高级化的过程。

---

① 九三学社中央委员会：《关于加强我国农村水环境污染防治工作的建议》，http://www.93.gov.cn.2006 年 9 月 14 日。

② 魏澄荣：《试析循环经济对就业增长的促进作用》，《福建论坛》2005 年第 12 期。

第五，走新型农村工业化道路是有效应对经济全球化、参与国际竞争的必要手段。随着我国改革开放程度的不断加深，农村地区的企业也不可避免地要面对国内、国际市场的竞争。全球化时代，企业间的市场竞争主要体现在两个方面：一是能否满足技术水平决定的成本优势，二是能否满足人们环保意识增强所体现出来的"绿色"品质优势。WTO规则也允许把非关税壁垒的"绿色壁垒"作为一种保护措施和市场准入的门槛，在全球范围内已经迅速蔓延。作为科技含量低、资源消耗高、环境污染重的中国农村工业只有依靠科学技术走新型工业化道路、积极构建"绿色供应链"才能帮助乡镇企业冲破国际贸易"绿色壁垒"，为我国农村工业产品参与全球化竞争提供有力的支撑。美国密歇根州立大学的制造研究协会（MRC）于1996年提出的"绿色供应链"的概念，本质上是微观领域的循环经济发展思路。它是以环境保护和资源高效利用为基础来考虑工业企业的供应链发展问题，在产品设计开发、生产车间布局、原料采购、生产制造、产品销售等各个环节都进行绿色设计，以保证各个环节的资源高效利用和环境保护的实现。

第三节　中国新型农村工业化存在的问题及制约因素分析

一、中国农村工业化发展中存在的主要问题

（一）农村工业化过程中的生态环境问题突出

改革开放以来，我国农村工业化得到了快速发展，由工业化带动的农村发展也有了令世人瞩目的进步，但这种农村工业化却是以牺牲环境为代价的。在我国农业经济发展的同时，也对生态环境造成了严重的破坏，水土流失、土壤板结、物种减少，沙漠化面积每年以2400平方公里的速度扩展。据中科院兰州沙漠所的研究表明，中国北方沙漠化成因中，过度农垦的作用占25.4%，过度放牧占28.3%，过度砍伐占31.8%。农村企业的主体是工业企业，绝大多数是利用当地的自然资源优势和廉价的农村剩余劳动力在经营中取胜，再加上乡镇企业的技术性投入不足，使企业的资源消耗严重，对环境的污染加重，社会效益差。农村工业污染主要集中在少数行业，如造纸业、食品工业、印染工业、电镀工业、化学工业、建材及煤制品业等。有关农村工业污染的调查表明，造纸业的废水排放量占乡镇企业废水排放总量的44%；水泥工业的粉尘排放量占乡镇企业粉尘排放总量的78.5%；砖瓦、陶瓷业的二氧化硫、烟尘和氟化物排放量分别占乡

镇企业粉尘排放总量的 56.7%、67.4% 和 88.8%。农村工业企业主要分布在乡镇村区域内且布局分散,厂点通常与农田、农民住宅交织在一起,污染物未经任何处理直接排放到农民生产生活区域内;环境保护制度落实不到位;农村工业企业环境影响评价和"三同时"①制度的执行率远低于城市水平;缺乏环境保护部门的有效监督和管理。

(二)农村工业产业组织落后

企业规模普遍较小,不利于工业化效率的整体提高。全国农村都在发展乡镇企业,乡镇企业遍地开花,重复建设严重,而且 95% 的乡镇企业是小型的,企业达不到应有的规模经济,使工业化效率难以提高。由于我国城镇化水平还依然相对较低,我国农村第三产业所依托的农村工业企业布局还比较分散,集聚经济效应尚未有效地发挥出来。据统计,"我国 80% 的乡镇企业分散在自然村、7% 的分散在行政村,只有 13% 的分布在乡镇所在地或县城。"②"村村点火,户户冒烟"式的农村工业企业分布阻碍了农村第三产业发展,降低了农村工业对就业的间接带动作用。由于产品附加值低,企业微利经营或保本经营,在近年原材料价格不断上涨的形势下,东部地区化工、纺织、服装、机械等行业企业经营困难,而中西部地区由于产品单一,抗击市场风险能力比较脆弱。乡镇企业扭曲了企业的地理分布,阻碍了有效的城市化,尤其会延缓第三产业的发展。无论在资源配置效率上还是在地理位置效率的利用上,乡镇企业都要大大落后于位于城市和工业园区内的企业,它先天性地缺乏城市化所需要的经济集约化程度。尤其是第三产业的落后发展,延缓了农村劳动力向非农产业的转移过程③。农村工业重复建设主要体现在以下几个方面:第一,地区间农村工业重复建设严重。不同地区,甚至不同乡镇的乡镇企业,产业布局、产业结构严重雷同,一个乡镇里同时建立了多个几乎完全相同的企业。重复建设,造成许多企业开工不足,产销率下降;产品积压,资源浪费,加剧了企业间的无序竞争。第

---

① 根据我国《环境保护法》第 26 条规定:"建设项目中防治污染的措施,必须与主体工程同时设计、同时施工、同时投产使用。防治污染的设施必须经原审批环境影响报告书的环保部门验收合格后,该建设项目方可投入生产或者使用。"这一规定在我国环境立法中通称为"三同时"制度。它适用于在中国领域内新建、改建、扩建项目(含小型建设项目)和技术改造项目,以及其他一切可能对环境造成污染和破坏的工程建设项目和自然开发项目。

② 陈池波:《农村工业化进程中的问题透视与对策》,《农业现代化研究》2002 年第 4 期。

③ 蔡文英:《我国农村工业化与城市化的可持续发展路径创新》,《生产力研究》2009 年第 12 期。

二,城乡工业结构差别不大。绝大多数城市工业生产的产品,乡镇企业都在模仿和生产,并占较大的市场份额。

(三)农村工业产品档次低、技术水平低

我国农村工业是在工业产品供给严重不足的情况发展起来的,工业产品结构单一,产品档次低。近几年,各地在调整农村工业产业、产品结构上下了很大功夫,农村工业逐渐向园区集中,农村工业企业集群、产业集群逐渐形成。但产业结构升级换代的步伐较慢,一些地区产业结构单一,产品档次较低,技术水平低的格局并未得到根本扭转。

(四)地区间的发展差距进一步拉大

我国农村工业化发展存在的一个较大的问题是区域发展不平衡。全国百强县排行榜上浙江数量最多的主要原因就是乡镇企业多,乡镇企业带动了县域经济的发展。浙江共有 88 个县市,形成"块状"经济的就有 85 个,总产值占到该省工业产值的一半。同时,中西部乡镇企业整体发展缓慢,其中突出表现在农村工业发展严重滞后,导致了中西部县域经济发展滞后,进入全国百强县的数量较少。长三角、珠三角和环渤海 9 省市农村工业经济的增长速度明显高于全国平均水平。中西部地区与东部地区的农村工业化差距不仅体现在增长速度和增加值大小上,在产业化、专业化水平,企业的运行质量和效果等方面的差距也相当明显。

二、我国新型农村工业化发展的主要制约因素分析

(一)体制性因素

1. 地方政府职能转换不到位

在农村工业化进程中,我国地方政府职能不顺的表现主要有两个方面,其一是长期受传统计划经济的影响,地方政府尤其是县、乡两级政府在履行职能过程中习惯于过多地依靠强制性的行政手段,还不能熟练有效地运用经济手段、法律手段来引导社会经济的发展;其二是实践中地方政府职能还存在"三位现象",一是缺位,二是错位,三是越位。"缺位"表现在应当由政府完成的事情政府没有很好地履行职能。在我国农村工业化进程中,有些地方政府缺乏对农村工业化发展的统一规划、部署和引导,对农村企业的支持力度不够。比如,在建立和维护农村市场秩序,建立和完善农村社会保障体系,提供充足的公共物品和服务等方面,地方政府的工作还远不到位;"错位"表现在地方政府过多地把精力投向服务上级,完成上级分派的各项硬性工作指标,而对本地农村企业

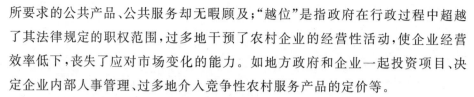

所要求的公共产品、公共服务却无暇顾及；"越位"是指政府在行政过程中超越了其法律规定的职权范围,过多地干预了农村企业的经营性活动,使企业经营效率低下,丧失了应对市场变化的能力。如地方政府和企业一起投资项目、决定企业内部人事管理、过多地介入竞争性农村服务产品的定价等。

2. 地方政府的委托—代理机制不健全

在农村工业化进程中,中央政府是战略目标的制定者和决策者,地方政府是执行者。中央政府的战略目标是统一部署、统一规划,积极推动我国农村工业化向"科技含量高、经济效益高、人力资源利用充分、资源消耗低、环境污染小"的有中国特色新型工业化道路前进,而地方政府往往为了追求政绩把目光主要放在经济增长指标上。由于委托方和执行方的目标不一致,再加上双方信息不对称,按照委托代理理论的原理,在农村工业化发展方面中央和地方政府的目标并不完全一致。地方政府在推进农村工业化进程中,存在着地方保护、重经济增长、轻环境保护的不利于农村工业化健康、可持续发展的倾向。

3. 农村市场不完善

我国推进农村工业化进程中,农村企业所面临的市场环境不健全。东部沿海地区的农村工业基本上以外向型经济为主,"三来一补"的简单组装、加工制造业居多,没有立足于国内市场,在这次国际金融危机冲击下,订单减少,企业萎缩、甚至大批破产倒闭;而中西部地区的农村企业由于交通不便、距离沿海港口较远,主要立足于本地市场,单纯追求"卖出去、赚到钱"的浅层目标,缺乏以市场为导向的可持续经营理念和全国、全球市场意识,受限于当地的单一市场,企业的发展也受到了束缚。

4. 政府政策法规不完善

目前我国尚未建立起完善的与国际接轨的环保税收体系,为贯彻环境保护政策而采取的税收优惠措施的形式主要局限于减、免税,形式单一且缺乏针对性和灵活性。例如,由于资源税税收制度的不合理导致其环保功能淡化,成为地方政府鼓励资源开发以发展经济的手段。我国目前的资源税主要是针对自然资源所获得的收益征收,调节的是企业的级差收入,成为地方财政收入的重要来源,其结果是加剧了生态破坏的程度。

法律的强制性目的在于规范各责任主体的行为,但现有法律未能明确政府、企业和公众在走新型农村工业化道路中合理分担的责任,且在执法过程中,自由裁量权过大而导致走新型农村工业化道路的要求让位于眼前利益。另外,由于走新型农村工业化道路关注的是长期效益,而政府官员的短期任职与升迁促使其倾向于忽视保护环境、发展循环经济的要求。

5. 企业行为目标存在偏差

一是企业的目标是单纯追求利润最大化,规模小、刚起步的农村企业往往把经济利润看得高于环境和社会效益;二是我国农村工业的发展,尤其是中西部地区的农村工业大多是依托当地资源优势发展起来的,高投入、高消耗和高污染是这些地区农村工业企业的普遍特征;三是"绿色"环保意识淡薄,缺乏相应的社会责任感,对绿色产品的需求和技术创新机制尚未形成,社会责任尤其是环保责任不强。以上因素使得企业走新型农村工业化道路的动力相对不足。

(二)结构性障碍

1. 城乡二元经济结构

诺贝尔经济学奖获得者阿瑟·刘易斯在 1954 年《劳动无限供给条件下的经济发展》中认为,发展中国家一般存在着由传统农业部门和现代工商业构成的城乡二元经济结构。长期以来城乡二元经济结构既是我国农村地区贫穷落后的表现,更是导致我国工农业之间、城乡之间严重分化的根本原因。我国城乡二元结构主要表现为两种不同的身份制度、教育制度、公共服务制度、公共投资制度和公共财政转移支付制度。城乡二元经济结构在城乡之间筑起了高高的资金、市场、技术、劳动力等的流动壁垒,使城乡之间出现了巨大的鸿沟,严重阻碍了生产要素在城乡之间的交流。在资金上,政府对城市企业发展、教育和医疗卫生的财政支持力度远远高于农村企业,农村地区医疗卫生、教育和公共基础设施等公共产品供给严重不足,导致农村居民受教育程度低,综合劳动技能不高,由此造成的结果是就业机会不平等,农村居民收入得不到增加;银行等金融企业受利润的驱使和出于资金安全性的考虑,在信贷业务上表现出明显的"嫌贫爱富"倾向,商业银行在农村的分支机构往往是乐于吸收存款,却慎于发放贷款,缺乏资金、融资难已经成为制约我国农村企业发展的瓶颈;技术上,由于我国的教育资源和科研资源主要集中在城市,农村地区的技术投资比较利益低,使得农村企业的科技含量低,经营方式粗放,可持续发展也就无从谈起了;人才上,由于严格的户籍制度和农村地区的公共基础设施落后、社会保障的缺失使得农村企业难以大量吸引高素质人才。在生态与环境保护方面,我国的环境保护工作一直偏重于城市,重点放在大城市、大工业和大工程上,对农村地区工业企业污染问题重视不够。

2. 产业结构障碍

随着农村地区工业的日益发展壮大,层次低、关联度低、趋同性强、布局不合理的产业结构问题日益明显。一是产业结构的层次低。我国农村地区工业企业总体生产水平不高、经营粗放、产品技术含量低。从产业种类看,主要是采掘、食品、纺织服装、建材、机械制造、金属制品等传统行业。附加值低、能耗高、规模效益不明显是其产业结构特征,而电子电气、仪器仪表、通信设备等科技型、高附加值产品种类少。低层次产业结构一方面限制了农村工业发展的速度,另一方面也造成了环境污染的加剧恶化;二是产业布局分散、集聚程度低。我国多数农村工业企业产值来自于分布农村各乡村的小企业。由于我国城镇化水平还较低,工业企业布局比较分散,集聚经济效应尚未有效地发挥出来。另一方面,产业布局的分散性为环保设施建设和资源循环利用也增加了难度。三是产业结构比例失调。从产业层次看,我国农村地区的非农产业中低层次的劳动密集型产业占到 80%,而技术密集型和知识密集型产业不到 20%,这导致我国农村工业化过程中产业竞争力不强,发展潜力不足。

（三）技术性因素

技术进步是农村工业化过程中走新型工业化道路、实现产业结构优化升级的决定性因素。没有技术进步企业就无法提高生产效率、降低资源消耗和废物排放,也就失去了经济增长与环境提升的动力源。然而,一方面,由于长期的城乡二元结构,农村企业缺乏有效的资金支持,科技资源和优秀的科技人才十分短缺使农村企业无力推行科技创新;另一方面,由于农村企业规模小、管理方式粗放,再加上技术创新投资回收周期长、风险高,农村企业往往没有意识或不愿意进行技术创新。技术落后和缺乏自主创新能力导致大量农村企业长期徘徊在高污染、高排放和产品低附加值、低效益的运营之中。

第四节　城乡统筹与小城镇产业发展:中国农村工业化发展的基本路径

小城镇作为连接我国城市与乡村的桥梁和纽带,能够有效实现能源、电力、信息、通信和交通等公共设施的集聚,并有利于加强农村教育、科技推广、社会保障和产品交易市场等公共服务平台的建设,是实现城乡统筹和一体化发展的关键点。而小城镇产业发展,尤其是第二、三产业的发展又是打破城乡二元结构、促进农村社会经济快速发展的必要条件。城乡统筹、城镇化发展和小城镇产业发展之间究竟存在怎样的关系,它们之间的作用机理如何,特别是小城镇产业发展对促进城乡统筹、提高城镇化发展水平具有怎样的影响等,是现阶段我国推进城乡统筹和城镇化发展过程中,值得高度重视的问题。

一、小城镇产业发展对城乡统筹、城镇化水平提高的作用机理

小城镇结合自身资源、区位优势,在政府的资金、政策支持下,通过招商引资或者自主投资、承接产业转移等形成本地企业集聚和人口集聚,通过产业发展推进城乡一体化协调发展,提高城镇化发展水平。小城镇产业发展与城镇化水平、城乡一体化发展之间的作用机理(见图 14.2)主要表现为以下几个方面的内容。

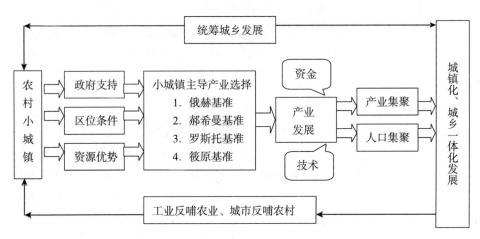

图 14.2　城乡统筹和小城镇产业发展的相互作用示意图

首先,小城镇产业发展离不开城乡统筹的强力推进。乡镇产业发展与城乡统筹之间存在着一种双向的、互为因果的互动关系。适度、科学地对小城镇产业进行支持性投资,推进小城镇产业结构优化和快速发展,能够缩小城乡发展差距、实现城乡统筹发展。城乡统筹对城镇产业发展的支持主要是政策、资金和技术的支持。地方政府一方面可通过积极构建农村基础教育、科技推广、社会保障、社会治安和交通等社会公共服务和公共基础设施平台;另一方面可通过拓宽融资筹资渠道,引进符合本地比较优势的产业项目,促进小城镇产业的发展。

其次,小城镇主导产业选择的过程也是小城镇资源优势发挥的过程。小城镇主导产业的选择要与地理位置、环境资源和市场条件相匹配,有利于发挥自身优势,增加产业的持续发展能力。瑞典经济学家赫克歇尔和俄林认为,一个地区应优先发展那些能充分利用本地区相对丰富的生产要素或资源的产业。

美国经济学家 Henderson 也认为,城市产业的选择与发展应该与城市所处的地理位置及其自然资源、气候、交通以及消费特征、产业集聚状况联系起来。大城市由于长期以来形成的产业、人口集聚优势,一般容易发展现代服务业、商业服务业、高科技产业和环保型轻工业产业;而小城镇产业的发展一方面要和其资源、交通状况相联系发展特色产业,另一方面则应发展对集聚效益要求低的工业制造业和生产性服务业(Henderson,1983)。在小城镇发展过程中,要根据情况及时调整或更新主导产业,使产业与市场的需求动态协调,从而对小城镇产业协调和整体发展产生有效带动作用。赫希曼认为,应以产业关联度确定主导产业准则,对于资本相对不足的小城镇来说,应积极发展后向关联度较高的终端产业。因此,小城镇主导产业的选择还要注意与其他产业的关联性,带动其他产业部门的发展。同时还要积极发展符合"需求收入弹性准则"和"生产率上升准则"的产业,特别是注重选择生产率上升快、技术水平高的产业作为主导产业,从而使中小城镇产业保持较强的竞争力和较高的市场份额。

再次,小城镇产业的企业集聚和人口集聚效应有利于推动城镇化进程。重点小城镇要重点培育和吸引有发展潜力的产业和企业,形成以产业园区为基地的产业集群,通过优势产业集群的成长和发展吸纳农村剩余劳动力,辐射带动小城镇和周边农村经济的发展,从而形成"优势主导产业发展——产业集聚——规模经济效应——产业结构优化升级——农村剩余劳动力转移——人口集聚——城镇化程度提高"的作用过程。产业集群是农村小城镇化的依托,在小城镇化的过程中,产业集聚是城镇化的实质和内容。要从户籍、就业和农村土地制度、乡镇企业集聚、小城镇功能等方面优化对城乡互动的作用机制,实现城乡互动带动农村人口向城镇的集中。

最后,城镇化进一步促进了城乡统筹和小城镇产业发展。小城镇产业一般是以某个区域为集散地,通过产业集聚带动相关产业和周边农村经济的发展。具备较大的市场潜力,需求旺盛的小城镇优势产业能够加快农村工业化的进程,快速形成产业集聚和人口集聚,实现城镇化和城乡一体化发展。城镇化过程是地区消费增长的推进器,一方面城镇化过程中的道路、桥梁和房屋等基础设施的建设能够直接拉动建材、冶金和机电等产品需求,增加对生产要素的需求;另一方面,城镇化对农村消费市场具有示范和引导作用,能够实现以城带乡,以城促乡,带动农村经济的发展。城镇化对投资要素需求的增加和消费市场的刺激在一定程度上为当地周边小城镇产业带来了发展的机会,在需求不断增加的过程中又进一步推进了周边小城镇产业的健康发展。

二、基于城乡统筹的小城镇产业发展影响因素的模型分析

（一）模型一：小城镇产业发展的宏观模型：C-D生产函数模型

小城镇产业的发展离不开地方政府的支持（包括政策、资金和公共设施等）、产业固定资产的投资水平和产业劳动力数量。本节借鉴张蕊（2007）等对城乡统筹下的农村投资分析方法，采用美国经济学家 C. W. Cobb 与 P. H. Douglas 提出的 C-D 生产函数来表示小城镇产业发展的宏观模型，用函数表示如下：

$$Y_r = f(G, K, L) = A_r G^\alpha K^\beta L^\gamma \varepsilon \tag{1}$$

$$LnY_r = LnA_r + \alpha LnG + \beta LnK + \gamma LnL + Ln\varepsilon \tag{2}$$

用该模型描述农村生产要素投入与产出之间的关系。式中 Y_r 表示小城镇产业的总产出，G 代表政府投资，K 表示乡镇产业民间投资，用乡镇企业固定资本总值表示，L 表示劳动力投入量，用乡镇企业职工就业数来表示，A_r 代表影响小城镇产业发展的其他因素，ε 表示随机误差项，A_r、α、β、γ 为待估参数。

1. 数据来源

在对小城镇产业发展的生产函数模型式（1）进行估算时，我们选择了区间为 1980—2008 年的样本数据作为模型中的变量值。为了数据的可得性，我们用乡镇企业总产值代表 Y_r，表示小城镇产业发展水平；用乡镇企业固定资产总值代表 K，它包括乡镇企业集体投资与小城镇个人投资之和；城乡统筹发展的目的之一就是解决农村劳动力转移，所以用乡镇企业就业职工总数即各年乡镇企业从业人数代表 L；小城镇产业发展需要政府的资金支持，考虑到数据可得性，这里用国家财政支农资金近似地代表政府投资对小城镇产业发展的支持（G）；统筹城乡发展，实现城乡社会经济一体化的关键是农村工业化的进程，因此，本节选择了代表农村工业化程度的乡镇企业总产值作为小城镇产业发展的代表 Y_r，它既包括乡镇工业企业产值，也包括第三产业产值。为了保证本节研究数据的权威性和可靠性，以上数据来自中国统计年鉴（2009）、中国农村统计年鉴（2009）和中国农业信息网、国研网。在进行模型分析时，笔者以 1978 年为基期，对所收集到的数据进行了不变价格处理，因此，本节中的数据均为不变价格计算的实际值。

2. 单位根检验

由于本节的数据采用的是时间序列，所以首先要对变量的平稳性进行检验，我们采用 ADF 检验以（CTP）形式来检查四组时间序列数据是否存在单位

根。结果如表 14.2 所示。通过 ADF 检验,我们可以看出,模型中所包含的对数变量都是非平稳的,但各自的一阶差分都不存在单位根,是平稳的。

表 14.2　城镇化的第三产业就业水平的时间序列 ADF 检验

序列	ADF 检验值	1% 临界值	5% 临界值	10% 临界值	结　　论
LNY_r	-1.5864	-3.6892	-2.9719	-2.6251	存在单位根,不平稳
LNG	3.6404	-3.6892	-2.9719	-2.6251	存在单位根,不平稳
LNK	0.4889	-3.6892	-2.9719	-2.6251	存在单位根,不平稳
LNL	-2.8542	-3.6892	-2.9719	-2.6251	存在单位根,不平稳
$DLNY_r$	-3.6832	-3.6999	-2.9763	-2.6274	不存在单位根,平稳
DLNG	-3.6201	-3.6999	-2.9763	-2.6274	不存在单位根,平稳
DLNK	-5.2642	-3.6999	-2.9763	-2.6274	不存在单位根,平稳
DLNL	-5.0025	-3.6999	-2.9763	-2.6274	不存在单位根,平稳

上述时间序列的单整阶数情况说明这些变量之间在 5% 临界值条件下一阶平稳,上述四个变量可能存在着协整关系,有必要对这些变量进行协整检验。

3. 协整检验

所谓协整(Cointegration)是指如果两个以上变量的时间序列是非平稳的,而其某种线性组合却具有平稳性,则这些变量之间存在着长期稳定的关系,即协整关系。协整检验的方法有多种,本文是采用 Johansen 最大似然估计法对四个时间序列变量进行协整检验。协整检验结果如表 14.3 所示:

表 14.3　变量协整检验结果

Hypothesized No. of CE(s)	特征值	最大似然比统计量	0.05 临界值	概率值
None*	0.676812	56.21030	47.85613	0.0068
At most 1	0.441931	25.71320	29.79707	0.1375
At most 2	0.304602	9.964833	15.49471	0.2834
At most 3	0.005780	0.156525	3.841466	0.6924

* 以 0.05 的概率拒绝原假设;最大似然比检验表明在 5% 水平下有一个协整方程存在。

由上述检验结果可知,lnY_r、lnK、lnL、lnG 之间至少存在一个协整方程,协整方程可以表示为:

$$LnY_r = -2.74 - 0.30LnG + 1.12LnK + 0.51LnL$$

$$(-3.25)(-2.77)(13.52) \quad (4.65)$$

在上述模型中，括号中数字为相应回归系数估计量的 t 值。估计结果的 $R^2 = 0.995$，$DW = 1.73$。这说明本节所得到的估计模型能够解释小城镇产业发展和政府投资、乡镇企业资产总值、劳动就业之间的关系。

4. 模型结果分析

首先，在小城镇产业发展过程中政府投资的边际产出弹性为 -0.30，这说明政府对乡镇的直接投资并不能直接带来小城镇产业产值的提高，其原因在于一方面会产生挤出效应，使小城镇产业发展受到限制；另一方面，政府对小城镇的直接投资可能会对小城镇产业带来 X—低效率，使小城镇企业难以健康发展起来。小城镇产业发展不应该只依靠政府直接投资，在城乡统筹背景下，小城镇产业发展离不开政府对农村经济发展环境的改善，政府投资一般应该投向交通、水、电、水利、教育、医疗、生态环境等公共领域，为小城镇产业的发展提供良好的基础设施和公共服务。政府对小城镇公共基础设施的投资不但改善了小城镇产业发展的环境，而且能够引发促进小城镇产业发展的民间投资热情，进而为实现城乡统筹和城镇化提升提供强大动力。

其次，根据模型估计结果，代表小城镇产业发展的民间投资产出弹性高达 1.12，这说明小城镇产业发展的决定因素是民间资本的投资。民间资本在对小城镇产业进行投资时一般以经济效益为目标，因此，其投资具有较高的效率。在小城镇产业发展过程中，政府应创设良好的产业发展环境，吸引大城市优势资本到小城镇投资发展，从而推动小城镇产业不断发展壮大。

最后，在注重民间投资的同时，也要重视地方政府对小城镇产业发展的资金支持。因为政府投资大多用于小城镇公共产品提供和公共设施建设方面，这对引导民间资本加大对小城镇产业投资、弥补市场失灵是十分必要的。

(二)模型二：小城镇产业发展的微观模型：(修正)钻石模型

美国战略管理学家迈克尔·波特认为，决定一个国家某种产业竞争力的因素主要有四个：一是生产要素，包括人力资源、天然资源、知识资源、资本资源、基础设施；二是需求条件，主要是本国市场的需求；三是相关产业和支持产业是否有国际竞争力；四是企业的战略、结构、竞争对手的表现。这四个要素具有双向作用，和政府支持与发展机遇一起构成了一个钻石体系。在市场经济条件下，"机会"往往是无法控制的，而政府政策的影响却是相当显著的，产业竞争优势的培育离不开政府的支持和引导。我们在小城镇产业发展方面可以借鉴波特的钻石模型，但考虑到我国小城镇产业发展的实际情况，特别是城乡统筹和乡镇企业经营创新对小城镇产业发展的重要影响,我们对波特的钻石模型进行了修正(见图 14.3)。在城乡统筹背景下,企业经营创新是小城镇产业发展能够获得竞争力的关键,因此本节把经营创新和产业发展一起置于"修正钻石模型"的核心位置。

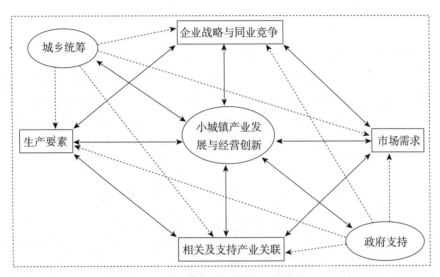

图 14.3　小城镇产业发展的(修正)钻石模型

通过小城镇产业发展的(修正)钻石模型(图 14.3)可以看出,影响小城镇产业发展的微观因素包括城乡统筹、地方政府支持、生产要素供给、市场需求、相关产业支持、企业战略和同业间的竞争情况以及经营创新等。从生产要素供给情况看,我国小城镇在土地、低端劳动力、农业资源等要素方面具有优势。因此,小城镇一方面要重点发展与土地、低端劳动力、农产品资源优势相联系的特色产业;另一方面要依托本地优势积极发展品质优良、特色明显、附加值高的品牌农业。从市场需求情况看,小城镇产业的产品消费市场已逐步由本地扩展到全国,沿海地区小城镇产业的产品销售市场更是扩张到了海外,在小城镇产业发展过程中必须高度关注所服务的市场的变化,根据市场的变动趋势引导产业发展。从相关支持产业关联方面看,我国小城镇产业主要有原材料初加工业、加工制造业、生产性服务业等,这些产业和其他产业的关联性比较高,在某种意义上讲这些产业由于技术含量低、又处于产品附加值相对较低的环节,其生存和发展往往受制于相关产业。因此,在小城镇产业发展过程中,必须高度关注关联产业的发展趋势,保持自己发展的灵活空间。从企业战略和同业间的竞争情况看,近年来我国小城镇数量不断增多,但乡镇企业的规模较小,产业集聚效应不强,基础设施简陋,往往面临着国内甚至是全球性强势企业的竞争。由于乡镇企业普遍缺乏高素质的管理决策人员,针对全国性甚至全球性竞争,难以制定出有效的发展战略。从这个角度讲,我国小城镇产业发展面临着企业战略和同业间竞争的巨大压力。从产业发展与经营创新的角度看,经营创新是产业发展的基本驱动力,经营创新主要包括产业、技术、市场和制度四个方面。小城镇产业在发展过程中有必要抓住技术创新(通过模仿、学习等方式提升技术水平)的机会来实现超越式发展。市场创新包括产品创新、行销方式创新和区域选择创新等,小城镇企业在产业竞争激烈的情况下应该强化市场创新,通过创新赢得市场。通过体制和机制变革,使企业能够更灵活有效地应对市场,不断提升产业竞争优势。经营创新对产业竞争力的提升和产业未来长远发展具有决定意义,在产业发展中必须将其置于核心地位。

三、现阶段我国小城镇产业发展面临的主要制约因素

尽管我国小城镇数量众多、发展迅速,但整体上平均规模较小,公共基础设施和公共服务体系不完善,产业集聚效应不显著,第二、三产业发展的整体水平不高。由于我国的城乡统筹体系还不健全,工业反哺农业、城市反哺乡村的机制还未完全建立起来,小城镇产业发展还受诸多因素的制约。

其一,缺乏产业发展规划,未能发挥比较优势发展产业。很多小城镇产业决策者依然停留在封闭的小农经济观念状态,不考虑本地的资源和区位优势,追求搞"小而全"的产业发展思路,缺乏积极挖掘市场需求发展小城镇产业的现代产业发展观念。许多小城镇产业发展目标定位模糊,特色产业发展不突出,普遍缺乏科学的小城镇产业发展规划。许多小城镇产业发展中具有较强的土地、劳动力和原材料、初级产品资源优势,却盲目照搬大城市经验去重点发展所谓的高新技术产业,失去了自身产业发展优势,用自己的弱项与大城市企业的强项进行产业竞争,难免会导致产业发展失去竞争力。

其二,小城镇产业结构不合理。由于缺乏有效的小城镇发展规划,大多数小城镇产业发展盲目模仿大中城市产业结构体系,忽视了小城镇所具有的产业承受能力和空间尺度。长期以来,我国小城镇产业结构不合理,制造业整体素质不高、科技含量和产品附加值相对较低,服务业特别是生产性服务业发展严重滞后,缺乏聚集力和发展活力。由于小城镇自身发展水平和资金、技术、市场开发水平等因素的限制,与产业发展相对应的技术设备、产品特色、人才资源、政策环境等难以和大城市产业发展相比,导致一些小城镇产业发展中盲目上项

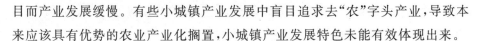

目而产业发展缓慢。有些小城镇产业发展中盲目追求去"农"字头产业,导致本来应该具有优势的农业产业化搁置,小城镇产业发展特色未能有效体现出来。

其三,粗放型发展方式亟待转变。近年来,许多城市污染工业纷纷向小城镇转移,导致了小城镇生态环境的恶化。乡镇产业布局比较分散,环境设施落后,使小城镇产业长期停留在粗放型发展水平,对小城镇资源环境造成了巨大压力,导致小城镇和农村地区的水源、空气、土壤严重的污染。从总体上看,目前我国小城镇产业主要是高消耗、高排放、高投入、低效益的制造业产业,对生态环境保护造成的压力越来越大。

其四,小城镇产业发展缺乏科技创新能力支撑。在现代社会,科技对金融、物流、商贸和现代制造业等的渗透越来越深入,技术进步已成为现代产业发展的核心推动力。但目前我国小城镇产业基本上以粗放型、小规模的传统产业为主,产品科技含量低,缺乏市场竞争力。导致这种现象的原因有两个:一是小城镇产业规模小且相对分散,由于成本的压力,没有引进和采用先进技术的动力;二是小城镇产业难以吸引和留住产业发展所需要的高素质科研创新人才,这使得小城镇产业的发展缺乏科技创新能力的支撑。

四、加快推进我国小城镇产业发展的思路及对策

培育和发展小城镇产业是促进城乡统筹发展、推进城镇化进程的重要途径。在统筹城乡一体化发展过程中,必须采取有效的措施推进小城镇产业的健康发展。

第一,强化政府对小城镇产业发展的支持力度。一是提供小城镇产业发展所必需的快捷、齐全、完备的道路交通、通讯、水电暖等公共基础设施;二是结合地方区位、交通、资源优势,因地制宜地规划和发展具有比较优势和市场潜力的主导产业和支柱产业;三是在中西部欠发达地区的小城镇产业发展过程中,中央和地方政府有必要结合西部大开发和中部崛起的战略,通过配套项目基金的形式,对小城镇产业发展进行资金扶持和政策倾斜,为中西部小城镇产业发展创造有利条件。

第二,围绕城乡统筹调整优化小城镇产业结构。在加快推进新型工业化进程中,要积极推进小城镇产业结构优化升级,着力培育能够支撑小城镇发展的市场潜力大、带动力强的龙头企业和优势产业。要将功能导向与因地制宜有机结合起来,充分利用本地区资源、区位、政策等优势,重点发展加工制造业和生产性服务业,既吸纳大量的农村剩余劳动力就业,又优化了小城镇生态环境。对于技术创新能力低、就业压力大的中西部地区,要重点发展有助于扩大就业的餐饮、制造加工、乡村旅游、批发零售等劳动密集型制造业和服务业的发展。在此基础上,积极运用高新技术改造传统产业,促进新型产业向小城镇拓展。要高度重视推进农业产业化,加速推进辖区内生态农业和休闲旅游业等产业的发展。

第三,按照功能导向原则促进小城镇产业的集聚。大中城市郊区的城镇属于技术和产业辐射区域,应积极承接从大城市转移出来的具有劳动密集型特征的产业,通过发展大中城市主导产业的关联产业和生产性服务业促进小城镇产业发展,利用小城镇土地、劳动力等成本较低的优势形成产业群。对粮食主产区的小城镇产业发展要和农业发展结合起来,形成以粮食为主要原料的加工制造业集群。对于具有独特区位优势的交通枢纽和行政中心城镇,要积极发展并依托物流、信息、商贸等服务业产业。具有资源优势的城镇,由于辖区内拥有丰富的资源而发展相关主导产业是实现小城镇产业化的有效途径。矿产资源丰富的乡镇应主要发展工矿开采与加工及交通运输等产业。拥有自然景观和历史文化古迹资源的乡镇,则要重点发展旅游、餐饮、商贸、文化等产业。地方政府要积极支持优势产业的发展,促进小城镇实现产业集聚,推进小城镇产业发展。

第四,强化科技创新,推动小城镇产业实现跨越式发展。增强小城镇产业发展的科技创新能力,需要政府、企业、科研院校乃至全社会的共同努力。通过统筹各类科技资源,健全高效规范的小城镇产业技术创新体制机制,完善技术创新中介机构,强化小城镇产业技术创新服务体系建设,引导小城镇和乡镇企业根据自身实际进行技术创新。通过激发企业技术创新的内在动力,提高小城镇产业层次和可持续发展能力。

第五节　中国农村工业化中的循环经济发展路径分析

一、农村工业化循环经济的系统结构

由于资源和环境意识淡薄、科技水平不高等原因,我国农村工业一直存在资源消耗大、环境污染重、经济发展方式粗放等弊端。新型农村工业化则是在加快农村经济发展方式转变、推动城乡统筹发展的背景下走"科技含量高、经济效益好、资源消耗低、环境污染低和人力资源得到充分利用"的有中国特色新型工业化与城镇化协调发展的过程。新型农村工业化在内涵上除了包括依靠"科技含量高、经济效益好和实现人力资源充分利用"的工业化发展来繁荣农村经济、解决"三农"问题的基本要求外,更多地强调了在工业化进程中积极推动资源节约和环境保护机制的建设,实现农村工业现代化与人口、资源、环境的协调和可持续发展。因此,发展循环经济是新型农村工业化的根本要求和主要内容。我国新型农村工业化过程中发展循环经济要求在政府部门的监督和指导下,农村工业企业通过清洁生产、资源循环再利用等方式在农村经济发展过程中建设资源节约与环境保护机制,实现人与自然协调、可持续发展。循环经济是在遵循减量化(Reduce)、再利用(Reuse)和再循环(Recycle)的"3R"原则基础上,以清洁生产、环境保护、废物和资源高效回收、循环再利用为特征的一种经济发展方式。新型农村工业化进程中发展循环经济的系统运行见图14.4。我国农村工业化进程中作为循环经济发展主体的上级政府、基层政府和农村工业企业之间存在着复杂的利益博弈关系。

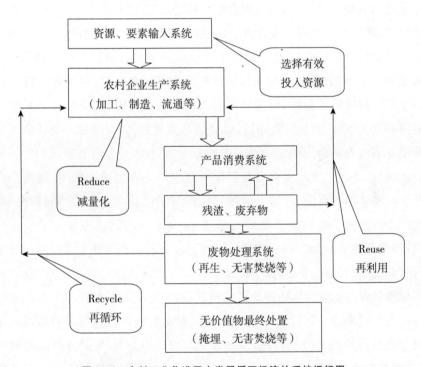

图14.4 农村工业化进程中发展循环经济的系统运行图

二、我国新型农村工业化进程中循环经济发展主体的博弈行为分析

我国由传统的主要依靠资源、要素投入的农村工业化向新型农村工业化转变的根本要求是发展循环经济。在我国农村工业化发展循环经济中涉及的主

体主要有中央和省(自治区、直辖市)两级政府(本节称为"上级政府")、县和乡两级政府(本节称为"基层政府")、农村工业企业及居民(本节认为上级政府代表了农村居民的利益和诉求,故在博弈分析中略去居民这一主体),三方主体存在着是否发展循环经济及如何发展循环经济的利益博弈关系。本文假设三方在博弈过程中遵循理性经济人的行为方式,都追求各自利益的最大化。

(一)上级政府与基层政府在发展循环经济中的行为博弈分析

上级政府作为中国特色新型农村工业化道路的积极推动者,要求基层政府关闭或整顿农村技术落后、资源利用率低、高能耗、高污染的工业型企业,督促企业采用先进技术、清洁能源生产清洁产品,发展循环经济,而基层政府往往为了追求政绩或本地区经济利益而主要追求短期目标,如产值的增长、速度的增加,而不惜过度消耗资源、污染环境。由此,两级政府在发展农村循环经济方面存在着利益不完全一致的行为博弈关系。

从公共管理的角度讲,上级政府监管基层政府执行循环经济发展战略是其职责所在,基层政府执行发展循环经济战略实现本地区的可持续发展也是其职责内容。因此,可以假定当上级政府对基层政府进行有效监控并达到了循环经济发展目标时,双方的收益均为零(完成了政府职责,不存在政府缺位现象)。假设上级政府进行了监控,而基层政府未能有效执行时,上级政府对基层政府的处罚额度为 B(可能是经济处罚,也可能是其他处罚,这里统一货币化为 B),则基层政府的收益为－B,上级政府的收益为零(B 将用于对被破坏的生态环境进行治理)。由于上级政府在对基层政府监控时要发生成本费用,因而上级政府存在放松管制的可能,假如上级政府在未对基层政府进行监控的情况下,基层政府依然实施了循环经济发展战略,则上级政府的收益为节省了的监控费用,设该数值为 A。地方政府监管并推动实施循环经济保证生态环境属于正常履行其职责,其收益为零;假如上级政府未对基层政府实行监控,地方政府也未在本地监管农村企业实施循环经济战略发展,这意味着基层政府节省了实施循环经济发展战略的一笔费用 C,则地方政府的收益为 C,而上级政府则要对环境污染和资源浪费现象实施治理,假设这项治理费用为 D,则上级政府的收益为－D。根据以上假设,可以列出上级政府与下级政府在实施循环经济发展战略上的博弈矩阵(见图 14.5)。

图 14.5 博弈矩阵是一个混合策略博弈矩阵。上级政府和基层政府为了实现各自的最大期望收益值,必须以一定的概率随机选择各自的策略行动。假设基层政府执行上级政府战略的概率为 Pt($0 \leqslant Pt \leqslant 1$),上级政府积极管制的概

上级政府

基层政府		监控	放任
	执行	0, 0	0, A
	不执行	−B, 0	C, −D

图 14.5　上级政府与基层政府在发展循环经济上的博弈矩阵

率为 Pg(0 ≤ Pg ≤ 1)，在其中一方行为选择概率不同的条件下，另一方的期望收益(expected revenue)将会随之发生变化。把这一关系在坐标图上表示出来(见图 14.6(1)和(2))。图 14.6(1)横轴表示基层政府执行循环经济发展战略的概率，纵轴表示相应概率之下的上级政府期望收益，当基层政府执行循环经济发展战略的选择概率值小于 Pt 时，上级政府的期望收益值最初小于零，上级政府的选择只有加大监控力度，提高基层政府的执行概率值；而与之对应的是当上级政府对基层政府是否执行循环经济发展战略选择进行监控的概率值小于 Pg 时，基层政府的期望收益值就大于零。基层政府的选择将开始倾向于不执行循环经济发展战略，上级政府的选择只能是提高监控概率，加大监控效率和惩罚力度。

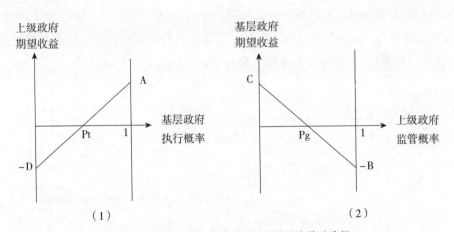

图 14.6　上级政府与基层政府博弈的混合策略选择

在新型农村工业化进程中，上级政府和基层政府在发展循环经济方面的总体利益是一致的，但我国实施的财政分权体制和基层政府的 GDP 政绩取向使其存在着与上级政府在发展循环经济方面的博弈关系。从上述分析可知，基层政府的短期目标取向使其倾向于不实施循环经济发展战略，在上级政府法制不健全或者监管惩罚力度不严的情况下地方政府在一定程度上存在着发展循环经济的缺位现象。因此,上级政府只有健全相关法律和制度,明确基层政府执行发展循环经济的职责,完善对基层政府的考核和激励奖惩机制,通过综合运用行政、法律和经济手段才能使基层政府选择与上级政府要求及意愿一致的行为方式。

(二)政府部门与农村工业企业在发展循环经济上的行为博弈分析

由于发展循环经济的投入成本高、收益回收期长且存在较大的外部性,以追求利润最大化为目标的农村工业企业是不可能自觉自愿发展循环经济的,政府部门与农村企业之间在发展循环经济方面存在着利益博弈关系。假设 Re 为农村企业发展循环经济所获得的收益,该收益包括资源节约、产品品牌收益和长期的生态收益等;Ce 为企业所要支付的成本,包括发展循环经济所需的技术升级、设备购置、人员费用等;Rg 为政府部门监管农村企业发展循环经济所获得的收益,包括政府形象提升、生态环境改善和可持续发展收益等;E 为政府部门的监管费用,包括人员、设备、信息收集等费用;P 为农村企业不发展循环经济导致环境污染可能遭到处罚的概率,F 为处罚的数额,PF 为所要支付的罚款的期望值;D 为由于企业未发展循环经济导致生态环境破坏,政府部门所支付的治理费用。PF−E−D 为当政府部门对农村企业监管失效的情况下所获得的收益值。政府部门和农村企业的博弈属于混合博弈模型,假设政府部门对农村企业进行监管的概率为 ϕ($0 \leqslant \phi \leqslant 1$),企业执行循环经济发展战略的概率为 θ($0 \leqslant \theta \leqslant 1$)。则双方的博弈矩阵如图 14.7 所示。

政府部门

农村企业		监管 ϕ	不监管 $1-\phi$
	发展循环经济 θ	Re−Ce,Rg−E	Re−Ce,Rg
	不发展循环经济 $1-\theta$	−PF,PF−E−D	0,−D

图 14.7　政府部门与农村工业企业在发展循环经济上的博弈矩阵

设 Ug 为政府在企业发展循环经济中获得的效用,Ue 为企业发展循环经济所获得的效用,根据图 14.7 博弈矩阵可以得到下列两个效用等式。

$$Ug(\phi,1-\phi) = \phi[\theta(Rg-E)+(1-\theta)(PF-E-D)]+(1-\phi)[\theta Rg+(1-\theta)(-D)] \tag{1}$$

$$Ue(\theta,1-\theta) = \theta[\phi(Re-Ce)+(1-\phi)(Re-Ce)]+(1-\theta)[\phi(-PF)+$$

$(1-\phi)0]$ \hfill (2)

利用一阶导数条件对(1)、(2)式求政府在发展循环经济时的最大效用值 Ug 和企业在发展循环经济时的最大效用值 Ue,可以得到下列等式:

$$\frac{\delta Ug}{\delta \phi} = \theta(Rg - E) + (1-\theta)(PF - E - D) - \theta Rg + (1-\theta)D \quad = 0$$

\hfill (3)

$$= \phi(\dot{R}e - Ce) + (1-\phi)(Re - Ce) + \phi PF = \frac{\delta Ue}{\delta \theta} = 0 \quad (4)$$

通过对(3)、(4)式的计算可以得到政府对农村生产企业是否发展循环经济进行监管的概率 ϕ^* 和农村生产企业执行政府政策发展循环经济的概率 θ^*。

$$\phi^* = -\frac{Re - Ce}{PF} \hfill (5)$$

$$\theta^* = 1 - \frac{E}{PF} \hfill (6)$$

由(5)式可以看出,在政府对企业不发展循环经济的处罚 PF 既定的条件下,当 Re-Ce≥0 时农村企业发展循环经济的收益大于成本,会自觉发展循环经济,政府就没有必要进行监管了,因而政府监管的概率 ϕ^*=0;当 Re-Ce<0 时农村企业发展循环经济所获得的收益小于成本,不可能自觉发展循环经济了,政府的监管概率 ϕ^*≥0。由于在一定的科技发展水平及产业结构条件下农村企业发展循环经济的成本 Ce 是稳定的,Re 往往会影响农村企业决定是否发展循环经济,当农村企业仅仅考虑短期收益时,Re 就十分小,甚至远远小于成本 Ce,企业发展循环经济的积极性就会大大下降,政府就不得不加强监管;当农村企业把长期收益、品牌收益和生态收益计入 Re 时,企业就会自觉发展循环经济,政府的监管就可以适度放松了。这说明,政府部门积极做好对农村企业经营者的宣传教育和观念提升是促进农村企业发展循环经济的有效途径之一。

由(6)式可知,在政府监管成本 E 稳定的条件下,政府对不发展循环经济的农村企业的处罚概率 P 和处罚额度 F 的数值越大,PF 值也就越大,企业执行循环经济的概率值 θ^* 也就越大。可见政府部门的监管程度和惩罚力度对农村企业是否发展循环经济具有较大作用。尽管在(5)、(6)函数式中作为未来的治理费用的 D 值的作用没有体现出来,但对于政府部门来说,D 值越大越有可能加大监管力度。但对于只考虑短期政绩 GDP 的基层政府而言,可能认为环境治理是下任政府的事情,所以对本届政府的监管力度几乎不产生影响。

三、我国农村工业化发展循环经济的影响因素与对策

(一)我国农村工业化发展循环经济的影响因素

通过对发展循环经济过程中的三方博弈行为分析,我们可以初步得出以下几个结论:第一,上级政府在新型农村工业化进程中必须担负好法律制度和发展战略制定者角色以及基层政府政策执行过程中的激励者和监督者角色。完善的法律和制度、严格的监督、科学的激励机制是上级政府在博弈中达成目标、实现收益最大化的基础;第二,基层政府在发展循环经济中具有矛盾统一体的性质,既是发展循环经济的政策执行者、被监督者,也是贯彻发展循环经济战略的实施者和监督者。一方面,地方政府在短期利益影响和GDP政绩考核约束下有不发展循环经济的取向;另一方面,作为人民利益的代表者和上级政府的政策执行者,负有监督和引导农村企业发展循环经济的职责;第三,农村企业是新型农村工业化进程中发展循环经济的主体。由于农村工业企业普遍缺乏资源节约和环境保护意识,对循环经济的重要性认识不足且掌握的科技资源有限,缺乏发展循环经济的自觉性和主动性;第四,基层政府、农村企业对发展循环经济的重要性认识越充分,在执行上级政府和发展循环经济方面的主动性也就越高,从而越有助于提高各方在博弈中采取发展循环经济的策略取向。

(二)我国农村工业化发展循环经济的对策建议

通过上面的分析可知,发展循环经济是我国新型农村工业化发展的重要内容。发展循环经济的关键是使上级政府、基层政府和农村企业在发展循环经济的行为博弈中实现收益最大化,这就要求从解决影响各方博弈行为的因素着手采取相应措施。

第一,健全和完善循环经济法律和制度。当前,要完善现行的清洁生产促进法和循环经济促进法,关键是增强其可操作性。在制度建设上,一是要健全税收和财政制度。以资源的稀缺性、开发成本和对环境的影响为准实行差别税率并扩大征收范围,充分发挥税收对发展循环经济的引导作用,健全对农村企业发展高新环保技术和循环经济技术革新的财政支持制度。二是要加强绿色GDP核算制度建设,将绿色GDP指标纳入干部政绩考核内容,将环境保护监管工作纳入考核内容。除了建立健全法律和制度外,关键是强化执行和惩罚力度。

第二,遵循市场规律,健全对基层政府和农村企业发展循环经济的激励机制。有效的循环经济激励机制是在完善的市场经济条件下有效促使基层政府、

农村企业自觉发展循环经济的重要条件。当前,健全我国发展循环经济的激励机制关键在于健全生态环境补偿机制。政府逐步放弃对资源性产品价格干预,使其能够真实体现市场需求,通过强化对生态环境的有偿使用来解决生态环境外部性问题。激励机制是建立在完善的市场体系基础之上的,要完善包括公共资源交易市场、排污许可证拍卖市场、产权交易市场和技术等生产要素市场体系,引导农村企业自觉遵循资源节约与环境保护的原则。从经济利益上促进基层政府、农村企业和居民既享受生态环境补偿,也要承担环境保护责任。

第三,加强对基层政府、农村企业和居民发展循环经济意识的教育和宣传力度,强化基层政府和农村企业发展循环经济的自觉性和主动性。开展循环经济的教育活动,引导基层政府、农村企业强化发展循环经济的意识。

第四,政府要加大财政投入力度,为农村企业发展循环经济提供强有力的科技支持。循环经济具有一定的公共产品性质,政府有责任提供以提高资源节约和环境保护水平为核心的科技创新支持,引导农村企业依靠科技创新大力发展科技含量高、资源消耗低、环境污染小、经济效益好、发展潜力大的高新技术产业。

第五,加强产业生态园区建设,为农村工业企业提供发展农村循环经济的平台。生态产业园区能够运用管理集成和技术集成形成发展循环经济的产业聚集效应,建立产业系统的"生产者—消费者—分解者—循环再利用"的生态循环结构。加强生态产业园区建设,为农村工业企业提供资源节约、循环利用和治理污染的基础设施和先进技术,有助于降低企业发展循环经济的投入成本,增强其发展循环经济的自觉性和主动性。

第六节　中国农村工业化发展中的服务业发展路径探析

农村服务业是指服务于农村经济社会发展,通过多种经济形式和经营方式在农村地区生产和销售服务商品的部门和企业的集合。从内容上讲,农村服务业主要包含三个方面:一是生产性服务业,主要包括农村交通运输和仓储、邮政和信息传输、批发零售、金融、租赁业等;二是消费性服务业,主要包括乡村旅游和住宿、餐饮和文化娱乐业等;三是农村公共服务业,主要包括科技服务、基础教育,医疗卫生以及政府提供的行政服务等。农村服务业为农村工业化进程提供了科技、信息、人才、资金等有力支持,其发展程度是衡量农村工业化进程和水平的重要标志。目前,我国农村服务业发展总体上较为滞后,严重制约着农村工业化进程的推进。加快农村服务业发展已成为推进农村工业化进程,实现城乡统筹发展的必然要求。

一、农村服务业作用于农村工业化的机理分析

农村服务业的发展对推进农村工业化进程具有十分重要的现实意义,其作用具体表现在以下几个方面。第一,农村服务业有助于推动农村经济增长,为农村工业化发展提供坚实的基础。美国经济学家库兹涅茨认为,促进经济增长的因素主要包括知识存量的增加、劳动生产力的提高和经济结构方面的变化(库茨涅茨,1941)。钱纳里进一步认为,第二、三产业,尤其是服务业的持续增长是实现经济持续增长的重要条件(钱纳里,1979)。农村服务业一方面充分发挥其科技、信息、物流和人才服务资源优势,为农村工业化进程提供资金、运输、仓储、生产和销售等必要支持,促进农村工业得到不断发展;另一方面,农村服务业通过刺激投资和消费也为农村经济增长和农村工业化推进做出贡献。随着人们追求环保、回归自然的绿色意识增强,农村旅游、住宿和餐饮业等消费性服务业更成为促进农村经济增长的有效途径。例如,发展乡村旅游业可以有效地吸纳农民由农业转向旅游业,直接从事旅游接待、卫生保洁等活动,实现农村剩余劳动力的转移;也可以有效地带动相关产业的发展,如餐饮、住宿和土特产加工等产业的增长。乡村旅游业的发展为增加农村收入、实现农民共同富裕提供了重要途径。

第二,农村服务业的发展有助于吸纳农村剩余劳动力。当经济发展到一定阶段,服务业即成为最具有劳动力吸纳能力的产业。从需求因素看,农业所提供的农产品基本上都是生活必需品,需求弹性低,根据恩格尔定律,随着人们收入水平的提高,其支出比重将不断下降。而服务产品相对于农产品来说需求弹性较高,随着经济的发展,其需求量将呈增长趋势。改革开放以来,我国农村地区收入水平不断增长,人们的生活水平得到明显提高,对服务商品的需求持续增加,服务业规模的扩大和产业的高度化吸纳了大量的农村剩余劳动力。从效率角度看,随着信息技术和自动化技术的发展,农业机械化的普及,农业有机构成显著提高,大量的劳动力从农业中释放出来,而服务业中的旅游、餐饮、交通运输和科技推广等属于劳动密集型产业,对劳动力的吸纳能力远远高于其他产业。农业有机构成的提高和服务业劳动力吸纳能力的增强,必然导致农村劳动力由农业向服务业转移。根据国家统计局 2008 年 2 月公布的《第二次全国农业普查主要数据公报》数据显示,我国农村常住人口中劳动力总资源 5.31 亿

中,从业人员有 4.8 亿,占 90.1%。从业人员中,第一、二、三次产业就业比例分别为 70.8%、15.6%、13.6%①。由此可见,我国农村服务业对劳动力的吸纳能力还有待于进一步提高,通过发展农村服务业解决农村剩余劳动力问题还有很大的潜力。

第三,农村服务业有助于促进农村产业结构优化升级。随着经济全球化的深入和市场需求的变化,在未来的农村工业和农业发展过程中,生产方式将由以往的单一规模化经营逐步向个性化和精致化转变,以计算机和软件服务、移动通信服务、金融、电子商务、现代物流为代表的现代服务业将逐渐和农村工业相互融合,引导农村工业进行技术变革和产品创新,成为推动农村产业结构优化升级的重要力量。另外,在循环经济和可持续发展日益成为经济发展主旋律的背景下,农村工业的发展将持续减少对不可再生资源的消耗,增加再生资源的使用。这就要求以信息和科技推广为代表的生产性服务将更多地作为中间投入融入农村工业中去。未来的农村工业将成为"服务密集型"产业,知识和技术服务将会随着产品一起走向市场。以乡镇企业高速发展闻名全国的苏南地区进入 21 世纪以来在产业结构调整中着重发展现代物流、研究开发、金融等现代生产性服务业,形成了二、三产业良性互动、共同带动经济持续发展的产业格局。现代服务业的发展有效促进了苏南地区现代制造业的快速提升,在产业结构不断优化过程中这些地区逐步成为现代国际制造业基地。

第四,农村服务业有助于提升农村工业的产业竞争力。赫希曼认为,工业品的整个形成过程先后要经历研发、采购、制造、储存、运营、销售、售后服务等环节,这些环节组成的产业链是加工制造和服务业的有机结合体,工业为服务业的发展提供了基础,而工业竞争力的提升也离不开服务业的发展(赫希曼,1958)。农村工业的健康发展离不开农村服务业的有力支撑,农村工业整体水平的提升依赖于服务的附加和整合。金融、保险、电信、技术服务、信息咨询、物流等,都是支持农村工业发展的重要服务部门。服务业在推动农村工业生产率的提高中将起着十分重要的作用。研究表明,现代制造业产值每增加 1 单位,现代物流、金融保险业的贡献率分别为 60.8% 和 31.8%,通信设备、计算机及其他电子设备制造业产值每增加 1 单位,科学研究与综合技术服务业的贡献率为 45.2%(陈伟达,2009)。农村医疗、文化娱乐、教育、技术推广等服务业是提高农村工业产业竞争力的保障。农村工业化过程中,农村服务业可以有效地为

---

① 中国国家统计局:《第二次全国农业普查主要数据公报(第 1 号)》,2008 年 2 月。

农村企业提供必要的科技和人才。若缺乏农村服务业的充分发展,农村工业企业将难以有效获取发展所需要的信息和科技服务。服务业发达的地区可以在全国甚至全球范围利用与控制资本、知识、信息等关键生产要素从而实现本地制造业竞争力的提升。如苏南地区近年来积极发展"高新技术产业＋现代服务业"的经济发展模式有效地推动了这些地区乡镇企业向现代制造业企业的转型。

二、现阶段我国农村服务业发展的主要制约因素分析

目前,我国农村服务业的发展相对滞后,与农村工业化进程不相适应,主要表现在:一是农村服务业总量不足、地区间发展不平衡。无论从收益水平还是就业人数看,我国农村服务业在农村各产业中的比重都非常低。少数发达地区农村服务业的发展已进入以信息化为主导的阶段,而多数欠发达地区的农村服务业仍然是以传统的商贸流通业和交通运输业为主。二是农村服务业企业规模小、专业化水平低、竞争能力弱。截至 2007 年底,平均每个农村服务业企业的就业人数、增加值和营业收入分别为 2.76 人、7.32 万元和 31.49 万元,仅为农村企业平均水平的 43.5％、32.6％和 32.9％。现阶段,制约我国农村服务业发展的主要因素有:第一,由于长期以来的城乡二元经济结构所形成的城乡市场分割是制约我国农村服务业发展的基本原因。现阶段城乡二元经济结构的基本特征是:城市经济表现为以信息技术支撑的现代制造业和服务业为主的生产经营活动,而农村经济则依然是以典型的小农经济为主;农村人口众多且教育程度低,边际生产率几乎为零,导致农村存在大量剩余劳动力,就业压力大;城乡收入差距不断扩大,20 世纪 80 年代中期的城乡人均收入比是 1.86∶1,20世纪 90 年代中期是 2.71∶1,到 2008 年城镇居民人均可支配收入已达 15781元,而农村人均可支配收入仅为 4717 元,城乡收入比增加到了 3.36∶1[①];城市的现代化科技和公共基础设施发达,而农村的技术水平和基础设施落后。城乡二元经济结构导致我国存在严重的城乡市场分割,一方面在城乡之间筑起了高高的资金、市场、技术、劳动力等的流动壁垒,使城乡之间出现了巨大的鸿沟,严重阻碍了生产要素在城乡之间的合理流动;另一方面农村公共产品供给较少,农村医疗卫生、教育资源严重不足,农村居民收入得不到增加,农村企业无法得

---

① 数据源于 2009 年中国统计鉴,http://www.stats.gov.cn/tjsj/ndsj/2008/index-ch.htm。

到高素质的劳动力。据统计,占全国近 60% 人口的农村享受不足全国 30% 的公共卫生资源,城市职专、专科、本科、研究生学历居民人数分别是农村的 15、52、282、326 倍。滞后的公共服务体系使农村服务业在人才、信息等基本公共服务方面得不到有效保障,影响了农村服务业的健康发展。

第二,地方政府职能转变滞后制约了农村服务业的发展。受传统计划经济的影响,地方政府在履行职能过程中习惯于过多地依靠强制性的行政手段,还不能熟练有效地运用经济手段、法律手段来引导社会经济的发展。地方政府职能转变不到位主要表现在:一是缺位。在我国农村工业化进程中,地方政府更多地关注地方工业经济的发展、GDP 的增长等能明显体现政绩的项目。在建立和维护农村市场秩序和对农村服务业的发展方面缺乏统一规划和整体部署,导致许多地区农村服务业主要是根据企业的主观判断来发展和布局,若某个行业盈利,就会一窝蜂地上马,重复投资、粗放经营,导致整个行业处于自由发展状态;二是错位。地方政府过多地关注完成上级分派的各项硬性工作指标,而对本地农村服务业企业所要求的公共产品、公共服务却无暇顾及,使得一系列产业政策倾向于优先发展城市经济,对农村服务业的重视和支持力度相对不够;三是越位。地方政府过多地干预了农村企业的经营性活动导致企业经营效率低下,丧失了应对市场变化的能力。

第三,相关体制缺陷使农村服务业企业难以获取有效的技术和资金支持。由于体制性因素所造成的技术水平低、融资难已经成为制约我国农村服务业发展的瓶颈。按行政区划和部门设立、条块分割现象突出的科技管理体制使得农村科技资源十分贫乏。农村服务业企业限于成本的压力,在信息相对不足和时效性要求较低的情况下,缺乏引进和采用先进技术的动力,严重影响了农村服务业的生产效率。农村金融市场体系不完善,缺乏必要的风险分散和转移机制,加之农村服务业企业规模小,缺乏健全的公司治理机制,财务管理粗放,相当多的农村企业信用等级低,缺乏资金偿还能力,导致农村企业融资困难。银行等金融企业受利润的驱使和资金安全性的考虑,在信贷业务上表现出明显"嫌贫爱富"倾向,在农村服务企业迫切需要资金的同时,吸收农村存款的商业银行却把资金主要发放到城市和富裕地区。据调查,目前城市人均贷款额是农村地区的 10 倍,农村贷款年均增长率低于全国平均水平 6 个百分点;就连以服务农村发展为宗旨的农业银行目前也仅有 10% 的贷款投向了农村地区。

第四,农村工业的分散性导致农村服务业发展所需的集聚经济效应偏低。所谓集聚经济效应是指,在特定领域内的产业与机构在一定的地理范围内的集中,使得技术、信息、市场、政策及产业生产要素及资源能够充分共享,从而推动生产经营创新和企业效率的提高。美国经济学家克鲁格曼指出,通过本地劳动力专业化水平的提高、相关企业的存在和生活服务设施对产业的支持有助于创新等因素的形成,从而使地理集聚的产业能够实现"规模报酬递增"(克鲁格曼,1991)。由于我国城镇化水平还依然相对较低,据统计,截至 2008 年底,我国城市化率为 45.68%(而发达国家在 85% 以上);农村服务业所依托的农村工业企业布局比较分散,80% 以上的农村工业企业分散在村镇里,集聚经济效应难以有效地发挥出来。农村企业的分散性和家庭居住的分散性限制了农村服务企业的规模经济、范围经济和外部经济效应的实现,服务业规模的扩大受到影响,从而制约了农村服务业的信息交流和经营管理技术的创新。

第五,人才不足与经营方式落后是制约农村服务业发展的"软肋"。我国农村服务业发展滞后与其自身的人才缺乏、经营管理方式落后是分不开的。首先,大多数农村服务业企业是在农村自发产生和发展起来的,管理者素质较低,缺乏现代管理理念。据调查,我国农村企业中有 40% 以上的企业缺少高层管理人才,有 10% 的企业严重缺乏;其次,农村服务业从业人员文化程度普遍较低,他们绝大多来自农村,整体受教育程度不高。再加上农村企业普遍规模较小、资金实力不足等原因,使农村服务业企业既无力对现有员工进行技能培训又无法引进高素质的人才,导致其普遍缺乏优秀的管理人才和高级技术人才。据调查,目前我国农村企业专业技术人员仅占员工总数的 8%,中级以上专业技术人员不足总人数的 2%,且大部分为专科以下文化程度。上述现实情况决定了我国农村服务业企业无法有效地引进、消化和吸收较为先进的科技成果、现代管理理念和方法,由此导致我国农村服务业企业发展后劲不足,产业优化升级缓慢。

三、农村工业化进程中推进农村服务业发展的思路及对策

推进我国农村服务业的发展是一项系统性工程,现阶段应主要从以下几个方面着手:第一,积极推动城乡一体化建设,构建城乡统一的市场体系,为农村服务业发展提供优良的发展环境。通过完善制度和法律来推动城乡社会经济一体化进程,构建城乡统一的市场体系,建立统一的资金、技术、劳动力和信息等要素市场,是有效清除生产要素流动壁垒,实现城乡资源优化配置,为农村服务业企业平等参与市场竞争的必须条件。首先,建立覆盖城乡的公共财政体制,使农村获得与城市基本均衡的公共产品和公共服务,为农村工业化和农村

服务业的发展提供基本的保障条件。有重点有步骤地建立推进农村工业化发展所必需的基础设施建设和义务教育体系、医疗卫生体系、养老保险体系,积极推进户籍制度改革,通过制度化使劳动用工、住房、教育等权力与户籍脱钩。为城市服务业向农村转移和农村服务业引进高级专门人才、完善农村服务业体系提供制度保障。其次,地方政府要切实维护社会治安和市场秩序,为农村服务业企业的发展提供良好的社会和市场环境。廉洁和高效的公共服务、良好的社会治安、诚信的融资环境和规范的市场秩序是企业投资者考察的重点内容,也是当地企业能否健康发展的重要环境因素。再次,建立多元的农村企业融资服务体系。解决农村企业融资难的问题需要采取综合性的政策法规措施,建立一个多元化的农村竞争性金融市场体系,为农村企业融资提供更多的方式和渠道。一是贯彻工业反哺农业、城市支持农村的原则。通过制度化的方式为农村企业提供优惠贷款、贴息贷款等政策性贷款,保证对农村企业的贷款份额;二是健全农村融资体系。开放农村金融市场,降低农村金融机构进入门槛,促进中小银行的发展和农村金融市场的竞争;三是要采用政策、信息、税收优惠等手段对农村金融企业进行引导。

第二,按照因地制宜、分类管理的原则转变地方政府职能是推动农村服务业发展的保障。在农村工业化进程中地方政府应积极向服务型政府转变,切实克服"缺位"、"错位"和"越位"的问题,为农村服务业发展提供有效的公共服务和政策支持,积极运用财政税收措施支持和引导当地服务业的发展,实现农村服务业的升级。首先,地方政府要根据本地资源优势制定出农村服务业发展规划,使农村服务业的发展有章可循。东部地区工业化程度高,技术和资金实力雄厚,农村服务业发展应侧重于以信息技术为主导,为工业和居民生活服务;中西部地区相对落后,且农村工业化的特征是以农产品深加工和资源主导性为主,地方政府应积极规划和引导农村服务业围绕为当地工业、农业和居民生活服务的产业发展。为推动农村工业化进程,地方政府应积极引导农村服务业优先发展农村金融、物流、商贸、电信和保险业,以便于更好地为农村工业发展提供产前、产中和产后服务。其次,地方政府要根据农村服务业的异质性,实行分类管理。对农村最基本的属于纯公共物品的服务业、农村服务业的战略行业、关键领域和薄弱环节,地方政府要进行财政支持,推动其加速发展;对于属于准公共物品的服务业,地方政府在坚持市场化、产业化、社会化的基础上通过发挥财税杠杆的引导作用,通过税收优惠、资金支持、信息服务对农村企业的人才引进、人员培训及管理、技术创新等多方面地提供支持。再次,完善农村市场经济法律制度体系,为农村企业发展提供完善的法制环境。农村服务业的发展离不开维护市场秩序、促进企业竞争的法律法规。服务业生产和经营的是无形产品,在交易过程中相对于有形产品的制造业来说更容易产生道德风险和逆向选择。要保证服务业市场的有效性就必须建立以法律制度为保障的社会诚信机制。一是要制订和完善农村服务业发展的综合性制度体系,进一步规范行业竞争秩序,加快农村服务业对外开放步伐;二是要完善反垄断和反不正当竞争方面的法律法规,形成真正的公平准入机制,让外资、民间资金及以管理、设备等形式的外部资本自由进入农村服务行业。最后,地方政府要积极完善和引导科技创新体系,统筹各类科技资源,提供农村服务业发展所需要的核心技术和关键共同性技术。扶持科技型龙头农村服务业企业,增强以企业为主体的技术创新体系,实施以信息化带动传统服务业优化升级的战略。

第三,围绕推进农村工业化进程和产业结构优化升级确定重点发展的农村服务业。将功能导向与因地制宜有机结合起来,以推进农村工业化进程和农村产业结构优化升级为中心,确定农村服务业发展的重点支持领域。首先,要按照需求导向和适度超前的原则,瞄准发展现代农业、发展农村新型工业的需要,重点支持信息化服务、融资服务、物流配送、供应链管理等服务体系建设,培育现代生产性服务业的发展。其次,通过金融政策的倾斜、对相关基础设施建设的财政补贴、财政资金的引导性投入以及税收优惠等,支持金融、保险、信息等服务业的发展,从而加快农村产业结构升级,有效推进农村工业化进程。最后,对于技术水平低、就业压力大的地区,重点支持有助于扩大就业的餐饮、乡村旅游、批发零售等劳动密集型服务业和传统服务业的发展。在此基础上,积极运用信息技术和现代经营管理方式改造传统服务业,促进新型服务业向农村拓展,提高农村服务业企业的运行效益。

第四,按照功能导向原则促进小城镇化建设形成产业集聚,是推动农村服务业发展的动力。小城镇化建设是我国城镇化发展的重要内容之一,小城镇能够为农村工业发展形成产业聚集提供重要条件,对农村服务业的带动也尤为明显。按照功能导向的原则,科学规划、合理布局小城镇,要首先通过户籍制度改革实现人口合理流动,在此基础上依托其资源或区位优势带动相关产业发展,从而实现产业集聚和人口集聚,实现小城镇健康、持续发展,以此带动农村服务业发展。

第五,强化人才战略和提升经营管理水平是推动农村服务业发展的关键。人才和管理是现代企业有效整合技术、资金和信息等资源形成市场竞争优势的两个核心要素。地方政府在规划和统筹农村服务业发展过程中要积极帮助农村服务业企业制定人才战略,加大农村人才培育的财政支持力度。要根据本地产业结构优化升级和农村新型工业化发展的需要,以提高人才培养质量为重点,大力发展具有本地产业特色的职业技能教育,对农村剩余劳动力和企业在职人员进行相关技能培训,为本地农村服务业发展输送人才。管理和劳动、土地、资本一样,是企业运营的基本要素。针对我国农村服务业企业经营管理方式落后的实际情况,可以从三个方面着手提升农村服务业企业经营管理水平:一是从制度着手。积极推进农村企业建立法人治理结构,通过建立现代企业制度形成企业内部科学的决策机制和监督约束机制。二是通过多种优惠政策积极引进人才,为农村服务业克服技术与管理瓶颈提供人才支持。三是从培训着手。地方政府应积极通过邀请专家讲座、举办短期培训班等方式持续对农村服务业经营者进行现代管理理念、管理方法和市场观念的塑造和培育,从而不断提高经营者的经营管理水平。

参考文献

[1] Abe Dunn. Do Low-quality Products Affect High-quality Entry? Multi-product Firms and Nonstop Entry in Airline Markets. International Journal of Industrial Organization,2007,(10).

[2] Acs,Zoltan J. ,Audretsch,David B. . Small-firm Entry in US Manufacturing ,Economica,1989,56(222).

[3] Aidis,R. Institutional Barriers to Small and Medium-Sized Enterprise Operations in Transition Countries,Small Business Economics,2005,25(4).

[4] Akira Kojima,Asia as a Model for Development,"Catch-up"Growth in Asian Economies,1997.

[5] Almeida P. & Kogut B. The Exploration of Technological Diversity and the Geographic Localization of Innovation. Small Business Economics,1997,(9).

[6] Alfred Marshall. Industry and Trade, Macmillan and Limited st Martin's Street,London. 1921.

[7] A. O. Hirschman. The Strategy of Economic Development,Yale University Press,1958.

[8] Arrow,K. Economic Welfare and the Allocation of Resources for Inventive,in The Rate and Direction of Inventive Activity. Princeton University Press,1962.

[9] Arthur M. Okun. Potential GNP:Its Measurement and Significance. in Proceedings of the Business and Economics Section,American Statistical Association Washington,DC:American Statistical Association,1962,pp. 98—103.

[10] Asquith, P. , Bruner, R. F. , Mullins, D. The Gains to Bidding Firms from Merger. Journal of Financial Economics, 1983, 11(1).

[11] Atul A. Dar and Sal Amir Khalkhali, 2002, Government Size, Factor Accumulation and Economic Growth: Evidence from OECD Countries, Journal of Policy Modeling, 24, pp. 679—692.

[12] Audretsch D. B. & Feldman M. P. R&D Spillovers and Geography of Innovation and Production. American Economic Review, 1996, 86(3).

[13] Bai, Chong-En, Yingjuan Du, Zhigang Tao and Sarah Y. Tong. Local Protectionism and Regional Specialization: Evidence from China's Industries, Journal of International Economics, 2003, 63(2).

[14] Bain, J. . Industrial Organization. John Wiley & Sons, Inc. Press, 1968, pp. 469—96.

[15] Bartlett, W. and Bukvic, V. Barriers to SME growth in Slovenia, MOCT-MOST: Economic Policy in Transitional Economies, 2001, 11(2).

[16] Batra, G. , Kaufmann, D. and Stone, A. Investment Climate Around the World: Voices of the Firms from the World Business Environment Survey, Washington DC: The World Bank, 2003.

[17] Beck, T. , Demirgüç-Kunt, A. , and Maksimovic, V. Financial and Legal Constraints to Growth: Does Firm Size Matter? The Journal of Finance, 2005, 60(1).

[18] Bela Balassa, Trade liberalization and Revealed Comparative Advantage, Manchester School of Economics and Social Studies, 1965, (33).

[19] Benavente, J. M. , & Lauterbach, R. Technological Innovation and Employment: Complements or Substitutes? The European Journal of Development Research, 2008, 20(2).

[20] Bilsen V. and Konings J. Job Creation, Job Destruction, and Growth of Newly Established, Privatized, and State-Owned Enterprises in Transition Economies: Survey Evidence from Bulgaria, Hungary, and Romania, Journal of Comparative Economics, 1998, 26(3).

[21] Bottazzi, G. , Secchi, A. Common Properties and Sectoral Specificities in the Dynamics of U. S. Manufacturing Companies. Review of Industrial Organization, 2003, 23(3).

［22］Brandenburger，A.，. Nalebuff，B. Co—operation：A Revolutionary Mindset That Combines Competition and Co—operation. Doubleday Publication Press，1996：pp. 56.

［23］Brander. J，Krugman，P. R. Areeiproeal dumping model of international trade. Journal of International Economics，1983，(15).

［24］Brown，J.，Earle J. and Lup D. What Makes Small Firms Grow? Finance，Human Capital，Technical Assistance，and the Business Environment in Romania，Economic Development and Cultural Change，2005，54(1).

［25］Buchinsky，M. Recent Advances in Quantile Regression Models：a Practical Guideline for Empirical Research，Journal of Human Resources，1998，33(1).

［26］Cai，H.，Fang，H. and Xu，L. C. Eat，Drink，Firms，Government：An Investigation of Corruption from Entertainment and Travel Costs of Chinese Firms［EB/OL］. http://www. nber. org/papers/w11592.

［27］Calvo，J. Testing Gibrat's Law for Small，Young and Innovating Firms，Small Business Economics，2006，26(5).

［28］Chenery，H. B.，M. Syrquin. The Patterns of Development，1950-1970. London：Oxford University Press，1975.

［29］Chenery，H. B.，H. Eikstein，and C. Sims. A. Uniform analysis of development Patterns. Harvard University Center for International Affairs，Economic Development Report 1970，148.

［30］Cliff Stevenson. Global Trade Protection Report 2007.

［31］Coad，A.，Rao，R. Innovation and Firm Growth in High—Tech Sectors：A Quartile Regression Approach. Research Policy，2008，37(4).

［32］Colin Clark. The Conditions of Economic Progress. The Macmillan Press Ltd，London，1940.

［33］Cosh，A. D.，Hughes，A.，Lee，K.，Singh，A. Institutional Investment，Mergers and the Market for Corporate Control. International Journal of Industrial Organization，1989，7(1).

［34］Davis，James C. and J. Vernon Henderson，Evidence on the Political economy of the Urbanization Proces. Journal of Urban Economics，2003，53：pp. 98—125.

［35］ D'Aspremont & Jacqueminde. Cooperative and non-cooperative R&D in a duopoly with spillovers. American Economic Review,1988,(78).

［36］ D. Dougherty,Remaining the Differentiation and Integration of Work for Sustained Product Innovation. Organization Science ,2001,(12).

［37］ Delmar, F. Measuring Growth: Methodological Considerations and Empirical Results. In R. Donckels & A. Miettinen(Eds.), Entrepreneurship and SME Research: On its Way to the Next Millenium (pp. 190—216), Brookfield,VA:Aldersho,1997.

［38］ Delmar, F. ,Davidsson,P. & Gartner, W. B. Arriving at the High-Growth Firm,Journal of Business Venturing,2003,18(2).

［39］ Demsetz,H. . Industry Structure,Market Rivalry and Public Policy. Journal of Law and Economics. 1973(16):pp. 1—9.

［40］ Dumne, Timothy; Roberts Mark J. ; Samuelson, Larry. Patterns of Firm Entry and Exit in U. S. Manufacturing Industries. The RAND Journal of Economics,1988,19(4).

［41］ Faggio G. ,Konings J. Gross Job Flows and Firm Growth in Transition Countries: Evidence Using Firm Level Data ［EB/OL］ . http://www. econ. kuleuven. be/ces/discussionpapers/default. htm.

［42］ Faggio G. ,Konings J. Job Creation,Job Destruction and Employment Growth in Transition Countries in the 90s,Economic Systems,2003,27(2).

［43］ Falvey,R. E. Commercial policy and inter-industry trade. Journal of Inter national Economics,1981,(11).

［44］ Fel,J. C. H. and G. Ranis:Foreign Assistance and Economic Development:Comment,America Economic Review,Vol. Ⅲ ,No. 4,Sept.

［45］ Feldman M. P. & Audretsch D. B. Innovation in Cities:Science-Based Diversity, Specialization and Localized Competition. European Economic Review,1999,(43).

［46］ F. Mathew. The Ecological self. London:Rontedge,1991.

［47］ Fontagne. D, M. Freudenberg. Long term trends in intra-industry trade. in Frontiers of Research on Intra-Industry Trade, H. Grubel and H. — H. Lee(Ed.),Palgrave,London,2002.

［48］Fotopoulos G. ，louri H. Firm Growth and FDI：Are Multinationals Stimulating Local Industrial Development?，Journal of Industry，Competition and Trade，2004，4(3).

［49］Gary M. Anderson，Dennis Halcoussis，Linda Johnston，M. D. ，Anton D. Lowenberg. Regulatory Barriers to Entry in the Healthcare Industry：The Case of Alternative Medicine. The Quarterly Review of Economics and Finance，2000，(40).

［50］Goedhuys，M. ，Sleuwaegen，L. High—Growth Entrepreneurial Firms in Africa：A Quartile Regression Approach. Small Business Economics，2010，34(1).

［51］Greenaway. D，Hine. R，Milner. C. Vertical and intra-industry trade：a cross industry analysis for horizontal the UK. The Economic Journal，1995，(105).

［52］Grubel H. G，Lloyd，P. J. Intra-industry Trade：the theory and Measurement of international trade in differentiated products. London，The Macmillan Press Ltd，1975.

［53］Hallward-Driemeier，M. ，Wallsten，S. and Xu，L. C. Ownership，Investment Climate and Firm Performance，Economics of Transition，2006，14(4).

［54］Harrison，R. ，Jaumandreu，J. ，Mairesse，J. ，& Peters，B. Does Innovation Stimulate Employment? A Firm-level Analysis Using Comparable Micro Data on Four European Countries［EB/OL］. http://www. nber. org/papers/w14216.

［55］Hashi，I. and Toci，V. Financing Constraints，Credit Rationing and Financing Obstacles：Evidence from Firm-Level Date in South-Eastern Europe，Economic and business review，2010，12(1).

［56］Hashi，I. and Mladek，J. Fiscal and Regulatory Impediments to the Entry of New Firms in five Transition Economies，Journal of East-West Business，2000，6(2).

［57］Hermelin B，The urbanization and suburbanization of the service economy：Producer services and specialization in Stockholm. Geografiska Annaler，Series B：Human Geography，2007，89B(SUPPL. 1)：pp. 59—74.

［58］ Hoshino, Y. The Performance of Corporate Mergers in Japan. Journal of Business Finance & Accounting, 1982, 9(2).

［59］ Hoxha, D. Determinants of Growth-An Empirical Analysis of New Firms and Fast Growing Firms in Kosova[EB/OL]. http://idem. uab. es/treballs%20recerca/durim%20hoxha. pdf.

［60］ Hummels, David, Rapoport, Dana, Yi, Kei-Mu. Vertical specialization and the changing nature of world trade. Federal Reserve Bank of New York Economic Policy Re-new, 1998, 4(2).

［61］ Im K S, M H. Peasaran, Y Shin, Testing for Unit Roots in Heterogeneous Panels. Journal of Econometrics, 2003, (115).

［62］ Jaffe A. B. Technological Opportunity and Spillovers of R&D: Evidence from Firms' Patents, Profits, and Market Value. American Economic Review, 1986, (76).

［63］ Jovanovic, B. Selection and the Evolution of Industry. Econometrica, 1982, 50(3).

［64］ J. vernon Henderson: Industrial Bases and City sizes. The American Economic Review, Vol. 73, No. 2, 1983. 5.

［65］ Kessides, Ioannis N. Advertising, Sunk Costs, and Barriers to Entry. The Review of Economics and Statistics, 1986, 68(1).

［66］ Kim, D. , and Marion, B. Domestic Market Structure and Performance in Global Markets: Theory and Empirical [21] Evidence from US Food Manufacturing Industry, Review of International Organization, 1997, (12).

［67］ Koenker, R. , & Bassett, G. Regression Quantiles, Econometrica, 1978, 46(1).

［68］ Konings, J. Firm Growth and Ownership , Economic Letters, 1997, 55(3).

［69］ Konings J. , Lehmann H. , Schaffer M. E. Job Creation and Job Destruction in A Transition Economy: Ownership, Firm Size, and Gross Job Flows in Polish Manufacturing, Labor Economics, 1996, 3(3).

［70］ Kormendi, Roger and Philip Meguire , 1986. Government Debt, Government Spending, and Private Sector Behavior: Reply, American Economic Review 76, pp. 1180－1187.

[71] Kristina Nystr? m. Patterns and determinants of entry and exit in industrial sectors in Sweden, Journal of International Entrepreneurship, 2007, 5 (3).

[72] Krueman P. Increasine Returns and Economic Geography. Journal of Political Economy, 1991: pp. 483—499.

[73] Krugman. Increasing returns, monopolistic competition and international trade. Journal of International Economics, 1979, (9).

[74] Kumar, M. S. Growth, Acquisition Activity and Firm Size: Evidence from the United Kingdom. Journal of Industrial Economics, 1985, 33(3).

[75] Kyoji Fukao, HikariIshido, Keiko Ito. Vertical intra-industry trade And foreign direct investment in East Asia. The Japanese and International Economies, 2003, (17).

[76] Laneaster. K. Intra-industry trade under perfect monopolistic competition. Journal of International Economics, 1980, (10).

[77] Leitao, J. , Serrasqueiro, Z. , Nunes, P. M. Testing Gibrat's Law for Listed Portuguese Companies: A Quantile Approach. International Research Journal of Finance and Economics, 2010, 37(1).

[78] Levin C F. L in C S J. Chu. Un it Root Tests in Panel Data, Asymptotic And Finite-ample Properties , Journal of Econ0metrices, 2002, (108).

[79] Lotti, F. , Santarelli, E. , & Vivarelli, M. Does Gibrat's Law Hold among Young, Small Firms? Journal of Evolutionary Economics, 2003, 13(3).

[80] Lucas, Robert E. , On the Mechanics of Economic Development. Journal of Monetary Economics, 1988, 22(1): pp. 3—42.

[81] L. V. Bertalanffy, General System Theory. New York: George Bragiller. 1968. p. xxii.

[82] Massimo G. Colombo, Paola Garrone. Common Carriers' Entry into Multimedia Services, Information Economics and Policy, 1998, (10).

[83] Melissa A. Schilling. Strategic Management of Technological Innovation. The McGraw-Hill Companies, Inc, 2005.

[84] Mills, Edwin S. Studies in Indian urban development. Washington, D. C. : Published for the World Bank [by] Oxford University Press, 1986.

[85] M. L. Tushman and C. A. O'Reilly, Ambidextrous Organizations:

Managing Evolutionary and Revolutionary Change. California Management Review ,1996,(38).

[86] Moeller,S. B. ,Schlingemann,F. P. ,Stulz,R. M. Firm Size and the Gains from Acquisitions. Journal of Financial Economics,2004,73(2).

[87] Moore, W. , Broome, T. , Robinson, J. How Important Are Cash Flows for Firm Growth in Barbados? Journal of Eastern Caribbean Studies, 2009,34(3).

[88] Moren Lourdes. The determinants of Spanish Industrial Exports to the European Union,Applied Economics,1997,(30).

[89] Mueller,D. C. Mergers and Market Share. The Review of Economics and Statistics,1985,67(2).

[90] Muent,H. ,Pissarides,F. ,and Sanfey P. Taxes,Competition and Finance for Albanian Enterprises:Evidence from a Field Study,MOCT-MOST: Economic Policy in Transitional Economies,2001,11(3).

[91] National Science Board. . Science and Engineering Indicators — 2000. Arlington,Va. :National Science Board ,2000.

[92] Naughton , B. How Much Can Regional Integration Do to Unify China's Markets? Paper presented f or the Conference for Research on Economic Development and Policy Research,Stanford University,1999.

[93] Nishimori,Akira and Hikaru Ogawa. Do Firms Always Choose Excess Capacity? . Economics Bulletin,2004,Vol. 12,No. 2 pp. 1—7.

[94] Nunes, P. M. , Serrasqueiro, Z. M. Gibrat's Law: Empirical Test of Portuguese Service Industries Using Dynamic Estimators. The Service Industries Journal,2009,(29).

[95] Odagiri, H. , Hase, T. Are Mergers and Acquisitions Going to Be Popular in Japan too? An Empirical Study. International Journal of Industrial Organization,1989,7(1).

[96] Oliveira,B. ,Fortunato, A. Firm Growth and Liquidity Constraints: A Dynamic Analysis. Empirica,2008,35(2).

[97] Orr,Dale. The Determinants of Entry:A Study of the Canadian Manufacturing Industries,Review of Economics and Statistics,1974,56(1).

[98] Park,K. ,Jang,S. Mergers and Acquisitions and Firm Growth:Inves-

tigating Restaurant Firm. International Journal of Hospitality Management, 2011,30(1).

[99] Park,K. ,Kim,J. The Firm Growth Pattern in the Restaurant Industry:Does Gibrat's Law Hold? [DB/OL]. http:/ /m3. ithq. qc. ca /collection / 00000149.

[100] Pedron iP. Cretical Values for Coin iteration Tests in Heterogeneous Panels With Multiple Repressors. Oxford Bulletin of Economics and Statistics,1999,(61).

[101] Philips, A. Technology and Market Structure. Lexington, MA, Health,1971.

[102] Pinto,R. Challenges for Public Policy in Promoting Entrepreneurship in South Eastern Europe,Local Econom,2005,20(1).

[103] Poter M. E. From Competitive Advantage to Corporate Strategy. Harvard Business Review,May-June 1987.

[104] Porter. M. E. Clusters and New Economics of Competition. Harvard Business Review,1998(11).

[105] Reinhilde Veugelers. Collaboration in R&D:An Assessment of Theoretical and Empirical findings. De Economist,1998,146.

[106] Renaud B. National urbanization policy in developing countries. Oxford University Press,1981.

[107] Richard Walker,Robert D. Lewis Beyond the crabgrass frontier:industry and the spread of North American cities,1850—1950. Journal of Historical Geography,2001,27(1):pp. 3—19.

[108] Richard Florida and Martin Kenney. The Breakthrough Illusion: Corporate America's Failure to Move from Innovation to Mass Production. New York:BasicBooks,1990.

[109] Roberts,Barbara M. Thompson,Steve. Entry and Exit in a Transition Economy:The Case of Poland. Review of Industrial Organization,2003,22 (3).

[110] R. Prebish. "Economic Development and Main Problems in Latin America",Economic Review of Latin America, 1950; H. Singer. "The Distribution of Gains between Investing and Borrowing Countries",America Economic

Review, May, 1950.

[111] Saeed, A. Does Nature of Financial Institutions Matter to Firm Growth in Transition Economies? Eurasian Journal of Business and Economics, 2009, 2(3).

[112] S. Beer, Cybernetic and Management. New York: John Wiley and Sons, 1959.

[113] Schmookler. Invention and Economic Growth. Cambridge, Mass.: Harvard University Press. 1966.

[114] Shaked. A, Sutton. J. Natural Oligopolies and International Trade, In Monopolistic Competition and International Trade. Oxford University Press, Oxford, 1984.

[115] Siegfried, John J.; Evans, Laurie Beth. Empirical Studies of Entry and Exit: A Survey of the Evidence. Review of Industrial Organization, 1994, 9 (2).

[116] Singclmann J. The Scctoral Transformation of the labor force in service industrialized countries, 1920—1970. The American Journal of Sociology, 1978, 83(5): pp. 1224—1234.

[117] Solow. R. Technical Change and the Aggregate Production function, Review of Economics and Statistics, 1957(39).

[118] Stanley, M. H. R., Amaral, L. A. N., Buldyrev, S. V., Havlin, S., Leschhorn, H., Maass, P., Salinger, M. A., Stanley, H. E. Scaling Behavior in the Growth of Companies. Nature, 1996, 79(2).

[119] Taketoshi, R. A Study on the Mergers in Japanese Manufacturing Industry[DB/OL]. University of Tsukuba, Japan, 1984. http://www. jhchapman. com/main. htm.

[120] Thaker. S. Y. Industrialization and economic development. South Asia press, 1986. 17.

[121] Van den Berg, Braun and Winden. Growth Clusters in European Cities: An Integral Approach. Urban Studies, 38(1).

[122] Vefie. L. The Penguin Directionary of Physics. Beijing: Foreign Language Press, 1996. pp. 92—93.

[123] Vernon R, International Investment and International Trade in the

Product Cycle. The Quarterly Journal of Economics,1966,Vol. 80(2).

［124］Verspagen B. & Schoenmankers W. The Spatial Dimension of Knowledge Spillovers in Europe:Evidence from Patenting data. Working Paper,2000.

［125］Wang X H and Yang B. A note on technology transfer by a monopoly,Australian Economic Papers,2003(1).

［126］William lazonick. The IEBM Handbook of Economics ［M］. Original edition published by Thomson Learning,2002.

［127］WolfgangMessner:Rightshore!,Springer Berlin Heidelberg,2008.

［128］Yasusada Murata,Rural-urban interdependence and industrialization. Journal of Development Economics,2002,68,pp. 1—34.

［129］Yoshima Araki,Katsuhiro Haraguchi,Yumiko Arap,Takusei Ume nap. Socioeconomic factors and dental caries in developing countries a cross-national study. Soc. Sci Med,1997,44(2):pp. 269—272.

［130］Zahra,S. A. & George,G. Absorptive capacity:A review,reconceptualization,and extension ［J］. Academy of Management Review,2002,27(2).

［131］［美］A. D. 钱德勒:《看得见的手》,商务印书馆1987年版。

［132］［美］A. D. 钱德勒:《大企业与国民财富》,北京大学出版社2004年版。

［133］［美］A. D. 钱德勒、［瑞 ］P. 哈格斯特龙:《透视动态企业》,机械工业出版社2005年版。

［134］［美］A. D. 钱德勒:《大企业和国民财富(中译本)》,北京大学出版社2004年版。

［135］［美］保罗·克鲁格曼:《发展、地理与经济理论》,北京大学出版社2000年版。

［136］［美］保罗·克鲁格曼:《亚洲奇迹的神话》,《北京大学中国经济研究中心学刊》2000年第1期。

［137］［美］约翰·伊特韦尔等:《新帕尔格雷夫经济学大辞典》(中译本)第2卷,经济科学出版社1992年版。

［138］［美］西蒙·库兹涅茨:《现代经济增长》(中译本),北京经济学院出版社1989年版。

［139］［美］吉尔伯特·罗兹曼:《中国的现代化》,江苏人民出版社1988

年版。

［140］［美］H.钱纳里等:《工业化和经济增长的比较研究》,上海人民出版社 1995 年版。

［141］［美］K.克拉克:《经济进步的条件》(英文第三版),1957 年版。

［142］［美］华尔特·惠特曼·罗斯托:《经济增长的阶段》,中国社会科学出版社 2001 年版。

［143］［美］H.钱纳里等:《发展的格局:1950—1970》,中国财政经济出版社 1989 年版。

［144］［美］托马斯·K.麦格劳:《现代资本主义:三次工业革命的成功者》,江苏人民出版社 1999 年版。

［145］［美］J.W.肯德里克,E.S.格罗斯曼:《美国的生产率》,约翰·霍普金斯大学出版社 1980 年版。

［146］［美］理查德·R.纳尔森:《经济增长的源泉》,中国经济出版社 2000 年版。

［147］［美］桑德·J.吉尔曼:《利润率下降》,格拉斯哥大学出版社 1957 年(英文版)。

［148］［美］迈克尔·波特:《国家竞争优势》,华夏出版社 2002 年版。

［149］［美］斯蒂芬·马丁:《高级产业经济学》(中译本),上海财经大学出版社 2003 年版。

［150］［美］哈罗德·德姆塞茨:《竞争的经济、法律和政治维度》,上海人民出版社,上海三联书店 1999 年版。

［151］［美］乔尔·布利克等:《协作型竞争》,中国大百科全书出版社 1998 年版。

［152］［美］斯蒂芬·马丁:《高级产业经济学》(中译本),上海财经大学出版社 2003 年版。

［153］［美］G.L.克拉克、M.P.菲尔德曼、M.S.格特勒:《牛津经济地理学手册》,商务印书馆 2005 年版。

［154］［美］威廉·拉佐尼克:《经济学手册》,人民邮电出版社 2006 年版。

［155］［美］乔治·J.施蒂格勒:《产业组织和政府管制》,上海人民出版社,上海三联书店 1989 年版。

［156］［美］约瑟夫·熊彼特:《资本主义、社会主义与民主》,商务印书馆 2000 年版。

[157]［美］道格拉斯·C.诺斯:《经济史上的结构和变革》（中译本），商务印书馆 1992 年版。

[158]［美］科斯:《论生产的制度结构》（中译本），上海人民出版社，上海三联书店 1994 年版。

[159]［美］威廉·鲍莫尔:《资本主义的增长奇迹》，中信出版社 2004 年版。

[160]［美］刘易斯·威尔斯:《第三世界跨国企业》，上海翻译出版公司 1986 年版。

[161]［美］戴维·泰科尔、亚历克斯·洛依、拉维·卡拉可塔:《迈进比特时代:电子商社的兴起》，东北财经大学出版社 1995 年版。

[162]［美］道格拉斯·C.诺斯:《经济史中的结构与变迁》，上海人民出版社，上海三联书店 1994 年版。

[163]［美］西蒙·库兹涅茨:《现代经济增长:发现与思考》，北京经济学院出版社 1989 年版。

[164]［英］A.P.瑟尔沃:《增长与发展》，中国人民大学出版社 1992 年版。

[165]［英］彼德·诺兰:《全球化浪潮冲击下的中国大型企业》，《经济管理文摘》2000 年第 18 期。

[166]［英］伊迪丝·彭罗斯:《企业成长理论》，上海人民出版社，上海三联书店 2007 年版。

[167]［德］阿尔弗雷德·韦伯:《工业区位论》，商务印书馆 1997 年版。

[168]［德］马克思:《资本论》（第一卷），人民出版社 1975 年版。

[169]［德］弗里德里希·李斯特:《政治经济学的国民体系》，商务印书馆 1961 年版。

[170]［圣卢西亚］阿瑟·刘易斯:《无限劳动力:进一步的说明》，载阿瑟·刘易斯编著:《二元经济论》（中译本），北京经济学院出版社 1989 年版。

[171]［圣卢西亚］阿瑟·刘易斯:《劳动无限供给条件下的经济发展》（中译本），载《现代国外经济学论文选》（第 8 集），商务印书馆 1984 年版。

[172]［苏］瓦·尼·萨多夫斯基:《一般系统论原理》，人民出版社 1984 版。

[173]［日］小野进:《日本的多层式经济发展模型（MMED）:东亚模式的原型（下）》，《日本研究》2008 年第 1 期。

[174]［比利时］伊·普利高津、伊·斯唐热:《从混沌到有序》，上海译文出版社 1987 年版。

[175]〔奥〕熊彼特:《资本主义、社会主义和民主》(中译本),商务印书馆1979年版。

[176]〔日〕植草益:《日本的产业组织》(中译本),经济管理出版社2000年版。

[177]〔法〕泰勒尔:《产业组织理论》(中译本),人民出版社1998年版。

[178]张培刚:《工业化和农业化》,华中工学院出版社1994年版。

[179]张培刚:《新发展经济学》(增订版),河南人民出版社1999年版。

[180]张培刚:《工业化的理论》,《社会科学战线》2008年第7期。

[181]金碚:《资源与环境约束下的中国工业发展》,《中国工业经济》2005年第4期。

[182]金碚:《中国工业的技术创新》,《中国工业经济》2004年第5期。

[183]金碚、李钢、陈志:《加入WTO以来中国制造业国际竞争力的实证分析》,《中国工业经济》2006年第10期。

[184]金碚:《经济学对竞争力的解释》,《经济管理·新管理》2002年第22期。

[185]谭崇台:《发展经济学》,上海人民出版社1989年版。

[186]王亚南主编:《资产阶级古典政治经济学选辑》,商务印书馆1970年版。

[187]杨小凯、张永生:《新兴古典经济学和超边际分析》,中国人民大学出版社2000年版。

[188]张建华:《从系统看农业国工业化理论》,《华中理工大学学报》1993年第4期。

[189]李毅中:《中国工业概况》,机械工业出版社2009年版。

[190]宋则行、樊亢:《世界经济史(修订版)》,经济科学出版社1998年版。

[191]周伯、鲁君明:《世界产业革命史》,中华书局1935年版。

[192]高峰:《发达资本主义国家经济增长方式的演变》,经济科学出版社2006年版。

[193]韩琦:《拉丁美洲的早期工业化(上)》,《拉丁美洲研究》2002年第6期。

[194]李明德:《拉丁美洲独立之后的科学技术》,《科学研究》2003年第6期。

[195]张月:《浅析拉美进口替代工业化发展模式》,《湖北社会科学》2008

年第 8 期。

[196] 陈才兴:《新自由主义在拉美的发展变化及其前景》,《经济学动态》1999 年第 2 期。

[197] 杨万明:《论拉美国家的发展模式转型与发展困境》,《拉丁美洲研究》2006 年第 6 期。

[198] 张家唐:《论拉美的现代化》,《国际问题研究》2002 年第 1 期。

[199] 尹保云:《韩国为什么成功》,文津出版社 1993 年版。

[200] 慕海平:《对东亚发展模式的分析:含义与启示》,《东南亚研究》1993 年第 4—6 期。

[201] 翁东玲:《"东亚模式"的基本特征及产生的历史背景》,《亚太经济》2000 年第 3 期。

[202] 罗荣渠主编:《各国现代化比较研究》,陕西人民出版社 1993 年版。

[203] 张锡镇:《新加坡的政局为什么能够长期稳定》,《亚太资料》1993 年 3 月 1 日。

[204] 厉以宁:《东亚金融风暴背景下的中国:经济增长与经济改革的前景》,《国际经济评论》1998 年 5—6 月。

[205]《毛泽东文集》第六卷,人民出版社 1999 年版。

[206] 赵艺文:《新中国的工业》,中国统计出版社 1957 年版。

[207] 王海波主编:《新中国工业经济史》,经济管理出版社 1987 年版。

[208] 吴敬琏:《中国增长模式抉择》,上海远东出版社 2006 年版,第 102、103 页。

[209] 林毅夫等:《中国的奇迹:发展战略和经济改革》(增订本),上海人民出版社,上海三联书店 2006 年版。

[210] 世界银行 1984 年经济考察团(1984):《中国:长期发展的问题和方案》(主报告),中国财政经济出版社 1985 年版。

[211] 卢中原、侯永志:《中国 2020:发展目标和政策取向》,《管理世界》2008 年第 5 期。

[212] 郭克莎:《中国经济增长:"八五"轨迹及"九五"去向》,《管理世界》1997 年第 2 期。

[213] 刘国光:《中国十个五年计划研究报告》,人民出版社 2006 年版。

[214] 中国社会科学院工业经济研究所:《中国工业发展报告》(2008),经济管理出版社 2009 年版。

[215] 中国社会科学院工业经济研究所:《中国工业发展报告》(2010),经济管理出版社 2011 年版。

[216] 郭树言、欧新黔:《推动中国产业结构战略性调整与优化升级探索》,经济管理出版社 2008 年版。

[217] 王梦奎:《迈向新增长方式的中国》,社会科学文献出版社 2007 年版。

[218] 刘世锦:《新阶段面临的挑战与发展方式转型》,《经济前沿》2008 年第 2 期。

[219] 世界银行:《1996 年世界发展报告——从计划到市场》,中国财政经济出版社 1996 年版。

[220] 蔡昉:《刘易斯转折点——中国国经济发展新阶段》,社会科学文献出版社 2008 年版。

[221] 宋智勇、王志双、陈敬明:《后危机时代的"十二五"经济形势分析》,《宏观经济管理》2010 年第 5 期。

[222] 张婧:《抓住世界经济结构调整的新机遇》,《中国经济导报》2010 年 12 月 21 日。

[223] 何永芳:《中国改革开放以来的工业化进程分析》,《广东社会科学》2009 年第 2 期。

[224] 朱敏:《基于工业化指数的我国工业化进程判断》,《中国经济时报》2010 年 3 月 9 日。

[225] 王建:《用城市化创造我国经济增长新动力》,《宏观经济管理》2010 年第 2 期。

[226] 刘树成:《我国"十二五"时期发展面临的国内外环境》,《人民日报》2011 年 3 月 25 日。

[227] 辜胜阻、武兢:《把城镇化作为扩大内需的引擎》,人民网 2009 年 7 月 21 日。

[228] 中国社会科学院工业经济研究所工业运行课题组:《2011 年中国工业经济运行形势展望》,《中国工业经济》2011 年第 3 期。

[229] 黄海:《"十二五":发力攻坚剑指十大难题》,《经济参考报》2011 年 3 月 9 日。

[230] 马建堂:《全面认识我国在世界经济中的地位》,《人民日报》2011 年 3 月 17 日。

[231] 韩文秀:《从"变"与"不变"看主题和主线》,《宏观经济管理》2011 年

第 3 期。

[232] 王布:《"中国制造":特征、影响与升级》,《学术研究》2007 年第 12 期。

[233] 于明远:《中国经济长期稳定增长的影响因素与战略选择》,《财经问题研究》2009 年第 4 期。

[234] 林兆木:《评对于中国经济的高估》,《宏观经济研究》2010 年第 9 期。

[235]《致命的 GDP》,《天下(台湾)》1999 年第 4 期。

[236] 吴勇民、自英姿、纪玉山、赵芳:《我国自主创新的现状透视、形成机理与政策选择》,《中国科技论坛》2008 年第 2 期。

[237] 吴志军:《企业自主创新障碍及对策探析》,《科技管理研究》2008 年第 6 期。

[238] 李鹏:《世界知识经济的特点及其发展战略》,《国家关系学院学报》1998 年第 4 期。

[239] 李建军:《产学创新的平台》,江西高校出版社 2002 年版。

[240] 程宗璋:《美、英、日三国公共财政法律体系及其特点》,《财经科学》2003 年第 3 期。

[241] 陈自芳:《我国自主创新的体制性障碍与对策》,《理论学刊》2008 年第 11 期。

[242] 胡遥虹:《提高企业自主创新能力面临的障碍及分析》,《理论导报》2006 年第 6 期。

[243] 赵冬初:《我国自主创新能力的现状、成因及对策》,湖南大学学报(社会科学版)2009 年第 3 期。

[244] 叶民强、吴承业:《区域可持续发展的技术创新与制度创新机制研究》,《数量经济技术经济研究》2001 年第 3 期。

[245] 徐侠、安同良:《高新技术企业的阻碍因素分析与激励机制设计》,《科学学与科学技术管理》2007 年第 9 期。

[246] 齐良书:《发展经济学》,中国发展出版社 2002 年版。

[247] 叶帆:《试论自主创新的环境制约及其对策》,《科技管理研究》2006 年第 7 期。

[248] 黄文波、王浣尘:《网络上海与网络经济系统》,《上海经济研究》2000 年第 10 期。

[249] 刘伟、张辉、黄泽华:《中国产业结构高度与工业化进程和地区差异的

考察》,《经济学动态》2008 年第 11 期。

[250] 张若雪：《人力资本、技术采用与产业结构升级》,《财经科学》2010 年第 2 期。

[251] 杨德勇、董左卉子：《资本市场发展与我国产业结构升级研究》,《中央财经大学学报》2007 年第 5 期。

[252] 唐德祥、孟卫东：《R&D 与产业结构优化升级——基于我国面板数据模型的经验研究》,《科技管理研究》2008 年第 5 期。

[253] 宋大勇：《外商直接投资与区域产业结构升级——基于省级区域面板数据的实证研究》,《经济体制改革》2008 年第 3 期。

[254] 吴进红：《对外贸易与江苏产业结构升级》,《南京社会科学》2006 年第 3 期。

[255] 倪鹏飞：《国家竞争力蓝皮书：中国国家竞争力报告》,社会科学文献出版社 2010 年版。

[256] 冯根福、石军、韩丹：《股票市场、融资模式与产业结构升级》,《当代经济科学》2009 年第 3 期。

[257] 范方志、张立军：《中国地区金融结构转变与产业结构升级研究》,《金融研究》2003 年第 11 期。

[258] 张蕴如：《开放式产业结构升级与加工贸易的互动发展》,《现代经济探讨》2001 年第 4 期。

[259] 黄庆波、范厚明：《对外贸易、经济增长与产业结构升级——基于中国、印度和亚洲"四小龙"的实证检验》,《国际贸易问题》2010 年第 2 期。

[260] 李正辉、刘思明：《金融危机视角下中国产业结构调整与提升研究》,《经济问题》2009 年第 5 期。

[261] 杨蕙馨：《中国企业的进入退出——1985—2000 年汽车与电冰箱产业的案例研究》,《中国工业经济》2004 年第 3 期。

[262] 陈艳莹、原毅军、游闽：《中国服务业进入退出的影响因素——地区和行业面板数据的证研究》,《开发研究》2010 年第 2 期。

[263] 李德志、闫冰：《中国工业企业进入与退出 Orr 模型的实证分析》,《西北大学学报》2004 年第 6 期。

[264] 吴三忙：《中国制造业企业的进入与退出决定因素分析》,《产业经济研究》2009 年第 4 期。

[265] 刘国鹏：《中国制造业进入和退出的影响因素分析》,中国人民大学硕

士论文,2008 年。

[266] 张沛东:《区域制造业与生产性服务业耦合协调度分析——基于中国 29 个省级区域的实证研究》,《中国工业经济》2008 年第 10 期。

[267] 黄茂兴、李军军:《技术选择、产业结构升级与经济增长》,《经济研究》2009 年第 7 期。

[268] 范勇:《人力资本、技术进步与就业》,《江西社会科学》2010 年第 2 期。

[269] 李捷瑜、王美今:《FDI、技术进步和就业:国际经验的启示》,《中山大学学报(社会科学版)》2009 年第 5 期。

[270] 刘书祥、曾国彪:《技术进步对中国就业影响的实证分析:1978—2006》,《经济学家》2010 年第 4 期。

[271] 王小鲁、樊纲、刘鹏:《中国经济增长方式转换和增长可持续性》,《经济研究》2009 年第 1 期。

[272] 王强:《金融危机下的劳动力就业与产业结构优化升级》,《福建论坛·人文社会科学版》2009 年第 7 期。

[273] 姚战琪、夏杰长:《资本深化、技术进步对中国就业效应的经验分析》,《世界经济》2005 年第 1 期。

[274] 张军、吴桂英、张吉鹏:《中国省际物质资本存量估算:1952—2000》,《经济研究》2004 年第 10 期。

[275] 陈桢:《经济增长的就业效应研究》,经济管理出版社 2007 年版。

[276] 王少国:《我国经济增长、产业结构升级对城镇就业的影响分析》,《当代财经》2005 年第 7 期。

[277] 张春煜、喻桂华:《第三产业结构升级中的就业变动》,《财贸研究》2004 年第 2 期。

[278] 周天勇:《结构转型缓慢、失业严重和分配不公的制度症结》,《管理世界》2006 年第 6 期。

[279] 张车伟:《中国 30 年经济增长与就业:构建灵活安全的劳动力市场》,《中国工业经济》2009 年第 1 期。

[280] 李海舰、聂辉华:《全球化时代的企业运营》,《中国工业经济》2002 年第 12 期。

[281] 汤敏、茅于轼:《现代经济学前沿专题》(第三集),商务印书馆 1999 年版。

［282］王艾敏:《集中度、效率与绩效的实证分析——基于一种理论假说在中国饲料行业的验证》,《经济经纬》2009 年第 4 期。

［283］马文军、李孟刚:《我国钢铁产业最优集中度的系统性测算——基于企业与产业双重效率目标诉求和 2007 年数据的实证》,《财经研究》2011 年第 3 期。

［284］陈甬军、周末:《市场势力与规模效应的直接测度——运用新产业组织实证方法对中国钢铁产业的研究》,《中国工业经济》2009 年第 11 期。

［285］伊淑彪、丁启军:《中国钢铁企业规模经济效率分析》,《山西财经大学学报》2009 年第 3 期。

［286］张曙光:《企业网络和群体空间——产业集群的经济学解释及对经济学的挑战》,《中山大学学报》2008 年第 1 期。

［287］陈佳贵、黄群慧等:《中国工业化进程报告》,社会科学文献出版社 2007 年版。

［288］魏后凯:《中国产业集聚与产业集群发展战略》,经济管理出版社 2008 年版。

［289］徐康宁:《产业聚集形成的源泉》,人民出版社 2006 年版。

［290］梁琦:《产业集聚论》,商务印书馆 2004 年版。

［291］张元智、马鸣萧:《企业规模、规模经济与产业集群》,《中国工业经济》2004 年第 6 期。

［292］王缉慈:《创新的空间——企业集群与区域发展》,北京大学出版社 2001 年版。

［293］邵剑兵、马佳:《大中型产业集群发展模式的辨析与探讨》,《企业管理》2008 年第 8 期。

［294］李永刚:《论产业集群创新与模仿的战略选择》,《中国工业经济》2004 年第 12 期。

［295］曹海霞:《2008:略论中国产能过剩的应对机制与政策选择》,《经济问题》2008 年第 6 期。

［296］杨万东:《我国产能过剩问题讨论综述》,《经济理论与经济管理》2006 年第 10 期。

［297］江飞涛:《中国钢铁工业产能过剩问题研究》,中南大学博士论文,2008 年。

［298］林毅夫:《涌潮现象与发展中国家宏观经济理论的重新构建》,《经济

《研究》2007 年第 1 期。

[299] 王小广:《产能过剩:后果、原因和对策》,《中国经贸导刊》2006 年第 2 期。

[300] 范建双、李忠富:《中国大型承包商规模经济的实证研究》,《系统管理学报》2009 年第 5 期。

[301] 范建双、李忠富:《中国上市建筑企业规模经济和范围评价——一种随机边界成本函数方法》,《数理统计与管理》2010 年第 5 期。

[302] 张旭青、李周:《中国木材加工业规模经济分析——基于第一次全国经济普查和 188 家企业调查数据》,《中国农村经济》2010 年第 10 期。

[303] 沈坤荣、张成:《中国企业的外源融资与企业成长——以上市公司为案例的研究》,《管理世界》2003 年第 7 期。

[304] 吴超鹏、吴世农、郑方镳:《管理者行为与连续并购绩效的理论与实证研究》,《管理世界》2008 年第 7 期。

[305] 张良森、章卫东:《企业成长过程中的战略重心变化》,《当代财经》2006 年第 7 期。

[306] 张维迎、周黎安、顾全林:《高新技术企业的成长及其影响因素:分位回归模型的一个应用》,《管理世界》2005 年第 10 期。

[307] 安青松:《我国上市公司并购重组发展趋势》,《中国金融》2011 年第 11 期。

[308] 冯根福、吴林江:《我国上市公司并购绩效的实证研究》,《经济研究》2001 年第 1 期。

[309] 周小春、李善民:《并购价值创造的影响因素研究》,《管理世界》2008 年第 5 期。

[340] 李善民、曾昭灶、王彩萍、朱滔、陈玉罡:《上市公司并购绩效及其影响因素研究》,《世界经济》2004 年第 9 期。

[341] 李心丹、朱洪亮、张兵、罗浩:《基于 DEA 的上市公司并购效率研究》,《经济研究》2003 年第 10 期。

[342] 张新:《并购重组是否创造价值?——中国证券市场的理论与实证研究》,《经济研究》2003 年第 6 期。

[343] 汪国银、江慧:《企业家社会资本与企业并购的关系研究》,《经济与管理》2012 年第 10 期。

[344] 李涛、周开国、乔根平:《企业增长的决定因素—中国经验》,《管理世》

界》2005 年第 12 期。

[345] 刘小玄、李利英：《改制对企业绩效影响的实证分析》，《中国工业经济》2005 年第 3 期。

[346] 张伦俊、李淑萍：《规模以上工业企业的行业税负研究》，《统计研究》2012 年第 2 期。

[347] 中国企业家调查系统：《资本市场与中国企业家成长：现状与未来、问题与建议——2011 中国企业经营者成长与发展专题调查报告》，《管理世界》2011 年第 6 期。

[348] 桂琦寒、陈敏、陆铭、陈钊：《中国国内商品市场趋于分割还是整合：基于相对价格法的分析》，《世界经济》2006 年第 2 期。

[349] 陈柳钦：《产业集群与产业竞争力》，《产业经济评论》2005 年第 1 期。

[350] 陈柳钦：《论产业集群、技术创新和技术创新扩散的互动》，《中国矿业大学学报（社会科学版）》2007 年第 9 期。

[351] 沈美娟：《产业集群的技术创新：国际经验比较研究》，苏州大学硕士论文，2006 年。

[352] 杨红燕、邓朝晖：《高技术产业集群动力机制研究》，《西北农林科技大学学报（社会科学版）》2009 年第 9 期。

[353] 金祥荣、汪伟、项力敏：《产业区内的知识外溢：一个选择性评述》，《产业经济评论》2004 年第 1 期。

[354] 魏后凯：《论我国产业集群的自主创新》，《中州学刊》2006 年第 3 期。

[355] 王珺：《集群成长与区域发展》，经济科学出版社 2004 年版。

[356] 李海舰：《从竞争范式到垄断范式》，《中国工业经济》2003 年第 9 期。

[357] 戚聿东：《中国经济运行中的垄断与竞争》，人民出版社 2004 年版。

[358] 魏后凯：《市场竞争、经济绩效与产业集中》，经济管理出版社 2003 年版。

[359] 任元彪：《原始创新动力问题探讨》，《科学研究》2007 年第 6 期。

[360] 胡树华、李荣：《产业联盟中的企业集成创新研究》，《工业技术经济》2008 年第 3 期。

[361] 袁望冬：《论企业引进消化吸收再创新过程的产学研合作》，《湖南社会科学》2007 年第 4 期。

[362] 陈国宏、郭弢：《我国 FDI、知识产权保护与自主创新能力关系实证研究》，《中国工业经济》2008 年第 4 期。

[363] 朱少英、齐二石:《技术联盟合作创新的信誉机制研究》,《科学管理研究》2008 年第 2 期。

[364] 任若恩:《关于中国制造业国际竞争力的进一步研究》,《经济研究》1998 年第 2 期。

[365] 赵文丁:《新型国际分工格局下中国制造业的比较优势》,《中国工业经济》2003 年第 3 期。

[366] 赵彦云:《中国制造业产业竞争力评价分析》,《经济理论与经济管理》2005 年第 5 期。

[367] 潘波:《新型国际分工背景下提升我国制造业出口竞争力的对策研究》,浙江大学硕士论文,2006 年。

[368] 樊淑娟:《新型国际分工下的跨国制造业国际竞争力研究》,哈尔滨工业大学硕士论文,2007 年。

[369] 苑涛:《西方产业内贸易理论述评》,《经济评论》2003 年第 1 期。

[370] 李刚:《21 世纪"走出去"战略丛书》,中国对外经济贸易出版社 2000 年版。

[371] 江小涓:《结构调整与全球产业重组对我国"走出去"战略的影响》,《宏观经济研究》2001 年第 6 期。

[372] 梁琦:《关于我国优势产业国际化的思考》,《开发研究》2009 年第 4 期。

[373] 马剑飞、朱红磊、许罗丹:《对中国产业内贸易决定因素的经验研究》,《世界经济》2002 年第 9 期。

[374] 王鹏:《中国产业内贸易的实证研究》,复旦大学博士论文,2007 年。

[375] 郎咸平:《从产业链分工看全球产业竞争——产业链阴谋,一场没有硝烟的战争》,《经营管理》2008 年第 17 期。

[376] 胡昭玲:《产品内国际分工对中国工业生产率的影响分析》,《中国工业经济》2007 年第 6 期。

[377] 安筱鹏:《工业化与信息化融合的四个层次》,《中国信息界》2008 年第 5 期。

[378] 曹建海、李海舰:《论新型工业化的道路》,《中国工业经济》2003 年第 1 期。

[379] 陈佳贵、黄群慧、钟宏武:《中国地区工业化进程的综合评价和特征分析》,《经济研究》2006 年第 6 期。

[380] 董伟:《对美国信息化及中日两国信息化所面临问题的思考》,《世界经济与政治》2003 年第 11 期。

[381] 龚炳铮:《信息化与工业化融合探讨》,《中国信息界》2008 年第 1 期。

[382] 郭克莎:《中国工业化的进程、问题和出路》,《中国社会科学》2003 年第 5 期。

[383] 郭丽君:《历史机遇:推进信息化与工业化融合》,《光明日报》2008 年第 1 期。

[384] 国资委:《国务院国有资产管理委员会、国务院信息化工作办公室关于加强中央企业信息化工作的指导意见》,2006 年。

[385] 胡建绩:《促进产业集群企业衍生的关键"软因素"分析——以浙江"块状经济"企业衍生的经验为例》,《中国工业经济》2005 年第 3 期。

[386] 姜爱林:《论工业化与信息化的关系》,《上海经济研究》2002 年第 7 期。

[387] 姜奇平:《范围经济是工业化和信息化融合的有效方式》,《中国制造业信息化》2008 年第 1 期。

[388] 金江军:《信息化与工业化深度融合——方法与实践》,中国人民大学出版社 2012 年版。

[389] 李继文:《工业化与信息化:中国的历史选择》,中共中央党校出版社 2003 年版。

[390] 李林:《产业融合:信息化与工业化融合的基础与实践》,《上海经济研究》2008 年第 6 期。

[391] 林兆木:《关于新型工业化道路的问题》,《工业经济》2003 年第 2 期。

[392] 王述英等:《新工业化与产业结构跨越式升级》,中国财政经济出版社 2005 年版。

[393] 王亚平:《以信息化带动工业化实现跨域式发展的思考》,《经济要参》2004 年第 8 期。

[394] 吴敬琏:《发展中国高新技术产业——制度重于技术》,中国发展出版社 2002 年版。

[395] 吴敬琏:《思考与回应:中国工业化道路的抉择》,《学术月刊》2005 年第 12 期。

[396] 周叔莲:《重视信息化大力推进信息化与工业化融合》,《中国井冈山干部学院学报》2008 年第 3 期。

［397］徐险峰、李咏梅：《以信息化促进产业结构调整升级》，《经济体制改革》2003 年第 4 期。

［398］游五洋、陶青：《信息化与未来中国》，中国社会科学出版社 2003 年版。

［399］周振华：《产业融合：产业发展及经济增长的新动力》，《中国工业经济》2003 年第 4 期。

［400］周振华：《工业化和信息化的互动与融合》，《中国制造业信息化》2008 年第 1 期。

［401］姜爱林：《论信息化与工业化的关系》，《经济经纬》2003 年第 2 期。

［402］肖静华等：《信息化带动工业化的发展模式》，《中山大学学报》2006 年第 1 期。

［403］谢康、李礼、谭艾婷：《信息化与工业化融合、技术效率与趋同》，《管理评论》2009 年第 10 期。

［404］谢康、肖静华、乌家培：《中国信息化与工业化融合的环境、基础和道路》，《经济学动态》2009 年第 2 期。

［405］顾朝林等：《中国城市化——格局、过程、机理》，科学出版社 2009 年版。

［406］陈爽、姚士谋、章以本：《中国城市化水平的综合思考》，《经济地理》1999 年第 4 期。

［407］谢丽霜：《产业区际转移与西部城乡协调发展研究》，《改革与战略》2009 年第 2 期。

［408］韦伟：《安徽承接长三角产业转移的几个问题》，《江淮论坛》2008 年第 6 期。

［409］杨英：《广东承接国际产业转移存在的问题与对策》，《暨南学报》2006 年第 5 期。

［410］杨丹辉：《国际产业转移的动因与趋势》，《河北经贸大学学报》2006 年第 5 期。

［411］魏后凯：《产业转移的发展趋势及其对竞争力的影响》，《福建论坛·经济社会版》2000 年第 4 期。

［412］江霈：《中国区域产业转移动力机制及其影响因素分析》，南开大学博士论文，2009 年。

［413］朱汉青：《要素转移与产业转移的比较研究》，《经济学家》2010 年第

12 期。

[414] 谢元态、黄海林、吴志远:《我国商业银行运行效率的 DEA 实证分析》,《中央财经大学学报》2007 年第 10 期。

[415] 陈璐:《中国保险业效率动态变化的 Malmquist 指数分析》,《当代经济科学》2005 年第 5 期。

[416] 张帆:《环境与自然资源经济学》,上海人民出版社 2007 年版。

[417] 马凯:《积极稳妥地推进资源性产品价格改革》,《求是》2005 年第 24 期。

[418] 曹长庆:《对进一步做好垄断性行业价格监管工作的认识》,《价格理论与实践》2007 年第 2 期。

[419] 冯冰:《资源价格形成机制的几点思考》,《中国发展观察》2007 年第 6 期。

[420] 中国环境与发展国际合作委员会、中共中央党校国际战略研究所:《中国环境与发展:世纪挑战与战略抉择》,中国环境科学出版社 2007 年版。

[421] 中国社会科学院:《未来 40 年我国对矿产资源消耗强度将达到顶峰》,《中国矿业发展战略研究总报告》2009 年第 6 期。

[422] 钱勇:《建立资源开发补偿机制》,《中南财经政法大学学报》2004 年第 9 期。

[423] 邱成利、冯杰:《苏南模式的发展及其路径依赖》,《中国工业经济》2000 年第 7 期。

[424] 曹宝明、顾松年:《"新苏南发展模式"的演进历程与路径分析》,《中国农村经济》2006 年第 2 期。

[425] 顾松年:《从苏南模式的创新演进到新苏南模式的孕育成型》,《现代经济探讨》2005 年第 4 期。

[426] 谢健:《区域经济国际化:珠三角模式苏南模式、温州模式的比较》,《经济理论与经济管理》2006 年第 10 期。

[427] 张应强:《苏南模式、温州模式发展现状比较》,《经济研究》2002 年第 6 期。

[428] 洪银兴:《苏南模式的演进及其对创新发展模式的启示》,《南京大学学报》2006 年第 2 期。

[429] 张杰庭:《小城镇的产业发展战略研究》,《管理现代化》2004 年第 3 期。

[430] 立英:《以城带乡的重点应放在扶持农村的产业发展上》,《经济纵横》2006 年第 7 期。

[431] 张蕊:《基于城乡统筹的我国投资配置研究》,哈尔滨工业大学博士论文,2007 年。

[432] 徐璐、张明龙:《产业空间集聚与城市化的互动关系研究》,《北方经济》2006 年第 3 期。

[433] 王志雄:《可持续发展战略下农村新型工业化研究》,福建农林大学博士论文,2005 年。

[434] 姜长云:《"十一五"期间促进我国服务业健康发展的对策思路》,《经济与管理研究》2006 年第 7 期。

[435] 同春芬、杨煜璇:《中国农村工业化及其环境污染的原因初探》,《江南大学学报(人文社会科学版)》2009 年第 8 期。

[436] 郭彬:《循环经济评价和激励机制设计》,天津大学博士论文,2005 年。

[437] 刘凌波:《乡镇工业发展与环境经济的利益博弈探析》,北京交通大学博士论文,2008 年。

[438] 陈伟达、张宇:《生产者服务业对制造业竞争力提升的影响研究》,《东南大学学报(哲学社会科学版)》2009 年第 3 期。

[439] 杜传忠:《我国资源性产品价格扭曲的原因探析及矫正对策》,《经济与管理研究》2008 年第 10 期。

[440] 杜传忠:《20 世纪 90 年代以来西方国家工业集中度上升的原因及趋势》,《世界经济》2002 年第 5 期。

[441] 杜传忠:《网络型寡占市场结构与技术创新》,《中国工业经济》2006 年第 11 期。

[442] 杜传忠:《网络型寡占市场结构与中国产业的国际竞争力》,《中国工业经济》2003 年第 6 期。

[443] 杜传忠、郭树龙:《中国服务业进入退出影响因素的实证分析》,《中国工业经济》2010 年第 10 期。

[444] 杜传忠、韩元军、张孝岩:《后金融危机时期的产业升级和就业规模》,《财经科学》2010 年第 8 期。

[445] 杜传忠、齐孝福:《集群企业产品差异与技术创新溢出效应》,《产业经济研究》2009 年第 5 期。

[446] 杜传忠、郑丽:《我国资源环境约束下的区域工业效率比较研究》,《中国科技论坛》2009 年第 10 期。

[447] 杜传忠、曹艳乔:《合作创新与中国企业自主技术创新的实现》,《当代财经》2009 年第 7 期。

[448] 杜传忠、曹艳乔:《中国经济增长方式实证研究》,《经济科学》2010 年第 2 期。

[449] 杜传忠、刘英基:《中国农村工业化发展循环经济的博弈分析及对策研》,《中国人口·资源与环境》2010 年第 9 期。

[450] 杜传忠、刘英基:《我国农村工业化进程中农村服务业发展的障碍及对策》,《江西财经大学学报》2010 年第 4 期。

[451] 杜传忠、曹艳乔、李大为:《后金融危机时期加快我国区域产业转移的思路及对策》,《东岳论丛》2010 年第 5 期。

[452] 李大为、刘英基、杜传忠:《产业集群的技术创新机理及实现路径——兼论理解"两个熊彼特"悖论》,《科学学与科学技术管理》2011 年第 1 期。

[453] 杜传忠、韩元军:《中国影响就业因素的区域差异分析》,《当代财经》2011 年第 5 期。

[454] 杜传忠、郭树龙:《后金融危机时代中国产业结构升级的思路》,《广东社会科学》2011 年第 4 期。

[455] 杜传忠、李梦洋:《新型国际分工条件下中国制造业竞争力影响因素分析》,《中国地质大学学报》2011 年第 9 期。

[456] 杜传忠、刘英基:《拉美国家"中等收入陷阱"及其对我国的警示》,《理论学习》2011 年第 6 期。

[457] 杜传忠、刘英基、孙晓霞:《中国新型工业化区域差异及协同发展分析——基于因子分析模型的研究》,《东岳论从》2011 年第 8 期。

[458] 杜传忠、韩元军、张宪国:《中国区际产业转移的动力及黏性分析》,《江西社会科学》2012 年第 5 期。

[459] 杜传忠、郭树龙:《中国企业并购与企业成长的相关性分析——基于中国上市公司的实证分析》,《财经问题研究》2012 年第 12 期。

[460] 杜传忠、郭树龙:《转轨期中国企业成长影响因素的实证分析》,《中国工业经济》2012 年第 11 期。

[461] 杜传忠、王金杰:《技术创新扩散视角下的中国信息化与工业化融合机理及效应分析》,载《中国战略性新兴产业发展研究》(论文集),经济管理出版

社 2012 年版。

[462] 杜传忠、王霄琼:《战略性新兴产业与中国特色新型工业化协调发展》,《现代管理科学》2012 年第　期。

[463] 杜传忠、邵悦:《中国区域制造业与生产性服务业协调发展水平测度及其提升对策分析》,《中国地质大学学报》2013 年第 1 期。

[464] 杜传忠、刘英基、郑丽:《基于系统耦合视角的中国工业化与城镇化协调发展实证研究》,《江淮论坛》2013 年第 1 期。

[465]《中国统计年鉴》(1990—2010),中国统计出版社。

[466]《新中国五十五年统计资料汇编(1994—2004)》

[467]《国民经济和社会发展统计公报》(1998—2009 年)。

后 记

推进经济增长方式转变和走新型工业化发展道路问题,一直是我在研究产业经济的同时,重点关注的研究领域。1995年党的十四届五中全会首次明确提出推进经济增长方式转变的问题,1996年我与王庆功教授合著出版了《走向21世纪:中国经济增长方式转变》(天津人民出版社出版)一书。自此以后,随着我国经济增长方式转变的不断推进,我对这一问题的认识和研究也不断深化。2008年我申报的国家社科基金重点项目"新型工业化道路研究",获得国家社科基金资助;2009年我又申请并获批国家发改委"十二五"规划前期重大问题研究招标课题"转变经济发展方式的思路及对策研究"。在对这两个课题研究的过程中,我和课题组成员对中国经济发展方式与我国新型工业化发展问题进行了较为系统、深入的研究。本书初稿即是以上研究的成果。"新型工业化道路研究"课题结项后,我们对课题结项成果进行了进一步修改、补充和完善,并最后完成书稿。在课题研究过程中,我与课题组成员以课题中期研究成果的形式,在国内期刊上发表了多篇学术论文,这次在形成书稿过程中,对已发表的学术论文进行了进一步整合、扩充和修改。

本项目研究期间,正值中国经济历经国际金融危机的严重冲击和影响,经济运行和发展经历剧烈变动和深刻变化,在此期间,政府宏观调控政策和产业发展规划也进行了多次调整;相应的,我们的课题研究思路和内容也随之进行了多次调整。特别是在此期间,中国完成"十一五"规划进入"十二五"时期,党的十八大胜利召开,中国经济由此进入以落实科学发展观为主题、以加快转变经济发展方式为主线、全面建成小康社会的新的发展阶段。基于这一背景,本课题对中国特色新型工业化的内涵、特征、发展要求、推进机制及一系列重点问题进行了较为深入、系统的研究。

课题组成员主要由我和我指导的部分博士生、硕士生组成。整个课题和书稿由我设计研究思路、提出研究计划和撰写提纲,并对各章写作进行统筹,初稿完成后负责统稿。具体写作分工为:第1—3章:杜传忠;第4章:杜传忠、郭树龙、王霄琼、邵悦;第5章:杜传忠、韩元军;第6章:杜传忠;第7章:杜传忠、郭树龙;第8章:杜传忠、曹艳乔、李大为;第9章:张贵、杜传忠、李梦洋;第10章:杜传忠、王金杰;第11章:杜传忠、郑丽;第12章:杜传忠、李大为、张宪国、孙晓霞;第13章:杜传忠、刘英基、郑丽;第14章:杜传忠、刘英基。硕士研究生王鑫、王元明、冯舒蕾、李彤、郭美晨、林超等参加了书稿的校对工作。

课题研究得到南开大学经济与社会发展研究院、经济学院许多老师的指导、协助,人民出版社姜玮编辑为本书的编辑出版付出辛勤的劳动,在此一并表示衷心感谢!特别需要提及的是,中国社科院学部委员、中国工业经济学会理事长吕政研究员冒着酷暑通读书稿,并欣然为本书作序,令我十分感动!在此特向吕政研究员致以真诚的感谢和深深的敬意!

中国的工业化可以算得上是有史以来世界上所有国家的工业化中过程最为复杂、任务最为艰巨的工业化。国际金融危机之后,面对国际国内更为复杂的发展环境和条件,我们能否走出一条具有中国特色的新型工业化发展道路,直接关系到中华民族伟大复兴的中国梦的实现。对这一问题的探索意义重大,但同时也异常复杂。对其研究必将随着我国经济发展环境条件的变化和工业化进程的推进而不断深化。从这一角度说,本书仅是一项阶段性研究成果,其中存在的问题、不足甚至错误在所难免。我们真诚希望国内外专家学者以及关注中国工业化发展的人们提出宝贵的批评意见!我们也将进一步推进和深化对这一问题的研究。

杜传忠

2013年8月于南开园

责任编辑:姜玮

图书在版编目(CIP)数据

转型、升级与创新——中国特色新型工业化的系统性研究/杜传忠 著.
 -北京:人民出版社,2013.9
ISBN 978－7－01－012240－3

Ⅰ.①转…　Ⅱ.①杜…　Ⅲ.①工业化-研究-中国　Ⅳ.①F424

中国版本图书馆 CIP 数据核字(2013)第 132343 号

转型、升级与创新

ZHUANXING SHENGJI YU CHUANGXIN

——中国特色新型工业化的系统性研究

杜传忠　著

人民出版社 出版发行

(100706　北京市东城区隆福寺街 99 号)

北京新魏印刷厂印刷　　新华书店经销

2013 年 9 月第 1 版　2013 年 9 月北京第 1 次印刷
开本:710 毫米×1000 毫米 1/16　印张:34.25
字数:593 千字

ISBN 978－7－01－012240－3　定价:78.00 元

邮购地址 100706　北京市东城区隆福寺街 99 号
人民东方图书销售中心　电话 (010)65250042　65289539